Uwe Backes

Politischer Extremismus in demokratischen Verfassungsstaaten

Uwe Backes

Politischer Extremismus in demokratischen Verfassungsstaaten

Elemente einer normativen Rahmentheorie

Westdeutscher Verlag

Der Westdeutsche Verlag ist ein Unternehmen der Verlagsgruppe Bertelsmann.

Umschlaggestaltung: Horst Dieter Bürkle, Darmstadt
Druck und buchbinderische Verarbeitung: Lengericher Handelsdruckerei, Lengerich
Printed in Germany

ISBN 3-531-11946-X

Inhalt

Drittes Kapitel

Phänomenologie

Viertes Kapitel

Typologie

Fünftes Kapitel

Strukturen und Funktionen extremistischer Doktrinen

Schlußbetrachtung

Quellen- und Literaturverzeichnis

Schaubilder

Abkürzungen

1. Organisationen

APO	Außerparlamentarische Opposition
AUD	Aktionsgemeinschaft Unabhängiger Deutscher
BHJ	Bund Heimattreuer Jugend
BSA	Bund Sozialistischer Arbeiter
CGT	Confédération Générale du Travail
DFU	Deutsche Friedens-Union
DG	Deutsche Gemeinschaft
DKP	Deutsche Kommunistische Partei
DKP-DRP	Deutsche Konservative Partei–Deutsche Rechtspartei
DNVP	Deutsch-Nationale Volkspartei
DP	Deutsche Partei
DRP	Deutsche Reichspartei
DSU	Deutsch-Soziale Union
DVU	Deutsche Volksunion
EAP	Europäische Arbeiterpartei
E.P.E.	Europese Partij – Parti Européen
ETA	Euzkadi ta Askatasuna
FAUD	Freie Arbeiter-Union Deutschlands (Syndikalisten)
FN	Front National
F.N.A.F.	Front national pour L'Algérie française
GFP	Gesellschaft für Freie Publizistik
GIM	Gruppe Internationale Marxisten
GP	Gauche Prolétarienne
G.R.E.C.E.	Groupement de Recherche et d'Etudes pour la Civilisation Européenne
ICLC	International Caucus of Labour Committees
ISA	Internationale Sozialistische Arbeiterorganisation
IST	International Spartacist Tendenz
JN	Junge Nationaldemokraten
K 1	Kommune 1
KABD	Kommunistischer Arbeiterbund Deutschlands
KAG	Kommunistische Arbeitsgemeinschaft
KAPD	Kommunistische Arbeiterpartei Deutschlands
KB	Kommunistischer Bund
KBW	Kommunistischer Bund Westdeutschlands
KP	Kommunistische Partei
KPD	Kommunistische Partei Deutschlands
KPD/ML	Kommunistische Partei Deutschlands/Marxisten-Leninisten
KPdSU	Kommunistische Partei der Sowjetunion
MLPD	Marxistisch-Leninistische Partei Deutschlands
MPD	Monarchistische Partei Deutschlands
MSB	Marxistischer Studentenbund Spartakus
NAF	Nouvelle Action Française
NAR	Nouvelle Action Royaliste
NF	National Front
NHB	Nationaldemokratischer Hochschulbund
NLP	Niedersächsische Landespartei
NPD	Nationaldemokratische Partei Deutschlands
NS	Nationalsozialismus

NSDAP	Nationalsozialistische Deutsche Arbeiterpartei
PCB-ML	Parti Communiste Belge, Marxiste-Léniniste
PCE	Partido Comunista de España
PCF	Parti Communiste Français
PCI	Partito Comunista Italiana
PCMLF	Parti Communiste Marxiste-Léniniste de France
PLR	Prolétaire-Ligne Rouge
RAF	Rote Armee Fraktion
RC	Republikanischer Club
RZ	Revolutionäre Zellen
SAG	Sozialistische Arbeitergruppe
SDS	Sozialistischer Deutscher Studentenbund
S.E.R.P.	Société d'études et de relations publiques
TLD	Trotzkistische Liga Deutschlands
UDCA	Union de défense des commerçants et artisans
UJCML	Union des Jeunesses Communistes Marxistes-Léninistes
USPD	Unabhängige Sozialdemokratische Partei Deutschlands
VDNV	Vereinigung Deutsche Nationalversammlung
VKR	Volksbewegung für Kaiser und Reich
VSP	Vereinigte Sozialistische Partei
WJ	Wiking Jugend

2. Publikationen

AfS	Archiv für Sozialgeschichte
APSR	American Political Science Review
APZG	Aus Politik und Zeitgeschichte. Beilage zur Wochenzeitung „Das Parlament"
ASR	American Sociological Review
BJS	British Journal of Sociology
BVerfGE	Entscheidungen des Bundesverfassungsgerichts
BzK	Beiträge zur Konfliktforschung
CARP	Collegiate Association for the Research of Principles
CPS	Comparative Political Studies
DN	Deutsche Nachrichten
DNZ	Deutsche National-Zeitung
EAP	Europäische Arbeiterpartei
EJPR	European Journal of Political Research
FAZ	Frankfurter Allgemeine Zeitung
FH	Frankfurter Hefte
FR	Frankfurter Rundschau
GG	Geschichte und Gesellschaft
GWU	Geschichte in Wissenschaft und Unterricht
HZ	Historische Zeitschrift
IWK	Internationale Wissenschaftliche Korrespondenz der deutschen Arbeiterbewegung
JöR	Jahrbuch des öffentlichen Rechts der Gegenwart
KZfSS	Kölner Zeitschrift für Soziologie und Sozialpsychologie
LThK	Lexikon für Theologie und Kirche
NPL	Neue Politische Literatur
NZZ	Neue Zürcher Zeitung
PVS	Politische Vierteljahresschrift
PVS-L	PVS-Literatur
RFSP	Revue Française de Science Politique

RGG	Die Religion in Geschichte und Gegenwart
RPP	Revue Politique et Parlementaire
SJP	Sozialwissenschaftliches Jahrbuch für Politik
SOWI	Sozialwissenschaftliche Informationen für Wissenschaft und Unterricht
SZ	Süddeutsche Zeitung
VHfZG	Vierteljahrshefte für Zeitgeschichte
VSB	Verfassungsschutzbericht, hrsg. vom Bundesministerium des Innern, Bonn
WEP	West European Politics
WPQ	Western Political Quarterly
ZfP	Zeitschrift für Politik
ZParl	Zeitschrift für Parlamentsfragen

Einleitung

1. Untersuchungsgegenstand und Problematik

„Indessen ist zu erkennen, daß trotz des reichlich hervorgebrachten Schrifttums zum Thema Extremismus elementare Aufgaben, deren Lösung eigentlich zu den allerersten Schritten bei der wissenschaftlichen Bearbeitung des Gebietes hätten gehören müssen, noch nicht gelöst waren.“[1] Diese Klage der Meinungsforscher Elisabeth Noelle-Neumann und Erp Ring, 1984 im Rahmen einer Untersuchung zum „Extremismus-Potential unter jungen Leuten in der Bundesrepublik Deutschland“ vorgetragen, hat ihre volle Berechtigung. Sie betrifft die herrschende Unklarheit und Verunsicherung im Hinblick auf jene theoretischen Grundlagen, die der empirischen Untersuchung dringend bedürfen, sollen sie nicht im „luftleeren Raum“ operieren. Der höchst unbefriedigende Kenntnisstand wird durch nichts augenfälliger dokumentiert als durch die verwirrende Vielfalt der Extremismusbegriffe: Handelt es sich um einen heuristisch wertlosen Terminus aus dem Arsenal politischer „Kampfbegriffe“[2], oder taugt er auch zur wissenschaftlichen Analyse? Ist er Ausfluß juristischer Dogmatik[3], oder eignet er sich als terminologisches Werkzeug des Sozialforschers? Lassen sich „linke“ und „rechte“ Phänomene unter dieser Sammelbezeichnung sinnvoll zusammenfassen, oder verläuft die „eigentliche“ Grenze zwischen „antidemokratischen“ und „antikapitalistischen“ Positionen?[4] Wohnt dem Begriff „lediglich eine fallzentrierte, wertungsabhängige Strukturfestigkeit“[5] inne, oder besitzt er eine Bedeutung, die die Grenzen politischer Räume und Epochen überschreitet? – Fragen, die einer zusammenhängenden Beantwortung harren.

Die Gründe für die trotz zahlreicher Detailstudien unzureichende Durchdringung der theoretischen Grundlagen sind vielfältig. Vorab seien lediglich zwei zentrale

---

1 Elisabeth Noelle-Neumann/Erp Ring, Das Extremismus-Potential unter jungen Leuten in der Bundesrepublik Deutschland 1984, hrsg. vom Bundesministerium des Innern, Bonn 1984, S. 4.

2 So Wolf-Dieter Narr, Radikalismus/Extremismus, in: Martin Greiffenhagen (Hrsg.), Kampf um Wörter? Politische Begriffe im Meinungsstreit, München/Wien 1980, S. 366–375, 367.

3 Vgl. zu dieser Position: Peter Dudek/Hans-Gerd Jaschke, Entstehung und Entwicklung des Rechtsextremismus in der Bundesrepublik. Zur Tradition einer besonderen politischen Kultur, Bd. 1, Opladen 1984, 23–25; Peter Dudek, Konzepte und Strategien staatlicher Rechtsextremismusbekämpfung, in: Widersprüche, 1985, H. 16, S. 65–73.

4 So die Gegenüberstellung bei: Richard Stöss, Einleitung: Struktur und Entwicklung des Parteiensystems in der Bundesrepublik – eine Theorie, in: Ders. (Hrsg.), Parteien-Handbuch. Die Parteien der Bundesrepublik Deutschland 1945–1980, Bd. 1: AUD – EFP, Opladen 1983, S. 17–309, 188–309. Siehe ferner: Helga Grebing, Linksradikalismus gleich Rechtsradikalismus. Eine falsche Gleichung, Stuttgart 1971, besonders S. 8 f.

5 So Manfred Funke, Art. „Extremismus“, in: Wolfgang W. Mickel (Hrsg.), Handlexikon zur Politikwissenschaft, München 1983, S. 132–136, 133.

Faktoren genannt: Die seit der zweiten Hälfte der sechziger Jahre datierende Renaissance des Marxismus ging mit einer Fundamentalkritik der liberal-demokratischen Systeme einher.[6] Sie ist nicht zuletzt Ausdruck einer geschichtsphilosophischen Gewißheit, deren erkenntnistheoretische Voraussetzungen der Verfasser nicht teilt.[7] Der Begriff des politischen Extremismus ruht dagegen auf dem Selbstverständnis „westlicher" Verfassungsstaaten.

Gravierender noch schlug sich die rasche Ausbreitung „szientistischer" Strömungen (Behavioralismus, Empirismus, [Neo-]Positivismus, Pragmatismus[8]) in der Politikwissenschaft nieder. Diese sich am Methodenideal der Naturwissenschaften orientierenden Richtungen wollen die Erscheinungen der „Lebenswelt" durch die Eruierung verursachender Konstellationen begreifen. Ihre Forschungsstrategien zielen auf „Erklärung" und – gegebenenfalls – „Prognose".[9] Nicht nur wird zwischen dem sozialen „Sein" und dem ihm durch den Menschen induzierten „Sollen" strikt unterschieden, sondern gleichzeitig auch behauptet, wissenschaftliches Erkenntnisstreben habe sich auf die Sphäre des Seienden zu beschränken. Normativen Typusbegriffen beläßt dieses Wissenschaftsverständnis keinen Raum.

Weder die Tatsache, daß die Anhänger des „Szientismus" ihre Aussagen strengen Selektionskontrollen unterwerfen, noch ihr nachdrücklicher Hinweis auf die elementare analytische Bedeutung der Unterscheidung zwischen Tatsachenfeststellungen und Werturteilen, zwischen Sein und Sollen wird als kritikwürdig angesehen, sondern allein der damit häufig verbundene „methodologische Reduktionismus".[10] Denn ein Verständnis von Wissenschaft, das lediglich Aussagen über das Sein trifft,

---

6 Siehe zu diesen den „Wissenschaftsbetrieb" tiefgreifend verändernden Entwicklungen: Erwin Faul, Politikwissenschaft im westlichen Deutschland. Bemerkungen zu Entwicklungstendenzen und Entwicklungsanalysen, in: PVS 20 (1979), S. 71–103. Ferner: Klaus von Beyme, Die deutsche Politikwissenschaft im internationalen Vergleich, in: Ders. (Hrsg.), Politikwissenschaft in der Bundesrepublik Deutschland. Entwicklungsprobleme einer Disziplin, = PVS-Sonderheft 17/1986, Opladen 1986, S. 12–26.

7 Siehe zur Kritik grundlegend: Karl R. Popper, Das Elend des Historizismus, 5. verbesserte Aufl., Tübingen 1979 (Original: The Poverty of Historicism, London 1960).

8 Vor dem Hintergrund der hier interessierenden Probleme wird auch im folgenden immer generalisierend von „szientistischen" Strömungen die Rede sein, also von humanwissenschaftlichen Forschungsrichtungen, die sich am Methodenideal der Naturwissenschaften orientieren. Die Abgrenzung der genannten Teilströme wirft im einzelnen nicht unerhebliche Schwierigkeiten auf. Vgl. dazu vor allem: Jürgen W. Falter, Der 'Positivismusstreit' in der amerikanischen Politikwissenschaft. Entstehung, Ablauf und Resultate der sogenannten Behavioralismus-Kontroverse in den Vereinigten Staaten 1945–1975, Opladen 1982, besonders S. 174–199 („Versuch einer systematischen Rekonstruktion des behavioralistischen Forschungsprogramms").

9 Vgl. ebd., S. 176, wo „das dieser Arbeit zugrundeliegende wissenschaftliche *Credo*"(Hervorhebung von mir, U. B.) skizziert wird. Siehe ferner: Klaus von Beyme, Die politischen Theorien der Gegenwart. Eine Einführung, 4. überarbeitete und ergänzte Aufl., München 1980, S. 32–50 („Empirisch-analytische Theorien"); Robert A. Dahl, Die politische Analyse, München 1973 (Original: Modern Political Analysis, Englewood Cliffs/N. J. 1963), S. 177–200 („Die politische Bewertung").

10 Vgl. Karl Acham, Philosophie der Sozialwissenschaften, Freiburg/München 1983, S. 146.

beraubt sich seiner normativen Grundlagen, kann doch die eigene „Wertbasis“[11] – und um eine solche handelt es sich, wie zu zeigen ist – im Sinne dieser Argumentation nur mit außer-wissenschaftlichen Mitteln erörtert und konstituiert werden.

Das Plädoyer für eine Politikwissenschaft, die sich normativ und empirisch zugleich ausrichtet, knüpft kritisch an die ältesten Traditionen des Faches an. Seit Aristoteles war es das Ziel politikwissenschaftlicher Analyse, die Erscheinungen der „Lebenswelt“ nicht nur zu beschreiben und aufgrund verursachender Konstellationen zu „erklären“, sondern darüber hinaus auch die empirischen Befunde in ein Deutungssystem einzubinden und Orientierungswissen zu vermitteln.[12] Wenn heute selbst empirische Sozialforscher darüber klagen, „elementare Aufgaben“ der Extremismusforschung seien unerfüllt, so dürfte dies – neben anderen Faktoren – im wesentlichen mit der weiten Verbreitung eines Wissenschaftskonzepts zusammenhängen, das die Sphäre des Sollens systematisch der Betrachtung entzieht.

Wer die Herausforderung durch das Normative annimmt, muß sich allerdings darüber im klaren sein, daß er sich auf ein waghalsiges Unternehmen einläßt. Die Thematik steht im Brennpunkt zentraler Kontroversen, die so alt sind, wie es das Nachdenken über Politik ist. Es geht dabei um Freiheit und Unfreiheit, Gerechtigkeit und Ungerechtigkeit, Krieg und Frieden, gute und schlechte Formen menschlichen Zusammenlebens. Naiv wäre die Annahme, man könnte an derartige Fragen unbefangen und unbehindert herantreten. Sie gleichen einer Giftmülldeponie, auf der die gefährlichen Rückstände wissenschaftlicher Diskussionen aus Vergangenheit und Gegenwart lagern – mit schwer kalkulierbaren Risiken für denjenigen, der sie ohne Vorwarnung betritt. Das Streben nach „Objektivität“ wird auf eine harte Probe gestellt, ist doch die Gefahr ideologischer Verirrung ständige Begleiterin der Suche nach normativer Orientierung.

Nichtsdestoweniger existiert zu diesem geistigen Abenteuer, wie es scheint, keine vertretbare Alternative: Eine empirische Spezialstudie mag auf der Grundlage eines gewissen (dann freilich ungeklärten) Common sense respektable Ergebnisse erzielen, ohne das Problem der eigenen Wertbasis auch nur anzuschneiden; wer jedoch theoretische Grundlagenarbeit leisten möchte, darf die mit normativen Maßstäben

---

11 Vgl. Hans Albert, Wertfreiheit als methodisches Prinzip. Zur Frage der Notwendigkeit einer normativen Sozialwissenschaft, in: Ernst Topitsch (Hrsg.), Logik der Sozialwissenschaften, 6. Aufl., Köln/Berlin 1970 (1965), S. 181–210, 189. Siehe dazu auch die – m. E. problematische – Bemerkung Poppers, der („kritische“) Rationalismus gründe letztlich auf dem „irrationalen *Glauben an die Vernunft*“. Man kann die Entscheidung für die Vernunft auch als einzig erfolgversprechende erkenntnistheoretische Alternative ansehen, weil ihr Gegenteil die bewußte Entscheidung für den Irrationalismus wäre. Karl R. Popper, Die offene Gesellschaft und ihre Feinde, Bd. 2: Falsche Propheten: Hegel, Marx und die Folgen, 6. Aufl., München 1980 (Original: The Open Society and Its Enemies, Bd. 2: The High Tide of Prophecy, London 1944), S. 284 (Hervorhebung im Original). Dazu die kritischen Bemerkungen von: Helmut Steinberger, Konzeptionen und Grenzen freiheitlicher Demokratie. Dargestellt am Beispiel des Verfassungsrechtsdenkens in den Vereinigten Staaten von Amerika und des amerikanischen Antisubversionsrechts, Berlin/Heidelberg/New York 1974, S. 236 f.

12 Zu den bedeutendsten Studien, die diese Tradition des Faches repräsentieren, gehören: Wilhelm Hennis, Politik als praktische Philosophie. Eine Studie zur Rekonstruktion der politischen Wissenschaft, Neuwied 1963; Dolf Sternberger, Drei Wurzeln der Politik, Frankfurt a. M. 1978.

verbundenen Fragen nicht unerörtert lassen. Man sollte dabei von vornherein der Tatsache ins Auge sehen, daß jenes Maß an Erkenntnisgenauigkeit, wie es naturwissenschaftliche Untersuchungen häufig auszeichnet, in dem zur Diskussion stehenden Untersuchungsfeld nicht erreichbar ist. Lösungen und Lösungswege können oft nicht als die einzig möglichen gelten.[13] Daher wäre die Annahme verfehlt, es ließe sich über Fragen dieser Tragweite ein Konsens herstellen. Wo die Analyse um normative Aspekte zentriert ist, bleiben wissenschaftstheoretische und weltanschauliche Divergenzen nicht aus.

Eine Aufarbeitung elementarer Fragen kann daher auch kaum gesetzmäßige Ergebnisse hervorbringen. Zu dieser Erwartung gibt schon die besondere Struktur des humanwissenschaftlichen Objektbereiches (dessen Bestandteil das nach Erkenntnis strebende Subjekt selbst ist) keinen Anlaß. Sollen die Resultate der Analyse trotz aller Unsicherheitsfaktoren dennoch einen gewissen Grad an Verbindlichkeit erreichen, so sind folgende Richtlinien zu beachten: Ihre Produkte müssen, wenn schon nicht in eine allgemein akzeptable Form umsetzbar, doch Ergebnis eines konsistenten und in allen seinen Voraussetzungen und Folgen durchschaubaren, also intersubjektiv nachvollziehbaren Denkvorgangs sein. Gelingt dies, besteht die begründete Hoffnung, daß auch derjenige, der aufgrund andersartiger wissenschaftstheoretischer und politischer Überzeugungen die Prämissen der Untersuchung nicht teilt, von ihren Ergebnissen dennoch profitiert.

Im folgenden wird zunächst der erkenntnistheoretische Status des Extremismusbegriffs näher bestimmt. Termini dieser Art entziehen sich einer (vermeintlich) „wertneutralen" Anwendung; ihre Instrumentalisierung mit dem Ziel der Operationalisierbarkeit beraubt sie wesentlicher Bedeutungskomponenten. Das vorherrschende Wirrwarr der Extremismusdefinitionen resultiert teilweise aus diesem terminologischen Verfremdungseffekt. Der Begriff des politischen Extremismus weist nämlich – wie gezeigt werden soll – eine enge Verschränkung der Ebenen des Normativen und des Empirisch-Analytischen auf. Das Wechselverhältnis dieser beiden Komponenten bedarf einer näheren Bestimmung. Vor allem ist die Frage zu klären, welche Konsequenzen sich daraus für den Prozeß der Erkenntnisfindung und die Reichweite der Aussagen ergeben. Ferner: In welcher Beziehung stehen Hypothesen, die auf „Erklärung" und „Vorhersage" zielen, zu „deutenden" und „orientierenden" Aussagesystemen? Sind beide Theorietypen miteinander unvereinbar? Oder können sie sich gegenseitig sinnvoll ergänzen?

Nach verbreitetem Verständnis konstituiert der Begriff des „politischen Extremismus" einen Gegentypus zu dem des „demokratischen Verfassungsstaates". Dabei firmiert der politische Extremismus häufig als ein bloßes Derivat, das keine genuine Identität besitze. Wird diese Ex-post-Betrachtung jedoch den historisch-genetischen Zusammenhängen gerecht, führt man sich vor Augen, daß der demokratische Verfassungsstaat aus einem geschichtlichen Erfahrungsprozeß in der Auseinandersetzung mit verschiedenen Formen der Fremdbestimmung, des Machtmißbrauchs und der Willkürherrschaft hervorgegangen ist? A priori kann keine Bestimmung dessen

13 Vgl. Hennis (FN 12), S. 42.

gegeben werden, was den Begriff des politischen Extremismus ausmacht. Das Definitionsproblem erweist sich im Rahmen der interessierenden Fragen nicht als „pragmatisch“ lösbar. Vielmehr beinhaltet es ein „Theorieproblem“ – „Theorie“ verstanden im Sinne eines Deutungssystems.

Die Definitionsfrage betrifft den Kern der Untersuchung. Hier nimmt sie ihren Ausgang, und hier gelangt sie zum Abschluß. Am Anfang steht jene in Abhängigkeit zum Begriff des demokratischen Verfassungsstaates gewonnene Bestimmung („definitio ex negativo“). Am Ende soll als Resultat der theoretischen Bemühungen ein eigenständiger Extremismusbegriff hervorgehen („definitio ex positivo“), der es auch erlaubt, den demokratischen Verfassungsstaat aus der neu eröffneten Perspektive zu beleuchten. Die Ausgangs- und Endpunkt miteinander verbindende geistige Wegstrecke führt durch die ganze Weite und Vielgestaltigkeit des phänomenologischen Raumes. Diesen nämlich gilt es zu durchmessen, soll der Begriff des politischen Extremismus materiell angereichert und von einer derivativen zu einer autonomen Größe geformt werden. Dabei bedarf eine Reihe von Fragen der Klärung: Ist das Spektrum durch Buntscheckigkeit gekennzeichnet, oder lassen sich typologisch zusammenhängende Einheiten ausmachen? Gibt es bestimmte Grundbausteine, die jedem Einzelphänomen Statur verleihen? Welches sind die unterscheidenden Merkmale der Extremismen, welches die gemeinsamen? Kommt der traditionellen Rechts-Links-Scheidung eine analytische Bedeutung zu? Fristet sie eine fossile Existenz, oder ist ihre Anwendung auf politische Phänomene der Gegenwart noch sinnvoll? Wenn ja, an welchen Kriterien läßt sie sich dann festmachen? Kann sie für das demokratische wie für das extremistische Spektrum zugleich gelten? Welche Bedeutung gewinnen die jeweiligen Gefahrenpotentiale für die Betrachtung der Extremismen?

Der Typusbegriff des politischen Extremismus läßt sich in den Kontext anderer Typusbegriffe wie „demokratischer Verfassungsstaat“, „autoritäre und totalitäre Diktaturen“ einordnen. Lange Zeit standen Extremismusanalysen im Schatten der Totalitarismusforschung. Diese konzentrierte sich auf den Vergleich von Ideologien und Herrschaftsstrukturen, übertrug jedoch häufig ihre Ergebnisse – mehr oder weniger – unreflektiert auf das Feld der Extremismen in demokratischen Verfassungsstaaten. Erscheint eine solche Vorgehensweise tragfähig? Besteht eine Parallelität von „Regime-“ und „Bewegungsebene“? Oder lassen sich im Hinblick auf politische Doktrinen, Organisations- und Aktionsformen bedeutende Unterschiede herausarbeiten? Kann eine ähnliche Unterscheidung wie die zwischen „autoritären“ und „totalitären“ Regimen einer Typologie der Extremismen zugrundegelegt werden? Läßt sich dementsprechend von bestimmten Ausprägungen des politischen Extremismus in demokratischen Verfassungsstaaten auf die Struktur des zu erwartenden Herrschaftssystems schließen? Ist der Sprachgebrauch „totalitäre Ideologien“ angemessen, wie dies bei manchen Autoren gang und gäbe ist, oder bedarf auch eine Betrachtung extremistischer Doktrinen, die über deren Inhalte hinausgeht und bestimmte „denkstrukturelle“ Zusammenhänge in den Blick nimmt, zusätzlicher Differenzierung? Wenn ja, welche Gemeinsamkeiten und Unterschiede sind dann für das Denken politischer Extremismen charakteristisch? Lassen sich daraus Rückschlüsse auf die geistige Konstitution des demokratischen Verfassungsstaates ziehen?

Diese Fragen können häufig nur angerissen, selten abschließend behandelt werden. Angesichts der außerordentlichen Komplexität der Gegenstände erwies es sich als notwendig, die Untersuchung auf das Feld politischer Extremismen in demokratischen Verfassungsstaaten[14] zu begrenzen. Die Ergebnisse der Totalitarismusforschung finden Beachtung, insofern sie für die Extremismen „jenseits der Macht" von Belang sind. So mancher Blick auf die Praxis in diktatorischen Regimen ist schon deshalb unerläßlich, weil sie eine konkrete Anschauung des Spektrums extremistischer Herrschaftspraktiken vermitteln und weil nur auf diese Weise (potentielle und reelle) Entwicklungsverläufe analysiert werden können.

2. *Normative Rahmentheorie*

Die vorliegende Arbeit versteht sich als Beitrag zu einer normativen Rahmentheorie des politischen Extremismus.[15] Sie setzt sich zum Ziel, einige wichtige Bausteine einer derartigen Theorie zu liefern, jedoch in dem Bewußtsein der Projekthaftigkeit dieses Unterfangens, dessen Abschluß immer nur vorläufig sein kann und fragmentarischen Charakter trägt. Unvollständig muß die Darstellung schon deshalb bleiben, weil sie sich auf das Feld demokratischer Verfassungsstaaten beschränkt und das breite Spektrum der Diktaturen fast gänzlich ausspart. Wichtiger noch: Ihre normativ verankerten Aussagen stehen einer argumentativen Erörterung offen.

Um Mißverständnisse zu vermeiden, sei zunächst ein Blick auf den Begriff der „Theorie" geworfen, der in den verschiedensten Bedeutungsvarianten in Umlauf ist. Calvin J. Larson hat beispielsweise fünf wesentlich voneinander abweichende Versionen des Theoriebegriffs ermittelt. Je nach Kontext wird „Theorie" nicht selten mit „a) Begriff, Konstrukt, Idealtypisierung; b) Rahmenwerk, Begriffsschema; c) Vermutung, Hypothese, Theorem, Lehrsatz; d) Proposition, Axiom, Gesetz; e) Modell Paradigma"[16] schlicht und einfach gleichgesetzt. Keineswegs alle diese Verwendungsweisen sind zweckmäßig; jedenfalls sollten sie nicht durcheinandergeworfen werden.

In einer Analyse „pathologischer" Erscheinungen des politischen Lebens unterscheidet Carl Joachim Friedrich zwischen den Analysebereichen „Entstehung", „Wirken" und „Morphologie". Allen dreien ordnet er einen eigenen Theorietypus zu.[17] Politische Analysen seien allgemein durch das Nebeneinander dieser Typen von Aussagesystemen gekennzeichnet. Über das grundsätzliche Verhältnis der drei

---

14 Beide Begriffe, „politischer Extremismus" und „demokratischer Verfassungsstaat", werden im folgenden – auch was ihr gegenseitiges Verhältnis betrifft – näher zu bestimmen sein.

15 Es handelt sich um die aktualisierte und geringfügig erweiterte Fassung einer Dissertation, die vom Fachbereich III der Universität Trier im Juni 1987 angenommen wurde. Als Gutachter der Arbeit fungierten Prof. Dr. Erwin Faul und Prof. Dr. Peter Haungs.

16 Acham (FN 10), S. 146.

17 Carl Joachim Friedrich, Pathologie der Politik. Die Funktion der Mißstände: Gewalt, Verrat, Korruption, Geheimhaltung, Propaganda, Frankfurt a. M./New York 1973 (Original: The Pathology of Politics, New York 1972), S. 9.

Gattungen zueinander gelangt Friedrich zu folgender Feststellung: „Eine Untersuchung der Erscheinungsformen ist offenbar die Voraussetzung für die Untersuchung der Entstehung, und diese wiederum muß vorausgesetzt werden, wenn man versucht zu verstehen, wie eine bestimmte Praktik oder ein bestimmtes Verhalten sich auswirkt".[18] Stellt man in Rechnung, daß Klassen von „Erscheinungsformen" in den Sozialwissenschaften häufig durch den Rückgriff auf Sollensaussagen definiert werden, die Ursachenforschung dagegen vielfach dem verbreiteten Modus naturwissenschaftlicher Hypothesenbildung folgt, steht die von Friedrich vorgeschlagene Unterscheidung offenkundig in Zusammenhang zur geläufigen Differenzierung zwischen „normativen" und „empirischen" Theorien.[19] Allerdings ist diese Dichotomie insofern irreführend, als eine strikte Trennung von Sein und Sollen zwar als analytisches Mittel sinnvoll erscheint, die humanwissenschaftliche Praxis es jedoch in der Regel mit Variationen der Verflochtenheit beider Sphären zu tun hat.

Weiter führt eine Unterscheidung Karl Achams in seiner „Philosophie der Sozialwissenschaften" – die zwischen „explanativen" und „ontologischen" Theorien.[20] „Explanative" Theorien sind demzufolge „Erklärungsmittel"[21], die sich mit den Entstehungsbedingungen sozialer Zusammenhänge befassen. Charakteristischerweise werden Aussagensysteme dieses Typs – nach naturwissenschaftlichem Muster – in die Form „wenn ..., dann ..." gekleidet. „Ontologische" Theorien dagegen dienen in erster Linie nicht als Erklärungs-, sondern als „Darstellungsmittel".[22] Sie liefern einen allgemeinen „Interpretationsrahmen", eine „bestimmte Sicht der Dinge, und ihr 'Sinn' ergibt sich aus der Konstellation der theoretischen Ausdrücke und der dadurch induzierten Neudimensionierung des Sichtfeldes".[23] Als Beispiele für „ontologische" Theorien nennt Acham Freuds Begriffe des „Ich", „Es" und „Über-Ich" und Parsons „pattern variables". Der Vorwurf, diese Theorien ermöglichten „keine gehaltvollen theoretischen Erklärungen"[24], resultiere aus einem „methodologischen Reduktionismus".[25] Verfechter explanativer Theorien – gemeint sind die Anhänger szientistischer Wissenschaftskonzepte – zögen „ja gleichsam aus der Wirklichkeit nur diejenigen realen Datenzusammenhänge in Betracht, die sich in Gestalt nomologischer Hypothesen darstellen"[26] ließen, obgleich das zu analysieren-

---

18 Ebd.

19 Siehe etwa: Heinrich Bußhoff, Politikwissenschaftliche Theoriebildung. Grundlagen und Verfahrensweisen, Köln/Wien 1984, S. 10–12. Im Gegensatz dazu bezieht sich die triadische Unterscheidung von Beymes (normative Theorien, empirisch-analytische Theorien, dialektisch-kritische Theorien) auf wissenschaftstheoretische Grundorientierungen: Klaus von Beyme, Die politischen Theorien der Gegenwart. Eine Einführung, 4. überarbeitete und ergänzte Aufl., München 1980, S. 19–72. Diese das Spektrum stark vereinfachende Dreiteilung ist entwickelt worden von: Wolf-Dieter Narr, Theoriebegriffe und Systemtheorie, Stuttgart 1969, S. 41–88 (unterschieden werden „ontologisch-normative", „deduktiv-empirische" und „dialektisch-historische" Ansätze)

20 Vgl. Acham (FN 10), S. 145–158.

21 Ebd., S. 148.

22 Ebd., S. 147.

23 Ebd., S. 147 f.

24 Ebd., S. 152.

25 Ebd., S. 153.

26 Ebd., S. 153.

de Objekt auf diese Weise gar nicht aus allen möglichen Perspektiven beleuchtet werden könne. „Ontologische" Theorien erfüllten die wichtige Funktion, „den Spezialisten vor einer simplifizierenden Ignoranz zu bewahren: daß er nämlich darauf stolz ist, sich in einem Bereich auszukennen, ohne auch nur zu ahnen, was er – aus Gründen einer forschungstraditional gepflogenen methodischen Restriktion – alles nicht weiß."[27]

Was Karl Acham als „ontologische" Theorie bezeichnet, sei im folgenden zur Vermeidung von Mißverständnissen, die aus der philosophiegeschichtlichen Tradition dieses Begriffs erwachsen könnten[28] „Rahmentheorie" genannt. Eine „Rahmentheorie" will nicht in erster Linie erklären, sondern einen bestimmten Phänomenbereich erkunden, abgrenzen, darstellen, ordnen und deuten. „Erkundung" dient der vorsichtigen Annäherung an einen Gegenstand. Er soll aus möglichst vielen Winkeln in den Blick genommen, in seiner „Ganzheit" erfaßt werden. Der Erkundung folgt daher die sorgfältige Abgrenzung gegenüber benachbarten Phänomenen und solchen, die in einem logischen Verhältnis dazu stehen. Ist der Definitionsbereich abgesteckt, bleibt die Fülle der Erscheinungen vergleichend zu beschreiben, wobei die „Außensicht", das Anlegen transzendenter Maßstäbe, eine „Innensicht" voraussetzt – das Verständnis der Phänomene aus sich selbst heraus. Vergleich und Deskription sind immer schon mit der ordnenden Erfassung der Gegenstände verbunden. Die typologische Methode ist hierbei unentbehrlich. Das Erkunden, Abgrenzen, Darstellen und Ordnen konstituiert schließlich einen übergreifenden Sinnzusammenhang, ein Deutungsangebot, das es erlaubt, Einzelphänomene in ein normatives Beziehungsgeflecht einzubetten. Die Phänomenologie des politischen Extremismus, das Kernstück der normativen Rahmentheorie, folgt diesen Arbeitsschritten. Ihre Hauptfeinde sind Simplifizierung und Pauschalisierung. Nicht nur das Gemeinsame, sondern auch das Trennende, Differenzierende soll möglichst genau erfaßt werden. Pechschwarz und Schneeweiß eignen sich nicht zur bildnerischen Darstellung der komplexen Strukturen humangesellschaftlicher Erscheinungen; vorherrschend sind die vielen Grautöne, die Nuancen und Schattierungen.

Um sie einfangen zu können, muß sich der Betrachter auf die Phänomene einlassen, sich in sie hineinfühlen, ihr Innenleben und ihr Selbstverständnis erforschen. Erst das immanente Begreifen der Gegenstände macht das Anlegen transzendenter Maßstäbe überhaupt sinnvoll. Ohne diese Voraussetzung blieben sie an der Oberfläche haften, und die Analyse würde ihrer je spezifischen Ausprägung schwerlich gerecht. Die „Außensicht" kann auf verschiedenen Ebenen ansetzen: der des Definitionsbereiches – gefragt wird also nach dem Verhältnis zu Werten und Normen des demokratischen Verfassungsstaates, den strukturellen Gemeinsamkeiten, die eine vergleichende Betrachtung zu Tage fördert; der Einordnung in die politische Topographie; dem Gefährdungsgrad für die jeweilige politische Ordnung. „Phänomeno-

27 Ebd.

28 Zu den unterschiedlichen Verwendungsweisen des Begriffs siehe: K. Kremer/U. Wolf, Art. „Ontologie", in: Joachim Ritter/Karlfried Gründer (Hrsg.), Historisches Wörterbuch der Philosophie, Bd. 6: Mo–O, Basel/Stuttgart 1984, S. 1190–1199.

logie“ meint dabei eine „Beschreibungskunst“[29], die lehrt, wie man die Phänomene unter möglichst vielen Aspekten in den Blick nehmen kann. Und da es sich um den Bereich des Politischen handelt, sind insbesondere Ideen und ihre Träger angesprochen, die jenen Regelungsbedarf thematisieren, den das Zusammenleben einer größeren Zahl von Menschen natürlicherweise mit sich bringt. [30]

Der Klarheit wegen ist im folgenden von einer „normativen“ Rahmentheorie die Rede, auch wenn es sich, streng genommen, um eine tautologische Wortkombination handelt. Das Attribut soll die keineswegs verschämt bemäntelte Wertgebundenheit der Theorie unterstreichen. Sie entspricht einem Verständnis von Politikwissenschaft, das diese nicht nur als „neutrale Empirie und unbeteiligtes Zutagefördern von 'Wirklichkeitsbefunden'“[31] begreift: „Ein Sozialforscher, der die verschiedenen Regierungssysteme ausschließlich nach empirisch feststellbaren und meßbaren objektiven Merkmalen differenziert und klassifiziert – ähnlich wie dies der Entomologe mit seinen Insektenarten tut –, [...] mag sehr wohl in der Lage sein, Bedeutsames über die Technik der Machtausübung in den verschiedenen Regierungssystemen auszusagen: und dennoch bleibt ihm der historisch-politische Kerngehalt der verschiedenen Regierungssysteme verschlossen“.[32] Eine so verstandene Politikwissenschaft muß sich daher an der (regulativen) Idee „einer menschenwürdigen Ordnung des sozialen Lebens“[33] ausrichten – auch, ja gerade, wenn sie die Möglichkeit einer Erkenntnis des „Wahren“ und „Guten“ von vornherein negiert.

„Begriffe“ im Bereich der Sozialwissenschaften umfassen häufig mehr als nur ein Bündel von Eigenschaften, die einer Klasse von Objekten oder Sachverhalten eigen sind. Ihnen liegt vielmehr in aller Regel schon eine „Theorie“, eine bestimmte Sichtweise oder Interpretation im Hinblick auf ein weites Themenfeld zugrunde. „Rahmentheorien“ entwickeln solche den Begriffen als Fundament dienende Sichtweisen – wobei „Theorie“ ihre empirische Fundierung, „Rahmen“ ihren normativen Gehalt unterstreichen soll. Eine „Rahmentheorie“ ist also empirisch und normativ zugleich: Empirisch, weil sie ihre Begriffe auf der Grundlage historischer Erfahrung bildet, normativ, weil sie die Betrachtung des „Seienden“ mit der Reflexion über das

29 So Bernhard Waldenfels, Art. „Phänomenologie“, in: Harald Kerbes/Arnold Schmieder (Hrsg.), Handbuch Soziologie. Zur Theorie und Praxis sozialer Beziehungen, Reinbek bei Hamburg 1984, S. 436–440, 437, der die verschiedenen erkenntnistheoretischen Richtungen der „Phänomenologie“ voneinander abgrenzt.

30 Zur Bedeutungsvielfalt des Politikbegriffs siehe besonders: Dolf Sternberger, Drei Wurzeln der Politik, in: Ders., Schriften II/1, Frankfurt a. M. 1978. Hier soll „politisch“ aus Gründen der Opportunität in einem weiten, empirischen Sinne verstanden werden. Für das Verständnis des Politischen ist die von Sternberger getroffene semantische Differenzierung von großer Bedeutung. Es bietet sich geradezu an, die Begriffe der „Politologik“, „Dämonologik“ und „Eschatologik“ in einen historisch-genetischen Zusammenhang zur Herausbildung der modernen Begriffe des politischen Extremismus und des demokratischen Verfassungsstaates zu stellen. Dies erforderte jedoch ein eigenständiges, ideengeschichtlich orientiertes Forschungsprojekt.

31 Ernst Fraenkel, Die Wissenschaft von der Politik und die Gesellschaft (1963), in: Ders., Reformismus und Pluralismus. Materialien zu einer ungeschriebenen politischen Autobiographie, zusammengestellt und herausgegeben von Falk Esche und Frank Grube, Hamburg 1973, S. 337–353, 345.

32 Ebd., S. 344 f.

33 So Fraenkel in Anlehnung an Hans Maier: Ebd., S. 345.

„Seinsollende" verbindet. Dies gilt für jeden der oben umrissenen analytischen Schritte: Das Erkunden eines weiten Themenfeldes ist bereits mit einer ersten Sichtung nach normativen Kriterien verbunden; die Nähe zu den empirischen Einzelerscheinungen darf dadurch nicht beeinträchtigt werden. Auch die Eingrenzung des Definitionsbereiches vollzieht sich auf beiden Ebenen: Einerseits die Sorge, die Vielfalt unterschiedlicher Phänomene hinlänglich zu beachten, andererseits die Notwendigkeit zur klaren Grenzziehung, die bei Gegenständen dieses Komplexitätsgrades nur mittels normativer Maßstäbe möglich ist. Der eher deskriptive Teil schließlich konzentriert sich auf die detailgetreue Wiedergabe, steht jedoch mit dem Vorgang des Einordnens und Typisierens gleichermaßen in enger Verbindung.

Die These von der sowohl empirischen als auch normativen Rahmentheorie bedeutet allerdings nicht, die Sphären von Sein und Sollen gerieten notwendigerweise in ein heilloses Durcheinander. Eine wissenschaftliche Analyse muß sich vielmehr um eine Trennung beider Bereiche bemühen. Dies hat auch den Zweck, gewollte und begründete Wertaussagen von unbeabsichtigt und unfundiert einfließenden abzusondern. Während Aussagen über das Seiende wahrheitsfähig und somit wahr oder falsch sind, können Werturteile nur zweckmäßig oder unzweckmäßig (im Hinblick auf ein bestimmtes Ziel) sein.[34] Beide Sphären erfordern daher auch eine unterschiedliche Methodik. Seinsaussagen müssen sich verifizieren und falsifizieren lassen; Sollensaussagen bedürfen einer intersubjektiv nachvollziehbaren Definition und Begründung.

Den unterschiedlichen erkenntnistheoretischen Status von Aussagen über das Sollen und solchen über das Sein gilt es bei der Formulierung der Rahmentheorie sorgfältig zu beachten. Das in ihr entwickelte begriffliche und typologische System ist nicht wahrheitsfähig, sondern nur mehr oder weniger zweckmäßig. Die Zweckmäßigkeit aber wird maßgeblich durch ihre erkenntnisaufschließende und politisch-praktische Funktion bestimmt. Von heuristischem Wert ist die Rahmentheorie, weil sie ein weites phänomenologisches Feld in seinen „Oberflächenformen" erfassen will und es aus ganz unterschiedlichen Blickwinkeln beleuchtet. Ihre Aussagen können daher explanativen Theorien als Grundlage dienen. Von politisch-praktischem Wert ist die Rahmentheorie insofern, als sie ein Wertungssystem konstituiert, das die Einordnung und Ausdeutung politischer Einzelphänomene ermöglicht.

Das Ziel einer normativen Rahmentheorie des politischen Extremismus besteht darin, ein weites Interpretationsfeld anhand zentraler Begriffe abzustecken, die in diesen Grenzen eingeschlossenen Phänomene zu beschreiben, sie miteinander zu vergleichen, gegeneinander abzugrenzen und schließlich überschaubar zu ordnen. Die Arbeit dient in erster Linie der Formulierung und Erprobung theoretischer Sätze.

---

34 Einen Überblick zu den unterschiedlichen Positionen im Hinblick auf den erkenntnistheoretischen Status ethischer Aussagen gibt: Thomas Meyer, Grundwerte und Wissenschaft im Demokratischen Sozialismus, Berlin/Bonn 1978, S. 150–158. M. E. zu Recht wird dort festgestellt, der „Naturalismus" – er geht von der prinzipiellen Ableitbarkeit von Sollenssätzen aus Seinserkenntnissen aus – befinde sich „seit längerem auf dem wissenschaftlichen Rückzug." (S. 153). Hinsichtlich der Frage der Begründbarkeit ethischer Aussagen lehne ich mich an die folgende Darstellung an, die im dritten Kapitel ausführlicher zu Worte kommen wird: John Leslie Mackie, Ethik. Auf der Suche nach dem Richtigen und Falschen, Stuttgart 1981 (Original: Ethics. Inventing Right and Wrong, Harmondsworth 1977).

Aus arbeitsökonomischen Gründen bleibt eine intensive empirische Umsetzung künftigen Studien vorbehalten. Die heuristische und politisch-praktische Nützlichkeit einer Rahmentheorie wird sich erst nach und nach erweisen müssen. Eine primär theoretisch angelegte Arbeit muß ihren Begriffen und Ordnungsschemata dennoch ein Höchstmaß an Plausibilität und Konsistenz verleihen. Dies geschieht insbesondere dadurch, daß die Sätze der Theorie unablässig anhand repräsentativer Beispiele illustriert werden. Der kundige Betrachter mag so die Konsequenzen der rahmentheoretischen Aussagen ermessen.

3. Bemerkungen zur Methodik

Methodisch ist die Arbeit auf drei Ebenen angesiedelt, die sich freilich in allen ihren Teilen überlagern: erstens die Begriffsbildung und, damit zusammenhängend, das Abstecken des Untersuchungsfeldes sowie des Geltungsbereiches der Rahmentheorie; zweitens die Beschreibung, Komparation und Deutung der einzelnen Gegenstände; drittens der Versuch einer übersichtlichen, Erkenntnisse stimulierenden Einordnung der Phänomene.

Die typologische Methode ist eine der traditionsreichsten und verbreitetesten überhaupt – dies gilt für den Bereich der Naturwissenschaften ebenso wie für den der Humanwissenschaften. Daß ihre methodologischen Voraussetzungen insbesondere anhand naturwissenschaftlicher Fragestellungen eingehender erörtert worden sind[35], mag mit einem früher entwickelten Methodenbewußtsein zusammenhängen, darf jedoch nicht zu dem Fehlschluß verleiten, sie sei dort auch eher zur Anwendung gekommen als im humanwissenschaftlichen Bereich. Sie findet sich vielmehr bereits in den ältesten überlieferten Darstellungen über die Staatsformen, unter anderem bei Platon und Aristoteles. Typologien dieser Art sind heute etwas aus der Mode gekommen, weswegen auch neuere Einordnungsversuche im Bereich der Staatsformen Seltenheitswert besitzen.[36]

---

35 Einen Überblick zur Literatur geben: Jean-Louis Chandon/Suzanne Pinson, Analyse typologique. Théories et applications, Paris 1980, S. 1 f.

36 Der letzte umfassende und systematische Versuch ist wohl Löwensteins „Verfassungslehre“: Karl Löwenstein, Verfassungslehre, 2. durch einen Nachtrag auf den neuesten Stand gebrachte Aufl., Tübingen 1969 (Original: Political Power and the Governmental Process, Chicago 1957). Die umfassende Staatsformenlehre Küchenhoffs muß aufgrund ihres juristisch-dogmatischen Ansatzes als mißglückt gelten: Erich Küchenhoff, Möglichkeiten und Grenzen begrifflicher Klarheit in der Staatsformenlehre, 2 Bde., Berlin 1967. Daneben gibt es allerdings noch eine Reihe in geringerem Ausmaße elaborierter Typologisierungsvorschläge: Gabriel Almond/G. Bingham Powell, Comparative Politics. Systems, Process and Policy, 2. überarbeitete Aufl., Boston 1978; Jean Blondel, An Introduction to Comparative Government, London 1969; Georg Brunner, Vergleichende Regierungslehre. Ein Studienbuch, Bd. 1, Paderborn u.a. 1979; Maurice Duverger, Institutions politiques et droit constitutionnel, Bd. 1: Les grandes systèmes politiques, 15. erweiterte Aufl., Paris 1978 (1953); Juan J. Linz, Totalitarian and Authoritarian Regimes, in: Fred I. Greenstein/Nelson W. Polsby (Hrsg.), Handbook of Political Science, Bd. 3: Macropolitical Theory, Reading/Mass. u. a. 1975, S. 175–411; Theo Stammen (Hrsg.), Vergleichende Regierungslehre. Beiträge zur theoretischen Grundlegung und exemplarische Einzelstudien, Darmstadt 1976. Vgl. mit weiterführenden Hinweisen: Eckhard Jesse, Demokratie – Autoritarismus – Totalitarismus. Anmerkungen zur Klassifikation politischer Systeme, in: Politische Bildung 18 (1985), H. 2, S. 3–26.

Für eine Rahmentheorie des politischen Extremismus ist die typologische Methode unentbehrlich. Bei ihren Grundbegriffen selbst nämlich handelt es sich bereits um Typen. Termini wie „politischer Extremismus", „demokratischer Verfassungsstaat", „autoritäre/totalitäre Diktatur" sind Typenbegriffe, auch wenn sie sich nur schwer der Weberschen Unterscheidung zwischen „reinen" (oder „Idealtypen") und „Durchschnittstypen" (oder: „Realtypen") einpassen. Max Weber nämlich hob unzweideutig hervor: „Ein 'Idealtypus' in unserem Sinne ist, wie noch einmal wiederholt sein mag, etwas gegenüber der wertenden Beurteilung völlig Indifferentes, er hat mit irgend einer anderen als einer rein *logischen* 'Vollkommenheit' nichts zu tun".[37]

Es sei „eine *elementare Pflicht der wissenschaftlichen Selbstkontrolle* und das einzige Mittel zur Verhütung von Erschleichungen, die logisch *vergleichende* Beziehung der Wirklichkeit auf Ideal*typen* im logischen Sinne von der wertenden *Beurteilung* der Wirklichkeit aus *Idealen* heraus scharf zu scheiden".[38] Wie Weber am Beispiel des Christentums verdeutlichte, galt ihm der „Idealtypus" als ein „logisches" Mittel zur empirisch-vergleichenden Messung der Wirklichkeit, nicht aber als eine wertgebundene und damit in gewissem Sinne vorbildhafte Größe. Sein Wissenschaftsverständnis basierte auf der Möglichkeit und Notwendigkeit einer strengen Separierung der Sphären des „Seienden" und des „Seinsollenden". In Entsprechung zu „der naturwissenschaftlichen Orientierung seiner Zeit glaubte Max Weber an die Möglichkeit objektiver Erkenntnis und unterschied scharf zwischen logischen Mitteln in der Wissenschaft aufgrund strenger Begrifflichkeit einerseits und wertenden Urteilen im praktischen Leben aufgrund weltanschaulicher Überzeugungen andererseits".[39] Die Fruchtbarkeit einer analytischen Trennung beider Sphären soll ausdrücklich anerkannt, zugleich aber die Notwendigkeit betont werden, die empirische Analyse immer auch im Hinblick auf die Frage nach „Sinn und Ziel des Politischen als einer menschenwürdigen Ordnung des sozialen Lebens"[40] zu strukturieren.

---

37 Max Weber, Die „Objektivität" sozialwissenschaftlicher Erkenntnis, in: Ders., Soziologie – Universalgeschichtliche Analysen – Politik, mit einer Einleitung von Eduard Baumgarten, hrsg. und erläutert von Johannes Winckelmann, 5. überarbeitete Aufl., Stuttgart 1973, S. 245.

38 Ebd. (Hervorhebungen im Original).

39 Helmut Gross, Grundsatzfragen sozialwissenschaftlicher Theoriebildung, in: Zeitschrift für allgemeine Wissenschaftstheorie 14 (1983), S. 1–14.

40 Fraenkel (FN 30), S. 345. Fraenkel bezeichnete es in diesem Vortrag aus dem Jahre 1963 als „das kennzeichnende Merkmal der Politikwissenschaft, wie sie sich seit 1945 in Deutschland entwickelt hat – oder besser wohl – zu entwickeln beginnt, namentlich dank der Bemühungen der Freiburger Schule, daß sie überwiegend das heroisch-asketische Bemühen Max Webers, das bewertende Element aus der Betrachtung gesellschaftlich-politischer Einrichtungen und Vorgänge auszuschalten, für sich nicht als verpflichtend und richtungsweisend anerkennt." (S. 345). Diese Aussage trifft heute in dieser Pauschalität gewiß nicht mehr zu. Was die Position Webers betrifft, ist jedoch zu beachten, daß er nicht für einen Relativismus der Überzeugungen eintrat. In dem berühmten Aufsatz über die „'Objektivität' sozialwissenschaftlicher Erkenntnis" (FN 36) heißt es auch: „Die stete Vermischung wissenschaftlicher Erörterung der Tatsachen und wertender Raisonnements ist eine der zwar noch immer verbreitetsten, aber auch schädlichsten Eigenarten von Arbeiten unseres Faches. Gegen diese Vermischung, nicht etwa gegen das Eintreten für die eigenen Ideale richten sich die vorstehenden Ausführungen. Gesinnungslosigkeit und wissenschaftliche 'Objektivität' haben keinerlei innere Verwandtschaft" (S. 197). Auf diesen Punkt weist nachdrücklich hin: Eberhard Schütt-Wetschky, Grundtypen parlamentarischer Demokratie. Klassisch-altliberaler Typ und

Normative Typenbegriffe bedürfen einer exakten Definition und Begründung ihrer werthaften Grundlagen. Sie sind empirisch insofern, als sie in Erfahrung und genauer Kenntnis einer Fülle von Einzelerscheinungen gebildet werden. Ihr methodologischer Status entspricht allerdings lediglich dem eines Hilfsmittels, dessen Sinn oder Unsinn sich allein aufgrund seiner heuristischen Funktion bestimmt: „[...]*ob* es sich um reines Gedankenspiel oder um eine wissenschaftlich fruchtbare Begriffsbildung handelt, kann a priori niemals entschieden werden; es gibt auch hier nur einen Maßstab: den des Erfolges für die Erkenntnis konkreter Kulturerscheinungen in ihrem Zusammenhang, ihrer ursächlichen Bedingtheit und ihrer *Bedeutung* ".[41]

Typusbegriffe gliedern eine Menge von Einzelerscheinungen (z. B. Staatsformen, politische Ideen) in überschaubare Einheiten und heben eine Reihe von Merkmalen hervor, die den jeweiligen Typus konstituieren. Der Typus „politischer Extremismus" knüpft an die Staatsformenlehre an. Die bekannte Dichotomie der Typen „demokratischer Verfassungsstaat" und „autoritäre/totalitäre Diktatur" erfährt eine Erweiterung, indem nun auch antidemokratische Einstellungen, Ideologien, Organisationen mit Hilfe des Extremismusbegriffs zum Gegenstand der Typusbildung gemacht werden. Auf diese Weise lassen sich antidemokratische Phänomene auf allen Ebenen ihres Wirkens erfassen.

Die typologische Methode prägt auch den dritten Arbeitsschritt. Die phänomenologische Betrachtung, d. h. die Beschreibung und Vergleichung von Einzelphänomenen, ist eng mit dem Versuch verbunden, die Formenvielfalt der Erscheinungen in überschaubare Einheiten zu gliedern. Dabei muß darauf geachtet werden, daß die Struktur der hervortretenden Objektgruppen so homogen wie möglich, ihre Zahl nur so groß wie unbedingt nötig ist.[42] Wie Jean-Louis Chandon und Suzanne Pinson in ihrer Fächergrenzen sprengenden Gesamtdarstellung hervorheben, stehen diese beiden Richtpunkte jeder typologischen Analyse in einem Spannungsverhältnis zueinander. Je kleiner die Zahl der Gruppen, desto größer ihre Homogenität.[43] Die Quint-

Fortsetzung von Fußnote 40

Gruppentyp. Unter besonderer Berücksichtigung der Kritik am „Fraktionszwang", Freiburg im Breisgau/München 1984, S. 33, Anm. 23. Siehe zu diesem Aspekt ferner: Winfried Brugger, Menschenrechtsethos und Verantwortungspolitik. Max Webers Beitrag zur Analyse und Begründung der Menschenrechte, Freiburg/München 1980. – Nichtsdestoweniger vertrat Weber die Auffassung, das Fällen von Werturteilen sei mit „wissenschaftlichem" Anspruch nicht möglich: „Nur unter der Voraussetzung des Glaubens an Werte jedenfalls hat der Versuch Sinn, Werturteile nach außen zu vertreten. Aber: die Geltung solcher Werte zu beurteilen, ist Sache des Glaubens, daneben vielleicht eine Aufgabe spekulativer Betrachtung und Deutung des Lebens und der Welt auf ihren Sinn hin, sicherlich aber nicht Gegenstand einer Erfahrungswissenschaft in dem Sinne, in welchem sie an dieser Stelle gepflegt werden soll."(ebd., S. 191) Siehe zur Problematik des Weberschen Postulats der Werturteilsfreiheit: Hella Mandt, Tyrannislehre und Widerstandsrecht. Studien zur deutschen politischen Theorie des 19. Jahrhunderts, Darmstadt/Neuwied 1974, S. 288–292.

41 Weber (FN 37), S. 237 (Hervorhebungen im Original).

42 Chandon/Pinson (FN 35), S. 4 definieren die „analyse typologique" wie folgt: „C'est une méthode d'analyse de données qui permet de grouper des objets, caractérisés par un ensemble d'attributs ou de variables, en classes non nécessairement disjointes deux à deux. Ces classes doivent être, d'une part, aussi peu nombreuses que possible et d'autre part, aussi homogènes que possible."

43 Vgl. ebd.

essenz jeder Typologie muß also darin bestehen, beide Enden der Waage in ein Erkenntnisse stimulierendes Gleichgewicht zu bringen. Denn eine zu große Zahl an Gruppen wirkt dem Ziel der Überschaubarkeit entgegen, und mangelnde Homogenität der Gruppen läßt die typologischen Grenzziehungen fragwürdig erscheinen.

Sinnvollerweise sollte zwischen Klassifikationen und Typologien unterschieden werden. Klassifikationen (im engeren Sinne) ordnen einer Menge präzise definierter Objekte eine bestimmte Zahl ebenso exakt beschriebener Merkmale zu. Je größer dabei die Zahl der Merkmale und Objekte, desto umfangreicher wird die Klassifikation. Ein einfaches Beispiel: Die Menge extremistischer Organisationen soll nach der Zahl der Mitglieder klassifiziert werden. Die Merkmale lauten: „zwei bis fünfzig Mitglieder", „51 bis 500 Mitglieder", „501 bis 100.000 Mitglieder", „100.001 bis ∞ Mitglieder". Auf diese Weise läßt sich jeder extremistischen Organisation genau ein Merkmal zuweisen. Eine einfache Klassifikation ist entstanden. Kompliziertere Klassifikationen bilden sich, wenn jedem Element mehrere Merkmale zugeordnet werden können. Für eine Klassifikation im strengen Sinne sind drei Bedingungen zu erfüllen: Sie muß eindeutig, ausschließlich und vollständig sein: „Sie ist eindeutig, wenn jedem Objekt die Merkmalsausprägung eines Merkmals zugeschrieben werden kann; sie ist ausschließlich, wenn nur eine, also nicht mehrere Ausprägungen eines Merkmals zutreffen, sie ist vollständig, wenn diese Bedingungen erfüllt sind, also kein Objekt ohne eine der Merkmalsausprägungen ist".[44]

Im Gegensatz zu Klassifikationen steht bei Typologien häufig noch offen, ob die Merkmale hinreichend und notwendig sind. Außerdem ist nicht immer sicher, inwiefern allen Objekten eine bestimmte Kombination von Merkmalen zugeordnet werden kann. Klassifikationen und Typologien kommen zumeist in ganz unterschiedlichen Analysebereichen zur Anwendung. Nicht der jeweilige Kenntnisstand, sondern die Struktur des zu erfassenden Gegenstandsbereiches entscheidet über die Wahl des einen oder des anderen. Klassifikationen, wie sie etwa aus der Botanik bekannt sind, setzen die konkrete Faßbarkeit der Gegenstände voraus. Wenn dies bereits im Bereich naturwissenschaftlicher Fragestellungen häufig Probleme aufwirft, so erst recht im humanwissenschaftlichen Kontext. Was die Rahmentheorie angeht, handelt es sich über die außerordentliche Komplexität ihrer Objekte hinaus um eine Form der Typusbildung, die schon aufgrund ihrer Abstraktionshöhe und normativen Orientierung die Bedingungen klassifizierender Erfassung nicht zu erfüllen vermag.

Typen heben charakteristisch erscheinende Merkmale eines Phänomens in einer der Erkenntnisfindung dienlichen Weise hervor. Der „Idealtypus" im Sinne Max Webers[45] stilisiert bestimmte Merkmale derart, daß ihm eine möglichst umfangreiche Klasse von Objekten zugeordnet werden kann, wobei die Merkmale der einzelnen Elemente stets nur näherungsweise dem Idealtypus entsprechen. Dem gegenüber steht der „Durchschnitts-" oder „Realtypus". Er ist ebenfalls durch eine Kombina-

44 Jürgen Friedrichs, Methoden empirischer Sozialforschung, 10. Aufl., Opladen 1980 (1973), S. 89.

45 Vgl. Weber (FN 37); ders., Wirtschaft und Gesellschaft. Grundrisse der verstehenden Soziologie, 5. revidierte Aufl., Tübingen 1972 (1921), S. 3 f., 10. Siehe zur Kritik: Von Beyme (FN 9), S. 131–137.

tion auf irgendeine Weise hervorstechender Merkmale gekennzeichnet, orientiert sich dabei aber enger an den realen Erscheinungen. Ein Beispiel aus der Staatsformenlehre soll den Unterschied verdeutlichen[46]:

Idealtypus	Demokratischer Verfassungsstaat	Totalitäre Diktatur
Realtypus	Parlamentarische Demokratie des „Westens“	Kommunistisches Einparteienregime des Ostblocks
Realsystem	Bundesrepublik Deutschland	DDR

Die Unterscheidung zwischen Ideal- und Realtypus kennzeichnet das Spektrum typologischer Analysen. Die jeweilige Ausprägung kann von Objektbereich zu Objektbereich beträchtlich variieren. Es gibt dabei keine „Patentlösungen“. Plausibilität und heuristische Fruchtbarkeit typologischer Einordnungen müssen sich von Fall zu Fall erweisen.

Das Kernstück der Rahmentheorie, die Phänomenologie, basiert jedoch noch auf anderen methodischen Voraussetzungen als denen der Typusbildung. Wegen der nicht im strengen Sinne empirisch verifizierbaren Aussagen, bedarf es umso größerer Sorgfalt im Hinblick auf die Repräsentativität der Beispiele. Folgende Kriterien liegen ihrer Auswahl zugrunde: Die verschiedenartigen Extremismen decken erstens das gesamte Spektrum vom traditionell „linken“ bis zum „rechten“ Flügel ab, inklusive möglicher Sonderformen; zweitens wurden auch Objekte in den Untersuchungsbereich aufgenommen, die a priori nicht zweifelsfrei als „extremistisch“ gelten können; drittens waren möglichst viele Subkulturen aus verschiedenen nationalen Kontexten in die Untersuchung einzubeziehen; viertens ist besonderes Augenmerk auf historische Verlaufsformen extremistischer Bewegungen gerichtet worden. Die folgende Aufstellung berücksichtigt die wichtigsten Exempla, wobei die Intensität der jeweiligen Darstellungen starken Schwankungen unterliegt. Einige (in Fettdruck aufgeführte) Fälle, die für die Analyse von besonderer Bedeutung waren, wurden – über den Text verstreut – wiederholt herangezogen. Hiervon dürfte auch der nicht mit Einzelheiten vertraute Leser profitieren.

Extremismen in freiheitlichen Demokratien: Exempla

Belgien	Maoismus, Rexismus
Deutschland	DNVP, **„Konservative Revolution“**, nationalsozialistische Bewegung, KPD, Rätekommunismus, KPD/DKP, **Maoismus**, Spontis, SRP, DRP, **NPD**, DVU, **Neonazis**, **Neue Rechte**, Revolutionäre Zellen, **RAF**, Anarchismus, Trotzkismus

46 Ein ähnliches Schema findet sich bei: Gerhard Wuthe, Die Lehre von den politischen Systemen. Ein Studienbuch in Frage und Antwort, München 1977, S. 222.

Frankreich	**Anarcho-Terrorismus**, Anarcho-Syndikalismus, Trotzkismus, PCF, **Action française**, Poujadismus, Le Pen, **G.R.E.C.E.**, Action Directe, Separatismus
Großbritannien	Mosley-Bewegung, National Front
Italien	**PCI**, MSI, Rechts-, Linksterrorismus, Maoismus, Anarchismus
Portugal	KP
Spanien	PCE, Anarcho-Syndikalismus, ETA
USA	Populismus

Der Auwahl und Darstellung der Fallbeispiele liegt eine intensive Beschäftigung mit der einschlägigen Literatur zugrunde. Primärinformationen konnten für die Analyse nicht systematisch gewonnen werden; sie fanden jedoch nach Möglichkeit dort Anwendung, wo das wissenschaftliche Schrifttum Schwächen oder Lücken aufwies.

4. Überblick zur Anlage der Arbeit

Nachdem nun einige zentrale Begriffe – wenngleich nicht alle, da ihre Definition Gegenstand der Analyse sein wird – geklärt, die leitenden Fragestellungen skizziert, erkenntnistheoretische, methodologische und methodische Probleme angerissen worden sind, schließt sich zunächst ein knapper Überblick zum Verlauf der Untersuchung an.

Eine theoretische Grundlagenstudie bedarf über die bereits im Rahmen dieser Einleitung aufgeworfenen Fragen hinaus eingehender Begründung. Das erste Kapitel bietet daher eine Bestandsaufnahme der Extremismusforschung nach vorwiegend theoretischen Gesichtspunkten. Dabei finden auch wissenschaftshistorische und -soziologische Aspekte Berücksichtigung. Obwohl das deutschsprachige Schrifttum einen gewissen Schwerpunkt bildet, bleiben internationale Dimensionen nicht unbeachtet. Manche der genannten Kritikpunkte gelten gewiß in ähnlicher Weise für andere Forschungsfelder; sie treten jedoch im Bereich der Extremismusforschung besonders gravierend und zudem kumulativ hervor. Eine eigene kleine Studie ist der verwirrenden Begriffsgeschichte zum „Extremismus" und „Radikalismus" gewidmet, deren Entwicklungslinien bis in die Gegenwart verfolgt werden. Sie ist nicht Selbstzweck, sondern dient sowohl der Aufarbeitung von Problemstellungen als auch der terminologischen Klärung.

Das eigentümliche Wechselverhältnis der Typusbegriffe „politischer Extremismus" und „demokratischer Verfassungsstaat" beleuchtet das zweite Kapitel näher. Die herkömmliche Negativbestimmung des Extremismusbegriffs über eine Minimaldefinition dessen, was den demokratischen Verfassungsstaat ausmacht (hier „definitio ex negativo" genannt), soll lediglich als Arbeitsmittel fungieren. Dennoch sind die minimalen Konstituentien des demokratischen Verfassungsstaates Gegenstand eingehender Betrachtung – ebenso wie die Konsequenzen der Negativabgrenzung für den Phänomenbereich des politischen Extremismus. Ziel der Analyse ist eine materielle Anreicherung des Extremismusbegriffs. Das Verhältnis der angestrebten „definitio ex positivo" zur herkömmlichen Negativbestimmung bleibt anfänglich offen. Das sich herauskristallisierende Begriffssystem steht auf normativen Grundlagen. Deren Begründungszusammenhang im Hinblick auf die Funktionen „Weltdeutung" und „Erkenntnisstimulierung" gilt es näher zu bestimmen. Dabei bedürfen auch erkenntnistheoretische Fragen der Erörterung.

In den Kernbereich der Untersuchung stößt das dritte Kapitel vor. Es geht darin um eine weiträumige Erfassung, Beschreibung, Komparation, Einordnung und Deutung des Spektrums politischer Extremismen in demokratischen Verfassungsstaaten. Die systematische Unterscheidung der Analysebereiche („Aggregatzustände") „Doktrin", „Organisation" und „Aktion" liegt dem Aufbau der Phänomenologie zugrunde. Diese geht vom Selbstverständnis der Extremismen aus („Innensicht"), konterkariert die Perspektive jedoch durch transzendente Beurteilungsmaßstäbe („Außensicht"). Dabei wird wenig Wert darauf gelegt, jedes Einzelphänomen in systematischer Breite zu behandeln; vor allem soll die ganze Formenfülle der Erscheinungen in den Blick geraten. Ihre politische Bedeutung ist dabei eher sekundär, die je eigentümliche Kombination von Merkmalen primär. Der Phänomenologie liegen strukturell bereits grundlegende typologische Einordnungen zugrunde. Dies ist im Interesse der Überschaubarkeit des Objektbereiches unvermeidlich; eine künstliche Grenzziehung zwischen Phänomenologie und Typologie erschiene wenig sinnvoll.

Einige zentrale, im Rahmen der Phänomenologie bereits anklingende Probleme typologischer Erfassung stehen im Mittelpunkt des vierten Kapitels. Gegenstand der Betrachtung ist zunächst das in Wissenschaft und Alltagstheorie gleichermaßen verbreitete Rechts-Links-Schema. Seine historische Entwicklung wird mit groben Strichen nachgezeichnet, wodurch die Relativität der ihm jeweils zugrundeliegenden Kriterien ans Tageslicht kommt. Es schließt sich eine Erörterung wissenschaftlicher Konzeptualisierungen an. Läßt sich die politisch-topographische Dichotomie trotz ihrer zahlreichen problematischen Eigenschaften noch fruchtbar analytisch umsetzen? Wenn ja, in welcher Form wäre sie dann im Bereich der Extremismusforschung anwendbar? Es wird ein Vorschlag präsentiert, der einer klaren Abgrenzung dient. Einen weiteren Ansatzpunkt typologischer Differenzierung bietet die schon aus der Phänomenologie bekannte analytische Differenzierung zwischen „Doktrin", „Organisation" und „Aktion". Die Vielfalt der extremistischen Phänomene kommt durch die je spezifische Art der Ausprägung und Verflochtenheit dieser drei Dimensionen zustande. Die so gebildeten Typen werden anhand repräsentativer Beispiele anschaulich gemacht. Ein letztes typologisches Problem wirft die Frage der Gefährdung seitens politischer Extremismen für die Verfassungsstaaten auf. Der Komplex ist in erster Linie von politisch-praktischer Bedeutung, weshalb er sorgfältig von der phänomenologischen (und ätiologischen) Analyse getrennt werden sollte. Die Frage bedarf der Erörterung, welche Indikatoren das jeweilige Gefahrenpotential anzeigen. Gibt es Parallelen zu der bekannten Differenzierung zwischen autoritären und totalitären Diktaturen?

Das fünfte Kapitel gründet wie das vierte auf der phänomenologischen Betrachtung. Es bietet eine Analyse der Strukturen und Funktionen extremistischer Doktrinen. Vorliegende Forschungen über die Eigenarten „totalitärer Ideologien" bilden einen sinnvollen Ausgangspunkt. Als deren Kennzeichen gelten: Absolutheitsansprüche, Dogmatismus, Totalkritik, Katastrophendenken, Millenarismus, Utopismus etc. Es ist zu prüfen, inwiefern diese Merkmale für den Bereich des politischen Extremismus insgesamt zutreffen. Sind sie einander gleichgeordnet, oder bilden sie eine Merkmalhierarchie? Welche Funktionen erfüllen extremistische Doktrinen innerhalb des Systems der Kommunikation, in das sie eingebettet sind? Stehen diese Funktionen in einem bestimmten Verhältnis zur Struktur der Doktrinen? Gibt es ein extremistisches „Syndrom", das die Abgrenzung gegenüber anderen Überzeugungssystemen erlaubt? Eine Positivbestimmung des politischen Extremismus wird abschließend präsentiert.

Die Schlußbetrachtung besteht aus drei Teilen: Im ersten werden die Ergebnisse der Untersuchung systematisch zusammengefaßt, wiewohl schon die einzelnen Kapitel mit resümierenden Ergebnissen abschließen; der zweite erläutert eine Reihe von Anwendungsmöglichkeiten und Perspektiven, die eine normative Rahmentheorie des politischen Extremismus eröffnet; der dritte nutzt die im fünften Kapitel gewonnene „definitio ex positivo", um aus diesem Blickwinkel den demokratischen Verfassungsstaat zu beleuchten. Damit wird der historisch-genetischen Reihenfolge Rechnung getragen: Denn die konstitutionellen Demokratien haben sich in einem Prozeß der Auseinandersetzung mit – zunächst quasi naturwüchsigen – Formen der Fremdbestimmung und Willkürherrschaft entfaltet. Ihr Kerngehalt läßt sich daher nur erfassen, werden die Charakteristika jener Doktrinen und Herrschaftsformen in Augenschein genommen, deren Deformationen den Prozeß ihrer Herausbildung angetrieben haben.

Erstes Kapitel

Kritik der Extremismusforschung

1. Gegenstände, Richtungen, Disziplinen

„Politikwissenschaft ist wissenschaftsgeschichtlich eine Ausnahmeerscheinung, selbst heute nur in einer Minderheit von Staaten frei betreibbar, in der Geschichte immer wieder von den Machtverhältnissen kupiert, auf Seitenbahnen gedrängt, in den Universitäten, auch wenn in scholastischen Lehrfächern fortgeführt, lange Zeit weniger als in privaten Studierstuben zu finden, vor allem auch von innen her durch Macht- und Ideologiendienerei ständig der Gefahr der Selbstkompromittierung ausgesetzt".[1] Wenn dies für die Politikwissenschaft (und andere Humanwissenschaften) zutrifft, um wieviel mehr dann erst hinsichtlich eines Forschungszweiges, dessen Gegenstand die Versuchungen und Formen der Fremdbestimmung und Willkürherrschaft selbst bilden, ihre Voraussetzungen und Erscheinungsformen, die Möglichkeiten ihrer Bekämpfung! Extremismusforschung kann nur in der relativ kleinen Zahl demokratischer Verfassungsstaaten ohne obrigkeitliche Gängelung betrieben werden. In diktatorischen Regimen, solchen totalitären Zuschnitts zumal, ist die Beschäftigung mit Fragestellungen dieser Art mit existentiellen Gefahren verbunden. Schon die empirische Vermessung und Beschreibung von Machtstrukturen in politischen Systemen stellt eine Herausforderung für die Herrschenden dar – um wievieles mehr noch die legitimationskritische Beurteilung der Herrschaftsgrundlagen.

In der Mehrzahl der heute im Weltmaßstab existierenden politischen Systeme muß die Extremismusforschung – wenn sie überhaupt existiert – mit mehr oder minder gravierenden Repressalien rechnen. Aber auch in den verbleibenden Räumen wissenschaftlicher Freizügigkeit wird sie nicht mit gleicher Intensität betrieben. Es ist sicher kein Zufall, daß bedeutende Beiträge zur Erforschung des politischen Extremismus vor allem in Staaten geleistet worden sind, deren rechts- und verfassungsstaatliche Traditionen eine kontinuierliche Entwicklung der Humanwissenschaften ermöglichten (vor allem Frankreich, Großbritannien, USA). Freilich können auch eruptive Unterbrechungen der konstitutionellen Traditionen entsprechende Forschungen stimulieren – wie vor allem die Beispiele Italiens und (West-)Deutschlands zeigen.

Der Arbeitsbereich der Extremismusforschung ist ungewöhnlich vielseitig. Über Fragestellungen wissenschaftstheoretischer Art hinaus mutet eine Auflistung grob voneinander unterscheidbarer Untersuchungsfelder wie ein Abbild des Forschungsprogramms der Politikwissenschaft insgesamt an: Der Erforschung „politischer Ideen" und ihrer Geschichte stehen die extremistischen Doktrinen als Arbeitsbereich

---

1 Erwin Faul, Politikwissenschaft im westlichen Deutschland. Bemerkungen zu Entwicklungstendenzen und Entwicklungsanalysen, in: PVS 20 (1979), S. 71–103, 83.

gegenüber. Fragen der „Regierungslehre" oder „Innenpolitik" sind angesprochen im Zusammenhang mit extremistischen Organisationen, deren innerem Aufbau, Arbeitsweise, Einflußtätigkeit innerhalb des politischen Systems. Und schließlich ist auch die „internationale Politik" betroffen – beispielsweise, wenn es um die Frage der Gestaltung von Beziehungen demokratischer Staaten zu autoritären oder totalitären Diktaturen geht. Aber damit ist das Betätigungsfeld noch nicht erschöpft: Extremismusforschung ist überhaupt nur in der Kooperation unterschiedlicher humanwissenschaftlicher Disziplinen betreibbar, insbesondere der Soziologie, Sozialpsychologie, Sozialpädagogik, Anthropologie und Politikwissenschaft, nicht zu vergessen Bemühungen staatsrechtlicher, geschichtswissenschaftlicher und philosophischer Art.[2] Als humanwissenschaftliches Forschungsfeld hat die Extremismusforschung Phänomene von außerordentlicher Komplexität zum Gegenstand. Der politische Extremismus stellt in der Tat ein „Mehrebenenproblem" dar, „Ergebnis eines Zusammenwirkens von Personen, Organisationen, politischen Institutionen und konkreten Ereignissen".[3] Die Spielarten dieses verwickelten Zusammenwirkens bilden seit jeher den Mittelpunkt des Erkenntnisinteresses und haben zur Herausbildung einer Reihe von Forschungsansätzen geführt. Sie konstituieren – insgesamt gesehen – allerdings keine kohärente Disziplin. Vielmehr ist die Extremismusforschung in zahlreiche Richtungen und Spezialbereiche zersplittert.

Die folgende Übersicht spiegelt daher keineswegs die Systematik der bisherigen Forschungen wider; angesichts der außerordentlichen Diffusität des wissenschaftlichen Areals verleiht sie dem Objektbereich klarere Konturen, um auf diese Weise der folgenden Forschungskritik eine Grundlage zu bieten. Wie die tabellarische Zusammenstellung zeigt, kann die Extremismusforschung in vier große Themenbereichen untergliedert werden. Ein erster Komplex (Punkt I) bezieht sich auf allgemeine wissenschaftstheoretische und -technische Probleme sowie auf Fragen der begrifflichen Bestimmung und Einordnung des Phänomenbereiches in ein Wertungssystem. Der Phänomenologie (Punkt II) geht es in erster Linie um eine möglichst präzise und aspektreiche Beschreibung der Einzelphänomene, wobei die immanente Betrachtung als Basis einer transzendenten Beurteilung dient. Die Phänomenologie ist immer auch bereits mit dem Versuch typologischer Einordnung verbunden. Die Ätiologie oder Ursachenforschung (Punkt III) fragt nach den Entstehungszusammenhängen extremistischer Phänomene. Sie sollte sich sinnvollerweise eng an den Ergebnissen der Phänomenologie orientieren, da die jeweilige Beschaffenheit der Einzelphänomene für die Rekonstruktion ihrer Genese von entscheidender Bedeutung ist. Dem Extremismus gilt überdies das Interesse einer politischen „Pathologie".[4]

---

2 Vgl. dazu: Uwe Backes/Eckhard Jesse, Extremismusforschung – ein Stiefkind der Politikwissenschaft, in: Wolfgang Michalka (Hrsg.), Extremismus und Streitbare Demokratie, = NPL-Beiheft 4/1987, Stuttgart 1987, S. 9–28.

3 So Max Kaase, Zu den extremistischen Potentialen in der Bundesrepublik Deutschland, in: Extremismus und Schule. Daten, Analysen und Arbeitshilfen zum politischen Rechts- und Linksextremismus, Bonn 1984, S. 94–108, 96.

4 Vgl. zu diesem Begriff: Carl Joachim Friedrich, Pathologie der Politik. Die Funktion der Mißstände: Gewalt, Verrat, Korruption, Geheimhaltung, Propaganda, Frankfurt a. M./New York 1973 (Original: The Pathology of Politics, New York 1972).

Denn im Hinblick auf die Existenzbedingungen demokratischer Verfassungsstaaten ist es lebensnotwendig, die diagnostischen Befunde mit „therapeutischen" Überlegungen zu verknüpfen (Punkt IV). Die Auseinandersetzung mit dem politischen Extremismus, die auf geistig-politischer wie administrativer Ebene angesiedelt sein sollte, darf die Tatsache nicht aus dem Auge verlieren, daß freiheitliche Demokratie und politischer Extremismus in einer Wechselbeziehung zueinander stehen und „Erfolge" der Extremisten mitunter auf Fehlentwicklungen wie Schwächen des demokratischen Verfassungsstaates hindeuten (können).

I. Wissenschaftstheoretische und -technische Grundlagen
   1. Erkenntnistheorie
   2. normative Grundlagen
   3. Methodologie
   4. Methodik

II. Phänomenologie
   1. extremistische Doktrinen: Inhalte, Strukturen, Wirkungsweise
   2. extremistische Organisationen: Formen, Aufbau, Mitglieder, Zwecke, Funktionsweise
   3. Extremisten: Herkunft, Werdegang, Einstellungen, Verbindungen, Einfluß
   4. Extremismus und politisches System: Formen der Einflußnahme, Strategien des Machterwerbs und Machterhaltes, Interaktionen, Verhältnis Ziele – Mittel
   5. internationaler Extremismus: Formen der Einflußnahme, Strategien des Machterwerbs und Machterhalts, Verhältnis Ziele – Mittel

---

III. Ätiologie
   1. individual- und sozialpsychologische Theoreme: „autoritärer Charakter", „neurotische Persönlichkeit", „überwertige Ideen" etc.
   2. soziologische Theoreme: „Devianz", „Statusinkonsistenz", „Deprivation", „Wertewandel" etc.
   3. politikwissenschaftliche Theoreme: „Interaktionismus", extremistische „Karriere", „totalitäre Ideologie", „Spätkapitalismus" etc.

IV. Therapien
   1. Bekämpfung der Ursachen (s.o.); sozialpädagogische, sozialpsychologische, soziologische, politikwissenschaftliche, staatsrechtliche, philosophische Lösungskonzepte
   2. Bekämpfung mit den Mitteln des Strafrechts; administrative Maßnahmen
   3. geistig-politische Auseinandersetzung

Mag es auch analytisch sinnvoll erscheinen, die vier großen Gegenstandsbereiche sorgfältig auseinanderzuhalten, so fließen in der Forschungspraxis die verschiedenen Ebenen dennoch meist ineinander. Dabei wird immer wieder übersehen, daß die vier

Sektoren gleichzeitig Etappen der Annäherung an den Gegenstand bilden: Einer sinnvollen Therapie muß die Diagnose vorausgehen. Die Ätiologie hinge ohne vorherige Bestimmung der Einzelphänomene im „luftleeren Raum". Und eine Phänomenologie setzt die Reflexion über die normativen Grundlagen ihrer Objekte und Objektgruppen voraus. Diese logische Kette wird in der Forschung nicht immer in ausreichendem Maße beachtet. Sie könnte (und sollte) aber gerade Grundlage einer gestuften Theoriebildung sein, die von der Konstituierung eines normativen Rahmenwerkes zu den verschiedenen Ebenen explanativer Hypothesenformulierung Schritt für Schritt voranschreitet.

2. *„Extremismus": Fiktion oder Realität?*

Die zuvor skizzierte Systematik einer Extremismusforschung, wie man sie betreiben könnte, steht in beträchtlichem Kontrast zur Verworrenheit der tatsächlichen Situation. Im folgenden werden zunächst einige zentrale Argumente der Grundsatzkritik am Extremismusbegriff referiert und kritisiert. Eine Darstellung des bisherigen Forschungsverlaufs in der Bundesrepublik Deutschland unter extremismustheoretischer Perspektive schließt sich an. Danach folgt eine Erörterung bedeutender internationaler Beiträge zur Grundlagendiskussion.

2.1 Topoi der Grundsatzkritik am Extremismusbegriff

Eine normative Rahmentheorie des politischen Extremismus steht im Spannungsfeld gegenläufiger Strömungen der politikwissenschaftlichen Forschung. Es sind insbesondere zwei einflußreiche Tendenzen, die starke Zweifel gegenüber der Anerkennungswürdigkeit und/oder Zweckmäßigkeit eines „normative" und „empirisch-analytische" Intentionen verbindenden Begriffs anmelden: Die eine verdankt ihre Inspiration nicht zuletzt dem Marxismus, die andere dem Szientismus.

Die These läßt sich anhand des Umgangs der beiden Richtungen mit dem Extremismusbegriff begründen. Insbesondere marxistisch inspirierte Autoren machen folgende Einwände geltend: Der Begriff des Extremismus vergleiche, ja: identifiziere „Unvergleichbares", tauge folglich nicht zur analytischen Kategorie.[5] Die „Existenz- und Erfolgsbedingungen [linker, U.B.] Antikapitalistischer und [rechter, U.B.] Antidemokratischer Parteien" seien „augenscheinlich sehr verschieden, die Sammelbezeichnung 'extremistische Parteien von rechts und links'" erweise sich daher als

5 Ein Vorwurf, der gegenüber den Begriffen „Extremismus", „Radikalismus" und „Totalitarismus" gleichermaßen erhoben wird. So etwa: Helga Grebing, Rechtsradikalismus gleich Linksradikalismus. Eine falsche Gleichung, Stuttgart 1971. In besonders platter Form gegenüber dem Totalitarismusbegriff: Reinhard Kühnl, Zur politischen Funktion der Totalitarismustheorien in der BRD, in: Martin Greiffenhagen/Reinhard Kühnl/Johann Baptist Müller, Totalitarismus. Zur Problematik eines politischen Begriffs, München 1972, S. 7–21.

„wenig hilfreich".[6] Der Extremismusbegriff entstamme dem „Irrgarten der Kampfbegriffe"[7], basiere auf der Unterscheidung zwischen Freund und Feind, grenze bestimmte Meinungen, Einstellungen, Überzeugungen als „unschicklich" aus und stigmatisiere deren Träger.[8] Von Kräften politischer „Repression" instrumentalisiert, diene er den Inhabern staatlicher Definitionsgewalt bei der Bekämpfung unliebsamer politischer Strömungen.

Die Kritik am Extremismusbegriff ist nur die eine Seite der Medaille; die andere besteht in der Auseinandersetzung mit dem demokratischen Verfassungsstaat. Er firmiert hier – pejorativ – als ein System, das strukturell den Interessen des „Bürgertums" entgegenkomme oder gar entspreche. Wenngleich man die Vorzüge „bürgerlicher" Freiheitsgarantien nicht pauschal leugnet, gilt die „kapitalistische" Wirtschaftsstruktur als ein entscheidendes Hindernis für die Entwicklung „echter" Demokratie. Sie müsse alle Lebensbereiche des Menschen durchdringen: die politischen Institutionen ebenso wie die Privatsphäre, die Binnenstruktur gesellschaftlicher Organisationen ebenso wie das Wirtschaftsleben.[9] Aus dieser Sicht kann das „bürgerliche" System – bei wohlwollender Betrachtung – allenfalls als eine Entwicklungsstufe hin zu einer vollgültigen Demokratie gelten. „Antidemokratisch" sind nach dieser Logik nur solche politischen Kräfte, denen selbst das „bürgerliche" System in seiner Freiheitsentfaltung zu weit geht. Das „antikapitalistische" Bekenntnis entspricht dagegen einem demokratischen Gütesiegel. Die Ablehnung des Extremismusbegriffs und die vornehmlich marxistisch inspirierte Fundamentalkritik am demokratischen Verfassungsstaat gehen also Hand in Hand.

Auf einer anderen argumentativen Ebene ist der Einwand angesiedelt, der Begriff des „Extremismus" verquicke politische mit wissenschaftlichen Intentionen, tauge daher nicht für die Verwendung im Rahmen wissenschaftlicher Terminologie.[10] Diese Argumentationsfigur hat sich in der Auseinandersetzung mit dem Totalitarismusbegriff herausgebildet. Peter Christian Ludz charakterisierte ihn als Instrument politischer Auseinandersetzung: „Totalitarismus ist [...] stets ein politischer Begriff. [...] Unkritisch-wertende und analytische Elemente sind im Begriff des Totalitarismus

---

6 So Richard Stöss, Einleitung: Struktur und Entwicklung des Parteiensystems der Bundesrepublik – Eine Theorie, in: Ders. (Hrsg.), Parteien-Handbuch. Die Parteien der Bundesrepublik Deutschland 1945–1980, Bd. 1: AUD bis EFP, Opladen 1983, S. 17–309, 304.

7 So Wolf-Dieter Narr, Radikalismus/Extremismus, in: Martin Greiffenhagen (Hrsg.), Kampf um Wörter? Politische Begriffe im Meinungsstreit, München/Wien 1980, S. 366–375, 374.

8 Vgl. Peter Dudek, Konzepte und Strategien staatlicher Rechtsextremismusbekämpfung, in: Widersprüche, 1985, H. 16, S. 65–73; Wilfried von Bredow, Extremismus und politische Tabus, in: Liberal 21 (1979), S. 907–919.

9 Zum Demokratieverständnis der genannten Autoren stellvertretend: Wolf-Dieter Narr/Frieder Naschold, Theorie der Demokratie, 2. Aufl., Stuttgart 1973 (1971).

10 Bei marxistisch beeinflußten Autoren herrschen Argumentationsmuster dieser Art vor. Freilich beschränken sie sich nicht auf diesen Personenkreis, sondern sind längst „salonfähig" geworden. In differenzierterer Form findet sich die Argumentation bei: Hans-Gerd Jaschke, Extremismusforschung. Möglichkeiten und Grenzen, unveröffentlichtes Manuskript, 1986. Siehe dazu: Backes/Jesse (FN 2).

eine Verbindung eingegangen."[11] In der Tat konnte Ludz in der Auseinandersetzung also mit den Arbeiten führender Totalitarismustheoretiker ungeprüfte Wertprämissen in deren Analysen nachweisen. Hatte er ursprünglich die Absicht verfolgt, vorhandene Totalitarismustheorien durch die Konfrontation mit neueren Forschungen zu prüfen und gegebenenfalls zu modifizieren, so gewann er mehr und mehr die Überzeugung, wissenschaftliche Analysen sollten auf das Fällen von Werturteilen verzichten und der Totalitarismusbegriff sei wegen seiner Verschränkung empirischer und normativer Elemente aufzugeben.[12]

Ludz fühlte sich in dieser Auffassung durch die in den Vereinigten Staaten dominierenden wissenschaftstheoretischen Orientierungen bestätigt, die sich in den sechziger Jahren auch in der Bundesrepublik auszubreiten begonnen hatten.[13] Diese szientistischen Forschungsrichtungen plädieren für eine Beschränkung wissenschaftlicher Erörterungen auf die Sphäre des Seins. Moderne Sozialwissenschaft müsse dem Vorbild der Naturwissenschaften folgen. Sein und Sollen seien strikt voneinander zu trennen; nur das Seiende könne Gegenstand wissenschaftlichen Erkenntnisstrebens sein. Nach dieser Auffassung soll der Sozialwissenschaftler Erscheinungen durch die Eruierung ihrer „Ursachen" „erklären". Dazu werden Hypothesen formuliert, mit der Wirklichkeit konfrontiert und je nach Bedarf modifiziert oder verworfen. Gemäß dem Vorbild des Naturwissenschaftlers soll sich auch der Humanwissenschaftler durch die Ansammlung von Detailwissen stückweise der Wirklichkeit nähern.[14] Die zu formulierenden Hypothesen entsprächen somit sämtlich der „wenn ..., dann ..."-Form.

---

11 Peter Christian Ludz, Entwurf einer soziologischen Theorie totalitär verfaßter Gesellschaften (1964), in: Bruno Seidel/Siegfried Jenkner (Hrsg.), Wege der Totalitarismus-Forschung, 3. Aufl., Darmstadt 1974 (1967), S. 532–599, 532 f.

12 Vgl. dazu die Ausführungen in: Ludz, Parteielite im Wandel, Funktionsaufbau, Sozialstruktur und Ideologie der SED-Führung. Eine empirisch-systematische Untersuchung, 3. durchgesehene Aufl., Köln/Opladen 1970 (1968), S. 10–20 („Metatheoretische Vorfragen" [„Totalitarismus", „Zur Frage nach den Bedingungen der Möglichkeit empirisch-soziologischer Analysen in kommunistisch verwalteten Gesellschaftssystemen", „Der Positivismusvorwurf"]).

13 Zur Entwicklung der westdeutschen Politikwissenschaft nach 1945 siehe vor allem den Überblick bei: Faul (FN 1). Der Beitrag setzt sich unter anderem mit folgenden beiden Studien auseinander: Hans Kastendiek, Die Entwicklung der westdeutschen Politikwissenschaft, Frankfurt a. M. 1977; Hans-Joachim Arndt, Die Besiegten von 1945. Versuch einer Politologie für Deutsche samt Würdigung der Politikwissenschaft in der Bundesrepublik Deutschland, Berlin 1978. Siehe zu den historischen Bedingungsfaktoren der westdeutschen Politikwissenschaft ferner: Klaus Günther, Politisch-soziale Analyse im Schatten von Weimar, Frankfurt a. M./Bern/New York 1985. Einige Ergebnisse dieser Studie sind zusammengefaßt in folgendem Beitrag: Ders., Politikwissenschaft in der Bundesrepublik und die jüngste deutsche Geschichte, in: Klaus von Beyme (Hrsg.), Politikwissenschaft in der Bundesrepublik Deutschland. Entwicklungsprobleme einer Disziplin, Opladen 1986, S. 27–40.

14 Vgl. zum Wissenschaftsprogramm des „kritischen Rationalismus": Karl R. Popper, Die Logik der Sozialwissenschaften (1961), in: Theodor W. Adorno u. a., Der Positivismusstreit in der deutschen Soziologie, 10. Aufl., Darmstadt/Neuwied 1982 (1969), S. 103–123 und die übrigen Beiträge dieses Sammelbandes. Zur – konstruktiven – Kritik: Helmut F. Spinner, Popper und die Politik. Rekonstruktion und Kritik der Sozial-, Polit- und Geschichtsphilosophie des kritischen Rationalismus, Bd. 1: Geschlossenheitsprobleme, Berlin/Bonn 1978. Zum Behavioralismus und seinen verschiedenen Strömungen: Jürgen W. Falter, Der 'Positivismusstreit' in der amerikanischen Poli-

Die Verbreitung szientistischer Wissenschaftskonzepte trug zur Diskreditierung normativer Typusbegriffe wie „Extremismus“ und „Totalitarismus“ bei. Der Effekt erfuhr noch dadurch eine Verstärkung, daß sich dem Marxismus verpflichtete Autoren die Kritik am „politischen“ Charakter dieser Konzepte zu eigen machten – allerdings mit einer anderen Begründung: Die Totalitarismustheorie habe in der Bundesrepublik zur „Integrationsideologie des neuen Staates“[15] werden können, weil sie Nationalsozialismus und Kommunismus als „wesensgleich“[16] beschrieb und es so ermöglichte, die Ablehnung des NS–Systems und den Kampf gegen den Kommunismus auf eine Stufe zu stellen. Normative Typusbegriffe gelten nach dieser Logik als Instrumente der ideologischen Rechtfertigung. Unterschiedlich argumentierend, kommen marxistisch und szientistisch orientierte Strömungen also schließlich zu demselben Ergebnis. Parallel zu der von Karl Dietrich Bracher vielfach diagnostizierten „Tabuisierung des Totalitarismusbegriffs“[17], die allerdings mittlerweile aufgebrochen scheint[18], könnte man in diesem Zusammenhang durchaus auch von dem Versuch einer Tabuisierung des Extremismusbegriffs sprechen.[19]

Die marxistische und szientistische Fundamentalkritik am Extremismusbegriff führt faktisch zu dem kuriosen Tatbestand, daß eine nicht ganz unbedeutende Zahl wissenschaftlicher Diskussionsteilnehmer den Gegenstandsbereich der Extremismusforschung zur Fiktion degradiert – als schaffe er lediglich eine Scheinwelt. Man könnte darüber leicht hinweggehen, resultiert diese Art der Reaktion doch aus der Struktur normativer Typusbegriffe, deren Akzeptanz zweierlei voraussetzt: die Anerkennung des Sollens als eine wissenschaftlicher Erörterung zugängliche Sphäre; ein Grundkonsens im Hinblick auf elementare Werte. Die Vorbehalte gegenüber dem Extremismusbegriff sind jedoch insofern keine Bagatelle, als sie (zumindest partiell) die fundamentalen Werte und Spielregeln des demokratischen Verfassungsstaates betreffen.

Freilich bestimmen nicht nur wissenschaftstheoretisch fundierte Argumente den öffentlichen Diskurs. Modische Strömungen, Opportunismen, Rücksichtnahme auf Mehrheitsauffassungen und Konzessionen an den „Zeitgeist“ dringen auch in akademische Zirkel vor. Mußte nicht, wer in der Phase der „Entspannung“ zwischen Ost und West am Totalitarismuskonzept festhielt, als „kalter Krieger“ gelten? Und gerät derjenige nicht in Verdacht, einem „primitiven Antikommunismus“ zu frönen, der Kommunisten und Rechtsextremisten unter einer gemeinsamen begrifflichen

---

Fortsetzung von Fußnote 14
tikwissenschaft. Entstehung, Ablauf und Resultate der sogenannten Behavioralismus-Kontroverse in den Vereinigten Staaten 1945–1975, Opladen 1982.

15 Kühnl (FN 5), S. 14.

16 Ebd., S. 13.

17 Karl Dietrich Bracher, Zeitgeschichtliche Kontroversen. Um Totalitarismus, Faschismus, Demokratie, 5. veränderte und erweiterte Aufl., München/Zürich 1984 (1976), S. 134.

18 Vgl. Uwe Backes/Eckhard Jesse, Totalitarismus – Extremismus – Terrorismus. Ein Literaturführer und Wegweiser im Lichte deutscher Erfahrung, 2. aktualisierte und erweiterte Aufl., Opladen 1985 (1984), S. 47–102, 307–315.

19 Vgl. Backes/Jesse (FN 2).

Kategorie zusammenfaßt? Die größere intellektuelle Faszination marxistischer Theoreme im Vergleich zu rechtsextremen Ideen wirkt in diese Richtung – und auch die verbreitete Neigung, dem Kommunismus seine „humanitären Ziele" zugute zu halten und großzügig über die politische Praxis hinwegzusehen.

Wie immer man die Argumente und Beweggründe, die zur Ablehnung des Extremismusbegriffs und seiner theoretischen Implikationen führen, einschätzen mag: Wer von „Extremismusforschung" spricht, muß sich des Grundlagendissenses bewußt sein. Hierin liegt einer der Hauptgründe für das Fehlen einer „scientific community" der Extremismusforscher. Stellt sich die „Extremismusforschung" in der Wissenschaftspraxis doch als ein Konglomerat verselbständigter, gegen Einflüsse von „außen" abgeschotteter Forschungsbereiche dar – ohne Koordination, ohne hinreichendes theoretisches Fundament. Die In-Frage-Stellung des Gegenstandsbereiches hat bisher keine intensivere Grundlagenforschung ausgelöst.

2.2 Forschungsentwicklung und Extremismustheorie in der Bundesrepublik Deutschland

Dies mag prima facie für die Bundesrepublik Deutschland erstaunen, dominierten doch nach 1945 zunächst normative Forschungskonzepte. Die an den Universitäten neu eingerichtete Politikwissenschaft stellte sich in den Dienst des „reeducation"-Programms und betonte ihre Rolle als „Demokratiewissenschaft".[20] Auch waren deutsche Emigranten (Hannah Arendt, Carl Joachim Friedrich, Waldemar Gurian, Hans Kohn, Gerhard Leibholz, Franz Neumann) maßgeblich an der Entwicklung von Totalitarismuskonzeptionen beteiligt .[21] Einige von ihnen kehrten nach 1945 – zumindest zeitweilig – an (west-)deutsche Universitäten zurück. Sie waren aufgrund ihres Erfahrungshorizontes und ihrer wissenschaftlichen Interessen prädestiniert, ein umfassendes Bild jener Ideen und Bestrebungen zu entwerfen, die der Herausbildung demokratischer Verfassungsstaaten bis in die Gegenwart hinein hartnäckigen Widerstand leisteten. Und in der Tat sind von diesen Pionieren bedeutende Arbeiten vorgelegt bzw. inspiriert worden, denkt man an die Beiträge Carl Joachim Friedrichs zum modernen Konstitutionalismus[22], Ernst Fraenkels zur Pluralismustheorie oder

---

20 Siehe dazu die in FN 13 genannten Titel.

21 Vgl. die im Sammelband von Seidel/Jenkner (FN 11) enthaltenen Beiträge der genannten Autoren. Ferner (weil dort nicht repräsentiert): Franz Neumann, Demokratischer und autoritärer Staat. Beiträge zur Soziologie der Politik, Frankfurt a. M. 1967 (Original: The Democratic and the Authoritarian State, New York 1957); ders., Behemoth. Struktur und Praxis des Nationalsozialismus 1933–1944, hrsg. und mit einem Nachwort versehen von Gert Schäfer, Frankfurt a. M. 1984 (Original: Behemoth. The Structure and Practice of National Socialism, New York 1942). In diesem Zusammenhang auch von Interesse: Ernst Fraenkel, Der Doppelstaat. Recht und Justiz im „Dritten Reich", Frankfurt a. M. 1974 (Original: The Dual State, New York 1941).

22 Siehe etwa: Carl Joachim Friedrich, Demokratie als Herrschafts- und Lebensform, 2. Aufl., Heidelberg 1966 (1959); ders., Der Verfassungsstaat der Neuzeit, Berlin/Göttingen/Heidelberg 1953 (Original: Constitutional Government and Democracy. Theory and Practice, Boston 1950); ders.,

Hannah Arendts zur Phänomenologie des Antisemitismus und der Revolution.[23] Beide stehen zugleich für eine Wissenschaftlergeneration, deren Interesse sich stark auf die Herausbildung der totalitären Bewegungen des 20. Jahrhunderts richtete. Hier wiederum waren es besonders die geistigen Voraussetzungen und Strukturen der bolschewistischen Regimebildung in Rußland und der nationalsozialistischen in Deutschland, die im Vordergrund vergleichender Betrachtungen standen.[24]

So notwendig die intensive Beschäftigung mit jenen als völlig neuartig empfundenen Herrschaftsformen und ihrer verblüffenden geistes- wie machtstrukturellen Parallelen auch erschien, waren diese Forschungen doch durch spezifische, aus der historischen Situation heraus verständliche, Sichtverengungen gekennzeichnet: Die Bedeutung zentralistisch-hierarchischer Entscheidungsabläufe innerhalb des NS-Systems wurde überschätzt, seine Kurzlebigkeit, sein permanenter Ausnahmecharakter nicht ausreichend in Rechnung gestellt.[25] Die Dynamik der Regime, insbesondere die inneren Veränderungen des Sowjetstaates nach Stalins Tod, ließ sich durch

---

Fortsetzung von Fußnote 22

Art. „Constitutions and Constitutionalism, in: David L. Sills (Hrsg.), International Encyclopedia of the Social Sciences, Bd. 3, New York/London 1968, S. 318–326; ders., Die Staatsräson im Verfassungsstaat, Freiburg 1961 (Original: Constitutional Reason of State. The Survival of the Constitutional Order, Providence 1957).

23 Siehe vor allem: Hannah Arendt, Elemente und Ursprünge totaler Herrschaft, I. Antisemitismus, II. Imperialismus, III. Totale Herrschaft, München/Zürich 1986 (Original: The Origins of Totalitarianism, New York 1951); dies., Über die Revolution, München 1963 (Original: On Revolution, New York 1963); Ernst Fraenkel, Deutschland und die westlichen Demokratien, 7. Aufl., Stuttgart/Berlin/Köln/Mainz 1979 (1964).

24 Vgl. Arendt (FN 23); dies., Ideologie und Terror: Eine neue Staatsform (1953), in: Seidel/Jenkner (FN 11), S. 133–167; Friedrich, Der einzigartige Charakter der totalitären Gesellschaft (1954), in: Seidel/Jenkner (FN 11), S. 179–196; Friedrich/Zbigniew Brzezinski, Die allgemeinen Merkmale der totalitären Diktatur (1965); dies., Die Stufen der Entwicklung und die Zukunft (1965), jeweils in: Seidel/Jenkner (FN 11), S. 600–617, 618–634; Friedrich, The Evolving Theory of Totalitarian Regimes, in: Ders./Michael Curtis/Benjamin R. Barber, Totalitarianism in Perspective: Three Views, New York/Washington/London 1969, S. 123–164; ders., Totalitarianism: Recent Trends, in: Problems of Communism 17 (1968), S. 32–43; ders., The Changing Theory and Practice of Totalitarianism, in: Il Politico 33 (1968), S. 53–76.

25 Zur Kritik theoretischer Schlußfolgerungen im Hinblick auf das NS-System siehe besonders: Peter Hüttenberger, Nationalsozialistische Polykratie, in: GG 2 (1976), S. 417–442; Peter Diehl-Thiele, Partei und Staat im Dritten Reich. Untersuchungen zum Verhältnis von NSDAP und allgemeiner innerer Staatsverwaltung 1933–1945, München 1969, insbes. S. 8–14; Hans Mommsen, Nationalsozialismus oder Hitlerismus?, in: Michael Bosch (Hrsg.), Persönlichkeit und Struktur in der Geschichte. Historische Bestandsaufnahme und didaktische Implikationen, Düsseldorf 1977, S. 62–71; ders., Art. Nationalsozialismus, in: Claus D. Kernig (Hrsg.), Sowjetsystem und demokratische Gesellschaft. Eine vergleichende Enzyklopädie, Bd. IV, Freiburg/Basel/Wien 1971, Sp. 695–713. Zur Diskussion generell: Ian Kershaw, Der NS-Staat. Geschichtsinterpretationen und Kontroversen im Überblick, Reinbek bei Hamburg 1988 (Original: The Nazi Dictatorship. Problems and Perspectives of Interpretation, London 1985); Gerhard Schreiber, Hitler. Interpretationen, 1923–1983. Ergebnisse, Methoden und Probleme der Forschung, 2. Aufl., Darmstadt 1988 (1984).

die relativ statischen Merkmalskataloge dieser Totalitarismuskonzepte nicht angemessen erfassen[26] – ihr Anspruch war daher häufig zu hoch gesteckt. Die Konzentration auf Extremformen der Herrschaftsausübung erschwerte eine sinnvolle Gewichtung und Einordnung antidemokratischer Strömungen und Regimebildungen. Der erkenntnistheoretische Status der Totalitarismuskonzepte wurde nicht hinreichend reflektiert, so daß man ihnen teilweise explanative und prognostische Qualitäten bescheinigte, obwohl es sich in erster Linie um umfassendere Deutungssysteme handelte, die lediglich Grundlage „erklärender" und „voraussagender" Hypothesen sein können.

Die Dominanz der Totalitarismuskonzepte in der Diskussion trug unbeabsichtigterweise dazu bei, daß umfassendere extremismustheoretische Studien ausblieben: Die Fixierung auf jene Phänomene, die auf denkbar radikale Art mit allen freiheitlichen Traditionen des Okzidents brachen, verkürzte das real vorfindbare Spektrum antidemokratischer (oder besser noch: antikonstitutioneller) Formen um wesentliche Komponenten. Die seit Noltes bahnbrechender Studie[27] verstärkt einsetzende Beschäftigung mit den Faschismen der Zwischenkriegszeit brachte eine Vielfalt unterschiedlicher Ausprägungen und Varianten an den Tag und widerlegte die von manchen Totalitarismuskonzepten suggerierte Uniformität nachhaltig. Mehr und mehr deutlich wurde auch die Notwendigkeit, sorgfältiger als bisher zwischen Extremisten

---

26 Aufgrund seiner Betonung der Komponenten „revolutionäre Dynamik" und „Ideologie" kann für Richard Löwenthal die heutige Sowjetunion nur mehr als „posttotalitär" gelten: Ders., Totalitäre und demokratische Revolution (1960), in: Seidel/Jenkner (FN 11), S. 359–381; ders., Entwicklung contra Utopie. Das kommunistische Dilemma, in: Der Monat 22 (1970), H. 266, S. 60–84; ders., Nachwort des Verfassers, in: Ders., Weltpolitische Betrachtungen. Essays aus zwei Jahrzehnten, Göttingen 1983, S. 309–311; ders., Die Auflösung des leninistischen Totalitarismus, in: Dieter Hasselblatt (Hrsg.), Orwells Jahr – Ist die Zukunft von gestern die Gegenwart von heute?, Frankfurt a. M. u. a. 1983, S. 204–269. Diese Position wird geteilt von: Pierre Hassner, Le totalitarisme vu de l'ouest, in: Guy Hermet/Pierre Hassner/Jacques Rupnik (Hrsg.), Totalitarismes, Paris 1984, S. 15–43. Eine ähnliche Position wie Löwenthal vertritt: Martin Drath, Totalitarismus in der Volksdemokratie (1958), in: Seidel/Jenkner (FN 11), S. 310–358.

27 Bahnbrechend nicht nur im Hinblick auf die dort aufgestellten Thesen, sondern auch – und damit zusammenhängend – angesichts der zahlreichen Impulse, die die wissenschaftliche Diskussion erhielt: Ernst Nolte, Der Faschismus in seiner Epoche. Die Action Française – Der italienische Faschismus – Der Nationalsozialismus, 5. Aufl., München/Zürich 1979 (1964). Die Faschismusdiskussion von den zwanziger bis zu den sechziger Jahren ist dokumentiert und kommentiert bei: Ders. (Hrsg.), Theorien über den Faschismus, 6. Aufl., Königstein/Ts. 1984 (1967). Für die neuere Diskussion siehe folgende Bände: Pierre Milza, Les fascismes, Paris 1985; Nolte, Die faschistischen Bewegungen. Die Krise des liberalen Systems und die Entwicklung der Faschismen, 7. Aufl., München 1979 (1966), Hans Rogger/Eugen Weber, The European Right. A Historical Profi le, Berkeley/Los Angeles 1965; Wolfgang Schieder (Hrsg.), Faschismus als soziale Bewegung. Deutschland und Italien im Vergleich, 2. Aufl., Göttingen 1983 (1976); Gerhard Schulz, Faschismus – Nationalsozialismus. Versionen und theoretische Kontroversen 1922–1972, Frankfurt a. M./Berlin/Wien 1974; Hans-Ulrich Thamer/Wolfgang Wippermann, Faschistische und neofaschistische Bewegungen, Darmstadt 1977; Wolfgang Wippermann, Europäischer Faschismus im Vergleich (1922–1982), Frankfurt a. M. 1983. Zur Diskussion generell: Renzo De Felice, Die Deutungen des Faschismus, Göttingen/Zürich 1980 (Original: Le interpretazioni del fascismo, Rom 1969); Schreiber (FN 25).

an und jenseits der Macht zu differenzieren. Extremistische Organisationen in demokratischen Verfassungsstaaten unterliegen ganz anderen Handlungsbedingungen als die Trägergruppen autoritärer und totalitärer Regime – vice versa gilt dies ebenso. Außerdem kann man vom politischen Ideen- und Waffenarsenal in Demokratien wirkender extremistischer Gruppierungen nur sehr schwer – und natürlich nur spekulativ – auf die gegebenenfalls zu erwartende Regimestruktur schließen.[28] Ergebnisse aus dem Vergleich totalitärer Systeme übertrug man oft leichtfertig auf antidemokratische Gruppierungen in toto. Der Ausnahme- wurde für den Normalfall genommen. Und umgekehrt mochte die starke Konzentration auf totalitäre Regime zur Unterschätzung der in den stabilen Nachkriegsdemokratien wirkenden extremistischen Kräfte führen.

Wenn die Totalitarismusforschung auch zur Verhinderung einer breiter gelagerten Extremismusforschung beigetragen hat, gab es in der Aufbauphase dennoch gewichtigere Gründe für das Ausbleiben von Grundlagenstudien in diesem Bereich: solche politisch- und wissenschaftspraktischer Art. Was die politische Praxis betrifft, entwickelte sich die zweite deutsche Demokratie, deren Hege und Pflege die politikwissenschaftliche Gründergeneration betrieb, wider Erwarten ohne ernsthaftere Anfechtungen von seiten ihrer Gegner. Organisationen extremistischer Stoßrichtung waren nur im ersten Deutschen Bundestag vertreten.[29] Wie die Verbotsurteile gegen

---

28 Daher ist folgende Aussage fragwürdig: „Totalitäre Regime sind die charakteristischen Organisationsformen von Staaten nach deren Eroberung durch extremistische Bewegungen." So Erwin K. Scheuch, Politischer Extremismus in der Bundesrepublik, in: Richard Löwenthal/Hans-Peter Schwarz (Hrsg.), Die zweite Republik. 25 Jahre Bundesrepublik Deutschland – eine Bilanz, 2. Aufl., Stuttgart 1974, S. 433–469, 463 (Anm. 1).

29 Zur Situation des Links- und Rechtsextremismus im westlichen Deutschland von Kriegsende bis in die Gründungsphase der Bundesrepublik Deutschland siehe folgende Studien: Siegfried Bahne, Der „Trotzkismus" in Geschichte und Gegenwart, in: VHfZG 15 (1967), S. 56–86; Günter Bartsch, Anarchismus in Deutschland, 3 Bde., Hannover 1972/73; Alexander von Brünneck, Politik und Verfolgung der KPD seit 1948, in: Die Linke im Rechtsstaat, Bd. 1: Bedingungen sozialistischer Politik 1945–1965, Berlin 1976, S. 211–235; ders., Politische Justiz gegen Kommunisten in der Bundesrepublik Deutschland 1949–1968, Frankfurt a. M. 1978; Peter Dudek/Hans-Gerd Jaschke, Entstehung und Entwicklung des Rechtsextremismus in der Bundesrepublik. Zur Tradition einer besonderen politischen Kultur, 2 Bde., Opladen 1984; Manfred Jenke, Verschwörung von rechts? Ein Bericht über den Rechtsradikalismus in Deutschland nach 1945, Berlin 1961; Hans Kluth, Die KPD in der Bundesrepublik. Ihre politische Tätigkeit und Organisation 1945–1956, Köln/Opladen 1959; Hans-Helmuth Knütter, Ideologien des Rechtsradikalismus im Nachkriegsdeutschland. Eine Studie über die Nachwirkungen des Nationalsozialismus, Bonn 1961; Rechtsradikalismus im Nachkriegsdeutschland. Studien über die „Sozialistische Reichspartei" (SRP). Erste Studie: Otto Büsch, Geschichte und Gestalt der SRP. Zweite Studie: Peter Furth, Ideologie und Propaganda der SRP, mit einer Einleitung von Eugen Fischer-Baling, 2. Aufl., Köln/Opladen 1967 (1957); Dietrich Staritz, KPD und Kalter Krieg bis 1950, in: Die Linke im Rechtsstaat, Bd. 1: Bedingungen sozialistischer Politik 1945–1965, Berlin 1976, S. 195–210; Kurt P. Tauber, Beyond Eagle and Swastika. German Nationalism since 1945, 2 Bde., Middletown/Conn. 1967; Hilmar Toppe, Der Kommunismus in Deutschland, 3. Aufl., München 1962. Ferner die entsprechenden Abschnitte im Stössschen Parteien-Handbuch (FN 6).

die neonazistische SRP (1952) und die KPD (1956) zeigten[30], ging die junge Demokratie streitbar gegen ihre Widersacher vor. Das Schicksal der Weimarer Republik stand der politischen Gründergeneration als mahnendes Exempel vor Augen. Eine ähnliche Entwicklung in der Bundesrepublik zu verhindern, gehörte zu ihren zentralen Zielsetzungen. Im Hinblick auf die Wissenschaftspraxis befand sich die Politikwissenschaft erst in ihrer Aufbauphase – das Relevanzproblem stellte sich umso dringlicher; in vielen anderen Bereichen, die einstweilen als vorrangig galten, war Versäumtes nachzuholen, so daß größere Forschungsvorhaben zum politischen Extremismus die Ausnahme blieben.[31]

Diese Situation änderte sich jedoch Mitte der sechziger Jahre grundlegend. Zum einen sorgte die 1964 gegründete NPD, ein Sammelbecken national-konservativer bis rechtsextremer Kräfte, durch spektakuläre Landtagswahl-Erfolge für Aufsehen in der Öffentlichkeit des In- und Auslandes.[32] Zum anderen machte sich an den Universitäten mehr und mehr eine Renaissance marxistischer und anarchistischer Ideen bemerkbar, die, von intellektuellen Zirkeln ausgehend, bald eine breite, studentisch geprägte Protestbewegung erfaßte.[33] Breitenwirkung und Intensität dieser von rechts wie links geäußerten Fundamentalkritik an der parlamentarischen Demokratie waren ein Novum in der Geschichte der Bundesrepublik. Sie wurde vielfach als Herausforderung empfunden und löste ein beachtliches politisches und publizistisches Echo aus.[34]

---

30 Zum Urteil über die SRP vgl. Büsch/Furth (FN 29). Zum KPD-Urteil: Gerd Pfeiffer und Hans-Georg Strikkert (Hrsg.), KPD-Prozeß. Dokumentarwerk zu dem Verfahren über den Antrag der Bundesregierung auf Feststellung der Verfassungswidrigkeit der Kommunistischen Partei Deutschlands vor dem Ersten Senat des Bundesverfassungsgerichts, 3 Bde., Karlsruhe 1955/56. Dazu der zeitgenössische Kommentar von: Wolfgang Abendroth, Das KPD-Verbotsurteil des Bundesverfassungsgerichtes, in: ZfP 3 (1956), S. 305–327; aus historischer Distanz: Christian Bockemühl, 25 Jahre nach dem KPD-Urteil. Historische und aktuelle Überlegungen, in: APZG, B 46/1981, S. 3–12; tendenziös: Axel Azzola/Jürgen Crössmann, 30 Jahre Verbot der KPD, in: Demokratie und Recht 14 (1986), S. 266–282.

31 Ausnahmen sind die am Berliner Institut für Politische Wissenschaft bei Otto Stammer angefertigten Studien zur SRP: Büsch/Furth (FN 29) und die an der Universität Bonn bei Karl Dietrich Bracher entstandene Dissertation von: Hans-Helmuth Knütter (FN 29). Der Linksextremismus fand in dieser Phase weniger Beachtung. Siehe allerdings: Kluth (FN 29) und Toppe (FN 29).

32 Die wichtigste Literatur ist dokumentiert bei: Backes/ Jesse (FN 18). Ausführlicher dies., Politischer Extremismus in der Bundesrepublik Deutschland, Bd. 1: Literatur, Köln 1989.

33 Zur Literaturlage siehe: Ebd., S. 185–241.

34 Zu den bedeutenderen Studien zählen: Wolfgang Abendroth/Helmut Ridder/Otto Schönfeldt (Hrsg.), KPD-Verbot oder mit Kommunisten leben?, Reinbek bei Hamburg 1968; Helmut Bärwald, Deutsche Kommunistische Partei. Die kommunistische Bündnispolitik in Deutschland, Köln 1970; Hermann Bott, Die Volksfeind-Ideologie. Zur Kritik rechtsradikaler Propaganda, Stuttgart 1969; Heinz Brüdigam, Der Schoß ist fruchtbar noch. Neonazistische, militaristische, nationalistische Literatur und Publizistik in der Bundesrepublik, 2. neubearbeitete Aufl., Frankfurt a. M. 1965; Heinrich Dietz, Faszination der Revolte. Jugend und ewiges Jakobinertum, Stuttgart 1970; Iring Fetscher (Hrsg.), Rechtsradikalismus, Frankfurt a. M. 1967; Manfred Jenke, Die nationale Rechte. Parteien, Politiker, Publizisten, Berlin 1967; Hans Mathias Kepplinger, Rechte Leute von links. Gewaltkult und Innerlichkeit, Olten/Freiburg im Breisgau 1970; Reinhard Kühnl, Die NPD. Struk-

Eine Fülle an Publikationen zum Thema kam nun auf den Markt. Sieht man von den stark aktualitätsorientierten Darstellungen ab und läßt man Schriften mit vorwiegend moralisch-appellativem Charakter beiseite, bezogen sich zahlreiche Arbeiten ausschließlich auf den Rechtsextremismus, andere ebenso exklusiv auf den Linksextremismus, so daß für eine Erörterung möglicher Gemeinsamkeiten beider Richtungen wenig Raum blieb. In eigentümlichem Kontrast zur Totalitarismusforschung wurden die theoretischen Fundamente des Extremismusbegriffs kaum ausgelotet. Von größerem theoretischen Interesse waren allerdings Analysen einer Forschergruppe um den Kölner Sozialwissenschaftler Erwin K. Scheuch.[35] In einem gleichsam programmatischen Aufsatz für das Hamburger Jahrbuch für Wirtschafts- und

---

Fortsetzung von Fußnote 34

tur, Programm und Ideologie einer neofaschistischen Partei 1967; Die Linke antwortet Jürgen Habermas, mit Beiträgen von Wolfgang Abendroth u. a., Frankfurt a. M. 1968; Hans Maier/Hermann Bott, Die NPD. Struktur und Ideologie einer „nationalen Rechtspartei", 2. erweiterte Aufl., München 1968; Lutz Niethammer, Angepaßter Faschismus. Politische Praxis der NPD, Frankfurt a. M. 1969; Ernst Richert, Die radikale Linke. Von 1945 bis zur Gegenwart, Berlin 1969; Erwin K. Scheuch (Hrsg.), Die Wiedertäufer der Wohlstandsgesellschaft. Eine kritische Untersuchung der „Neuen Linken" und ihrer Dogmen, Köln 1968; ders., Die NPD als rechtsextreme Partei, in: Hamburger Jahrbuch für Wirtschafts- und Sozialpolitik 15 (1970), S. 321–333.

35 Siehe aus dieser „Schule" folgende Arbeiten: Klaus R. Allerbeck/Thomas A. Herz, Nationaldemokratische Partei Deutschlands. Zum Aufstieg und Fall einer rechtsextremen Partei, vervielfältigtes Manuskript, Köln 1972; Thomas A. Herz, Soziale Bedingungen für Rechtsextremismus in der Bundesrepublik Deutschland und in den Vereinigten Staaten. Eine vergleichende Analyse der Anhänger der Nationaldemokratischen Partei Deutschlands und der Anhänger von Georg C. Wallace, Meisenheim am Glan 1975; Infratest Wirtschaftsforschung GmbH, Politischer Protest in der Bundesrepublik Deutschland. Beiträge zur sozialempirischen Untersuchung des Extremismus, Stuttgart u. a. 1980; Max Kaase/Hans D. Klingemann, Art. „Radikalismus", in: Martin Greiffenhagen/ Sylvia Greiffenhagen/Rainer Prätorius (Hrsg.), Handwörterbuch zur politischen Kultur der Bundesrepublik Deutschland, Opladen 1981, S. 393–395; Max Kaase, Art. „Linksextremismus", in: Dieter Nohlen (Hrsg.), Pipers Wörterbuch zur Politik, Bd. 2: Westliche Industriegesellschaften. Wirtschaft – Gesellschaft – Politik, hrsg. von Manfred G. Schmidt, München/Zürich 1983, S. 218–222; Hans D. Klingemann, Politische und soziale Bedingungen der Wählerbewegungen zur NPD. Fallstudie Baden-Württemberg, in: SJP 2 (1971), S. 563–601; ders./Franz U. Pappi, Politischer Radikalismus. Theoretische und methodische Probleme der Radikalismusforschung, dargestellt am Beispiel einer Studie anläßlich der Landtagswahl 1970 in Hessen, München/Wien 1972; Klaus Liepelt, Anhänger der neuen Rechtspartei. Ein Beitrag zur Diskussion über das Wählerreservoir der NPD, in: PVS 8 (1967), S. 237–271; Hansjörg Mauch, Zur Ideologie der NPD – dargestellt an Hand einer quantitativen systematischen Inhaltsanalyse der Deutschen Nachrichten, in: SJP 2 (1971), S. 603–627; Erwin K. Scheuch/Hans D. Klingemann, Theorie des Rechtsradikalismus in westlichen Industriegesellschaften, in: Hamburger Jahrbuch für Wirtschafts- und Gesellschaftspolitik 12 (1967), S. 11–29; Scheuch, Die NPD als rechtsextreme Partei, in: Hamburger Jahrbuch für Wirtschafts- und Gesellschaftspolitik 15 (1970), S. 321–333; Scheuch (FN 28). Mögliche Fehlerquellen bei der Eruierung sozialempirischer Faktoren-Korrelationen arbeitet heraus: Jürgen Kriz, Methodenkritik empirischer Sozialforschung. Eine Problemanalyse sozialempirischer Forschungspraxis, Stuttgart 1981. Am Beispiel einer Arbeit über „Statusinkonsistenz und Rechtsradikalismus" weist Kriz auf die akute Gefahr der Konstruktion von Forschungsartefakten hin (S. 151–

Sozialpolitik definierten Scheuch und sein damaliger Mitarbeiter Hans D. Klingemann den „Rechtsradikalismus“ als eine „'normale' Pathologie von freiheitlichen Industriegesellschaften“.[36] Sie orientierten sich dabei an dem in den amerikanischen Sozialwissenschaften verbreiteten strukturell-funktionalen Theorietyp, der bestimmte „soziale Prozesse“ durch den Aufweis von „Strukturbedingungen“ zu „erklären“[37] versucht. Charakteristischerweise wurde dabei dem – insbesondere ideologischen und ideengeschichtlichen – Erscheinungsbild der Untersuchungsobjekte wenig Aufmerksamkeit zugewandt. Die „Theorie“ sollte die bunte Vielfalt der „Pathologien“ in erster Linie durch den Aufweis ihrer gemeinsamen „strukturellen“ Voraussetzungen fixieren.

Dabei drängte sich jedoch generell die Frage auf, ob der Bestimmung verursachender Konstellationen nicht eine präzise Definition des Explanandums vorausgehen muß. „Extremismus“ nämlich umschrieben Klingemann und Scheuch nur sehr vage. Es handele sich um „die grundsätzliche Ablehnung der gegenwärtigen Gesellschaftsform und ihrer politischen Organisation als untragbar, ja als böse unter Verweis auf einen alternativen und effizienteren Organisationstyp der Gesellschaft“.[38] Waren die Widerstandskämpfer des 20. Juni mithin „Extremisten“, weil sie durch das Attentat ihrem Wunsch nach einem „alternativen und effizienteren Organisationstyp“ Ausdruck verliehen? Ist „Extremismus“ durch politisches Effizienzdenken charakterisiert? Man kann dies mit guten Argumenten bezweifeln. Ein derartiger Kautschukbegriff erfaßt letztlich alles und nichts.

Die fragwürdigen Konsequenzen szientistisch ausgerichteter Forschungsstrategien auf die Begriffs- und Theoriebildung verdeutlichte auch die 1972 erschienene Wahlstudie von Hans D. Klingemann und Franz U. Pappi. Das zentrale Problem dieser einflußreichen Arbeit war das Verhältnis bestimmter politischer Einstellungen zur Wahlentscheidung für eine „radikale“ Partei. Die konzeptionellen Ausgangspositionen sind den Autoren zufolge sehr verschieden: „Je nachdem, ob man demokratische und radikale Ideologien pauschal gegenüberstellt oder ob man den Unterschied zwischen rechts und links als zentral ansieht und damit häufig zwischen *gutem* und *schlechtem* Radikalismus unterscheidet, ergeben sich verschiedene Problemdefinitionen.“[39] Klingemann/Pappi sind sich der Gefahr bewußt, daß die jeweilige Einstellung des Forschers im Hinblick auf sein Untersuchungsobjekt die Ergebnisse in gewisser Weise vorformen kann. Um diesen unerwünschten Effekt zu vermeiden – die Autoren sprechen sich dezidiert für eine „empirische Sozialforschung“ aus, „die sich dem Prinzip der Wertfreiheit verpflichtet fühlt“[40] –, nehmen Klingemann/Pappi beide Arten der „Radikalismus“-Definition in die Analyse auf – ohne

Fortsetzung von Fußnote 35

184). Es handelt sich dabei um folgende Veröffentlichung: Eugen Lupri, Statuskonsistenz und Rechtsradikalismus in der Bundesrepublik, in: KZfSS 24 (1972), S. 265–281.

36 Scheuch/Klingemann (FN 35), S. 13.

37 Ebd., S. 16.

38 Ebd., S. 22.

39 Klingemann/Pappi (FN 35), S. 9 (Hervorhebungen im Original).

40 Ebd.

die Aussagensysteme hinsichtlich ihrer Voraussetzungen zu durchleuchten und ihre argumentative Fundierung mit der historisch-politischen Realität zu konfrontieren.

Die beiden genannten Positionen werden statt dessen als gleichsam naturgegeben hingenommen, in eine operationalisierbare Form gegossen und auf ihre empirische Tragfähigkeit (im Hinblick auf die spezifische Fragestellung der Studie) überprüft. Die Autoren wollen ausschließlich „Unterschiede und Gemeinsamkeiten von Wählern" herausarbeiten, „die man als Radikale bzw. als extreme Linke und extreme Rechte bezeichnen kann."[41] Eine Differenzierung des Demokratiebegriffs, der den jeweiligen Radikalismusdefinitionen zugrundeliegt, sei notwendig. Was die „Normdimension" (Spielregeln) betreffe, seien die Wähler der CDU und der FDP „demokratisch", die der NPD und DKP dagegen „rechts-" bzw. „linksradikal"; betrachte man die „Wertdimension" (Ziele), so müsse die DKP-Wählerschaft als die „demokratischste Gruppe" gelten, während die „Rechtsradikalen" in beiden Fällen „im Konflikt mit der Demokratie"[42] stünden. Die terminologische Konsequenz (wenngleich von den Autoren nicht durchgehend gehandhabt): „Radikalismus" beinhalte eine undemokratische Haltung im Sinne des „normorientierten Demokratie-Begriffs", während „Extremismus" antidemokratische Einstellungen im Sinne der Ziel- oder Wert-Dimension bezeichne.[43] Nach diesem Verständnis sind die DKP-Wähler also radikal, jedoch nicht extremistisch.

Die Unterscheidung der Ziel- von der Mittelebene mag sich heuristisch (im Hinblick auf eine näher spezifizierte Fragestellung) als fruchtbar erweisen; für das Verständnis extremistischer Phänomene als Ganzes wirkt sie jedoch eher irreführend. Denn Ziel- und Mitteldimension sind in der Wirklichkeit keineswegs so säuberlich voneinander geschieden, wie es der analytische Prozeß suggeriert. Die Entscheidung für die Wahl bestimmter Mittel hängt vielfach von der Art der gesetzten Ziele ab – und umgekehrt. Die Einstufung der DKP als „antidemokratisch" geht nicht nur auf die Art der Mittel zurück, die sie zum Zwecke politischer Veränderung einzusetzen gedenkt, sondern auch – und insbesondere – auf ihre Zielvorstellungen. Die Begriffsbestimmung Klingemann/Pappis ignoriert souverän phänomenologische Grundkonstellationen. Es ist dies eine notwendige Konsequenz ihrer Selbstverpflichtung zur „Wertfreiheit". Eine Erörterung des Demokratiebegriffs erscheint auf einer vermeintlich rein „empirischen" Ebene nicht möglich. Der gordische Knoten der Ideologieverhaftetheit wird durch die (vermeintliche) Fixierung auf die Seinssphäre durchschlagen, aber nicht aufgeschnürt. Denn das nach Erkenntnis strebende Subjekt vermag diese zwar analytisch von der Sollenssphäre zu trennen, ihre tiefe Verflochtenheit hierdurch jedoch nicht zu beseitigen: Das Auffinden der „richtigen" Fragen bedarf normativer Kriterien und in die vermeintlich rein „empirischen" Prämissen fließen ungeprüft normative Bestandteile ein.

In ähnlichen konzeptionellen Bahnen bewegte sich ein Buchbeitrag Erwin K. Scheuchs aus dem Jahre 1974. Der Autor konzentrierte sich typischerweise auf – der Operationalisierung besonders zugängliche – Probleme des Wählerverhaltens und

41 Ebd., S. 10
42 Ebd., S. 75
43 Vgl. ebd., S. 74 f.

der Einstellungen bestimmter Bevölkerungsgruppen, während er die phänomenologische Vielfalt extremistischer Doktrinen, Organisationen und Aktionsformen weitgehend vernachlässigte. „Extremismus“ bezeichnet „ein Verständnis der politischen Ordnung und der darauf zielenden politischen Aktionen als Aufhebung des Zustandes, der Politik zum Konflikt zwischen Gruppen, Werten und Interessen werden läßt. Vorausgesetzt wird bei diesem Verständnis von Extremismus die Existenz einer hochdifferenzierten Gesellschaft. Die Differenziertheit bewirkt jene politischen – und auch allgemein sozialen – Zustände, für die der Extremismus als antithetisch verstanden wird.“[44]

Die Begriffsbestimmung entspringt einem Gedankengang folgender Art: Werden die Grundlagen einer Gesellschaft von gewissen Bevölkerungsgruppen in Frage gestellt, ist das eine Folge bestimmter sozialstruktureller Bedingungsfaktoren. Diese Bedingungen stimmen in „freiheitlichen Industriegesellschaften“ exakt mit jenen Voraussetzungen überein, die dort „Politik zum Konflikt zwischen Gruppen, Werten und Interessen werden läßt“. Die Definition des Explanandums geschieht also durch die „Erklärung“ seiner Ursachen: „Diese Variante einer Definition des Extremismus versucht den Begriff ohne expliziten Bezug zur freiheitlich-demokratischen Grundordnung als eine Ordnungsvorstellung mit spezifischen Werten zu fassen. Eine solche strukturelle Bestimmung verringert die Schwierigkeiten, die sich aus der heutigen Unbestimmtheit des Demokratiebegriffs ergeben.“[45] Hier beißt sich die Katze jedoch in den Schwanz! Denn es wird der Eindruck erweckt, als basiere der umschriebene Pluralismus lediglich auf bestimmten formalen Verfahrensregeln – jenen berühmten „strukturellen Bedingungen“. In Wirklichkeit stehen die Verfahrensregeln in einer inneren Beziehung zu genau umrissenen Werten.[46] Der legitime „Konflikt“ zwischen unterschiedlichen Interessen und Anschauungen ist nicht Selbstzweck, sondern dient der Verhinderung von Machtmißbrauch und Willkürherrschaft. Scheuch hat diese werthaften Grundlagen unbewußt in scheinbar wertneutrale Verfahrensregeln umformuliert. Damit fällt seine Definition des politischen Extremismus noch einen Schritt hinter die übliche Negativbestimmung zurück: Ein Beitrag zur materiellen Anreicherung des Begriffs wird nicht geleistet, die provisorisch gezogene Grenzlinie verwischt.

Während szientistisch orientierte Forschungsrichtungen den Begriff des politischen Extremismus phänomenologisch entleeren, neigt eine historisch-genetisch vorgehende dazu, ihn einseitig aus der Perspektive seiner totalitären Extremformen zu beleuchten.[47] Die Konzentration auf bestimmte Regimebildungen führte zur Ver-

---

44 Scheuch (FN 28), S. 462 (Anm. 1).

45 Ebd.

46 Vgl. zur Wechselbeziehung von Werten und Verfahrensregeln: Hella Mandt, Kritik der Formaldemokratie und Entförmlichung der politischen Auseinandersetzung, in: ZfP 32 (1985), S. 115–131.

47 Diese Blickrichtung kennzeichnet etwa die – bedeutenden – Forschungen Karl Dietrich Brachers, der im Begriff des Totalitarismus an die von Carl Joachim Friedrich und Zbigniew Brzezinski entwickelten Modelle anknüpft. Die Beiträge Brachers zum weiteren Bereich des politischen Extremismus sind durch die totalitarismustheoretische Perspektive geprägt. Siehe etwa: Karl Dietrich

nachlässigung der Vielfalt extremistischer Phänomene in demokratischen Verfassungsstaaten, mögen deren „Machtergreifungsaussichten“ eingestandenermaßen auch gering sein. Es wäre jedoch verfehlt, machte man die Wahl der Untersuchungsobjekte ausschließlich von ihren möglichen Erfolgschancen abhängig. Eine Rahmentheorie des politischen Extremismus sollte auf der Grundlage eines möglichst breiten Spektrums von Erscheinungen gebildet werden.

Manfred Funke, der Schule Karl Dietrich Brachers entstammend, hat der Bestimmung des Extremismusbegriffs nähere Aufmerksamkeit zugewandt. Die Ergebnisse, wie er sie im repräsentativen „Handlexikon der Politikwissenschaft“ ausbreitet[48], entsprechen einer Forschungssituation, die durch mangelhafte Reflexion der theoretischen Grundlagen gekennzeichnet ist. Dem Autor, Herausgeber dreier bedeutender Reader zur Extremismusforschung[49] und Verfasser einschlägiger Beiträge, kann nicht etwa eine unzureichende Verarbeitung des Schrifttums zum Vorwurf gemacht werden. Auch bietet der Artikel dort, wo er den engeren Bereich der Begriffsbestimmung verläßt, einen informativen Überblick, dem es an Genauigkeit und empirischen Bezügen nicht mangelt. Der etymologische Teil geht gar über das bisher Bekannte hinaus, wenngleich die Unterscheidung zwischen „radikal“ und „radikalistisch“, „extrem“ und „extremistisch“ wortklauberisch anmutet.

An dieser Stelle ist jedoch vor allem Punkt „1. Definition“ von Interesse. Um es gleich zu sagen: Funkes Aussagen sind nicht Produkte systematischer Analyse, sondern Resultat des Versuches, einen unzureichenden Kenntnisstand mit phantasiereichem Wortspiel und nebulöser Phraseologie zu übertünchen. Was bedeutet es beispielsweise, wenn „widerstreitende Positionen [...] von der Gewißheit gesättigt“[50]

Fortsetzung von Fußnote 47

Bracher, Rechtsextremismus in der zweiten Demokratie, in: Ders., Die deutsche Diktatur. Entstehung, Struktur, Folgen des Nationalsozialismus, 6. Aufl., Frankfurt a. M./Berlin/Wien 1979 (1969), S. 509–520; ders., Autoritäres und totalitäres Denken, in: Ders., Zeit der Ideologien. Eine Geschichte politischen Denkens im 20. Jahrhundert, Stuttgart 1982, S. 121–129; ders., Terrorismus und Totalitarismus, in: Ders., Geschichte und Gewalt. Zur Politik im 20. Jahrhundert, Berlin 1981, S. 113–124; ders., Streit um politische Begriffe und Erfahrungen: Totalitarismus- und Faschismusforschung in der Bundesrepublik Deutschland, in: Entwicklungslinien der Politikwissenschaft in der Bundesrepublik Deutschland, = Forschungsbericht 17, hrsg. im Auftrag der Konrad-Adenauer-Stiftung von Hans Rühle und Hans-Joachim Veen, St. Augustin 1982, S. 139–145; ders., Die totalitäre Erfahrung, München/Zürich 1987; ders., Die Aktualität des Totalitarismusbegriffes, in: Konrad Löw (Hrsg.), Totalitarismus contra Freiheit. Begriff und Realität, Berlin 1988, S. 19–27.

48 Manfred Funke, Art. „Extremismus“, in: Wolfgang W. Mickel (Hrsg.), Handlexikon zur Politikwissenschaft, München 1983, S. 132–136.

49 Vgl. ders. (Hrsg.), Extremismus im demokratischen Rechtsstaat. Ausgewählte Texte und Materialien zur aktuellen Diskussion, Bonn 1978; ders. (Hrsg.), Terrorismus. Untersuchungen zur Strategie und Struktur revolutionärer Gewaltpolitik, Bonn 1977; ders. (Hrsg.), Totalitarismus. Ein Studien-Reader zur Herrschaftsanalyse moderner Diktaturen, Düsseldorf 1978. Siehe auch folgenden Lexikon-Beitrag Funkes: Ders., Art. „Extremismus“, in: Theodor Schober/Martin Honecker/Horst Dahlhaus, Evangelisches Soziallexikon, 7. vollständig neu bearbeitete und erweiterte Aufl., Stuttgart/Berlin 1980 (1954), Sp. 387 f.

50 Funke, Art. „Extremismus“, in: Mickel (FN 48), S. 133.

sind? Sind sie deren überdrüssig? Was besagen die Wendungen „perspektivärmliche[r] Protestexplosion“, „dialektische Offensive“, „modellhaft gesteigerte Eindeutigkeit“, „fallzentrierte, wertungsabhängige Strukturfestigkeit“[51]? Der Autor mag sich dabei etwas gedacht haben; präzise Aussagen lassen sich aus diesen verquollenen Formulierungen nicht gewinnen. Das sind jedoch Äußerlichkeiten im Vergleich zu anderen Fehlleistungen. So werden ideologiekritische Elemente mit psychologisierenden Spekulationen über die Charaktertypen des „Exzentrikers“ und „Fanatikers“ vermengt. „Der“ Extremist habe die Neigung, „die Verunsicherung seiner Heilsgewißheit mit Trotz zu kompensieren“.[52] Am Ende taugt das sprachkreative Verwirrspiel nicht einmal zur Unterscheidung demokratischer und extremistischer Kräfte: „Argumentations- und verhaltensauffällige Bestrebungen“[53] können alle von der jeweiligen Norm abweichende Bekundungen sein. Sieht man von der „Hermetik“ programmatischer Äußerungen ab, die Funke zu Recht als extremismustypisch konstatiert, so treffen einige vermeintlich unterscheidende Merkmale auch auf einen demokratischen Widerstand in Diktaturen zu: Der Versuch einer Begriffsklärung gerät zur Begriffskonfusion.

2.3 Internationale Beiträge zur Extremismustheorie

Bisher sind lediglich die Arbeiten deutscher Extremismusforscher im Hinblick auf Defizite im Bereich der theoretischen Grundlagen untersucht worden, und man könnte vermuten, eine Durchsicht der Forschungsergebnisse auf internationaler Ebene sei ergiebiger. Ein Tour d'horizon durch die internationale Forschungslandschaft erbringt jedoch, dies sei vorweg gesagt, den Nachweis, daß die Mängel der deutschen Diskussion dem internationalen Standard entsprechen. Dies ist aus zwei Gründen auch gar nicht so verwunderlich: Erstens erschiene es unwahrscheinlich, würde ein fortgeschrittener Forschungsstand im Ausland nicht auch baldigst hierzulande zur Kenntnis genommen. Zweitens – und erstes Argument untermauernd – ist der hohe Grad an Aufmerksamkeit zu berücksichtigen, den man dem Thema „Extremismus“ in der Bundesrepublik vor allem von seiten offizieller Stellen und der Publizistik zuwendet. Der doppelte Erfahrungshintergrund des NS-Systems und der Okkupation einer Landeshälfte durch kommunistisches Despotentum hat zu einer Sensibilisierung – gelegentlich auch: Hypersensibilisierung – angesichts der Gefahren des politischen Extremismus geführt. Gewiß spielen jedoch auch Verdrängungsmechanismen gegenüber der NS-Vergangenheit eine Rolle, was sich in dem Versuch zeigt, den „linken“ gegen den „rechten“ Extremismus auszuspielen. Und schließlich weckt das gebrochene nationale Selbstwertgefühl häufig den Wunsch, der „Musterknabe“ im Kreise der westlichen Demokratien zu sein. Wie dem auch sei: All dies läßt für das Feld der Extremismusforschung erwarten, daß Schwächen und Lücken im bundesdeutschen Schrifttum sich auf internationaler Ebene fortsetzen.

51 Alle Zitate ebd.

52 Ebd.

53 Ebd., S. 132.

Die Vermutung wird bei einem Blick auf die französische Literatur vollauf bestätigt. Der Extremismusbegriff hat keine tiefergehende theoretische Reflexion erfahren. Bezeichnenderweise gibt es auch keine rechts- und linksextreme Phänomene umspannenden Darstellungen. Dies mag noch ein Erbe jener Form des Manichäismus[54] sein, die die französische politische Landschaft bis in das 20. Jahrhundert hinein prägte. Anhänger oder Gegner der Revolution?, lautete die Schlüsselfrage, die „Rechte" und „Linke" schied, auch wenn die Dinge nicht immer so einfach lagen, wie es das bipolare Modell suggerierte. Während zahlreiche Arbeiten den Bedeutungswandel der Richtungsbegriffe „droite" und „gauche" verfolgen und deren Verwendung problematisieren[55], hat das Gegensatzpaar „extrémiste"-„modéré" bisher keine theoretische Fundierung erfahren. Häufiger als von „extrémisme" ist in der Literatur daher von „extrême-droite" und „extrême-gauche" die Rede.[56] Wer mit der einen Kategorie von „Extremen" zu tun hat, fühlt sich keineswegs bemüßigt, die andere ebenfalls zu behandeln. Links- und Rechtsextremismus-Literatur stehen weitgehend unvermittelt nebeneinander.[57] Die in Frankreich seit den Studentenunruhen und den Prager Ereignissen des Jahres 1968 sowie dem Erscheinen des Solschenizynschen Epos über den „Archipel Gulag" – ganz im Gegensatz zur Situation in der Bundesrepublik Deutschland – zu beobachtende Renaissance der Totalitarismustheorien[58] hat bisher auf den weiteren Bereich der Extremismusforschung (noch?) nicht inspirierend gewirkt.

Während französische Gesamtdarstellungen zum politischen Extremismus völlig fehlen, finden sich in der angelsächsischen Literatur immerhin einige Arbeiten zu

54 Von „einer gewissen Spielart von Manichäismus", die die „französische Politik" des 19. Jahrhunderts gekennzeichnet habe, sprechen: Alfred Grosser/François Goguel, Politik in Frankreich, aus dem Französischen übersetzt von Adolf Kimmel, völlig überarbeitete Neuauflage, Paderborn/München/Wien/Zürich 1980 (Original: La politique en France, nouvelle édition entièrement mise à jour, Paris 1980), S. 44.

55 Vgl. den historischen Überblick bei: Maurice Duverger, Institutions politiques et droit constitutionnel, 7. Aufl., Paris 1963 (1953), S. 696–700; essayistisch: Guy Rossi-Landi, Le chassé croisé. La droite et la gauche en France de 1789 à nos jours. Essai, Paris 1978; Alain Gérard Slama, Les chasseurs d'absolu. Genèse de la gauche et de la droite, Paris 1980. Siehe ferner auch den entsprechenden Abschnitt im Standardwerk von: René Rémond, Les droites en France, 4. Aufl., Paris 1982, S. 18–27 sowie den Lexikon-Beitrag von: Michel Mourre, Art. „Droite et Gauche", in: Ders., Dictionnaire encyclopédique d'histoire, Paris 1978, S. 1437–1442.

56 Beispielhaft seien zwei Gesamtdarstellungen zum Rechts- bzw. Linksextremismus genannt, die beide Bereiche in der bislang wohl gründlichsten Weise behandeln. Die Autoren setzen sich zwar mit der Rechts-Links-Dimension auseinander, reflektieren den Extremismusbegriff jedoch nicht: Roland Biard, Dictionnaire de l'extrême-gauche de 1945 à nos jours, Paris 1978; René Chiroux, Contribution à l'étude de l'extrême-droite française, in: Annales de la faculté de droit et de science politique 10 (1973), S. 4–367 (die materialreiche Studie ist auch als selbständige Veröffentlichung erschienen). Folgende Publikation zum internationalen Rechtsextremismus klärt die konzeptionellen Grundlagen ebenfalls nicht: Jean-Marc Théolleyre, Les néo-nazis, Paris 1982.

57 Zur neueren Literatur über den französischen Rechtsextremismus siehe: Uwe Backes, Rechtsextremismus in westlichen Demokratien. Bundesrepublik Deutschland, Frankreich, Großbritannien, Italien, vergleichende Studien, in: Michalka (FN 2), S. 71–128.

58 Die Diskussion wird dargestellt in folgendem – bedeutenden – Beitrag: Pierre Hassner, Le totalitarisme vu de l'ouest, in: Hermet/Hassner/Rupnik (FN 26).

rechts- und linksextremen Phänomenen gleichermaßen. An erster Stelle zu nennen ist das von Henry W. Degenhardt verfaßte Werk über „Political Dissent“[59], als weltumspannendes Handbuch das erste seiner Art. Allerdings ist der Begriff des „Dissent“ relativistisch gefaßt, so daß darunter sowohl extremistische als auch demokratische Kräfte fallen können – je nachdem, ob es sich um demokratisch oder diktatorisch regierte Staaten handelt. Aufgrund seines enzyklopädischen Themenfeldes bleibt das Werk lückenhaft und kommt über den Stand von Primärinformationen häufig nicht hinaus. Zahlreiche Unzulänglichkeiten ergeben sich aus der unkritischen Auswertung und mangelnden Gewichtung der eruierten Daten.[60] Zudem wird die theoretische Basis des Handbuches nicht erörtert.

Einen Überblick zum Extremismus in Großbritannien hat John Tomlinson verfaßt.[61] Die Darstellung bewegt sich zwar auf eingetretenen Pfaden, da sie sich auf die organisatorische Ebene konzentriert und den Aspekt der Bedrohung des politischen Systems in den Vordergrund rückt, hat aber im Vergleich zu vielen anderen Veröffentlichungen den Vorzug, die begrifflichen Grundlagen wenigstens in groben Zügen abzuklären. Der Verfasser betont eingangs, Extremismus dürfe nicht mit „Radikalität“ verwechselt werden. Extremisten übten eine „fundamentale“ Gesellschaftskritik, lehnten Reformen ab und strebten den revolutionären Umsturz an. Extremismus sei „antidemokratisch“, begreife man „Demokratie“ im Sinne der „liberalen Tradition“.[62] Gewalt werde, wenn nicht systematisch angewendet, so doch keineswegs prinzipiell als Mittel der Veränderung zurückgewiesen.

Eine einfühlsame und detailgetreue Darstellung rechts- und linksextremer britischer Gruppierungen hatte George Thayer bereits Mitte der sechziger Jahre vorgelegt.[63] Zwar leistete auch er keine systematische Erörterung der theoretischen Grundlagen; indem er jedoch der Gefahrenperspektive einen geringen Stellenwert einräumte und sich um ein Verständnis der Phänomene „von innen heraus“ bemühte, gelangen ihm einige wichtige Beobachtungen. Generell neigten die Mitglieder von „fringe groups“ dazu, die von ihnen aufgeworfenen Problemstellungen maßlos zu überschätzen. Sie verlören dabei häufig jegliche Proportionen aus den Augen, so daß sie bestimmte Ziele mit äußerster Kompromißlosigkeit verfolgten. Für Extremismen sei ein Hang zu simplifizierenden Betrachtungen typisch. Ebenso einfache wie radi-

59 Henry W. Degenhardt, Political Dissent. An International Guide to Dissident, Extra-Parliamentary, Guerilla and Illegal Political Movements, Harlow/Essex 1983.

60 Was die Bundesrepublik Deutschland betrifft, so werden im Rechtsextremismus-Abschnitt zahlreiche Kleinstorganisationen genannt, die nur kurze Zeit existierten und inzwischen bereits wieder von der Bildfläche verschwunden sind. Das hängt mit dem hohen Aufmerksamkeitsgrad zusammen, der diesen Gruppierungen hierzulande entgegengebracht wird. Die DVU muß zwar als rechtsextrem gelten, nicht jedoch als „neo-nazistisch“ – dies liefe auf eine Horrifizierung hinaus. Der Abschnitt über Linksextremismus erfaßt ausschließlich linksterroristische Gruppierungen, keineswegs aber die mitgliederstärkste Organisation, die moskautreue DKP. Informationen über Maoisten, Trotzkisten, Anarchisten fehlen ganz.

61 John Tomlinson, Left-Right. The March of Political Extremism in Britain, London/New York 1981.

62 Ebd., S. 11.

63 George Thayer, The British Political Fringe. A Profile, London 1965.

kale Lösungen sollen dazu beitragen, eine heile Welt zu schaffen. Allerdings kann der Studie der Vorwurf einer gewissen Naivität nicht erspart bleiben. Thayer sieht den politischen Extremisten in erster Linie als einen komischen Kauz, einen mehr oder weniger ungefährlichen Außenseiter: „The people who take part in fringe group activities may be eccentric, narrow-minded, intolerant, and even mentally unstable, but none that I ever met would qualify as people dangerous to the public safety".[64] Das ist die liberale Nonchalance des Angelsachsen.

Fällt die Inventur britischer Extremismusstudien im Hinblick auf theoretische Grundfragen wenig ergiebig aus[65], so liegen immerhin von anglo-amerikanischen Autoren Arbeiten vor, die im Rahmen der hier interessierenden Probleme von größerem Interesse sind. Im Jahre 1975 veranstaltete das Research Institute on International Change an der Columbia University eine Reihe von „workshops", an denen sich eine große Zahl namhafter Wissenschaftler aus verschiedenen Fachrichtungen beteiligte. Die Ergebnisse der Tagungen sind in drei stattlichen Sammelbänden[66] der Öffentlichkeit präsentiert worden. An dieser Stelle ist der einleitende Beitrag einer der Herausgeber, Seweryn Bialer, von Interesse, in dem dieser einen begrifflichen Rahmen für die folgenden Studien absteckt. Bialer bedient sich der antiken Definitionsformel („definitio fit per genus proximum et differentiam specificam"), die vorsieht, daß der zu definierende Gegenstand zunächst durch Ermittlung eines Oberbegriffs einer Klasse von Objekten zugeordnet wird, woraufhin dann diejenigen Merkmale zu bestimmen sind, die das „definiendum" von den übrigen Objekten unterscheiden.[67] Das „genus proximum" von „Radikalismus" laute: „Movements, groups, and individuals who desire change and openly proclaim as their goal the transformation of the existing order – those motivated on the conscious level by an orientation against the status quo".[68] Zur Bestimmung der „differentia specifica" benennt Bialer drei Merkmale: erstens die prinzipielle Weigerung, sich den Spielregeln der existierenden politischen Ordnung zu unterwerfen; zweitens die Absicht, das bestehende Regime in seinen grundlegenden Strukturen zu verändern; drittens der umfassende Zukunftsentwurf einer besseren Welt, der mit allen Mitteln zum Durchbruch verholfen werden soll.[69]

---

64 Ebd., S. 238.

65 Genannt seien noch folgende Darstellungen zum Rechts- und Linksextremismus, die jedoch hinsichtlich der hier interessierenden Fragen nicht weiterführen: Blake Baker, The Far Left. An Exposé of the Extreme Left in Britain, London 1981; Paul McCormick, Enemies of Democracy, London 1979; Paul Wilkinson, The New Fascists, London 1981 (behandelt das Thema im internationalen Maßstab). Bemerkenswert sind die Ausführungen zum philosophischen Fundament demokratischer Verfassungsstaaten bei: Paul Wilkinson, Terrorism and the Liberal State, London/Basingstoke 1977 (bezieht sich auf die internationale „Szene").

66 Seweryn Bialer/Sophia Sluzar (Hrsg.), Radicalism in the Contemporary Age, Bd. 1: Sources of Contemporary Radicalism; Bd. 2: Radical Visions of the Future; Bd. 3: Strategies and Impact of Contemporary Radicalism, Boulder/Col. 1977.

67 Seweryn Bialer, On the Meanings, Sources, and Carriers of Radicalism in Contemporary Industrialized Societies: Introductory Remarks, in: Ebd., Bd. 1, S. 3–29, 5.

68 Ebd., S. 6.

69 Vgl. ebd., S. 12.

Will man die Definition auf ihre spezifische Reichweite hin überprüfen, ist es sinnvoll, einige Konstellationen, wie sie in der Wirklichkeit vorkommen können, auf der Grundlage ihrer Aussagen zu durchdenken. Zunächst wird nicht gesagt, um welches Regime es sich bei demjenigen handelt, dessen Werte und Spielregeln auf Ablehnung stoßen, so daß diese Komponente als Variable gelten kann. Der Regierung treu ergebene Gruppen von Kommunisten in kommunistischen Regimen wären also im Sinne der Definition nicht „radikalistisch“. Ein am Typus des demokratischen Verfassungsstaates entwickelter Extremismusbegriff erfaßte diesen Fall jedoch sehr wohl. Beide Termini sind somit nicht deckungsgleich.

Wie steht es nun um freiheitlich-demokratische Gruppen, die in totalitären Diktaturen wirken? Sie wären sowohl unter den Gattungsbegriff als auch unter die beiden ersten unterscheidenden Merkmale zu subsumieren. Das dritte Kriterium trifft auf sie jedoch wohl nicht zu. Eine Ideologie nämlich, wie sie Bialer versteht, im Sinne eines geschlossenen Gedankensystems, das Vergangenheit, Gegenwart und Zukunft entwerfend und deutend durchdringt, weder das Mängelwesen Mensch noch die unheile und unvollendbare Welt als Geschäftsgrundlage akzeptiert, eine neue Gesellschaft kühn entwirft und deren rationale Plan- und Realisierbarkeit apodiktisch behauptet – eine solche Ideologie entspricht nicht der geistigen Tradition des demokratischen Verfassungsstaates.

Um noch einmal den Extremismusbegriff vergleichend hinzuzuziehen: Nicht alle Extremismen entwickeln Doktrinen mit derart umfassendem Anspruch. Und selbst, wenn man dies in Rechnung stellt, trifft das dritte Definitionsmerkmal wohl eher auf „linke“ als auf „rechte“ Varianten des politischen Extremismus zu. Nur der Linksextremismus nämlich teilt den ungebremsten Vernunftoptimismus der Aufklärung, den Glauben an die Realisierbarkeit des rational entworfenen Idealstaates. Beim Rechtsextremismus würde dagegen eher die Kategorie des „Willens“ betont, der „Berge versetze“. Im Falle des Nationalsozialismus fand der Zukunftsentwurf seinen Ausdruck (jedenfalls bei Teilen der Partei) in dem Bestreben, einen vergangenen Zustand angeblicher Rassereinheit wiederherzustellen. Ein Triumph der Vernunft über die Natur ist diesem Denken fremd; vielmehr gilt der Mensch als Teil der Natur, den biologischen Gesetzen auf Gedeih oder Verderb unterworfen. Was Bialer definitorisch einfängt, sind also jene linksextremen Heilsbewegungen, die die Geschichte der Neuzeit immer wieder hervorgebracht hat. Auf ihre Ausläufer in der Gegenwart konzentrieren sich auch die Beiträge der Sammelbände.

Andere Wege der Begriffsbestimmung schlagen die Verfasser eines Standardwerkes über den Rechtsextremismus in den Vereinigten Staaten ein. Seymour Martin Lipset und Earl Raab beschränken sich nicht auf einen Teilbereich der Phänomenologie, sondern sehen als „genus proximum“ den „rechte“ wie „linke“ Varianten umfassenden Begriff des politischen Extremismus vor. „Extremismus“ bedeute, „die Grenzen derjenigen normativen Verfahrensregeln“ zu überschreiten, „die den demokratischen politischen Prozeß bestimmen“[70]. Ein Teil dieser Spielregeln sei durchaus

70 Seymour Martin Lipset/Earl Raab, The Politics of Unreason. Right-Wing Extremism in America, 1790–1977, 2. Aufl., Chicago/London 1978 (1970), S. 5: „[...] extremism means going beyond the limits of the normative procedures which define the democratic political process“.

veränderbar, ein anderer jedoch bilde das „unwandelbare Herz des demokratischen politischen Prozesses".[71] Dieses erblicken die Autoren im „Pluralismus" der Ideen, Interessen und Lebensentwürfe. Die Legitimität der naturgegebenen Vielfalt präge demokratische Gesellschaften, während der politische Extremismus „monistisch"[72] sei, das eigene Weltbild absolut setze und abweichende Vorstellungen verdamme.

So weit bewegt sich die Begriffsbestimmung noch in den Bahnen der herkömmlichen „definitio ex negativo". Die beiden Autoren gehen jedoch einen Schritt weiter und treffen auch einige Aussagen über die Strukturen extremistischen Denkens. Erstes Merkmal sei der „simplism"[73], die Neigung, die Komplexität humangesellschaftlicher Verhältnisse zu unterschätzen und „einfache Lösungen" zu favorisieren. Damit in Zusammenhang steht die Tendenz zur simplifizierenden Betrachtung von Geschichte und Gegenwart, der pauschalen Bestimmung des Guten und Bösen. Der Extremist glaube sich im Besitz der unumstößlichen Wahrheit; ihr müsse man mit allen Mitteln zum Durchbruch verhelfen. Wenn die „Wahrheit" erkannt werden kann, sie aber in der Welt nicht zum Durchbruch gelangt, gilt dies als das Werk finsterer Mächte, die sich gegen die Kräfte des Guten verbündet haben: Verschwörungstheorien identifizieren die Autoren als untrügliches Kennzeichen extremistischer Doktrinen.

Mit den genannten Strukturmerkmalen verbinden sich bereits wichtige Einsichten, die das Ziel einer positiv-materiellen Bestimmung des politischen Extremismus ein Stück näherrücken. Diese sind jedoch noch zu impressionistisch und nicht in einen systematisch-analytischen Prozeß eingebettet. Es erhebt sich die Frage, ob alle diese Elemente für das gesamte Spektrum extremistischer Phänomene Geltung haben. Möglicherweise lassen sich auch auf dieser gedanklich-strukturellen Ebene verschiedene Typen und Varianten voneinander unterscheiden. Die graduelle Ausprägung der einzelnen Merkmale dürfte von Fall zu Fall Schwankungen unterworfen

---

71 Ebd.

72 Ebd., S. 6.

73 Ebd., S. 7. Siehe zur Kritik am sozialstrukturellen Ansatz Lipsets auch: Franco Ferraresi, Studi sul radicalismo di destra. La destra radicale americana nell'interpretazione neo-pluralista, in: Studi di Sociologia 12 (1974), S. 286–323, insbesondere S. 318–323. Die Kritik richtet sich somit auch gegen die empirische Haltbarkeit der Lipsetschen Interpretation des Nationalsozialismus als „Extremismus des Mittelstandes". Diese These wird durch folgende sozialempirische Forschungen weiter problematisiert, wenn nicht ganz in Frage gestellt: Jürgen W. Falter, Radikalisierung des Mittelstandes oder Mobilisierung der Unpolitischen? Die Theorien von Seymour Martin Lipset und Reinhard Bendix über die Wählerschaft der NSDAP im Lichte neuerer Forschungsergebnisse, in: Peter Steinbach (Hrsg.), Probleme politischer Partizipation im Modernisierungsprozeß, Stuttgart 1982, S. 438–464. Siehe ferner: Falter, Die Wähler der NSDAP 1928–1933. Sozialstruktur und parteipolitische Herkunft, in: Wolfgang Michalka (Hrsg.), Die nationalsozialistische Machtergreifung 1933, Paderborn/München/Wien/Zürich 1984, S. 47–59; ders. u. a., Wahlen und Abstimmungen in der Weimarer Republik. Materialien zum Wahlverhalten 1919–1933, München 1986; ders./Dirk Hänisch, Die Anfälligkeit von Arbeitern gegenüber der NSDAP bei den Reichstagswahlen 1928–1933, in: AfS 26 (1986), S. 179–216. Dagegen hatte die Mittelstandsthese Lipsets weitgehend bestätigt gefunden: Heinrich August Winkler, Mittelstand, Demokratie und Nationalsozialismus in der Weimarer Republik, Köln 1972; ders., Extremismus der Mitte? Sozialgeschichtliche Aspekte der nationalsozialistischen Machtergreifung, in: VHfZG 20 (1972), S. 175–191.

sein. Es wäre zu prüfen, von welchen Faktoren die je spezifische Ausformung abhängt. Steht diese in einer logischen Beziehung zum favorisierten Regimetypus? Solche Fragen werden bei Lipset/Raab ebensowenig beantwortet wie bei anderen Autoren.

Die Negativabgrenzung von Lipset/Raab bleibt dem „mainstream" der angloamerikanischen Sozialforschung insofern verhaftet, als sich die „liberal democracy" explizit nur aufgrund bestimmter formaler Prozeduren definiert. Exakt der gleiche Punkt ist oben bereits anhand zweier Studien Erwin K. Scheuchs[74] kritisiert worden, der sein Forschungskonzept aus den Vereinigten Staaten importiert hat. Das Fällen und Erörtern von Werturteilen kann jedoch durch die Konzentration auf vermeintlich rein formale Verfahrensregeln nicht umgangen werden. Werte und Spielregeln stehen zueinander in einer dynamischen Wechselbeziehung. Die Mißachtung der normativen Grundlagen freiheitlicher Demokratien öffnet einer sinnwidrigen Auslegung von Prozeduren Tür und Tor. Die Begriffe Demokratie und Extremismus erfahren auf diese Weise eine ungewollte Relativierung.[75]

Daß dieser extremismustheoretische Formalismus Schule macht, zeigen zwei neuere Beiträge aus repräsentativen Fachlexika italienischer und portugiesischer Herkunft. „Jeder Extremismus definiert sich durch die Sache oder Idee, von der er sich absetzt"[76], heißt es bei Henrique Barrilaro Ruas. Und Silvano Belligni bestimmt ihn in ähnlicher Manier als „eine Orientierung (auf der Ebene der Doktrin), eine Verhaltensweise oder eine bestimmte Form politischer Aktion einer Bewegung, Partei oder politischen Gruppe, die die Spielregeln einer politischen Gemeinschaft zurückweist, ihre Zielbestimmung, Wertorientierung und öffentlichen Institutionen nicht anerkennt und diese radikal zu verändern gedenkt."[77] Der jeweilige Inhalt des Extremismusbegriffs gilt als austauschbar und hängt allein vom Charakter der Antithese ab. Ein relativierender Wortgebrauch kann nur dadurch unterbunden werden, daß die normativen Grundlagen des Begriffs eine Klärung erfahren und darüber hinaus die Identität dieser Phänomene stärker in den Blick gerät.

---

74 Vgl. Scheuch/Klingemann (FN 35); Scheuch (FN 28).

75 Diese Gefahr wird beispielsweise angesichts einer für die politische Bildung bestimmten Darstellung zum Neonazismus in den Vereinigten Staaten deutlich, in der sich folgende Aussage findet: „Extremism is a relative, not an absolute, condition. First, it depends on the mainstream of society and on who is making the judgment." William V. Moore, Extremism in the United States. A Teaching Resource on Neo-Nazism, o. O., 1983, S. 16.

76 Henrique Barrilaro Ruas, Art. „Extremismo", in: Polis. Enciclopédia VERBO da Sociedade e do Estado. Antropologia – Direito – Economia – Ciência Política, Bd. 2, Lissabon/São Paulo 1984, Sp. 1346–1350, 1346: „Qualquer extremismo se define pela coisa ou ideia de que se afasta."

77 Das Zitat lautet im Original: „E. [Estremismo, U.B.] indica un orientamento (sul terreno dottrinale), un comportamento o un vero e proprio modello d'azione politica adottato da un movimento, da un partito, da un gruppo politico che rifiuta le regole del gioco di una comunità politica, non riconoscendosi nelle finalità, nei valori e nelle istituzioni preposte alla vita pubblica e che agisce per modificarle radicalmente." Silvano Belligni, Art. „Estremismo", in: Norberto Bobbio/Nicola Matteucci/Gianfranco Pasquino (Hrsg.), Dizionario di Politica, 2. edizione interamente riveduta e ampliata, Turin 1983, S. 380–382.

3. Begriffsgeschichte: „Extremismus" – „Radikalismus"

Die Extremismusvokabel gehört – im Gegensatz etwa zu „Demokratie" oder „Tyrannis" – nicht zu den Begriffen mit langer, bedeutungsschwerer Tradition. Als Bestandteil des Alltagsvokabulars ist sie noch heute durch eine gewisse Farblosigkeit gekennzeichnet. Dies erweist sich – wie gezeigt werden soll – als ein entscheidender Vorteil, der für ihre Aufnahme in eine wissenschaftliche Terminologie spricht. Es gibt jedoch kaum Begriffe der Wissenschaftssprache, die überhaupt nicht durch den Gebrauch in der Alltagssprache semantisch vorgeprägt wären – mit der Ausnahme reiner Kunstbegriffe. Diese können allerdings auch rasch in weiteren Umlauf gelangen und eine unspezifischere Bedeutung erhalten, wenn sie Sachverhalte von allgemeinem Interesse bezeichnen. Im günstigsten der Fälle ergeben sich weder aus dem Begriffskern noch aus möglichen Konnotationen Bedeutungselemente oder -nuancen, die als Störfaktoren bei der wissenschaftlichen Kommunikation auftreten können. Wie verhält es sich in dieser Hinsicht mit dem Extremismusbegriff?

„Extremismus" geht auf das lateinische Wort „extremus" (= „der äußerste") zurück. Das Adjektiv „extrem", das in allen romanischen Sprachen sowie im Englischen und Deutschen mit ungefähr gleicher Bedeutung zu finden ist, kann im konkreten Wortsinn beispielsweise die äußersten Enden einer „Strecke" (in der mathematischen Bedeutung) benennen. Im übertragenen Sinne wird „extrem" dann als Gegensatz zu „gemäßigt" verstanden.[78] Der im abendländischen politischen Denken wurzelnde Topos der „Mitte" zwischen den Extremen, verbunden mit der Vorstellung der „Mäßigung" im Gegensatz zur Verabsolutierung bestimmter Ideen, zu „Fanatismus", „Radikalismus", äußerster Zuspitzung einer Idee, ist in die antike Lehre von der „gemischten Verfassung" eingegangen, hat im neuzeitlichen Konstitutionalismus weitergewirkt und sich schließlich in derjenigen Staatsform niedergeschlagen, die wir heute unter dem Typusbegriff des „demokratischen Verfassungsstaates" zusammenfassen.[79] Obwohl in dieser Form kaum jemals in ein wissenschaftliches Konzept umgesetzt, kann das Gegensatzpaar „extrem" – „gemäßigt" also bereits zum Verständnis der Antithese „Extremismus" – „Demokratie" beitragen. Auf das Verhältnis zwischen dem Prinzip der „Mäßigung" und jener modernen Verfassungsstaaten eigenen „Mischung" von Werten und Strukturprinzipien wird noch näher einzugehen sein.

Vorerst sollen einige problematisierende Bemerkungen genügen: Die archaische Vorstellung, die Mitte zwischen den Extremen bedeute Mäßigung, also etwas Positives, ist zunächst eine jener Weisheiten, der nur bei „richtiger" und wohlwollender

---

78 Vgl. etwa: Extrem und Gemäßigt, besprochen von einem bayerischen Veteranen, Würzburg 1877.

79 Vgl. Erwin Faul, Sonderbewußtsein und Identitätskrise des Abendlandes. Politikwissenschaftliche Bemerkungen zu Fragestellungen der Geschichtssoziologie, in: Peter Haungs(Hrsg.), Res Publica. Studien zum Verfassungswesen. Dolf Sternberger zum 70. Geburtstag, München 1977, S. 63–81, insbesondere S. 76–81; Martin Gralher, Mitte – Mischung – Mäßigung. Strukturen, Figuren, Bilder und Mataphern in der Politik und im politischen Denken, in: Ebd., S. 82–114. Ferner: Friedrich, Der Verfassungsstaat der Neuzeit (FN 22) sowie der Überblick bei: Max Imboden, Die Staatsformen. Versuch einer psychologischen Deutung staatsrechtlicher Dogmen, Basel/Stuttgart 1959.

Auslegung Geltungskraft zukommt. Da völlig unbestimmt bleibt, welche Maßstäbe bei der Beurteilung eines Prinzips, einer Idee als „gut“ oder „böse“ zugrundezulegen sind und wie eigentlich die „Mitte“ zwischen zwei Extremen gebildet werden soll, und auch die „Extreme“ nur über die Mitte definiert zu sein scheinen, handelt es sich offensichtlich um eine vorwissenschaftliche, um nicht zu sagen: unwissenschaftliche Aussage. Zur wissenschaftlichen Aussage kann sie sich dann weiterbilden, wenn die exakten Bedingungen ihrer Geltung feststehen. Ein programmatisches Motto des populistischen ehemaligen US-Senators Barry Goldwater verdeutlicht anschaulich diese Problematik: „Extremism in the defense of liberty is no vice. [...] Moderation in the pursuit of justice is no virtue“.[80] Diese Devise einer harten „law and order“-Politik zeigt die nahezu beliebige Instrumentalisierbarkeit von Begriffen wie „extrem“ und „gemäßigt“ auf.

Begriffsgeschichtlich ist zunächst von Interesse, zu welchem Zeitpunkt sich aus dem Adjektiv „extrem“ das Substantiv „Extremismus“ herausbildete. Man sollte bei Überlegungen dieser Art stets der Tatsache bewußt sein, daß begriffshistorische Zusammenhänge möglicherweise in sehr lockerem Verhältnis zum eigentlichen Untersuchungsgegenstand stehen und es daher Selbstzweck werden kann, sich ihnen allzu eifrig zuzuwenden. Begriffsgeschichte ist jedoch auch häufig Wissenschaftsgeschichte und verdient schon von daher nähere Aufmerksamkeit. Im vorliegenden Falle kommt folgendes hinzu: Die Verwendung des Extremismusbegriffs soll unter anderem damit begründet werden, daß seine wissenschaftliche „Karriere“ erst neueren Datums ist und aus der Vorgeschichte keine schwerwiegenden „erblichen Belastungen“ bekannt sind, die seinem terminologischen Gebrauch im Wege stehen könnten.

Wie dies für zahlreiche politische Begriffe gilt, ist „Extremismus“ zuerst in der Sprache des Journalismus nachweisbar. Im 19. Jahrhundert tauchen die Begriffe „extremist“ (1846) und „extremism“ (1865) in der englischen Presse auf[81] – ohne daß ihnen allerdings bereits ein spezifisch politischer Sinn gegeben worden wäre. Für Angloamerika liegt kein früherer Nachweis vor; dort werden die Begriffe jedoch mit präziser zugeschnittener Bedeutung verwendet: Als „Extremists“ firmieren Vertreter der Bürgerkriegsparteien, die jeglichen Kompromiß in der Sache ablehnen.[82] Bereits 1850 ist in diesem Zusammenhang von den gewalttätigen „extremists of both parts of the country“[83] die Rede. In einer Publikation aus dem Jahre 1856 heißt

---

80 Zitiert nach: Antony Flew, Who ist Moderate, what is Extreme? Between Left & Right, in: Encounter 59 (1982), Nr. 2, S. 52–55, 52.

81 Vgl. W. Nieke, Art. „Extremismus“, in: Joachim Ritter (Hrsg.), Historisches Wörterbuch der Philosophie, völlig neubearbeitete Ausgabe des 'Wörterbuch der Philosophischen Begriffe' von Rudolf Eisler, Bd. 2, Basel/Stuttgart 1972, S. 884; Manfred Funke, Art. „Extremismus“, in: Mickel (FN 48), S. 133 f.; Art. „extremism“, in: Oxford English Dictionary, Bd. 3, Oxford 1961, S. 476.

82 Art. „Extremist“, in: A Dictionary of American English, Bd. 2, London 1960, S. 915. Dort wird der „Extremist“ definiert als: „One who took an extreme and uncompromising view of the sectional differences that culminated in the Civil War (1861–65)“.

83 Ebd.

es: „The extremists of the South esteem their opponents as madmen, or robbers."[84] Und am Ende des Bürgerkrieges beteuert ein Abgeordneter im Kongreß, man habe „beizeiten versucht, das Unglück abzuwenden, das von Extremisten im Norden und Süden herbeigezwungen worden"[85] sei. Was wiederum Großbritannien betrifft, so deuten die Nachweise darauf hin, daß der Begriff in den ersten Dezennien des neuen Jahrhunderts überwiegend im Zusammenhang mit Vorgängen in den Kolonien zur Anwendung kam.[86]

In Frankreich wurden die Anhänger der Bourbonen-Restauration im 19. Jahrhundert als „ultras" bezeichnet.[87] Ein die Extreme auf beiden Seiten des politischen Spektrums umfassender Sammelbegriff scheint lange Zeit nicht existiert zu haben. Immerhin ist das Wort „extrémiste" bereits 1915 nachweisbar.[88] Erst mit dem Sieg der Bolschewisten in Rußland findet die Vokabel weitere Verbreitung. Das erste Werk, das Begriff und Phänomen des Extremismus ein eigenes Kapitel widmet, scheint die Studie des französischen Publizisten Maxime Leroy über „Les techniques nouvelles du syndicalisme" (1921) zu sein. Dort heißt es einleitend: „L'extrémisme: c'est un des mots les plus courants de notre vocabulaire politique, depuis la révolution soviétique."[89] War der Begriff bis dahin eine nach vielen Seiten „funkelnde" Kampfvokabel, so erfährt er hier eine bemerkenswerte begriffliche Präzisierung. In einem Lexikonartikel aus dem Jahre 1924, der sich in weiten Teilen auf die Arbeit Leroys stützt, firmiert „Extremismus" als eine „Doctrine d'action de ceux qui, avant une foi absolue et mystique dans la cause ou la religion qu'ils ont embrassées, n'hésitent pas, pour attendre leur but ou sacrifier à leurs croyances, de faire table rase des choses et des hommes qui s'opposent aux réalisations qu'ils se sont assignées ou de nier les vérités les plus scientifiques qui leur sont opposées."[90]

Die Unterscheidung zwischen dem „absoluten Glauben" an die eigene Sache oder Mission („cause") und demjenigen an die Religion markiert – nach 1917, aber noch bevor die geschichtliche Bedeutung des „Marsches auf Rom" in das allgemeine Bewußtsein gedrungen war - das damalige Spektrum der politischen Extrempositionen: auf der einen Seite die „extrémistes blancs", also die militanten Monarchisten; auf der anderen Seite die „extrémistes rouges"[91], die in Rußland siegreichen Kommunisten und ihre französischen Anhänger. Die Gleichsetzung von „foi absolue dans la religion" und „Monarchismus" spiegelt die gespaltene politische Kultur im Frank-

84 The Oxford English Dictionary (FN 81), S. 476.

85 A Dictionary of American English (FN 82).

86 Art. „extremist", in: A Supplement to the Oxford English Dictionary, Bd. 1, Oxford 1972, S. 1006.

87 Vgl. Rémond (FN 55), besonders S. 46–71.

88 Vgl. Art. „extrémisme", in: Trésor de la Langue Française. Dictionnaire de la Langue du XIXe et du XXe siècle (1789–1960), 8 Bde., Paris 1980, S. 536.

89 Maxime Leroy, Les techniques nouvelles du syndicalisme, Paris 1921, S. 92.

90 Art. „Extrémisme", in: Compère-Morel, Grand Dictionnaire Socialiste du Mouvement Politique et Economique National et International, Paris 1924, S. 276–279, 276.

91 Ebd.

reich der ersten Jahrzehnte dieses Jahrhunderts wider: Klerikale und Anti-Klerikale standen sich schroff gegenüber, und die Demarkationslinie beider Lager war identisch mit der zwischen den Anhängern der Monarchie und der Republik.

Auf die Kräfte der Restauration und Konterrevolution geht Leroy nur am Rande ein, ausführlich dagegen auf den Leninismus und die Bolschewiki. Sie gelten als Rationalisten, die ihre utopischen Gesellschaftsentwürfe von Vernunftgesetzen ableiten und ein Recht beanspruchen, diese gegen die Meinungen der Mehrheit in die Tat umzusetzen. So führe der Extremismus „de la pure logique à la terreur: si le processus social évolue lentement, c'est parce que les hommes, de mauvaise foi, nient l'évidence des idées qui sont préposées à son accélération; en niant ainsi l'évidence, ils commettent un crime; or, tout crime postule un châtiment: à l'autorité à faire l'ordre malgré eux, contre eux.“[92] Der Vernunftglaube, die Überzeugung von der absoluten Geltung abstrakter Theorieentwürfe, müsse verworfen werden, da er nicht Toleranz, sondern Intoleranz hervorbringe.

In Großbritannien, den Vereinigten Staaten von Amerika und Frankreich ist der politische Begriff des Extremismus entstanden. Der – nicht nachgewiesenen und wohl auch nicht nachweisbaren – direkten wechselseitigen Beeinflussung bedurfte es nicht. Denn der Prozeß terminologischer Prägung steht in offenkundigem Zusammenhang mit der Verbreitung demokratischen Selbstbewußtseins, das die Herausbildung des Gegenbegriffs als eines Synonyms für die Verfechter autokratischer und – später auch – totalitärer Regime mit gleichsam naturgegebener Notwendigkeit in Gang setzte. Die verbreitete „definitio ex negativo“ wurzelt in der Begriffsgeschichte.[93]

Auch der enge Zusammenhang zwischen dem Selbstverständnis demokratischer Verfassungsstaaten und der Herausbildung des Sammelbegriffs zur Bezeichnung ihrer politischen Gegner von „rechts“ und „links“ wird auf diese Weise bestätigt. Am frühesten nämlich läßt sich die Extremismusvokabel dort nachweisen, wo die Entwicklung zum demokratischen Verfassungsstaat vergleichsweise weit fortgeschritten war. Dagegen fand der Begriff in Deutschland erst spät Verbreitung. Hier hatte sich der Obrigkeitsstaat in der zweiten Hälfte des 19. Jahrhunderts noch einmal macht-

---

92 Leroy (FN 89), S. 95.

93 Bemerkenswert ist die Parallele zur Entstehung des Totalitarismusbegriffs. Entgegen noch immer verbreiteter Annahmen (siehe etwa: Kershaw [FN 25], S. 48) wurde die Vokabel nicht von Mussolini oder den Faschisten geprägt, sondern von deren liberalen Gegnern. Nach derzeitigem Kenntnisstand gebrauchte ihn erstmals Giovanni Amendola in einem Artikel in der liberalen Tageszeitung Il Mondo vom 12. Mai 1923. Zunächst scheint der Begriff nur auf die Faschisten gemünzt gewesen zu sein. Als geschickte Propagandisten eigneten diese sich den Begriff an, um ihn im eigenen Sinne semantisch zu besetzen. Dieser Zusammenhang ist nachgewiesen worden von: Helmut Goetz, Über den Ursprung des Totalitarismusbegriffs, in: NZZ vom 27./28. März 1976, S. 37; ders., Totalitarismus. Ein historischer Begriff, in: Schweizerische Zeitschrift für Geschichte 32 (1982), S. 163–174; Adrian Lyttelton, The Seizure of Power. Fascism in Italy 1919–1929, London 1973, S. 482; Jens Petersen, La nascita del concetto di 'stato totalitario' in Italia, in: Annali dell'Istituto storico italo-germanico in Trento (Bologna) 1 (1975), S. 143–168; ders., Die Entstehung des Totalitarismusbegriffs in Italien, in: Manfred Funke (Hrsg.), Totalitarismus. Ein Studien-Reader zur Herrschaftsanalyse moderner Diktaturen, Düsseldorf 1978, S. 105–128.

voll entfalten können[94] – derart machtvoll, daß der aus der militärischen Niederlage hervorgegangene demokratische Verfassungsstaat von Beginn an mit zahllosen Hypotheken befrachtet war, an deren Last er schließlich zerbrechen sollte. So fand der Extremismusbegriff auch in der Weimarer Republik keinen fruchtbaren Nährgrund vor. Konnten die Bedingungen des Versailler Friedensschlusses dazu angetan sein, das Bewußtsein zu stärken, man gehöre nun dem Kreise der „westlichen Demokratien“ an? Die Frage ist offenkundig nur rhetorischer Natur. Die Ideologie des „deutschen Sonderweges“ blieb in intellektuellen Kreisen – insbesondere auf der rechten Seite des politischen Spektrums – ein verbreiteter Topos.[95]

Wie Stichproben zeigen, wurde von „Extremismus“ in der zeitgenössischen Presse nicht gesprochen.[96] Statt dessen war regelmäßig vom „Radikalismus“ oder von „staatsfeindlichen Kräften“ die Rede – Begriffe, die bereits im Kaiserreich für die „linke“ Antisystem-Opposition Verwendung gefunden hatten und deren Persistenz in der ersten deutschen Republik von dem in der Staatsrechtslehre verbreiteten Wertrelativismus zeugt.[97] Das Bild änderte sich allerdings teilweise mit den Wahlerfolgen der Nationalsozialisten. Sie wurden nun vielfach – besonders auf Seiten der Sozialdemokraten, der Liberalen und des Zentrums – ebenfalls unter den Sammelbegriff des „Radikalismus“ (nicht: „Extremismus“) gefaßt. So äußerte sich der preußische Innenminister Karl Severing in einem Artikel für die Wiener „Neue Freie Presse“ (29. März 1931) über die „extremen Parteien“[98] – gemeint waren NSDAP und KPD. Severing gebrauchte variierend auch den Begriff des „Radikalismus“; von einer systematischen Begriffsverwendung kann allerdings weder hier noch anderswo die Rede sein.

Bemerkenswerterweise sprach der Moraltheologe Franz Keller in einem Artikel für das katholische „Staatslexikon“ (1931) bereits vom „Extremismus“, den er unter dem Stichwort „Radikalismus“ klar von diesem abgrenzte: „Das schließt aber nicht

---

94 Vgl. zur politischen (und ökonomischen) Entwicklung Europas im 19. und 20. Jahrhundert den brillanten Essay von: Peter Graf Kielmansegg, Die Verspätung des freiheitlichen Verfassungsstaates in Deutschland (1979), in: Ders., Nachdenken über die Demokratie. Aufsätze aus einem unruhigen Jahrzehnt, Stuttgart 1980, S. 171–194.

95 Vgl. Bernd Faulenbach, Ideologie des deutschen Weges. Die deutsche Geschichte in der Historiographie zwischen Kaiserreich und Nationalsozialismus, München 1980; ders., „Deutscher Sonderweg“. Zur Geschichte und Problematik einer zentralen Kategorie des deutschen geschichtlichen Bewußtseins, in: APZG, B 33/1981, S. 3–21. Siehe auch: Institut für Zeitgeschichte (Hrsg.), Deutscher Sonderweg – Mythos oder Realität?, München 1982.

96 Die Stichproben erfolgten aufgrund der systematischen Durchsicht einschlägiger Presseartikel. Deren Erfassung war mittels folgenden bibliographischen Nachschlagewerkes möglich: Internationale Bibliographie der Zeitschriftenliteratur mit Einschluß von Sammelwerken und Zeitschriften. Abteilung A: Bibliographie der Deutschen Zeitschriften-Literatur, Beilage: Halbmonatliches Verzeichnis von Aufsätzen aus deutschen Zeitungen, Neudruck der Ausgabe Osnabrück 1909–1944, Nendeln/Liechtenstein 1967.

97 Wolfram Bauer, Wertrelativismus und Wertbestimmtheit im Kampf um die Weimarer Demokratie. Zur Politologie des Methodenstreites der Staatsrechtlehrer, Berlin 1968.

98 Karl Severing, Der Kampf gegen den Radikalismus. Die Wirtschaftsnot und die extremen Parteien, in: Neue Freie Presse (Wien) vom 29. März 1931.

aus, daß der R. [Radikalismus, U.B.] in der Durchführung der angestrebten radikalen Veränderung der gegebenen Verhältnisse die Opportunität walten läßt, d. h. daß er die Veränderung nicht auf einmal, sondern schrittweise je nach Möglichkeit anstrebt. Dadurch unterscheidet sich der R. vom *Extremismus*, mit dem er oft irrtümlich gleichgesetzt wird. Der Extremismus gleicht nur darin dem R., daß er wie dieser radikale Änderungen bestehender Verhältnisse fordert, aber im Unterschied vom [!] R. bleibt er bei diesen grundstürzenden Forderungen stehen. Er stellt bezüglich ihrer Verwirklichung die Alternative 'Alles od. nichts' u. fühlt sich, da sofortige ganze Erreichung des Zieles unmöglich ist, von der schrittweisen mühsamen Veränderung der Verhältnisse entbunden. Der Extremismus ist die Flucht vor der lastenden Verantwortung schöpferischen Tuns, er ist eine weit verbreitete Krankheit auf allen praktischen Lebensgebieten. Extremismus ist daher überall, wo er sich zeigt, abzulehnen, da er zerstört, ohne aufzubauen. Besonders schädlich wirkt er sich aus auf dem Gebiet der Politik, der Wirtschafts- und Sozialethik, wo er sich paart mit dem Rigorismus."[99]

Dem „schädlichen" Extremismus stellt Keller den „an sich" nützlichen Radikalismus gegenüber: „R. ist eine an sich gute Geistes- und Willensrichtung, die den Menschen auf allen Lebensgebieten 'zu den Müttern' hinabsteigen läßt. Selbstverständliche Voraussetzung dabei ist, daß der R. sich auf die wandelbaren Lebensgrundlagen beschränkt, sich also nicht vergreift an ewigen göttl. Lebenswerten, die die unwandelbare Richtschnur aller angestrebten Wandlungen sind."[100] Keller ist sich der Tatsache bewußt, daß die von ihm feinsinnig vorgenommene begriffliche Unterscheidung keineswegs dem gängigen Sprachgebrauch entspricht: „Wird R. gleichbedeutend mit Extremismus genommen, dann muß er selbstverständlich verurteilt werden. Sachlich ist aber aus den angegebenen Gründen eine solche Gleichsetzung unbegründet und falsch."[101] Die terminologischen Differenzierungen des „Staatslexikons" sind von der zeitgenössischen Forschung allem Anschein nach nicht aufgegriffen worden. Es blieb dazu auch wenig Zeit; die nationalsozialistische Tyrannei bereitete der freien humanwissenschaftlichen Forschung ein jähes Ende.

---

99 Franz Keller, Art. „Radikalismus", in: Staatslexikon, hrsg. von Hermann Sacher, 5. von Grund auf neubearbeitete Aufl., Bd. 4, Freiburg im Breisgau 1931, Sp. 507 f. – Keller scheint sich nur an dieser Stelle zum Thema geäußert zu haben. Vgl. die bio-bibliographischen Angaben in: Kürschners Deutscher Gelehrtenkalender 1931, 4. Ausgabe, Leipzig 1931, Sp. 1410.

100 Ebd., S. 508.

101 Ebd.

Emigrierte Wissenschaftler allerdings kamen nun verstärkt mit dem politischen Sprachgebrauch des Auslandes in Berührung. Zugleich sensibilisierte sie das eigene Schicksal in besonderer Weise für die elementare Frage freiheitlicher Staatsgestaltung. Nicht nur bei der Herausbildung der Totalitarismuskonzeptionen, sonder auch bei der Einführung des Extremismusbegriffs in den wissenschaftlichen Sprachgebrauch haben deutsche Emigranten eine bedeutende Rolle gespielt. So verwendete Karl Loewenstein den Begriff in seinen frühen Beiträgen zur „militant democracy "[102], Theodor W. Adorno stellte 1950 Überlegungen zum „Über-Ich des Extremisten"[103] an, und Hannah Arendt bezeichnete 1953 die dem „ideologischen Denken" eigene Tendenz zum „Zwangsfolgern" als „Extremismus".[104] Bereits 1932 hatte der anglo-amerikanische Politikwissenschaftler Max Lerner im Zusammenhang mit Hitlers „Mein Kampf" vom „Zauber des Extremisten" gesprochen.[105] Alle diese Verwendungsweisen sind jedoch noch unsystematisch, jedenfalls nicht fester Bestandteil wissenschaftlicher Terminologie geworden.

Während der Extremismusbegriff vor dem Zweiten Weltkrieg nur vereinzelt in der humanwissenschaftlichen und politischen[106] Literatur nachweisbar ist, findet er

---

102 Karl Loewenstein, Legislative Control of Political Extremism in European Democracies, in: Columbia Law Review 38 (1938), S. 591–622, 725–774. Der Beitrag wurde in Frankreich als selbständige Veröffentlichung publiziert: Ders., Contrôle législatif de l'extrémisme politique dans les démocracies européennes, Paris 1939. Siehe auch ders., Militant Democracy, in: APSR 31 (1937), S. 417–432, 638–658. Allerdings wird in diesen Arbeiten der Begriff weder systematisch entfaltet noch die Wortwahl begriffsgeschichtlich begründet.

103 Theodor W. Adorno, Studien zum autoritären Charakter (1950), 4. Aufl., Frankfurt a. M. 1982 (1973), S. 150.

104 Hannah Arendt, Ideologie und Terror (FN 24), S. 166.

105 Max Lerner, Das Grundmuster der Diktatur (Original: The Patterns of Dictatorship, 1935), in: Seidel/Jenkner (FN 11), S. 30–48, 44.

106 Demgegenüber enthalten die von Edouard Calic edierten und kommentierten „Hitler-Breiting Geheimgespräche 1931" angebliche Äußerungen Hitlers über „Extremismus": „[...] nicht aber jene Maßnahmen, die uns mit den Kommunisten in einen Topf werfen und uns als Extremisten hinstellen. Es gibt nur einen Extremismus, und das ist der Kommunismus. Indem man ihn bekämpft, übt man keinen Extremismus aus, sondern man erfüllt eine nationale Pflicht. Sollte sich eine Regierung zu diesen Maßnahmen entschließen, dann werden wir sie selbstverständlich nur begrüßen können. Wir werden sicherlich eine Übergangsregierung haben, die unter dem Deckmantel der Extremistenbekämpfung uns zu treffen versuchen wird." Selbst wenn den Zeitgenossen der Begriff des „Extremismus" geläufig gewesen wäre, hätte sich Hitler schwerlich in dieser Weise äußern können. Erstens entspricht es der Logik des – dualistischen – politischen Spektrums, daß es eben nicht „nur einen Extremismus" gibt; zweitens ist diese Aussage aus der Sicht der Nationalsozialisten, einmal angenommen, sie hätten diese Terminologie übernommen, unsinnig, da dann selbstverständlich „der Liberalismus" ebenfalls als „extremistisch" gegolten hätte. In konsistenter Form wird dies heute etwa von den Ideologen der französischen Nouvelle Droite vertreten, die USA und Sowjetunion gleichermaßen als „totalitär" bezeichnen. Vgl. etwa: Alain de Benoist, Kulturrevolution von rechts. Gramsci und die Nouvelle Droite, Vorwort von Armin Mohler, Krefeld 1985, S. 107–125 („Was ist totalitär?"). Dort heißt es an einer Stelle lapidar: „Liberalismus und Totalitarismus sind aus derselben Quelle hervorgegangen; sie verfolgen auch dasselbe Ziel." (S. 120) – Diese Gesichtspunkte zur Begriffsgeschichte und immanenten Logik deuten die Primi-

1945 wachsende Verbreitung in der amerikanischen Forschung.[107] Edward A. Shils[108] und dann vor allem Seymour Martin Lipset führten „Extremismus“ in eine wissenschaftliche Terminologie ein. Lipsets Extremismusstudien[109] erzeugten internationale Resonanz und trugen wohl auch wesentlich zur Verbreitung des (wissenschaftlichen) Begriffs in Europa bei.[110]

In die westdeutsche sozialpsychologische Literatur fand der Begriff verhältnismäßig früh Eingang:[111] Peter Hofstätter übersetzte in seiner weit verbreiteten "Grup-

---

Fortsetzung von Fußnote 106

tivität der hier vorgenommenen Fälschungen an: Edouard Calic, Ohne Maske. Hitler-Breiting Geheimgespräche 1931, Frankfurt a. M. 1968, S. 26 f. Die Authentizität des Textes ist bereits auf anderem Wege stark angezweifelt worden. Siehe etwa: Hugh Trevor-Roper, in: The Times vom 7. März 1971; Hans Mommsen, in: Der Spiegel, Nr. 37/1972; Gustav Hermann Seebold, Die Hitler-Breiting-Geheimgespräche als historische Quelle, Bochum 1975 (Magister-Arbeit); Karl-Heinz Janßen, Geschichte aus der Dunkelkammer. Kabalen um den Reichstagsbrand. Eine unvermeidliche Enthüllung. Sonderdruck der „Zeit“ aus Nr. 38–41/1979, Hamburg 1979. Siehe auch: Ders., Calics Erzählungen, in: Uwe Backes/Karl-Heinz Janßen/Eckhard Jesse/Henning Köhler/Hans Mommsen/Fritz Tobias, Reichstagsbrand. Aufklärung einer historischen Legende, 2. Aufl., München/Zürich 1987 (1986), S. 216–237. Für eine subtile und quellennahe Rekonstruktion und Interpretation des Hitlerschen Weltbildes siehe vor allem: Rainer Zitelmann, Hitler. Selbstverständnis eines Revolutionärs, 2. Aufl., Hamburg/Leamington Spa/New York 1989 (1987). In der Erstauflage hatte Zitelmann sich noch auf die angeblichen Hitler-Breiting-Gespräche gestützt, in der zweiten Auflage apostophiert er sie als das, was sie sind: Fälschungen. Diese selbstkritische Form ist in der Geschichtswissenschaft im Hinblick auf die Hitler-Breiting-Gespräche leider nicht die Regel.

107 Eine journalistische Arbeit zum Rechtsextremismus in den USA führte den Begriff im Titel: Marc Sherwin, The Extremists, New York 1963.

108 Edward Shils, The Torment of Secrecy. The Background and Consequences of American Security Policies, Melbourne/London/Toronto 1956. Teil IV ist betitelt: „Pluralism against Extremism“.

109 Vgl. Seymour Martin Lipset, Socialism. Left and Right – East and West, in: Confluence 7 (1958), S. 173–192; ders., Democracy and Working-Class Authoritarianism, in: ASR 24(1959), S. 482–501; ders., Social Stratification and 'Right-Wing Extremism', in: BJS 10 (1959), S. 346–382; ders., Soziologie der Demokratie, Neuwied/Berlin 1962 (Original: Political Man. The Social Basis of Politics, New York 1960), insbesondere S. 121–189; ders., The Sources of the „Radical Right“ (1955); ders., Three Decades of the Radical Right: Coughlinites, McCarthyites and Birchers (1962), jeweils in: David Bell (Hrsg.), The Radical Right: The New American Right, expanded and updated, New York 1964, S. 307–371, 373–446; ders./Earl Raab, The Politics of Unreason. Right-Wing Extremism in America, 1790–1977, 2. Aufl., Chicago/London 1978 (1970); ders., Supporters of the Birch Society, in: Gilbert Abcarian (Hrsg.), American Political Radicalism. Contemporary Issues and Orientations, Lexington/Toronto 1971, S. 195–210. Für den neuesten Stand siehe die aktualisierte Ausgabe des „Political Man“: Lipset, Political Man. The Social Basis of Politics, expanded edition, London 1983, insbesondere S. 459–565.

110 Der Wortgebrauch in der amerikanischen Forschung hat nicht nur auf die Terminologie in der Bundesrepublik Deutschland abgefärbt, sondern etwa auch auf die in Südeuropa. Siehe hierzu zwei umfangreiche Lexikon-Beiträge: Henrique Barrilaro Ruas, Art. „Extremismo“, in: Polis (FN 76); Silvano Belligni, Art. „Estremismo“, in: Bobbio/Matteucci/Pasquino(FN 77).

111 Vgl. Nieke (FN 81).

pendynamik“ von 1957 die bei amerikanischen Fachkollegen verwendeten Begriffe „radicalism“ und „deviationism“ mit „Extremismus“. „Extremismus“ in dieser Verwendung bezeichnet eine starke Abweichung der Einstellungen einer Person von den in seiner Bezugsgruppe vorherrschenden. Man beachte den relativistischen Zuschnitt dieser Definition! „Extremismus“ steht für eine formale Andersartigkeit, deren Inhalte variieren können. Was in der einen Gesellschaft als „extremistisch“ gilt, mag in der anderen Allgemeingut sein.

Wie im Falle der Sozialpsychologie sorgten auch in anderen sozialwissenschaftlichen Disziplinen eine intensive Rezeption vor allem anglo-amerikanischer Fachliteratur und das Erscheinen bedeutender Arbeiten in deutscher Sprache für die Verbreitung des Extremismusbegriffs. Ein prominentes Beispiel ist die Übersetzung (1959) der von Crane Brinton verfaßten „Anatomie der Revolution“. Ausführlich behandelt der Autor den „Kampf zwischen den Gemäßigten und den Extremisten“[112] nach der erfolgreichen Beseitigung der alten Ordnung. Ganz ähnlich verwendet Richard Löwenthal die Vokabel in dem Aufsatz „Totalitäre und demokratische Revolution“ von 1960. Bezüglich der Verlaufsphasen totalitärer und demokratischer Revolutionen spricht er dort – wohl nicht zufällig – von der „terroristische[n] Diktatur der Extremisten“ und der „extremistischen Diktaturpartei“.[113] Wie der Autor in einem „Nachtrag 1966“ für den Wiederabdruck im Seidel/Jenknerschen Totalitarismus-Reader berichtet, war der Aufsatz „im Frühjahr 1960 in den Vereinigten Staaten niedergeschrieben“[114] worden. Brintons Revolutionsstudie gehörte damals zur Standardlektüre.

In der zweiten Hälfte der sechziger Jahre fand der Extremismusbegriff zunehmende Verbreitung, wenngleich der Radikalismusbegriff noch überwog. Seit 1966 sorgten spektakuläre Wahlerfolge der rechtsextremen NPD für Aufsehen – die Partei verfehlte 1969 den Einzug in den Bundestag nur knapp (4,3 Prozent). Gleichzeitig machte eine marxistisch inspirierte „Neue Linke“ durch propagandistische Verlautbarungen und in der Bundesrepublik bislang unbekannte Formen politischer Aktion von sich reden.[115] Dieses Klima schuf günstige Voraussetzungen für Veränderungen der politischen Sprache. Insbesondere eine verstärkte Rezeption der amerikanischen Forschung trug zur Verbreitung des Extremismusbegriffs bei. Er trat nun in Konkur-

---

112 Crane Brinton, Die Revolution und ihre Gesetze, Frankfurt a. M. 1959 (Original: The Anatomy of Revolution, New York 1951), S. 211.

113 Richard Löwenthal, Totalitäre und demokratische Revolution (1960), in: Seidel/Jenkner (FN 11), S. 350–381, 365–377.

114 Vgl. ebd., S. 379.

115 Die zunehmende Verbreitung des Extremismus-Begriffs läßt sich gut an der Literatur über die NPD und „Neue Linke“ verfolgen. Siehe etwa: René Ahlberg, Die politische Konzeption des Sozialistischen Deutschen Studentenbundes, in: APZG, B 20/1968, S. 3–31; Werner Hofmann, Der Rechtsextremismus in der Bundesrepublik und seine Quellen (1967), in: Ders., Abschied vom Bürgertum. Essays und Reden, Frankfurt a. M. 1970, S. 140–147; Paul Kevenhörster, NPD im Bundestag?, in: Sonde 2 (1969), Nr. 1, S. 28–40; Reinhard Kühnl, Der Rechtsextremismus in der Bundesrepublik. Ein Literaturbericht, in: PVS 9(1968), S. 423–442; Erwin K. Scheuch, Die NPD als rechtsextreme Partei, in: Hamburger Jahrbuch für Wirtschafts- und Gesellschaftspolitik 15 (1970), S. 321–333; Heinrich Sippel, Die rechtsradikale Agitation, in: Informationen für die Truppe, 1967, H. 2, S. 3–40.

renz zur Radikalismusvokabel, die als Sammelbezeichnung antidemokratischer Gesinnungen und Bestrebungen auf eine lange Tradition nicht nur im deutschen Sprachkreis zurückblickt.

Je nach den Sprachkonventionen sozialwissenschaftlicher „Forschungsgemeinschaften" finden auch heute beide Begriffe in der Literatur Verwendung. Allerdings hat der Extremismusbegriff an Boden gewonnen – jedenfalls in der Bedeutung im Sinne von „Anti-Demokratie". Die – im folgenden zu erörternden – Gründe für die terminologische Umorientierung sind so gewichtig, daß der Extremismusbegriff auch im Rahmen dieser Studie dem des Radikalismus vorgezogen wird. Eine weitere Exkursion in die Begriffsgeschichte mag diese Entscheidung verständlich machen.

In der ersten deutschen Demokratie war der Radikalismusbegriff zur Bezeichnung sowohl links- als auch rechtsgerichteter „staatsfeindlicher" Gruppierungen verbreitet. Dabei fällt im zeitlichen Ablauf eine gewisse Schwerpunktsetzung auf:[116] Bis Mitte der zwanziger Jahre stand die Auseinandersetzung mit den Ideenkreisen des Kommunismus und Anarchismus im Vordergrund. Entsprechend verband man mit „Radikalismus" in dieser Periode vor allem den „kommunistischen Umsturz", wobei den Zeitgenossen die Beispiele der bolschewistischen „Oktoberrevolution" von 1917, der unterschiedlichen Versuche zur Errichtung einer „Räterepublik" und der an der Jahreswende 1918/19 neugegründeten, schon bald völlig unter den Einfluß Moskaus geratenen KPD gegenwärtig waren.[117] Diese Sichtweise schlug sich auch in wissenschaftlichen Untersuchungen nieder, so in Helmuth Plessners „Kritik des sozialen Radikalismus" und der Radikalismusstudie Alfred Meusels.[118] Am Ende der zwanziger Jahre verschiebt sich dann die Blickrichtung – parallel zu den ersten Erfolgen (Kampagne gegen den „Young-Plan") der nationalsozialistischen Bewegung. In frühen wissenschaftlichen Untersuchungen wie einer Fülle von Presseartikeln findet nun „Radikalismus" auch für die „rechte" Variante Verwendung.[119]

---

116 Vgl. Peter Wende, Art. „Radikalismus", in: Otto Brunner/Werner Conze/Reinhard Koselleck (Hrsg.), Geschichtliche Grundbegriffe. Historisches Lexikon zur politisch-sozialen Sprache in Deutschland, Bd. 5, Stuttgart 1984, S. 113–133, 132 f.

117 Vgl. „Die Führerschaft des Radikalismus", in: Dresdner Nachrichten vom 13. Juli 1919; Moritz Goldstein, Der Radikalismus der Geistigen, in: Vossische Zeitung (Berlin) vom 26. Februar 1919.

118 Vgl. Alfred Meusel, Der Radikalismus, in: Kölner Vierteljahreshefte für Soziologie 4/5 (1924/26), S. 44–68; Helmuth Plessner, Grenzen der Gemeinschaft. Eine Kritik des sozialen Radikalismus, 9. Aufl., Bonn 1924.

119 Vgl. nur folgende publizistische Beiträge: Manfred Georg, Unfruchtbarkeit des Radikalismus. Thomas Mann gegen politisches und kulturelles Obskurantentum, in: Neue Leipziger Zeitung vom 15. Juni 1930; Gerhard Kessler, Männer gegen den Radikalismus!, in: Neue Leipziger Zeitung vom 23. Januar 1933; P. Pribilla, Psychologie des Radikalismus, in: Germania vom 7. April 1932; Der Radikalismus in den Betrieben. Das Ergebnis der neuen Betriebsrätewahlen, in: Berliner Tageblatt vom 2. November 1931; Severing, Der Kampf gegen den Radikalismus (FN 98); „Wachsender Radikalismus", in: Neue Preußische Zeitung vom 29. November 1929. Siehe auch folgende Sammlung von Wahlplakaten und -aufrufen: Günter Buchstab/Brigitte Kaff/Hans-Otto Kleinmann (Hrsg.), Keine Stimme dem Radikalismus. Christliche, liberale und konservative Parteien in den Wahlen 1930–1933, Berlin 1984.

Bezeichnenderweise war der Begriff auf die rechtsextremen Kräfte in der DNVP, der Jugendbewegung und den paramilitärischen nationalistischen Vereinigungen zuvor nicht angewendet worden.[120] Man kann hierin ein Indiz für das Weiterleben obrigkeitsstaatlicher Denkmuster in der politischer Kultur der Weimarer Republik sehen – eine These, die freilich im Hinblick auf die verschiedenen politischen Strömungen zu differenzieren wäre. Tatsache ist, daß die anfängliche Begrenzung der Radikalismusvokabel auf „linke" Phänomene den offiziösen Sprachgebrauch des Wilhelminismus reproduzierte. Als „Radikale" galten die entschiedenen Verfechter eines wie auch immer gearteten „Republikanismus"[121], nicht jedoch die „Alldeutschen" und konservativen „Antisemiten", deren kompromißloseste Anhänger durchaus in einer oppositionellen Haltung zum bestehenden Regime standen.[122]

Nach Peter Wende behandelten die deutschen Lexika der zweiten Hälfte des 19. Jahrhunderts den „Radikalismus" zumeist im Sinne einer bereits historisch gewordenen Kategorie.[123] Im Vormärz waren es die Anhänger der „Demokratie", der staatsbürgerlichen Gleichheit und des allgemeinen Wahlrechts, die sich „Radikale" nannten. Das Spektrum dieser Auffassungen reichte vom Linksliberalismus bis in (früh-)sozialistische Ideenkreise hinein.[124] Als „radikal-demokratische Partei" bezeichnete sich noch der äußerste linke Flügel des Paulskirchen-Parlamentes.[125] Die Restauration der zweiten Jahrhunderthälfte unterbrach Bestrebungen dieser Art; eine „radikale" Partei formierte sich in Deutschland nicht.

---

120 Aus der Sicht des Jahres 1932 erblickt Sigmund Neumann in den Schriften Ernst Jüngers einen „neuen Radikalismus", den „allein dem rechten Flügel" zuzuweisen allerdings einer „Vereinfachung der Fronten" gleichkomme: Sigmund Neumann, Die Parteien der Weimarer Republik (1932), mit einer Einführung von Karl Dietrich Bracher, 4. Aufl., Stuttgart/Berlin/Köln/Mainz 1977 (1965), S. 137 f., Anm. 2.

121 Wende (FN 116).

122 Vgl. dazu: Hans-Jürgen Puhle, Agrarische Interessenpolitik und preußischer Konservatismus im wilhelminischen Reich (1893–1914). Ein Beitrag zur Analyse des Nationalismus in Deutschland am Beispiel des Bundes der Landwirte und der Deutsch-Konservativen Partei, Hannover 1966; Dirk Stegmann, Vom Neokonservatismus zum Proto-Faschismus: Konservative Partei, Vereine und Verbände 1893–1920, in: Ders/Bernd-Jürgen Wendt/Peter Christian Witt (Hrsg.), Deutscher Konservativismus im 19. und 20. Jahrhundert. Festschrift für Fritz Fischer zum 75. Geburtstag und 50. Doktorjubiläum, Bonn 1983, S. 199–230; Hans-Ulrich Wehler, Das Deutsche Kaiserreich 1871–1918, Göttingen 1973, insbesondere S. 105–118, 179–181.

123 Vgl. Wende (FN 116), S. 129.

124 Vgl. Klaus Gerteis, Radikalismus in Deutschland vom 16. bis zur Mitte des 19. Jahrhunderts, in: Trierer Beiträge, Heft 11/1982, S. 30–38; Gustav Mayer, Die Anfänge des politischen Radikalismus im vormärzlichen Preußen (1913), in: Ders., Radikalismus, Sozialismus und bürgerliche Demokratie, hrsg. und mit einem Nachwort versehen von Hans-Ulrich Wehler, 2. Aufl., Frankfurt a. M. 1969. Siehe die aufschlußreichen Bemerkungen zum Radikalismus bei: Heinrich von Treitschke, Deutsche Geschichte im Neunzehnten Jahrhundert, 3. Teil: Bis zur Juli-Revolution, Neuausgabe, Königstein/Ts. 1981 (1885), S. 701–722; Guido de Ruggiero, Geschichte des Liberalismus in Europa, 2. Aufl., Aalen 1964 (Original: Storia del liberalismo europeo, Bari 1925).

125 Vgl. Wende (FN 115), S. 127.

Anders war die Situation in vielen der übrigen Länder Europas. In Großbritannien übte die „radikale" Philosophie von James Mill und Jeremy Bentham mit ihrer utilitaristischen Glücksformel beträchtlichen politischen Einfluß aus.[126] Sie trug nicht unwesentlich zur stufenweisen Erweiterung des Wahlrechts im 19. Jahrhundert und zur Demokratisierung des britischen Parlamentarismus bei. Die „radikalen" Ideen zeitigten ihre Wirkungen auch auf dem europäischen Kontinent, wo sie den Linksliberalismus und die entstehenden Arbeiterbewegungen beeinflußten.[127] Bedeutende „radikale" Parteien entstanden in Frankreich, Italien[128], der Schweiz[129], Spanien[130] und Portugal.[131] Diese Vorbilder wirkten auch in Übersee, so in Chile mit dem 1863 gegründeten „Partido Radical"[132], oder in Argentinien – dort bildete sich 1891 die „Unión Cívica Radical"[133], in deren Tradition die argentinische Regierungspartei des Präsidenten Raúl Alfonsín stand.

In den romanischen Ländern setzte sich das liberale Element des Radikalismus stärker durch als im britischen Ursprungsland. In Frankreich etwa wurde 1903 die erste große, auf nationaler Ebene organisierte Partei unter der Bezeichnung „Parti Républicain Radical et Radical-Socialiste" gegründet – eine im heutigen Sinne „demokratische" politische Kraft, die sich bald sowohl nach links, gegenüber den entstehenden sozialistischen und kommunistischen Parteien, als auch zum „Nationalen Block" hin bündnisfähig zeigte und gegen Ende der Dritten Republik eine bedeutende Rolle spielen konnte, als einige ihrer Repräsentanten staatliche Schlüsselpositionen besetzten.[134] Die sich den Traditionen der Französischen Revo-

---

126 Vgl. Elie Halévy, The Growth of Philosophic Radicalism, with a preface of John Plamenatz, London 1972 (Original: La formation du radicalisme philosophique, Paris 1901–1904).

127 Vgl. dazu Gérard Lagneau, „Radicalism", Radicalisme. Essai d'identification des idéologies radicales, in: L'Année Sociologique 22 (1972), S. 129–152; Nathan Rotenstreich, On Radicalism, in: Philosophy of the Social Sciences 4 (1974), S. 169–182. Auf liberale Traditionen nimmt auch folgender Beitrag Bezug: Eduard Bernstein, Wesen und Aussichten des bürgerlichen Radikalismus, München/Leipzig 1915. Siehe ferner: Egon Bittner, Art. „Radicalism", in: David L. Sills (Hrsg.), International Encyclopedia of the Social Sciences, Bd. 13, 2. Aufl., New York/London 1972, S. 294–300; Joseph Cropsey, Radicalism and its Roots, in: Public Policy 18 (1970), S. 301–319.

128 Vgl. Alessandro Galante Garrone, Art. „radicalismo", in: Enciclopedia Europea, Bd. 9, Milano 1979, S. 462–464; Ruggiero (FN 124).

129 Vgl. Erich Gruner, Die Parteien in der Schweiz, 2. neu bearbeitete und erweiterte Aufl., Bern 1977, S. 76 f.

130 Vgl. Art. „Partido Radical", „Partido Radical Socialista", „Partido Republicano Radical", in: Diccionario Enciclopedico Salvat Universal, Bd. 17, Barcelona u. a. 1981, S. 205 f.

131 Vgl. Art. „Radicalismo", in: Grande Enciclopedia Portuguesa e Brasileira, Bd. 24, Lissabon/Rio de Janeiro 1936–1960, S. 223 f.

132 Vgl. Harold Blakemore, Art. „Radical Party (Chile)", in: Encyclopedia of Latin America, hrsg. von Helen Delpar, New York u. a. 1974, S. 514.

133 Vgl. Lee C. Fennell, Art. „Radical Party (Argentina)", in: Ebd., S. 513 f.

134 Vgl. Alain, Eléments d'une doctrine radicale, Paris 1925; Claude Nicolet, Le radicalisme, 5. Aufl., Paris 1983; Gottfried Niedhart, Art. „Radikale und Radikal-sozialistische Partei", in: Frank Wende (Hrsg.), Lexikon zur Geschichte der Parteien in Europa, Stuttgart 1981, S. 185–188.

lution besonders verpflichtet fühlenden Radikalen, antiautoritär, antielitär, antiklerikal, antimonopolistisch, wegen ihres ausgeprägten Individualismus politisch schwer auf einen Nenner zu bringen, konnten trotz anfänglicher Schwierigkeiten noch einmal in der Vierten Republik Fuß fassen, spielen aber, durch Spaltungen geschwächt, auf der parteipolitischen Bühne des heutigen Frankreich nur mehr eine Nebenrolle.

Von diesem Begriff des „Radikalismus" zu unterscheiden ist eine Verwendungsweise, wie sie sich in der deutschen Arbeiterbewegung ausbreitete. Als „Radikale" galten vor dem Ersten Weltkrieg die revolutionsbegeisterten Anhänger des linken Parteiflügels, die von den „Revisionisten" und „Reformisten" geschieden wurden.[135] In ihre Fußstapfen traten die „Linksradikalen". Sie fanden sich noch vor der KPD-Gründung am äußersten linken Rand der USPD zusammen und traten im November 1918 unter der Bezeichnung „Internationale Kommunisten Deutschlands" (IKD) an die Öffentlichkeit.[136] Andere Gruppen schlossen sich in der Folgezeit an, und die Bedeutung des „Linksradikalismus" im Lager der revolutionären Kräfte wuchs.[137] Lenin teilte deren Glauben an die Spontaneität und Revolutionsbegeisterung der „Massen" nicht und kritisierte den Linksradikalismus in einer Streitschrift als „die Kinderkrankheit im Kommunismus".[138]

Faßt man die historischen Inhalte des Radikalismusbegriffs zusammen, so reicht das damit zu verbindende politische Spektrum vom (Links-)Liberalismus bis hin zum kommunistischen Spontaneismus. Besonders in den romanischen Ländern steht „Radikalismus" für eine (links-)liberale Strömung, somit für eine geistesgeschichtliche Tradition, die in den demokratischen Verfassungsstaat mündete. Anders der gleichfalls geläufige Begriff des „Linksradikalismus": Wenn ihn studentische Rebellen Ende der sechziger Jahre – Lenin zum Trotz – als „Gewaltkur gegen die Alterskrankheit des Kommunismus"[139] empfahlen, stellten sie damit gerade die Legitimität des liberalen „Systems" in Frage.

Die einander entgegengesetzten Inhalte des Radikalismusbegriffs sind der begrifflichen Klarheit im Wege. Dies hat in der Literatur zu mancherlei Verwicklungen geführt. In Frankreich und Italien steht der Begriff des Radikalismus unter liberalem „Vorzeichen". Das begünstigte die Übernahme des Extremismusbegriffs als Sammelbezeichnung antidemokratischer Strömungen. Allerdings lassen sich zumindest

---

135 Vgl. J. Keir Hardie, Revisionism v. Radicalism in Germany, in: Socialist Review, 1910, H. 11, S. 193–196; Ludwig Nieder, Der Radikalismus am Ruder. Tatsachen und Gedanken. Allen Hand- und Kopfarbeitern vorgelegt von einem Proletarier, Mönchen-Gladbach 1919.

136 Vgl. den historischen Überblick bei: Sigrid Koch-Baumgarten, Aufstand der Avantgarde. Die Märzaktion der KPD 1921, Frankfurt a. M./New York 1986, S. 29–50.

137 Siehe dazu vor allem: Hans Manfred Bock, Syndikalismus und Linkskommunismus von 1918–1923. Zur Geschichte und Soziologie der Freien Arbeiter-Union Deutschlands (Syndikalisten), der Allgemeinen Arbeiter-Union Deutschlands und der Kommunistischen Arbeiter-Partei Deutschlands, Meisenheim am Glan 1969. Siehe dazu auch Kap. III, 3.1.1.6.

138 Wladimir Iljitsch Lenin, Der 'linke Radikalismus', die Kinderkrankheit im Kommunismus, 8. Aufl., Berlin[Ost] 1970 (1920). Dazu auch: Curt Geyer, Der Radikalismus in der deutschen Arbeiterbewegung, 2. Aufl., Jena 1923.

139 Gabriel und Daniel Cohn-Bendit, Linksradikalismus. Gewaltkur gegen die Alterskrankheit des Kommunismus, Reinbek bei Hamburg 1968.

in Italien mit dieser Begriffswahl nicht alle Probleme umgehen. Denn hier wird der Titel der Leninschen Auseinandersetzung mit dem „linke[n] Radikalismus" wie folgt übersetzt: „L'estremismo, malattia infantile del comunismo". „Estremismo" bedeutet demnach: „Linksradikalismus".[140] Begriffskonfusion erscheint daher unvermeidlich.[141]

Die in der Bundesrepublik Deutschland eröffnete Kampagne gegen den (sogenannten) „Radikalenerlaß" deutete Anfang der siebziger Jahre das Instrumentarium der „streitbaren Demokratie" als Mechanismus zur Unterdrückung unbequemer Geister.[142] Auch wem Gedankengänge dieser Art fremd blieben, mußte angesichts der „liberalen" Bedeutungskomponenten eingestehen, „Radikalität", „radikales", bis zu den Wurzeln der Dinge vorstoßendes Denken könnte durch die eindeutig pejorative Verwendung des Radikalismusbegriffs in Diskredit gebracht werden. Die wissenschaftliche Terminologie sollte möglichst klar und unmißverständlich sein; eine starke etymologische Vorprägung von Begriffen in der Alltagssprache gefährdet dieses Ziel. Der Begriff des politischen Extremismus hat demgegenüber den Vorteil begriffshistorischer „Jungfräulichkeit". Er ist in geringerem Maße störenden Einflüssen von seiten der Alltagssprache ausgesetzt und verdient daher den Vorzug gegenüber dem Begriff des „Radikalismus", zumal der Extremismusbegriff vor allem in der Bundesrepublik seit Ende der sechziger Jahre mehr und mehr in der Forschung in Umlauf gekommen ist. Vor diesem Hintergrund paßten sich die alljährlich erscheinenden Verfassungsschutzberichte des Bundesministeriums des Innern der neuen Diktion an. Seit 1974 werden im Verfassungsschutzbericht antidemokratische Bestrebungen nicht mehr als „radikal", sondern als „extremistisch" bezeichnet.

Wissenschaftsfremde Konnotationen sind freilich auch beim Extremismusbegriff im Spiel. Wer den Dingen auf den Grund oder an die Wurzel geht, ist per se ebensowenig verdächtig, den Sturz der Demokratie zu betreiben, wie derjenige, der im Spektrum politischer Diskutanten eine Extremposition bezieht. Der Vorwurf des „Kampfbegriffs"[143] dürfte bei vielen, wenn nicht den meisten Begriffen der politischen Sprache ebenso berechtigt sein. Man käme auch nicht auf den Gedanken, vom Begriff der „Demokratie" nur deshalb Abstand zu nehmen, weil auch Antidemokraten ihn sich aneignen. Vor Mißbrauch sind selbst mit wissenschaftlicher Sorgfalt eingegrenzte Vokabeln nicht gefeit. Schwerer wiegte der Vorwurf, es handele sich

---

140 Vgl. dazu: Belligni (FN 77); Gian Mario Bravo, Critica dell'estremismo, Mailand 1977; ders., L'estremismo in Italia, Rom 1982. In Frankreich dagegen lautet eine gebräuchliche Übersetzung: „Le gauchisme, maladie infantil du communisme". Der Begriff „gauchisme" wird besonders auch im Zusammenhang mit „unorthodoxen" linken Strömungen verwendet, wie sie sich während der Studentenbewegung artikulierten. Im Portugiesischen ist die Übersetzung parallel: „O esquerdismo, doença infantil do comunismo". Vgl. Ruas (FN 76), S. 1350.

141 So wird der Begriff auch im Sinne antidemokratischer Kräfte verwendet. Vgl. etwa: Bruno Bertini/Paolo Franchi/Ugo Spagnoli, Estremismo – terrorismo – ordine democratico, Rom 1978; Gabriele Calvi/Massimo Martini (Hrsg.), L'estremismo politico. Ricerche psicologiche sul terrorismo e sugli atteggiamenti radicali, Mailand 1982.

142 Vgl. dazu mit zahlreichen Belegen: Eckhard Jesse, Streitbare Demokratie. Theorie, Praxis und Herausforderungen in der Bundesrepublik Deutschland, Berlin 1980.

143 Narr (FN 7), S. 367.

ausschließlich um einen „Kampfbegriff", der für die Verwendung im Rahmen einer wissenschaftlichen Terminologie nicht tauge. Eine These dieser Art könnte von hartgesottenen Verfechtern eines positivistischen Wissenschaftskonzeptes vertreten werden; einem solchen hängen die genannten Kritiker jedoch gar nicht an.

Ambivalent fällt das Urteil Wolfgang Rudzios aus: Einerseits sei der Begriff „mehr ein praktisch-politischer als ein politikwissenschaftlicher Abgrenzungsbegriff", und er erwecke bedenklicherweise den Eindruck, „Demokraten seien nur im 'juste milieu' einer konformen breiten Mitte zu finden". Andererseits jedoch bestehe „eine stark positive Korrelation zwischen weit linken bzw. rechten Auffassungen[...] und Demokratieaversionen".[144] Was heißt das aber anderes, als daß der Begriff zwar vor Mißbrauch nicht gefeit ist, jedoch dadurch in seiner heuristischen Funktion keineswegs berührt wird.

Die Sorge, Forderungen nach einschneidenden politischen Veränderungen auf bestimmten politischen Feldern („das Ziel einer sozialistischen Wirtschaftsordnung "[145]) ließen sich unter Umständen als „Extremismus" denunzieren, mag berechtigt sein; sie darf jedoch nicht dazu führen, daß die Gegner der konstitutionellen Demokratie nicht mehr beim Namen genannt werden dürfen. Der Begriff des „Extremismus" hat (auch bei Extremisten) einen eindeutig pejorativen Klang, und es ist (bisher) noch kein Extremist auf die Idee gekommen (was für die propagandistische Harmlosigkeit der heutigen Extremisten sprechen könnte), sich selbst als Extremisten zu bezeichnen. Auch schimpfen sie ihre Gegner in der Regel nicht „Extremisten"... – All dies sind gute Gründe, die für die Aufnahme des Extremismusbegriffs in eine wissenschaftliche Terminologie sprechen. Ihr muß es darum gehen, Kommunikation von störenden Einflüssen abzuschirmen und günstige Bedingungen für den Prozeß der Erkenntnisfindung zu schaffen. Der Extremismusbegriff erfüllt diese Prämissen.

4. Mängeldiagnose

Die unzureichende Durchdringung der theoretischen Grundlagen dürfte einer der wichtigsten Gründe für die desolate Situation sein, in der sich die Extremismusforschung derzeit befindet. Dies wird im folgenden anhand einiger gravierender Män-

---

144 Wolfgang Rudzio, Art. „Extremismus", in: Thomas Meyer u. a. (Hrsg.), Lexikon des Sozialismus, Köln 1986, S. 167 f., 167 (Hervorhebung im Original). Konsequenterweise stellt Rudzio daher in folgendem Werk ganz auf den Gegensatz zwischen Demokratie und Kommunismus ab, ohne sich des Extremismusbegriffs als analytischer Kategorie zu bedienen: Wolfgang Rudzio, Die Erosion der Abgrenzung. Zum Verhältnis zwischen der demokratischen Linken und Kommunisten in der Bundesrepublik Deutschland, Opladen 1988.

145 Aus diesem Grunde meldet Rudzio an anderer Stelle Vorbehalte gegenüber dem Begriff des „Linksextremisten" (und: „Linksradikalen") an: Wolfgang Rudzio, Systemaversionen bei linksorientierten Jugendlichen. Sozialisationsschwächen der deutschen Demokratie, in: APZG, B 50/1984, S. 27–34, 27. Der Beitrag ist auch im Anhang folgenden Bandes abgedruckt: Elisabeth Noelle-Neumann/Erp Ring, Das Extremismus-Potential unter jungen Leuten in der Bundesrepublik Deutschland 1984, hrsg. vom Bundesministerium des Innern, Bonn 1984, S. 282–295.

gel aufzuzeigen versucht. Zugegeben: Manche Schwachpunkte lassen sich auch in anderen Arbeitsbereichen nachweisen. Sie treten jedoch in den genannten Forschungsfeldern gehäuft und besonders massiv in Erscheinung.

4.1 Gemengelage wissenschaftlicher, vorwissenschaftlicher und unwissenschaftlicher Denkformen: ein Beispiel

Eine Bibliothek des politischen Extremismus gliche einem Gemischtwarenladen, in dem wissenschaftliche, vorwissenschaftliche und unwissenschaftliche Produkte kunterbunt durcheinander angeboten werden. Dies ist zum Teil darauf zurückzuführen, daß Themen im Umkreis des Extremismus häufig für Schlagzeilen gut sind und sich zur Befriedigung wissenschaftsfremder Bedürfnisse eignen. Zahlreiche Veröffentlichungen zeichnen sich daher durch Kurzatmigkeit aus, sind für den Tag geschrieben und schielen auf ein breites Publikum. Ferner ist ein Teil der einschlägigen Literatur von Extremisten selbst verfaßt. Es ist dies eine typische Erscheinung: Härter noch als die Auseinandersetzung zwischen extremistischen und demokratischen Positionen tobt der Kampf zwischen einander feindlich gesonnenen extremistischen Lagern. Der politische Fanatiker liebt es, sich an seinesgleichen zu reiben. Das Denken in Schwarz-weiß-Kategorien entzündet sich an der radikalen Antithese. Aus der Abwehr des „Faschismus" oder „Bolschewismus" ziehen Links- und Rechtsextremisten daher einen Teil ihrer Legitimationskraft.

Die beiden genannten Faktoren – starke Präsenz wissenschaftsfremder Interessen im allgemeinen und intraextremistischer Kampf im besonderen – tragen wesentlich zur „Verwilderung" der Extremismusliteratur bei. Andere Gründe mögen von Fall zu Fall hinzutreten: Sei es, daß manchen die Materie als zu „brisant" erscheint und sie um ihre wissenschaftliche Reputation fürchten; sei es, daß die historische Erfahrung, wonach fetten Jahren magere folgen, angesichts der hohen Stabilität der demokratischen Verfassungsstaaten mißachtet wird; sei es, daß man aus „strategischen" Gründen bestimmte Extremismen nicht als solche erkennen mag und sich der Thematik deshalb nicht annimmt; sei es schließlich, daß man den harten „Gegenwind" fürchtet und eine klare Stellungnahme unterläßt, weil dies inopportun erschiene und dem eigenen „Image" schadete. All dies trägt zu jener Senkung des Niveaus bei, die sich auch in vielen seriösen Veröffentlichungen zur Extremismusproblematik niederzuschlagen scheint.

Ein aktuelles Beispiel soll die Situation verdeutlichen: Das Thema des bundesdeutschen Rechtsextremismus hatte in den letzten Jahren „Konjunktur".[146] Die ge-

146 Die einschlägige Literatur wird dokumentiert und kommentiert bei: Backes/Jesse (FN 18), S. 103–184, 305–326. Siehe ferner: Peter Dudek, Hitlers Urenkel? Ein Literaturbericht zur aktuellen Diskussion um jugendlichen Rechtsextremismus, in: Ders./Hans-Gerd Jaschke, Jugend rechtsaußen. Analysen, Essays, Kritik, Bensheim 1982, S. 11–42; Eike Hennig, Rechtsextremismus und populistische Protestbewegung in der Bundesrepublik. Noten zur Literatur und Problematik, in: Soziologische Revue 6 (1983), S. 355–368; Thomas A. Herz, Neuer Wein in neuen Schläuchen? Studie über Rechtsextremismus in der Bundesrepublik Deutschland, in: SOWI 13 (1984), H. 3, S.

stiegene Militanz zumeist jugendlicher Neonazis war jedoch wohl nur ein Grund für den hohen Grad der Aufmerksamkeit. Die verbreitete Neigung zur Dramatisierung deutet auf außerwissenschaftliche Motive hin – vor allem auf das Bedürfnis, (von der eigenen oder der Elterngeneration) Versäumtes nachholen und Vergangenheit „bewältigen" zu müssen, was eine nüchterne Lageeinschätzung wesentlich erschwert. Jedenfalls standen Quantität und Qualität der Erzeugnisse in einem auffälligen Mißverhältnis zueinander. Die Frankfurter Sozialwissenschaftler Peter Dudek und Hans-Gerd Jaschke, die mit einer Reihe einschlägiger Arbeiten hervorgetreten sind[147], haben einen Katalog von „Untersuchungsdimensionen" der gegenwärtigen Literatur zum Rechtsextremismus zusammengestellt, wobei sie folgende Typen des Schrifttums unterscheiden:[148]

Methodik	**Gegenstandsbereich**
(1) Recherchen vor Ort (Journalismus, Wallraff-Methode)	Politisches Handeln, Gruppenbeziehungen, Meinungsäußerungen, Aktionen, Gerichtsprozesse
(2) narrative Erfahrungsberichte	exemplarische Darstellung von Einzelereignisse, von Erlebnissen mit rechtsradikalen Jugendlichen meist unter der Betroffenenperspektive
(3) Dokumentationen	meist unkommentierte Präsentation von Primärmaterialien, Darstellung von Auseinandersetzungen mit Rechtsradikalen, Registrierung rechtsextremistischer Aktivitäten und Personen
(4) Organisationsanalysen	Untersuchungen der Binnenstruktur des organisierten Rechtsextremismus, Studien zu einzelnen Parteien, Gruppen und Vereinen
(5) freie Interviews	Präsentation rechtsextremer Mitläufer und Aktivisten, meist akzentuiert auf die ideologische Selbstdarstellung oder die politische Karriere der Befragten
(6) Inhaltsanalysen	ideologiekritische Analysen der rechtsextremen Publizistik und Programmatik

Fortsetzung von Fußnote 146

17–23; Hans-Gerd Jaschke/Eike Henning, Die neue Diskussion über den Rechtsextremismus. Ausgewählte und kommentierte Literaturhinweise, in: Reiner Steinweg (Red.), Faszination der Gewalt. Politische Strategie und Alltagserfahrung, = Friedensanalysen 17, Frankfurt a. M. 1983, S. 156–160. Außerdem Backes (FN 57).

147 Siehe vor allem: Dudek/Jaschke (FN 29). Weitere Titel sind in die folgende Literaturliste eingegangen.

148 Dudek/Jaschke (FN 146), S. 19 f. Die Tabelle wird wörtlich wiedergegeben.

(7) Einstellungsuntersuchungen	Stichproben zur politischen Einstellung bestimmter Bevölkerungsgruppen zu rechtsextremen Statements; Identifizierung von rechtsextremen Protestpotentialen
(8) sozialpsychologische Studien	politische Sozialisation, dispositionelle Profile und Persönlichkeitsstruktur rechter Aktivisten
(9) historisch-vergleichende Studien	Vergleich der Selbstdarstellungsformen rechtsextremer Politik, Herausarbeitung von Differenzen, Vergleich zugrundeliegender Gesellschaftskrisen
(10) antifaschistische Pädagogik	Aspekte didaktischer und methodischer Reflexionen zur Neukonzipierung politischer Bildung des Nationalsozialismus/Rechtsextremismus

Nimmt man nun sämtliche selbständigen Veröffentlichungen zum Rechtsextremismus in der Bundesrepublik aus den Jahren 1979 bis 1985 zur Hand (es handelt sich um die beachtliche Zahl von 54 Publikationen)[149] und ordnet sie anteilig diesen zehn Kategorien zu – wobei jedem Buch zwei (gleiche oder unterschiedliche) Kategorien zuzuweisen sind, um gemischt konzipierten Arbeiten besser gerecht werden zu können –, so entfallen folgende Prozentwerte auf die einzelnen Literaturtypen: (1) 18,5 %; (2) 12,0 %; (3) 2,8 %; (4) 10,2 %; (5) 2,8 %; (6) 15,7 %; (7) 6,5 %; (8) 8,3 %;(9) 12,0 %; (10) 11,1 %.

149 Es handelt sich um folgende Titel, die in den Jahren 1979–1985 erschienen sind (die Kategorien-Zuordnung wird jeweils in eckigen Klammern angefügt): Gerd Battmer/Werner Rischmüller/Gerhard Voigt, Faschismus in Deutschland und Neonazismus oder: Warum die „Holocaust"-Diskussion nicht ausreicht. Unterrichtseinheiten und Materialien für die Sekundarstufen I und II. „Neonazismus-Projekt" des Verbandes der Politiklehrer: Ergebnisse I, Hannover 1979 [(10), (10)]; Wolfgang Benz (Hrsg.), Rechtsextremismus in der Bundesrepublik. Voraussetzungen, Zusammenhänge, Wirkungen, erweiterte Fortschreibung, Frankfurt a. M. 1984 (1980) [(6), (9)]; Michael Bosch (Hrsg.), Antisemitismus, Nationalsozialismus und Neonazismus, Düsseldorf 1979 [(6), (8)]; Ulrich Chaussy, Oktoberfest. Ein Attentat, Darmstadt/Neuwied 1985 [(1), (2)]; Peter Dudek/Hans-Gerd Jaschke, Die Deutsche National-Zeitung. Inhalte – Geschichte – Aktionen, München 1981 [(6), (9)]; Peter Dudek/Hans-Gerd Jaschke, Entstehung und Entwicklung des Rechtsextremismus in der Bundesrepublik. Zur Tradition einer besonderen politischen Kultur, 2 Bde., Opladen 1984 [(4), (9)]; Peter Dudek (Hrsg.), Hakenkreuz und Judenwitz. Antifaschistische Jugendarbeit in der Schule, Bensheim 1980 [(2), (10)]; Peter Dudek/Hans-Gerd Jaschke, Jugend rechtsaußen. Analysen, Essays, Kritik, Bensheim 1982 [(4), (10)]; Peter Dudek/Hans-Gerd Jaschke, Revolte von Rechts. Anatomie einer neuen Jugendpresse, Frankfurt a. M./New York 1981 [(6), (9)]; Peter Dudek, Jugendliche Rechtsextremisten. Zwischen Hakenkreuz und Odalsrune. 1945 bis heute, Köln 1985 [(8), (9)]; Evangelische Jugendakademie Radevormwald (Hrsg.), Rechtsextremismus unter Jugendlichen. Möglichkeiten Antifaschistischer Jugendarbeit. Eine Dokumentation für die Jugendarbeit, Radevormwald 1980 [(2),(10)]; Extremistische Medien. Pädagogische und juristische Auseinandersetzung am Beispiel des Rechtsextremismus, Bonn 1984 [(6), (9)]; Werner Filmer/Heribert Schwan, Was von Hitler blieb. 50 Jahre nach der Machtergrei-

Fortsetzung von Fußnote 149

fung, Frankfurt a. M./Berlin/Wien 1983[(1), (5)]; Fünf Millionen Deutsche: „Wir sollten wieder einen Führer haben ...". Die SINUS-Studie über rechtsextremistische Einstellungen bei den Deutschen, mit einem Vorwort von Martin Greiffenhagen, Reinbek bei Hamburg 1981 [(7), (7)]; Gewalt von rechts. Beiträge aus Wissenschaft und Publizistik, hrsg. vom Referat „Öffentlichkeitsarbeit gegen Terrorismus" im Bundesministerium des Innern, Bonn 1982 [(4), (6)]; Günther Bernd Ginzel, Hitlers (Ur)enkel. Neonazis: ihre Ideologien und Aktionen, Düsseldorf 1981 [(1), (6)]; Werner Graf (Hrsg.), „Wenn ich die Regierung wäre ...". Die rechtsradikale Bedrohung. Interview und Analysen, Berlin/Bonn 1984 [(1), (5)]; Friedrich-Wilhelm Haack, Führer und Verführte. Jugendreligionen und politreligiöse Jugendsekten, München 1980 [(4), (6)]; Friedrich-Wilhelm Haack, Wotans Wiederkehr. Blut-, Boden- und Rasse-Religion, München 1981 [(1), (6)]; Werner Habermehl, Sind die Deutschen faschistoid? Ergebnisse einer empirischen Untersuchung über die Verbreitung rechter und rechtsextremer Ideologien in der Bundesrepublik Deutschland, Hamburg 1979 [(7), (8)]; Ulrich Hartmann/Hans Peter und Sigrid Steffen, Rechtsextremismus bei Jugendlichen. Anregungen, der wachsenden Gefahr entgegenzuwirken, München 1985 [(4), (10)]; Eike Hennig, Neofaschismus und Jugend in der BRD heute, = Arbeitspapier 6 des Instituts für historisch-sozialwissenschaftliche Analysen, Frankfurt a. M. 1979 [(8), (9)]; Eike Hennig/Hans-Gerd Jaschke, Neofaschismus und Jugend in der BRD heute, Weinheim/Basel 1980 [(8), (9)]; Eike Hennig, Neonazistische Militanz und Rechtsextremismus unter Jugendlichen, = Schriftenreihe des Bundesministeriums des Innern, Bd. 15, Stuttgart/Berlin/Köln/Mainz 1982 [(4), (8)]; Hartmut Herb/Jan Peters/Mathias Thesen, Der neue Rechtsextremismus. Fakten und Trends, Lohra-Rodenhausen 1980 [(4), (6)]; Heinz-Werner Höffken/Martin Sattler, Rechtsextremismus in der Bundesrepublik. Die „Alte", die „Neue" Rechte und der Neonazismus, völlig neu überarbeitete Ausgabe, Opladen 1980 [(4), (6)]; Harry H. Kalinowsky, Rechtsextremismus und Strafrechtspflege. Eine Analyse von Strafverfahren wegen mutmaßlicher rechtsextremistischer Aktivitäten und Erscheinungen, hrsg. vom Bundesministerium der Justiz, Bonn 1985 [(6), (10)]; Wolfgang Kreutzberger, Rechtsradikalismus in der Bundesrepublik. Versuch einer Zwischenbilanz, Frankfurt a. M. 1983 [(4); (9)]; Ekkehard Launer/Eckhart Pohl/Eckhard Stengel (Hrsg.), Rechtsum zum Abitur oder: Wie braun dürfen Lehrer sein?, 2. überarbeitete Aufl., Göttingen 1979 [(2), (3)]; Paul Lersch (Hrsg.), Die verkannte Gefahr. Rechtsradikalismus in der Bundesrepublik, Reinbek bei Hamburg 1981 [(1), (3)]; Giovanni di Lorenzo, Stefan, 22, deutscher Rechtsterrorist: „Mein Traum ist der Traum von vielen", Reinbek bei Hamburg 1984 [(1), (2)]; Alwin Meyer/Karl-Klaus Rabe, Unsere Stunde, die wird kommen. Rechtsextremismus unter Jugendlichen, Bornheim-Merten 1979 [(1),(3)]; Neofaschismus. Die Rechten im Aufwind, hrsg. von der Gewerkschaft Erziehung und Wissenschaft/Landesverband Berlin, vom Bund politisch, rassisch und religiös Verfolgter und Jan Peters, Berlin 1979 [(1), (2)]; Reinhard Opitz, Faschismus und Neofaschismus, Frankfurt a. M. 1984 [(9), (10)]; Badi Panahi, Vorurteile. Rassismus, Antisemitismus, Nationalismus ... in der Bundesrepublik heute. Eine empirische Untersuchung, Frankfurt a. M. 1980 [(6), (8)]; Gerhard Paul/Bernhard Schoßig (Hrsg.), Jugend und Neofaschismus. Provokation oder Identifikation?, Frankfurt a. M. 1979 [(1), (8)]; Jan Peters (Hrsg.), Nationaler „Sozialismus" von rechts, Berlin 1980 [(1), (2)]; Arno Plack, Wie oft wird Hitler noch besiegt? Neonazismus und Vergangenheitsbewältigung, Frankfurt a. M. 1985 [(6),(8)]; Jürgen Pomorin/Reinhard Junge, Vorwärts, wir marschieren zurück. Die Neonazis, Teil 2, Dortmund 1979 [(1), (2)]; Jürgen Pomorin/Reinhard Junge/Georg Biemann/Hans-Peter Bordien, Blutige Spuren. Der zweite Aufstieg der SS, Dortmund 1980 [(1), (2)]; dies., Geheime Kanäle. Der Nazi-Mafia auf der Spur, Dortmund 1981 [(1), (2)]; Karl-Heinz Pröhuber, Die Nationalrevolutionäre Bewegung in Westdeutschland, Hamburg 1980 [(1),(9)]; Karl-Klaus Rabe (Hrsg.), Rechtsextreme Jugendliche. Gespräche mit Verführern und Verführten, Bornheim-Merten 1980 [(1), (5)]; Ein rechtsradikaler Jugendlicher berichtet: „Ich heiße Gerald Wagener ...", Vorwort von Horst Richter, Berlin 1981 [(2),

Nun sagen die Literatur-Kategorien noch nicht unbedingt etwas über die Qualität der ihnen zugeordneten Veröffentlichungen aus: Ein gelungenes Interview kann wertvoller sein als eine mißglückte sozial-empirische Untersuchung mit komplizierter Methodik. Zweifellos setzen die einzelnen Gruppen jedoch ein unterschiedliches Maß theoretisch-konzeptioneller und methodischer Reflexion voraus. „Narrative Erfahrungsberichte“ beispielsweise erfordern in dieser Hinsicht einen geringeren Aufwand als Untersuchungen über die Einstellungen in der Bevölkerung. Wenn die Kompliziertheit des theoretischen und methodischen Rüstzeugs auch nicht ohne weiteres als in einem proportionalen Verhältnis zum Entwicklungsstand des Erkenntnisprozesses stehend gelten kann, ist ein hohes theoretisch-methodisches Reflexionsniveau doch immerhin als wichtiges Indiz anzusehen, das in diese Richtung weist. Am Handwerkszeug läßt sich manches über den Kenntnis- und Sachverstand des Handwerkers ablesen. Wer sein Holz vorzugsweise mit der Axt bearbeitet, wird schwerlich als Möbelrestaurator fungieren. Was die Typen der Rechtsextremismusliteratur betrifft, so ist eine Gruppe mit hohem (4,6,7,8,9) von einer anderen mit niedrigem methodisch-theoretischem Anspruchsniveau (1,2,3,5,10) zu unterscheiden. Dabei beträgt der Anteil mit relativ niedrigen Ansprüchen an Konzeption und Methodik 47,2 Prozent, der mit verhältnismäßig hohen Anforderungen 52,8 Prozent. Durch einen Vergleich mit anderen Themenbereichen würden diese Zahlen an Aussagewert gewinnen. Aber auch ohne diesen Aufwand sind die gewonnenen Relationen eindrucksvoll. Sie können als pars pro toto gelten.

Fortsetzung von Fußnote 149

(2)]; Rainer Rotermundt, Verkehrte Utopien. Nationalsozialismus – Neonazismus – Neue Barbarei. Argumente und Materialien, Frankfurt a. M. 1980 [(6), (9)]; Ute Scheub, Alte Bekannte. Den neuen Nazis und ihren alten Freunden auf der Spur, Reinbek bei Hamburg 1985 [(1), (2)]; Rudolf Schneider, Die SS ist ihr Vorbild. Neonazistische Kampfgruppen und Aktionskreise in der Bundesrepublik, Frankfurt a. M. 1981 [(1), (4)]; Alphons Silbermann, Der ungeliebte Jude. Zur Soziologie des Antisemitismus, Zürich 1981[(6), (10)]; Alphons Silbermann, Sind wir Antisemiten? Ausmaß und Wirkung eines sozialen Vorurteils in der Bundesrepublik Deutschland, Köln 1982 [(7), (7)]; Klaus Sochatzy und Mitarbeiter, Parole: rechts! Jugend, wohin? Neofaschismus im Schülerurteil. Eine empirische Studie, Frankfurt a. M. 1980 [(7), (7)]; Richard Stöss, Vom Nationalismus zum Umweltschutz. Die Deutsche Gemeinschaft/ Aktionsgemeinschaft Unabhängiger Deutscher im Parteiensystem der Bundesrepublik, Opladen 1980 [(4), (9)]; Hein Stommeln, Neonazismus in der Bundesrepublik Deutschland. Eine Bestandsaufnahme, Bonn 1979 [(6), (10)];
Hermann Vinke, Mit zweierlei Maß. Die deutschen Reaktionen auf den Terror von rechts. Eine Dokumentation, Reinbek bei Hamburg 1981 [(1), (10)]; Arno Winkler, Neofaschismus in der BRD. Erscheinungen, Hintergründe, Gefahren, Berlin [Ost] 1980 [(1), (10)]. – Die Titelliste strebt Vollständigkeit an. Folgende Veröffentlichung lag nicht vor: H. Pirsch u. a., Monopolherrschaft und Neonazismus in Westdeutschland, Berlin[Ost] 1979. Die vom Pressedienst Demokratische Initiative (PDI)/München herausgegebenen Broschüren sind nur erfaßt worden, sofern es sich um umfangreichere Veröffentlichungen handelte. Die jährlichen Berichte des PDI wurden ebensowenig berücksichtigt wie die Verfassungsschutzberichte des Bundesministeriums des Innern. Die Auswertung ergäbe kein anderes Bild, würde man auch noch die Studien der Jahre 1986 bis 1988 einbeziehen. Vgl. bis 1987: Backes/Jesse, Politischer Extremismus (FN 32).

4.2 Babylonische Sprachverwirrung

Wo es um so fundamentale Fragen geht wie die nach Demokratie oder Diktatur, Selbstbestimmung oder Fremdbestimmung, Freiheit oder Unfreiheit, vermischen sich nicht selten handfeste politische Interessen mit wissenschaftlichen. Bezeichnenderweise herrschen unter den Autoren, die sich mit dem Linksextremismus beschäftigen, eher konservative Positionen vor, während der Rechtsextremismus vor allem bei linksgerichteten Publizisten überproportional starke Beachtung findet. Konservative neigen dabei häufig zur Überschätzung des Linksextremismus, Sozialisten unterstreichen nachdrücklicher die vom Rechtsextremismus ausgehenden Gefahren. Vereinfacht ausgedrückt: Während viele Konservative gegenüber Vertretern der Ökologie- und Friedensbewegung einen pauschalen Extremismus-Verdacht aussprechen, dient(e) eine bis zur Unkenntlichkeit ausgeweitete Faschismus-Formel Vertretern der Neuen Linken zur Diffamierung politischer Gegner.

Politisch geprägte Stereotype fließen häufig selbst in wissenschaftliche Diskussionen ein – wenngleich in verfeinerter Form. Nicht ohne Erfolg haben in der Vergangenheit neo- und paläo-marxistische Sprachstrategen den Versuch unternommen, die Totalitarismustheorien pauschal als unwissenschaftlich zu diskreditieren und sie durch die einseitige Frontstellung gegen den „Faschismus“ zu ersetzen. Karl Dietrich Bracher hat daher zu Recht immer wieder darauf hingewiesen, daß der demokratische Verfassungsstaat allen Totalitarismen eine Absage erteilt, seien sie nun „rechter“ oder „linker“ Provenienz.[150] Das Deutungssystem des Totalitarismus – oder besser: des Extremismus – kann daher weder durch eine einseitig „antifaschistische“ noch durch eine einseitig „antikommunistische“ Ausrichtung ersetzt werden. Für die Ebene der wissenschaftlichen Analyse bedeutet dies die Notwendigkeit, extremistische Gruppierungen und diktatorische Regime auf möglichst breiter Ebene vergleichend zu erforschen. Spezifische Theoriebildungen, die auf den engeren Bereich der Faschismen zugeschnitten sind, können sehr wohl ertragreich sein, müssen jedoch in ein weiter gefaßtes totalitarismustheoretisches Deutungssystem eingebettet sein.

Zwar gibt es keine Theorien, die politisch nicht instrumentalisierbar wären, und auch Totalitarismuskonzepte sind während des Kalten Krieges in dieser Weise mißbraucht worden; aber die 1964 ausgesprochene Befürchtung Peter Christian Ludz', die Totalitarismuskonzepte könnten zur Gegen- und Integrationsideologie einer dann totalitäre Züge annehmenden Massengesellschaft entarten[151], mutet einigermaßen befremdlich an – war es doch Ludz, der einige Jahre später die Verwendung des Totalitarismusbegriffs bei der typologischen Erfassung der osteuropäischen Diktaturen ganz zurückwies und seinen empirischen DDR-Studien die Kategorie der

150 Vgl. besonders: Karl Dietrich Bracher, Zeitgeschichtliche Kontroversen. Um Faschismus, Totalitarismus, Demokratie, 5. veränderte und erweiterte Aufl., München/Zürich 1984(1976).

151 Peter Christian Ludz, Entwurf einer operationalen Theorie des Ideologiebegriffs (1964), in: Hans-Joachim Lieber (Hrsg.), Ideologie. Wissenschaft – Gesellschaft. Neuere Beiträge zur Diskussion, Darmstadt 1976, S. 484–519, 517 f.

„autoritären Herrschaft" zugrundelegte.[152] Allerdings müssen (normative) Theorien des Totalitarismus – wie des politischen Extremismus – strukturell „offen" sein: verifizierbar und falsifizierbar im Hinblick auf Voraussetzungen und Folgerungen, die die Empirie betreffen; anpassungsfähig in ihrer konzeptionellen Struktur angesichts des Wirklichkeitswandels; rational begründbar und intersubjektiv nachvollziehbar hinsichtlich ihrer normativen Prämissen. Nur unter diesen Bedingungen sind wissenschaftliche und politische Intentionen voneinander zu trennen.

Gleiches muß jedoch auch für den Begriff des Faschismus gelten. Nicht weniger als dies bei dem des Totalitarismus der Fall ist, kann seine undifferenzierte Verwendung die Vielgestaltigkeit der Einzelphänomene überdecken. Gerade dies haben marxistische Ideologen im Sinne, wenn sie ihn als rhetorische Vielzweckwaffe gebrauchen, die schließlich auch den demokratischen Verfassungsstaat trifft.[153] In den Spalten mancher Feuilletons ist der Faschismusbegriff zum Synonym für den Leibhaftigen geworden, der bekanntlich in vielerlei Verkleidungen sein Unwesen treibt. Was sich einmal im Sprachgeflecht des gesellschaftlichen Plaudertons verfangen hat, muß die Wissenschaftssprache mühsam entfernen, will sie begriffliche Klarheit erzielen. Dies gelingt jedoch nicht in allen Fällen, und so belasten mancherlei Störfaktoren die wissenschaftliche Kommunikation.

Wo sich politische und wissenschaftliche Motive kreuzen, leidet notgedrungen auch die Begriffsverwendung, deren Klarheit und Einheitlichkeit in wissenschaftlichen Diskussionen wünschenswert ist. Eine babylonische Sprachverwirrung kann jedoch auch eintreten, wenn zahlreiche Begriffsvarianten nebeneinander existieren und mehr oder weniger wahllos gebraucht werden. Auf dem Markt der Rechtsextremismus-Literatur beispielsweise behaupten sich hartnäckig Termini wie „Rechtsradikalismus" „Neonazismus", „Neofaschismus", „Postfaschismus" – jeweils mit wechselnden und zum Teil diffusen Inhalten. Willibald I. Holzer hat den wechselseitigen Abhängigkeiten von Begriffsbildung, methodischen und theoretischen Ansätzen sowie politischen Implikationen nachgespürt[154]: Die „leidige Begriffkonfusion"[155] sei weniger Resultat unterschiedlicher Konzepte als vielmehr

152 Im „DDR-Handbuch" heißt es unter dem Stichwort „Totalitarismus": „In den 50er und 60er Jahren verwandte unscharfe Bezeichnung zur Charakterisierung der Herrschafts- und Gesellschaftssysteme kommunistisch regierter Staaten. In der westlichen Ost- wie DDR-Forschung inzwischen von differenzierteren Analysemethoden abgelöst". DDR Handbuch, wissenschaftliche Leitung: Peter Christian Ludz, hrsg. vom Bundesministerium für innerdeutsche Beziehungen, 2. Aufl., Köln 1979 (1975). Siehe auch: Ders., Parteielite im Wandel (FN 12), S. 11–14.

153 Besonders hemmungsloser Gebrauch wird von der Faschismus-Vokabel beispielsweise in folgender von der französischen Schriftstellervereinigung betreuten Veröffentlichung gemacht: Robert Badinter u. a., Vous avez dit fascismes?, Paris 1984. Parallelen im Argumentationsstil weisen die Beiträge eines Schwerpunktheftes zur „Faschismus"-Diskussion in folgender Zeitschrift auf: Ästhetik und Kommunikation 9 (1978), Nr. 32, S. 59–122.

154 Willibald I. Holzer, Rechtsextremismus – Konturen und Definitionskomponenten eines politischen Begriffs; Moderner Faschismus – Neonazismus – Rechtsextremismus? Zu methodischen Ansätzen und terminologischen Kontroversen in der modernen Rechtsextremismusforschung, jeweils in: Rechtsextremismus in Österreich nach 1945, hrsg. vom Dokumentationsarchiv des österreichischen Widerstandes, Wien 1980, S. 8–97, 451–511.

155 Ebd., S. 12.

meist unartikulierter politischer Interessen. Erscheinungen dieser Art sind weder auf den Bereich der Extremismusforschung beschränkt noch neu: Schon im Rotteck/Welckerschen „Staats-Lexikon“ wird Klage über die „Sprachmengerei und Begriffsverwirrung [...] gerade auf dem Gebiete der Politik“[156] geführt, und Carl von Rotteck selbst spricht ebendort von der „fast babylonischen Sprachverwirrung“.[157] Dadurch aber, daß die Themen der Extremismusforschung im Brennpunkt auch politischer Auseinandersetzungen stehen, sind ihre Begriffe über das gewöhnliche Maß hinaus außerwissenschaftlichen Einflüssen ausgesetzt.

Nicht immer freilich beruht die mangelnde begriffliche Klarheit auf politischen Einflüssen. So gehen die verschiedenen Verwendungsweisen des Autoritarismusbegriffs auch auf spezifische Traditionen und Separierungstendenzen einzelner Wissenschaftszweige zurück. Wolfgang Gessenharter unterscheidet in einem 1983 erschienenen Lexikon-Beitrag[158] drei streng voneinander zu trennende Bedeutungen. Je nachdem, ob der Begriff auf der Individual-, der politischen System- oder der gesellschaftliche Makroebene angesiedelt ist, werden mit ihm differierende Inhalte verknüpft. Autoritarismus auf der Individualebene bezieht sich auf die etwa von Adorno und anderen vermutete autoritäre Charakterstruktur[159]; hinsichtlich politischer Systeme bezeichnet „Autoritarismus“ einen sich von totalitären Regimen abhebenden Typus diktatorischer Herrschaftsausübung; der makroanalytische Autoritarismusbegriff schließlich verbindet individuelle und politische Komponenten und dient der Benennung autoritärer Gesellschaftsstrukturen als Ganzes. Wird aber die wissenschaftliche Kommunikation durch eine derartige Bedeutungsvielfalt nicht erschwert? Wie bereits gezeigt, läßt sich gleiches von den Begriffen „Radikalismus“ und „Extremismus“ sagen.

4.3 Diskontinuität der Forschung und Hyperspezialisierung

Die Begriffskonfusion wird dadurch gefördert, daß eine „scientific community“ der Extremismusforscher nicht existiert. Statt eines gewissen Grundlagenkonsenses im Hinblick auf Objektbereich und Terminologie bestehen massive Abschottungstendenzen. Sie wirken sich nach zwei Richtungen hin aus: Unter dem Aspekt der Diachronie fällt die mangelnde Forschungskontinuität auf, unter dem Aspekt der Synchronie – wie auch in anderen Forschungsgebieten – eine Hyperspezialisierung.

---

156 Rutenberg, Art. „Radical, Radicalismus“, in: Carl von Rotteck/Carl Welcker (Hrsg.), Staats-Lexikon, Bd. 13, Altona 1842, S. 408–420, 408.

157 Carl von Rotteck, Art. „Demokratisches Prinzip“, in: Ebd., Bd. 4, Altona 1837, S. 252. Siehe den Hinweis bei: Peter Wende, Art. „Radikalismus“, in: Otto Brunner/Werner Conze/Reinhart Koselleck (Hrsg.), Geschichtliche Grundbegriffe. Historisches Lexikon zur politisch-sozialen Sprache in Deutschland, Bd. 5, Stuttgart 1984, S. 113–133, 115, Anm. 13.

158 Wolfgang Gessenharter, Art. „Autoritarismus“, in: Ekkehard Lippert/Roland Wakenhut (Hrsg.), Handwörterbuch der Politischen Psychologie, Opladen 1983, S. 39–48.

159 Siehe folgende Zusammenstellung wichtiger Beiträge: Theodor W. Adorno. Studien zum autoritären Charakter, 4. Aufl., Frankfurt a. M. 1982 (Original: The Authoritarian Personality, New York 1950).

Peter Dudek und Hans-Gerd Jaschke äußern in ihrer bedeutenden Rechtsextremismus-Studie, die eigene Arbeit sei „durch spezifische Defizite der gegenwärtigen Rechtsextremismus-Diskussion angeregt worden. Ein Charakteristikum ist deren Ahistorizität, nämlich rechtsextreme Organisationen und Ereignisketten zu historischen Vorbildern des Nationalsozialismus zu analogisieren, ohne jedoch die Ereignisgeschichte des Rechtsextremismus nach 1945 zur Kenntnis zu nehmen. Zum anderen ist die Diskussion durch theoretische Diskontinuität geprägt. Jeweils reaktiv auf rechtsextreme Ereignisketten setzten wissenschaftliche, politische und pädagogische Auseinandersetzungen im Gefolge des SRP-Verbotes, der antisemitischen Schmierwelle, des Aufstieges der NPD und der neonazistischen Militanz in den Siebzigerjahren ein. Ein kontinuierlicher wissenschaftlicher Diskurs konnte sich jedoch weder disziplinär noch interdisziplinär an den bundesdeutschen Hochschulen etablieren."[160] Diesem Befund ist zuzustimmen. Besonders in der Phase spektakulärer NPD-Stimmengewinne bei den Landtagswahlen 1966–1968 und in deren Gefolge sind einige bedeutende wissenschaftliche Analysen erschienen, deren fruchtbringende Ansätze nach dieser Hochkonjunktur nur mehr wenig Beachtung fanden. Ein Musterbeispiel ist die nur sehr unzureichend empirisch umgesetzte „Rechtsradikalismus"-Theorie von Scheuch/Klingemann.[161] Lediglich die Arbeiten von Thomas A. Herz und Rüdiger Bernd Wersich haben das Konzept im Rahmen der Rechtsextremismus-Forschung aufgegriffen.[162] In der neueren Diskussion seit Ende der siebziger Jahre, die sich vor allem um das Phänomen eines militanten Neonazismus Jugendlicher drehte, sind diese explanativen Theoreme bedauerlicherweise nicht mehr zur Anwendung gekommen.

Ebenso gravierend dürften die Abschottungstendenzen in synchronischer Perspektive sein. Dies äußert sich zunächst in dem, was von den zahlreichen Bindestrich-Soziologien bereits hinlänglich bekannt und in der Extremismusforschung insbesondere zwischen soziologischen und sozialpsychologischen Richtungen beobachtbar ist, nämlich einem so heftigen wie sinnlosen Kampf um ein vermeintliches Interpretationsmonopol. Hans Albert hat diese Art von Betriebsblindheit ironisch auf ein „Revierverhalten"[163] zurückgeführt. Hierzu ein Beispiel: In einem Sammelband

160 Dudek/Jaschke (FN 29), S. 17.

161 Scheuch/Klingemann (FN 35).

162 Herz (FN 35); Rüdiger Bernd Wersich, Zeitgenössischer Rechtsextremismus in den Vereinigten Staaten. Organisation, Ideologie, Methoden und Einfluß, dargestellt unter besonderer Berücksichtigung der John Birch Society, München 1978. Allerdings waren die von Scheuch/Klingemann entwickelten Hypothesen auch nicht eng auf den Gegenstand „Rechtsextremismus" zugeschnitten. So konnten Ulrich Beck und Elisabeth Gernsheim den Ansatz auch für die Analyse politischen Protestes allgemein fruchtbar machen: Ulrich Beck/Elisabeth Gernsheim, Zu einer Theorie der Studentenunruhen in fortgeschrittenen Industriegesellschaften, in: KZfSS 23 (1971), S. 439–477. Siehe dazu auch: Politischer Protest in der Sozialwissenschaftlichen Literatur. Eine Arbeit der Infratest Wirtschaftsforschung GmbH, Stuttgart/Berlin/Köln/Mainz 1978, S. 40–46.

163 Hans Albert, Theorien in den Sozialwissenschaften, in: Ders. (Hrsg.), Theorie und Realität. Ausgewählte Aufsätze zur Wissenschaftslehre der Sozialwissenschaften, 2. veränderte Aufl., Tübingen 1972, S. 5.

zur Terrorismus-Problematik aus dem Jahre 1978 wirft der Psychologe Wolfgang de Boor[164] soziologischen und politologischen Erklärungsansätzen vor, sie suchten „die Ursachen für den Terrorismus generalisierend in den aktuellen Gegebenheiten der Gesellschaft".[165] Dies hätte jedoch „Hunderttausende frustrierter und unter den Zwängen der angeblich repressiven Gewalt unserer Gesellschaft leidender Schüler, Lehrlinge und Studenten zu Terroristen entwickeln müssen". Da das offensichtlich nicht der Fall ist, folgert er: „Diese Tatsache zwingt dazu, den Schwerpunkt der Terrorismusforschung auf die Untersuchung der individuellen Psyche zu verlagern". Entsprechend beansprucht die de Boorsche „Monoperceptose"-Theorie für sich eine privilegierte Erklärungskompetenz.

Das Beispiel soll zeigen, daß die Auffassung, mit geschlossenen Erklärungssträngen seien komplexe soziale Problemkonstellationen in den Griff zu kriegen, auch unter Wissenschaftlern verbreitet ist.[166] Die Forderung nach der Vielfalt der Methoden und Ansätze kann daher insbesondere in der Extremismusforschung nicht nachdrücklich genug erhoben werden. Normative Rahmentheorien leisten insofern einen sinnvollen Beitrag, als sie die Grundlage für ein facettenreiches Gesamtbild der Phänomene schaffen und der Gefahr perspektivischer Verkürzungen entgegenwirken.

Eine weitere Form sichtverengenden Spezialistentums besteht in der Partikularisierung von Rechts- und Linksextremismus-, Faschismus- und Kommunismusforschung. Auch hierbei handelt es sich keineswegs um eine deutsche Besonderheit, sondern durchaus um eine internationale Tendenz. Wie gezeigt, weist das internationale Schrifttum zum politischen Extremismus nur wenige Titel auf, die „rechte" und „linke" Phänomene vergleichend behandeln.[167] Zahlreiche Autoren beschäftigen sich ausschließlich mit dem Rechts-, andere ebenso ausschließlich mit dem Linksextremismus. In der Totalitarismusdiskussion setzt sich diese Tendenz in gewisser Weise fort. Während Autoren wie Karl Dietrich Bracher, Hans Mommsen und Gerhard Schulz[168] ihre empirische Anschauung vor allem aus der Erforschung des Nationalsozialismus und des Faschismus beziehen, schöpf(t)en Autoren wie Richard Löwenthal, Peter Christian Ludz und Leonard Schapiro[169] vorwiegend aus Ergebnissen der Kommunismusforschung (Osteuropa, Sowjetunion). Je nach Forschungsschwerpunkt ergeben sich unterschiedliche Sichtweisen und Akzentuierungen.

---

164 Wolfgang de Boor, Terrorismus: Der „Wahn" der Gesunden, in: Hans-Dieter Schwind(Hrsg.), Ursachen des Terrorismus in der Bundesrepublik Deutschland, Berlin/New York 1978, S. 122–153.

165 Ebd., S. 123. Hier auch die folgenden Zitate.

166 Vgl. zu den Grenzen derartiger Erklärungsversuche – gerade auch im Hinblick auf das Thema des Terrorismus: Ulrich Matz, Über gesellschaftliche und politische Bedingungen des deutschen Terrorismus, in: Ders./Gerhard Schmidtchen, Gewalt und Legitimität, = Analysen zum Terrorismus 4/1, hrsg. vom Bundesministerium des Innern, Opladen 1983, S. 15–103, insbesondere S. 16–19.

167 Vgl. Abschnitt 2.3. in diesem Kapitel.

168 Siehe von den Autoren besonders: Bracher (FN 47); Mommsen (FN 25); Schulz (FN 27).

169 Siehe von den Autoren besonders: Richard Löwenthal, Kommunistische Einparteiherrschaft in der Industriegesellschaft, in: Boris Meissner/Georg Brunner/ders. (Hrsg.), Einparteisystem und bürokratische Herrschaft in der Sowjetunion, Köln 1978, S. 93–107; Ludz (FN 12); Leonard Schapiro, Totalitarianism, London 1972.

Der hohe Grad der Spezialisierung ist eine unausweichliche Konsequenz moderner historischer und sozialwissenschaftlicher Forschung, die auf umfangreichen Vorleistungen aufbauen kann (und muß). Insofern mag es verständlich sein, wenn weitläufige und hochkomplexe Materien wie diejenigen der Faschismus- oder Kommunismusforschung alle verfügbaren Forschungsenergien absorbieren. Wird jedoch das Spezialistentum auf die Spitze getrieben, so daß Wissenschaftler sich nur mehr innerhalb eines kleinen Teilbereiches ihres Faches kompetent äußern können und in allen übrigen Fragen komplette Dilettanten sind, gewinnt der Vorwurf des Fachidiotentums eine gewisse Berechtigung. Die mangelnde Fundierung und Entfaltung umfassender Deutungssysteme, wie sie in Gestalt der Extremismus- und Totalitarismustheorien vorliegen, dürfte daher auch auf die Tendenz zur überzogenen Spezialisierung zurückgehen.

Im Rahmen der Extremismusforschung gibt es Spezialdisziplinen, die so sehr in ein eigenbrötlerisches Dasein verfallen sind, daß übergeordnete analytische Kategorien, Ergebnisse selbst benachbarter Untersuchungsfelder nicht mehr rezipiert werden. Hierzu gehört die in der Tradition der „Authoritarian Personality" stehende Autoritarismusforschung, besonders aber die Vorurteilsforschung. Ein eindrucksvoller Beleg ist Heinz E. Wolfs „Kritik der Vorurteilsforschung" von 1979.[170] Der Autor kritisiert zwar einseitig psychologisch ausgerichtete Ansätze, stellt aber keinerlei Beziehung zu benachbarten Feldern der Extremismusforschung her. So bleiben die zahlreichen Studien zum Antisemitismus ebenso unerörtert wie weiter gefaßte Arbeiten über „autoritäre" Einstellungen in der Bevölkerung. Eine Nabelschau ist programmiert.

Der Vollständigkeit halber sei noch eine weitere Partikularisierungstendenz benannt, auch wenn sie vielleicht am wenigsten ein spezifisches Manko der Extremismusforschung ist: die Eigenbrötelei und der Provinzialismus nationaler Disziplinen. Bei einer großen Mehrheit der Veröffentlichungen zum politischen Extremismus richtet sich der Blick ausschließlich auf die jeweiligen nationalen Subkulturen. Das Spektrum der aus eigener Anschauung bekannten Phänomene bleibt auf diese Weise stark eingeschränkt. Nationale Besonderheiten werden verabsolutiert, transnationale Konstanten nicht erkannt. Darunter leiden besonders solche Arbeiten, die eine allgemeine Einordnung und Bewertung der analysierten Phänomene vornehmen. Insbesondere erscheint auf dieser schmalen Basis auch keine sichere Einschätzung von Gefährdungspotentialen möglich. Aufgrund starker Defizite in der Erforschung der einzelnen nationalen Subkulturen ist allerdings häufig die Datenlage für fundierte internationale Vergleiche prekär.

Vor allem im Bereich der Rechtsextremismus-Forschung überwiegt nationale Eigenbrötelei. Dies mag mit dem Untersuchungsgegenstand selbst zusammenhängen, der zur Selbstbespiegelung einlädt. Daß dies jedoch nicht so sein muß, zeigt die beachtliche Zahl vergleichender Darstellungen, die ihre Aufmerksamkeit auf die „Epoche des Faschismus" (Nolte) lenken.[171] Was die Zeit nach 1945 angeht, sind

170 Heinz E. Wolf, Kritik der Sozialforschung. Versuch einer Bilanz, Stuttgart 1979.

171 Um nur einige vergleichende Studien zu nennen: Henri Michel, Les fascismes, 3. Aufl., Paris 1983 (1977); Milza (FN 27); Nolte, Der Faschismus in seiner Epoche (FN 27); ders., Die faschistischen Bewegungen (FN 27); Thamer/Wippermann (FN 27); Wippermann (FN 27). Allerdings

echte vergleichende Darstellungen Mangelware.[172] Eine phänomenologische Bestandsaufnahme zum Rechtsextremismus in westlichen Demokratien zählt zu den dringendsten Desiderata der Forschung. Ein derartiges Unternehmen wird jedoch schon deshalb auf sich warten lassen, weil wichtige Forschungsvoraussetzungen (insbesondere im Hinblick auf Daten- und Quellenlage) fehlen. Selbst Arbeiten zu speziellen Aspekten liegen nur in bescheidener Zahl vor.[173] Auf dem Büchertisch mit Abstand am häufigsten vertreten ist ein publizistisches Genre, dem es um die Aufdeckung internationaler „faschistischer" Zusammenschlüsse geht. In einer Mischung aus Enthüllungsjournalismus und Volkspädagogik schießen derartige Dar-

---

Fortsetzung von Fußnote 171

sind auch in diesem Bereich „echte" Vergleiche seltener anzutreffen als entsprechende Sammelbände: Internationaler Faschismus 1920–1945, deutsche Buchausgabe des „Journal of Contemporary History", hrsg. von Walter Laqueur und George L. Mosse, München 1966; Walter Laqueur (Hrsg.), Fascism. A Reader's Guide. Analyses, Interpretations, Bibliography, Berkeley/Los Angeles 1976; Stein Ugelvik Larsen/Bernt Hagtvet/Jan Petter Myklebust (Hrsg.), Who were the Fascists. Social Roots of European Fascism, Bergen/Oslo/Tromsø 1980; George L. Mosse (Hrsg.), International Fascism. New Thoughts and Approaches, Beverly Hills/Cal. 1979; Schieder (FN 27).

172 Der Bestand ist mit folgenden Beiträgen schon beinahe erschöpft: Angelo del Boca/Mario Giovana, Fascism Today. A World Survey, London 1970 (Original: I figli del sole, Mailand 1965); Patrice Chairoff, Dossier néo-nazisme, Paris 1977; Jacques Delarue, Les nazis sont parmi nous, Paris 1968; Dennis Eisenberg, Fascistes et nazis d'aujourd'hui, Paris 1963; A. J. Joes, Fascism in the Contemporary World. Ideology, Evolution, Resurgence, Boulder/Col. 1978; Frédéric Laurent, L'orchestre noir, Paris 1978; Pierre Paraf, Le racisme dans le monde, Paris 1964; Paul Sérant, Die politischen Säuberungen in Westeuropa am Ende des Zweiten Weltkrieges in Deutschland, Österreich, Belgien, Dänemark, Frankreich, Großbritannien, Italien, Luxemburg, Norwegen, den Niederlanden und der Schweiz, Oldenburg/Hamburg, o. J. (1964 [?]; Original: Les vaincus de la Libération. L'épuration en Europe occidentale à la fin de la Seconde Guerre mondiale, Paris 1964); Werner Smoydzin, Hitler lebt! Vom internationalen Faschismus zur Internationale des Hakenkreuzes, Pfaffenhofen 1966; Théolleyre (FN 56); Wilkinson (FN 65). Genannt seien auch folgende Sammelbände: Klaus von Beyme (Hrsg.), Right-Wing Extremism in Western Europe, = West European Politics, Bd. 11, London 1988; Rogger/Weber (FN 27). Als Materialsammlung auf neuerem Stand sehr nützlich: Bericht im Namen des Untersuchungsausschusses „Wiederaufleben des Faschismus und Rassismus in Europa" über die Ergebnisse der Arbeiten des Untersuchungsausschusses, Berichterstatter: Herr Dimitrios Evrigenis, = Europäisches Parlament: Sitzungsdokumente, 23. Januar 1985, Serie A, Dokument A 2–160/85/rev. + Anlagen I, II, III.

173 Vgl. etwa: Michael Billig, Die Rassistische Internationale. Zur Renaissance der Rassenlehre in der modernen Psychologie, mit einem Vowort von Lothar Baier, Frankfurt a. M. 1981 (Original: Psychology, Racism and Fascism, Birmingham 1979); Herz (FN 35); Ruth Levitas (Hrsg.), The Ideology of the New Right, Cambridge/Oxford 1986; Alphons Silbermann/Julius H. Schoeps (Hrsg.), Antisemitismus nach dem Holocaust. Bestandsaufnahme und Erscheinungsformen in deutschsprachigen Ländern, Köln 1986. Folgende Arbeiten sind angekündigt, bislang jedoch noch nicht erschienen: Christopher T. Husbands, Racialist Politics in Western Europe; Franz Greß/Hans-Gerd Jaschke/Klaus Schönekäs, Rechtsextremismus und Neue Rechte in Europa. Fallstudien über die Bundesrepublik, Frankreich und Großbritannien. Siehe auch folgende Berichte: Bruce Hoffmann, Right-Wing Terrorism in Europe, in: Orbis 28 (1984), S. 16–27; Christopher T. Husbands, Contemporary Right-Wing Extremism in Western European Democracies: A Review Article, in: EJPR 9 (1981), S. 75–99.

stellungen nicht selten weit über das Ziel hinaus, konstruieren Verbindungs-„Netze" und Beziehungs-„Kartelle", folgern dabei von personellen Kontakten auf organisatorische Verflechtungen, nehmen die vollmundigen Bekundungen rechtsextremer Schreiber und Aktivisten für bare Münze und kreisen damit ironischerweise in ähnlichen verschwörungstheoretischen Bahnen wie diejenigen, deren Intrigen sie aufzudecken gedenken.[174] Und selbst wenn die gebotenen Informationen halbwegs gesichert und brauchbar sind, handelt es sich selten um echte Vergleiche, sondern zumeist um Zusammenstellungen von Beiträgen über einzelne Länder, wobei die Strukturen der Einzeldarstellungen nicht einmal immer miteinander koordiniert werden.[175]

Ein etwas günstigeres Bild vermittelt das Schrifttum zum Linksextremismus. Der erklärte Internationalismus anarchistischer und kommunistischer Organisationen strukturiert die entsprechenden Forschungsbemühungen. Vor allem die große Zahl moskauhöriger KPen hat das Interesse der Wissenschaft gefunden.[176] Wie die Eurokommunismus-Diskussion zeigt, sind derartige Aufmerksamkeitsschwerpunkte allerdings zum Teil konjunkturbedingt und flauen – mit dem üblichen „time lag" – rasch wieder ab, sobald die Öffentlichkeit sich anderen „Lieblingsthemen" zuwendet.[177] Neben den nach Moskau orientierten KPen haben auch die vielfältigen Gruppen (neo-) marxistischer und (neo-)anarchistischer Ausrichtung, wie sie sich im

174 Diesem „Ansatz" sind besonders folgende Darstellungen verhaftet: Eisenberg (FN 172); Chairoff (FN 172); Günter Wallraff/Eckart Spoo, Unser Faschismus von nebenan. Erfahrungen mit NATO-Partnern, Reinbek bei Hamburg 1982. Groteske Formen nehmen konspirationstheoretische Spekulationen an bei: Reinhard Opitz, Faschismus und Neofaschismus, Frankfurt a. M. 1984.

175 So etwa bei: Vera Ebels-Dolanová (Hrsg.), The Extreme Right in Europe and the United States. International Seminar on the Extreme Right in Europe and the United States, Amsterdam 1985; Internationale Föderation der Widerstandskämpfer (Hrsg.), Neofaschismus im Europa von heute. Dokumentation, Wien 1972; Michel R. Lang (Hrsg.), „Straße frei ...". Die neue Nazi-Internationale, Berlin 1982.

176 Allerdings handelt es sich häufig nicht um „echte" Vergleiche, sondern um Sammlungen von (koordinierten/unkoordinierten) Länderstudien: Witold S. Sworakowski, World Communism. A Handbook 1918–1965, Stanford/Cal 1973; Claus D. Kernig (Hrsg.), Die Kommunistischen Parteien der Welt, Freiburg im Breisgau/Basel/Wien 1969; Kommunistische Parteien im Westen. England, Frankreich, Italien, Skandinavien, Frankfurt a. M. 1968; Dieter Oberndörfer/Hans-Joachim Veen (Hrsg.), Sozialistische und kommunistische Parteien in Westeuropa, Bd. 1: Südländer; Bd. 2: Nordländer, Opladen 1978/79. Der komparative Aspekt kommt stärker zu Geltung bei: Klaus Kellmann, Die kommunistischen Parteien in Westeuropa. Entwicklung zur Sozialdemokratie oder Sekte?, Stuttgart 1988.

177 Auf dem Höhepunkt der Diskussion ist eine ganze Reihe von Sammelbänden erschienen. Zu den wichtigeren gehören: Donald Blackmer/Sidney Tarrow (Hrsg.), Communism in Italy and France, Princeton/London 1975; Carl Boggs/David Plotke (Hrsg.), The Politics of Eurocommunism. Socialism in Transition, London/Basingstoke 1980; David Childs(Hrsg.), The Changing Face of Western Communism, London 1980; Götz Hohenstein(Hrsg.), Der Umweg zur Macht – Eurokommunismus, München 1979; Adolf Kimmel(Hrsg.), Eurokommunismus. Die kommunistischen Parteien Frankreichs, Italiens, Spaniens und Portugals, Köln/Wien 1977; Helmut Richter/Günter Trautmann (Hrsg.), Eurokommunismus. Ein dritter Weg für Europa?, Hamburg 1979; Manfred Spieker (Hrsg.), Der Eurokommunismus. Demokratie oder Diktatur?, Stuttgart 1979. Aus einiger

Zuge der inter nationalen Studentenunruhen in den sechziger Jahren bildeten, Aufmerksamkeit gefunden[178], obgleich zahlreiche Spezialthemen der Bearbeitung harren.[179] Auch im Bereich der Terrorismusforschung schließlich sind die Befunde in vergleichender Hinsicht weit befriedigender, als dies für das Thema des Rechtsextremismus zu konstatieren war.[180] Dies ist nicht zuletzt eine Folge der politischen Brisanz, die das Terrorismusthema im internationalen Maßstab besitzt.

5. *Zusammenfassende Bemerkungen*

Die Liste der bilanzierten Forschungsdefizite und -defekte ist lang: mangelnde theoretisch-methodische Fundierung; Überlagerung wissenschaftlicher durch politische Argumentationsweisen; chronische Begriffskonfusion; unzureichende Rekonstruktion historischer Grundlagen und gleichzeitig: zu starke Vergangenheitsorientierung bei der Beurteilung gegenwärtiger Formen; Diskontinuität der Forschung; monokausale Deutungsmuster; Partikularisierung von Forschungszweigen und Hyperspezialisierung; wissenschaftlicher Provinzialismus. Diese Mängel sind zwar keineswegs allein im Bereich der Extremismusforschung anzutreffen, treten hier jedoch gehäuft und in massiver Form auf. Nicht wenige der genannten Schwächen gehen ursächlich auf die mangelnde Durchdringung der normativ-theoretischen Grundlagen zurück oder stehen zumindest in einem gewissen Zusammenhang hierzu.

Fortsetzung von Fußnote 177

Distanz: Klaus Kellmann, Pluralistischer Kommunismus? Wandlungstendenzen eurokommunistischer Parteien in Westeuropa und ihre Reaktion auf die Erneuerung in Polen, Einführung von Karl Dietrich Erdmann, Stuttgart 1984; Manfred Steinkühler, Eurokommunismus – gescheiterte Strategie?, in: Außenpolitik 36 (1985), S. 371–382.

178 Siehe vor allem die bedeutende Studie von: Massimo Teodori, Storia delle nuove sinistre in Europa (1956–1976), Bologna 1976.

179 Lohnend erschiene etwa ein internationaler Vergleich maoistischer Gruppen- und Parteibildungen. Einen ersten Einstieg in die Materie bieten: Friedrich-Wilhelm Schlomann/Paulette Friedlingstein, Die Maoisten. Pekings Filialen in Westeuropa, Frankfurt a. M. 1970.

180 Aus einer umfangreichen Literatur können nur einige wenige wissenschaftliche Studien beispielhaft genannt werden: Gabriele Calvi/Massimo Martini (Hrsg.), L'estremismo politico. Ricerche psicologiche sul terrorismo e sugli atteggiamenti radicali, Mailand 1982; Henner Hess u. a., Angriff auf das Herz des Staates. Soziale Entwicklung und Terrorismus, Frankfurt a. M. 1988; Wolfgang J. Mommsen/Gerhard Hirschfeld (Hrsg.), Sozialprotest, Gewalt, Terror. Gewaltanwendung durch politische und gesellschaftliche Randgruppen im 19. und 20. Jahrhundert, Stuttgart 1982; Dieter Schröder (Hrsg.), Terrorismus. Gewalt mit politischem Motiv, München 1986; Michael Stohl (Hrsg.), The Politics of Terrorism, New York 1979. „Echte" Vergleiche bieten: Roland Gaucher Saboteure und Attentäter. Der moderne Terrorismus, Köln 1967 (Original: Les terroristes, Paris 1965); Walter Laqueur, Terrorismus. Die globale Herausforderung, Frankfurt a. M./ Berlin 1987 (Original: The Age of Terrorism, London 1987); Donatella della Porta/Gianfranco Pasquino (Hrsg.), Terrorismo e violenza politica. Tre casi a confronto: Stati Uniti, Germania e Giappone, Bologna 1983; Wilkinson (FN 65); Michel Wieviorka, Sociétés et terrorisme, Paris 1988.

Die im ersten Teil des Kapitels erarbeitete Skizze der Forschungssituation läßt drei Haupttendenzen erkennen, die sich zuungusten einer umfassenderen und tiefschürfenderen Entfaltung der normativ-theoretischen Grundlagen der Extremismusforschung ausgewirkt haben. An erster Stelle zu nennen ist eine marxistisch inspirierte Forschungsrichtung, die sich in der zweiten Hälfte der sechziger Jahre an den Universitäten ausbreitete. So wie sie die Grundlagen des demokratischen Verfassungsstaates in Zweifel zu ziehen begann, verschonte sie auch jene Deutungssysteme nicht, die auf dessen ideengeschichtlichen Traditionen aufbauen. Begriffe wie „Extremismus" (oder „Radikalismus") und „Totalitarismus" wurden generell unter Ideologieverdacht gestellt und pauschal als „politische Kampfbegriffe" ohne wissenschaftlichen Gehalt „entlarvt". Dieser Kritik liegt ein utopisches Demokratieverständnis zugrunde, das die Maßstäbe für die Existenz eines „demokratischen" Gemeinwesens so hoch ansetzt, daß an ihnen jede politische Realität versagen muß. Ihm kann folgendes Argument entgegengehalten werden: Derjenige, der eine geschichtlich voraussetzungslose Realität postuliert, hat die Beweislast hinsichtlich ihrer Praktikabilität zu tragen. Wer so in die Pflicht genommen wird, tendiert zu einer behutsamen Veränderung des Bestehenden, da er die Gefahr bedenkt, daß ein radikaler Wandel auch die Grundlagen des Bewahrenswerten zerstört.

Mit anderen Argumenten sagten Vertreter einer szientistisch ausgerichteten Forschungsrichtung normativen Typusbegriffen den Kampf an. Sie behaupten, daß die Sphären des Seienden und des Seinsollenden im Rahmen sozialwissenschaftlicher Bemühungen streng voneinander separiert werden müssen. Nur das Seiende könne Gegenstand wissenschaftlichen Erkenntnisstrebens sein, während sich ihm der Bereich des Seinsollenden grundsätzlich entziehe. Der Anspruch umfassender Deutungssysteme, Normativität und Empirie miteinander zu verbinden, wird nicht anerkannt. Die Antikritik hat bei den auf Operationalisierbarkeit zugeschnittenen Definitionsversuchen dieser Richtung anzusetzen. Die so entstehenden Begriffssysteme, sofern sie hochkomplexe humangesellschaftliche Gegenstände betreffen, entgehen der Thematisierung des Normativen dadurch, daß sie es in nur scheinbar rein formale strukturell-funktionale Zusammenhänge umdeuten. Dies führt zu einer phänomenologischen Entleerung der Terminologie.

Die Verbreitung marxistisch und szientistisch inspirierter Argumente gegenüber dem Extremismusbegriff reicht über die Grenzen dieser Strömungen hinaus. Der „Zeitgeist" fordert seinen Tribut auch in akademischen Zirkeln. So gilt die Verwendung des Extremismus- oder Totalitarismusbegriffs vielfach als „entspannungsfeindlich". Wer möchte schon als „kalter Krieger" oder Anhänger eines „primitiven Antikommunismus" gelten? Zudem strahlen linksextreme Doktrinen eine größere intellektuelle Faszinationskraft aus als ihre rechtsextremen Antipoden. Schließlich ist die Neigung verbreitet, die „radikalen" Methoden der Kommunisten angesichts ihrer „humanitären" Ziele in milderem Licht zu betrachten als diejenigen des von Grund auf „menschenfeindlichen" Rechtsextremismus.

Auch die Vertreter normativer Typusbegriffe selbst haben einen Beitrag zu ihrer Diskreditierung geleistet. Die entwickelten Deutungssysteme erwiesen sich vielfach als nicht hinreichend flexibel, um neuartige empirische Befunde aufnehmen und theoretisch umsetzen zu können. So übersah die häufig zitierte Antithese von „Demokratie“ und „Totalitarismus“[181] die Existenz eines breiten Spektrums autoritärer Diktaturen. Auch suggerierte das Gegensatzpaar eine pauschale Entsprechung extremistischer Bewegungen in Verfassungsstaaten mit totalitären Regimebildungen. Diese Sichtweise verkürzt jedoch die vorfindbare Bandbreite extremistischer Doktrinen und Organisationen.

Schwerer wiegt vielleicht noch ein anderer Punkt: Der erkenntnistheoretische Status der Totalitarismustheorien wurde vielfach unzureichend reflektiert. Es handelt sich hierbei nämlich – wie dies auch für das umfassendere Konzept des politischen Extremismus gilt – um Rahmeninterpretationen, die den politischen „Raum“ aus der Sicht demokratischer Verfassungsstaaten und ihrer Minimalbedingungen heraus strukturieren und damit ein umfassendes Deutungssystem konstituieren, das explanativen und (gegebenenfalls) prognostischen Bemühungen als Grundlage dienen kann.[182] Wer also den Anspruch erhob, Totalitarismustheorien leisteten einen Beitrag zur „Erklärung“ der Entstehung und Entwicklung totalitärer Regime, überforderte deren Aussagekraft und machte es ihren Gegnern damit leicht. Eine Besinnung auf die erkenntnistheoretischen, methodologischen und phänomenologischen Voraussetzungen normativer Typusbegriffe könnte die Forschung aus dieser Sackgasse hinausführen.

Manche Kritik an den Totalitarismus- und Extremismuskonzeptionen hat die Diskussion trotz der Pauschalität der Vorhaltungen und der Überzogenheit ihrer Schlußfolgerungen gefordert und gefördert. Wenn also an dieser Stelle immer wieder dezidiert gegen marxistisch und szientistisch ausgerichtete Richtungen Partei ergriffen wird, läuft dies nicht auf den Versuch einer wissenschaftlichen Disqualifikation dieser Positionen hinaus. Die entschiedene Stellungnahme für ein bestimmtes Verständnis von Politikwissenschaft geschieht vielmehr in der Einsicht, daß sein Gedeihen auch von der Notwendigkeit abhängt, sich im Kreuzfeuer pluralistischer Ansätze und Methoden zu bewähren.

---

181 So der symptomatische Titel des Werkes von: Raymond Aron, Demokratie und Totalitarismus, Hamburg 1970 (Original: Démocratie et totalitarisme, Paris 1965). Diese Sichtweise ist auch bei Karl Dietrich Bracher dominierend. Siehe ders. (FN 47), besonders S. 121–129.

182 Zu Recht heißt es bei Bracher: „Bei einer solchen allgemeinen Bestimmung des Totalitarismus im idealtypischen Sinne Max Webers kann es sich nun gewiß lediglich um einen Rahmen für die konkrete Analyse der empirischen Phänomene handeln“. Karl Dietrich Bracher, Der umstrittene Totalitarismus: Erfahrung und Aktualität, in: Funke (FN 49), S. 81–101, 85.

Zweites Kapitel

Politischer Extremismus und demokratischer Minimalkonsens

1. Probleme der herkömmlichen „definitio ex negativo"

Die landläufige Form der Begriffsbestimmung des politischen Extremismus sei „definitio ex negativo" genannt. Sie basiert nicht auf der vergleichenden Betrachtung extremistischer Phänomene, sondern wählt einen definitorischen Umweg: Der Typus des demokratischen Verfassungsstaates wird aufgrund seiner minimalen Konstitutionsbedingungen fixiert. Da der politische Extremismus als die Antithese des demokratischen Verfassungsstaates gilt, geht sein Definitionsbereich – ähnlich den Konturen einer Silhouette – aus dessen Minimalbestimmung hervor.

Bereits im vorhergehenden Kapitel sind einige Definitionen dieser Art präsentiert worden. Die Begriffsbestimmung von Seymour Martin Lipset und Earl Raab in ihrem Standardwerk zum Rechtsextremismus in den Vereinigten Staaten zählt zu den einflußreichsten und theoretisch reflektiertesten. In der Art, wie sie die begriffliche Eingrenzung vornimmt, kann sie für viele andere – allerdings zumeist weniger durchdachte – Versuche als repräsentativ gelten. Lipset und Raab sehen die Substanz des Extremismusbegriffs durch die Frage nach der jeweiligen Form der politischen Verfahrensregeln („procedures") betroffen: „In this sense, extremism means going beyond the limits of the normative procedures which define the democratic political process."[1] Den Kern dieser normativen Grundausstattung freiheitlicher Demokratie umschreiben die Autoren mit dem Stichwort des „Pluralismus". Gemeint ist das Gegen-, Neben- und Miteinander verschiedenartiger Interessen, Anschauungen und Lebensentwürfe: „[...] pluralism describes a society which tends to protect and nurture the independent coexistence of different political entities, ethnic groups, ideas. More specifically, pluralism describes the kind of societal structure which can sustain such a system of coexistence."[2]

Lipset/Raab gehen zwar über die meisten in der Literatur vorfindbaren Versuche der Begriffsbestimmung hinaus, indem sie den strukturellen Gemeinsamkeiten extremistischer Doktrinen eine gesonderte Betrachtung widmen; die Eingrenzung des Definitionsbereiches geschieht jedoch ausschließlich anhand des antithetischen Demokratiebegriffs, was sich auch daran zeigt, daß der den politischen Extremismus charakterisierende Gegenbegriff zum demokratischen „Pluralismus" eigentümlich blaß bleibt: „Monismus". Er bedeute „Antipluralismus", nämlich „the repression of

1 Seymour Martin Lipset/Earl Raab, The Politics of Unreason. Right-Wing Extremism in America, 1790–1977, 2. Aufl., Chicago/London 1978 (1970), S. 5.

2 Ebd.

difference and dissent, the closing down of the market place of ideas".[3] Man gelangt somit – ohne allzu starke Vereinfachung – zu folgender Begriffskette: „Extremismus" = „Antidemokratie"; „Demokratie" = „Pluralismus"; „Extremismus" = „Monismus"; „Monismus" = „Antipluralismus", woraus weiterhin folgt: „Extremismus" = Antipluralismus", „Demokratie" = „Antimonismus"; „Demokratie" = „Antiextremismus". Diese antithetischen Begriffspaare sind jedoch zirkulär, da sie sich um eine Achse drehen: die Minimalbestimmung von „Demokratie".

Eine „definitio ex negativo" liegt auch jener Bestimmung des Extremismusbegriffs zugrunde, die der bundesdeutschen Rechtsprechung zum Schutz der Demokratie als Grundlage dient. Der Rechtsphilosoph und ehemalige Bundesinnenminister Werner Maihofer faßt dies wie folgt zusammen: „Als politischen Extremismus [...] bezeichnen wir verfassungsfeindliche Bestrebungen im Kampf gegen unsere 'freiheitlich demokratische Grundordnung', sei es durch politische Parteien (Art. 21 GG), sei es durch politische Vereinigungen (Art. 9 GG), sei es durch unorganisierte politische Aktivitäten von einzelnen oder Gruppen (Art. 18 GG). Extremistische Bestrebungen richten sich dabei nicht notwendig gegen den Gesamtbestand unserer Verfassung, noch einfach gegen irgendwelche Einzelbestimmungen unseres Grundgesetzes, sondern gegen jenen Kernbestand unserer Staatsverfassung, den wir 'freiheitliche demokratische Grundordnung' nennen. Ihn hat das Bundesverfassungsgericht schon in einem seiner frühen Urteile als die Ordnung umschrieben, 'die unter Ausschluß jeglicher Gewalt- und Willkürherrschaft eine rechtsstaatliche Herrschaftsordnung auf der Grundlage der Selbstbestimmung des Volkes nach dem Willen der jeweiligen Mehrheit und der Freiheit und Gleichheit darstellt'. Zu den grundlegenden Prinzipien dieser Ordnung sind danach mindestens zu rechnen: 'Die Achtung vor den im Grundgesetz konkretisierten Menschenrechten, vor allem vor dem Recht der Persönlichkeit auf Leben und freie Entfaltung, die Volkssouveränität, die Gewaltenteilung, die Verantwortlichkeit der Regierung, die Gesetzmäßigkeit der Verwaltung, die Unabhängigkeit der Gerichte, das Mehrparteienprinzip und die Chancengleichheit für alle politischen Parteien mit dem Recht auf verfassungsmäßige Bildung und Ausübung einer Opposition'."[4]

Auch hier handelt es sich im wesentlichen um eine Bestimmung von Minimalbedingungen, die für die Existenz „freiheitlicher Demokratie" als unverzichtbar gelten. Mit ihrer Hilfe wird der Begriff des politischen Extremismus gebildet. „Extremistisch" sind demnach politische Einstellungen oder Gruppierungen, die den skizzierten Minimalkonsens – implizit oder explizit – nicht teilen. Diese Negativdefinition weist gegenüber relativistischen Verwendungen des Extremismusbegriffs – zugestandenermaßen – bereits wesentliche Vorzüge auf. Wer „Extremismus" als schwerwiegende Abweichung vom Zustand gesellschaftlicher „Normalität" begreift, kommt nicht umhin, darunter politische Phänomene zu subsumieren, die demokra-

---

3 Ebd.

4 Werner Maihofer, Politische Kriminalität, in: Meyers Enzyklopädisches Lexikon, Bd. 14, Mannheim/Wien/Zürich 1975, S. 365–369, 367 (Hervorhebungen im Original). Der Autor nimmt dabei Bezug auf die bisher einzigen Parteienverbotsurteile des Bundesverfassungsgerichts – gegenüber der SRP (1952) und der KPD (1956). Vgl. BVerfGE 2, 1–78; BVerfGE 5, 85–593.

tisch-konstitutionelle Werte und Spielregeln sowohl teilen als auch verwerfen. Die (normative) Negativdefinition dagegen vermeidet derartige Zweideutigkeiten, indem sie den Extremismusbegriff an eine Minimalbestimmung des demokratischen Verfassungsstaates bindet. Auf diese Weise können politische Phänomene in Regimen unterschiedlichen Typs klar als demokratisch oder extremistisch erfaßt werden.

Mag die „definitio ex negativo" die Frage der Grenzziehung auch in befriedigender Weise beantworten, so bleibt ihr Extremismusbegriff inhaltlich dennoch blaß. Denn das Spektrum der Phänomene, die als „extremistisch" gelten, findet beim Definitionsvorgang keinerlei Berücksichtigung. Eine Minimalbestimmung des demokratischen Verfassungsstaates setzt die konkrete Anschauung jener Erscheinungen voraus, die unter den Begriff zu subsumieren sind. Gleiches läßt sich für den Definitionsbereich des politischen Extremismus sagen. Die „definitio ex negativo" dient daher lediglich als Ausgangspunkt einer materiell angereicherten Positivbestimmung. Im folgenden seien zunächst jene für die Existenz demokratischer Verfassungsstaaten unverzichtbaren Minimalbedingungen beleuchtet. Von ihrer präzisen Erfassung und Begründung hängen Trennschärfe und Plausibilität der „definitio ex negativo" ab.

2. *Demokratie – Pseudodemokratie – Antidemokratie*

Mehr noch als andere „Schlüsselwörter"[5] der historisch-politischen Sprache ist der Begriff der Demokratie mit Bedeutungsvarianten unterschiedlichster Art belastet. Sein Siegeszug durch die abendländische Welt, der im ausgehenden 18. Jahrhundert begann und sich im 19. und 20. Jahrhundert fortsetzte, hat dazu geführt, daß in der Gegenwart kaum eine politische Kraft darauf verzichtet, sich seiner als Ehrentitel zu bedienen. Die fundamentale Gegensätzlichkeit der demokratischen Verfassungsstaaten des „Westens" einerseits, der „Volksdemokratien" des „Ostens" andererseits jedoch ist offenkundig. Deshalb erübrigt sich eine Erörterung darüber, ob möglicherweise beiden Regimetypen das Prädikat „demokratisch" rechtmäßig zukomme. Entweder sind erste „demokratisch" – dann sind letzte Diktaturen; oder aber es gilt der genau umgekehrte Fall. Tertium non datur!

Wenn man sich entscheidet, den Begriff der „Demokratie" an jenem im „Westen" verbreiteten Typus politischer Systeme zu orientieren, so ist dies kein terminologisches Problem der Art, wie es der Entdecker eines neuen Elementes im Periodensystem zu lösen hat. Denn es handelt sich um einen normativen Begriff, dessen Inhalt mit bestimmten Vorstellungen über die Mindestbedingungen menschenwürdigen Daseins verknüpft ist. Der Begriff der „Demokratie" bezeichnet somit mehr als lediglich eine Klasse von Objekten; vielmehr konstituiert er eine „Theorie", ein Deutungssystem[6], das einen hochkomplexen humangesellschaftlichen Phänomenbereich im Hinblick auf bestimmte politische Fundamentalfragen hin ordnet und bewertet. Diktaturen sind im Sinne dieses Orientierungsrahmens politische Systeme, die genau

5 Vgl. Karl Dietrich Bracher, Schlüsselwörter in der Geschichte, Düsseldorf 1978.
6 Vgl. Karl Acham, Philosophie der Sozialwissenschaften, Freiburg/München 1983, S. 147–158.

Mindesterfordernisse menschenwürdigen Daseins im wesentlichen nicht erfüllen, ungeachtet des jeweiligen Selbstverständnisses.

Dem im „Westen" bestehenden Typus politischer Regime wird dagegen das Prädikat „demokratisch" zugebilligt, da sie die an eine „Demokratie" anzulegenden Maßstäbe in einer Weise erfüllen, wie dies weder für historisch weiter zurückliegende Herrschaftssysteme jemals galt noch für andere Formen derzeit zutrifft. Der so gebildete Demokratiebegriff ist durch die Verschränkung der Ebenen des Normativen und des Empirisch-Analytischen gekennzeichnet. Empirisch-analytisch ist er aufgrund seines engen Bezuges zum Schatz historisch-politischer Erfahrungen mit der Gestaltung freiheitlicher Gemeinwesen, normativ aufgrund seiner Orientierung an genau umrissenen Wertmaßstäben.[7] Die daraus sich ergebenden Probleme werden nachfolgend ausführlicher zu erörtern sein, wobei zunächst einige mit dem Demokratiebegriff verbundene Fragen der Klärung bedürfen.

Wenn heute politische Regime, die vom „westlichen" Verständnis her Diktaturen sind, als „Volksdemokratien" oder „-republiken" firmieren, handelt es sich dabei keineswegs um einen bloßen Etikettenschwindel. „Demokratie" ist vielmehr begriffsgeschichtlich so vielfältig und zum Teil widersprüchlich verwendet worden, daß ganz unterschiedliche politische Kräfte die Vokabel mit einem gewissen Recht für sich reklamieren. Trotz einer traditionsreichen Geschichte seit der Antike blieb der Begriff lange Zeit ein Terminus der Gelehrtensprache, bis er Ende des 18. Jahrhunderts Eingang in das politische Alltagsvokabular fand.[8] Er konnte nun zum einen im Sinne der aristotelischen „Politie"[9] oder der „gemischten Verfassung" des Polybios[10] verstanden werden – in dieser Bedeutung begann er sich während des letzten Jahrzehnts des 18. Jahrhunderts in den Vereinigten Staaten von Amerika allmählich

---

7 Die Notwendigkeit eines sowohl empirisch als auch normativ ausgerichteten Demokratiebegriffs betonen: Ernst Fraenkel, Die Wissenschaft von der Politik (1963), in: Ders., Reformismus und Pluralismus. Materialien zu einer ungeschriebenen politischen Autobiographie, zusammengestellt und herausgegeben von Falk Esche und Frank Grube, Hamburg 1973, S. 337–353 und: Dolf Sternberger. Vgl. die Hinweise bei: Peter Haungs, Einleitung, in: Ders. (Hrsg.), Res Publica. Studien zum Verfassungswesen. Dolf Sternberger zum 70. Geburtstag, München 1977, S. 11–21, insbesondere S. 13.

8 Zur Begriffsgeschichte vgl. vor allem: Christian Meier, Entstehung des Begriffs „Demokratie". Vier Prolegomena zu einer historischen Theorie, 3. Aufl., Frankfurt a. M. 1977 (1970); ders./Hans Leo Reimann/Hans Maier/Reinhart Koselleck/Werner Conze, Art. „Demokratie", in: Otto Brunner/ Werner Conze/Reinhart Koselleck (Hrsg.), Geschichtliche Grundbegriffe. Historisches Lexikon zur politisch-sozialen Sprache in Deutschland, Bd. 1, Stuttgart 1972, S. 821–899; Rupert Breitling, Zur Renaissance des Demokratiebegriffs im 18. Jahrhundert, in: Haungs (FN 7), S. 37–52.

9 Aristoteles, Politik, übersetzt und hrsg. von Olof Gigon, 6. Aufl., München 1986 (1973), hier vor allem IV, 1293 b 37–1294 b 42. Siehe dazu besonders: Dolf Sternberger, Drei Wurzeln der Politik, in: Ders., Schriften, II/1, Frankfurt a. M. 1978, S. 87–156.

10 Polybios, Historien, Auswahl, Übersetzung, Anmerkungen und Nachwort von Karl Friedrich Eisen, Stuttgart 1973, IV, 5–9. Siehe dazu vor allem: Kurt von Fritz, The Theory of the Mixed Constitution in Antiquity. A Critical Analysis of Polybius' Political Ideas, New York 1954; R. W. und A. J. Carlyle, A History of Mediaeval Political Theory in the West, Bd. 6: Political Theory from 1300–1600, 4. Aufl., Edinburgh/London 1970 (1936).

durchzusetzen[11], ohne daß allerdings diese historischen Zusammenhänge immer in das Bewußtsein drangen; zum anderen reichte eine Traditionslinie bis zum aristotelischen Begriff der „Demokratie" zurück[12], der (direkten) Herrschaft (der armen Mehrheit) des Volkes. In diesem Sinne haben ihn Thomas Hobbes und John Locke verstanden[13] – wie auch noch Jean-Jacques Rousseau, der sich konzeptionell am Vorbild der Republiken der schweizerischen Eidgenossenschaft, besonders aber seiner Vaterstadt Genf orientierte und eine derartige Verfassung, wenn überhaupt, nur in einem Kleinstaat für realisierbar hielt.[14] Die Jakobiner übersahen die Zweifel und Vorbehalte ihres politischen Inspirators[15]; seine Lehre von der unfehlbaren, aus der

---

11 Vgl. die grundlegende Studie von: Robert R. Palmer, Das Zeitalter der demokratischen Revolution. Eine vergleichende Geschichte Europas und Amerikas von 1760 bis zur Französischen Revolution, Frankfurt a. M. 1970, insbesondere S. 31 f. – Allerdings habe man zu dieser Zeit vor allem in „gebildeten Kreisen" noch „eine gewisse Zurückhaltung in der Anwendung des Wortes 'demokratisch'" gezeigt: „Es scheint zuzutreffen, daß das Wort 'Demokratie' – nicht seine Verwirklichung – durch die europäische Revolution nach Amerika gebracht wurde."(S. 31).

12 Siehe vor allem: Aristoteles (FN 9), III, 1279 b 4–1280 a 7.

13 Vgl. Thomas Hobbes, Leviathan, erster und zweiter Teil, übersetzt von Jacob Peter Mayer, Stuttgart 1980 (Original: Leviathan, 1651), S. 167: „Deshalb kann es auch nur dreierlei Staatsverfassungen geben, nämlich die monarchische, bei der die höchste Gewalt in den Händen eines einzigen ist; die demokratische, bei der diese Gewalt von einer Versammlung, zu der jeder freien Zutritt hat, ausgeübt wird, und die aristokratische, bei der die höchste Gewalt dem vornehmsten Bürgerstande anvertraut ist." John Locke, Über die Regierung, übersetzt von Dorothee Tidow, Stuttgart 1978 (Original: The Second Treatise of Government, 1689), S. 99 f.: „Wie schon gezeigt worden ist, liegt bei der ersten Vereinigung der Menschen zu einer Gemeinschaft naturgemäß die gesamte Gewalt der Gemeinschaft in der Mehrheit. [...] In diesem Falle ist die Regierungsform eine vollkommene Demokratie."

14 Vgl. Jean-Jacques Rousseau, Der Gesellschaftsvertrag oder: Die Grundsätze des Staatsrechtes, deutsch von H. Denhardt, mit einer Einleitung von Paul Ritterbusch, Leipzig 1927, S. 100–103 (drittes Buch, viertes Kapitel). Zu Rousseau siehe: Iring Fetscher, Rousseaus politische Philosophie, 3. Aufl., Frankfurt a. M. 1975 (1962).

15 Besonders Iring Fetscher hat in seinen Rousseau-Studien hervorgehoben, die Intentionen Rousseaus hätten sich von denen seiner späteren revolutionären Adepten wesentlich unterschieden. Ob man dabei so weit gehen kann, Rousseau als einen „Konservativen" zu bezeichnen, dürfte zumindest dann fraglich sein, wenn man diesen Begriff in die damalige Zeit rückprojiziert: Iring Fetscher, Rousseau, der konservative Denker und seine revolutionären Folgen, in: Ders., Herrschaft und Emanzipation. Zur Philosophie des Bürgertums, München 1976, S. 135–161. Allerdings unterscheidet sich die Lehre Rousseaus – vor allem was ihre individualistischen Züge betrifft – vom Rousseauismus, oder besser: Vulgärrousseauismus, um ein Beträchtliches. Dieser Aspekt ist von Demokratietheoretikern wie Joseph A. Schumpeter (Kapitalismus, Sozialismus und Demokratie, Einleitung von Edgar Salin, 5. Aufl., München 1980 [Original: Capitalism, Socialism and Democracy, New York 1942], S. 397–426) und Ernst Fraenkel (Strukturdefekte der Demokratie und deren Überwindung [1964]; Der Pluralismus als Strukturelement der freiheitlich-rechtsstaatlichen Demokratie [1964], beide in: Ders., Deutschland und die westlichen Demokratien, 7. Aufl., Stuttgart/Berlin/Köln/Mainz 1979 [1964], S. 48–68, 197–221), die die „klassische" Demokratietheorie und den „Antipluralismus" Rousseaus aufs Korn nahmen, nicht genügend in Rechnung gestellt worden. Hella Mandt hebt dies in ihrer Auseinandersetzung mit Schumpeter und Fraenkel hervor und weist im übrigen darauf hin, daß die Wirkungsgeschichte der Lehren Rousseaus bis zum heutigen Tage

Summe der „Privatinteressen" heraus rational ermittelbaren „volonté générale"[16] wurde ihnen zur Rechtfertigungsgrundlage einer terroristischen „Tugendherrschaft", die sie als „wahre Demokratie"[17] ausgaben. – Die Vereinigten Staaten von Amerika und der jakobinische Terror: Noch bevor das 19. Jahrhundert angebrochen war, bezeichnete der Begriff der Demokratie zwei zutiefst gegensätzliche Formen der Herrschaftsausübung.[18]

Wenn die heutigen kommunistischen Einparteiregime Osteuropas in pleonastischer Übertreibung als „Volksdemokratien" firmieren, stellen sie sich damit in jene (vulgär-) rousseauistisch-jakobinische Interpretationslinie, wie sie besonders der radikale Flügel der sich im Verlaufe des 19. Jahrhunderts herausbildenden Arbeiterbewegung tradiert hatte.[19] Aus dieser Sicht kann auf eine empirische Ermittlung des jeweiligen „Volkswillens" verzichtet werden; der Legitimitätsanspruch basiert auf der Überzeugung, die Gesetze des Geschichtsverlaufes rational zu ergründen und somit auch den Weg zum menschheitsbeglückenden Endziel zu bestimmen. Anspruch und Wirklichkeit klaffen jedoch weit auseinander. Der „real existierende Sozialismus" läßt den Menschen für die Artikulation unterschiedlicher politischer Prioritäten und Interessen keinen Spielraum. So häufig der Wille des Volkes beschworen wird, so selten findet er in der politischen Praxis Beachtung: Die „Volksdemokratie" ist Pseudodemokratie.

In seiner Studie über „antidemokratisches Denken"[20] aus dem Jahre 1949 behandelt David Spitz diese pseudo-demokratischen Rechtfertigungsideologien nur ganz am Rande. Ohne die Konsequenzen kommunistischer Konzeptionen zu übersehen, grenzt er den Begriff des „Anti-Demokratischen" doch auf jene Doktrinen ein, die sich nicht einmal der verbalen Forderung nach Demokratie anschließen, weil sie einer ihrer grundlegenden Prämissen, der Annahme fundamentaler Menschengleichheit, die Anerkennung versagen. Obwohl Spitz seiner Studie den komplexen Begriff der „liberal democracy" zugrundelegt, wie er sich in den Staaten Nordamerikas

---

Fortsetzung von Fußnote 15

weithin im Dunkeln geblieben sei: Hella Mandt, Zwischen Realismus und Fundamentalismus: Demokratietheorie in der Ära Adenauer, unveröffentlichte Habil.-Schrift, Universität Trier 1978, S. 25. – Siehe zu Rousseau auch: Günther Maluschke, Philosophische Grundlagen des demokratischen Verfassungsstaates, Freiburg im Breisgau/München 1982, S. 69–106, der allerdings mehr „Klassiker"-Exegese betreibt, als die „philosophischen Grundlagen" systematisch herauszuarbeiten.

16 Vgl. Rousseau (FN 14), S. 59: „Oft ist ein Unterschied zwischen dem Willen aller und dem allgemeinen Willen; letzterer geht nur auf das allgemeine Beste aus, ersterer auf das Privatinteresse und ist nur eine Summe einzelner Willensmeinungen. Zieht man nun von diesen Willensmeinungen das Mehr oder Minder, das sich gegenseitig aufhebt, ab, so bleibt als Differenzsumme der allgemeine Wille übrig."

17 So Maximilien Robespierre in einer Rede vor dem Nationalkonvent vom 5. Februar 1794. Zitiert nach: Palmer (FN 11), S. 28.

18 Jacob L. Talmon spricht sogar von der „totalitären Demokratie": Ders., The Origins of Totalitarian Democracy, London 1961 (1952).

19 Vgl. Erwin Faul, Kreuzwege radikaler Ziel- und Strategiediskussionen in den Anfängen der Arbeiterbewegung, in: PVS 17 (1976), S. 297–316.

20 David Spitz, Patterns of Anti-Demokratic Thought. An Analysis and a Criticism, with Special Reference to the American Political Mind in Recent Times, revised edition, Westport/Conn. 1981 (1949).

nach der Sezession vom britischen Mutterland ausbreitete, ist die terminologische Einengung nur dadurch zu erklären, daß „Demokratie" im Sinne einer „kontinentalen" Überlieferung verstanden wird: als Synonym für die Gleichheitsidee. Dieses Prinzip stellen kommunistische Theoretiker stark in den Vordergrund, wohingegen die ursprünglich damit verknüpften direktdemokratisch-partizipatorischen Impulse ihrer politisch-praktischen Wirkung verlustig gegangen sind. Der Pseudo-Demokratie gesellt sich die (erklärte) Anti-Demokratie zur Seite.

Auf den ersten Blick könnte es nun so scheinen, als stünden die Demokratien des „Westens" den pseudo-demokratischen „Volksdemokratien" des „Ostens" näher als den von Spitz so benannten „anti-demokratischen" Strömungen. Der Schein ist jedoch trügerisch. Auch wenn man das Selbstverständnis der kommunistischen Regime zugrundelegt – die politische Praxis also wohlweislich ausklammert –, können die Unterschiede in der Auslegung der Gleichheitsidee nicht verborgen bleiben. Wichtiger aber noch: Die gemeinsame Betonung fundamentaler Menschengleichheit ist nichts als eine flüchtige Begegnung zweier Ideenkreise, die im übrigen doch durch Welten voneinander getrennt sind. Der eine lebt aus dem Glauben an den Besitz „letzter" Wahrheiten – er hat vieles mit den chiliastischen Bewegungen des Mittelalters und der frühen Neuzeit gemeinsam.[21] Der andere lebt aus der Überzeugung, daß die Welt dem Menschen im Letzten immer rätselhaft bleiben wird und stellt den kühnen Entwürfen der „reinen Vernunft" die Lehren der Geschichte als ernüchterndes Korrektiv gegenüber.

Um die Verwechslung des „liberalen" Systems mit seinem „totalitären" Widerpart auszuschließen und an überlieferungsgeschichtliche Traditionen anzuknüpfen, wird im folgenden anstatt von den Demokratien des „Westens" von „demokratischen Verfassungsstaaten" oder „konstitutionellen Demokratien" die Rede sein.[22] Der Begriff des „Verfassungsstaates" knüpft an die älteren, voraufklärerischen Linien jener großen abendländischen Freiheitstradition an, die bis zum aristotelischen Modell der „Politie" zurückführt. Die „Politie", die „Civitas" oder der „Verfassungsstaat" baut einerseits auf dem Prinzip der Freiheit und politischen Gleichheit der Bürger auf, trägt aber andererseits der Heterogenität der Bürgerschaft Rechnung.[23] Sie soll auf Übereinkunft basieren und die (selbstgerechte) „Herrschaft" eines Einzelnen, einer Gruppe wie auch einer Mehrheit verhindern. Sie

21 Vgl. dazu vor allem: Konrad Farner, Theologie des Kommunismus?, Taschenbuchausgabe, Zürich 1985 (1969); Norman Cohn, Das Ringen um das Tausendjährige Reich. Revolutionärer Messianismus im Mittelalter und sein Fortleben in den modernen totalitären Bewegungen, Bern/München 1961 (Original: The Pursuit of the Millennium, London 1957).

22 Siehe zum Begriff besonders: Carl Joachim Friedrich, Der Verfassungsstaat der Neuzeit, Berlin/Göttingen/Heidelberg 1953 (Original: Constitutional Government and Democracy. Theory and Practice, Boston 1950); ders., Art. „Constitutions and Constitutionalism", in: David L. Sills (Hrsg.), International Encyclopedia of the Social Sciences, Bd. 3, New York/London 1968, S. 318–326.

23 Dazu vor allem: Sternberger (FN 9), besonders S. 118–122 („Die Verfassung und die Verfassungen") und 147–156 („Die Verfassung als Mischung").

gilt als „die“ Bürgerverfassung schlechthin, weil ihre Konstruktion realistisch den jeweiligen Gegebenheiten folgt, nicht einem einzigen gedanklichen Prinzip gehorcht, vielmehr aus einer abgewogenen Mischung, einem temperierenden und moderierenden Kompromiß zwischen verschiedenen institutionellen und prozeduralen Elementen hervorgeht.[24] Auch wenn die aristotelische „Politie“ auf der (qualitativen) Unterscheidung von Herren und Sklaven, Männern und Frauen, Freien und Unfreien aufbaut[25], nimmt sie doch in ihrem Bemühen um die Sicherung der Bürgerfreiheit vieles vorweg, was den modernen Verfassungsstaat, kombiniert mit dem Gebot fundamentaler Menschengleichheit, heute noch auszeichnet.

3. Minimalbedingungen demokratischer Verfassungsstaaten

Der historisch-genetische Standort der modernen Verfassungsstaaten kann nur vage bestimmt werden. Hauptsächlich muß es darum gehen, ein Grundgerüst derjenigen Werte und Verfahrensregeln zu rekonstruieren, welche den spezifischen Charakter der sogenannten „westlichen“ Demokratien im Vergleich zu anderen – geschichtlichen und in der Gegenwart existierenden – Staatsformen ausmachen. Dabei ist ein Weg zu finden, der zwischen der Scylla schwindelerregender Abstraktion und der Charybdis hoffnungsloser Detailbefangenheit hindurchführt. Weder dürfen Idealbilder über Realformen die Oberhand gewinnen, noch Primär- und Sekundärmerkmale durcheinander geraten. Gegenüber den Setzungen von Verfassungsnormen muß ein Verhältnis kritischer Distanz gewonnen und der Anspruch mit der Verfassungswirklichkeit konfrontiert werden. Schwieriger erscheint die Aufgabe, diejenigen verfassungsstrukturellen Elemente herauszufiltern, denen überzeitliche Bedeutung zukommt. Allzu leicht nämlich läßt sich der Betrachter von der „normativen Kraft des Faktischen“ in den Bann schlagen.

Eine strikte Beschränkung auf unbedingt notwendige Bedingungen konstitutioneller Demokratie ist im Rahmen der vorliegenden Arbeit umso bedeutsamer, als davon die Trennschärfe der Negativabgrenzung des Extremismusbegriffs abhängt. Wird diese Form der Definition auch nicht als hinreichend angesehen, so muß doch ihre instrumentelle Tauglichkeit gesichert sein, damit sich der Phänomenbereich der Extremismen möglichst präzise bestimmen läßt.

---

24 Vgl. die Ausführungen zur konstitutionellen Überlieferung bei: Erwin Faul, Sonderbewußtsein und Identätskrise des Abendlandes. Politikwissenschaftliche Bemerkungen zu Fragestellungen der Geschichtssoziologie, in: Haungs (FN 7), S. 63–81, vor allem S. 77–81. Dort findet sich auch ein Hinweis auf die – nach wie vor – klaffende, durch die Bemühungen insbesondere Carl Joachim Friedrichs (Die Staatsräson im Verfassungsstaat, Freiburg 1961 [Original: Constitutional Reason of State. The Survival of the Constitutional Order, Providence 1957]) nur zum Teil geschlossene Lükke in der Erforschung der ideengeschichtlichen und historisch-genetischen Entwicklung der modernen Verfassungsstaaten und ihrer genuinen Inspiration.

25 Sternberger (FN) 9), S. 88 spricht von einer „Humanität ohne Gleichheit“, die dem „modernen Sinn“ als „ein Paradox“ erscheine.

Der zu ermittelnde Katalog von Minimalbedingungen soll Werte und Verfahrensregeln umfassen. Diese sind einander in einer Wechselbeziehung zugeordnet: Sinn und Zweck der Verfahrensregeln erschließen sich mittels ihres Wertbezuges; Werte erhalten erst praktische Bedeutung, wenn sie direkt auf die Struktur politischer Prozesse einwirken.[26] Der Minimalkatalog umfaßt Aussagen darüber, wie etwas sein soll. Sätze dieser Kategorie sind nicht wahrheitsfähig, sondern nur mehr oder weniger „zweckmäßig".[27] Ihnen kommt keine „objektive" Geltung zu, so als wären sie – wie die Naturgesetze – unmittelbar aus der Wirklichkeit gewonnen. Ihre Subjektivität zeigt sich vielmehr darin, daß sie bestimmten Absichten und Wünschen des Handelnden entspringen.[28]

Prima facie hat es den Anschein, als laufe die Behauptung einer mangelnden Objektivität und allgemeinen Relativität der Werte auf einen ethischen Relativismus hinaus. Wie John Leslie Mackie gezeigt hat, bedarf die These von der Objektivität der Werte jedoch zu ihrer Begründung des Rückgriffs auf Annahmen, die sich rationaler Einsicht entziehen; die These ist daher, je nach ihrem metaphysischen Ausgangspunkt, auf ganz unterschiedliche Moralsysteme anwendbar, so daß gerade sie einen Wertrelativismus zu begründen vermag. Dagegen kann derjenige, der sich von der Einsicht in die Subjektivität der Werte leiten läßt, seine intellektuellen Energien auf die Suche nach moralischen Leitsätzen konzentrieren, die der Relativität der Werte Rechnung tragen. Allerdings setzt dies ein Verständnis der Moral voraus, das diese als „ein System von Verhaltensregeln besonderer Art" begreift, „nämlich von solchen, deren Hauptaufgabe die Wahrung der Interessen anderer ist und die sich für den Handelnden als Beschränkungen seiner natürlichen Neigungen oder spontanen

---

26 Hella Mandt, Kritik der Formaldemokratie und Entförmlichung der politischen Auseinandersetzung, in: ZfP 32 (1985), S. 115–139, hier besonders S. 116–118. Wie Helmut Steinberger überzeugend herausgearbeitet hat, ist die Umdeutung von Werten in scheinbar wertneutrale Verfahrensregeln oder „Strukturbedingungen" ein typisches Kennzeichen relativistischer Politikkonzepte: Ders., Konzeptionen und Grenzen freiheitlicher Demokratie. Dargestellt am Beispiel des Verfassungsrechtsdenkens in den Vereinigten Staaten von Amerika und des amerikanischen Antisubversionsrechts, Berlin/Heidelberg 1974, insbesondere S. 196–242.

27 Ausgenommen freilich den – hier nicht interessierenden – Fall, daß Maßstäbe der Beurteilung – wie etwa bei einem Schönheitswettbewerb – zuvor exakt definiert werden, sich die Qualität des Urteils im Sinne der Kategorien „wahr" und „falsch" empirisch verifizieren läßt. Allerdings verschiebt sich dann das Werturteilsproblem lediglich auf die Frage der Maßstäbe, deren „Stichhaltigkeit" angefochten werden kann. Vgl. die Bemerkungen von: John Leslie Mackie, Ethik. Auf der Suche nach dem Richtigen und Falschen, Stuttgart 1981 (Original: Ethics. Interventing Right or Wrong, Harmondsworth 1977), S. 26 f.

28 Ich stütze mich hier auf die Darlegungen bei: Mackie (FN 27), S. 11–59 („Die Subjektivität der Werte"). Zu Recht hat Hans Herbert von Arnim darauf hingewiesen, daß der normative Ansatz in der Politikwissenschaft keineswegs mit der Annahme einer objektiv gültigen (ontologisch verankerten) Wertordnung steht und fällt: Hans Herbert von Arnim, Zur normativen Politikwissenschaft. Versuch einer Rehabilitierung, in: Der Staat 26 (1987), S. 477–496, 484. Die Orientierung am Verfassungskern allein genügt m. E. jedoch nicht als normativer Ausgangspunkt, wie dies von Arnim vorschlägt; vielmehr bedarf auch das moralphilosophische Fundament dieses Verfassungskerns einer kritischen Erörterung.

Handlungswünsche darstellen."[29] Wird diese Prämisse akzeptiert, dann eröffnet die Einsicht in die mangelnde Objektivität der Werte geradezu die Möglichkeit ihrer intersubjektiv vermittelbaren Begründung. Sind Wertsysteme nicht aus „objektiven" Wesenheiten zu gewinnen, muß über bestimmte Werte in einem fundamentalen Rahmen Übereinkunft erzielt werden.

In einer säkularisierten Welt finden „objektive" Werte nur mehr in funktionierenden Glaubensgemeinschaften Anerkennung. Eine Ethik – oder besser: „Meta-Ethik"[30],insofern sie von der Existenz einer Pluralität Geltung beanspruchender Ethiken ausgeht – des demokratischen Verfassungsstaates muß dieser Tatsache Rechnung tragen. Sie kann daher keine präskriptive sein, die von einer „höheren Instanz" – aufgrund welcher Kriterien auch immer – festgelegt wird. Die Meta-Ethik geht vielmehr aus einem kommunikativen Prozeß hervor, an dem teilzunehmen prinzipiell jedermann befugt ist. Die Geltung ihrer Sätze hängt davon ab, daß ihre Rationalität einsichtig wird und allgemein Anerkennung findet. Dies erscheint wiederum nur dann möglich, wenn ihre Bedeutung in das allgemeine Bewußtsein dringt, Klarheit über die Konsequenzen bestimmter Wertentscheidungen herrscht und ihre Umsetzung im politischen Alltag Gegenstand permanenter öffentlicher Auseinandersetzung bleibt.[31]

Wird im folgenden der Versuch unternommen, den demokratischen Verfassungsstaat auf der Grundlage seiner minimalen Konstitutionsbedingungen als eine Staatsform zu präsentieren, die prinzipiell aus Geschichte und Gegenwart bekannten Alternativlösungen vorzuziehen ist, dann geschieht dies nicht mit Berufung auf „objektive" Werte, sondern ausschließlich unter Angabe von Vernunftgründen, die eine derartige Option nahelegen. Die implizierten Werturteile sind dabei immer nur vorläufiger Natur. Sie können hinfällig werden, verändert sich das ihnen zugrundeliegende Argumentationsgefüge. Und schließlich hängt die Geltung jedes noch so gut fundierten Minimalkatalogs davon ab, daß er Zustimmung findet. Ist diese Voraussetzung nicht mehr erfüllt, so vermag die Verfassung der Freiheit den Weg in die Selbstverknechtung zu bahnen.

---

29 Ebd., S. 133. Allerdings setzt die von Mackie entwickelte Minimalethik den Rückgriff auf einen „Letztwert" voraus: das Gattungswesen „Mensch". Nur von diesem Ausgangspunkt her führt das Verfahren der (dreifachen) Universalisierung zu fruchtbaren Ergebnissen. Dieser Punkt wird beim Autor nicht recht deutlich.

30 Siehe zur Unterscheidung: Hans Albert, Ethik und Meta-Ethik (1961), in: Ders./Ernst Topitsch (Hrsg.), Werturteilsstreit, 2. Aufl., Darmstadt 1979, S. 472–517.

31 Auch für die Fundamentalnormen muß also gelten, was Peter Häberle für die Verfassungsinterpretation in der offenen Gesellschaft generell festgestellt hat: Ders., Verfassungsinterpretation als öffentlicher Prozeß – ein Pluralismuskozept; Die offene Gesellschaft der Verfassungsinterpreten, jeweils in: Ders., Die Verfassung des Pluralismus. Studien zur Verfassungstheorie der offenen Gesellschaft, Königstein/Ts. 1980, S. 45–78, 79–105.

3.1 Gleichheit und Verschiedenheit – ein elementares Spannungsverhältnis

„Alle Menschen sind von Natur aus gleichermaßen frei und unabhängig."[32] Der berühmte Satz der Verfassung von Virginia aus dem Jahre 1776 kehrt in ähnlicher Form in der französischen Menschen- und Bürgerrechtserklärung des Jahres 1789 wieder: „Die Menschen werden frei und gleich an Rechten geboren und bleiben es"[33]. Und sie findet sich in nur wenig abgewandelter Form in der Allgemeinen Erklärung der Menschenrechte von 1948: „Alle Menschen sind frei und gleich an Würde und Rechten geboren."[34] Es geht hier nicht darum, die feineren und, leuchtet man ihren ideengeschichtlichen Hintergrund aus, auch bedeutenderen Unterschiede zwischen diesen Sätzen herauszuarbeiten. Vielmehr kommt es auf das ihnen allen Gemeinsame an: Bei den drei Erklärungen handelt es sich um Sollenssätze, die zu ihrer Bekräftigung so formuliert sind, als seien sie Tatsachenbehauptungen. Ihre übereinstimmende Grundaussage lautet: Jedes menschliche Wesen wird als Teil einer Gattung „Mensch" betrachtet, und wo immer ein Mensch mit Menschen in Beziehung tritt, soll für die Regelung dieses Verhältnisses das gemeinsame Menschsein an erster Stelle Beachtung finden, während mögliche Unterschiede zwischen den Individuen als prinzipiell zweitrangig zu gelten haben. Die drei Formeln entspringen einer allgemeinen Philanthropie. Das Gattungswesen Mensch soll am Anfang jedes Moralsystems stehen. Die Ethik des demokratischen Verfassungsstaates entspricht dieser Geisteshaltung, indem sie den Menschen – und nur den Menschen – als „letzten" Wert ansieht[35], von dem alle anderen abgeleitet sind. Der Mensch muß oberster Maßstab jeder sittlichen Ordnung sein, wenn diese nicht Gefahr laufen soll, sich gegen den Menschen selbst zu kehren.

Die Bedeutung dieser Wertentscheidung zugunsten des Gattungswesens Mensch erschließt sich nur vor dem Hintergrund einer Geschichte, der der Begriff der „Menschheit" über Jahrhunderte hinweg fremd geblieben war. Nicht die Gemeinsamkeiten, sondern die Unterschiede prägten die Beziehungen der Menschen: der Unterschied zwischen Kulturträgern und „Barbaren", zwischen „Herren" und „Sklaven" oder „Knechten", zwischen dem „gemeinen Mann" und dem „Edelmann", zwischen Männern und Frauen, zwischen Freien und Unfreien. Ethiken „vorgegebener Normativität"[36] bildeten die Grundlage dieser Systeme der Unter-

32 Die Grundrechte von Virginia vom 12. Juni 1776, in: Wolfgang Heidelmeyer (Hrsg.), Die Menschenrechte. Erklärungen, Verfassungsartikel, Internationale Abkommen, 3. erneuerte und erweiterte Aufl., Paderborn/München/Wien/Zürich 1982, S. 56–59, 56.

33 Die (französische) Erklärung der Rechte des Menschen und Bürgers von 1789 (3. September 1791), in: Ebd., S. 59–62, 60.

34 Allgemeine Erklärung der Menschenrechte vom 10. Dezember 1948, in: Ebd., S. 271–276, 271.

35 Die (minimale) Gesellschaftsmoral des demokratischen Verfassungsstaates schließt nicht aus, läßt vielmehr ausdrücklich zu, daß in der Privatmoral von Gruppen seiner Bürger weitere Letztwerte an die Seite dieses einen Letztwertes treten.

36 So Hans Ryffel, Zur Begründung der Menschenrechte, in: Johannes Schwartländer (Hrsg.), Menschenrechte. Aspekte ihrer Begründung und Verwirklichung, Tübingen 1978, S. 55–75, besonders S. 56–59. Vgl. zur Geschichte der Menschenrechte: Ludger Kühnhardt, Die Universalität der Menschenrechte, München 1987.

und Überordnung. Ihr Absolutum war jenseits des Menschen, und der Mensch hatte sich seinen Gesetzen zu fügen. Vor diesem Erfahrungshintergrund gewannen im neuzeitlichen Europa Ethiken „aufgegebener Normativität"[37] an Bedeutung. Ihre obersten ethischen Prinzipien leiten sich nicht von einer extra-humanen Größe ab, sondern sind auf den Menschen selbst als „Letztwert" bezogen. Es begann sich die Einsicht durchzusetzen, daß nicht das Trennende, sondern das die Menschen Vereinende an den Anfang eines Moralsystems gestellt werden müsse. In den demokratischen Verfassungsstaaten der Gegenwart ist die Betonung der Menschenwürde und der fundamentalen Menschengleichheit zum Allgemeingut geworden. In vielen Teilen der übrigen Welt entwickelt dieses Ethos noch immer revolutionäre Kraft.

Daß es sich jedoch keineswegs um eine Tatsachenfeststellung handelt, rufen uns die geistig gewandteren Vertreter rechtsextremer Zirkel ins Bewußtsein: Sie verweisen auf die Ergebnisse „naturwissenschaftlich exakter" Intelligenzmessungen, die den Begriff der „Menschheit" als eine Chimäre entlarvten.[38] Entrüstete „Antifaschisten" haben sich daraufhin aufs Glatteis führen lassen und die Resultate der Tests in Zweifel gezogen.[39] Die Messungen renommierter Sozialpsychologen vom Schlage Hans Jürgen Eysencks über gewisse mentale Unterschiede bei Schwarzen und Weißen[40] dürften jedoch nicht so leicht zu widerlegen sein, wie es sich manche Ideologen vorstellen. Schlimm ist bei alledem nicht, daß Untersuchungen dieser Art durchgeführt werden und auch nicht – weil solche Gruppierungen immer und überall auftreten –, daß sie flugs für ideologische Zwecke herhalten müssen; bedenklich erscheint vielmehr, wie unüberlegt sich manche Diskussionsteilnehmer auf diese Ebene der Argumentation begeben, denn sie verraten damit eine weitgehende Unklarheit über die erkenntnistheoretischen Grundlagen der modernen Menschenrechtsidee. Möglicherweise verwechseln sie sogar das Postulat fundamentaler Menschengleichheit mit der Feststellung einer empirischen Wesensgleichheit der Menschen.

Nicht zuletzt dieses Mißverständnis der Gleichheitsidee nämlich hat dazu geführt, daß die ersten feierlichen Menschenrechtserklärungen auch ein Zeitalter der Ver-

37 Ebd., S. 56–59. Ryffel führt gegen Vertreter utilitaristischer Ethiken ins Feld, sie erkennten keinerlei „Absolutes" an und unterlägen daher der Gefahr des Relativismus (vgl. S. 66 f.). Er übersieht dabei m. E. den Status des Menschen selbst als Letztwert. Siehe zur Geschichte der Ethik: Werner Becker, Die Freiheit, die wir meinen. Entscheidung für die liberale Demokratie, 2. Aufl., München/Zürich 1984 (1982), S. 27–44. Zur Geschichte der Menschenrechte siehe den Überblick von: Gerhard Oestreich, Geschichte der Menschenrechte und Grundfreiheiten im Umriß, Berlin 1968.

38 Zur Zurückweisung des ethischen Universalismus durch die Ideologen der „Nouvelle Droite" vgl. den brillanten Beitrag von: Patrick Moreau, Die neue Religion der Rasse. Der Biologismus und die kollektive Ethik der Neuen Rechten in Frankreich und Deutschland, in: Iring Fetscher (Hrsg.), Neokonservative und „Neue Rechte". Der Angriff gegen Sozialstaat und liberale Demokratie in den Vereinigten Staaten, Westeuropa und der Bundesrepublik, München 1983, S. 117–162.

39 In dieser Hinsicht wenig reflektiert: Lothar Baier, Französische Zustände. Berichte und Essays, überarbeitete und erweiterte Ausgabe, Frankfurt a. M. 1985 (1982), S. 66–91(„Geschminkter Rassismus: Frankreichs 'Neue Rechte"').

40 Vgl. Hans Jürgen Eysenck, Die Ungleichheit der Menschen, München 1975 (Original: The Inequality of Man, London 1973). Siehe dazu auch: Dieter E. Zimmer, Der Mythos der Gleichheit, München 1980.

knechtung des Menschen im Namen der Gleichheit einläuteten.[41] Wenn die Menschen einander derart weitgehend gleichen, lautet das verhängnisvolle Rezept, müssen wir ihre Lebensverhältnisse so weit als möglich homogenisieren. Hier soll das den Menschen Gemeinsame keineswegs heruntergespielt werden: Aber es führt zu äußerst bedenklichen Konsequenzen, orientieren sich Gesellschaftsmodelle am empirisch vorfindbaren Mischungsverhältnis der menschlichen Gleichheiten und Ungleichheiten! Demgegenüber gilt es, sich den eigentlichen Inhalt der Idee fundamentaler Menschengleichheit zu vergegenwärtigen. Er besteht in der vor dem Hintergrund leidvoller historischer Erfahrungen begründeten Entscheidung, angesichts des (empirisch) Übereinstimmenden wie des Trennenden nicht das Trennende, sondern die fundamentale Gleichheit an den Anfang moralischer Regelsysteme zu stellen.

Gleich sind die Mitglieder der menschlichen Gattung in ihrem Menschsein. Mensch sein bedeutet, sterblich, bedürftig und fehlbar sein, ein Leben im Angesicht des Todes führen, unstillbaren Bedürfnissen nachgehen, nach Erkenntnis streben ohne Wissen um die Möglichkeiten und Grenzen dieses Strebens. Gleich sind die Menschen auch in ihrem Drang zur Gemeinschaftsbildung, ein Bedürfnis, dessen Befriedigung sich aufgrund der zahlreichen Ungleichheiten des Menschen als schwierig erweist. Die außerordentliche Plastizität[42] der anthropologischen Grundausstattung nämlich führt dazu, daß die Neigungen, Talente, Fertigkeiten, Interessen und Anschauungen der Menschen weit auseinandergehen, sofern ihnen die Möglichkeit zu einigermaßen freier Entfaltung ihrer Persönlichkeit gegeben ist. Der fundamental-existentiellen Gleichheit der Menschen tritt das Faktum empirischer Verschiedenheit gegenüber. Ein politisches Regelsystem muß also Lösungen für das Problem anbieten, wie der natürlichen Verschiedenheit der Menschen entsprochen werden kann, ohne dabei die fundamentale Menschengleichheit zu mißachten. Dies ist die den modernen Verfassungsstaat inspirierende Kardinalfrage.

3.2 „Freiheit – Gleichheit – Brüderlichkeit"

„Freiheit – Gleichheit – Brüderlichkeit" lautete der Schlachtruf der Französischen Revolution. Seine Wirkungsgeschichte zeigte schon bald die Ausdeutungsfähigkeit plakativer Formeln dieser Art. Und die inhaltliche Dehnbarkeit macht sie wiederum zu politischen Instrumenten, die für beinahe beliebige Zwecke eingesetzt werden können. Der demokratische Verfassungsstaat begnügt sich daher nicht damit, Forderungen feierlich zu erheben; vielmehr liegt ihm ein System für jeden Bürger in gleicher Weise geltender Rechte und Pflichten zugrunde.

41 Vgl. Karl Dietrich Erdmann, Der Begriff der Freiheit in der Französischen Revolution. Von der „Déclaration des droits de l'homme" zum „Despotisme de la liberté", in: GWU 32(1981), S. 455–468; Talmon (FN 18), S. 3–6.

42 Vgl. zu diesem Problem und zur Frage der Begründbarkeit ethischer Normen mittels anthropologischer „Konstanten": Peter Massing, Interesse und Konsensus. Zur Rekonstruktion und Begründung normativ-kritischer Elemente neopluralistischer Demokratietheorie, Opladen 1979.

Die Postulate von „Freiheit – Gleichheit – Brüderlichkeit" sind eine Konsequenz der Anerkennung fundamentaler Menschengleichheit. Aus der Einsicht, daß sich jeder Mensch in der gleichen existentiellen Situation befindet, erwächst die Forderung nach Gleichberechtigung in der Gemeinschaft. Besitzt jedes menschliche Wesen das gleiche moralische Recht, seine Persönlichkeit frei zu entfalten, so kann dies nur in einer Atmosphäre der „Brüderlichkeit" oder „Solidarität" geschehen, da Interessenkonflikte programmiert sind.

Die vage umrissenen Zielvorstellungen müssen allerdings stets von ihrem Ausgangspunkt her, einer universellen Philanthropie, verstanden werden. Ihre Grundaussagen gerieten in Gefahr, würde ein bestimmtes Prinzip verabsolutiert. Die unbeschränkte Freiheit des Einen gefährdete diejenige des Anderen; eine absolut verstandene Gleichheit beschnitte die Freiheitsräume des Einzelnen in ungebührlicher Weise; die Forderung nach „Brüderlichkeit" oder sozialer Solidarität hat ihre natürliche Grenze in der Leistungsfähigkeit der Gemeinschaft und den berechtigten Eigenansprüchen ihrer Mitglieder. Die Zielkomponenten können also niemals getrennt betrachtet werden. Sie sind einander in der Form „magische[r] Vielecke"[43] zugeordnet. Ihr wechselseitiges Verhältnis und die Gewichtung der einzelnen Faktoren ist Gegenstand politischer Auseinandersetzung. Ein für allemal gültige Anworten lassen sich nicht finden. Die jeweilige Ausgestaltung der Werte und Normen ist den Menschen „aufgegeben"; der demokratische Verfassungsstaat bietet vielfältigen Lösungsmöglichkeiten Raum, solange das Gattungswesen Mensch oberster Maßstab der Politik bleibt.

Der Verfassungsstaat gründet auf der Gemeinschaft oder: Genossenschaft[44] politisch gleichberechtigter Bürger. Regierende und Regierte unterscheiden sich in ihm nicht essentiell – keine Gruppe der Bürger ist von vornherein gegenüber den übrigen durch bestimmte Eigenschaften für die Rolle der Herrschaft Ausübenden prädestiniert; Recht und Gesetz binden Regierende und Regierte gleichermaßen. Institutionelle Regelungen ermöglichen einen friedlichen Wechsel der Regierenden.[45] Der Rechtsstaat ist eine der zentralen Voraussetzungen demokratisch verfaßter Gemeinwesen. Er basiert auf der Existenz eines Rechtssystems, das für alle Angehörigen des Staates gilt, auch die Herrschenden an geltendes Recht bindet und die Beherrschten vor willfährigen Übergriffen der Herrschenden schützt. Der demokratische Rechtsstaat[46] muß über den Bereich der Grund- und Schutzrechte hinaus die Möglichkeit gleichberechtigter Teilhabe aller Bürger an den politischen Angelegen-

---

43 So die treffende Formulierung bei: Mandt (FN 26), S. 116.

44 Carl Joachim Friedrich, Demokratie als Herrschafts- und Lebensform, 2. Aufl., Heidelberg 1966 (1959), S. 9 bestimmt die „Verfassung" als „eine Gesamtheit menschlicher Beziehungen, die auf genossenschaftlicher Zusammenarbeit beruhen". Siehe auch: Ders., Art. „Demokratie", in: Handwörterbuch der Sozialwissenschaften, Bd. 2, Stuttgart/Tübingen/Göttingen 1959, S. 560–566, 560.

45 Siehe hierzu die luzide Analyse von: Sternberger (FN 9), besonders S. 105.

46 Vgl. Ernst Wolfgang Böckenförde, Entstehung und Wandel des Rechtsstaatsbegriffs (1969), in: Ders., Staat, Gesellschaft, Freiheit, Frankfurt a. M. 1976, S. 65–92. Der Rechtsstaat hat sich unabhängig vom Ideal demokratischer Fundamentalgleichheit entwickelt, während die liberale Demokratie den Rechtsstaat impliziert. Daher entspricht die Antithese „Rechtsstaat – Diktatur" den Bedingungen der Gegenwart nicht mehr. So aber noch: Hermann Heller, Rechtsstaat oder Diktatur?, Tübingen 1930.

heiten eröffnen. Zu den „Habeas-Corpus-Rechten“, dem Recht auf Leben und freie Entfaltung der Persönlichkeit, treten die Freiheit des Gedankens, des Wortes und der Schrift hinzu sowie Versammlungs- und Vereinigungsfreiheit. Die Natur der „Herrschaft“[47] verändert sich: Die strenge Trennung in einen (obrigkeitlichen) „Staat“ und die ihm untergeordnete „Gesellschaft“ löst sich auf, wobei ein „politikfreier“ Raum bestehen bleibt. Das System der Unter- und Überordnung weicht der prinzipiellen Gleichberechtigung Aller.

Der demokratische Verfassungsstaat basiert auf Übereinkunft, und außer der Bürgerschaft selbst kennt er keinen Souverän. Er ist „Volksherrschaft“ jedoch nur insofern, als alle staatliche Gewalt vom Volk ausgeht, im Namen des Volkes und für das Volk ausgeübt wird. In periodischen Abständen finden allgemeine, gleiche, geheime und unmittelbare Wahlen statt, um diejenigen Personen und politischen Gruppierungen zu ermitteln, denen Herrschaftsbefugnisse auf Zeit übertragen werden. Da ein Konsens dabei nicht zu erzielen ist, findet das Mehrheitsprinzip Anwendung - und seine Schranken dort, wo die Grundlagen des demokratischen Gemeinwesens betroffen sind. Der demokratische Verfassungsstaat kann nur so lange existieren, wie ein Minimalkonsens über elementare Werte und Spielregeln besteht.

3.3 Toleranz und Offenheit

Der historische Wandel von der „vorgegebenen“ zur „aufgegebenen Normativität“ ist auch mit einem Wandel der Weltbilder verbunden. Der Mensch sieht sich nicht mehr in eine von Gott oder der Natur präfigurierte und konsistente Seins- und Wertordnung des Kosmos hineingestellt; vielmehr ist es dem Menschen selbst aufgegeben, sich Sinn und Sein der Welt denkend und handelnd zu erobern.[48] Vor allem die historische Erfahrung der Religionskriege war es, die zur Verbreitung der Einsicht beitrug, daß es „die“ einzig wahre Weltsicht nicht geben kann, der Staat folglich eine Pluralität von Weltanschauungen zulassen muß. Die Toleranz ist daher die demokratische Kardinaltugend schlechthin.[49] Sie gründet in der Bereitschaft, abweichende Meinungen und Lebensentwürfe zu „ertragen“. Ihr Funktionieren hat zur Voraussetzung, daß eigene Auffassungen im Bewußtsein ihrer Relativität und Fehl-

---

47 Zur Problematisierung dieses Begriffs wichtig: Dolf Sternberger, Herrschaft und Vereinbarung, in: Ders., Schriften, III, S. 113–134. Die dort vorgeschlagene terminologische Konsequenz hat sich trotz ihrer Plausibilität nicht durchsetzen können und wird auch hier aus praktischen Gründen nicht gezogen. Denn verzichtet man ganz auf den Begriff der Herrschaft bei der Analyse politischer Strukturen in demokratischen Verfassungsstaaten, fehlt eine Kategorie zur Erfassung von Diskrepanzen zwischen Verfassungsrecht und Verfassungswirklichkeit wie auch von sozialen Folgen der auch hier naturgemäß vorzufindenden Machthierarchien.

48 Vgl. dazu auch: Winfried Brugger, Menschenrechtsethos und Verantwortungspolitik. Max Webers Beitrag zur Analyse und Begründung der Menschenrechte, Freiburg/München 1980, S. 14–28 („Abriß zur Geschichte der Menschenrechte“).

49 Die „klassische“ Abhandlung zum Toleranzprinzip ist: John Locke, Ein Brief über Toleranz, übersetzt, eingeleitet und in Anmerkungen erläutert von Julius Ebbinghaus, Hamburg 1957 (Original: A Letter Concerning Toleration, 1689).

barkeit geäußert, den Argumenten des Andersdenkenden der Respekt nicht versagt wird und die prinzipielle Bereitschaft besteht, sich auf die Ansichten des Kontrahenten einzulassen, sie gegebenenfalls in das Argumentationsgebäude einzubeziehen.

Toleranz bedeutet allerdings nicht weltanschauliche Permissivität. Die Einsicht in die Relativität von Überzeugungen läuft nicht auf einen Wertrelativismus hinaus, denn sie ist historisch gerade aus unheilvollen Erfahrungen mit Formen der Herrschaftsausübung erwachsen, die auf „geschlossenen" Weltbildern basierten. Toleranz darf daher nicht so weit gehen, daß die „Offenheit" der Gesellschaft selbst zur Disposition gestellt wird. Die Grenze der Toleranz verläuft dort, wo man sie zu ihrer Liquidierung mißbraucht.[50] Hier zeigt sich die normative Grundlage des demokratischen Verfassungsstaates. Auch beruht dieser auf einem „letzten" Wert: dem Menschen, seinem Leben, seiner Würde, seinem Anspruch auf personale Autonomie. Die Gebote der Offenheit und der Toleranz im Hinblick auf die naturgegebene Vielfalt der Interessen und Überzeugungen sind unmittelbar aus diesem einzigen Letztwert abgeleitet.[51] Wer die Toleranz zu ihrer Beseitigung mißbraucht, kündigt daher die Entscheidung „für den Menschen" auf.

3.4 Werte, Verfahrensregeln, Institutionen

Werte bleiben leere Forderungen, wenn sie nicht mit Hilfe prozeduraler und institutioneller Vorkehrungen Eingang in die politische Praxis finden. Umgekehrt dürfen Verfahrensregeln und Institutionen nicht als bloß „formale Strukturmechanismen" fehlgedeutet werden. Sie stehen in einer dynamischen Wechselbeziehung zu grundlegenden Werten, denen sich der demokratische Verfassungsstaat verpflichtet weiß. So ist der „Pluralismus" keine strukturelle Qualität „an sich", denn dann wäre es auch derjenige der Diebe und Mörder. Das Strukturprinzip erhält seinen „Sinn" erst durch den Bezug auf den Wert personaler Autonomie, der die Legitimität einer (nicht: x-beliebigen) Vielfalt von Interessen, Anschauungen und Lebensentwürfen begründet.

Von elementarer Bedeutung ist das Prinzip der „Gewaltenteilung". Es soll die Freiheit der Bürger durch die Einführung bestimmter Kontrollmechanismen und die Erschwerung von Machtzusammenballungen schützen[52] – eine Gefahr, vor der auch demokratisch verfaßte Gemeinwesen nicht gefeit sind. Das Strukturprinzip greift auf

50 Vgl. Hella Mandt, Grenzen politischer Toleranz in der offenen Gesellschaft. Zum Verfassungsgrundsatz der streitbaren Demokratie, in: APZG, B 3/1978, S. 3–15. Vgl. zur Darstellung und Kritik unterschiedlicher Ansätze zur Lösung der „Paradoxa der Freiheit": Steinberger (FN 26), S. 196–242.

51 Den Zusammenhang zwischen dem Prinzip der „Offenheit" und dem Begriff der „Menschenwürde" stellt heraus: Christian Graf von Krockow, Die liberale Demokratie, in: Iring Fetscher/Herfried Münkler (Hrsg.), Politikwissenschaft. Begriffe – Analysen – Theorien. Ein Grundkurs, Reinbek bei Hamburg 1985, S. 432–462, 446.

52 Vgl. zur Gewaltenteilungsproblematik: Emil Hübner/Heinrich Oberreuter, Parlament und Regierung. Ein Vergleich dreier Regierungssysteme, München 1977, S. 58–78; Winfried Steffani, Gewaltenteilung und Demokratie, in: Ders., Parlamentarische und präsidentielle Demokratie. Strukturelle Aspekte westlicher Demokratien, Opladen 1979, S. 9–140.

vordemokratisches Erfahrungswissen in der Bekämpfung tyrannischen Herrschaftsmißbrauchs zurück. Gleiches gilt für das Prinzip der Repräsentation.[53] Dieses trägt nicht nur praktischen Erfordernissen Rechnung (Undurchführbarkeit direkter Demokratie in Großflächenstaaten), sondern verleiht auch einem Mißtrauen gegenüber der Verführbarkeit der Massen Ausdruck. Der demokratische Verfassungsstaat darf daher nicht ausschließlich als „Mehrheitsherrschaft" gedeutet werden, beinhaltet er doch einen effektiven Minderheitenschutz, der die Gefahr einer „Mehrheitstyrannei" bannen soll.[54] Das Institut der Wahlen, an denen alle Bürger teilnehmen können, soll dagegen den politischen Absichten der Mehrheit Ausdruck verleihen und die Bildung einer Regierung ermöglichen, der für eine bestimmte Zeit Herrschaftsbefugnisse übertragen werden. Das Mehrheitsprinzip gilt, weil über politische Streitfragen in der Regel kein Konsens herstellbar ist. Um das feindselige Aufeinanderprallen der konfligierenden Parteien zu vermeiden, erklären sich die Minderheiten zur Respektierung des Mehrheitswillens bereit.

4. Von der „definitio ex negativo" zur „definitio ex positivo"

Die skizzierten Werte und die ihnen entsprechenden Institutionen und Verfahrensregeln bilden den Kerngehalt des demokratischen Verfassungsstaates. Jedes einzelne dieser Elemente ist für die Existenz demokratischer Verfassungsstaaten unverzichtbar. Wer die damit implizierten Grundaussagen verwirft, gilt als politischer Extremist. Die Minimalbestimmung des demokratischen Verfassungsstaates dient als Negativdefinition des politischen Extremismus.

Allerdings wird diese Form der begrifflichen Eingrenzung den damit erfaßten Phänomenen nicht voll gerecht. Die „definitio ex negativo" erweckt den Eindruck, als sei der politische Extremismus etwas Sekundäres, dessen Existenz vom Primärphänomen des demokratischen Verfassungsstaates abhänge. Eine derartige Vorstellung muß jedoch ahistorisch sein. Die modernen Demokratien sind das Produkt eines geschichtlichen Erfahrungsprozesses in der Auseinandersetzung mit verschiedenen Formen der Fremdbestimmung und Willkürherrschaft. Der Begriff des demokratischen Verfassungsstaates hat sich gerade in Auseinandersetzung mit diesen Formen des Herrschaftsmißbrauchs entwickelt. So gesehen könnte also der politische Extremismus als das Primäre, der demokratische Verfassungsstaat als das darausAbgeleitete gelten. Aber auch diese zugespitzte Interpretation drückt wohl das tatsä-

53 Vgl. dazu die Beiträge folgenden Sammelbandes: Heinz Rausch (Hrsg.), Zur Theorie und Geschichte der Repräsentation und Repräsentativverfassung, Darmstadt 1968. Ferner: Ders., Repräsentation und Repräsentativverfassung. Anmerkungen zur Problematik, München 1979.

54 Zur neueren Diskussion über Mehrheit und Minderheit in der freiheitlichen Demokratie vgl. folgende Sammelbände: Bernd Guggenberger/Claus Offe (Hrsg.), An den Grenzen der Mehrheitsdemokratie. Politik und Soziologie der Mehrheitsregel, Opladen 1984; Heinrich Oberreuter (Hrsg.), Wahrheit statt Mehrheit? An den Grenzen der parlamentarischen Demokratie, München 1986; Hans Hattenhauer/Werner Kaltefleiter (Hrsg.), Mehrheitsprinzip, Konsens und Verfassung, Heidelberg 1986; Winfried Steffani, Mehrheitsentscheidungen und Minderheiten in der pluralistischen Verfassungsdemokratie, in: ZParl 17 (1986), S. 569–586.

chliche Verhältnis nicht angemessen aus. Die Minimalbestimmung freiheitlicher Demokratie läßt immer wieder Bezüge zu ihrem Gegenbild erkennen; gleiches gilt umgekehrt für den Begriff des politischen Extremismus. Beide Phänomene dürften also in einem wechselseitigen Verhältnis stehen.

Um von der „definitio ex negativo" zu einer „definitio ex positivo" zu gelangen, soll die Negativbestimmung des demokratischen Verfassungsstaates vorerst als Arbeitsdefinition dienen. Sie grenzt ein weites Spektrum politischer „Phänomene" ein. Diese „Phänomene" sind auf sehr unterschiedlichen Ebenen angesiedelt. Als „extremistisch" können Organisationen ebenso gelten wie politische Einstellungen von Bevölkerungsgruppen, politische Ideen ebenso wie bestimmte Formen des öffentlichen Agierens. Dennoch ist es allein die Ebene des politischen Denkens, die Extremismus – nach dem hier zugrundeliegenden Verständnis – konstituiert.[55] Als Gegenbegriff zum demokratischen Verfassungsstaat steht er in erster Linie für eine Reihe geistiger Prinzipien und davon abgeleiteter Verfahrensregeln, die in unterschiedlicher Weise ihren Niederschlag in der Praxis finden. Gewalttätige Auseinandersetzungen gewinnen erst durch ihre politische Inspiration extremistische „Qualität"; ohne sie wären sie nichts anderes als eine Form „gewöhnlicher" Kriminalität. Politische Organisationen werden erst aufgrund bestimmter Ziele extremistisch, wohingegen das bloße Faktum ihres Organisiertseins sie schwerlich aus der Fülle eines üppig blühenden Vereinswesens heraushöbe.

Der politische Extremismus nimmt also primär durch die ihm zugehörigen politischen Doktrinen Gestalt an – was nicht heißt, das Feld politischer Organisationen und Aktionen könnte getrost aus der Betrachtung ausgeschlossen werden. Die herausragende Bedeutung der politischen Inspirationen für eine Definition des politischen Extremismus bedeutet nämlich keineswegs, dieser Faktor determiniere jedes Einzelphänomen. Andere Elemente treten von Fall zu Fall motivierend hinzu: die Suche nach der Solidarität Gleichgesinnter; die pure Lust an der (befreienden) Tat. Aber ganz ohne einen ideellen Untergrund ist der politische Extremismus in keiner Form denkbar.

Diese Überlegungen deuten an, in welche Richtung eine über die herkömmliche „definitio ex negativo" hinausreichende Begriffsbestimmung zielen muß. Ihr Ausgangspunkt ist ein möglichst breites Spektrum politischer Doktrinen, die sich durch den prinzipiellen Gegensatz zum normativen Fundament des demokratischen Verfassungsstaates auszeichnen. Diese gilt es dem Selbstverständnis gemäß zu beschreiben, zu vergleichen und sie einer immanenten wie transzendenten Kritik zu unterziehen. Die Faktoren „Organisation" und „politische Aktion" sollen nicht völlig ausgeklammert werden; ihre Darstellung erfolgt jedoch im Verhältnis zu dem der Doktrinen auf kleinerem Raum, da sie sich in definitorischer Abhängigkeit zu diesen befinden. Die deskriptive und komparative Betrachtung ist immer eng mit dem Vorgang der ordnenden Erfassung und Einordnung (Typologisierung) verbunden. Schließlich geht es um strukturelle Merkmale, die extremistisches Denken von den geistigen Grundlagen demokratischer Verfassungsstaaten trennen. Die Negativbestimmung

55 Die Bedeutung der ideologischen Ebene für die Definition und konzeptionelle Erfassung extremistischer Phänomene betont auch: Paul Wilkinson, Extremist Ideologies and Movements in Democratic Societies, in: Policy Studies 6 (1986), part 3, S. 26–36, 28 f.

bietet auf diese Weise den Ausgangspunkt für die Konstituierung einer „definitio ex positivo".

5. *Extremismus als globales Phänomen*

Im Bereich der Staatsformen gelten heute die „Diktaturen" als Antithese dessen, was wir den „demokratischen Verfassungsstaat" nennen.[56] Allerdings verbinden sich auch mit dem Begriff der „Diktatur" mancherlei Bedeutungsvarianten. In der römischen Republik war der Diktator ein Monokrat, der in Krisenzeiten für eine bestimmte Frist außerordentliche Herrschaftsbefugnisse erhielt. Dabei bestand jedoch stets die Gefahr, der Diktator könnte die Gunst der Stunde nutzen, um zu verhindern, daß man ihm nach Ablauf dieser Zeitspanne die Ausnahmerechte wieder entzöge. Die Diktatur wurde zum Einfallstor der Willkürherrschaft. Daraus leitet sich die negative Bedeutung des heutigen Begriffs ab. „Diktatur" meint die prinzipiell uneingeschränkte Staatsmacht eines einzelnen oder einer oligarchischen Clique. Man unterscheidet dabei vielfach wiederum zwischen autoritären und totalitären Diktaturen, je nach dem Grad des noch zulässigen Pluralismus, der politischen Mobilisierung und Ideologisierung.[57]

Es ist hier nicht der Ort, auf die Problematik der Abgrenzung näher einzugehen. Wichtig erscheint eine andere Feststellung: „Was einst nach dem Ende des Absolutismus so hoffnungsvoll als freiheitlicher Rechtsstaat begrüßt und in elaborierten Verfassungen festgehalten worden ist, vermochte sich nur in einer kleinen Minderheit auch der Staaten zu behaupten, in denen er überhaupt zum Zuge kam: in kaum 30 der mehr als 150 Mitgliedsländern der Vereinten Nationen".[58] Im Weltmaßstab steht – selbst dann, wenn man diejenigen Staaten berücksichtigt, die nach eigenen Angaben eine Entwicklung zur Demokratie „westlichen" Typs hin (vorgeblich oder tatsächlich) fördern – einer großen Mehrheit von Diktaturen eine kleine Minderheit demokratischer Verfassungsstaaten gegenüber.

Der politische Extremismus ist somit ein globales Phänomen.[59] Wer aber sind seine Träger in dieser Vielzahl von Diktaturen? Zunächst einmal der engste Kreis der Ak-

---

56 Vgl. Karl Dietrich Bracher, Art. „Diktatur", in: Ernst Fraenkel/ders. (Hrsg.), Staat und Politik, Neuausgabe, Frankfurt a. M. 1978, S. 79–82.

57 Vgl. Juan J. Linz, Totalitarian and Authoritarian Regimes, in: Fred I. Greenstein/Nelson W. Polsby (Hrsg.), Handbook of Political Science, Bd. 3: Macropolitical Theory, Reading/Mass u. a. 1975, S. 175–411. Anders argumentiert Amos Perlmutter, der alle Diktaturen der Gegenwart unter den Begriff des Autoritarismus faßt: Vgl. ders., Modern Authoritarianism. A Comparative Institutional Analysis, New Haven/London 1981.

58 So Karl Dietrich Bracher, Politische Institutionen in Krisenzeiten, in: VHfZG 33 (1985), S. 1–27, 1 (Hervorhebung im Original). Vgl. auch: Arend Lijphart, Democracies. Patterns of Majoritarian and Consensus Government in Twenty-One Countries, New Haven/London 1984; G. Bingham Powell, Contemporary Democracies. Participation, Stability, and Violence, Cambridge/London 1982, insbesondere S. 1–7.

59 Vgl. zum folgenden auch: Uwe Backes/Eckhard Jesse, Demokratie und Extremismus. Anmerkungen zu einem antithetischen Begriffspaar, in: APZG, B 44/1983, S. 3–18; Eckhard Jesse, Demokratie – Autoritarismus – Totalitarismus. Anmerkungen zur Klassifikation politischer Systeme, in: Politische Bildung 18 (1985), H. 2, S. 3–26.

tivisten (siehe Schaubild 1), derjenigen Personen, die einen bedeutenden Teil ihrer geistigen und körperlichen Energien zur Stützung des diktatorischen Regimes einbringen – nicht zuletzt deshalb, weil ihre ganze Existenz davon abhängt. Eine Alleinherrschaft im strikten Wortsinne ist unter den Bedingungen sich differenzierender Gesellschaften kaum mehr möglich. Den Kern der Extremisten bilden also die Führungsgruppen, deren Tätigkeitsfeld unterschiedliche Bereiche erfaßt, je nachdem, ob es sich eher um ein autoritäres oder totalitäres Regime handelt. Zu den Aktivisten sind darüber hinaus die für den Bestand des Systems erforderlichen Funktionsträger zu rechnen. Heutzutage lassen sich den Führungsgruppen in Diktaturen im allgemeinen Organisationen zuordnen, zumeist als „Parteien" bezeichnet – obwohl sie eben gerade nicht „pars", „Teil" vom „Ganzen", sein wollen, sondern eine privilegierte Stellung gegenüber den übrigen politischen Formationen (autoritäre Regime) bzw. gar ein Monopol auf die Vertretung der „wahren" Interessen des Volkes (totalitäre Regime) beanspruchen – unabhängig davon, ob es noch andere „Parteien" gibt.

Schaubild 1

Formen extremistischer Artikulation und Aktivierung: Analyseebenen

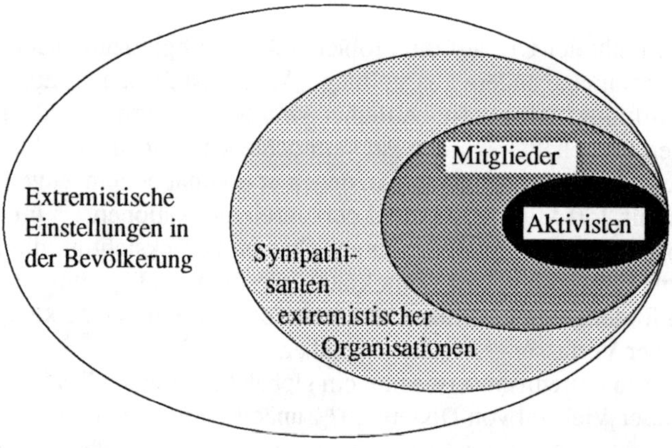

Wie wir aus der Geschichte des Dritten Reiches wissen, gründet die (formale) Mitgliedschaft in der Einheitspartei, in diesem Falle der NSDAP, nicht notwendigerweise auf entsprechenden Überzeugungen. So wurde auf bestimmte Berufsgruppen, wie zum Beispiel die Beamten, zumindest zeitweise erheblicher Druck ausgeübt, der NSDAP beizutreten. Häufig konnte man diesen Pressionen ausweichen oder ihnen standhalten, ohne daß hierdurch Repressalien für den Betreffenden erwuchsen. Eine Mitgliedschaft aufgrund massiven Drucks ist somit eher die Ausnahme, die aufgrund weltanschaulicher Affinitäten oder opportunistischer Gesinnung wohl die Regel.

Zur Gruppe der Sympathisanten zählen in Diktaturen jene nicht-organisierten Teile der Bevölkerung, die sich gegenüber dem Regime loyal verhalten. Jedes politische System bedarf einer derartigen Unterstützung. Während sich autoritäre Diktaturen mit einer passiven Zustimmung begnügen und politische Apathie eher fördern, sind totalitäre Diktaturen bestrebt, die Bevölkerung zu mobilisieren und das Sympathiepotential in die Kanäle politischer Organisation und Aktivierung zu leiten. Den weitesten Rahmen, innerhalb dessen politischer Extremismus lokalisiert werden kann, sind schließlich in der Bevölkerung vorfindbare Werthaltungen, Vorurteile, Einstellungsstereotype, die sich zur extremistischen Gesinnung mit Prädisposition zu entsprechenden Handlungsweisen verdichten können. Extremistische Einstellungspotentiale kommen in Diktaturen nicht notwendigerweise dem herrschenden Regime zugute, denkt man an einen autoritären, häufig religiös eingefärbten Traditionalismus, der kommunistischen Führungsgruppen die Etablierung ihrer Herrschaft wesentlich erschwert.

Schaubild 2

Demokratische und extremistische Aktivitäten in Demokratien und Diktaturen

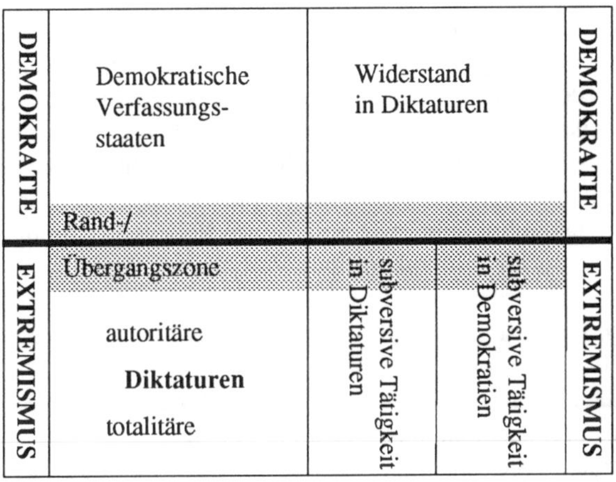

Was den Bereich der Diktaturen betrifft, kommt noch ein weiteres Element des politischen Extremismus in aller Regel hinzu. Es handelt sich um subversive, auf den Sturz des Regimes gerichtete Aktivitäten, die nicht die Etablierung einer freiheitlichen Demokratie, sondern die Ersetzung der bestehenden durch eine andere Diktatur zum Ziele haben (siehe Schaubild 2). Karl Wilhelm Fricke weist in seinem Werk über „Opposition und Widerstand in der DDR" auf „Splittergruppen der KPD/ML" in der DDR hin, „deren Dasein durch Verhaftungen und Verurteilungen in der DDR gerichtsnotorisch geworden"[60] sei. Diese kommunistischen Regimegegner in der DDR[61] stellen keine Gefahr für den Bestand des Regimes dar; das Beispiel de-

60 Vgl. Karl Wilhelm Fricke, Opposition und Widerstand in der DDR. Ein politischer Report, Köln 1984, S. 186–188.

61 Die KPD/ML verzichtete seit der Auflösung der maoistischen KPD (1980) auf das Kürzel „ML", rückte von der albanischen „Bruderpartei" ab und vereinigte sich 1986 mit der trotzkistischen GIM zur „Vereinigten Sozialistischen Partei" (VSP). Vgl. Jürgen Bacia, Kommunistische Partei Deutschlands/Marxisten-Leninisten, in: Richard Stöss (Hrsg.), Parteien-Handbuch. Die Parteien der Bundesrepublik Deutschland 1945–1980, Bd. 2: FDP bis WAV, Opladen 1984, S. 1836; VSB 1986, S. 106–108.

monstriert die Möglichkeit antidemokratischer Opposition in einer Diktatur. Auch die Aktivitäten der KPD im Nazideutschland fallen unter diese Kategorie.[62] Im Hinblick auf die politischen Ziele von Gruppen, die diktatorische Regime bekämpfen, werden häufig Fehlschlüsse gezogen. Dabei handelt es sich keineswegs immer um Gruppierungen, die für die Errichtung demokratischer Verfassungsstaaten eintreten. So kämpfen auf der Seite der nicaraguanischen „Contras" Anhänger der von den „Sandinistas" gestürzten Somoza-Diktatur.[63] Und unter den afghanischen Guerillakämpfern befinden sich starke Gruppen islamisch-fundamentalistischer Orientierung, deren Ideen auf eine die ganze Gesellschaft erfassende „religiös-autoritäre Herrschaft"[64] hinauslaufen.

Diese Überlegungen zum politischen Extremismus in Diktaturen sind jedoch als ein Exkurs zu betrachten, der die Spannweite des Extremismusbegriffs auch in diesem Bereich verdeutlichen soll. Die in Schaubild 2 zum Ausdruck kommende Begriffssystematik ist aufgrund ihrer Globalität geradezu prädestiniert, als ahistorisches und zudem eurozentrisches Konstrukt entlarvt zu werden, das einem geistigen „Kolonialismus" den Weg ebne. Vorwürfe dieser Art sind nicht ganz ohne Berechtigung. Es wäre jedoch ein verhängnisvoller Fehler, konterte man eine Geschichtsteleologie Hegelscher Provenienz[65] mit einem historischen Relativismus, der über eine immanente Betrachtung der Phänomene nicht hinausgeht. Beiden extremen Sichtweisen sei hier die Interpretation der Geschichte als Erfahrungsprozeß gegenübergestellt. So wie das Individuum im Laufe seines Lebens Erfahrungen sammelt und daraus Rückschlüsse für sein zukünftiges Verhalten zieht, so können auch soziale Gemeinschaften aus vergangenen Ereignissen lernen. Dieses kulturelle Erbe geht in die um ethische Grundfragen geführte argumentative Auseinandersetzung ein. Auf diese Weise läßt sich kein Heilswissen gewinnen, keine Erkenntnis des „Wahren" und „Guten". Das Erfahrungswissen mag jedoch dazu beitragen, Leiden zu lindern und Exzesse des Freiheitsmißbrauchs zu unterbinden.

Betrachtet man die Geschichte in diesem Sinne als Lehrmeisterin, wird auch die Einsicht vermittelt, daß unsere heutigen Anschauungen nicht einfach auf Jahrhunderte zurückliegende historische Epochen übertragen werden können. Ein ähnliches Problem stellt sich bei der Betrachtung nicht-okzidentaler Kulturkreise, deren historischer Erfahrungsschatz vom europäischen mehr oder weniger stark abweicht. Der Respekt vor dem eigenständig Gewachsenen darf allerdings nicht zu einem Relativismus verführen, der mit einer ethischen Bankrott-Erklärung einherginge.[66] Es wäre

---

62 Vgl. Beatrix Herlemann, Die Emigration als Kampfposten. Die Anleitung des kommunistischen Widerstandes in Deutschland aus Frankreich, Belgien und den Niederlanden, Königstein/Ts. 1983.

63 Vgl. beispielsweise die – freilich nicht unumstrittene – Schrift von: Martin Kriele, Nicaragua – das blutende Herz Amerikas. Ein Bericht, München 1986.

64 So Jan-Heeren Grevemeyer, Religion, Ethnizität und Nationalismus im afghanischen Widerstand, in: Leviathan 13 (1985), S. 115–128.

65 Vgl. zur Kritik: Karl R. Popper, Das Elend des Historizismus, 5. verbesserte Aufl., Tübingen 1979 (Original: The Poverty of Historicism, London 1960).

66 Auf einen derartigen Relativismus laufen die Ausführungen Werner Beckers zum ethischen Fundament der freiheitlichen Demokratie hinaus: Ders. (FN 36), insbesondere S. 45–67. Siehe zu die-

verantwortungslos und zudem Ausdruck eines auf lange Sicht geradezu selbstmörderischen Minderwertigkeitskomplexes, verzichteten die demokratischen Verfassungsstaaten darauf, ihr historisches Erfahrungswissen um die Auseinandersetzung mit Fremdbestimmung und Tyrannei zu vermitteln. Dazu zählt auch die Einsicht, daß es für das friedliche Zusammenleben freier Menschen unverzichtbare Werte und Verfahrensregeln gibt.

Das Problem der interkulturellen Vermittelbarkeit von Werten stellt sich im Rahmen dieser Arbeit nicht mit solcher Dringlichkeit, als daß ihm besondere Aufmerksamkeit zu widmen wäre. Angesichts der vielfältigen Probleme im globalen Maßstab wird das Feld der Betrachtung auf politische Extremismen in demokratischen Verfassungsstaaten eingeengt und somit nur ein – bedeutender – Teilbereich des politischen Extremismus behandelt.

Was Extremismen in demokratischen Verfassungsstaaten betrifft, lassen sich die Möglichkeiten politischer Artikulation und Aktivierung in ähnlicher Weise aufzeigen wie für den Bereich der Diktaturen – mit dem Unterschied, daß sich in den staatlichen Führungsgruppen in der Regel natürlich keine extremistischen Aktivisten befinden. Sie sind vielmehr auf entsprechende Organisationen verwiesen – Parteien, die an Wahlen teilnehmen, Interessenvereinigungen, Kultur- und Geheimbünde, Sammlungsbewegungen, politreligiöse Sekten, intellektuelle Theoriezirkel, Aktions- und Terrorgruppen. In der Demokratie wird niemand zum Beitritt in extremistische Organisationen gezwungen, so daß eine Mitgliedschaft als Bekenntnis anzusehen ist. Apolitische Motive, besonders bei Jugendlichen, können aber durchaus eine Rolle spielen: Suche nach Kameradschaft, Geborgenheit, geistiger Verwandtschaft, Unterhaltung, Überwindung von Isolation. Nicht alle Mitglieder treten auch aktiv für die Ziele der Organisation ein. In extremistischen Gruppierungen gibt es jedoch weniger „Karteileichen“ als bei demokratischen.

Das Potential des politischen Extremismus ist mit der Zahl der Mitglieder entsprechender Organisationen noch nicht erschöpft. Ein mehr oder weniger großer Kreis unorganisierter Sympathisanten, die ganz bewußt geistige oder materielle Zuträgerdienste leisten, kommt hinzu. Und schließlich gibt es in jeder Demokratie auch Bürger mit antidemokratischen Einstellungen, ein je nach gesamtgesellschaftlicher, historisch-kultureller, ökonomischer und politischer Situation fluktuierendes Potential, das Nährboden und Resonanzfeld des organisierten Extremismus bildet und eine bestimmte Größe nicht überschreiten darf, soll die Stabilität des demokratischen Systems nicht ernsthaft in Gefahr geraten. Dieses Potential ist allerdings äußerst schwer zu quantifizieren. Erwin K. Scheuch hat zu Recht auf folgende Tatsache hingewiesen: „Höhere Bildung ist teilweise ein Training im Vermeiden von Klischees wie 'Unrecht Gut gedeihet nicht', selbst wenn der Inhalt solcher Klischees

---

Fortsetzung von Fußnote 66
sem Problem auch: Carl Joachim Friedrich, Die Verfassungsproblematik der Entwicklungsländer im Hinblick auf die Aufgaben des modernen Staates, in: Ders./Benno Reifenberg (Hrsg.), Sprache und Politik. Festgabe für Dolf Sternberger zum sechzigsten Geburtstag, Heidelberg 1968, S. 459–479.

durchaus akzeptiert wird."[67] Betrachtet man noch einmal die beiden großen Tätigkeitsbereiche des politischen Extremismus, demokratische Verfassungsstaaten einerseits, autoritäre und totalitäre Diktaturen andererseits, so ist der Hinweis auf einige strukturelle Unterschiede unabdingbar. In der Demokratie sind Extremisten in der – aus demokratischer Sicht – glücklichen Lage, ihre Konzepte nicht in die Tat umsetzen zu können. Ähnlich einer demokratischen Oppositionspartei widmen sie sich intensiv ideologisch-programmatischen Fragen und all den „Segnungen", die sie im Falle einer Machtübernahme ihrer Klientel, dem ganzen Volk oder gar der Menschheit bescheren wollen. Gelingt es wie im Falle der nationalsozialistischen Bewegung den Extremisten, das demokratische System umzustürzen und eine Herrschaft nach ihren Vorstellungen zu errichten, tritt die Ideologie häufig in den Hintergrund. Die neuen Machthaber sehen sich auf das Realisierbare zurückverwiesen, die Ideologie wird auch zur Rechtfertigungslehre, zur Machtstütze, zum Sanktionsinstrument gegen diejenigen, welche die offizielle „Linie" anzufechten wagen. Deutlicher als unter dem „Tausendjährigen Reich", das zwölf Jahre währte, können diese Prozesse in der Geschichte der Sowjetunion beobachtet werden, die das siebente Jahrzehnt vollendet hat. Die Ideologie vermittelt derzeit kaum mehr revolutionäre Impulse, mag sie auch noch nicht zur bloßen „Leerformel"[68] geworden sein. Einige Autoren, die der revolutionären Dynamik einen hohen Stellenwert für die typologische Unterscheidung von Herrschaftsformen beimessen, qualifizieren die heutige UdSSR daher als „posttotalitär".[69]

Politische Extremismen eint der Kampf gegen jegliche Form konstitutioneller Demokratie. Darüber hinaus handelt es sich aber um sehr unterschiedliche Gesinnungen und Bestrebungen, verschiedenartig etwa im Hinblick auf Entstehungsbedingungen, soziale Träger, Organisationsformen, strategisch-taktische Kalküle, langfristige politische Zielsetzungen usw. Im Hinblick auf die Endziele lassen sich diametrale Gegensätze feststellen: Kommunisten unterschiedlicher Observanz glauben (vorgeblich?) an die Realisierbarkeit einer „klassenlosen Gesellschaft", die der Menschheit ein Leben in Frieden, Freiheit und Wohlstand ermöglichen soll – nachdem die „Bourgeoisie" eliminiert ist. Organisationen neonazistischer Prägung, wie sie in den letzten Jahren in der Bundesrepublik hervorgetreten sind, orientieren sich dagegen an Leitbildern, welche die Versklavung eines Teils der Menschen zugunsten der Diktatur einer „Herrenrasse" vorsehen. Ist es vor diesem Hintergrund überhaupt zu-

67 Erwin K. Scheuch, Politischer Extremismus in der Bundesrepublik Deutschland, in: Richard Löwenthal/Hans-Peter Schwarz (Hrsg.), Die zweite Republik. 25 Jahre Bundesrepublik Deutschland – eine Bilanz, 2. Aufl., Stuttgart 1974, S. 433–469, 434.

68 Vgl. zu diesem Begriff: Ernst Topitsch, Über Leerformeln. Zur Pragmatik des Sprachgebrauchs in Philosophie und politischer Theorie, in: Ders. (Hrsg.), Probleme der Wissenschaftstheorie. Festschrift für Victor Kraft, Wien 1960, S. 233 ff.

69 Vgl. Pierre Hassner, Le totalitarisme vu de l'ouest, in: Guy Hermet/ders./Jacques Rupnik (Hrsg.), Totalitarismes, Paris 1984, S. 15–43; Richard Löwenthal, Totalitäre und demokratische Revolution (1960), in: Bruno Seidel/Siegfried Jenkner (Hrsg.), Wege der Totalitarismus-Forschung, 3. Aufl., Darmstadt 1974 (1968), S. 359–381. Zu welchen Ergebnissen die von dem Generalsekretär der KPdSU, Michail Gorbatschow, eingeleiteten inneren Reformen führen werden, ist derzeit noch nicht abzuschätzen. Sollten sie Erfolg haben, könnte die Sowjetunion den Charakter eines autoritären Staates annehmen.

lässig, so unterschiedliche Strömungen unter dem Dach des Extremismusbegriffs zusammenzuzwingen?

Aus dem Blickwinkel des demokratischen Verfassungsstaates erscheinen auch gravierende Unterschiede zwischen den Extremismen sekundär, denn sie alle haben das Ziel seiner Eliminierung auf ihre Fahnen geschrieben. Die Frage erhebt sich daher um so dringlicher, welche (geistigen) Mechanismen diese gemeinsame Frontstellung allem prinzipiellen Dissens zum Trotz bewirken.

6. Zusammenfassende Bemerkungen

Ausgangspunkt der Überlegungen war die herkömmliche Negativdefinition des politischen Extremismus mittels einer Minimalbestimmung des demokratischen Verfassungsstaates, hier „definitio ex negativo" genannt. Diese indirekte Definitionsform entspricht dem Selbstverständnis der demokratischen Verfassungsstaaten angesichts der weltpolitischen Szenerie der Gegenwart: Verschiedenartige politische Strömungen werden unter einem Sammelbegriff vereint, weil sie alle auf die Beseitigung der „liberalen Systeme" zielen. Die Negativdefinition ermöglicht eine klare Grenzziehung zwischen freiheitlicher Demokratie und politischem Extremismus, hat jedoch den entscheidenden Nachteil, daß sie das Feld der extremistischen Phänomene nur in seinem Schattenriß abbildet, so daß das breite Spektrum der Extremismen strukturell unbestimmt bleibt. Daher kann der Eindruck entstehen, als handele es sich um ein Spiel mit antithetischen Begriffen, deren Definitionsbereich allzu Disparates zusammenzwingt.

Im Bewußtsein dieser Problemlage wird die „definitio ex negativo" zunächst als Arbeitsdefinition betrachtet. Sie soll der vorläufigen Eingrenzung des politischen Extremismus dienen. Um hierfür eine solide Grundlage zu schaffen, wurden die normativen Mindestbedingungen des demokratischen Verfassungsstaates bestimmt. Es geht um Werte, Verfahrensregeln und Institutionen, die in einem wechselseitigen Abhängigkeitsverhältnis stehen: Die Werte bleiben unverbindlich, solange sie mit Hilfe bestimmter Mechanismen die politische Praxis prägen; Verfahrensregeln und Institutionen erhalten ihren „Sinn" erst durch ihr normatives Fundament.

Werte sind nicht im Sinne von Naturtatsachen Bestandteile der Wirklichkeit, sondern resultieren aus dem Versuch des Menschen,die Welt im eigenen Sinne zu deuten. Daher können sie nicht wahr oder falsch, sondern lediglich mehr oder weniger zweckmäßig sein. Der „letzte Zweck" des demokratischen Verfassungsstaates ist der Mensch. Er wird als Mitglied einer Gattung begriffen, die sich durch die Gleichheit ihrer existentiellen Situation auszeichnet: ihre Sterblichkeit, Endlichkeit, Fehlbarkeit, Erkenntnisunsicherheit. Die Erklärung des Menschen zum Letztwert, stellt eine fundamentale Entscheidung dar, die angesichts der geschichtlichen Erfahrung – der Unterdrückung des Menschen durch den Menschen – rational nachvollziehbar wird. Wer sie trifft, entscheidet sich auch dafür, allen Menschen ein prinzipiell gleiches Recht zur Selbstbestimmung einzuräumen. Angesichts der Unterschiedlichkeit menschlicher Anschauungen, Interessen, Neigungen und Talente muß ein anerkennungswürdiges Gemeinwesen eine Lösung für das Problem bieten, wie das Spannungsverhältnis zwischen der fundamental-existentiellen Menschengleichheit und der alltäglichen Verschiedenheit der Menschen überwunden werden kann. Der demokratische Verfassungsstaat versucht dem dadurch Rechnung zu tragen, daß er sich dem friedlichen Konfliktaustrag zwischen unterschiedlichen Interessen, Anschauungen und Lebensentwürfen öffnet, was Toleranz und Offenheit voraussetzt.

Nicht nur die normativen Grundlagen des demokratischen Verfassungsstaates, sondern auch seine Verfahrensregeln und Institutionen sind aus einem Erfahrungsprozeß in der Auseinandersetzung mit verschiedenen Formen des Machtmißbrauchs und der Willkürherrschaft hervorgegangen. Er funktioniert daher nicht nach einem vorgefertigten Plan, sondern beruht zu einem Gutteil auf Erfahrungswissen – besonders im Hinblick auf das, was dem Menschen zuzumuten ist. Trifft dies zu, könnte nicht der demokratische Verfassungsstaat, sondern der politische Extremismus als das historische Prius gelten. Eine solche Behauptung gliche jedoch dem Streit um Henne und Ei: Dem historischen Verlauf ist wohl am ehesten angemessen, werden die antithetischen Begriffe „Extremismus" und „freiheitliche Demokratie" in ihrem Wechselverhältnis erkannt. Hier muß die Begriffsbestimmung einsetzen. Wenn der politische Extremismus eine historische Identität sui generis besitzt, dann ist er auch auf der Grundlage seiner Einzelphänomene näher zu bestimmen. Eine „definitio ex positivo" wird vor allem die Ebene der politischen Doktrinen näher beleuchten, wobei Organisationen und Aktionen nicht unberücksichtigt bleiben dürfen.

Immerhin ermöglicht die Negativdefinition ein allgemeines Abstecken des Objektbereiches. Politischer Extremismus und demokratischer Verfassungsstaat markieren die grundlegende Antithese zwischen den politischen Kräften und Systemen. Der Begriff des politischen Extremismus schließt somit Diktaturen ebenso ein wie extremistische Gesinnungen und Bestrebungen in demokratischen Verfassungsstaaten. Darüber hinaus ist zwischen unterschiedlichen Aktionsebenen zu differenzieren. Die vorliegende Untersuchung klammert das weite Feld diktatorischer Regime aus der Betrachtung so gut wie völlig aus, konzentriert sich mithin auf die Analyse politischer Extremismen in demokratischen Verfassungsstaaten.

Drittes Kapitel

Phänomenologie

1. Begriffsbestimmung und Aufgabenstellung

Im voraufgegangenen Kapitel wurde der Extremismus- dem Demokratiebegriff entgegengesetzt. Anhand des Demokratiebegriffes gelangt man zu einer spiegelbildlichen Definition von „Extremismus" – eine Art begrifflicher Konzeptualisierung, die sich besonders im politischen Sprachgebrauch in den Vereinigten Staaten und der Bundesrepublik Deutschland eingebürgert hat.[1] Politische Begriffe wie „Demokratie" und „Extremismus" sind Termini von außerordentlicher Komplexität. Sie umfassen eine Vielfalt von Einzelgegenständen sehr unterschiedlicher Natur. Einmal abgesehen von den zahlreichen, zum Teil gegensätzlichen Verwendungsweisen dieser Begriffe kann „Demokratie" beispielsweise für eine Idee stehen, ein Ideal, eine politische Konzeption; ebenso aber auch für politische Spielregeln, Verfahrensweisen, Prozesse der Willensbildung und Entscheidungsfindung; für politische Institutionen und Organisationen verschiedenster Art; schließlich für Einzelpersonen und Gruppen, die bestimmte politische Ziele verfolgen („Demokraten"). Objektbereiche von solcher Ausdehnung und strukturellen Vielgestaltigkeit erschließen sich dem Beobachter nicht prima facie. Man begegnet häufig dem Fehler, daß Aussagen über bestimmte Subformen dergestalt getroffen werden, als gälten sie für den gesamten Phänomenbereich. Die Heterogenität der Gegenstände verführt zu einer Reduktion auf ein leichter faßliches Spektrum. Damit aber fallen dann wichtige Phänomene aus der Betrachtung heraus.

Der Versuchung, die Welt einfacher zu machen, als sie nun einmal ist, unterliegt jeder, der sich mit Gegenständen des sozialen und politischen Lebens auseinandersetzt. Will man dieser Gefahr entgegenwirken, erscheint es insbesondere bei nur schwer überschaubaren Phänomenbereichen sinnvoll, sie zunächst in ihrer ganzen Breite zu durchmessen, die Vielgestaltigkeit der Einzelerscheinungen so gut wie möglich vergleichend zu erfassen und sich auf diese Weise ein Gesamtporträt zu schaffen, das der Einordnung und Bewertung des Besonderen als Grundlage dienen kann. In diesem Sinne soll der Begriff der „Phänomenologie" Verwendung finden.

Er lehnt sich an die methodologische Definition Ernst Noltes an, deren erkenntnistheoretische Implikationen jedoch nicht übernommen werden. Auch erschiene es wenig sinnvoll, den Begriff – wie dort vorgeschlagen[2] – auf Erscheinungen zu begrenzen, die für eine bestimmte Epoche typisch sind. Allgemein wäre eine

---

1 Die entsprechenden Belege finden sich im ersten Kapitel.

2 Ernst Nolte, Der Faschismus in seiner Epoche. Die Action française – Der italienische Faschismus – Der Nationalsozialismus, 5. Aufl., München/Zürich 1979 (1963), S. 53.

„Phänomenologie“ – gemäß dem griechischen Begriff „phainomenon“, „das sich Zeigende, das Erscheinende“ – mit den Worten Noltes eine „Lehre vom Seienden“[3], was jedoch für die Sozialwissenschaften als Definition nicht ausreiche, da er dort erst verwendbar werde, „wenn er soziale Erscheinungen bezeichnet, die sich durch eine eigene Sprache und ein eigenartiges Selbstverständnis zu erkennen geben [...] Es wären also nur diejenigen sozialen Gebilde Phänomene zu nennen, die eine 'Ideologie' haben und für die dieses Selbstverständnis (neben anderen Faktoren) konstitutiv ist.“[4]. Als ein Phänomen kann demnach ein sozialer Akteur gelten, der zugleich Ideenträger ist – von politischen Ideen, um es genauer auszudrücken. Damit wird noch nichts darüber ausgesagt, welchen Grad an Bedeutung politische Ideen für den Akteur haben. Dies kann im einzelnen sehr unterschiedlich sein. Das Definitionskriterium läßt jedoch eine Abgrenzung gegenüber Erscheinungen zu, die über keine für ihre Eigenart konstitutive politische Idee verfügen: Das Finanzamt, die Stadtverwaltung, das Bergwerk, der Einzelhandelsverband, der Fußballclub sind in diesem Sinne keine „Phänomene“. Eine „Phänomenologie“ wäre demnach die Lehre von den mit politischen Ideen ausgestatteten gesellschaftlichen Akteuren, seien es nun Individuen oder soziale Gruppen.

Einem möglichen Mißverständnis muß dabei strikt entgegengetreten werden: Die Phänomenologie erhebt keineswegs den Anspruch, ein Medium zu sein, mit dessen Hilfe der Beobachter zu einer „echten“ Erkenntnis der Dinge, ihrer Natur, ihres „Wesens“ gelangen könne. Die auf Hegels „Phänomenologie des Geistes“ zurückgehende Auffassung, der menschlichen Vernunft gehöre „die reine Wesenheit der Dinge“[5] an, wird nicht geteilt. Der darin zum Ausdruck kommende aufklärerische Erkenntnisoptimismus war ein typisches Produkt seiner Zeit, ist aber durch die Entwicklung der Welt und der Wissenschaft seither vielfach widerlegt worden. Wir müssen uns mit dem allmählichen Ertasten der Wirklichkeit begnügen und können nicht einmal sicher sein, dabei immer einen Schritt nach vorne zu tun. Aber da es zu diesem Ertasten der realen Welt keine heuristische Alternative gibt, erscheint es vernünftig, die ebenso mühselige wie zeitaufwendige wissenschaftliche Arbeitsmethode der Resignation im Angesicht der Rätselhaftigkeit alles Seienden vorzuziehen. Ein Erkenntnisskeptizismus ist keine angemessene Anwort auf den geistigen Überschwang des Erkenntnisoptimismus.

Ganz in diesem Sinne versteht sich auch der Versuch, eine Phänomenologie des politischen Extremismus zu entwerfen. Er resultiert aus der in praktischer Beschäfti-

---

3 Ebd.

4 Ebd.

5 Im Zusammenhang heißt es dort (im gewohnt geschraubten Stil des Meisters): „Weil nun so der Vernunft die reine Wesenheit der Dinge, wie ihr Unterschied, angehört, so könnte eigentlich überhaupt nicht mehr von Dingen die Rede sein, das heißt, einem solchen, welches für das Bewußtsein nur das negative seiner selbst wäre. Denn die vielen Kategorien sind Arten der reinen Kategorie, heißt sie ist noch ihre Gattung oder Wesen, nicht ihnen entgegengesetzt.“ Georg Wilhelm Friedrich Hegel, System der Wissenschaft. Erster Theil, die Phänomenologie des Geistes, Bamberg/ Würzburg 1807, S. 161–169. Zitiert nach: Hegel, Phänomenologie des Geistes, mit einem Nachwort von Georg Lukács. Texte-Auswahl und Kommentar zur Rezeptionsgeschichte von Gerhard Göhler, Frankfurt a.M./Berlin/Wien 1983 (1970), S. 141 (Hervorhebungen im Original).

gung mit extremistischen Einzelerscheinungen gewonnenen Einsicht, daß – bei allen vorfindbaren Bemühungen en détail – zentrale Probleme en gros noch einer Lösung harren. Eine dieser erst in Ansätzen bearbeiteten Aufgaben ist eine umfassende Bestandsaufnahme all jener Phänomene, die sinnvollerweise unter dem Begriff des „politischen Extremismus" zu erfassen sind. Zunächst sollen die mit politischen Ideen ausgestatteten sozialen Träger samt ihrer konstitutiven Merkmale beschrieben werden, um zu einem „Verständnis dieser Phänomene" zu gelangen, „wie sie sich von sich aus darstellen".[6] Erstes Ziel ist also ein immanentes Begreifen der Einzelerscheinungen und ihrer Zusammenhänge. Allerdings beschränkt sich – entgegen der rigorosen begrifflichen Fassung Noltes – die Phänomenologie nicht notwendigerweise darauf. So wie sie nicht im Äußerlichen verharrt, über die bloße Deskription beobachtbarer Vorgänge hinausgeht und das Phänomen in seiner eigenständigen Identität erfassen und begreifen will, bietet insbesondere die vergleichende Betrachtung der Erscheinungen Gelegenheit zu ihrer weitergehenden Bewertung und Einordnung. Einerseits fügt sich die Phänomenologie auf diese Weise in eine normative Rahmentheorie ein, andererseits geht sie mit einer übersichtlichen und erkenntnisfördernden Klassifizierung und Typologisierung der sozialen Akteure einher. Sie verbindet also die Vorgänge der Deskription und immanenten Interpretion mit der heuristischen Organisation und theoretischen Evaluation.

Es liegt auf der Hand, daß an dieser Stelle nicht alle beobachtbaren Phänomene in extenso beschrieben und bewertet werden können. Auf diese Weise entstünde eine Art Enzyklopädie des politischen Extremismus. Die vorliegende theoretische Analyse muß sich vielmehr darauf beschränken, anhand einzelner Farbtupfer und Federstriche das Gemälde so zu modellieren, daß nicht alle Details, wohl aber grundlegende Ausmaße und Strukturen ins Sichtfeld geraten. Dazu bedarf es eines nicht ganz einfachen Balanceaktes: Einerseits nämlich besteht die Gefahr, sich in der Weite des Untersuchungsraumes zu verlieren, andererseits muß eine Stoffauswahl den Anforderungen an Repräsentativität und politische Relevanz der Objekte entsprechen. Der Gefahr der Weitschweifigkeit wird dadurch entgegengewirkt, daß Phänomenen mit charakteristischen Merkmalkombinationen der Vorzug gilt. Der Gang der Untersuchung folgt zudem übergeordneten Einteilungskategorien, die eine gewisse Repräsentativität der Beobachtungsbereiche von vornherein sicherstellen. Die typologischen Schemata gründen auf dem jeweiligen Selbstverständnis, systematisieren dieses jedoch und befreien es von offenkundigen Inkonsistenzen. Dadurch geraten die Einordnungen zwar partiell in Widerspruch zum Selbstverständnis der taxierten Phänomene; gleichzeitig wird jedoch verhindert, daß Irrtümer und Widersprüche der Selbstwahrnehmung in die typologische Kategorienbildung einfließen.

Bei der Auswahl der Beispiele sollen folgende Kriterien das Maß an Willkür auf das Unvermeidbare reduzieren: Erstens werden nicht nur politische Extremismen in der Bundesrepublik Deutschland erfaßt, sondern auch Phänomene in anderen demokratischen Verfassungsstaaten, wobei solche Formen von Interesse sind, die das in der Bundesrepublik Deutschland vorfindbare Spektrum transzendieren. Zweitens ba-

6 Nolte (FN 2), S. 53.

siert die Phänomenologie nicht nur auf einer Momentaufnahme, sondern nimmt besonders auch historische Entwicklungen in den Blick. Drittens wird die Frage der jeweiligen politischen Relevanz (mögliche Kriterien: Zahl der Anhänger oder Mitglieder; Grad der politischen Militanz; Suggestivität der Programme und Doktrinen) bei der Selektion nicht ausgeblendet. Ihre Erörterung fließt auch immer wieder direkt in die Analyse ein. Die Phänomenologie soll keinesfalls in einem Kabinett der Kuriositäten ausarten. Viertens schließlich ist bei allem Bemühen um Repräsentativität darauf zu achten, daß bestimmte Sonderphänomene, die sich herkömmlichen Einordnungsversuchen entziehen, gebührende Berücksichtigung finden. In begründeten Fällen sind auch Phänomene marginaler politischer Relevanz beachtenswert.

2. *Grundelemente einer Phänomenologie des politischen Extremismus: Doktrin, Organisation, Aktion*

Wer eine der überregionalen Tageszeitungen aufschlägt, wird tagtäglich mit dem Phänomen des politischen Extremismus konfrontiert. Die meisten Staaten sind Diktaturen, und viele unter ihnen solche mit betont antidemokratischer Stoßrichtung. Sie beschneiden die politischen Freiheiten auf ein Minimum und verstoßen nicht selten eklatant gegen elementare menschliche Rechte, wie sie von den Vereinten Nationen kodifiziert worden sind. In einer großen Zahl dieser Staaten haben sich Widerstandsbewegungen gebildet. Sie wenden häufig ähnliche Mittel wie ihre Unterdrücker an. Der Kreislauf der Gewalt ist nur schwer zu durchbrechen. Aber auch dort, wo die Menschenrechte geschützt sind, für ein hohes Maß sozialer Sicherheit des Einzelnen gesorgt ist und sich jeder Bürger frei politisch betätigen kann, entfalten extremistische Kräfte ihre subversiven Aktivitäten. Terroranschläge gehören zur Alltagsberichterstattung der Medien. Rechtsextremistische Umtriebe und Akte kommunistischer Infiltration sorgen häufig für Schlagzeilen.

Das Verständnis des politischen Extremismus wird erweitert, verläßt man diesen engeren phänomenologischen Bereich. Es handelt sich offenbar, wie uns psychologische Deutungen lehren, um Erscheinungsformen, die tief in der menschlichen Natur wurzeln. Der Extremismus „in uns" tangiert auch die Fundamente jenes Gemeinwesens, das ein historisch wohl einzigartiges Maß individueller Freiheitsentfaltung ermöglicht. Man könnte von einem Extremismus des Alltags sprechen, würde dadurch der Begriff in seinem strengen Sinne nicht unterhöhlt und in seiner heuristischen Funktion beschnitten. Gemeint sind aber jene Prädispositionen, denen jedermann Tag für Tag begegnet, an die man sich so gewöhnt hat, daß man sie kaum noch bemerkt, die gleichwohl ein latentes Potential des politischen Extremismus begründen. Dieses Potential kann ein Leben lang unaktiviert bleiben, sich aber ebenso gut in einer individuellen oder gesellschaftlichen Konfliktsituation Bahn brechen, an die Oberfläche treten und in extremistische Verhaltensformen münden.

Wie und wo äußern sich diese banal erscheinenden, weil alltäglich bemerkbaren Prädispositionen? Auf der Straße, am Stammtisch, in der Familie, im Büro werden häufig – ob leichtfertig oder mit aggressivem Unterton – unausgegorene Ansichten und Vorurteile artikuliert, die Anstoß an Andersartigem, Fremdem, Unbekanntem nehmen, seien es nun so triviale Dinge wie Moden und Kleidersitten, seien es politische Auffassungen, religiöse Gebräuche oder sexuelle Praktiken. Was nicht mit den eigenen Lebensregeln und -formen übereinstimmt, firmiert als potentieller Störfaktor, weil es die gewohnten Wege druchkreuzen, die Behaglichkeit der bürgerlichen Existenz stören könnte. Nicht minder bedenklich sind Gefühlsaufwallungen, die durch die Auflehnung gegen die Rationalität der modernen Welt entstehen: die Flucht in das Irrationale, die bewußte Auslieferung an alte und neue Heilslehren, massensuggestive Stimmungen und Angstgefühle, Untergangsszenarien, Weltschmerz, die Sehnsucht nach dem Absoluten, dem Großen und Erhabenen, das sich von den Niedrigkeiten der realen Welt abhebt.

Prädispositionen dieser Art hat es zu allen Zeiten gegeben. Sie sind die Nährmasse des „eigentlichen" Extremismus, der in konkreten Formen ans Tageslicht tritt und den demokratischen Verfassungsstaat bedroht. Dieser politische Extremismus ist so vielgestaltig wie seine Vorformen. Dem Beobachter bietet er sich gleichsam in verschiedenen „Aggregatzuständen" dar. Da haben wir beispielsweise den Theoretiker und Intellektuellen, der das politische Engagement scheut, in einer Welt der Ideen lebt und keinerlei Bedürfnis verspürt, sie in die Praxis umzusetzen. In denkbar starkem Kontrast dazu stehen die Mitglieder einer Terrorgruppe, deren politische Sozialisation womöglich durch die Schriften des Ideologen mitbestimmt wurde. In einem Prozeß der Abschottung von der Gesellschaft und der Wirklichkeit haben sie sich jedoch der ihrer Tat ursprünglich zugrundeliegenden Idee so weit entfremdet, daß ihr Agieren zu einem letztlich unmotivierten Aggressionsaustausch mit der zum Feind gewordenen Umwelt entartet. Die terroristische Gruppe wiederum unterscheidet sich deutlich von der strikt legal operierenden extremistischen Partei, die über die Eroberung der staatlichen Institutionen die Macht übernehmen und das System von Grund auf umwandeln will. Beide, terroristische Gruppe und extremistische Partei, mögen wiederum trotz der gegensätzlichen Art ihres politischen Handelns ähnliche Wurzeln haben. Soziale Bewegungen sind geeignet, derart heterogene politische Erscheinungsformen hervortreten zu lassen. Sie werden von einem Problembewußtsein getragen, das breitere Kreise der Bevölkerung erfaßt. In den „Niederungen" des lokalen politischen Lebens bilden sich ihre organisatorischen Zellen, Grundstock für ganz verschiedenartige Vereinigungen: mehr oder weniger umfassende, aktive und kontemplative, dauerhafte und spontane, zentrale und föderale.

Verstünde man die Phänomenologie des politischen Extremismus als ein Sammelsurium solcherlei typischer Erscheinungsformen, so könnte man dem noch eine große Zahl weiterer, von den genannten Beispielen markant abweichender Fälle hinzufügen. Dies wäre jedoch insofern nicht sinnvoll, als eine derartige Betrachtung leicht ins Wahllose abglitte. Statt dessen seien drei große Analysebereiche, die das weite Arbeitsfeld einer Phänomenologie strukturieren, genannt und in zunächst groben Zügen beschrieben. Es sind dies die Elemente „Doktrin", „Organisation" und „Aktion". Ihre Ausprägung bestimmt die Einzelerscheinungen des politischen Extremismus in ihrer jeweils hervorstechenden Art und Weise.

„Doktrin" meint ein zur „Lehre" verdichtetes Ensemble politischer Ideen. Es stellt geradezu ein Charakteristikum politisch-extremistischer Gruppierungen dar, daß sie ihre Deutung von Vergangenheit, Gegenwart und Zukunft in eine „Doktrin" kleiden, die den Anhängern als Richtschnur dienen kann. Der Stellenwert der jeweiligen Ideen für das extremistische Handeln variiert von Fall zu Fall. Nicht zuletzt hängt er von der konzeptionellen Fassung der Doktrin ab.[7] Auch ist es keineswegs immer so, wie es Heinrich Heine idealistisch, wenn auch in diesem Falle prophetisch[8] formuliert hat, daß nämlich „der Gedanke der Tat" vorausgehe „wie der Blitz dem Donner". Aber politische Ideen, zu einem nicht geringen Teil in Form umfassenderer Gedankensysteme, extremistischer Ideologien und Doktrinen, sind insgesamt für alle interessierenden Erscheinungsformen von mehr oder weniger großer Bedeutung. Sie können in den Hintergrund treten, an Kraft verlieren, ihre motivierende Funktion teilweise einbüßen; ohne jegliche Inspiration verlöre das jeweilige Phänomen jedoch seine politisch-extremistische Qualität, es wäre dann – beispielsweise – „gewöhnliche" Kriminalität, unpolitische Devianz oder – im harmlosesten Falle – abnormes Freizeitverhalten.

Anders liegen die Dinge hinsichtlich des zweiten Faktors: „Organisation". Extremismus mag nämlich durchaus als bloße Idee auftreten, als mündliche oder schriftliche Äußerung mit antidemokratischer Ausrichtung, Meinungsbekundung des „Mannes auf der Straße" oder Produkt eines „Schreibtischtäters", der in keinerlei Zusammenhang mit irgendeiner politischen Aktion oder Organisation steht. Zudem können extremistische Aktivitäten von Einzelnen oder sehr locker gefügten Gruppen ausgehen, denen das Prädikat „Organisation" noch nicht zuzubilligen wäre.[9] Der Faktor „Organisation" ist jedoch bei einem – auch für die Praxis in den Demokratien – be-

---

7 Talcott Parsons hat zwischen „existentiellen" und „normativen" Ideen unterschieden, wobei den „existentiellen" ein stärker beschreibender und interpretierender, den „normativen" ein stärker präskriptiver und handlungsanleitender Charakter eigne. Darüber hinaus differenziert er als Subtypen „empirische" und „nichtempirische" Ideen, je nachdem, ob sie sich anhand der Wirklichkeit verifizieren lassen oder nicht. Talcott Parsons, The Role of Ideas in Social Action, in: ASR 3 (1938), S. 652–664. Siehe zu diesem Problemkreis die Ausführungen im fünften Kapitel der vorliegenden Arbeit.

8 Mit jenen „Gedanken" meint Heine nämlich den „Willensfanatismus" der „Transzendentalidealisten", die Beschwörung der „dämonischen Kräfte des altgermanischen Pantheismus", den politischen Irrationalismus: „Die alten steinernen Götter erheben sich dann aus dem verschollenen Schutt und reiben sich den tausendjährigen Staub aus den Augen, und Thor mit dem Riesenhammer springt endlich empor und zerschlägt die gotischen Dome. Wenn ihr dann das Gepolter und Geklirre hört, hütet euch, ihr Nachbarskinder, ihr Franzosen, und mischt euch nicht in die Geschäfte, die wir zu Hause in Deutschland vollbringen. Es könnte euch schlecht bekommen". Heinrich Heine, Zur Geschichte der Religion und Philosophie in Deutschland, 2. Aufl., Hamburg 1852 (1834). Zitiert nach: Heinrich Heine, Beiträge zur deutschen Ideologie, mit einer Einleitung von Hans Mayer, Frankfurt a.M./Berlin/Wien 1971, S. 109.

9 Rainer Prätorius definiert „Organisation" zusammenfassend wie folgt: „Organisationen sind Sozialsysteme,
- die über spontan geprägte Kleingruppen hinausgewachsen sind;
- die demgemäß relativ festgeschriebene, formalisierte Rollenzuweisungen (z.B. in Form von Arbeitsteilung) kennen;
- die einigermaßen gut erkennbare Systemgrenzen vorzuweisen haben;
- die [...] das Handeln ihrerMitglieder in signifikanter Weise an gemeinsamen, nachvollziehbaren Zielen ausrichten." Rainer Prätorius, Soziologie der Politischen Organisationen. Eine Einführung, Darmstadt 1984, S. 16.

deutsamen Teil des politischen Extremismus vorhanden. Denn der in politischen Kategorien Denkende begnügt sich zumeist nicht mit dem freien Austausch von Ideen und Meinungen, sondern möchte – im Sinne Heines – dem Gedanken die Tat folgen lassen. Das aber geschieht dadurch am wirksamsten, daß man sich mit gleich oder ähnlich Gesinnten zusammenschließt, also eine Organisation bildet.

Wird im folgenden vom „Aggregatzustand" Organisation gesprochen, ist in erster Linie das „Organisieren" gemeint, also die zweckgerichtete, planhafte Regulierung bestimmter Vorgänge.[10] Das Produkt derartigen Tuns kann eine „Organisation" sein – und zwar dann, wenn sich ein soziales Gebilde über das Stadium einer locker gefügten Kleingruppe hinausentwickelt, durch gemeinsame politische Ziele geeint wird, eine Rollendifferenzierung der Mitglieder einsetzt und dadurch gegenüber anderen sozialen Gebilden eine – mehr oder minder gut sichtbare – Abgrenzung stattfindet.[11]

Eine extremistische Ideologie kann zwar ohne organisatorische Trägerschaft existieren, eine politische Organisation dagegen nicht ohne politisch-ideelles Fundament. Der „Aggregatzustand" „Idee" ist also das Ursprünglichere, auf dem der „Aggregatzustand" „Organisation" ruht. Dies bedeutet freilich nicht, der Organisations- müsse immer erst die Ideologiebildung vorausgehen. Einer Organisation können auch politische Ideen von außen induziert werden. Und ebensowenig heißt dies, politischen Ideen wachse in der Organisation stets eine dominierende Rolle zu. Vielmehr gibt es zahlreiche extremistische Organisationen, bei denen das „Innenleben" vorrangig erscheint – besonders dann, wenn diese Organisationen ein subkulturelles Dasein fristen und sich eine gewisse Resignation und Gleichgültigkeit bei den Mitgliedern einstellt, weil man auch längerfristig wenig Chancen für die Realisierung der eigenen politischen Ziele sieht. Eine weitere Möglichkeit besteht darin, daß eine Organisation hektische Aktivitäten an den Tag legt, die jedoch in keinem sichtbaren Zusammenhang zu den propagierten Zielen stehen. In allen diesen und ähnlichen Fällen tritt die Ideologie in den Hintergrund, wodurch sie freilich ihre konstitutive Bedeutung nicht verliert.

Der dritte „Aggregatzustand" schließlich betrifft das Stichwort „Aktion". Politische Aktion ist von dem zu unterscheiden, was gemeinhin „Mobilisierung" genannt wird, also die Erfassung und Werbung von Anhängern.[12] „Mobilisierung" gehört zu den Innenaktivitäten von Organisationen. Als politische Aktion gilt dagegen jede Aktivität, die ein sozialer Akteur nach außen hin entwickelt, um politische Ziele zu verfolgen. Aktionen können gewaltsam sein oder gewaltfrei, direkt oder indirekt, institutionell oder extra-institutionell, legal oder illegal.

Die Bedeutung politischer Aktion läßt sich an einem Beispiel erhellen, das gerade das Zurücktreten dieses Faktors illustriert. Denn es ist – wie bereits oben angedeutet – in der politischen Realität häufig anzutreffen, daß eine extremistische Organisation ihre Ziele nicht mittels direkter politischer Aktivitäten anstrebt – oder solche Aktivi-

10 Vgl. Renate Mayntz, Soziologie der Organisation, Reinbek bei Hamburg 1963, S. 147.

11 Vgl. Prätorius (FN 9), S. 16.

12 Zur Unterscheidung von „Mobilisierung" und „Aktion" vgl. Joachim Raschke, Soziale Bewegungen. Ein historisch-systematischer Grundriß, Frankfurt a. M./New York 1985, S. 274.

täten jedenfalls auf „Sparflamme" hält. In der Bundesrepublik gilt das für eine recht mitgliederstarke und auf diesem Gebiet sogar „erfolgreiche" rechtsextreme Organisation, die Deutsche Volksunion (DVU) mit ihren Untergliederungen. Die DVU tritt vor allem durch „Bildungs"-Veranstaltungen, (allerdings zum Teil auflagenstarke) Publikationen und einen militaristischen Devotionalienhandel in Erscheinung. Der Löwenanteil der Mitglieder zahlt regelmäßig die Beiträge und liest einschlägige Buchveröffentlichungen und Periodika, entfaltet aber keine weitergehenden politischen Aktivitäten.

Demgegenüber gilt häufig der totale Einsatz für politische Ziele als typisches Merkmal des politischen Extremismus. Dies entspräche jedoch – wie obiges Beispiel zeigt – einem zu engen Verständnis. Dennoch spielen in der politischen Praxis lebhaft aktive Organisationen eine bedeutendere Rolle als ihre trägeren Verwandten. Das Spektrum politischer Aktion reicht von der „legalen" Mitwirkung im staatlich-institutionellen und nicht-institutionalisierten Bereich bis hin zum gezielten, planhaften Einsatz von Gewaltakten (politischer Terrorismus).

Im folgenden seien die mit den Faktoren „Doktrin", „Organisation" und „Aktion" umschriebenen Phänomenbereiche in ihrer Reichweite und Beschaffenheit näher beleuchtet. Dabei ist das Erfassen, Beschreiben und Vergleichen politischer Phänomene stets auch bereits mit typologischen Bemühungen verbunden. Wo immer eine größere Zahl von Erscheinungen analysiert wird, strukturiert und ordnet sie der menschliche Verstand. Wenn dies auch häufig nicht die Anforderungen erfüllt, die an Klassifikationen oder Typologien in sensu stricto zu stellen wären[13], so sind diese ersten Analyseschritte doch im Vorfeld solcher Verfahrensweisen angesiedelt. Einigen immer wieder auftauchenden Problemen typologischer Erfassung sei darüber hinaus ein gesondertes Kapitel zugewiesen.[14]

3. Politische Doktrinen

Das Feld der politischen Doktrinen, die als motivierendes Element extremistischer Organisationen dienen, ist weit – weiter wohl noch als das jenes Gedankengutes, welches historisch die Entstehung demokratischer Verfassungsstaaten gespeist hat. Der Grund liegt auf der Hand: Die extremistischen Doktrinen der Gegenwart rekurrieren im Verhältnis zum demokratischen Denken auf eine dreifache Tradition. Sie greifen erstens teilweise auf prädemokratische Vorläufer zurück; zweitens beinhalten sie gedankliche Elemente, die im Rahmen jener geistigen Strömungen entstanden sind, in deren „Milieu" auch der demokratische Verfassungsstaat anzusiedeln ist; drittens schließlich ging ein Teil des extremistischen Denkens gerade aus der Auseinandersetzung mit der Entstehung und Realität freiheitlich-demokratischer Formen und Systeme hervor – und verdient insofern, wenngleich mit Pathos auf die eigenen demokratischen „Weihen" pochend, die Bezeichnung „postdemokratisch".

---

13 Siehe zu diesem Problem: Jean-Louis Chandon/Suzanne Pinson, Analyse typologique. Théories et applications, Paris/New York/Barcelona/Mailand 1981.

14 Siehe hierzu das vierte Kapitel.

Einige skizzenhafte Bemerkungen im Hinblick auf die ideengeschichtlichen Zusammenhänge[15] müssen genügen: Prädemokratisch sind etwa die monarchistischen Legitimitätskonzepte und die Ständestaatsideen. Sie beriefen sich über Jahrhunderte auf eine von Gottes Hand gefügte Ordnung des Kosmos und erhielten erst ein ausgearbeitetes theoretisches Fundament, als die geistigen Grundlagen des Königtums und der gestuften Gesellschaft immer stärkerer Anfechtung ausgesetzt wurden.[16] Schwieriger ist der historisch-genetische Standort der Rassenlehren bestimmbar. Sie konnten sicherlich auf eine uralte Tradition der Diskriminierung von Völkern, Volksgruppen und religiösen Gemeinschaften zurückgreifen; es ist jedoch auch nicht zu übersehen, daß sie sich gerade im Zusammenhang mit der Aufklärung und dem Aufschwung der modernen Naturwissenschaften ausbreiteten. Von alters her bestehende Vorurteile und Klischees bildeten nun häufig in einer scheinrationalisierten Form den mentalen Grundstock biologistisch-ästhetisierender Rassehierarchien.[17]

Eine andere Traditionslinie des politischen Extremismus ist in partiellem Gleichklang mit dem demokratischen Verfassungsstaat entstanden. Die Forderung nach der „Herrschaft des Volkes", nach Freiheit und Gleichheit, nämlich mündete in politische Strömungen, die bald ihre zutiefst gegensätzliche Natur offenbaren sollten. Jacob L. Talmon beschrieb diesen Sachverhalt, indem er idealtypisch zwischen der „liberalen" und der „totalitären" Demokratie unterschied. Beide Formen seien – trotz äußerlicher Übereinstimmungen – durch einander widersprechende Haltungen gegenüber der Politik gekennzeichnet: „The liberal approach assumes politics to be a matter of trial and error, and regards political systems as pragmatic contrivances of human ingenuity and spontaneity. It also recognizes a variety of levels of personal and collective endeavour, which are altogether outside the sphere of politics." Der „totalitäre" Ansatz dagegen basiere „upon the assumption of a sole and exclusive truth in politics. It may be called political Messianism in the sense that it postulates a preordained, harmonious and perfect scheme of things, to which men are irresistibly driven, and at which they are bound to arrive. It recognizes ultimately only one plane of existence, the political. It widens the scope of politics to embrace the whole of human existence. It treats all human thought and action as having social significance, and therefore as falling within the orbit of political action."[18]

---

15 Vgl. vor allem: Karl Dietrich Bracher, Zeit der Ideologien. Eine Geschichte politischen Denkens im 20. Jahrhundert, Stuttgart 1982, insbesondere S. 121–129; Jacob L. Talmon, The Origins of Totalitarian Democracy, London 1961 (1952); ders., The Myth of the Nation and the Vision of Revolution. The Origins of Ideological Polarisation in the Twentieth Century, London/Berkeley/Los Angeles 1980.

16 Vgl. Karl Frohme, Monarchie oder Republik? Kulturgeschichtliche Streifzüge, Hamburg 1904; Peter Cornelius Mayer-Tasch, Korporatismus und Autoritarismus. Eine Studie zu Theorie und Praxis der berufsständischen Rechts- und Staatsidee, Frankfurt a. M. 1971.

17 Vgl. vor allem: Hedwig Conrad-Martius, Utopien der Menschenzüchtung. Der Sozialdarwinismus und seine Folgen, München 1955; Hermann Greive, Geschichte des modernen Antisemitismus in Deutschland, Darmstadt 1983; Imanuel Geiss, Geschichte des Rassismus, Frankfurt a. M. 1988; George L. Mosse, Rassismus. Ein Krankheitssymptom in der europäischen Geschichte des 19. und 20. Jahrhunderts, Königstein/Ts. 1978 (Original: Towards the Final Solution. A History of European Racism, New York 1978).

18 Talmon, The Origins (FN 15), S. 1 f.

Im Denken der europäischen Aufklärung waren Tendenzen enthalten, die sowohl in die eine als auch in die andere Richtung gehen konnten. Ein übersteigerter Vernunftglaube führte zu den bekannten Reißbrettentwürfen idealer Gesellschaften in ihrem hybriden Glauben an die Planbarkeit des sozialen Lebens und die Formbarkeit des Menschen. Ein kritisch korrigierter Rationalismus dagegen mußte zur Einsicht in die Imperfektibilität des Menschen gelangen und phantastischen Zukunftsentwürfen mit der nötigen Skepsis begegnen. Auch wenn die Ideengeschichte nicht so naht- und bruchlos verlief, wie dies die idealtypische Alternative Talmons suggeriert, können Anarchismus und Kommunismus doch als die Erben jenes „totalitären" Demokratieverständnisses gelten. Beide Ideenkreise fußen in ihrem ethischen Universalismus und politischen Kosmopolitismus auf denselben Grundlagen wie auch der demokratische Verfassungsstaat. In ihrem Hang zum Absoluten, ihrem Sendungsbewußtsein, ihrem unerschütterlichen Glauben an das (irdische) Endreich des Guten erinnern sie allerdings stärker an die chiliastischen Bewegungen des Mittelalters und der frühen Neuzeit.[19]

Die Einstufung als postdemokratisch schließlich verdienen die totalitären Bewegungen des 20. Jahrhunderts, die sowohl in der Wahl ihrer Mittel als auch hinsichtlich der Programmatik auf die Formen und Erfahrungen des demokratischen Zeitalters zurückgreifen, jedoch nur, um diese pseudodemokratisch zu mißbrauchen.[20] Bedeutsam ist wiederum die Unterscheidung zwischen solchen Strömungen, die einen Teil ihrer ideengeschichtlichen Tradition mit dem demokratischen Verfassungsstaat teilen und jenen, die ihre Gestalt gerade in der schroffen Frontstellung gegen die „Ideen von 1789" gewannen. Hier liegt auch der Schlüssel für eine sinnvolle Trennung des „rechten" vom „linken" Extremismus. Die rechtsgerichtete Form negiert eine oder mehrere der tragenden Säulen freiheitlicher Demokratie: den Wert der Person als Selbstzweck; das allen Menschen in gleichem Maße zustehende Recht, ihre Freiheit zu entfalten; das sich daraus ableitende Recht auf gleichberechtigte Teilhabe an den gemeinschaftlichen Angelegenheiten. Die linksgerichtete Form dagegen bejaht dieses geistige Fundament, interpretiert es jedoch in einer spezifischen Weise und unter Verarbeitung ganz andersartiger Traditionen, was zu einem dem demokratischen Verfassungsstaat strikt entgegengesetzten Resultat führt:[21] Die Verzweiflung über die „Heillosigkeit" der Welt nährt den Wunsch nach einem irdischen Paradies, das in maßloser Selbstüberschätzung als planbar und realisierbar gilt. Aus den Trümmern der Geschichte soll das strahlende Endreich des Friedens und der Gerechtigkeit hervorgehen.

---

19 Vgl. Norman Cohn, Das Ringen um das Tausendjährige Reich. Revolutionärer Messianismus im Mittelalter und sein Fortleben in den modernen totalitären Bewegungen (Original: The Pursuit of the Millenium, London 1957), Bern/München 1961; Konrad Farner, Theologie des Kommunismus?, Taschenbuchausgabe, Zürich 1985 (1969); James Joll, Die Anarchisten, Berlin 1966 (Original: The Anarchists, London 1964); Wilhelm E. Mühlmann, Chiliasmus und Nativismus. Studien zur Psychologie, Soziologie und historischen Kasuistik der Umsturzbewegungen, zweiter Druck, Berlin 1964 (1961), S. 241–441.

20 Vgl. Bracher (FN 15).

21 Vgl. Talmon, The Origins (FN 15).

Die so getroffene Unterscheidung zwischen Rechts- und Linksextremismus liegt den folgenden Abschnitten zugrunde, ohne daß immer explizit auf sie rekurriert wird. Sie orientiert sich ausschließlich an ideengeschichtlichen Zusammenhängen. Dabei erhalten die Richtungsbegriffe „rechts“ und „links“ eine andere und spezifischere Bedeutung, als dies in der politischen Umgangssprache zumeist der Fall ist. Die mit der gängigen Rechts-Links-Unterscheidung verbundenen typologisch-topographischen Probleme werden im fünften Kapitel ausführlich zu erörtern sein.

Im folgenden geht es um eine Beschreibung derjenigen geistigen Strömungen, die das extremistische Denken der Gegenwart prägen. Die Frage nach dem Verhältnis dieser politischen Ideen zur großen Freiheitstradition des Abendlandes ist dabei immer wieder zu stellen. Bei der Beschreibung und Einordnung stehen einerseits charakteristische gemeinsame Merkmale der einzelnen Richtungen zur Diskussion, andererseits Varianten, Abweichungen, Häresien und Denkschulen. Dabei stammen die das extremistische Denken speisenden Ideen aus ganz unterschiedlichen historischen Kontexten, ihre Inhalte weisen zum Teil grundlegende Unterschiede auf und bestimmte Flügelgruppen bekämpfen sich „bis aufs Messer“. Die Bezeichnung „extremistisches Denken“ darf über das Faktum großer ideeller Heterogenität im extremistischen Lager also nicht hinwegtäuschen. Daß es darüber hinaus strukturelle Gemeinsamkeiten im Denken aller Extremismen gibt, wird erst im sechsten Kapitel dieser Arbeit Gegenstand ausführlicher Betrachtung sein.

3.1 Kommunismus und Anarchismus

Auch längst eingeführte Begriffe der politischen Sprache wie Kommunismus und Anarchismus bedürfen einer definitorischen Klärung. Beide haben sie eine wechselhafte Begriffsgeschichte durchlaufen[22]; beide bezeichnen sie Idee, Utopie, soziale Bewegung, politische Aktion und Organisation zugleich; beide wurden oder werden sie mit dem Werk bestimmter Theoretiker identifiziert, und dennoch erscheinen beide in besonderem Maße zur Bezeichnung umfassender Ideenkreise geeignet. Die Begriffe sollen daher im folgenden auch als Sammelbezeichnungen für politische Doktrinen einer bestimmten Art dienen.

Die Ideenkreise haben manches gemeinsam, was ihre gegenseitige Abgrenzung nicht immer einfach macht; sie weisen jedoch auch so bedeutende Unterschiede auf, daß es ratsam erscheint, diese sorgfältig herauszuarbeiten. Zu den Gemeinsamkeiten zählt die Tatsache, daß Kommunismus und Anarchismus vordemokratische Traditionen mit dem Erbe der europäischen Aufklärung verbinden. Über den Anarchismus urteilt James Joll: „Obgleich der Anarchismus, ein Produkt auch der Aufklärung des 18. Jahrhunderts, in seinen politischen Theorien vom Vertrauen auf die menschliche Vernunft, auf die Möglichkeit geistigen und moralischen Fortschritts

22 Siehe insbesondere: Wolfgang Schieder, Art. „Kommunismus“, in: Otto Brunner/Werner Conze/Reinhart Koselleck (Hrsg.), Geschichtliche Grundbegriffe. Historisches Lexikon zur politisch-sozialen Sprache in Deutschland, Bd. 3, Stuttgart 1982, S. 455–529; Peter Christian Ludz/Christian Meier, Art. „Anarchie, Anarchismus, Anarchist“, in: Ebd., S. 49–109.

ausgeht, ist dies nur eine Seite der Medaille. Die andere hat ausgesprochen religiösen Charakter und verbindet die Anarchisten, wenn nicht im Dogma, so doch im Gefühl, mit den radikalen Ketzern früherer Jahrhunderte. Das Nebeneinander dieser beiden Temperamentslagen, der religiösen und der rationalistischen, der apokalyptischen und der humanistischen, läßt vieles an den Lehren der Anarchisten widersprüchlich erscheinen [...] Die Überzeugungen der Anarchisten sind nicht zu verstehen ohne Kenntnis der politischen Ideen, die sie von der Aufklärung erbten. Ihre Aktionen aber lassen sich oft nur aus der Psychologie religiösen Glaubens erklären".[23] Gleiches gilt für den Kommunismus – wie ja die politischen Doktrinen beider Ideenkreise nach der Französischen Revolution auch aus ähnlichen historischen Kontexten hervorgingen: Die meisten der von Anarchisten selbst immer wieder als geistige Väter genannten und anerkannten Theoretiker standen in mehr oder weniger engem Kontakt zu den revolutionären Bewegungen ihrer Zeit, und ihr Wirken wurde in einigen Fällen auch zum Ausgangspunkt bedeutender Organisationsbildungen, denkt man an den Einfluß Proudhons und Bakunins auf den französischen, italienischen und spanischen Syndikalismus.[24] Nicht zufällig waren beide in zum Teil heftige Kontroversen mit Karl Marx verwickelt.

Die Gemeinsamkeiten erstrecken sich jedoch auch auf die politischen Doktrinen. Anarchismus und Kommunismus teilen die radikale Absage an alle bestehenden oder herkömmlichen Herrschaftsformen und projektieren statt dessen eine utopische Idealgesellschaft der Zukunft, die Individuen und soziale Gruppen von jeglichen gesellschaftlichen Zwängen befreien soll. Scheinbar laufen also Anarchismus und Kommunismus auf das gleiche Endziel hinaus, oder wie es der anarchistische Fürst Kropotkin ausgedrückt hat: „Die Anarchie führt zum Kommunismus und der Kommunismus zum Anarchismus."[25] Zweifel an dieser finalen Kongruenz beider Ideenkreise melden sich jedoch an, bedenkt man ihre unterschiedlichen gedanklichen Ausgangspunkte. Der Anarchismus stellt – ungeachtet seiner großen konzeptuellen Bandbreite – die Freiheit des Individuums in den Mittelpunkt und entwickelt auf dieser Grundlage seine Vorstellungen vom wünschbaren Verhältnis der Gesellschaftsmitglieder untereinander. Der Kommunismus dagegen fordert zu allererst die rechtliche und materielle Gleichheit Aller, ehe er den daraus erwachsenden Konsequenzen für die Freiheit des Einzelnen Beachtung schenkt. Diese elementare Span-

23 Joll (FN 19), S. 24.

24 Zu den anarchistischen Aktivitäten im internationalen Kontext siehe: George Woodcock, Anarchism. A History of Libertarian Ideas and Movements, Nachdruck, Harmondsworth u.a. 1983 (1962). Zu Frankreich: Roland Biard, Histoire du mouvement anarchiste 1945–1975, Paris 1976; zu Spanien: Walther L. Bernecker, Anarchismus und Bürgerkrieg. Zur Geschichte der sozialen Revolution in Spanien 1936–1939, Hamburg 1978; Murray Bookchin, Los Anarquistas Españoles. Los Años Heroïcos (1968–1936), Barcelona/Buenos Aires/Mexiko 1980 (Originalausgabe: The Spanish Anarchists. The Heroic Years 1868–1936, New York 1977); Gerald Brenan, Die Geschichte Spaniens. Über die sozialen und politischen Hintergründe des Spanischen Bürgerkrieges, Berlin 1978 (Original: The Spanish Labyrinth. An Account of the Social and Political Background of the Civil War, Cambridge 1950); Eulàlia Vega, Anarquistas y Sindicalistas durante la Segunda República. La CNT y los Sindicatos de Oposición en el País Valenciano, Valencia 1987.

25 Zitiert nach: Franz Neumann, Art. „Anarchismus", in: Wolfgang W. Mickel (Hrsg.), Handlexikon zur Politikwissenschaft, München 1983, S. 9–13, 11.

nung zwischen Individualismus und Kollektivismus erzeugt über das vage entworfene Endziel hinaus die grundlegenden Gegensätze, die das Verhältnis anarchistischer und kommunistischer Doktrinen prägen.

Schaubild 3
Anarchismus und Kommunismus: Merkmaloppositionen

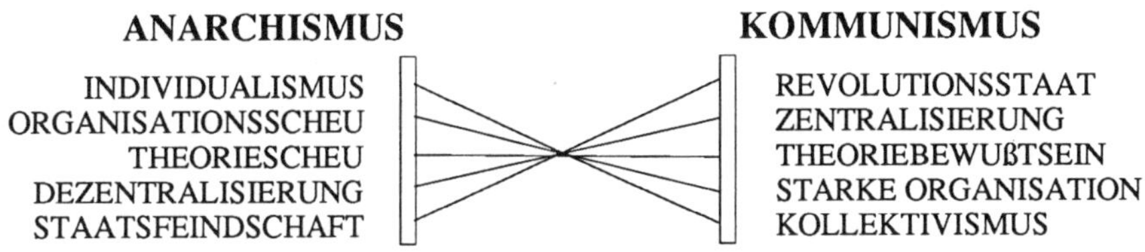

Ist das anarchistische Mißtrauen gegenüber staatlicher Herrschaft ein derart prinzipielles, daß er für deren sofortige Abschaffung eintritt, so sieht der Kommunismus die Errichtung eines starken Staates unter kommunistischer Führung vor, der die erforderlichen revolutionären Umwandlungen schrittweise ins Werk setzen soll. Aus dem Vertrauen auf die Überzeugungskraft rationaler Argumente und der Furcht vor Machtmißbrauch glaubt der Anarchist, auf schlagkräftige politische Organisationen verzichten zu können. Der Kommunist dagegen weiß um die massiven gesellschaftlichen Widerstände, die jeder Revolution im Wege stehen, und plädiert daher für starke, effiziente Organisationsformen. Anarchistische Doktrinen sehen allenfalls „assoziative", „föderative", dezentrale Zusammenschlüsse vor, die an der „Basis" operieren, während der Kommunismus zur zentralen Zusammenfassung aller Kräfte neigt, um so eine revolutionäre Strategie in die Tat umsetzen zu können. Schließlich überträgt der Anarchismus die Furcht vor organisatorischer Machtzusammenballung auf die theoretische Ebene und entwickelt ein Mißtrauen gegenüber weitreichenden, systematischen, alle Lebensbereiche erfassenden Entwürfen, wenngleich auch er keineswegs auf eine dogmatische Kerndoktrin verzichtet.[26] Dem Kommunismus ist diese Theoriescheu fremd. Er tendiert zur Ausarbeitung umfangreicher geschichtsphilosophischer und gesellschaftstheoretischer Systeme, die als Handlungsanleitung dienen können.

Zahlreiche theoretische „Brücken" verbinden die beiden großen Ideenströmungen, wie dies auch die folgenden Subphänomene belegen. Der typisierenden Unterscheidung von Anarchismus und Kommunismus, die in dieser Form noch kaum für den sogenannten „frühen" oder „utopischen" Sozialismus, wohl aber nach dem endgültigen Bruch zwischen Marx und Bakunin im Sommer 1871[27] zu treffen ist,

26 Insofern trifft die Formulierung Lösches, „Ideologiekritik" werde vom Anarchismus „bis zur letzten Konsequenz fortgesetzt, nämlich bis zur Ablehnung auch jeder Theorie", nicht ganz: Peter Lösche, Anarchismus, = Erträge der Forschung, Bd. 66, Darmstadt 1977, S. 18. Siehe auch die kritische Bemerkung von: Günter Bartsch, Zu Begriff und Typologie des Anarchismus, in: PVS 16 (1975), S. 429–431, 430.

27 Vgl. Joll (FN 23), S. 88–118 („Bakunin und das große Schisma"). Siehe dazu ferner: Miklós Molnár, El declive de la primera internacional, Madrid 1974.

kommt dabei eine wichtige erkenntnisaufschließende Funktion zu. Nur dem Kommunismus war politischer Erfolg beschieden. In seinem Namen gelang eine Reihe von Regimebildungen, während der Anarchismus – trotz mancher Höhepunkte – überall scheiterte. Doch wäre es sicherlich unangemessen, machte man den theoretischen Rang einer Doktrin allein oder auch nur in erster Linie von ihrem historisch-praktischen Erfolg abhängig. Der Anarchismus steht auf besonderem ideologischen Grund, hat im Umfeld extremistischen Denkens, und nicht nur dort, vielfach inspirierend gewirkt und ist daher als Ideenkreis eigenen Ranges zu behandeln.

3.1.1 Kommunismus: Formen

Firmiert der Kommunismus an dieser Stelle als ein Sammelbecken politischer Doktrinen, in das sowohl ältere vordemokratische Traditionsströme als auch Elemente der europäischen Aufklärung eingeflossen sind, so verbindet sich damit von vornherein der Verzicht auf die Darstellung vor- und frühneuzeitlicher Formen.[28] Da es vor allem um den Entwurf eines Panoramas extremistischen Denkens der Gegenwart geht, muß die Geschichte kommunistischer Doktrinen mit jenem Theoretiker beginnen, der das, was vor ihm war, mit der abwertenden Bezeichnung „utopischer Sozialismus“ vom Tisch fegte und den Anspruch erhob, den Kommunismus erstmals auf ein „wissenschaftliches“ Fundament gestellt zu haben: Karl Marx.[29] In der Tat hebt sich das Marxsche Opus – auch wenn man einmal berücksichtigt, daß es sich den Zeitgenossen anders darstellte als dem aus sicherer historischer Distanz urteilenden Betrachter[30] – aufgrund seiner Monumentalität (man denke nur an das titanenhafte Unterfangen von „Das Kapital“), der gleichermaßen philosophischen und anthropologischen wie soziologischen und ökonomischen Untermauerung, der engen Verbindung von theoretischer Reflexion und politischer Praxis deutlich von seinen kommunistischen Vorläufern ab. Die Mischung aus wissenschaftlicher Ambitioniertheit und schwindelerregender Globalität der Aussagen, aus hochentwickeltem Differenzierungsvermögen und dogmatischer Beharrung auf einmal für richtig erkannten „Gesetzmäßigkeiten“, aus Gelehrsamkeit und politischer Besessenheit, humaner Gesinnung und messianischem Bewußtsein dürfte – abgesehen von der sozialen Brisanz der Lehre – ein herausragender Grund für ihre außerordentliche Wirksamkeit bis in die Gegenwart sein.

---

28 Siehe dazu besonders: Cohn (FN 19); Farner (FN 19).

29 Karl Marx, geb. am 5. Mai 1818 in Trier, gest. am 17. März 1883 in London. Ab 1842 politischer Journalist („Rheinische Zeitung“, „Neue Rheinische Zeitung“, „New York Daily Tribune“ u. a.); Herbst 1843 Übersiedlung nach Paris; 1848 Rückkehr nach Deutschland; 1849 Emigration nach London; 1864–75 politisches Wirken in der Ersten Internationale. Zur Biographie: Werner Blumenberg, Karl Marx in Selbstzeugnissen und Bilddokumenten, Reinbek bei Hamburg 1962; Arnold Künzli, Karl Marx. Eine Psychographie, Wien 1966; Franz Mehring, Karl Marx. Geschichte seines Lebens, Neuausgabe, Berlin [Ost] 1960 (1918); Fritz J. Raddatz, Karl Marx. Eine politische Biographie, Hamburg 1975.

30 Vgl. Leszek Kolakowski, Die Hauptströmungen des Marxismus. Entstehung – Entwicklung – Zerfall, Bd. 1, 2. überarb. Aufl., München/Zürich 1981 (1977), S. 19.

Im folgenden wird der Versuch unternommen, anhand einiger „Schulen“ und Strömungen ein Panorama kommunistischen Denkens zu entwickeln. Im Gegensatz zur Unterscheidung zwischen Anarchismus und Kommunismus verbindet sich mit den genannten Subphänomenen kein systematischer Anspruch. Dagegen soll ein möglichst breites Spektrum politischer Doktrinen in ihrem Selbstverständnis erfaßt werden, wobei sich auch die Frage nach der Unterscheidung zwischen Extremismus und Demokratie von Fall zu Fall stellt, sofern ihre Beantwortung auf der Grundlage der im zweiten Kapitel entwickelten Maßstäbe nicht banaler Natur ist.

3.1.1.1 Marxismus

Der Terminus „Marxismus“, schon zu Lebzeiten seines Urhebers in Umlauf, ist heute nahezu zum Synonym für „Kommunismus“ geworden. Die außerordentliche Anziehungs- und Wirkkraft der Marxschen Lehre bis in unsere Tage hat die Literatur derart anschwellen lassen, daß eine unbefangene Annäherung an den Gegenstand kaum mehr möglich erscheint. Der Kern der von Karl Marx entwickelten politischen Doktrin[31] ist durch die Verschmelzung dreier geistiger Nährströme entstanden: erstens die idealistische Geschichtsphilosophie Hegels, die zwar „vom Kopf auf die Füße gestellt“, in ihren grundlegenden Strukturprinzipien jedoch übernommen wird: die Teleologie und der Anspruch umfassender „Erkenntnis“ der historisch-gesellschaftlichen Prozesse samt der ihnen obwaltenden Gesetze (Dialektik); zweitens das Erbe des französischen Frühsozialismus mit der Überzeugung von der Notwendigkeit einer grundlegenden Umwälzung der sozialen Verhältnisse; drittens der Einfluß der englischen politischen Ökonomie, in deren Gefolge Marx den Versuch unternimmt, der Hegelschen Geschichtsphilosophie ein naturwissenschaftliches Fundament zu geben.[32] Auf diesen drei Säulen ruht die Marxsche Überzeugung von der notwendigen Heraufkunft einer „klassenlosen Gesellschaft“, die als Endziel der Menschheitsentwicklung firmiert. Alle bisherigen Gesellschaftsformationen seien dagegen durch „Klassenkämpfe“ geprägt. Im Kapitalismus stünden sich eine „bourgeoise“ Minderheit und die „ungeheure[n] Mehrzahl“[33] des Proletariats gegenüber. Durch die Aneignung des „Mehrwertes“ beute der Kapitalbesitzer den nur über seine Arbeitskraft verfügenden Proletarier aus. Die dem Kapitalismus inhärente Tendenz zur Monopolisierung lasse den „Widerspruch zwischen Kapital und Arbeit“ größer und größer werden; die Arbeiterschaft verelende. In dieser Situation besäßen die Kommunisten „vor der übrigen Masse des Proletariats“ „die Einsicht in die Be-

---

31 Die entscheidenden programmatischen Forderungen und Interpretationen enthält bereits das 1847/48 von Karl Marx und Friedrich Engels verfaßte und bald schon in englischer, französischer, deutscher, italienischer, flämischer und dänischer Sprache verbreitete „Manifest der Kommunistischen Partei“. Mir lag folgende Ausgabe vor: Karl Marx/Friedrich Engels, Manifest der Kommunistischen Partei (1847/48), in: Dies., Ausgewählte Werke in sechs Bänden, Bd. 1, 9. Aufl., Berlin [Ost] 1981, S. 383–451.

32 Vgl. auch Kolakowski (FN 30), Bd. 1, S. 466–475.

33 Marx/Engels, Manifest der Kommunistischen Partei (FN 31), S. 428.

dingungen, den Gang und die allgemeinen Resultate der proletarischen Bewegung"[34] und seien in einer revolutionären Situation daher in der Lage, die Entwicklung in die richtigen Bahnen zu lenken.

Mit der Unterscheidung zwischen einem kommunistischen Urzustand der Menschheit, seiner Zerstörung durch die einsetzende Arbeitsteilung und „Entfremdung" und der Rückgewinnung des verlorenen Paradieses in der „klassenlosen Gesellschaft" trägt die Marxsche Geschichtsphilosophie unverkennbar die Züge einer säkularisierten Heilslehre: „Marx war einerseits ein Forscher, der viele Jahre seines Lebens dem rastlosen Streben nach immer umfassenderer, empirisch belegbarer und logisch geschlossener Erkenntnis widmete. Doch er war zugleich, ohne sich dessen klar bewußt zu sein, der Stifter einer Diesseitsreligion – einer Lehre von der Verwirklichung des Heils auf dieser Erde durch sozialen und politischen Kampf um eine vollkommene, konfliktfreie Gesellschaftsordnung".[35] Wie immer man das Verhältnis zwischen wissenschaftlichem Erkenntnisbemühen und ideologischer Erkenntnisgewißheit im Denken des Karl Marx beurteilen mag: Der von Richard Löwenthal hervorgehobene „Doppelcharakter" hat Rezeption, Verbreitung und Charakter der Doktrin maßgeblich bestimmt. Einerseits zogen bedeutende Gelehrte wie Georg Lukács, Karl Korsch, Ernst Bloch und akademische Zirkel wie die Frankfurter Schule daraus eine wissenschaftliche – wenngleich auch hier teleologisch durchsetzte – Inspiration. Andererseits fand sie wie kaum eine andere Lehre Heerscharen gläubiger Anhänger und beeinflußte die politische Landschaft des ausgehenden 19. und vor allem des 20. Jahrhunderts nachhaltig.

Im Rahmen einer Phänomenologie politisch-extremistischer Doktrinen interessiert vor allem die „diesseitsreligiöse" Seite des Marxismus. Die Marxsche Prophezeiung, das Ende des Kapitalismus werde mit naturgesetzlicher Notwendigkeit durch dessen eigene Dynamik herbeigeführt, wurde von der Arbeiterbewegung auch gerade deshalb begeistert aufgenommen, da so die „Expropriation der Expropriateure" auf evolutionärem Wege möglich sei.[36] Diese Interpretation der Marxschen Doktrin fand in Deutschland Anklang, wo sich die Lage der Arbeiter unter dem Einfluß der Bismarckschen Sozialgesetzgebung – im Gegensatz zu Marxens Pauperismustheorie – zu verbessern begann und also die Neigung zu risikoreichen revolutionären Abenteuern abnahm. Damit war zugleich der Keim für eine längerfristig – im europäischen Maßstab[37] – wirksame geistige Emanzipation der Hauptströmungen der Arbeiterbewegung von marxistischer Dogmatik gelegt, wie sie die Marx-Kritik Bernsteins einleitete.[38]

---

34 Ebd., S. 430.

35 Richard Löwenthal, Die Lehren von Karl Marx und ihr Schicksal, in: Ossip K. Flechtheim (Hrsg.), Marx heute. Pro und contra, Hamburg 1983, S. 114 f. Zur Säkularisation des Erlösungsgedankens bei Marx siehe vor allem auch: Karl Löwith, Weltgeschichte und Heilsgeschehen. Die theologischen Voraussetzungen der Geschichtsphilosophie, 6. Aufl., Stuttgart/Köln/Mainz 1973 (1953), S. 41 f.; Ernst Topitsch, Marxismus und Gnosis, in: Ders., Sozialphilosophie zwischen Ideologie und Wissenschaft, 3. Aufl., Neuwied am Rhein/Berlin 1971 (1961), S. 261–296; Eric Voegelin, Gnostische Politik, in: Merkur 6 (1952), S. 301–317.

36 Vgl. Herfried Münkler, Marx heute, in: APZG, B 10/1983, S. 25–35, 26 f.

37 Zur Verbreitung der Lehre vgl. Kolakowski (FN 30), Bd. 2, S. 11–42.

38 Zum Bernsteinschen „Revisionismus" siehe: Bo Gustafsson, Marxismus und Revisionismus.

Die Geschichte des Marxismus als Heilslehre wurde in der Folgezeit dadurch wesentlich bestimmt, daß es 1917 den Bolschewiki, einer revolutionären Minderheitsströmung, in Rußland gelang, die dem Sturz des Zarenregimes folgende Revolution in ihrem Sinne zu entscheiden.[39] Hatte bereits das Jahr 1914, als nahezu alle europäischen Arbeiterparteien die Kriegspolitik ihrer Regierungen unterstützten, den internationalistischen Traum mit den nackten nationalen Realitäten konfrontiert, so ging 1917, was wie eine bittere Ironie der Geschichte erscheinen mag, das „Goldene Zeitalter des Marxismus"[40] unweigerlich zu Ende. Denn mit der ersten sich auf Marx als Lehrherrn berufenden Regimebildung entstand zugleich eine Instanz, die als „Wächterin der reinen Lehre" freie Diskussionen um taktische wie theoretische Fragen unterbinden konnte und diese Funktion auch mit zunehmender Rigorosität wahrnahm.[41] Nach der erfolgreichen Überwindung der prekären Anfangsperiode des bolschewistischen Systems kam es zur Bildung einer neuen Internationale, in der von Anfang an stärker als bei ihren gescheiterten Vorgängerinnen auf ideologische Geschlossenheit geachtet wurde. Die Kommunistische Partei der Sowjetunion (KPdSU) übte bald die unangefochtene Hegemonie aus.[42]

Fortsetzung von Fußnote 38

Eduard Bernsteins Kritik des Marxismus und ihre ideengeschichtlichen Voraussetzungen, 2 Bde., Frankfurt a.M. 1972.

39 Vgl. dazu vor allem: Edward Hallett Carr, The Bolshevik Revolution 1917–1923, 3 Bde., London 1950–1953.

40 So die Bezeichnung Kolakowskis für die Jahre bis 1914: Ders. (FN 30), Bd. 2, S. 11.

41 Hinsichtlich der Frage, ob sich der Marxismus-Leninismus Moskauer Prägung zu Recht auf Marx beruft, herrscht in der Diskussion bislang große Uneinigkeit. Vier Positionen lassen sich unterscheiden: 1. Die Vertreter der Moskauer „Orthodoxie", für die zwischen der Marxschen Lehre, der weiterführenden Interpretation durch Lenin und der politischen Struktur des „real existierenden Sozialismus" kein Widerspruch besteht. 2. Mit dieser Position stimmen im Ergebnis die Vertreter einer Interpretationsrichtung überein, die das Marxsche Œuvre ganz im Banne dogmatischer und „totalitärer" Gedankenstrukturen stehen sieht. So etwa: Klaus Hornung, Der faszinierende Irrtum. Karl Marx und die Folgen, 4. Aufl., Freiburg im Breisgau/Basel/Wien 1982 (1978); Konrad Löw, Die Lehre des Karl Marx. Dokumentation – Kritik, Köln 1982; ders. (Hrsg.), Marxismus-Quellenlexikon, 2. ergänzte Aufl., Köln 1988; Alexander Schwan, Theorie als Dienstmagd der Praxis. Systemwille und Parteilichkeit. Von Marx zu Lenin, Stuttgart 1983. 3. Die entgegengesetzte Position wird von der Moskauer „Orthodoxie" unabhängigen Anhängern des Marxismus vertreten, die der Sowjetunion jedes Recht absprechen, sich auf Marx zu berufen, und die humanitären Impulse seines Wirkens in den Vordergrund stellen. So etwa: Heinz Brandt, Und Marx hat doch recht, in: Flechtheim (FN 35), S. 47–62; Ernest Mandel, Emanzipation, Wissenschaft und Politik bei Karl Marx, in: ebd., S. 134–154. Eine vermittelnde Position schließlich weist sowohl auf die wissenschaftlichen Verdienste von Karl Marx als auch auf dessen Tendenz zur Prophetie und religionsähnlichen Fassung seiner Lehre hin. Demnach ist der Sowjetmarxismus eine legitime und wohlfundierte, aber längst nicht die einzig mögliche Marx-Interpretation. So etwa: Iring Fetscher, Karl Marx und der Marxismus. Von der Philosophie des Proletariats zur proletarischen Weltanschauung, München 1967; Kolakowski (FN 30), Bd. 2, S. 570 (siehe dort auch den Abschnitt „Der Marxismus als Quelle des Leninismus", Bd. 1, S. 476–480, besonders S. 478 f.); Löwenthal (FN 35), S. 114–133.

42 Vgl. Dietrich Geyer, Art. „Kommunistische Internationale", in: Claus D. Kernig (Hrsg.), Die kommunistischen Parteien der Welt, = Sowjetsystem und demokratische Gesellschaft, Freiburg im Breisgau/Basel/Wien 1969, Sp. 14–32.

Während es der KPdSU bis zum Ausbruch des Zweiten Weltkrieges gelang, ihren ideologischen Monopolanspruch – unberührt von den sektiererischen Aktivitäten Leo Trotzkis – in den europäischen KPen durchzusetzen[43], gestaltete sich das Bild des Marxismus in seiner „diesseitsreligiösen“ Form nach 1945 und insbesondere nach dem Tode Stalins (1953) vielfältiger. In Albanien, China und Jugoslawien entstanden kommunistische Regime, die sich ideologisch von der Sowjetunion abgrenzten. In einigen Staaten des Ostblocks wurden reformkommunistische Einflüsse so stark, daß sich die Rote Armee wiederholt (Ungarn 1956, Tschechoslowakei 1968) zur Intervention veranlaßt sah. Der damit verbundene Ansehensverlust führte auch in den KPen des Westens zu innerparteilichen Auseinandersetzungen und Veränderungen. Der „Eurokommunismus“ blieb vor allem in der italienischen KP von nachhaltiger Wirkung.[44] Hatte der Marxismus außerhalb bestehender kommunistischer Regime und ihrer Einflußsphären kaum noch Anhänger, so verhalfen ihm die Studentenbewegungen in der zweiten Hälfte der sechziger Jahre zu einer unverhofften Renaissance.[45] Wie dies schon für die Marxsche Lehre an sich gilt, war die neuerliche Rezeption jedoch janusköpfig: Einerseits gingen befruchtende Impulse von ihr auf die politischen Kulturen und Sozialwissenschaften aus, andererseits aber fand auch eine neue „Totalkritik“ (Sontheimer) des Bestehenden Eingang in die Politik. An die Stelle der alten Dogmatismen traten neue. Eine Vielfalt kommunistischer Sekten sproß aus dem Mutterboden der Protestbewegungen hervor.[46] Auch der Linksterrorismus, besonders in der Bundesrepublik Deutschland und Italien, zog aus der Renaissance des Marxismus – unter Verarbeitung revolutionärer Lehren aus der „Dritten Welt“ – seine Inspiration.[47]

---

43 Vgl. Julius Braunthal, Geschichte der Internationale, 3 Bde., 3. Aufl., Berlin/Bonn 1978.

44 Siehe besonders: Klaus Kellmann, Pluralistischer Kommunismus? Wandlungstendenzen eurokommunistischer Parteien in Westeuropa und ihre Reaktion auf die Erneuerung in Polen, Stuttgart 1984; Wolfgang Leonhard, Die Dreispaltung des Marxismus. Ursprung und Entwicklung des Sowjetmarxismus, Maoismus und Reformkommunismus, Düsseldorf/Wien 1970; ders., Eurokommunismus. Herausforderung für Ost und West, München 1978.

45 Siehe die vergleichende Studie von: Massimo Teodori, Storia delle nuove sinistre in Europa (1956–1976), Bologna 1976.

46 Vgl. Wolfgang Berner, Italiens APO. Außer- und antiparlamentarische Gruppen der italienischen Linken und Ultralinken, – Berichte des Bundesinstituts für ostwissenschaftliche und internationale Studien, Heft 10, Köln 1973; Roland Biard, Dictionnaire de l'extrême-gauche de 1945 à nos jours, Paris 1978; Gerd Langguth, Protestbewegung. Entwicklung, Niedergang, Renaissance. Die Neue Linke seit 1968, Köln 1983.

47 Vgl. die in der Frage der geistigen „Verantwortlichkeit“ unterschiedlich akzentuierenden Deutungen in folgendem Band: Iring Fetscher/Günter Rohrmoser, Ideologien und Strategien, = Analysen zum Terrorismus 1, Opladen 1981. Deutschland und Italien vergleichend: Fetscher, Terrorismus und Reaktion in der Bundesrepublik Deutschland und in Italien, erweiterte Neuausgabe, Reinbek bei Hamburg 1981 (1977).

3.1.1.2 Leninismus

Der Leninismus ist nicht mit dem gleichen Recht ein „Ismus" wie die Marxsche Lehre. Lenins[48] Beitrag zur marxistischen Theorie besteht mehr oder weniger in ihrer Anwendung, Konkretisierung und Weiterentwicklung im Hinblick auf eine bestimmte (revolutionäre) Situation: die Rußlands zu Beginn dieses Jahrhunderts. Lenins politische Schriften sind die eines Praktikers der Revolution. Seine Imperialismustheorie dient dem theoretischen Nachweis, daß – entgegen den Annahmen Marxens – in einem industriell rückständigen Agrarland eine Revolution erfolgreich durchgeführt werden kann. Das Parteikonzept gibt den revolutionären Kräften ein Mittel in die Hand, um ihre Ziele auch gegen starke Widerstände in die Tat umzusetzen. Lenins Partei „neuen Typs" ist keine Massenpartei, sondern eine aus revolutionären Aktivisten bestehende, disziplinierte, streng hierarchisch gegliederte und zentral geführte Kaderorganisation, die zwar als Vorhut („Avantgarde") Tuchfühlung zu den Massen hält, darüber hinaus aber wie eine Gemeinschaft von Verschwörern agiert.[49] Schließlich erläutert Lenin den bereits bei Marx zur Bezeichnung einer „Übergangszeit" verwendeten Begriff der „Diktatur des Proletariats" dergestalt, daß damit auch eine gewaltsame Unterdrückung impliziert ist, um die Ergebnisse der Revolution gegen Widerstände verteidigen und weiterentwickeln zu können.[50]

Lenins Beiträge zur revolutionären Praxis fußen auf den theoretischen Grundlagen der von Marx und Engels entwickelten Lehren – daran hat der russische Revolutionär keinen Zweifel gelassen. Wenn es auch schon aufgrund der andersartigen historischen Entwicklungsvoraussetzungen fragwürdig erscheint, die von Lenin aus den Werken Marxens und Engels' gezogenen Konsequenzen als die einzig möglichen anzusehen, so muß seine Interpretation doch als eine besonders wohlfundierte und plausible gelten: „Solcherart konnte sich der Marxsche Traum von der Einheit als die despotische Herrschaft der Parteioligarchie realisieren und sein Prometheismus sich in Form von Versuchen verwirklichen, das ökonomische Leben mit polizeilichen Mitteln zu organisieren, was die Partei Lenins in den ersten Jahren ihrer Existenz zu tun begann."[51] Allerdings war der Marxismus gewiß nicht die einzige Quelle, aus der Lenin schöpfte. Die eigenständigen Traditionen eines osteuropä-

48 Wladimir Iljitsch Lenin (bürgerlicher Name: Uljanow), geb. am 20. April 1870 in Simbirsk (Wolga), gest. am 21. April 1924 in Moskau. 1887 wegen revolutionärer Betätigung von der Universität Kasan verwiesen; ab 1891 Leiter marxistischer Arbeitszirkel; 1895 Gründung des „Kampfbundes für die Befreiung der Arbeit"; 1897–1900 Verbannung in Sibirien; 1900 Emigration; 1903 Abspaltung der Bolschewiki unter Führung Lenins von der Sozialdemokratischen Arbeiterpartei Rußlands; 1905 Rückkehr ins revolutionäre Rußland; 1907 zweite Emigration; 1912 Konferenz der Bolschewiki unter der Leitung Lenins in Prag – endgültige organisatorische Abspaltung von den Menschewiki; 1915 Teilnahme an der Konferenz der sozialistischen Kriegsgegner in Zimmerwald; 1917 Rückkehr Lenins ins revolutionäre Rußland; November 1917 Wahl zum Vorsitzenden des Rats der Volkskommissare (Regierungschef). Zur Biographie: Hermann Weber, Lenin in Selbstzeugnissen und Bilddokumenten, Reinbek bei Hamburg 1970, Louis Fischer, Das Leben Lenins, Köln/Berlin 1964.

49 Vgl. Iring Fetscher, Von Marx zur Sowjetideologie, 7. Aufl., Frankfurt a. M./Berlin/Bonn 1962.

50 Vgl. Schwan (FN 41).

51 Kolakowski (FN 30), Bd. 1, S. 478.

ischen und orientalischen Chiliasmus und seine Einflüsse auf die revolutionären Lehren Rußlands hat Emanuel Sarkisyanz herausgearbeitet.[52] Was das Leninsche Revolutions- und Parteikonzept betrifft, sind seine Anleihen bei der terroristischen Organisation der „Narodnaja Volja“ unverkennbar.[53]

Unter „Leninismus“ wird heute vor allem ein Partei- und Machteroberungskonzept verstanden. Die „Partei neuen Typs“ dient nach wie vor als Modell kommunistischer Parteien – und dies nicht nur bei denen, die sich zum Marxismus-Leninismus Moskauer Observanz bekennen. Sie ist zugleich Synonym für eine undemokratische Parteistruktur und das „Lackmuspapier“, anhand dessen sich demokratische und extremistische Parteien unterscheiden lassen, wenn Ideologie und Programmatik in dieser Hinsicht versagen. Hier liegt auch der Schlüssel zur Beurteilung „eurokommunistischer“ Parteien, die im Falle der Regierungsübernahme die Spielregeln „bürgerlicher Demokratie“ respektieren wollen. Solange sie am leninistischen Parteityp festhalten, mag die Ernsthaftigkeit derartiger Bekenntnisse tunlichst bezweifelt werden. [54]

3.1.1.3 Stalinismus

Mit dem Begriff des Stalinismus, der in den Staaten des „real existierenden Sozialismus“ – anders als die von Stalin[55] kodifizierten Begriffe „Leninismus“ und „Marxismus-Leninismus“[56] – niemals als terminus technicus verwendet worden ist, verknüpfen sich ein politisches Konzept wie eine bestimmte Herrschaftspraxis. Lag

---

52 Vgl. Emanuel Sarkisyanz, Rußland und der Messianismus des Orients. Sendungsbewußtsein und politischer Chiliasmus des Ostens, Tübingen 1955. Siehe dazu auch die wichtige Interpretation von: Alain Besançon, Les origines intellectuelles du léninisme, Paris 1977.

53 Vgl. Alexander Schwan, Zum Verhältnis von Theorie und Praxis im Marxismus-Leninismus am Beispiel der Parteilehre Lenins, in: Dieter Oberndörfer/Wolfgang Jäger, Marx – Lenin – Mao. Revolution und neue Gesellschaft, mit einem Beitrag von Alexander Schwan, Stuttgart/Berlin/Köln/Mainz 1974, S. 90–101, 91.

54 Vgl. dazu die differenzierte Beurteilung von: Kellmann (FN 44), insbesondere S. 92–105.

55 Josef Wissarionowitsch Stalin (bürgerlicher Name: Dschugaschwili), geb. 21. Dez.1879 in Gori (Georgien), gest. 5. März 1953 in Moskau. 1899 wegen Gründung einer marxistischen Gruppe von der Schule verwiesen, danach als „Berufsrevolutionär“ Organisator von Streiks und Unruhen; 1912 kurzzeitig Redakteur der „Prawda“ in Petrograd, Verhaftung, Flucht außer Landes; 1913 nach Rückkehr erneut verhaftet und nach Sibirien verbannt; 1917 Rückkehr nach Petrograd, gehört zunächst zum gemäßigten Flügel der Bolschewiki, schließt sich dann jedoch Lenin an; Volkskommissar des Innern; im Bürgerkrieg militärischer Kommandant; 1919 Volkskommissar der Arbeiter- und Bauerninspektion; 1922 Generalsekretär der Partei; nach Lenins Tod (1924) setzt sich Stalin gegen seine Rivalen (Trotzki, Sinowjew, Kamenjew, Bucharin) durch. Zur Biographie: Víctor Alba, Historia del estalinismo, 1923/1953, Barcelona 1981; Robert Payne, Stalin. Macht und Tyrannei (Original: The Rise and Fall of Stalin, New York 1965), München 1978; Robert C. Tucker, Stalin as Revolutionary, 1879–1929. A Study in History and Personality, New York 1973; Adam B. Ulam, Stalin. The Man and his Era, New York 1973.

56 Nach Kolakowski soll die von Stalin eingeführte Bezeichnung „Marxismus-Leninismus“ die Einheit der beiden Doktrinen unterstreichen. Er habe sich damit gegen die Benutzung von Formulierungen wie „Marxismus und Leninismus“ gewandt, die die Existenz verschiedener weltanschaulicher Strömungen suggerierten: Kolakowski (FN 30), Bd. 3, S. 15.

bereits der Beitrag Lenins stärker im Bereich der praktischen Revolutionskunde als dem einer umfassenden politischen Theorie, so gilt dies erst recht für Stalin. Seine Antwort auf die „Frage des Sieges des Sozialismus in einem Lande“[57] war die – jenseits übertriebener revolutionstheoretischer Skrupel gezogene – Schlußfolgerung aus der Tatsache, daß die bolschewistische Oktoberrevolution entgegen den Erwartungen Lenins[58] keine revolutionären Erhebungen im Weltmaßstab auslöste. Praktisch hatte bereits Lenin die auf die Oktoberrevolution unmittelbar folgende Phase innenpolitischer Konzeptlosigkeit und intensiver Außenaktivitäten in Erwartung weltrevolutionärer Ereignisse beendet und mit der Entmachtung der Räte und der Ausschaltung von „Fraktionsbildungen“ in der Partei die Weichen für einen Stabilisierungskurs gestellt. Nach Lenins Tod konnte sich der realistischer denkende Stalin gegen seinen weiterhin auf weltrevolutionäre Unternehmungen drängenden Rivalen Trotzki durchsetzen. Zwar beteuerte auch Stalin, er halte einen „vollen, endgültigen Sieg[es] des Sozialismus in einem Lande ohne den Sieg der Revolution in anderen Ländern“[59] für unmöglich; aber gleichzeitig betonte er die „Möglichkeit der Errichtung des Sozialismus mit den Kräften eines Landes“.[60] Bis Anfang der dreißiger Jahre gelang es Stalin, innenpolitische Kontrahenten auszuschalten und maßgeblichen Einfluß auf die Politik des Sowjetstaates zu gewinnen. Der „Aufbau des Sozialismus in einem Lande“ bedeutete für die in der Komintern vertretenen KPen die Unterordnung ihrer Interessen unter die der sowjetischen Kommunisten.[61] Der bewußt genährte Mythos vom „Vaterland aller Werktätigen“ mußte künftig für das Ausbleiben der Weltrevolution entschädigen.

Das Pejorativum „Stalinismus“ bezeichnet aber vor allem auch die Art und Weise, wie Stalin seit Anfang der dreißiger Jahre seine Herrschaft in der Sowjetunion und seine Macht ausübte – wo immer sie hinreichte. Nicht ohne Grund fungiert das „stalinistische“ Regime neben dem NS-System als Prototyp des Totalitarismus – wegen der Art, in der Stalin seinen Vernichtungsfeldzug – im In- und Ausland – gegen politische Gegner und „Abweichler“ führte, der Bedeutung der stalinistischen Geheimpolizei, der öffentlichen Schauprozesse, des Zwangsarbeitssystems des Archipel GULAG.[62] Je mehr Stalin die Kodifizierung und Dogmatisierung des „Marxismus-Leninismus“ vorantrieb, desto mehr erstarrte die Ideologie zur Rechtfertigungslehre. Ihre faktische Legitimationsfunktion verlor an Kraft. Die Inhalte traten hinter Formen zurück: die marxistisch-leninistische Phraseologie, der Personenkult um Marx, Engels, Lenin und mehr und mehr auch Stalin selbst. Die Propa-

57 Joseph Stalin, Zu den Fragen des Leninismus (1926), in: Ders., Fragen des Leninismus, Moskau 1938, S. 141–203, 180. Der Artikel präzisiert und erweitert Überlegungen Stalins (und seiner Skribenten), die er erstmals im April 1924 öffentlich geäußert hatte: Über die Grundlagen des Leninismus. Vorlesungen, gehalten an der Swerdlow-Universität Anfang April 1924, in: Ebd., S. 9–102, insbes. S. 38.

58 Vgl. Kolakowski (FN 30), Bd. 2, S. 548–554.

59 Stalin, Zu den Fragen des Leninismus (FN 57), S. 184.

60 Ebd., S. 181.

61 Vgl. Geyer (FN 42).

62 Vgl. aus der Sicht eines engagierten und aus dem PCF ausgeschlossenen „Eurokommunisten“: Jean Elleinstein, Geschichte des Stalinismus, 2. Aufl., Hamburg/Berlin1977.

ganda griff – insbesondere während des Zweiten Weltkrieges – auf ein massenmobilisierendes Surrogat zurück: den großrussischen Nationalismus und Imperialismus.[63]

Der Tod Stalins 1953 löste in den KPen des Ostblocks heftige Auseinandersetzungen um die Person des Diktators und die zukünftige politische „Linie" aus. Die sogenannte „Entstalinisierung" fand ihren Höhepunkt mit einem Referat Chruschtschows auf dem XX. Parteitag der KPdSU, das Stalin als einen kriminellen Paranoiker darstellte, dessen krankhafte Veranlagung allein für die Entartungen des Sowjetsystems verantwortlich zu machen sei.[64] Indem Chruschtschow der Person Stalins alle Übel anlastete, sprach er die in ihren Grundlagen unter Lenin geschaffenen Herrschaftsstrukturen von jeder Schuld frei. Die personenzentrierte Kritik am „Stalinismus" stellt bis in die Gegenwart eine Form halbherziger innerkommunistischer Auseinandersetzung mit der eigenen Vergangenheit dar, werden hierbei die der Herrschaft Stalins zugrundeliegenden Strukturen doch der Betrachtung entzogen. Die „Entstalinisierung" bedeutete kein prinzipielles Abrücken von den bisher praktizierten Methoden der Herrschaftsausübung, keine Wende, sondern lediglich eine Kurskorrektur.

Die „Entstalinisierung" mußte eine kommunistische Welt in Verwirrung und Ratlosigkeit stürzen, die bis zum Tode des Diktators durch den Stalinkult zusammengehalten worden war. Sich entwickelnde Refombewegungen wurden im Ostblock blutig unterdrückt. Die KPen des Westens, stets auf „Linientreue" bedacht, hinkten der Entwicklung bezeichnenderweise hinterher. Als die interne Rede Chruschtschows an die (westliche) Öffentlichkeit gelangt war, wollten die kommunistischen Parteiführungen jenseits des „eisernen Vorhangs" „lange nicht wahrhaben, daß es sich dabei um den authentischen Text handelte".[65] Erst die militärischen Interventionen der Roten Armee in Budapest (1956), vor allem aber in Prag (1968) führten in den westlichen KPen zu stärkeren Absetzbewegungen.

Die „historischen Leistungen" Stalins erfreuen sich heute noch in kleinen maoistischen Splitterparteien hoher Achtung und Anerkennung. Ein Grund dürfte darin zu sehen sein, daß der offene Konflikt zwischen China und der UdSSR erst in den sechziger Jahren aufbrach, während das Verhältnis der beiden kommunistischen Staaten unter Stalin zumindest äußerlich ohne größere Spannungen war. Zudem galt Stalin nicht als „revisionistisch". So rühmt die aus dem „Kommunistischen Arbeiterbund

---

63 Vgl. Fetscher (FN 49).

64 Vgl. das Epos von: Alexander Solschenizyn, Der Archipel GULAG. Folgeband: Arbeit und Ausrottung – Seele und Stacheldraht, Bern 1974.

65 Kolakowski (FN 30), Bd. 3, S. 490. Was den PCF betrifft, schreibt Bruno Schoch dazu: „Jean Elleinstein brachte an den Tag, daß die KPF-Delegation auf dem XX. Parteitag der KPdSU von der sowjetischen Parteiführung über Existenz und Inhalt des berühmten Geheimberichts von Chruschtschow genauestens unterrichtet worden war, daß es ihr Generalsekretär Maurice Thorez jedoch nicht für nötig befunden hatte, darüber auch nur die Parteiführung zu informieren. Stattdessen wurde der Bericht in Frankreich seitens der KPF wider besseres Wissen 20 Jahre lang als Machwerk bürgerlich interessierter Kreise hingestellt. Nachdem das Parteiorgan L'Humanité Elleinstein noch im Dezember 1976 ein kategorisches Dementi entgegenstellte, gab die Parteiführung im Januar 1977 erstmals offiziell zu, von Chruschtschows Geheimbericht informiert gewesen zu sein." Bruno Schoch, Marxismus in Frankreich seit 1945, Frankfurt a. M./New York 1980, S. 15, Anm. 16.

Deutschlands" (KABD) im Jahre 1982 hervorgegangene „Marxistisch-Leninistische Partei Deutschlands" (MLPD), gegenwärtig die größte K-Gruppe in der Bundesrepublik, die „klare Politik Stalins"; es bestünde „ein unversöhnlicher Gegensatz zwischen dem Marxismus-Leninismus und dem Revisionismus der heutigen Machthaber in der Sowjetunion und DDR".[66] Noch deutlicher heißt es im Programm der inzwischen aufgelösten „Kommunistischen Partei Deutschlands/Marxisten-Leninisten" (KPD/ML): „Um dem modernen Revisionismus den Weg zu bahnen, mußten die Chruschtschow-Revisionisten zunächst vor allem Stalin, den unterschütterlichen Verteidiger des Marxismus-Leninismus, der das Werk Lenins fortgesetzt hat, angreifen."[67] Die KPD/ML gab eine 17 Bände umfassende Stalin-Ausgabe heraus.[68] Ähnlich ist auch die Situation bei den französischen Maoisten: Die 1969 gegründete Zeitschrift „Ligne Rouge", aus deren Umkreis 1970 die Partei „Prolétaire-Ligne Rouge" (PRL) hervorging, bekennt sich ausdrücklich auch zum geistigen Erbe Stalins.[69]

3.1.1.4 Trotzkismus

Der Begriff des „Trotzkismus" ist keine Erfindung Leo Trotzkis[70] oder seiner Anhänger. Das Etikett wurde ihnen von ihren Gegnern, insbesondere Stalin, bereits angeheftet, bevor Trotzki aus der KPdSU ausgestoßen worden war.[71] In dieser Begriffsbedeutung bildete es zunächst das Synonym für Trotzkis Theorie der „permanenten Revolution" („Permanenzler"). Im Laufe der dreißiger Jahre wandte Stalin den Be-

---

66 Rote Fahne vom 8. Februar 1986, S. 9. Die MLPD bleibt damit ihren theoretischen Traditionen treu. Bereits der „Kommunistische Arbeiterbund Deutschlands" (KABD) hatte sich durch eine betont „maoistisch-stalinistische Linie" ausgezeichnet. Vgl. Langguth (FN 46), S. 103.

67 Programm der Kommunistischen Partei Deutschlands/Marxisten-Leninisten, 2. veränderte Aufl., Dortmund 1979, S. 95.

68 Vgl. Jürgen Bacia, Kommunistische Partei Deutschlands/Marxisten-Leninisten, in: Richard Stöss (Hrsg.), Parteien-Handbuch. Die Parteien der Bundesrepublik Deutschland 1945–1980, Bd. 2: FDP bis WAV, Opladen 1984, S. 1850.

69 Vgl. Biard (FN 46), S. 205.

70 Leo Dawidowitsch Trotzki (bürgerlicher Name: Bronstein), geb. am 7. Nov. 1879 in Janowka (Ukraine), gest. am 21. Aug. 1940 in Coyoacán (Mexiko). Als Gymnasiast Kontakt zu marxistischen Gruppen; während der Studentenzeit Agitation in der Arbeiterschaft, Verhaftung, Verbannung nach Sibirien; 1902 Flucht, Emigration nach London; Mitarbeiter der kommunistischen Zeitschrift „Iskra"; 1905 revolutionäre Aktivitäten, Gefängnis; Emigration nach Amerika; 1917 Rückkehr nach Rußland, Präsident des Petrograder Sowjets; Volkskommissar für das Auswärtige; Kriegskommissar, Organisator der Roten Armee; nach Lenins Tod (1924) Auseinandersetzungen mit Stalin; 1929 Verbannung und Ausweisung; in der Emigration rastlose Tätigkeit als Theoretiker und Organisator der bolschewistischen Opposition; 1938 Gründung der IV. Internationale; 1940 von einem Agenten Stalins ermordet. Zur Biographie: Pierre Broué, L'assassinat de Trotzky, Brüssel 1980; Isaac Deutscher, Trotzki, 3 Bde., Frankfurt a. M. 1967; Leo Trotzki, Ma vie, Paris 1933.

71 Der Begriff ist beispielsweise in der von Stalin verfaßten Broschüre „Zu den Fragen des Leninismus" (FN 57) enthalten, die vom Januar 1926 datiert. Zum Verhältnis Trotzkis gegenüber dem sogenannten „Trotzkismus" siehe: Pierre Naville, Il pensiero politico di Trockij: ieri e domani, in: Trockij nel movimento operaio del XX secolo. Sonderband der Zeitschrift „Il Ponte" 36 (1980), Nr. 11/12, S. 1471–1492.

griff jedoch mehr oder weniger unspezifisch auf Oppositionelle und „Abweichler" generell an.[72] Der sowjetische Diktator antwortete all jenen mit Haß und Verfolgung, die die Monopolstellung Moskaus als Zentrum der Weltrevolution in Frage zu stellen gewagt hatten.

Leo Trotzki hatte die bolschewistische Revolution an maßgeblicher Stelle mitorganisiert[73], sich in der Auseinandersetzung um die Nachfolge Lenins jedoch nicht gegen Stalin durchsetzen können. Abgesehen von puren Machtfragen, war der Kernpunkt ihrer Auseinandersetzung revolutionstheoretischer Natur. Während die von Trotzki in ihren Grundzügen bereits vor dem russischen Umsturzversuch des Jahres 1905 entwickelte[74] Theorie der „permanenten Revolution" die These implizierte, ein „sozialistisches" Regime könne sich in der Sowjetunion nur dann dauerhaft etablieren, wenn es Teil eines zügig voranzutreibenden weltrevolutionären Prozesses sei[75], plädierte Stalin für die Konsolidierung des „Sozialismus in einem Lande"[76], wollte also das Projekt der bolschewistischen Revolution in relativer Unabhängigkeit von weltrevolutionären Zielen durchführen. Trotzki wurde aus der Kommunistischen Partei ausgeschlossen, kurzzeitig nach Sibirien verbannt und im Januar 1929 des Landes verwiesen.

Trotzki übte nun scharfe Kritik an der „bürokratischen Entartung" des Sowjetsystems und der Erstarrung des innerparteilichen Lebens. Sie entbehrte allerdings der Glaubwürdigkeit, da die Grundlagen hierzu bereits von Lenin und mit seiner aktiven Mithilfe gelegt worden waren. Trotzki blieb auch ein unbedingter Verfechter der Organisationsprinzipien Lenins und versagte Stalin und dem Sowjetsystem bei aller Kritik doch niemals die Anerkennung als Arbeiterstaat. Das Zerwürfnis zwischen Stalin und Trotzki stellte für den erstgenannten wohl primär eine Frage der Macht dar, bei letztgenanntem die Konsequenz dogmatischen Starrsinns wie auch eines unbedingten Glaubens an die eigene Mission.[77] In Wirklichkeit war – selbst bei imma-

---

72 Völlig absurde Formen nahm die stalinistische Trotzkisten-Verfolgung im Verlaufe der Moskauer Schauprozesse 1936–1939 an. Eine Kostprobe bietet ein Artikel Wilhelm Piecks, der im Februar 1937 unter dem Titel „Hitlerfaschismus und Trotzkismus" in der „Rundschau über Politik, Wirtschaft und Arbeiterbewegung"(Basel) erschien: „Der Moskauer Prozeß gegen das 'trotzkistische Parallele Zentrum', an dessen Spitze Pjatakow, Radek, Sokolnikow, Serebrjakow und andere Trotzkisten standen, brachte durch die Kraft der dem obersten Sowjetgericht vorliegenden Beweise dem Hitlerfaschismus, in dessen Dienste die trotzkistischen Banditen ihre Verbrechen gegen das Sowjetvolk und gegen die werktätigen Massen der ganzen Welt verübten, eine schwere Niederlage bei. In allen Einzelheiten war in geheimen Besprechungen und Abmachungen von Hitlers Stellvertreter, Heß, mit Trotzki der Kriegsplan gegen die Sowjetunion festgelegt worden." Auszugsweise abgedruckt in: Peter Brandt/Ulrich Schulze-Marmeling (Hrsg.), Antifaschismus. Ein Lesebuch. Deutsche Stimmen gegen Nationalsozialismus und Rechtsextremismus von 1922 bis zur Gegenwart, Berlin 1985, S. 217.

73 Über die Rolle Trotzkis beim bolschewistischen Staatsstreich vom Herbst 1917 berichtet: Curzio Malaparte, Technik des Staatsstreichs. Essay, Berlin 1988 (Original: Technique du coup d'Etat, Paris 1931).

74 So Trotzki in der Einleitung zu: Ders., Die permanente Revolution, Berlin 1930, S. 21.

75 Vgl. die präzise Zusammenfassung Trotzkis in: Ebd., S. 158–163.

76 Vgl. Stalin, Über die Grundlagen des Leninismus (FN 57).

77 Vgl. hierzu besonders die ideologiekritische Untersuchung von: Heinz Abosch, Trotzki und der Bolschewismus, Frankfurt a.M./Berlin/Wien 1984 (1975). Treffend auch die religionssoziologische

nenter Betrachtung – der Hauptgegensatz zwischen Trotzkis hochabstraktem Theoriekonstrukt und dem pragmatischen Lösungsmodell Stalins aufgebauscht: Weder leugnete der eine die Möglichkeit des Beginns einer sozialistischen Revolution im nationalen Rahmen[78], noch glaubte der andere an einen „endgültigen" „Sieg des Sozialismus in einem Lande".[79] Es ist daher zumindest grob einseitig, wenn Trotzki gegen Stalin ausgespielt wird, wie dies häufig in der Studentenbewegung geschah.

In den Jahren des Exils versuchte Trotzki, eine „linke Opposition" zu formieren, die nach dem bald zu erwartenden Zusammenbruch der Herrschaft Stalins eine Erneuerung der Partei und eine Korrektur ihrer grundlegenden „Irrtümer" bewirken sollte. Als Stalin seine Stellung – den Erwartungen seiner Kontrahenten zuwider – jedoch festigen konnte, einen erbitterten Kampf gegen Trotzkisten im In- und Ausland führte, den Nationalsozialisten 1933 die Machtübernahme in Deutschland gelang, revidierte Trotzki seine ursprünglichen Absichten und trat nun für die Gründung eines Konkurrenzunternehmens zur Komintern ein – einer IV. Internationale. Diese wurde 1938 in einem Vorort von Paris in Abwesenheit des Meisters ins Leben gerufen.[80] Allerdings hatten bereits Richtungskämpfe innerhalb der trotzkistischen Gruppen eingesetzt. Ständige Zerwürfnisse und Spaltungen bewirkten in der Folgezeit, daß die IV. Internationale sich niemals der Anerkennung aller trotzkistischen Gruppen erfreute.

Dem Trotzkismus war insgesamt kein durchschlagender politischer Erfolg beschieden; in den meisten Ländern kam er über das Stadium einer kleinen Sekte nicht hinaus. Die Agenten Stalins sorgten im Ausland dafür, daß sich Trotzkisten in ständiger Lebensgefahr befanden. Manch einer, der in den Reihen der Internationalen Brigaden im spanischen Bürgerkrieg kämpfte, wurde hinter den Linien niedergemacht[81], Trotzki selber im August 1940 von einem Agenten Stalins im mexikanischen Exil meuchlings ermordet. Die kleine Gemeinde der Trotzkisten war ihres geistigen Oberhauptes beraubt.

Die Geschichte des Trotzkismus bietet eine glänzende Bestätigung der Regel, wonach ein hoher Grad dogmatischer Verfestigung mit ständigen Spaltungen und Splittergruppen-Bildungen einhergeht. Allein in der Bundesrepublik existierten 1984 sechs unabhängige trotzkistische Organisationen.[82] Die „bedeutendste" unter ihnen,

---

Fortsetzung von Fußnote 77
Untersuchung von: Klaus-Georg Riegel, Sendungsprophetie und Charisma. Am Beispiel Leo Trotzkis, in: W. Lipp (Hrsg.), Kulturtypen, Kulturcharaktere, Berlin 1987, S. 221–237.

78 Vgl. Trotzki, Die permanente Revolution (FN 74), S. 160 f.

79 Vgl. Stalin (FN 57), S. 180–183.

80 Vgl. Deutscher (FN 70), Bd. 2, S. 312. Zum Werk Trotzkis außerdem: Kolakowski (FN 30), Bd. 3, S. 205–241.

81 Siehe den Abschnitt „Trotzkistenjagd in Spanien" bei: Günter Bartsch, Trotzkismus als eigentlicher Sowjetkommunismus? Die IV. Internationale und ihre Konkurrenzverbände, Berlin/Bonn–Bad Godesberg 1977, S. 41 f. – Außerdem: Victor Serge, Beruf: Revolutionär. Erinnerungen 1901 – 1917 – 1941, Frankfurt a. M. 1967 (Original: Mémoires d'un révolutionnaire, Paris 1951), S. 378–383.

82 Vgl. VSB 1984, S. 92–94. Siehe weiterhin: Langguth (FN 46), S. 132–151; Friedrich-Wilhelm Schlomann, Trotzkisten – Europäische Arbeiterpartei – „Maoisten", in: APZG, B 27/1980, S. 12–28; Peter Brandt/Rudolf Steinke, Die Gruppe Internationale Marxisten, in: Stöss (FN 68), S. 1599–1647. Von einer noch größeren Zahl trotzkistischer Splittergruppen (15) ist im VSB 1987, S. 56 die Rede.

die allerdings nur wenige hundert Mitglieder zählende „Gruppe Internationale Marxisten" (GIM), war die deutsche Sektion der „IV. Internationale (Vereinigtes Sekretariat)" (Sitz: Brüssel), die sich besonders eng am Werk Trotzkis orientierte und der Pierre Frank[83], ehemaliger Sekretär Trotzkis, und der Chefideologe und Wirtschaftswissenschaftler Ernest Mandel[84] angehörten. Die Organisation beschloß 1986 ihre Auflösung; große Teile vereinigten sich im Herbst 1986 mit der (maoistischen) KPD (ehemals „KPD/ML") zur „Vereinigten Sozialistischen Partei" (VSP).[85] Der „Bund Sozialistischer Arbeiter" (BSA; ca. 150 Mitglieder) zählt zu dem in London residierenden „Internationalen Komitee der Vierten Internationale". Die „Internationale Sozialistische Arbeiterorganisation" (ISA) rechnet sich der „IV. Internationale (Internationales Zentrum für ihren Wiederaufbau)" zu (Sitz: Paris), die „Trotzkistische Liga Deutschlands" (TLD) der „Internationalen Spartacist-Tendenz" (IST; Schwerpunkte: USA, Kanada, Australien), die „Posadistische Kommunistische Partei" der „IV. Internationale Trotzkisten-Posadisten" (Schwerpunkt: Lateinamerika), die „Sozialistische Arbeitergruppe" (SAG) schließlich den „Internationalen Sozialisten" (Schwerpunkt: Westeuropa, USA).

Abgesehen von persönlichen Rivalitäten und Zerwürfnissen, sind es sowohl strategische als auch weltanschauliche, insbesondere revolutionstheoretische Divergenzen, die, gepaart mit einem extremen Dogmatismus, die Zersplitterung des Trotzkismus bewirken.[86] So werden etwa gegenüber dem sogenannten „Entrismus", dem anonymen politischen Wirken in einer „Wirtspartei", sehr verschiedene Positionen eingenommen. Während die einen den „Entrismus" für die einzig sinnvolle trotzkistische Strategie halten, sind die anderen der Auffassung, in jedem Land müsse eine trotzkistische Partei ganz offen agieren und sich als Alternative empfehlen. Darüber hinaus gibt es vermittelnde Positionen (z. B. „offener Entrismus"). Weltanschaulich und revolutionstheoretisch nimmt der Posadismus gegenüber den übrigen Richtun-

---

83 Pierre Frank, geb. 1906, gest. 1984; 1925 Beitritt zur Kommunistischen Partei Frankreichs; 1927 Parteiausschluß wegen Unterstützung der KPdSU-Opposition um Trotzki und Sinowjew; seit 1932/33 Sekretär Trotzkis; Opfer zweier Attentate der OAS im Algerienkrieg; Aktivist bei den Mai-Unruhen 1968 in Paris, 1969 Mitbegründer der „Ligue Communiste Révolutionnaire" (französische Sektion der „IV. Internationale"); Mitglied des „Vereinigten Sekretariats der IV. Internationale". Zur Biographie: Ali Tariq (Hrsg.), New Revolutionnaries. Left Opposition, London 1969; Art. „Trotzkistische Traditionspflege", in: Tageszeitung (Berlin) vom 4. Mai 1984, S. 7.

84 Ernest Mandel, geb. 4. April 1923 in Frankfurt a. M.; seit 1941 Studium in Brüssel; nach Besetzung Belgiens Deportation nach Deutschland, Lagerhaft; nach dem Krieg journalistische Tätigkeit; 1954–63 wirtschaftlicher Sachverständiger des belgischen Gewerkschaftsbundes FGTB; 1970/71 Gastdozentur am Otto-Suhr-Institut der FU Berlin; ab 1971 Dozent an der Universität Brüssel, seit 1982 Ordinarius daselbst; Herausgeber der belgischen Wochenzeitschrift „Le Gauche"; Mitglied des „Vereinigten Sekretariats der IV. Internationale"; zeitweise Einreiseverbot in mehrere europäische Länder. Zur Biographie: Ali Tariq (FN 83).

85 Vgl. Art. „GIM aufgelöst und gespalten", in: Rote Fahne vom 12. Juli 1986, S. 9; VSB 1986, S. 106–108.

86 Zu den theoretischen Kontroversen ausführlich: Bartsch (FN 81), S. 99–132, der die politische Bedeutung der – zum Teil winzigen – trotzkistischen Gruppierungen generell zu hoch einschätzt. Die organisatorischen Größen bleiben bei der Darstellung häufig unterbelichtet, was allerdings teilweise auf die konspirativen Betätigungsformen zurückzuführen ist.

gen eine gewisse Sonderstellung ein. Der über ein ausgeprägtes Sendungsbewußtsein verfügende Chefideologe[87], Juan Posadas, hält einen Atomkrieg für unvermeidlich, um dem „Imperialismus" den Todesstoß zu versetzen, und plädiert für eine „monolithische Gesellschaft", in der „die Ehen in revolutionäre Zellen umgeschmolzen werden."[88] Die Staaten des „real existierenden Sozialismus" erkennt er als Triebkräfte der Revolution ebenso an wie nationalrevolutionäre Bewegungen (so zum Beispiel den Peronismus).[89]

Aufgrund der internen Zerstrittenheit des Trotzkismus ist ein „kleinster gemeinsamer Nenner" ideologisch–programmatischer Art schwer zu finden.[90] Als Hauptmerkmal kann wohl der ausgeprägte Internationalismus gelten. Die aus der „Krise des Kapitalismus" hervorgehende Revolution wird schon aufgrund des „internationalen" Charakters des Kapitalismus selbst nur im Weltmaßstab erfolgreich sein. Auf nationaler Ebene erweist sich weder das kommunistische Endziel noch das erste Stadium der Revolution, der Sozialismus, als realisierbar. Die Trotzkisten lehnen den Nationalstaat daher generell ab und fordern die Errichtung eines kontinentalen Rätestaates, der die Voraussetzungen für das eigene Absterben schaffen und dem ohne Herrschaft funktionierenden Weltkommunismus Platz machen soll. In einem Spannungsverhältnis, wenn nicht im Widerspruch zur Forderung nach einem Rätesystem und der „Arbeiterdemokratie" steht die Berufung auf die „bolschewistisch–leninistische" Tradition. Die Rätebewegung nämlich soll der Rekrutierung einer nach den Prinzipien des „demokratischen Zentralismus" organisierten Kaderpartei dienen, in der zwar „Linientreue" gefordert wird, jedoch „Fraktionsfreiheit" gelten soll.

Dieses zwiespältige programmatische Element resultiert aus dem von seiten des Trotzkismus gepflegten Mythos der frühen bolschewistischen Periode unter der Führung Lenins bis 1923, in der die KP noch durch eine gewisse Heterogenität der Anschauungen gekennzeichnet war.[91] Lenin selbst jedoch befahl die Auflösung der Räte, die in Widerspruch zum Konzept der Avantgarde-Partei gerieten. Das Spannungsverhältnis zwischen der Forderung nach einem Rätesystem und dem Bekenntnis zum leninistischen Parteikonzept kennzeichnet auch die Stellungnahmen trotzkistischer Organisationen zum „Eurokommunismus".[92] Mit dem Vorwurf der

87 Vgl. ebd., S. 101.
88 Ebd., S. 109.
89 Vgl. ebd., S. 108 f.
90 Vgl. zum folgenden auch die – unsystematische – Zusammenstellung bei: Ebd., S. 133–137.
91 Vgl. dazu ebd., S. 144–147.
92 Vgl. Brandt/Steinke (FN 82), S. 1617 f. und 1623. Die Ausführungen bei Brandt/Steinke sind in diesem Punkt allerdings widersprüchlich. Einerseits wird behauptet, die „IV. Internationale" sei „sich klar darüber" geworden, „daß die Betonung der leninistischen Tradition ihrer Interventionsfähigkeit in die Diskussionsprozesse innerhalb der westeuropäischen sozialistischen Bewegung eher schadete" (S. 1617); andererseits behaupten die Autoren: „Der eurokommunistische Demokratiebegriff – vor allem exemplifiziert an den Vorstellungen der PCI – wird als Anpassung und Übernahme des bürgerlichen Demokratie- und Parlamentarismusverständnisses gewertet." (S. 1623)

„Sozialdemokratisierung“[93] erteilen die Trotzkisten der Konzeption eines „dritten Weges“ zwischen „West“ und „Ost“ eine Absage. Bei unterschiedlicher Beurteilung im einzelnen ziehen sie die Systeme des „real existierenden Sozialismus“ dennoch als „Arbeiterstaaten“ den bürgerlich-kapitalistischen Ländern vor.[94]

3.1.1.5 Maoismus

Der Begriff „Maoismus“ wird weder von der KP Chinas noch mit ihr sympathisierenden KPen außerhalb Chinas verwendet. Er hat sich aber als Bezeichnung für die politische Doktrin des chinesischen Kommunistenführers Mao Tse-tung[95] und der sich an ihr orientierenden Kommunistischen Organisationen im Westen eingebürgert.[96] Grundlage des „Maoismus“ wären insofern die politischen Schriften Maos und – im weiteren Sinne – die von ihm maßgeblich getragene und mitverantwortete Politik im Zeitraum von 1958, dem Beginn der Abkehr vom sowjetischen Vorbild, bis zu seinem Tod 1976.[97] Versteht man den „Maoismus“ als Kriegsstrategie, so müßte man auch das Wirken Maos vor 1949 einbeziehen.

1949 hatte der Führer der chinesischen KP, Mao Tse-tung, der Welt den Sieg der Kommunisten in China verkünden können. Dies war ihm nicht mit der Unterstützung Stalins, sondern vielmehr gegen dessen Willen gelungen. Wieder einmal hatte der sowjetische Diktator die nationalen Interessen der Sowjetunion allen „internationalistischen“ Erwägungen übergeordnet.[98] Es mußte früher oder später die machtpolitischen Interessen der Sowjetunion tangieren, würde die Riesennation unter einer geeinten politischen Führung zu einem gewichtigen Faktor in der Weltpolitik heranreifen. Zudem waren schon vor dem Sieg der Kommunisten ideologische Gegensätze sichtbar geworden, die den Sowjetführern im Kreml als unvereinbar mit den Prinzipien des Marxismus-Leninismus erschienen. Dabei ging es weniger um theoretische Probleme als um Fragen der praktischen Durchführung revolutionärer

---

93 So der Cheftheoretiker der „IV. Internationale“ in Brüssel: Ernest Mandel, Kritik des Eurokommunismus. Revolutionäre Alternative oder neue Etappe in der Krise des Stalinismus?, Berlin 1978.

94 Vgl. Bartsch (FN 81), S. 136.

95 Mao Tse-tung, geb. 26. Dez. 1893, gest. 9. Sept. 1976. Führer der KP und Gründer der Volksrepublik China; Marxist seit 1920; 1921 Gründungsmitglied der KP Chinas; 1921–22 Organisation der Partei in Hünan; seit 1923 Mitglied des ZK und des Zentralen Politbüros der KP; 1928 Führer der kommunistischen Partisanenbewegung in Südchina; 1934/35 „Langer Marsch“; 1946–1949 Vertreibung der Kuomintang-Truppen von Chiang Kai-shek vom Festland; 1949 Proklamation der Volksrepublik China; 1965–67 „Große Proletarische Kulturrevolution“ zur Bekämpfung des „Revisionismus“.

96 Vgl. Enrica Collotti Pischel, Art. „Maoismo“, in: Norberto Bobbio/Nicola Matteucci/Gianfranco Pasquino (Hrsg.), Dizionario di Politica, 2. edizione interamente riveduta e ampliata, Turin 1983, S. 631–634, 631.

97 Vgl. zu dieser Periodisierung: Jürgen Domes, Politische Landeskunde der Volksrepublik China, Berlin 1982, S. 40–44. Die Darstellung bei Domes legt die Frage nahe, in welchem Maße die innenpolitische Lage Chinas den auf dem XX. Parteitag der KPdSU 1956 zurückzuführenden Bruch mit der UdSSR beeinflußt hat.

98 Vgl. auch zum folgenden: Kolakowski (FN 30), Bd. 3, S. 543.

Politik. Mao Tse-tung hatte nämlich nicht wie Marx auf das revolutionäre Potential der Industriearbeiterschaft gesetzt, die in China eine verschwindend kleine Gruppe in der Bevölkerung bildete, sondern auf die verarmten bäuerlichen Massen. Nicht von den Städten sollte die Revolution ausgehen; Maos Strategie sah die „Einkreisung der Städte durch das Land"[99] vor. Der Erfolg gab den chinesischen Kommunisten in ihrer Auseinandersetzung mit Moskau Recht. Widerwillig mußte der Kreml nun die Leistung einer kommunistischen Bewegung anerkennen, die im volkreichsten Land der Erde gesiegt hatte und dazu prädestiniert war, den Monopolanspruch Moskaus auf das Zentrum der Weltrevolution anzufechten. Diese Tatsache wurde freilich dadurch verschmerzbar, daß China – selbst im Vergleich zur Sowjetunion – ein unterentwickeltes Land blieb, das politisch und ökonomisch von einer Krise in die andere stolperte.[100]

Während die chinesische Führung in der Regierungszeit Stalins das sowjetische Vorbild pries und auch noch nach dessen Tod den „Aufbau des Sozialismus" in China danach ausrichtete[101], leitete der XX. Parteitag der KPdSU im Jahre 1956 den Bruch zwischen den beiden kommunistischen Staaten ein. Die chinesischen Kommunisten vollzogen die – sehr an den charakterlichen Deformationen Stalins orientierte – „Entstalinisierung" nicht mit und kritisierten die Rede Chruschtschows über den „Personenkult" heftig, da sie die großen Verdienste Stalins beim „Aufbau des Sozialismus" nicht gewürdigt habe. Der propagierten Politik der „friedlichen Koexistenz" hielten die Vertreter der chinesischen KP die Auffassung entgegen, es könne kein friedliches Hinübergleiten vom Kapitalismus zum Sozialismus geben, vielmehr sei der weltrevolutionäre Prozeß ohne kriegerische Auseinandersetzungen nicht möglich.[102] Der Konflikt spitzte sich in den darauf folgenden Jahren noch zu. Auf der beratenden Versammlung der kommunistischen Parteien in Moskau im November 1960 attackierte der Vertreter der chinesischen KP heftig die „klassenversöhnlerische und verräterische Politik der KPdSU".[103] Dem schloß sich Enver Hoxha an, der Vorsitzende der albanischen KP.

Nicht das politische Œuvre Mao Tse-tungs, sondern der sich entspinnende sino-sowjetische Gegensatz wurde zum Anlaß „maoistischer" Organisationsgründungen in den westlichen Demokratien. Infolge dessen steht ihr „Maoismus" nur in einem lockeren Verhältnis zum literarischen Wirken des chinesischen KP-Führers. Dies kann umso weniger erstaunen, als die Schriften Maos überwiegend politisch-praktischer Natur sind, während seine wenigen philosophisch-theoretischen Beiträge kaum originell zu sein scheinen.[104] Die seit Anfang der sechziger Jahre entstandenen

---

99 Ebd.

100 Siehe Domes (FN 97), S. 37 ff.

101 Vgl. ebd., S. 40–44.

102 Vgl. Jürgen Bacia, Kommunistische Partei Deutschlands/Marxisten-Leninisten, in: Stöss (FN 68), S. 1831 f.

103 Ebd., S. 1832.

104 Zu nennen wären die beiden Beiträge „Über die Praxis. Über den Zusammenhang von Erkenntnis und Praxis, von Wissen und Handeln" (1937) und „Über den Widerspruch" (1937). Sie sind enthalten in: Mao Tse-tung, Ausgewählte Werke, Bd. 1, Peking 1968, S. 347–364 und 365–408. Kolakowski urteilt darüber: „Seine beiden philosophischen Vorträge – über die Praxis und über die

maoistischen Gruppierungen[105], ein Sammelbecken von Altstalinisten und des Antiautoritarismus überdrüssiger Anhänger der Studentenbewegungen[106], einte ihr dezidiertes Bekenntnis zum „Marxismus-Leninismus", das den Vorwurf des „Revisionismus" gegenüber der Sowjetunion und ihren Satellitenstaaten einschloß. Mit unterschiedlichem Nachdruck[107] ehr(t)en sie Stalin als konsequenten Fortführer des von Lenin begonnenen Werkes. Von allen Gruppierungen wird schließlich das Ziel einer kommunistischen Weltrevolution betont. Im einzelnen dürfen jedoch ideologisch-programmatische Bindungen maoistischer Organisationen an die chinesische Mutterpartei nicht überschätzt werden. Entscheidender ist vermutlich das Anlehnungsbedürfnis an ein bestimmtes Entwicklungsmodell, ein „real existierendes" System, das emotionale Identifikationsmöglichkeiten schafft, um gegenüber den Verlockungen des „Kapitalismus" gewappnet zu sein.

So haben sich auch kommunistische Organisationen als „maoistisch" verstanden, die weder von der chinesischen KP die Approbation erhielten, noch in entscheidenden Punkten des ideologisch-programmatischen Selbstverständnisses mit offiziell anerkannten Parteien übereinstimmten. Dies mag angesichts der Myriade heillos zerstrittener maoistischer Zirkel in zahlreichen Ländern[108] nicht sonderlich überraschen. Ein interessantes Beispiel hierfür war die sogenannte „mao-spontaneistische" Strömung („mao-spontex") in Frankreich, die mit der maoistischen „Orthodoxie" des 1968 verbotenen „Parti Communiste Marxiste-Léniniste de France" (PCMLF) auf Kriegsfuß stand.[109] Die früheste Vertreterin dieser Richtung, die „Union des Jeunes-

---

Fortsetzung von Fußnote 104

Widersprüche – sind eine populäre und vereinfachte Darstellung dessen, was er bei der Lektüre Lenins und Stalins aufgenommen hatte; es bedarf (euphemistisch ausgedrückt) einer beträchtlichen Anspannung des guten Willens, um in diesen Texten theoretische Tiefen zu entdecken." Kolakowski (FN 30), Bd. 3, S. 538 f.

105 Das Mitglied des Zentralkomitees des „Parti Communiste de Belgique" (PCB), Jacques Grippa, vertrat seit Februar 1962 maoistische Positionen. Die von ihm im darauf folgenden Jahr gegründete Organisation, der „Parti Communiste Belge, Marxiste-Léniniste"(PCB-ML), gilt als erste maoistische Partei außerhalb Chinas. Vgl. Biard (FN 46), S. 221. Innerhalb des PCB entwickelte sich bereits 1958 ein maoistischer Flügel. Vgl. dazu Roger Cosyns-Verhaegen, Art. „Belgien", in: Kernig (FN 42), Sp. 93–101, 100 f. Eine ausführliche Übersicht über die maoistischen Parteigründungen in Europa geben: Friedrich-Wilhelm Schlomann/Paulette Friedlingstein, Die Maoisten. Pekings Filialen in Westeuropa, Frankfurt a. M. 1970.

106 Dies gilt beispielsweise für die 1968 gegründete KPD/ML, die sowohl Altstalinisten aus der illegalen KPD aufnahm als auch – in verstärktem Maße – ehemalige APO-Anhänger. Vgl. dazu Bacia (FN 101), S. 1833–1836. Auch in Frankreich bestand die erste „Generation" von Maoisten aus Altstalinisten: „A l'origine il [die maoistische Strömung; U.B.] se compose essentiellement de militants des PC incapables de comprendre le virage du XXe Congrès." Biard (FN 46), S. 219.

107 Es wurde jedoch von einigen Organisationen auch Kritik an Stalin geäußert, am heftigsten vielleicht von seiten des KBW. Vgl. Langguth (FN 46), S. 62.

108 Viele davon haben sich allerdings im Verlauf der siebziger Jahre wieder aufgelöst. Am eindrucksvollsten war das unüberschaubare Gewimmel maoistischer Gruppierungen in Italien. Eine Fülle von Organisationsgründungen, -abspaltungen und -auflösungen findet sich rekonstruiert bei: Berner (FN 46).

109 Vgl. Biard (FN 46), S. 270–273. Zum Maoismus in Frankreich siehe auch die reichhaltige Dokumentation (mit Chronologie) von: Patrick Kessel, Le mouvement „maoïste" en France. Textes et documents, 2 Bde., Paris 1972 und 1978.

ses Communistes Marxistes-Léninistes" (UJCML) sah in der chinesischen Kulturrevolution den tiefen Ausdruck des „Volkswillens".[110] Zwar leugnete sie die Notwendigkeit einer kommunistischen Partei nicht, vertrat jedoch die Auffassung, diese müsse aus Initiativen der „Massen" an der Basis hervorgehen. Auch ihre Nachfolgerin, die 1969 gegründete, 1973 wieder aufgelöste „Gauche Prolétarienne" (GP), trat für die Bildung möglichst zahlreicher „Aktionskomitees" ein.[111]

Mehr über die wahren Triebkräfte maoistischer Organisationen konnte man nach dem Tode Mao Tse-tungs 1976 erfahren. Bereits einige Jahre zuvor hatten Nachfolgekämpfe innerhalb der KPen eingesetzt. Die Frage war, wie sich die maoistischen Organisationen nun gegenüber dem politischen Kurs der neuen Führungsriege in Peking verhalten würden. In der Bundesrepublik entstand ein heterogenes Bild: Während sich KBW und KPD – beide haben sich inzwischen aufgelöst[112] – nach einer Phase tiefgreifender Auseinandersetzungen und Zerwürfnisse dem Kurs der chinesischen Kommunisten trotz gewandelter Rahmenbedingungen wieder annäherten[113], distanzierten sich KB und KABD von der neuen chinesischen Außenpolitik. Die KPD/ML blieb kurzzeitig den „Mao Tse-tung-Ideen" treu, fand jedoch 1978, der chinesische KP-Führer könne nicht als „Klassiker" anerkannt werden.[114] Deutlicher als zuvor orientierte sich die KPD/ML seither am Vorbild Albaniens. Strenggenommen müßte demzufolge zwischen „Maoismus" und „Sinokommunismus" unterschieden werden.[115]

Die KPD/ML hat inzwischen ein weiteres Entwicklungsstadium erreicht. Die wenige hundert Mitglieder umfassende Kaderorganisation – sie verzichtete seit der Auflösung der maoistischen KPD 1980 auf das spezifizierende Kürzel „ML"[116] – lockerte ihr Verhältnis zur albanischen „Bruderpartei" und trat in Bündnisverhandlungen mit der trotzkistischen GIM ein. Eine Vereinigung von GIM und KPD[/ML] wurde im Oktober 1986 vollzogen.[117] Die innerparteilichen Diskussionen in der KPD drehten sich um das Leninsche Prinzip von der „führenden Rolle" der kommunistischen Partei, die Interpretation des „demokratischen Zentralismus" und des Avantgarde-Konzepts.[118] Das ZK unter Horst-Dieter Koch sprach sich für Bündnis-

---

110 Vgl. Biard (FN 46), S. 218, 220–223, 370 f.

111 Vgl. ebd., S. 162–168.

112 Die KPD bereits 1980; der KBW 1985. Siehe dazu: Otto Jörg Weis, Sie war die stärkste K-Partei. Die Krise der Linken von 1968 am Beispiel der KPD, in: Frankfurter Rundschau vom 25. Januar 1980; Jürgen Busche, Ein Abschied, der nicht Trennung bedeuten soll. „Assoziation" beerbt den Kommunistischen Bund Westdeutschlands/ Familienfeier, in: FAZ vom 18. Februar 1985.

113 Vgl. Langguth (FN 46), S. 63 f.

114 Vgl. ebd.

115 Diese Unterscheidung traf bereits Berner in seiner Darstellung zum italienischen Maoismus, da es dort Anfang der siebziger Jahre Gruppierungen gab, die sich zwar an China im allgemeinen, nicht aber – oder zumindest nicht in erster Linie, gemäß ihrem Selbstverständnis – an den Ideen Mao Tse-tungs im besonderen orientierten: Berner (FN 46). Als Beispiel nennt der Verfasser (S. 11) etwa die „Lega marxista-leninista d'Italia", „eine prochinesische, mit Lin Piao und Chen Po-ta sympathisierende Anti-Mao-Gruppe".

116 Vgl. Bacia (FN 68), S. 1836.

117 Vgl. FN 85.

118 Vgl. Zerfall der „Kommunistischen Partei Deutschlands (Marxisten-Leninisten)", in: Innere Sicherheit, 3/86, S. 8.

se mit anderen „revolutionären" Organisationen aus, plädierte für die Abschaffung des „Fraktionsverbots" und wandte sich gegen Konzepte, die „die Arbeiterklasse zur Manövriermasse einer politischen Partei [...] degradieren".[119] Der ehemalige Partei-Führer Ernst Aust[120], Repräsentant einer starken Minderheit, forderte dagegen zur „Zerschlagung des Revisionismus und Trotzkismus in der Partei"[121] auf. Die Anhänger des im August 1985 verstorbenen Aust[122] wurden Ende desselben Jahres aus der Partei ausgeschlossen.[123] Im Vorfeld der Vereinigung von GIM und KPD löste sich die GIM auf und spaltete sich.[124] So geriet der Vorgang zum Lehrstück für die dogmatische Versteinerung kommunistischer Kaderparteien. Das Bündnis zwischen Maoisten und Trotzkisten[125] mag angesichts gewisser ideologischer Affinitäten („Weltrevolution") nicht ganz so ungewöhnlich erscheinen; Verbindungen dieser Art kann man jedoch auch als „letzte Rettung" für kommunistische Parias deuten, die bei den umbuhlten „Massen" keinerlei Resonanz finden.

3.1.1.6 Linkskommunismus

Der Begriff „Linkskommunismus" mag auf den ersten Blick tautologisch erscheinen. Denn läßt man sich auf die verbreitete politisch-topographische Unterscheidung zwischen „rechts" und „links" ein, so ist der Kommunismus unzweifelhaft auf der „linken" Seite einzuordnen. Dann aber ergibt das Kompositum „Linkskommunismus" keinen Sinn. Es handelt sich dabei jedoch auch nicht um eine Begriffsprägung, der auf etymologischem Wege beizukommen wäre, sondern um eine dem innerkommunistischen Sprachgebrauch entnommene terminologische Kategorie. Als ihr historischer Ausgangspunkt kann Lenins bekannte Kritik am „linken Radikalismus" gelten.[126] Sie wandte sich gegen Strömungen in den neugegründeten KPen Deutsch-

---

119 Ebd.

120 Ernst August Aust, geb. 1923, gest. am 25. August 1985 bei Celle. Redakteur der kommunistischen Zeitung „Blinkfüer"; 1964 wegen Unterstützung der illegalen KPD zu einem Jahr Gefängnis verurteilt; 1967 Austritt aus der Redaktion von „Blinkfüer" und Gründung der Monatszeitschrift „Roter Morgen", 1968 Gründung der KPD/ML; 1976 Gründung einer „Sektion DDR". Zur Biographie: Jürgen Busche, Ernst August Aust gestorben, in: FAZ vom 28. August 1985, S. 4.

121 Ebd.

122 Vgl. ebd., S. 4.

123 Vgl. FN 118.

124 Vgl. FN 116.

125 Den umgekehrten Fall schildert Berner (FN 46), S. 10 (Hervorhebung im Original): Der 1968 „im Rahmen der Studentenbewegung" gegründete maoistische „Partito comunista (marxista-leninista) italiano" habe „große Teile der trotzkistischen Studentenvereinigung Falce e Martello" umfaßt.

126 Vgl. Wladimir Iljitsch Lenin, Der „linke Radikalismus", die Kinderkrankheit im Kommunismus, Nachdruck, Moskau 1970 (1920). Lenin spricht dort bedeutungsgleich vom „linken Kommunismus", den er gegenüber der „rechten" Abweichung, dem „Opportunismus" und „Sozialchauvinismus" (insbesondere der deutschen Mehrheitssozialdemokratie) für das kleinere Übel hält. Die Unterscheidung zwischen „rechten" („opportunistischen") und „linken" („linksradikalen") Abweichlern entwickelte sich bei den Hütern der marxistisch-leninistischen Orthodoxie zu einem vielgebrauchten Topos. Er findet sich beispielsweise auch bei Mao Tsetung. Vgl. ders., Kritik an den von der Generallinie abweichenden rechten Auffassungen (1953), in: Ausgewählte Werke (FN 104), Bd. V, S. 101–103.

lands und Hollands, die eine Mitwirkung in Parlamenten oder Gewerkschaften prinzipiell – also auch als taktisches Mittel – ablehnten. Die so gescholtenen „Linksabweichler" – in Deutschland die sich 1920 durch Abspaltung von der KPD formierende „Kommunistische Arbeiterpartei Deutschlands" (KAPD)[127], in Holland der Astronom und marxistische Theoretiker Anton Pannekoek[128] – gingen allerdings über diese taktische Frage theoretisch hinaus, indem sie nämlich auch das Leninsche Partei- und Revolutionskonzept einer Kritik unterzogen. Die Bezeichnungen „Linkskommunismus" oder auch „Linksradikalismus" haben sich, daran anknüpfend, in der Literatur zur Bezeichnung einer gegenüber dem Leninismus kritischen kommunistischen Strömung eingebürgert[129], die in sich freilich wiederum in zahlreiche Varianten zerfällt. Wenn von hier aus auch Impulse in Richtung auf einen demokratischen Sozialismus hin ausstrahlten, so sind die Dissidenten dennoch überwiegend einem Mythos proletarischer „Einheit" treu geblieben, der die Entwicklung zu einem pluralistischen Politikverständnis blockierte.

Was im deutschsprachigen Bereich „Linksradikalismus" oder „Linkskommunismus" genannt wird, firmiert in Italien unter Bezeichnungen wie „estremismo", „radicalismo di sinistra", „sinistrismo".[130] In Frankreich ist der Begriff „gauchisme" geläufig (danach ital. „gauchismo"), der allerdings in einem weiteren Sinne auch alle nicht moskauhörigen linken Strömungen umfaßt; ähnliches gilt für den im angelsächsischen Bereich verbreiteten Begriff des „leftism".[131] Ohne Anspruch auf

---

127 Lenin nennt Heinrich Laufenberg, Fritz Wolffheim, K. Horner, Karl Schröder, Friedrich Wendel, Karl Erler. „Karl Erler" ist ein von Heinrich Laufenberg benutztes Pseudonym; „K. Horner" ist Pannekoek. Vgl. dazu die Pionierstudie von: Hans Manfred Bock, Syndikalismus und Linkskommunismus von 1918–1923. Zur Geschichte und Soziologie der Freien Arbeiter-Union Deutschlands (Syndikalisten), der Allgemeinen Arbeiter-Union Deutschlands und der Kommunistischen Arbeiter-Partei Deutschlands, Meisenheim am Glan 1969. Bock verwendet den Begriff „Linksradikalismus" als Oberbegriff, unter den er die beiden Strömungen des „Syndikalismus" und „Linkskommunismus" faßt. Diese Begriffssystematik wird nicht übernommen. Vgl. dazu die Ausführungen zum Radikalismusbegriff in Kapitel I, 3.

128 Anton Pannekoeck, geb. 2. Jan. 1873 in Vaassen, gest. 28. April 1960 in Amsterdam; Astronom und sozialistischer Theoretiker.

129 Siehe Bock (FN 127); ders., Geschichte des „linken Radikalismus" in Deutschland. Ein Versuch, Frankfurt a.M. 1976; Erhard Lucas, Zwei Formen von Radikalismus in der deutschen Arbeiterbewegung, Frankfurt a.M. 1976.

130 Vgl. Gian Mario Bravo, Critica dell'estremismo. Gli uomini, le correnti, le idee del radicalismo di sinistra, Mailand 1977, S. 11. Die breit angelegte Studie zeichnet die unterschiedlichen Traditionsstränge im internationalen Maßstab nach. Weitere Hinweise zum Wortgebrauch bei: Silvano Belligni, Art. „Estremismo", in: Bobbio/Matteucci/Pasquino (FN 85), S. 380–382. Über den Linkskommunismus ist in Italien eine intensive innermarxistische Diskussion geführt worden. Siehe dazu: Gianfranco Borghini, Estremismo e classe operaia, in: Critica Marxista 13 (1975), Nr. 2–3, S. 71–89; Gian Mario Bravo, Sull'estremismo contemporaneo, in: Critica Marxista 10 (1972), Nr. 2–3, S. 262–290; Amos Cecchi/Fabio Mussi, L'estremismo nella scuola, in: Critica Marxista 13 (1975), Nr. 2–3, S. 91–113; Armando Cossutta, Sovversivismo delle classi dominanti ed estremismo, in: Critica Marxista 10 (1972), Nr. 1, S. 3–16; Umberto Minopoli, A proposito del nuovo estremismo: autonomia, bisogni e individualismo radicale, in: Critica Marxista 15 (1977), Nr. 2, S. 51–72; Rudolf Schlesinger, Osservazioni sui fondamenti filosofici dell'estremismo di sinistra, in: Annali 14 (1972), S. 7–55.

131 Vgl. die einführende Darstellung bei: Henri Arvon, Le gauchisme, Paris 1974. Für den angel-

Vollständigkeit und Systematik seien zwei bedeutendere Traditionslinien skizziert, die im Linkskommunismus der Gegenwart deutliche Spuren hinterlassen haben.

3.1.1.6.1 Luxemburgismus

Im Gegensatz zu vielen anderen Parteigründungen im Gefolge des sich stabilisierenden bolschewistischen Systems konnte die an der Jahreswende 1918/19 gegründete KPD auf eigenständige Traditionen verweisen. Der deutsche Kommunismus entstand als kleine Minderheit am linken Flügel der Vorkriegssozialdemokratie.[132] Wenn die Spartakusgruppe ein eigenständiges ideologisches Profil gewann, so war dies nicht zuletzt auf das Wirken der vor dem Ersten Weltkrieg an der Parteischule der SPD als Lehrerin tätig gewesenen Rosa Luxemburg[133] zurückzuführen. Sie vermochte die „Burgfriedenspolitik" der Mehrheitssozialdemokratie aufgrund ihres konsequenten Internationalismus jedoch nicht mitzutragen.

So klein und einflußlos die sich formierende KPD auch begann, so unterschiedlich waren nichtsdestotrotz die politischen Auffassungen, die sich hier zusammenfanden. Im Vorfeld der Parteigründung kam es bereits zu einem heftigen Streit um die Namensgebung. Rosa Luxemburg plädierte für die Bezeichnung „Sozialistische Partei", weil die „Verbindung zwischen den Revolutionären des Ostens und den Sozialisten Westeuropas"[134] herzustellen sei. Die Mehrheit plädierte allerdings für eine klare Abgrenzung nach rechts, die auch schon im Parteinamen zur Geltung kommen sollte. Das Attribut „kommunistisch" setzte sich durch. Stellt man die politische Position Rosa Luxemburgs den späteren Streitgegenständen in der Auseinandersetzung Lenins mit den „Linksradikalen" gegenüber, so saß die Theoretikerin zwischen den Stühlen: Einerseits ging ihr die kompromißlose Ablehnung einer Teilnahme am parlamentarischen und gewerkschaftlichen Leben[135] zu weit, weil sie die sich dabei bie-

---

Fortsetzung von Fußnote 131
sächsischen Bereich vgl. etwa: Irving Howe, New Styles in „Leftism"(1965), in: Gilbert Abcarian (Hrsg.), American Political Radicalism. Contemporary Issues and Orientations, Lexington/ Toronto 1971, S. 231–243.

132 Vgl. die den neueren Stand der Forschung präsentierende Zusammenfassung bei: Hermann Weber, Kommunismus in Deutschland 1918–1945, Darmstadt 1983, S. 31–45. Ferner den ausgezeichneten Überblick bei: Sigrid Koch-Baumgarten, Aufstand der Avantgarde. Die Märzaktion der KPD 1921, Frankfurt a. M./New York 1986, S. 21–63.

133 Rosa Luxemburg, geb. 5. März 1871 in Zamosc/Polen, gest. am 15. Januar 1919 (von rechtsgerichteten Freikorpssoldaten ermordet) in Berlin. Mitglied der „Partei der Sozialdemokratie des Königreichs Polen"; 1898 Journalistin in Dresden und Leipzig; 1906 Verhaftung in Warschau, Gefängnis; 1907 Lehrerin für Nationalökonomie an der Berliner Parteischule der SPD; Mitgründerin des Spartakusbundes; an der Jahreswende 1918/19 Mitgründerin der KPD. Zur Biographie: Iring Fetscher, Rosa Luxemburg, in: Edmund Jacoby (Hrsg.), Lexikon Linker Leitfiguren, Frankfurt a. M./Olten/Wien 1988, S. 247–251; Ossip K. Flechtheim, Einführung, in: Rosa Luxemburg, Politische Schriften, Bd. 1, 5. Aufl., Frankfurt a.M. /Wien 1972, S. 5–46; Kolakowski (FN 30), Bd. 2, S. 77–115.

134 Zitiert nach: Hermann Weber, Einleitung, in: Ossip K. Flechtheim, Die KPD in der Weimarer Republik (1948), Frankfurt a.M. 1969, S. 26.

135 Vgl. Bock (FN 127), S. 225 ff.

tenden propagandistischen Möglichkeiten erkannte. Andererseits aber artikulierte sie die von der späteren KAPD implizit vorgebrachten Bedenken gegenüber dem Leninschen Revolutions- und Parteikonzept[136] mit Nachdruck und größerer analytischer Schärfe.

Bereits vor der gescheiterten russischen Revolution von 1905 hatte sich Rosa Luxemburg scharf mit dem „Ultrazentralismus" Lenins auseinandergesetzt. Er mache die Bewegung zu einem Instrument der Partei.[137] Statt dessen solle die Partei zwar im Sinne einer „Vorhut" zur Stärkung des „revolutionäre Bewußtsein der Massen" tätig sein. Trägerin der Revolution sei jedoch nicht eine Führungsgruppe, sondern die spontane Bewegung, der auch die Gestaltung der zukünftigen Ordnung zufalle. Ihrem Glauben an die spontane Kreativität der Massen blieb Rosa Luxemburg zeit ihres Lebens treu. Die posthum erschienene Kritik der Oktoberrevolution, die sie 1918/19 im Gefängnis verfaßt hatte, knüpft an ihre Kritik am Leninismus an und geißelt die Beseitigung politischer Freiheiten durch die Bolschewisten mit den folgenden, immer wieder zitierten Sätzen: „Freiheit nur für die Anhänger der Regierung, nur für die Mitglieder einer Partei – mögen sie noch so zahlreich sein – ist keine Freiheit. Freiheit ist immer nur Freiheit des anders Denkenden."[138]

Aufgrund ihrer Kritik am Leninismus und dem politischen Resultat der Oktoberrevolution mußte Rosa Luxemburg im Kreml früher oder später in Ungnade fallen. Mit kräftiger Unterstützung von seiten der Komintern setzte ab Oktober 1923 in der KPD die Abrechnung mit ihrem dort noch immer einflußreichen Erbe ein. Ruth Fischer ging dabei sogar so weit (April 1924), den „Luxemburgismus" mit „Syphilisbazillen" zu vergleichen.[139] Im Gegensatz dazu hat eine nach Alternativen zum Leninismus suchende Linke immer wieder an die eigenständige Position Rosa Luxemburgs angeknüpft. So ist auch ein Luxemburg-Mythos entstanden, der die Haltung der Kommunistin idealisiert und die extremen Seiten ihres Denkens relativiert[140] oder – als Konsequenz einer bestimmten politischen Überzeugung[141] – gar ignoriert. Ihre Haßausbrüche gegen die sozialdemokratischen „Halunken"[142] enthül-

136 Das im Mai 1920 verabschiedete Parteiprogramm der KAPD hatte schon deshalb keine explizit anti-leninistische Stoßrichtung, weil sich die „linke Opposition" lange Zeit der falschen Annahme hingab, „ihre Taktik habe die volle Billigung der Bolschewiki". So Bock (FN 127), S. 251. Das Parteiprogramm der KAPD ist dort auf den S. 407–417 abgedruckt.

137 Vgl. Rosa Luxemburg, Organisationsfragen der Russischen Sozialdemokratie, in: Die Neue Zeit, Nr. 42–43, 1903/04, S. 22–27.

138 Luxemburg, Die Russische Revolution, Hamburg 1948 (1918), S. 124 f.

139 Vgl. Hermann Weber, Die Wandlung des deutschen Kommunismus. Die Stalinisierung der KPD in der Weimarer Republik, gekürzte Studienausgabe, Frankfurt a.M. 1969, S. 89–97, 90 („Ideologische Bolschewisierung: Kampf gegen Luxemburgismus und Trotzkismus").

140 Siehe etwa: Flechtheim (FN 133). Dagegen pointiert: Peter Lübbe, Kommunismus und Sozialdemokratie. Eine Streitschrift, Berlin/Bonn 1978, S. 24–48 („'Sozialdemokratismus' und 'Luxemburgismus'").

141 Siehe etwa: Paul Frölich, Rosa Luxemburg – Gedanke und Tat, mit einem Nachwort von Iring Fetscher, vierte Ausgabe, Frankfurt a. M. 1967 (1939).

142 Auf dem Gründungsparteitag der KPD bezeichnete sie die Sozialdemokraten als die „infamsten und größten Halunken, die in der Welt gelebt haben". „Diese Leute" (Winnig, Ebert, Scheidemann) wünschte sie „ins Zuchthaus". Vgl. Lübbe (FN 140), S. 24.

len ein jakobinisches Temperament, erfüllt vom Glauben an die historische Notwendigkeit der sozialistischen Revolution, die Einheit der Arbeiterklasse und die spontane Schöpferkraft des Volkes, durchtränkt von einem Moralismus, der trotz des Plädoyers für politische Freiheiten stets Gefahr lief, in eine gefährliche Unduldsamkeit umzuschlagen.

3.1.1.6.2 Rätekommunismus

Trotz der semantischen Identität bedeutet „Rätekommunismus" keineswegs das, was als „Sowjetkommunismus" propagiert wird. Die heutigen „Sowjets" in der „Sowjetunion" haben mit den im Zuge der Revolutionen von 1905 und 1917 entstandenen wenig gemein. Der Hauptunterschied liegt darin, daß die historischen Sowjets Träger einer sozialen Bewegung waren, die sich in einem „organisatorischen Vakuum"[143] bildeten und für eine bestimmte Zeit beträchtliche Macht ausübten, während die heutigen sogenannten „Sowjets" Potemkinschen Dörfern gleichen, fern von den Schaltzentralen der Macht zur ideologischen Verschleierung der realen Herrschaftspraxis errichtet.[144] Mag Lenin in seinen Schriften auch zur Glorifizierung der Räte beigetragen haben, so lief seine Organisationslehre, entgegen den in der Theorie geäußerten Intentionen, praktisch doch auf ihre – dann auch real erfolgte – Entmachtung hinaus.[145]

Wenn Rosa Luxemburg gelegentlich als Theoretikerin des Rätekommunismus angeführt wird[146], obwohl sie selbst gar kein eigenes Rätekonzept entwickelte, so ist dies auf ihre Verteidigung der spontanen Schöpfungen[147] des Volkes gegenüber dem Diktat einer minoritären Führungsgruppe zurückzuführen. Die „Räterepublik", von Karl Liebknecht am 9. November 1918 trotzig proklamiert, erschien vielen von der Mehrheitssozialdemokratie Enttäuschten am Ende des Ersten Weltkrieges als einziger Ausweg aus der nationalen Katastrophe.[148] So leidenschaftlich der Ruf nach dem Rätesystem erscholl, so unterschiedlich waren die Vorstellungen, die sich dahinter verbargen: Sollten die Räte den Parlamentarismus ersetzen oder ihn nur ergänzen, auf den wirtschaftlichen Bereich beschränkt sein oder auch politische Machtbefugnisse erhalten, als Kampforganisationen für eine Übergangszeit dienen oder auch nach der „sozialistischen Revolution" politische Funktionen erfüllen?[149]

143 So Oskar Anweiler, Die Rätebewegung 1905–1921, Leiden 1958, S. 135–142.

144 Vgl. ebd., S. 137.

145 Vgl. Kolakowski (FN 30), Bd. 2, S. 529–538.

146 So etwa bei Biard (FN 46), S. 115.

147 Damit soll keiner „Spontaneitätstheorie" das Wort geredet werden, denn Rosa Luxemburg erkannte sehr wohl die Bedeutung einer Partei, um das „revolutionäre Bewußtsein" in den „Massen" zu stärken. Vgl. zur Diskussion in Ost und West: Iring Fetscher, Nachwort, in: Frölich (FN 141), S. 357–367.

148 Zur historischen Einordnung und Bewertung siehe beispielsweise: Eberhard Kolb, Die Weimarer Republik, München/Wien 1984.

149 Eine ausführliche, freilich extrem einseitige Darstellung der unterschiedlichen Rätekonzepte gibt: Horst Dähn, Rätedemokratische Modelle. Studien zur Rätediskussion in Deutschland 1918–1919, Meisenheim am Glan 1975.

Großen Einfluß auf die Diskussion hatte Ernst Däumigs[150] Theorie des „reinen Rätesystems“.[151] Für ihn stand und fiel die sozialistische Revolution mit der Realisierung des Rätewesens. Räteidee und Parlamentarismus verhielten sich wie Feuer und Wasser, das eine sei zusammen mit dem anderen nicht realisierbar. Nach Däumig ist allein das Proletariat Träger des Rätegedankens. Folglich können Räte auch nur unmittelbar in den Betrieben entstehen, die unablässige aktive Teilnahme aller vorausgesetzt. Mandate an eine übergeordnete Räteorganisation sind nur befristet und weisungsgebunden zu vergeben. Ziel des Rätesystems ist das „sich selbst verwaltende Gemeinwesen“.[152] Trotz all der Hoffnungen, die viele an ein Rätesystem knüpften, blieb der Räte-Doktrinarismus Däumigs reine Theorie: Ende 1919 zum Parteivorsitzenden der USPD gewählt (zusammen mit Artur Crispin), verließ er die Partei im Oktober des folgenden Jahres und schloß sich der KPD an, von wo er 1921 wieder in die völlig einflußlos gewordene USPD zurückkehrte.[153] Zwischen dem antileninistischen Rätekommunismus und dem Anarchismus gibt es mancherlei Berührungspunkte.[154] Anarchisten spielten bei verschiedenen – gescheiterten – Experimenten eine nicht unbedeutende Rolle, etwa in den Räterepubliken von München und Bremen im Jahre 1919.[155] Anarchismus und Rätekommunismus lehnen den „Zentralismus“ ab, fordern dezentrale Organisationsformen und ein größtmögliches Maß an Autonomie der Selbstverwaltungs-Einheiten; beide eint auch das Mißtrauen gegenüber der Entstehung schwer kontrollierbarer Bürokratien. Die Organisationsfeindlichkeit wird jedoch im Rätekommunismus nicht zum Prinzip erhoben, wie dies teilweise im Anarchismus der Fall ist. Zudem kennt der Rätekommunismus nicht die

---

150 Ernst Däumig, geb. 1866, gest. 1922. Diente 1887–93 in der französischen Fremdenlegion; 1893–98 im deutschen Heer (Metz); seit 1901 sozialdemokratischer Redakteur; 1911–16 am „Vorwärts“; seit 1917 in der USPD; 1918–19 Mitglied des Berliner Vollzugsausschusses, 1920–22 MdR (USPD); Dezember 1920 mit dem linken USPD-Flügel Übertritt zur KPD, aus der er jedoch im März 1921 wieder ausscheidet; seitdem in der Kommunistischen Arbeitsgemeinschaft (KAG). Zur Biographie: Ernst Rudolf Huber, Deutsche Verfassungsgeschichte seit 1789, Bd. V: Weltkrieg, Revolution und Reichserneuerung 1914–1919, Stuttgart/Berlin/Köln/Mainz 1978, S. 716, Anm. 23.

151 Vgl. dazu und zum folgenden: Ernst Fraenkel, Rätemythos und soziale Selbstbestimmung. Ein Beitrag zur Verfassungsgeschichte der deutschen Revolution (1971), in: Ders., Deutschland und die westlichen Demokratien, 7. Aufl., Stuttgart/Berlin/Köln/Mainz 1979 (1964), S. 69–100, besonders S. 89–93.

152 Ebd., S. 90.

153 Vgl. ebd., S. 90.

154 Vgl. Lösche (FN 26), S. 128–133 („Rätekommunismus“).

155 Zur Münchener Räterepublik siehe: Karl Bosl (Hrsg.), Bayern im Umbruch. Die Revolution von 1918. Ihre Voraussetzung, ihr Verlauf und ihre Folgen, München 1969; Sebastian Haffner, Die deutsche Revolution 1918/19. Wie war es wirklich? Ein Beitrag zur deutschen Geschichte, 3. Aufl., München 1979 (1969), S. 176–190; Allan Mitchell, Revolution in Bayern 1918/19, München 1967; zur Bremer Räterepublik: P. Kuckuk, Revolution und Räterepublik in Bremen, Frankfurt a. M. 1969. Zur „Rätebewegung“ insgesamt vgl. Eckhard Jesse/Henning Köhler, Die deutsche Revolution 1918/19 im Wandel der historischen Forschung. Zur Kritik an der „herrschenden Lehre“, in: APZG, B 45/1978, S. 3–23, die die These vertreten, es habe keine „Rätebewegung“ als eigenständige demokratische Kraft gegeben. Die Diskussion wird zusammengefaßt bei: Kolb (FN 148), S. 153–163.

Theoriescheu des Anarchismus: Rätekonzepte sind in der Regel eingebettet in geschichtsphilosophische und revolutionstheoretische Überlegungen, während dem Anarchismus im Prinzip die Überzeugung kraft rationaler Argumente ausreichend erscheint, eine herrschaftslose Ordnung – von heute auf morgen – zu errichten.

Mit der – vorübergehenden – Stabilisierung der Republik kam die Rätediskussion in Deutschland langsam zum Erliegen. Selbst auf dem Höhepunkt der Räteeuphorie in den Jahren 1918/19 war es dem organisierten Rätekommunismus nicht gelungen, ein sektenhaftes Stadium zu verlassen.[156] Erst nach dem Zweiten Weltkrieg, mit der Studentenbewegung, erlebte das Rätewesen eine Renaissance. Führende Vertreter der APO traten für ein – vage umrissenes – Rätesystem ein, das den als überholt geltenden Parlamentarismus ersetzen sollte.[157] So wie der Marxismus – ungeachtet aller Fortschritte der wissenschaftlichen Diskussion – in seiner Form als Heilslehre rezipiert wurde[158], traten auch die in der Rätediskussion nach dem Ersten Weltkrieg vorgebrachten Argumente hinter einer mythologischen Verklärung des Rätegedankens zurück, die in sonderbar anmutendem Kontrast zu der scharfen, im Stile Carl Schmitts[159] praktizierten Abrechnung mit der parlamentarischen Demokratie stand. Während die „Ideologieentwicklung“ der Studentenbewegung[160] in ihren Hauptströmungen bald zum Leninismus (jedenfalls zeitweilig) zurückfand, hat die heutige Ökologiebewegung das Erbe ihrer „antiautoritären“ Anfänge angetreten und in ihr „basisdemokratisches“ Bekenntnis ideologische Bruchstücke rätekommunistischer Provenienz (imperatives Mandat, „recall“, Rotationsprinzip) in entschärfter Form eingeflochten.[161]

156 Vgl. Bock (FN 127); Kolb (FN 148), S. 9 f., 156 f.

157 Vgl. Oskar Anweiler, Der revolutionsgeschichtliche Zusammenhang des Räteproblems, in: Probleme der Demokratie heute, = Sonderheft der PVS 1970, Opladen 1971, S. 56–69; Udo Bermbach, Rätesysteme als Alternative? Zum Repräsentationscharakter direkt-demokratischer Organisationsprinzipien, in: Ebd., S. 110–138; Jürgen Fijalkowski, Bemerkungen zu Sinn und Grenzen der Rätediskussion, in: Ebd., S. 140–152; Peter Lösche, Rätesysteme im historischen Vergleich, in: Ebd., S. 70–80

158 Vgl. Alexander Schwan, Die Herausforderung des Pluralismus durch den Marxismus. Aktuelle und grundsätzliche Aspekte, in: Günther Doeker/Winfried Steffani (Hrsg.), Klassenjustiz und Pluralismus. Festschrift für Ernst Fraenkel zum 75. Geburtstag am 26. Dezember 1973, Hamburg 1973, S. 444–481.

159 Carl Schmitt, Die geistesgeschichtliche Lage des heutigen Parlamentarismus, 3. Aufl., Berlin 1961 (1923). Zur Rätediskussion in der Studentenbewegung: Gerhard A. Ritter, „Direkte Demokratie“ und Rätewesen in Geschichte und Theorie, in: Erwin K. Scheuch (Hrsg.), Die Wiedertäufer der Wohlstandsgesellschaft. Eine kritische Untersuchung der „Neuen Linken“ und ihrer Dogmen, Köln 1968, S. 188–216.

160 Siehe dazu: Hildegard Weiss, Die Ideologieentwicklung in der deutschen Studentenbewegung, München/Wien 1985. Zur historischen Dimension: Gerda Bartol, Ideologie und studentischer Protest. Untersuchungen zur Entstehung deutscher Studentenbewegungen im 19. und 20. Jahrhundert, München 1977.

161 Vgl. die Beiträge zum Thema „Freies Mandat, Mandatsverzicht des Abgeordneten und das Rotationsprinzip der GRÜNEN“, in: ZParl 16 (1985), S. 451 ff.

3.1.1.7 Neue Linke

Der Begriff „Neue Linke" resultiert aus der definitorischen Verlegenheit, eine Reihe disparater Erscheinungsformen, die sich scheinbar herkömmlichen Klassifizierungen entziehen, in einer geeigneten „Schublade" abzulegen. Die so geschaffene Formel ist künstlicher Natur. Am ehesten hat sie ihre Berechtigung, führt man sie auf ihre historischen Ursprünge zurück. Mit gutem Grund läßt Massimo Teodori seine vergleichende Studie über die „Neuen Linken in Europa" mit dem Jahr 1956 beginnen.[162] Es sind zwei auf den ersten Blick paradox erscheinende Ereignisse dieses Jahres, die bei der Linken des Westens einen tiefgreifenden Prozeß der Umorientierung einleiteten: Erstens die berühmte Geheimrede Chruschtschows auf dem XX. Parteitag der KPdSU über den Stalinschen „Personenkult", zweitens der Einmarsch der Roten Armee in Ungarn. Paradox mußten sie dem erscheinen, der das Schlagwort von der „Entstalinisierung" wörtlich verstand. Und in der Tat hatten die politisch-klimatischen Veränderungen nach Stalins Tod – wie sich zeigen sollte: übertriebene – Hoffnungen auf die Reformfähigkeit der staatskommunistischen Systeme geweckt. Sie wurden in Budapest von russischen Panzern niedergewalzt.

Seit 1956 entstanden in Großbritannien Zeitschriftenzirkel („The Reasoner", „University and Left Review", später vereinigt zur: „New Left Review"), die sich einerseits scharf gegenüber der Labour Party abgrenzten, andererseits vom „Stalinismus" der britischen KP abrückten und einen „humanistischen Sozialismus" propagierten.[163] In der Bundesrepublik bildeten sich zwischen der marxistischen Ballast über Bord werfenden SPD (Godesberg 1959) und der vorerst noch illegalen KPD einerseits neue politische Gruppierungen, andererseits kam es wie etwa im Falle des „Sozialistischen Deutschen Studentenbundes" (SDS), dem Studentenverband der SPD, zur Radikalisierung bestehender Organisationen.[164] In Frankreich hatte sich bereits Ende der vierziger Jahre eine Gruppe ehemaliger Trotzkisten um die Zeitschrift „Socialisme ou Barbarie" geschart. Gegenüber dem Herrschaftssystem in der Sowjetunion vertrat sie die Auffassung, das Leninsche Parteikonzept habe einer neuen Clique von Ausbeutern an die Macht verholfen. „Socialisme ou Barbarie" sah mögliche Alternativen in Formen der Arbeiterselbstverwaltung („autogestion").[165]

---

162 Massimo Teodori, Storia delle nuove sinistre in Europa (1956–1976), Bologna 1976. Siehe auch zusammenfassend: Ders., The New Lefts in Europe, in: Seweryn Bialer/Sophia Sluzar (Hrsg.), Radicalism in the Contemporary Age, Bd. 3: Strategies and Impact of Contemporary Radicalism, Boulder/Col. 1977, S. 201–218.

163 Teodori (FN 162), S. 89–114.

164 Siehe dazu: Gerhard Bauß, Die Studentenbewegung der sechziger Jahre in der Bundesrepublik und Westberlin. Handbuch, Köln 1977; Tilman Fichter, SDS und SPD. Parteilichkeit jenseits der Partei, Opladen 1988; Langguth (FN 46); Karl A. Otto, Vom Ostermarsch zur APO. Geschichte der außerparlamentarischen Opposition in der Bundesrepublik 1960–70, Frankfurt a.M. 1977; Hans Karl Rupp, Außerparlamentarische Opposition in der Ära Adenauer. Der Kampf gegen Atomwaffen in den fünfziger Jahren. Eine Studie zur innenpolitischen Entwicklung der BRD, Köln 1970; Frank Wolff/Eberhard Windaus (Hrsg.), Studentenbewegung 1967–69. Protokolle und Materialien, Frankfurt a.M. 1977.

165 Siehe dazu: Biard (FN 46), S. 346–349; Kolakowski (FN 30), Bd. 3, S. 523.

Obwohl sich der Intellektuellenzirkel bereits Mitte der sechziger Jahre auflöste und die Zeitschrift eingestellt wurde, hatten diese Ideen dennoch großen Einfluß auf die weitere Diskussion in Frankreich.

Die bereits in den fünfziger Jahren entstandenen Gruppierungen mündeten in die Studentenbewegungen der sechziger Jahre. Das Etikett „Neue Linke" wurde auf den jugendlichen Protest, seine Inhalte und Verfallsprodukte, übertragen, erhielt damit aber auch einen vieldeutigen Charakter. Die Heterogenität dessen, was nun als „Neue Linke" galt, führte die Formel selbst ad absurdum.[166] Sie umgrenzt ein Spektrum, das vom politischen Terrorismus bis zum prinzipiellen Gewaltverzicht reicht, vom sozialistischen Reformismus bis zum revolutionären Aktivismus, von einer durch Diskursfähigkeit und -offenheit geprägten Marx-Rezeption bis hin zu neuen Orthodoxien und Dogmatismen. Sowohl der Hedonismus der späteren „Spontis"[167] als auch das revolutionäre Asketentum der maoistischen Kadergruppen hat seinen Usprung im neu-linken Ideen-Dschungel. Sieht man einmal von jenen Teilen der „Neuen Linken" ab, die lediglich als Häresien aufzufassen sind (der Maoismus, der Trotzkismus, der Titoismus[168], der „Castrismus"[169] – der Ismen-Bildung sind, wie man sieht, kaum Grenzen gesetzt), so können einige Neuerungen ideologisch-programmatischer Art herausgefiltert werden, die den (neo-)marxistischen Konsens[170] eindeutig sprengen: An die Stelle strenger revolutionstheoretischer Erwägungen tritt ein Voluntarismus, der die „Machbarkeit" von Revolutionen zu jeder Zeit an jedem Ort propagiert; der vor allem auf (ungerechte) Arbeitsverhältnisse zielende Marxsche Entfremdungsbegriff wird durch die anarchistisch inspirierte Forderung nach sofortiger totaler Befreiung von gesellschaftlichen Zwängen (Arbeit, Sexualität, physische und psychische Beschränkungen) ersetzt (Herbert Marcuse, Wilhelm Reich)[171]; nicht die hochentwickelten Industriestaaten gelten als Ausgangspunkte weltrevolutionärer Entwicklungen, sondern die Länder der „Dritten Welt". Vorbilder der studentischen Protestler waren Revolutionäre Asiens (Ho Chi Minh), Lateinamerikas (Che Guevara), der militanten Schwarzenbewegung in den Vereinigten Staaten

166 Als Bezeichnung für ein Sammelsurium politischer Gruppierungen taucht die Formel alljährlich in den vom Bundesministerium des Innern herausgegebenen Verfassungsschutzberichten auf. Ihre Verwendung zeugt von einer gewissen Hilflosigkeit bei der Einordnung ideologischer Strömungen.

167 Siehe dazu: Langguth (FN 46), S. 234–241; Johannes Schütte, Revolte und Verweigerung. Zur Politik und Sozialpsychologie der Spontibewegung, Gießen 1980.

168 Das „jugoslawische Modell" wurde innerhalb der Studentenbewegung lebhaft diskutiert. Siehe dazu: Ludvik Vrtacic, Der jugoslawische Marxismus. Die jugoslawische Philosophie und der eigene Weg zum Sozialismus, Freiburg i. Br. 1975.

169 Siehe den Abschnitt „Castrisme" bei: Arvon (FN 130), S. 25 f.

170 Gegenüber den Anfechtungen des Neomarxismus verteidigt die Moskauer Sicht: Hans Heinz Holz, Strömungen und Tendenzen im Neomarxismus, München 1972.

171 Folgende Schriften von Marcuse und Reich erfreuten sich besonders weiter Verbreitung: Herbert Marcuse, Der Eindimensionale Mensch. Studie zur Soziologie der fortgeschrittenen Industriegesellschaft, 3. Aufl., Neuwied/Berlin 1968; ders., Repressive Tolerance (1965), in: Robert Paul Wolff/Barrington Moore, jr./ders., A Critique of Pure Tolerance, Boston 1969, S. 81–123; Wilhelm Reich, Die Massenpsychologie des Faschismus, 2. Aufl., Köln 1972 (1933).

(Malcolm X).[172] Neben einem reichhaltigen publizistischen Angebot marxistisch-leninistischer Provenienz fanden die Schriften von Theoretikern des Widerstandskampfes (Frantz Fanon[173], Régis Debray[174]) weite Verbreitung.

3.1.1.8 Eurokommunismus

Als Frane Barbieri, ein jugoslawischer Journalist und zeitweiliger Mitarbeiter der Mailänder Tageszeitung „Il Giornale Nuovo", im Sommer 1975 den Begriff des „Eurokommunismus" prägte[175], hatte das damit umrissene Phänomen schon eine längere Entwicklung hinter sich. Gemeint waren die spätestens seit dem XX. Parteitag der KPdSU 1956 an die Öffentlichkeit gedrungenen Bestrebungen ehemals streng moskauhöriger KPen, ideologische Eigenständigkeit zu erlangen, einen den jeweiligen nationalen Bedingungen angepaßten „Weg zum Sozialismus" zu finden und sich den Werten und Spielregeln demokratischer Verfassungsstaaten anzunähern.[176] In Ländern wie Frankreich, wo es neben der KP stets eine selbständig denkende und handelnde marxistische Linke gegeben hatte, traten diese Tendenzen später auf als etwa in Italien, wo innerhalb des PCI seit langem eine kontroverse Diskussion auch über die eigene Parteigeschichte geführt worden war.[177] Bereits Palmiro Togliatti hatte dort zudem mit der Formel vom „Polyzentrismus" den Anspruch nationaler Eigenständigkeit gegenüber Moskau frühzeitig unterstrichen.[178]

---

172 Vgl. Seweryn Bialer, The Resurgence and Changing Nature of Left in Industrialized Democracies, in: Seweryn Bialer/Sophia Sluzar (Hrsg.), Radicalism in the Contemporary Age, Bd. 3: Strategies and Impact of Contemporary Radicalism, Boulder/Col. 1977, S. 3–81. Zur Ideologie der Neuen Linken: Bernd Guggenberger, Die Neubestimmung des subjektiven Faktors im Neomarxismus. Eine Analyse des voluntaristischen Geschichtsverständnisses der Neuen Linken, Freiburg im Breisgau/München 1973; ders., Weltflucht und Geschichtsgläubigkeit. Strukturelemente des Linksradikalismus, Mainz 1974.

173 Frantz Fanon, Die Verdammten dieser Erde, Vorwort von Jean-Paul Sartre, Frankfurt a. M. 1966 (Original: Les damnés de la terre, Paris 1961).

174 Régis Debray; geb. 2. Sept. 1940 in Paris. Als Siebzehnjähriger Mitglied der französischen Jungkommunisten; Anfang der sechziger Jahre Aufenthalte in Kuba; Studium an der Sorbonne (u. a. bei Louis Althusser); Aufenthalte in Südamerika; 1965 Rückkehr nach Kuba; ab 1966 Vorlesungen in Bolivien; 1967 Aufenthalt bei den Guerilla-Kämpfern Che Guevaras, im gleichen Jahr aufgegriffen und zu 30 Jahren Haft verurteilt; 1970 Entlassung aus dem Gefängnis; 1973 Rückkehr nach Frankreich; 1974 Mitglied der Sozialistischen Partei; 1981 Berater Staatspräsident Mitterrands in Fragen der Dritten Welt. Zur Biographie: Art. Régis Debray, in: Munzinger-Archiv/Internationales Biographisches Archiv, 7/86 K 011817–6.

175 Vgl. Manfred Steinkühler, Ursprung und Konzept des Eurokommunismus. Gespräch mit Frane Barbieri, in: Deutschland Archiv 10 (1977), S. 347–350.

176 Siehe auch zum „Reformkommunismus" in den Ostblock-Staaten: Kolakowski (FN 30), Bd. 3, S. 496 ff. Ferner: Leonhard (FN 44).

177 Vgl. Schoch (FN 65), S. 13 f.

178 Siehe dazu die monumentale Parteigeschichte von: Paolo Spriano, Storia del partito comunista italiano, 5 Bde., Turin 1972–1975; ders., Intervista sulla storia del PCI, hrsg. von Simona Colarizi, Rom/Bari 1979. Außerdem: Giorgio Bocca, Palmiro Togliatti, Rom/Bari 1973; Giuseppe de Rosa, Sozialismus und Kommunismus in Italien, in: Dieter Oberndörfer (Hrsg.), Sozialistische und kommunistische Parteien in Westeuropa, Bd. 1: Südländer, Opladen 1978, S. 133–194.

Der Begriff des „Eurokommunismus" – er wurde bezeichnenderweise zuerst von den italienischen Kommunisten akzeptiert[179] und ist aus parteioffiziellen Verlautbarungen so gut wie verschwunden[180] – erscheint kaum weniger fragwürdig als jener der „Neuen Linken". Erstens nämlich blieb das Phänomen weder auf den europäischen Bereich beschränkt („eurokommunistische" Parteien existieren beispielsweise auch in Japan und Australien), noch fand es im europäischen Maßstab allgemeine Verbreitung („linientreu" im Moskauer Sinne sind etwa weiterhin die westdeutsche und die portugiesische KP). Und zweitens boten auch die drei Parteien, auf die der Begriff im wesentlichen angewendet wurde – PCI, PCF und PCE – , wiederum ein recht heterogenes Bild: Nur beim PCI war das „eurokommunistische" Bekenntnis aus einem Prozeß historisch-praktischer Erfahrung und Anpassung erwachsen.

Beim PCE hatte der programmatische Wandel später eingesetzt als beim PCI. Der Einmarsch der Roten Armee in Prag gab den Anstoß für eine nachdrückliche Distanzierung der Partei vom Moskauer Kurs.[181] Die von Generalsekretär Santiago Carrillo[182] eingeleitete Umorientierung traf auf nicht unerheblichen Widerstand an der Parteibasis. Trotz der scharfen Attacken Moskaus gegen Carrillo bedeutete auch der programmatische Wandel der spanischen Kommunisten keinen wirklichen Kurswechsel. In seiner noch in der Illegalität verfaßten Schrift definiert Carrillo den „Eurokommunismus" als eine „strategische Konzeption".[183] Die langfristigen Ziele bleiben dabei also unangetastet. Die Qualität des programmatischen Wandels läßt sich an den verbalen Verlautbarungen allein jedoch kaum ablesen. Ein Blick auf die innerparteilichen Verhältnisse des PCE rät zur Skepsis. So wirkte die Art, wie Carrillo Beeinflussungsmanöver Moskaus auf bestimmte Strömungen innerhalb der Partei konterte, nicht gerade vertrauenserweckend. Der Generalsekretär sorgte für eine strikte Durchhaltung des „demokratischen Zentralismus". Wachsende Spannun-

---

179 Vgl. Fernando Claudín, Zukunft des Eurokommunismus, Berlin 1978 (Original: Eurocomunismo y Socialismo, Madrid 1977), S. 9.

180 Vgl. Manfred Steinkühler, Eurokommunismus – gescheiterte Strategie?, in: Außenpolitik 36 (1985), S. 371–382, 371.

181 Vgl. Kellmann (FN 44), S. 202–228; Leonhard (FN 44), S. 123–149; Eusebio Mujal-León, The PCE in Spanish Politics, in: David Childs (Hrsg.), The Changing Future of Western Communism, London 1980, S. 74–111; ders., The Spanish Communist Party, in: Spettatore Internazionale 13 (1978), S. 199–228; ders., Communism and Political Change in Spain, Bloomington 1983.

182 Santiago Carrillo y Solares, geb. 18. Januar 1915 in Gijón (Asturien). Mit 13 Jahren Beginn einer Setzerlehre, anschließend Redakteur der Zeitung „El Socialista"; 1934 Generalsekretär der Sozialistischen Jugendbewegung; 1936 Eintritt in die KP Spaniens; Ende 1936 vorübergehend Polizeichef in Madrid; 1937 Mitglied des Zentralkomitees der KP; Frühjahr 1939 Emigration (Frankreich, Lateinamerika); ab Ende 1942 Aufbau einer Geheimorganisation der KP in Spanien; zählt in den vierziger Jahren zu den „Stalinisten"; 1960 Generalsekretär des PCE; in den sechziger Jahren Bruch mit dem Stalinismus; ab 1960 vorwiegend in Paris (unter Pompidou mehrfach des Landes verwiesen); nach Francos Tod (1975) illegal in Spanien, kurzzeitig verhaftet; 1977 Zulassung der KP; im April 1985 aus dem PCE ausgeschlossen. Zur Biographie: Art. „Santiago Carrillo", in: Munzinger-Archiv/Internationales Biographisches Archiv, 29.8.1981 – Lieferung 35/81 – P – 14415.

183 Santiago Carrillo, „Eurokommunismus" und Staat, Hamburg/Berlin 1977 (Original: „Eurocomunismo" y Estado, Madrid 1977), S. 111.

gen innerhalb des PCE führten im April 1985 zum Parteiausschluß Carrillos und seiner treuesten Anhänger.[184] Der neue Parteichef, Gerardo Iglesias, gab bekannt, er werde sich nunmehr auch verstärkt um die Demokratisierung des Parteilebens bemühen. Dieses Versprechen wurde jedoch nicht in die Tat umgesetzt, und unter dem neuen Parteichef Anguita (seit 1988) hat sich die Partei den Prinzipien des „demokratischen Zentralismus" wieder stärker angenähert.[185] So gewinnt die Interpretation Víctor Albas an Plausibilität, derzufolge der Eurokommunismus in Spanien nicht aus einem theoretischen Wandel hervorging, sondern als machtpolitisch motivierter Adaptationsprozeß an die Veränderungen der Industriegesellschaft in der zweiten Hälfte des 20. Jahrhunderts anzusehen ist.[186]

Die französische KP wurde immer wieder gerne zu den Eurokommunisten gerechnet, weil sie in den siebziger Jahren gemeinsam mit PCI und PCE für sich selbst diesen Anspruch erhoben hatte. Zwischen den Bekundungen der Parteiführung in den Jahren von 1975 bis 1977 und der tatsächlichen Politik des PCF bestand jedoch selbst in dieser kurzen Periode eine beträchtliche Spannung. So entfernte man auf dem XXII. Parteitag 1976 den anstößigen Begriff der „Diktatur des Proletariats" zwar aus den Statuten, unterstützte gleichzeitig aber die portugiesischen Kommunisten um Alvaro Cunhal bei ihrem Bemühen, sich die Macht im Staate auf die bewährte leninistische Weise anzueignen.[187] Und während man noch gute Kontakte zu eurokommunistischen Bruderparteien pflegte, tat die Führung um Georges Marchais[188] alles, damit der Einfluß von Parteireformern wie Jean Elleinstein so gering wie möglich blieb.[189] Der Begriff des „Eurokommunismus" verschwand bald wieder

184 Vgl. Walter Haubrich, „Carrillos Kopf für Gorbatschow, auf dem Tablett serviert". Früherer Führer der KP Spaniens aus dem Zentralkomitee ausgeschlossen, in: FAZ vom 22. April 1985, S. 4; Anabel Díez, Carrillo llama a la convergencia al sindicalista Nicolás Redondo y a Adolfo Suárez, in: El País vom 28. April 1985, S. 22.

185 Vgl.Walter Haubrich, Der rote Kalif, in: FAZ vom 24. Februar 1988, S. 12; ders., Abgeordneter verläßt spanische KP im Zorn, in: FAZ vom 19. Nov. 1988, S. 6.

186 Vgl. Víctor Alba, El partido comunista en España. Ensayo de interpretación histórica, Barcelona 1979, S. 360–364.

187 Vgl. Kellmann (FN 44), S. 240; Tom Gallagher, The Portuguese Communist Party and Eurocommunism, in: The Political Quarterly 49 (1979), S. 215 –230.

188 Georges Marchais, geb. 7. Juni 1920 in La Hoguette (Calvados). Nach offiziellen Angaben seit 1947 Mitglied des PCF; ab 1951 Gewerkschaftsfunktionär (CGT); 1956 Kandidatmitglied des Zentralkomitees; 1959 Vollmitglied des ZK; 1961 Organisationssekretär; seit Februar 1970 stellvertretender Generalsekretär (aufgrund der Erkrankung des amtierenden Generalsekretärs Waldeck-Rochet faktische Übernahme der Parteiführung); seit Dezember 1972 Generalsekretär. Zur Biographie: Art. „Georges Marchais", in: Munzinger-Archiv/Internationales Biographisches Archiv, 44/84–P–012589–6 Mar–WE.

189 Zum Fall Elleinstein schreibt Kellmann (FN 44), S. 249 f.: „Die Partei argumentierte, er habe sich durch sein Verhalten automatisch außerhalb der Partei gestellt und führte ihn nicht mehr als Mitglied, über einen formellen Parteiausschluß ist bis heute jedoch nichts bekannt geworden. Allerdings dürfte sich auch Elleinstein, der sich während des Präsidentschaftswahlkampfes im Frühjahr 1981 offen für François Mitterrand einsetzte und dem westdeutschen 'Spiegel' ein Interview gewährte, in dem er die Hoffnung aussprach, daß der Wähler gleich ihm 'die katastrophale, prosowjetische ... und antisozialistische Politik der KPF verurteilen' möge, kaum noch als zur Partei zugehörig betrachten." Zu den innerparteilichen Verhältnissen des PCF generell siehe die voluminöse

aus den parteioffiziellen Verlautbarungen, und als die Sowjetunion an der Jahreswende 1979/80 in Afghanistan einmarschierte, stellte sich der PCF demonstrativ hinter diesen Akt. Es bleibt abzuwarten, wie sich die anhaltenden Mißerfolge der Partei bei Wahlen auf das innerparteiliche Klima auswirken.[190]

Der Begriff des „Eurokommunismus" war in der zweiten Hälfte der siebziger Jahre nicht zuletzt deshalb en vogue, weil er dem verbreiteten Wunsch nach Überwindung der vielbeklagten „historischen Spaltung der Arbeiterbewegung" Ausdruck verlieh.[191] Berechtigten aber die programmatischen Verlautbarungen der drei Parteien überhaupt zu derartigen Erwartungen? Sicherlich hatten die eurokommunistischen Parteien, zuletzt im gemeinsamen Kommuniqué[192] auf dem Madrider Treffen von PCF, PCE und PCI im März 1977, weitgehende Zugeständnisse gemacht und beteuert, die demokratischen Spielregeln bei einer etwaigen Machtübernahme respektieren zu wollen. Diese Bekundungen blieben jedoch wenig verbindlich: Es handelt sich dabei um Absichtserklärungen, die offenlassen, ob sie eine historische Übergangs- oder Endphase umreißen. Erstes kann als weit wahrscheinlicher gelten, bedeutet doch das von Gramsci übernommene Konzept einer „Hegemonie der Arbeiterklasse"[193] zwar ein strategisches Abrücken von der umstrittenen Programmformel der „Diktatur des Proletariats", nicht jedoch bereits eine inhaltliche Bejahung des freiheitlich-demokratischen Parteienwettbewerbs. Der Glaube an „objektiv" bestimmbare Interessen Aller und der Mythos von der „Einheit der Arbeiterklasse" blockieren nach wie vor den Weg zu einem pluralistischen Demokratieverständnis.

Fortsetzung von Fußnote 189

Darstellung des 1968 aus der Partei ausgetretenen: Pierre Robrieux, Histoire intérieure du parti communiste français, 4 Bde., Paris 1980–1984; ders., La secte, Paris 1985. Zum Verhältnis PCF/PCI: Adriano Guerra, Le PCF dans le miroir du PCI, in: RPP 87 (1985), Nr. 914, S. 63–71.

190 Zur Situation der Partei nach dem Austritt der PCF-Minister aus der sozialistischen Regierung 1984: Jean Ranger, Le déclin du parti communiste français, in: RFSP 36 (1986), S. 46–63; Georges Lavau, Le parti communiste: un congrès de survie, in: RPP 87 (1985), Nr. 914, S. 6–15; Olivier Duhamel/Jean-Luc Parodi, Le PC à l'épreuve de l'exercice du pouvoir, in: Pouvoirs 32 (1985), S. 153–164. Für die neueste Entwicklung vgl. Klaus Kellmann, Die kommunistischen Parteien in Westeuropa. Entwicklung zur Sozialdemokratie oder Sekte?, Stuttgart 1988, S. 141–159.

191 Im übrigen begründet die Klage über die sogenannte „Spaltung der Arbeiterbewegung" die falsche Vorstellung, als hätten sich zwei gleichberechtigte „Äste" weiter verzweigt. Der kommunistische Flügel hatte jedoch (in Deutschland) lediglich eine kleine Minderheit repräsentiert. Und die USPD vereinigte sich größtenteils wieder mit der Mehrheitssozialdemokratie. Der Kommunismus war also allenfalls ein kleiner radikaler Ableger der Arbeiterbewegung – wenngleich die KPD später, in den chronischen Krisenperioden der Weimarer Republik, einen beachtlichen Aufschwung nahm.

192 Das Kommuniqué ist abgedruckt bei: Manfred Steinkühler, Eurokommunismus im Widerspruch – Analyse und Dokumentation, Köln 1977, S. 256–283.

193 Vgl. Giorgio Bonomi, Partito e rivoluzione in Gramsci, Mailand 1973; Kellmann (FN 44), S. 52–77; Karin Priester, Eurokommunismus und Pluralismus, in: FH 35 (1980), H. 3, S. 13–22; dies., Studien zur Staatstheorie des italienischen Marxismus: Gramsci und Della Volpe, Frankfurt a.M./New York 1981; dies., Antonio Gramsci und der italienische Marxismus, in: NPL 21 (1976), S. 182–207.

Manfred Steinkühler hat in einer Synopse (aus dem Jahre 1985) der Rechenschaftsberichte zu den Parteitagen von PCF, PCI und PCE neuere Tendenzen auf ideologisch-programmatischer Ebene herausgearbeitet.[194] Demnach sind eurokommunistische Klänge bei der PCF-Führung nicht mehr vernehmbar. Weiterhin am diskussions- und innovationsfreudigsten zeige sich der PCI. Allerdings falle die Kritik am „real existierenden Sozialismus" zurückhaltender aus, und der Nachfolger Berlinguers[195], Alessandro Natta[196], habe anders als zuletzt sein Vorgänger die Forderung nach „politischem Pluralismus" in dieser Form bisher nicht erhoben. Was die Kritik an der UdSSR betrifft, konstatiert Steinkühler eine Wende beim PCE: Generalsekretär Iglesias habe die an den „sozialistischen Ländern geübte Kritik" nun als eine „schädliche Praxis"[197] bezeichnet. Gemeinsam sei allen drei Parteien nach wie vor das Festhalten am Parteikonzept des „demokratischen Zentralismus". Allerdings vermag Steinkühler Interpretationsvarianten zu erkennen: Der PCF lege das Prinzip am striktesten aus. Die spanischen Kommunisten äußerten sich „widersprüchlich": Einerseits habe Iglesias „demokratische Bedingungen für eine breitere und dauernde Aussprache" gefordert, andererseits die „Diskrepanz als normalen Bestandteil dieser Aussprache" zurückgewiesen, da dies „schädlich für die einheitliche Anwendung" der „mittels des demokratischen Zentralismus"[198] zustande gekommenen Entscheidungen sei. Interessant erscheint die Begründung Berlinguers für das Festhalten des PCI am Prinzip des „demokratischen Zentralismus". Dieser stelle nämlich „kein ideologisches Kennzeichen" dar, vielmehr eine „Methode interner Lebensweise".[199] Wie der Rechtfertigungsversuch zeigt, wird auch von seiten eurokommunistischer Parteien erkannt, in welchem Maße ihre Glaubwürdigkeit von den innerparteilichen Verhältnissen abhängt, wenn vage programmatische Bekundungen keine Klarheit bringen.

---

194 Vgl. Steinkühler (FN 180).

195 Enrico Berlinguer, geb. 25. Mai 1922 in Sassart (Sardinien), gest. 11. Juni 1984 in Padua. Als Schüler Kontakt zu antifaschistischen Gruppen; 1943 Mitglied der KP; 1944 „wegen versuchten Umsturzes" verhaftet; nach vier Monaten wieder freigelassen; 1945 Mitglied des ZK; 1949–56 Generalsekretär des kommunistischen Jugendbundes; 1950–53 Präsident der Weltföderation der demokratischen Jugend; 1950 Kandidat des KP-Parteivorstands; 1957 Direktor der Zentralhochschule der Partei und Parteisekretär der Parteiorganisation auf Sardinien; 1958 Vollmitglied des Parteivorstands, Leitung der Abteilung Organisation; 1962–66 Leiter des Parteisekretariates; 1967 Mitglied des Politbüros; seit 1968 Mitglied der Abgeordnetenkammer; ab 1979 Mitglied des Europaparlamentes. Zur Biographie: Art. „Enrico Berlinguer", in: Munzinger-Archiv/Internationales Biographisches Archiv, 39/84–P–012276–5/105 Be–WE.

196 Alessandro Natta, geb. 7. Jan. 1918 in Imperia; seit 1945 Mitglied der KPI; 1972–1979 Fraktionsvorsitzender im Italienischen Parlament; 1956 Mitglied des Zentralkomitees; 1962–70 und 1979–83 Mitglied des Parteisekretariats; 1984–1988 Parteichef. Zur Biographie: Art. „Alessandro Natta", in: Munzinger Archiv/Internationales Biographisches Archiv 34/84 P O17342.

197 Steinkühler (FN 180), S. 376.

198 Ebd., S. 378.

199 Ebd.

3.1.2 Anarchismus: Formen

Über die Doktrin des Anarchismus kann man nicht in der gleichen Weise schreiben wie über die kommunistische. Der Kommunismus wird geradezu durch seine Theoriebesessenheit charakterisiert. Das konkrete politische Handeln ist stets als Teil einer ausgeklügelten Strategie und Taktik gedacht. Strategie und Taktik wiederum sind die der jeweiligen Situation angepaßten Mittel, um die aus einem dogmatischen Lehrgebäude ableitbaren Ziele zu erreichen. Anders der Anarchismus: Er ist durch eine mehr oder minder stark ausgeprägte Theoriescheu gekennzeichnet. Umfassende, systematische Theorieentwürfe sind ihm weitgehend fremd. Nicht, daß es an herausragenden Geistern gefehlt hätte, wie April Carter behauptet.[200] Godwin und Kropotkin beispielsweise konnten sich aufgrund ihrer geistigen Leistungen wohl mit vielen sozialistischen Theoretikern ihrer Zeit messen. Einen „Marx des Anarchismus" hat es jedoch schon deshalb nicht gegeben, weil Anarchisten der Ausarbeitung eines derart weitreichenden und ambitiösen Gedankensystems mit größter Skepsis und wohl auch Ablehnung begegnet wären.

Der „große Wurf" anarchistischer Theorie hätte allenfalls in der eindringlicheren geistigen und ideengeschichtlichen Fundierung dessen bestehen können, worin sich Anarchisten jedweder Couleur einig sind. Hier stößt die anarchistische Theoriescheu an ihre Grenzen. Sie ist nämlich keineswegs mit Theorielosigkeit in eins zu setzen. Die tiefe Überzeugung, eine herrschaftslose Ordnung sei auf Erden realisierbar, teilen alle Anarchisten – ebenso wie das Vertrauen auf die Einsichtsfähigkeit des Menschen, so daß es vollauf genüge, sie kraft rationaler Argumente zu überzeugen, um eine Revolution ins Werk zu setzen. Diese Prämissen werden nicht weiter in Frage gestellt und mit der historischen Erfahrung konfrontiert. Auch die anarchistische (Kern-)Doktrin ist – wie dies für das extremistische Denken generell gilt[201] – ein Glaube, ein gedankliches System, das auf axiomatischen Setzungen basiert, die nicht nur unbewiesen, sondern – was noch wichtiger ist – unbeweisbar sind, jedoch so akzeptiert werden, als seien sie auf das Beste fundiert. In genau diesem Punkt unterscheidet sich das anarchistische Credo somit um keinen Jota vom kommunistischen. Die von Theoriescheu durchdrungene Doktrin entbehrt des Dogmatismus ebensowenig wie ihre theoriebesessene Schwester. Ist der Kommunismus durch das Neben-

---

200 Vgl. April Carter, Die politische Theorie des Anarchismus, Berlin 1979 (Original: The Political Theory of Anarchism, London 1971), S. 5.

201 Diese Bemerkungen sind ein Vorgriff auf das, was im fünften Kapitel systematisch zu entwickeln sein wird. Die entsprechenden Nachweise und Erläuterungen finden sich daselbst. – Der Behauptung, auch der Anarchismus sei eine Form des Glaubens, wird seitens der Anarchisten natürlich heftig widersprochen. Von dem anarchistischen Terroristen Émile Henry ist folgende Äußerung überliefert: „Hütet euch zu glauben, daß die Anarchie ein Dogma, eine unangreifbare, unbezweifelbare Doktrin ist, die von ihren Adepten genauso verehrt wird wie der Koran von den Muselmanen. Nein, die absolute Freiheit, die wir wünschen, treibt unsere Vorstellungskraft unablässig voran – je nach dem Denken der einzelnen Individuen – und hebt sie über den engen Rahmen jeder Reglementierung und jeder Kodifikation hinaus. Wir sind keine 'Gläubigen'". Zitiert nach: Daniel Guérin, Anarchismus. Begriff und Praxis, Frankfurt a.M. 1967 (Original: L'anarchisme, Paris 1965), S. 7.

einander sich auf das heftigste bekämpfender „Kirchen" oder „Orthodoxien" gekennzeichnet, so fehlt dem Anarchismus konsequenterweise die strikte Abschottung verschiedener Häresien. Die Anarchisten sind und waren untereinander diskursfähiger als die Kommunisten. Und weil es an einem anarchistischen „Katechismus" mangelt, der Freiheit des Individuums auch im theoretischen Bereich Rechnung getragen wird, existierten stets verschiedene Richtungen, Strömungen, Schulen nebeneinander, ohne im einzelnen auf die Schriften eines bestimmten „Lehrmeisters" fixiert sein zu müssen.

An Versuchen einer klassifizierenden Erfassung jenes ungeordneten Nebeneinanders gedanklicher Elemente hat es in der Anarchismusforschung nicht gemangelt.[202] Bemühungen dieser Art sind nicht schon deshalb ablehnenswert, weil eine auf die politische Doktrin zentrierte phänomenologische Systematik an sich fruchtlos wäre.[203] Im Falle des Anarchismus scheint diese Vorgehensweise jedoch in der Tat von der sozialen Realität, aus der heraus Anarchisten handelten, zu abstrahieren, da er – mit Ausnahme des Anarchosyndikalismus – nie geschichtsmächtige Ausmaße annahm und stets nur am Rande sozialer Bewegungen, auf der historischen Verliererseite, nicht selten in völliger Isolation existierte. Unter diesen Umständen konnte jenes gedankliche Potential, das die anarchistischen Theoretiker des 19. Jahrhunderts ansammelten, nicht einmal im subkulturellen Rahmen soziale Wirkkraft entfalten. Die politische Erfolglosigkeit des Anarchismus, gepaart mit seinem spezifischen Theorieverständnis, erklärt die Schwierigkeiten bei der klassifizierenden Erfassung. Wenn Günter Bartsch in seiner Darstellung zum Anarchismus in Deutschland immer weitere Schubkästen anlegt, weil die bereits vorhandenen bestimmte Phänomene nicht aufnehmen können[204], ist dies ein Indiz für die individuelle Buntscheckigkeit der Anarchismen, die sich einfachen Ordnungsschemata entzieht.

---

202 Vgl. etwa: Günter Bartsch, Anarchismus in Deutschland, 2 Bde., Hannover 1972 und 1973; Alexander Berkman, ABC des Anarchismus (1929), hrsg. von August Behrens jr., Berlin, o.J.; Karl Diehl, Über Sozialismus, Kommunismus und Anarchismus. Zwanzig Vorlesungen, 2. vermehrte Aufl., Jena 1911 (1905), S. 96–145; Franz Neumann, Anarchismus, in: Ders. (Hrsg.), Handbuch politischer Theorien und Ideologien, Reinbek bei Hamburg 1983 (1974/75), S. 222–294; Erwin Oberländer, Einleitung, in: Ders. (Hrsg.), Der Anarchismus, Olten/Freiburg im Breisgau 1972, S. 11–64; Ernst V. Zenker, Der Anarchismus. Kritische Geschichte der anarchistischen Theorie, Frankfurt a.M. 1966 (1895). Weitere Angaben bei: Lösche (FN 26).

203 Dieser Auffassung scheint Lösche (FN 26), S. 22 ff. zuzuneigen, der mit Recht auf die Problematik ideologisch-programmatischer Typologisierungen hinweist, jedoch in der Konzentration auf die soziale Basis des Anarchismus keine vollgültige Alternative aufzeigt. Das komplexe Verhältnis der Faktoren Doktrin – Organisation – Aktion sollte man aber auch bei ideologiezentrierten Einteilungsversuchen nicht aus dem Auge verlieren.

204 Ausgezeichnetes Anschauungsmaterial für diese Feststellung bietet die Darstellung und Dokumentation von Bartsch zur Geschichte des Anarchismus in Deutschland. Mit bewundernswertem – wenn auch die Relevanzfrage längst nicht immer hinreichend berücksichtigendem – Eifer hat der Autor selbst entlegenste und unbedeutendste Grüppchen aufgespürt. Minuziös werden die organisatorischen Streitigkeiten und Theoriedebatten rekonstruiert, die häufig ein derart klägliches Niveau erreichen, daß selbst Bartsch größte Mühe hat, ihnen eine gewisse Substanz abzugewinnen. Das in der Dokumentation ausgebreitete Material wirkt – mit einigen Ausnahmen – wegen seiner Dürftigkeit äußerst ermüdend. Bartsch (FN 200).

Es wird im folgenden daher auch darauf verzichtet, wie im Falle des Kommunismus bestimmte Strömungen, Schulen, „Kirchen“ voneinander abzugrenzen. Statt dessen seien einige ideologisch-programmatische Dimensionen aufgezeigt, an deren variierender konzeptueller Ausprägung sich Anarchismen voneinander unterscheiden lassen. Im Anschluß daran gilt die besondere Aufmerksamkeit zwei Formen anarchistischer Theorie (und Praxis), die für die Geschichte des Anarchismus im 20. Jahrhundert von herausragender Bedeutung sind.

3.1.2.1 Zwischen Anarcho-Kommunismus und Anarcho-Liberalismus

Klammert man die historische Entwicklung anarchistischer Gruppierungen aus und richtet sein Augenmerk ausschließlich auf die heutige Situation des Anarchismus, erscheint es schwierig und problematisch zugleich, sich in einer allgemeinen, von den einzelnen sozialen Trägern abstrahierenden Form über Fragen der Ideologie und Programmatik zu äußern. Schwierig, weil sich dem Mikrokosmos anarchistischer Zellen und Zirkel kaum allgemeingültige Aussagen abringen lassen; problematisch, weil „der“ Anarchismus gegenwärtig keine „Bewegung“ bildet, vielmehr eine Summe von Individualisten, weltfremden Träumern und geistigen Sonderlingen ist, deren Ausprägung und Entwicklung zu oft von den Launen skurriler Charaktere abhängt, als daß daraus theoretische Schlußfolgerungen zu ziehen wären.[205] Allein der Hinweis auf die organisatorische Situation mag dies verdeutlichen: In keinem Land ist bisher eine Außenvertretung aller Anarchisten entstanden. Ebensowenig gibt es – trotz mancherlei Versuche – einen Gesamtzusammenschluß auf internationaler Ebene. Die nationalen anarchistischen Subkulturen sind durch das Nebeneinander – und teilweise Gegeneinander – zahlreicher auf lokaler und regionaler Ebene tätiger Gruppierungen gekennzeichnet. Die Momentaufnahme des anarchistischen Historikers Roland Biard für den französischen Anarchismus des Jahres 1970 vermittelt noch ein vergleichsweise „geschlossenes“ Bild: Damals – im Aufwind der Studentenbewegung – gab es zehn rivalisierende anarchistische Hauptorganisationen mit immerhin 4000 bis 5000 Militanten.[206] Und jede dieser Hauptorganisationen mit also

---

205 Die Feststellungen Woodcocks, der einst selbst dem Kreis der anarchistischen Aktivisten angehörte, sind nach wie vor gültig: „The congress [in Bern 1946; U.B.] was a gesture without a consequence, since no organization emerged from it. Later congresses, in Paris, Carrara, and elsewhere, have also failed to produce a significant international cooperation among anarchists, and though national federations re-emerged in France, Britain, Italy and elsewhere, they did not reassumed the importance their predecessors acquired before the Russian Revolution.“ George Woodcock, Postscript (1973), in: Ders. (FN 24), S. 456. Siehe auch ders., Anarchism Revisited, in: Terry M. Perlin (Hrsg.), Contemporary Anarchism, = Nomos XIX (1978), New Brunswick/N.J. 1979, S. 23–36.

206 Vgl. Biard (FN 46), S. 215 f. Zum Vergleich: Bartsch (FN 202), Bd. 2, S. 215 beschreibt die bundesdeutsche Situation im Jahre 1972 wie folgt: „Nach unseren Informationen bestehen heute etwa 70 Anarcho-Gruppen in 55 Städten [...] Die durchschnittliche Mitgliederzahl der Anarcho-Gruppen liegt bei 10 bis 20 Mann. Manche haben nur 5, andere bis zu 100 Mitglieder. Das Koordinationsbüro bezifferte den neuanarchistischen Kaderstamm auf 1000 bis 1500 junge Leute, die von einer großen und kurzfristig mobilisierbaren Sympathisantenmasse umgeben sind.“

durchschnittlich 400/500 Mitgliedern stellt sich wiederum als Vereinigung auch ideologisch über ein beträchtliches Maß an Autonomie verfügender Gruppen dar.

Wenn es angesichts dieser anarchistischen Vielfalt – man könnte sie salopp mit einem Sack voller Flöhe vergleichen – auch wenig sinnvoll erscheint, das ideologisch-programmatische Spektrum in ein vorgefertigtes Schema zu pressen, lassen sich dennoch einige zentrale Fragen aufzeigen, an denen sich anarchistisches Denken seit jeher entzweit hat. Vielleicht die wichtigste ist diejenige nach der Stellung des Individuums in der anarchistischen Gesellschaft. Anarchismen eint der individualistische Denkansatz – im Gegensatz zum Kommunismus, für den das Kollektiv stets mehr ist als die Summe seiner Glieder. Der Anarchist dagegen nimmt gesellschaftliche Zusammenschlüsse nur in Kauf, sofern sie dem Einzelnen ein Höchstmaß persönlicher Freiheitsentfaltung gestatten. Die Auffassungen gehen allerdings darüber auseinander, wie individuelle Ansprüche und sozietäre Erfordernisse im konkreten Fall auszubalancieren sind. Die Extrempositionen des so entstehenden Spektrums werden häufig als „Anarcho-Liberalismus" und „Anarcho-Kommunismus" bezeichnet.

Eine Traditionslinie, der „Anarcho-Liberalismus" oder „individualistische Anarchismus"[207], neigt dazu, das Pendel ganz in Richtung auf die totale Autonomie des Einzelnen hin ausschlagen zu lassen. Ihre Anhänger identifizieren sich emotional mit Max Stirners trotzigem Egoismus[208], teilen allerdings nicht dessen rigoristische Schlußfolgerungen, etwa hinsichtlich der Geltung ethischer Prinzipien. Im Bereich der Ökonomie wird die Forderung nach genereller Vergesellschaftung der Produktionsmittel abgelehnt; dadurch werde die freie Wahl der Erwerbsformen ungebührlich beschnitten.[209] Besonders im nordamerikanischen Anarchismus, etwa bei Benja-

207 Bartsch (FN 202), Bd. 1, S. 13 f. benutzt die Bezeichnung „Individual-Anarchismus". In Deutschland nennen sich bestimmte Gruppen „individualistische Anarchisten", um sich betont von den „Anarcho-Kommunisten" abzugrenzen. Die Bezeichnung findet sich auch bei: Neumann (FN 202).

208 Max Stirner, Der Einzige und sein Eigentum, neue Ausgabe, mit einer biographischen und erläuternden Einführung von Dr. Anselm Ruest, Berlin 1924 (1845). Stirners Schriften sind in Deutschland vor allem durch die Vermittlung des anarchistischen Schriftstellers John Henry Mackay, eines naturalisierten Deutschen kanadischer Abstammung, Ende des vergangenen Jahrhunderts bekannt geworden, nachdem sie diesen Druchbruch zu Lebzeiten Stirners nicht erreicht hatten. Max Stirner (bürgerlicher Name: Johann Kaspar Schmidt), geb. am 25. Okt. 1800 in Bayreuth, gest. am 25. Juni 1856. Auf dem Gymnasium großer Einfluß der Lehren Hegels; 1834 Lehramtsprüfung in Berlin; Unterricht an einem Mädchenpensionat; die Ideen des „Einzigen" (1845) finden im Revolutionsjahr 1848 keinen Wiederhall mehr; nach der Scheidung von seiner zweiten Frau lebt Stirner am Rande des Existenzminimums. Zur Biographie vgl. die Einleitung von Anselm Ruest in obiger Ausgabe (S. 5–20). Joll (FN 19), S. 185 berichtet, daß die von Stirner in „Der Einzige und sein Eigentum" entwickelte Philosophie von Mussolini mit Begeisterung aufgenommen worden sei. Andere weisen auf die Bedeutung Stirners für den Existentialismus hin. Vgl. zur Diskussion über die Interpretation der Stirnerschen Schriften ausführlich: Lösche (FN 26), S. 62–67. Ferner den entsprechenden Abschnitt bei: Andrew R. Carlson, Anarchism in Germany, Bd. 1: The Early Movement, Metuchen/N.J. 1972, S. 53–76. Der intellektuelle Rang des Stirnerschen Pamphletes scheint jedoch vielfach weit überschätzt zu werden.

209 Vgl. dazu: K.H.Z. Solneman/Uwe Timm, Individualistischer Anarchismus. Eine Autorenauswahl, 3. Aufl., Berlin 1982.

min R. Tucker[210], findet sich auch – in Anlehnung an den so vielfältig interpretierten und interpretierbaren Proudhon – die Wertschätzung des Konkurrenzprinzips zur Leistungssteigerung und Effizienzkontrolle.[211]

Diesen stets nur bei einer Minderheit verbreiteten Vorstellungen entgegengesetzt ist eine Traditionslinie, die häufig unter der widersprüchlichen Bezeichnung „kollektivistischer Anarchismus"[212] firmiert. Als einer ihrer „klassischen" Vertreter kann der anarchistische Fürst Peter Kropotkin gelten. Für ihn stellen Anarchismus und Kommunismus kongruente Prinzipien dar, sofern der Kommunismus als ein „Modus für den wirtschaftlichen Verbrauch und die wirtschaftliche Produktion"[213] begriffen werde. Nur unter dieser Bedingung allerdings verbinden sich beide Prinzipien nach seiner Auffassung harmonisch miteinander: „Mit dem Anarchismus als Ziel und als Mittel wird der Kommunismus möglich. Ohne ihn würde er mit Notwendigkeit die Knechtschaft bedeuten, und – als solche – könnte er nicht bestehen".[214] Kropotkins Konzeption des kommunistischen Anarchismus war von den Erfahrungen eines mehrjährigen Sibirienaufenthaltes bestimmt. Zeitlebens idealisierte er die Lebensweise der Siedler am Amur, deren Existenz auf gemeinsamer Arbeit und gegenseitiger Hilfe gründete.[215] Die (Agrar-)Kommune wurde in der Vorstellungswelt Kropotkins zur Urzelle einer anarchistischen Zukunftsgesellschaft.

Wie sich schon an diesem Beispiel zeigt, steht die Frage nach der Stellung des Individuums in engem Zusammenhang zum Organisationsproblem. Während Tucker und mit ihm die sogenannten „Individual-Anarchisten" für eine Vielfalt auf Freiwilligkeit und Gleichberechtigung gegründeter Zusammenschlüsse plädieren, setzt der kommunistische Anarchismus die Vergesellschaftung der Produktionsmittel voraus und beschneidet somit das dem Einzelnen offenstehende Spektrum von Optionen drastisch. Zwischen beiden Extremen gibt es allerdings eine Fülle vermittelnder Po-

---

210 Vgl. ebd., S. 22–36.

211 Ebd.; Woodcock (FN 24), S. 434.

212 Die von Bakunin eingeführte Unterscheidung zwischen Kollektivismus und Kommunismus täuscht über die Nähe der beiden Tendenzen hinweg. Zu Bakunin vgl. Zenker (FN 202), S. 121.

213 Zitiert nach: Max Nettlau, Die erste Blütezeit der Anarchie: 1886–1894, Vaduz 1981 (Erstveröffentlichung des Manuskrips in der Sammlung Max Nettlau im Internationalen Archiv für Sozialgeschichte/Amsterdam), S. 237.

214 Ebd., S. 238.

215 In seinen Memoiren schreibt Kropotkin: „Die konstruktive Arbeit, die von der namenlosen Menge getan wird, aber so selten in Büchern Erwähnung findet, und die große Bedeutung dieser konstruktiven Arbeit für die Entwicklung sozialer Formen trat mir überzeugend vor Augen. Wenn ich zum Beispiel beobachten konnte, wie sich die Duchoborengemeinden in der Amurgegend ansiedelten, wenn ich sah, welchen ungeheuren Vorteil ihnen ihre halbkommunistische brüderliche Organisation gewährte, wenn ich erkannte, wie wunderbar ihre Ansiedlungen, im Gegensatz zu all den Mißerfolgen der staatlichen Kolonien ringsumher, in Blüte standen, so lernte ich damit etwas, das sich aus Büchern nimmer lernen läßt." Kropotkin, Memoiren eines Revolutionärs, Bd. 1, Stuttgart 1920, S. 37.

sitionen.[216] Proudhons – im einzelnen recht widersprüchliche[217] – Konzeption etwa hatte noch die Existenz selbständiger Handwerker und kleiner Gewerbetreibender vorgesehen.[218] Das System des „Mutualismus", wie es seine Anhänger später nannten, beruht auf der gegenseitigen Hilfe kleiner dezentraler Lebens- und Arbeitsgemeinschaften. Auf die je spezifischen Bedürfnisse und Interessen abgestimmte Verträge sollen nach dem Absterben des Staates an die Stelle der Gesetze treten.[219] Proudhons Überzeugung von der Verderblichkeit der Geld- und Zinswirtschaft[220] – eine auf Güterbasis operierende „Tauschbank" sollte sie ersetzen – teilen auch heute noch viele Anarchisten. So wurde nach dem Militäraufstand des 17./18. Juli 1936 an vielen Orten Aragoniens mit starker anarchistischer Präsenz das Geldsystem spontan abgeschafft, „in der Absicht, die aus der herrschenden Geldverfassung sich ergebenden Ungerechtigkeiten und sozialen Schäden zu beseitigen". Die spanischen Anarchisten waren der Überzeugung, „daß mit der Abschaffung des Geldes auch die damit verbundenen individuellen und gesamtgesellschaftlichen negativen Erscheinungen verschwinden würden. Anarchisten hofften insbesondere, in einer nicht mehr von der Geldwirtschaft bestimmten Gesellschaft die angestrebte allgemeine Gleichheit erreichen zu können".[221] Das Problem der Organisation in einer anarchistischen Zukunftsgesellschaft steht in engem Zusammenhang mit den organisatorischen Erfordernissen zu deren Errichtung. Entscheidend ist die Frage nach der Möglichkeit der Gewaltanwendung. Die Antworten reichen vom prinzipiellen Gewaltverzicht bis zum systematischen Gewalteinsatz. Daß anarchistische Theorie und terroristische Praxis keineswegs eine untrennbare Einheit bilden, hatte bereits die anarchistische Philosophie William Godwins[222] demonstriert. Als Zeitgenosse der 1789

216 An dieser Stelle können die vielfältigen anarchistischen Dikussionsbeiträge zur Organisationsfrage nicht annähernd aufgeführt werden. Eine vergleichende Studie zu diesem Problem, die verschiedene Lösungsmodelle miteinander konfrontieren könnte, steht noch aus. Fragen dieser Art sind teilweise im Zusammenhang mit der vor allem Ende der sechziger, Anfang der siebziger Jahre geführten Rätediskussion erörtert worden. Die wohl kenntnisreichste Darstellung der anarchistischen Organisationsfrage findet sich bei: Guérin (FN 199).

217 Die Widersprüchlichkeiten im Werk Proudhons gestalteten die Rezeption ungewöhnlich vielfältig: Neben Anarchisten berufen sich Syndikalisten, Reformisten, Konservative und auch Faschisten auf Proudhon. Siehe die entsprechenden Nachweise bei Oberländer (FN 202), S. 17.

218 Vgl. Guérin (FN 201), S. 44.

219 Vgl. Neumann (FN 202), S. 237.

220 Eine ganz ähnliche Auffassung findet sich in dieser Hinsicht bereits bei Aristoteles, wo es heißt: „[...] so ist erst recht der Wucher hassenswert, der aus dem Geld selbst den Erwerb zieht und nicht aus dem, wofür das Geld da ist. Denn das Geld ist um des Tausches willen erfunden worden, durch den Zins vermehrt es sich aber durch sich selbst. Daher hat es auch seinen Namen: das Geborene ist gleicher Art wie das Gebärende, und durch den Zins (Tokos) entsteht Geld aus Geld. Diese Art des Gelderwerbs ist also am meisten gegen die Natur". Aristoteles, Politik, übersetzt und herausgegeben von Olof Gigon, 6. Aufl., München 1986 (1971), I, 1258 b 1–8.

221 Bernecker (FN 24), S. 104.

222 William Godwin, geb. 3. März 1756 in Wisbech (Cambridgeshire), gest. 7. April 1836 in London. 1778–1783 Prediger in verschiedenen Dissentergemeinden; ab 1783 freier Schriftsteller und politischer Journalist; 1805–1822 Tätigkeit als Verleger. Zur Biographie: Richard Bellamy, Godwin and the Development of 'The New man of Feeling', in: History of Political Thought 6 (1985), S. 411–432; Jürgen Mittelstraß, Godwin, in: Enzyklopädie Philosophie und Wissenschaftstheorie, Bd. 1: A–G, Mannheim/Wien/Zürich 1980, S. 787 f.

eskalierenden revolutionären Auseinandersetzungen in Frankreich sprach er sich dezidiert gegen das Jakobinertum und die Praxis des Terrors aus. Wie Jean-Jacques Rousseau war auch Godwin von der ursprünglichen Güte des Menschen überzeugt, vertraute auf seine Einsichtsfähigkeit und die Möglichkeiten der Erziehung. Dennoch waren seine politischen Forderungen von äußerster Radikalität. So trat er etwa für die gänzliche Abschaffung des Eigentums ein.[223] Umfassende Rechtssysteme beengten den Entfaltungsraum des Einzelnen in ungebührlichem Maße. Auch andere menschliche Zusammenschlüsse hielten Godwins strengem Urteil nicht stand. Selbst die Institution der Ehe galt ihm als verdammenswert – was ihn freilich nicht davon abhielt, zweimal in den Stand der Ehe zu treten. Godwin war ein Mann des theoretischen Entwurfs, nicht der revolutionären Praxis. Seine Ablehnung der Gewalt als Medium politischer Veränderung mag für ihn einnehmen; das radikale Verdikt gegenüber dem Bestehenden und das für realistisch erachtete Konzept einer Idealgesellschaft freier Vernunftwesen trägt jedoch den Keim der Gewalt und des Terrors in sich.

Die elementare Spannung zwischen den strahlenden Aussichten der Zukunftsverheißung und den vernichtenden Ergebnissen der Gegenwartsanalyse liegt wie eine pechschwarze Gewitterwolke über aller anarchistischen Theorie – auch wenn sie den Verzicht auf die Anwendung physischer Gewalt gegenüber Personen zum Programmpunkt erhebt. Dies gilt heute noch wie zu Lebzeiten Godwins. Seit 1969 erscheint in der Bundesrepublik Deutschland die anarchistische Zeitschrift „Graswurzelrevolution". Sie ist der Organisation „War Resisters International" angeschlossen, deren Traditionslinien bis zum Pazifismus der zwanziger Jahre zurückreichen, und wird von der „Föderation Gewaltfreier Aktionsgruppen" herausgegeben.[224] Das in einer Auflage von mehreren tausend Exemplaren publizierte Organ plädiert für „eine tiefgreifende gesellschaftliche Umwandlung im Kampf gegen alle Formen der Gewalt". Mittels „Macht von der Basis her" sollen „Gewalt und Herrschaft abgeschafft werden. Anstelle zentralisierter Verwaltungen und Überwachung durch einen mit Gewaltmitteln ausgestatteten Staatsapparat sollen Selbstbestimmung und freiwillige Hilfe treten. Anstelle ungezügelten wirtschaftlichen Wachstums, das sich allein nach Profiten richtet und die Umwelt wie den Menschen zerstört, sollen energiesparende und umweltfreundliche Produktionsweisen treten, die den Bedürfnisses des Menschen dienen und die der Arbeit Befriedigung verschaffen. Nicht menschengefährdende Rüstung und militärischer Gehorsam, sondern soziale Gerechtigkeit, radikale Demokratie in allen Bereichen, gewaltlose Widerstands- und Verteidigungsformen und die Solidarität zwischen den reichen und den ausgebeute-

---

223 Einen umfassenden anarchistischen Theorieentwurf bietet das Hauptwerk Godwins: An Enquiry Concerning Political Justice and Its Influence on General Virtue and Happiness, 2 Bde., London 1793. Siehe dazu: Joll (FN 19), S. 27–35; Achim v. Borries/Ingeborg Brandies, Anarchismus – Theorie, Kritik, Utopie, Frankfurt a.M. 1970, S. 391–395.

224 Vgl. Günter Bartsch, Vom Pazifismus zur gewaltfreien Graswurzelbewegung, in: Kurt E. Becker/Hans-Peter Schreiner (Hrsg.), Anti-Politik. Terrorismus – Gewalt – Gegengewalt, Hannover 1979, S. 245–258.

ten Völkern werden den Frieden dauerhaft sichern, die Freiheit erhalten und erweitern."[225]

Forderungen und Stellungnahmen dieser Art werden heute zwar nur von Minderheiten in den demokratischen Verfassungsstaaten vertreten; sie haben jedoch innerhalb der pazifistischen und antimilitaristischen „Bewegungen" eine weit über die kleinen Gemeinden der anarchistischen „Graswurzler" hinausreichende Verbreitung erlangt. [226] Dies erklärt sich auch aus der Tatsache, daß Ideale angerufen werden, die auf breiten Konsens treffen und denen auch der demokratische Verfassungsstaat verpflichtet sein muß, wenn er nicht nur auf dem Papier steht: Friedsamkeit, soziale Gerechtigkeit, Freiheit, Solidarität. Und dennoch klagt das obige Zitat den demokratischen Verfassungsstaat an, seine Legitimität wird in Frage gestellt. Es liegt also ein Widerspruch vor zwischen dem Legitimitätsanspruch des demokratischen Verfassungsstaates und der Behauptung mangelnder Legitimität von seiten einer minoritären Gruppe seiner Bürger. Der Widerspruch gründet offensichtlich in der Absicht der anarchistischen Dissidenten, „alle Formen der Gewalt" abzuschaffen. Da der demokratische Verfassungsstaat dieses Ziel nicht erreicht, vielmehr selbst über Gewaltmittel verfügt (Polizei, Militär), gilt er als illegitim. Allerdings prallen zwei Legitimitätsvorstellungen aufeinander. Denn der demokratische Verfassungsstaat erhebt keineswegs den Anspruch, „alle Formen der Gewalt" zu beseitigen. Als Produkt eines historischen Erfahrungsprozesses in der Auseinandersetzung mit verschiedensten Formen der Fremdbestimmung und Willkürherrschaft beruht er auf der Einsicht, daß die menschliche Natur immer wieder Gewalt hervorbringt. Er geht daher nicht von der Alternative Gewaltlosigkeit – Gewaltherrschaft aus, sondern erstrebt die Domestizierung der Gewalt, indem die Bürger ihr natürliches Recht auf Gegenwehr preisgeben und es an einen kollektiven Akteur delegieren, der ihrer Kontrolle unterliegt und dessen Gewaltmonopol in Recht und Gesetz verankert ist.[227]

Die Forderung nach Abschaffung der Gewalt kollidiert mit der historischen Erfahrung, wonach Gewalt stets entsteht, wenn zwei oder mehr Menschen zusammentreffen. Da der Mensch aber ein Gemeinschaftswesen ist, verbindet sich Gewalt un-

---

225 Graswurzelrevolution. Für eine gewaltfreie, herrschaftslose Gesellschaft, Nr. 64–4/82, S. 2.

226 Vgl. zum internationalen Kontext: Reiner Steinweg (Red.), Die neue Friedensbewegung. Analysen aus der Friedensforschung, Frankfurt a. M. 1982; Wilfried von Bredow, Sozialer Protest und Friedensbewegung in Westeuropa. Ein Gemisch von Idealisten, Weltverbesserern und Realpolitikern, in: BzK 15 (1985), H. 4, S. 35–50.

227 Siehe zu dieser in den letzten Jahren vieldiskutierten Problematik besonders: Detlef Merten, Rechtsstaat und Gewaltmonopol, = Recht und Staat in Geschichte und Gegenwart, 442/443, Tübingen 1975. Ferner: Ralf Dreier, Widerstandsrecht im Rechtsstaat? Bemerkungen zum zivilen Ungehorsam, in: Recht und Staat im sozialen Wandel. Festschrift für Ulrich Scupin, Berlin 1983, S. 573–599; Markus Heintzen, Das staatliche Gewaltmonopol als Strukturelement des Völkerrechts, in: Der Staat 25 (1986), S. 17–33; Martin Kriele, Die Rechtfertigungsmodelle des Widerstands, in: APZG, B. 39/1983, S. 12–24; Hans-Peter Schneider, Verfassungswandel und politischer Konflikt. Zur Entwicklung des modernen Verfassungsstaates in Deutschland, in: Politische Bildung 17 (1984), H. 1, S. 19–34; Rudolf Wassermann, Von der parlamentarischen zur Demonstrations- und Widerstandsdemokratie?, in: ZfP 31 (1984), S. 1–10.

auflösbar mit seiner Existenz. Wer Gewaltlosigkeit[228] propagiert, hat die Pflicht, die Realisierbarkeit dieses Zustandes zu beweisen. Nachdem sich jedoch auch das von Rousseau liebevoll gezeichnete Bild des „bon sauvage"[229] als den realen Möglichkeiten widersprechend erwiesen hat, dürfte diese Begründung mittels historischer Erfahrung schwerlich geleistet werden können. Es entspränge somit sträflichem Leichtsinn, die konstitutionelle Lösung des Gewaltproblems gegen eine mangelhaft fundierte Utopie einzutauschen. Würde sich die heute in weiten Teilen der Friedensbewegungen verbreitete Sehnsucht nach dem Absoluten auf eine Mehrheit der Bevölkerung übertragen, bestünde die Gefahr, daß der Idealismus der Gewaltlosigkeit zur Entfesselung jener Naturgewalten führte, die der demokratische Verfassungsstaat so mühsam zu bändigen gelernt hat. Auf diese Weise wird die unheilvolle, wenn auch unbeabsichtigte, Verknüpfung zwischen realitätsblinden Zukunftsverheißungen und den elementaren Mächten der Gewalt und des Terrors offenbar. [230]

---

228 Dem Bekenntnis zur Gewaltfreiheit wird allerdings nicht konsequent Rechnung getragen. So propagiert die Zeitschrift „Graswurzelrevolution" die Blockade von Kasernen–Ein- und Ausfahrten. Bartsch (FN 224), S. 256 f. weist darauf hin, daß die „Graswurzler" zudem die in der Studentenbewegung aufgekommene Unterscheidung zwischen „Gewalt gegenüber Sachen" und „Gewalt gegenüber Personen" übernommen haben: „Die Beschädigung und Zerstörung von Sachen, etwa von Stacheldrahtverhauen um Bauplätze der Atomkraftwerke, wird hingegen nicht ausgeschlossen." Diese Unterscheidung, die „Gewalt gegen Sachen" als legitim erachtet, öffnet einer Eskalation der Gewalttätigkeit Tür und Tor. Diese Gefahr ist auch dem von Galtung entwickelten Konzept der „strukturellen Gewalt" inhärent: Johan Galtung, Strukturelle Gewalt. Beiträge zur Friedens- und Konfliktforschung, Reinbek bei Hamburg 1975. – Vgl. zur Gewaltproblematik generell: Christian Graf von Krockow, Gewalt für den Frieden? Die politische Kultur des Konflikts, 2. Aufl., München/Zürich 1983; Ulrich Matz, Politik und Gewalt. Zur Theorie des demokratischen Verfassungsstaates und der Revolution, Freiburg im Breisgau/München 1975; Wolfgang Salewski/Peter Lanz (Hrsg.), Die neue Gewalt und wie man ihr begegnet, Zürich 1978; Rüdiger von Voss (Hrsg.), Von der Legitimation der Gewalt. Widerstand und Terrorismus, Stuttgart 1978.

229 Vgl. Rousseaus Beschreibung des Naturzustands: Jean-Jacques Rousseau, Diskurs über die Ungleichheit/Discours sur l'inégalité, 1. Teil, kritische Ausgabe des integralen Textes, mit sämtlichen Fragmenten und ergänzenden Materialien nach den Originalausgaben und den Handschriften neu ediert, übersetzt und kommentiert von Heinrich Meier, Paderborn/München/Wien/Zürich 1984 (1755), S. 77–171. Joll (FN 19), S. 26 schreibt dazu: „Dem Glauben an die Vervollkommnungsfähigkeit des Menschen und der menschlichen Institutionen fügte Rousseau den Begriff des 'edlen Wilden' hinzu, einer Gestalt, die allen Anarchisten lieb und teuer ist. 'Der Mensch, frei geboren, liegt überall in Ketten', dies wurde in der Tat zum Motto anarchistischen Denkens."

230 Auf diese Zusammenhänge ist – im Rahmen der Phänomenologie – so ausführlich eingegangen worden (eine systematische Analyse enthält das fünfte Kapitel dieser Abhandlung), weil der in Teilen der Ökologie- und Friedensbewegung ausgebildete Hang zur „Totalkritik" (Sontheimer) häufig mit dem Bewußtsein gekoppelt ist, an der „Spitze des (politischen) Fortschritts" zu marschieren und über ein „echtes" Demokratieverständnis zu verfügen. Demgegenüber wird der demokratische Verfassungsstaat als „formal" abgetan. Das „radikale" Bekenntnis erscheint aus einem konstitutionellen Blickwinkel dagegen gerade als im Vorfeld totalitärer Verirrung angesiedelt. Siehe dazu: Kurt Sontheimer, Zeitenwende? Die Bundesrepublik Deutschland zwischen alter und alternativer Politik, Hamburg 1983. Aufschlußreich in diesem Zusammenhang ist auch das moralistisch durchtränkte Traktat von: Franz Alt, Frieden ist möglich. Die Politik der Bergpredigt, 13. Aufl., München/Zürich 1983. Siehe dagegen: Manfred Hättich, Weltfrieden durch Friedfertigkeit? Eine Antwort an Franz Alt, 5. Aufl., München 1983.

Der Glaube an die Realisierbarkeit einer herrschaftslosen Ordnung kann mit der aufrichtigen Selbstverpflichtung zur Gewaltlosigkeit einhergehen, aber auch unmittelbar mit der Extremform politischer Gewaltanwendung verbunden sein: dem politischen Terrorismus. Es ist dies die populäre Vorstellung vom Anarchisten, die eines vollbärtigen Verschwörers, der Attentate ausheckt und Feuer an Lunten legt. Und obwohl sich friedfertige Anarchisten immer wieder vehement von dieser Form distanzieren[231], könnte man ernsthaft darüber streiten, welche von beiden die in sich schlüssigere Variante darstellt. Die „erste Blütezeit der Anarchie", wie der „Herodot des Anarchismus", Max Nettlau, die Jahre 1886–1894 bezeichnet[232], fiel nahezu auch mit einer Hochphase des Anarcho-Terrorismus zusammen. Zahlreiche gekrönte Häupter wurden Opfer anarchistischer Gewalttäter: 1894 der französische Staatspräsident Carnot, 1897 der spanische Ministerpräsident Cánovas, 1898 die Kaiserin Elisabeth von Österreich, 1900 König Umberto I. von Italien, ein Jahr später der amerikanische Präsident McKinley.[233] 1883 schlug ein anläßlich der Einweihung des Niederwalddenkmals vorbereitetes Attentat auf die deutschen Fürsten, Reichskanzler Bismarck, den Kronprinzen und Kaiser Wilhelm I. fehl; ein auf Bismarck geplanter Dynamitanschlag konnte 1885 rechtzeitig aufgedeckt werden.[234] 1892 verübte der Anarchist Pallás ein Attentat auf den spanischen General Martinez Campos[235], 1893 führte ein anarchistischer Täter einen Anschlag gegen die Pariser Abgeordnetenkammer durch.[236] Minister, Staatsanwälte, Richter, Polizeikommissare wurden Op-

231 Der Anarcho-Syndikalist Augustin Souchy (1892–1984) verstieg sich sogar zu folgender Behauptung: „Der Grundsatz der Gewaltlosigkeit ist dem Anarchismus inhärent, er gehört zum Wesen der Herrschaftslosigkeit. Würden Sie Vertrauen zu einem Menschen haben, der Ihnen sagt: 'Heute bin ich der Teufel, morgen werde ich ein Engel sein'? In der anarchistischen Gesellschaftstheorie findet man nichts von Gewalt und Terror [...] Das Mißverständnis, den Anarchismus mit Gewalt und Terror zu identifizieren, stammt aus dem vorigen Jahrhundert. Es gab Attentäter, die sich Anarchisten nannten, ob sie es wirklich waren und was sie unter dem Wort verstanden, ist nicht bekannt." Adelbert Reif, Gespräch mit Augustin Souchy, in: Europäische Ideen, Heft 39/1978, S. 1–18, 3. Zur bewegten Biographie Souchys siehe auch den Nekrolog von: Heiner Koechlin, Augustin Souchy in memoriam, in: Europäische Ideen, Heft 58/1984, S. 2–4.

232 Vgl. Nettlau (FN 213). Zur Person Max Nettlaus (1865–1944), der noch persönlichen Kontakt zu Peter Kropotkin hatte: Rudolf de Jong, Biographische und bibliographische Daten von Max Nettlau, März 1940, in: Nettlau, Geschichte der Anarchie, Ergänzungsband, Glashütten im Taunus 1972, S. 18–21. Der Ausdruck „Herodot der Anarchie" findet sich daselbst, S. 18. Siehe in diesem Band auch die „Ganz private Mitteilung" Nettlaus, S. 21–56.

233 Vgl. Joll (FN 19), S. 135, der auch darauf hinweist, daß das Attentat auf Zar Alexander II. – entgegen gelegentlichen Behauptungen – nicht von einem anarchistischen Täter begangen wurde. Vgl. dazu auch: Wolfgang Plat, Zar Alexander II. Die hundertjährige Jagd auf den Selbstherrscher (1881), in: Ders., Attentate. Eine Sozialgeschichte des politischen Mordes, Düsseldorf/Wien 1982, S. 100–147.

234 Vgl. die chronologische Zusammenstellung bei: Joachim Wagner, Politischer Terrorismus und Strafrecht im Deutschen Kaiserreich von 1871, Heidelberg/Hamburg 1981, S. 12–16. Wagner führt zahlreiche weitere (versuchte und tatsächlich durchgeführte) Attentate in den Jahren 1866–1913 auf, die freilich nur teilweise einen anarchistischen Hintergrund aufweisen. Vgl. zur Motivation der Täter ebd., S. 272–309.

235 Vgl. Joll (FN 19), S. 135.

236 Vgl. dazu ausführlich: Henrique Varennes, O terrorismo em França (de 1891 a 1894), Lissabon 1915 (Original [vermutlich]: De Ravachol à Caserio, Paris, o. J.), S. 115–157.

fer von Gewalttaten. Nicht immer richteten sich die Anschläge gegen Repräsentanten des Herrschaftsapparates: 1892 warf ein Anarchist einen Sprengkörper in ein vollbesetztes Theater in Barcelona und tötete 20 Personen.[237] Der Anarchist Émile Henry deponierte 1894 eine Bombe in einem Pariser Café und verursachte ein Blutbad.[238]

Handelte es sich also doch nicht um „politisch“ motivierte Delikte, sondern schlicht um Akte hemmungsloser Mordlust? Wie sich bei den Gerichtsverhandlungen zeigte, entsprang auch noch so sinnlos erscheinendes Blutvergießen kaltem intellektuellem Räsonnement. Émile Henry erklärte, seine Absicht sei es gewesen, eine „größtmögliche Zahl von 'bourgeois' zu töten“.[239] Den Einwand, daß es sich dabei doch um unschuldige Menschen gehandelt habe, konterte er mit folgendem Argument: „'Bourgeois' sind niemals unschuldig. Niemals. Eure Exzellenz mögen sich für unschuldig halten; für mich sind Sie es nicht.“[240]

Der geistige Hintergrund des Terrors war die von führenden Vertretern des Anarchismus verfochtene „Propaganda der Tat“. Trug der russische Anarchist Bakunin[241] in seinem unermüdlichen Tatendrang maßgeblich zur Verbreitung dieses Konzeptes in ganz Europa bei, verlieh ihm sein Landsmann Kropotkin[242] die eindrucksvollste theoretische Fundierung. In der Schrift „Der Geist der Revolte“ von 1880 warf Kropotkin die Frage auf, wie es zum Ausbruch einer Revolution komme. Seine Antwort maß den „Taten von Minderheiten“ eine zentrale Bedeutung zu: „Wenn in einem

---

237 Vgl. Joll (FN 19), S. 135.

238 Varennes (FN 234), S. 247–290; Jean Maitron, Le mouvement anarchiste en France, Bd. 1: Des origines à 1914, Paris 1975, S. 206–250 (L'ère des attentats [1892–1894]). – Émile Henry, geb. 1872 in Spanien als Sohn eines wegen Beteiligung an der Pariser Kommune Exilierten, gest. am 21. Mai 1894 in Paris (Hinrichtung auf der Guillotine). Gerät auf der Ecole Polytechnique in Paris mit anarchistischen Ideen in Berührung (nannte im Prozeß den Namen Alexander Herzen); Aktivitäten in anarcho-terroristischen Gruppen. Zur Biographie: Varennes (FN 236); Joll (FN 19), S. 142–144.

239 Varennes (FN 236), S. 257. In der mir vorliegenden portugiesischen Ausgabe lautet der Satz: „Matar o maior número possível de burgueses.“

240 Ebd., S. 259. Der Satz heißt dort: „Burgueses jàmais são inocentes. Jàmais. V. Ex.ª trata-os por inocentes; por mim, não.“

241 Michail Alexandrowitsch Bakunin, geb. 30. Mai (neuer Kalender) 1814 in Prjamuchino (Gouvernement Twer), gest. 1. Juli 1876 in Bern. 1843–1848 Reise durch Europa, Bekanntschaft mit Proudhon und Marx in Paris; 1849 wegen Beteiligung am Dresdner Aufstand zum Tode verurteilt, 1850 an Rußland ausgeliefert, dort sechs Jahre Haft und anschließend Verbannung nach Sibirien; 1861 Flucht nach London, Zusammenarbeit mit Alexander Herzen, Vorbereitung des polnischen Aufstandes; 1864–1872 (Ausschluß) Mitglied der Ersten Internationale. Zur Biographie: Max Nettlau, Michail Bakunin. Eine Biographie, 3 Bde., London 1896–1900; Peter Scheibert, Von Bakunin zu Lenin. Geschichte der russischen revolutionären Ideologie 1840–1895, Leiden 1956; Siegfried Blasche, Bakunin, in: Mittelstraß (FN 222), S. 249.

242 Kropotkin, Pjotr Alexandrowitsch, Fürst, geb. 9. Dez. 1842 in Moskau, gest. 8. Febr. 1921 in Dmitrov. Zunächst Offizier, später Geograph; 1872 bei einer Reise in die Schweiz erste Kontakte mit anarchistischen Gruppen; 1874 Verhaftung; 1876 Flucht nach England; Aufenthalt in verschiedenen europäischen Ländern; intensive geographische Forschungen; politische Publizistik; in Frankreich zeitweilig inhaftiert; 1917 Rückkehr nach Rußland. Zur Biographie: Joll (FN 19), S. 130 ff.

Land eine revolutionäre Situation entsteht, bevor genügend revolutionärer Geist unter den Massen vorhanden ist, der sich in heftigen Straßendemonstrationen, in Rebellionen und Aufständen zeigt, kann es einer Minderheit durch Aktionen gelingen, dieses Gefühl von Unabhängigkeit und Wagemut, ohne das es keine Revolution gibt, zu entfachen". Und: „Durch Aktionen, die die allgemeine Aufmerksamkeit auf sich ziehen, sickert die neue Idee in das Bewußtsein und gewinnt Anhänger. Eine solche Aktion kann innerhalb weniger Tage mehr Propaganda machen als 1000 Flugblätter. In der Hauptsache aber weckt es den revolutionären Geist, er flammt empor."[243]

Bei zahlreichen anarchistischen Gruppen in Europa mußten diese Worte wie ein Plädoyer für den politischen Terrorismus wirken, auch wenn Kropotkin selbst – im Gegensatz zu anderen russischen Revolutionären wie Bakunin, Nechaev oder dem ehemaligen deutschen Sozialdemokraten Johann Most[244], die in der Wahl ihrer Mittel weit weniger zimperlich waren – das Spektrum der „Propaganda der Tat" nicht weiter präzisierte. Einige Jahre später – bereits bevor der anarchistische Terror eine zeitlang die französische Öffentlichkeit in Atem hielt – nahm Kropotkin in Artikeln für die Pariser anarchistischen Zeitschriften „Le Révolté" und „La Révolte" von der terroristischen Aktionsform Abstand. Eine Revolution war durch die Welle der Gewalttaten in keinem europäischen Land ausgelöst worden; sie hatte die Staatsgewalt jedoch zu verstärkter Repression herausgefordert und den Aktionsradius der Revolutionäre eher eingeengt.[245] Kropotkins Distanzierung von der terroristischen Praxis beruhte keineswegs auf prinzipiellen Erwägungen, sondern war die logische Folge strategischer Schlußfolgerungen: Revolution sei vor allem „un mouvement populaire". Sie entstünde nicht durch Einzelaktionen: „Un édifice basé sur des siècles d'histoire ne se détruit pas avec quelques kilos d'explosifs."[246]

Mehr noch als diese vorsichtige Abkehr des führenden anarchistischen Theoretikers von den Extremformen der „Philosophie der Tat" dürfte die – ebenfalls strategisch begründete – Zurückweisung des „individuellen Terrors" durch den Führer der Bolschewiki auf Generationen Revolutionsbesessener gewirkt haben. Er bezeichnete ein solches „Kampfmittel" in einem Artikel für die Zeitung „Iskra" als „unzweckmäßig", weil seine Anwendung nur auf der Basis einer zentral organisierten und örtlich stark verankerten Partei sinnvoll sei und es die „Kämpfer" von den „Massen" isoliere, betonte jedoch auch: „Grundsätzlich haben wir den Terror nie abgelehnt und können wir ihn nicht ablehnen. Er ist eine Kampfhandlung, die in einem bestimmten Zeitpunkt der Schlacht, bei einem bestimmten Zustand der Truppe und unter bestimmten Bedingungen durchaus angebracht und sogar notwendig sein kann".[247]

243 Kropotkin, Der Geist der Revolte (1880), Auszug, abgedruckt in: Walter Laqueur (Hrsg.), Zeugnisse politischer Gewalt. Dokumente zur Geschichte des Terrorismus, Kronberg/Ts. 1978 (Original: Terrorism, New York, 1976), S. 77 f.

244 Vgl. die bei Laqueur (FN 243), S. 56–59, 83–91 wiedergegebenen Äußerungen von Nechaev und Most.

245 Vgl. dazu: Maitron (FN 238), S. 206–250.

246 Zitiert nach: Ebd., S. 260.

247 Lenin, Womit beginnen? (Mai 1901), in: Ders., Ausgewählte Werke, Moskau 1985, S. 37–44, 39.

Während die Moskauer Orthodoxie bis heute an dieser Interpretation des „individuellen Terrors“ festgehalten hat[248], löste man im Umkreis der Studentenbewegungen Ende der sechziger Jahre die strenge Verknüpfung von Theorie, Strategie und Taktik auf – sei es, weil man auch hi nsichtlich theoretischer Vorgaben Autoritäten verschmähte, sei es, weil man – reflektiert oder ex post rationalisierend – das „Primat der Praxis“ forderte, sei es, daß schlicht Unverständnis, Unwissenheit und Desinteresse regierten. Den vielleicht interessantesten Fall einer unter anderem anarchistisch inspirierten Terrorgruppierung, wie die spätere RAF als radikales Ausfällprodukt des studentischen Protestes entstanden[249], stellte die sogenannte „Bewegung 2. Juni“[250] dar. Sie war ein originäres Gewächs der Berliner „Szene“. Zu ihren spektakulärsten Aktionen zählte neben einigen Bombenanschlägen und Raubüberfällen die Entführung des Berliner CDU-Landesvorsitzenden Peter Lorenz Ende Februar 1975. Die Aktivitäten der – mit wechselnder Besetzung auftretenden – Gruppe, die im März 1972 erstmals unter dieser Bezeichnung in Erscheinung trat, reichen bis in das Jahr 1969 zurück.[251] Was die Art ihres „revolutionären“ Selbstverständnisses angeht, herrscht zwar nicht in dem Maße Klarheit wie im Falle der RAF, hat die „Bewegung 2. Juni“ doch im Gegensatz zu dieser nie irgendwelche Bekenntnisschriften an die Öffentlichkeit lanciert. „Bommi“ Baumann[252] zeitweilig Aktivist der

---

Fortsetzung von Fußnote 247

Eine ausführlichere, zusammenfassende Auseinandersetzung enthält die Schrift: „Der 'linke Radikalismus', die Kinderkrankheit im Kommunismus“ (FN 126), S. 19–22. Siehe dazu auch die Auseinandersetzung Trotzkis mit dem Terrorismus: Trotzki, Der Zusammenbruch des Terrorismus, in: Laqueur (FN 243), S. 185–191.

248 Vgl. aus dieser Sicht: Martin Robbe, Verlockung der Gewalt, Linksradikalismus – Anarchismus – Terrorismus, Berlin [Ost] 1981. Der Autor ist am Zentralinstitut für Geschichte der Akademie der Wissenschaften der DDR tätig.

249 Allerdings kann die RAF nicht zu den anarchistisch inspirierten Terrorgruppen gerechnet werden. Selbst wenn man über das (marxistisch-leninistische) Selbstverständnis hinausgeht, reicht doch die Propagierung des „individuellen Terrors“ als Indiz für eine anarchistische Prägung keineswegs aus. Siehe dazu treffend: Günter Bartsch, Entwicklung und Organisation des deutschen Anarchismus von 1945 bis zur Gegenwart. Ein Überblick, in: Manfred Funke (Hrsg.), Extremismus im demokratischen Rechtsstaat. Ausgewählte Texte und Materialien zur aktuellen Dikussion, Bonn 1978, S. 147–163, 149. Nichtsdestoweniger findet sich in der Literatur immer wieder die – völlig unhaltbare – Charakterisierung der RAF als „anarchistisch“. Vgl. nur: Langguth (FN 46), S. 201 ff.; Neumann (FN 202), S. 278. – Siehe zur Ideologie der RAF besonders die differenzierte Analyse von: Iring Fetscher/Herfried Münkler/Hannelore Ludwig, Ideologie der Terroristen in der Bundesrepublik Deutschland, in: Fetscher/Rohrmoser (FN 47), S. 16–271.

250 Am 2. Juni 1967 wurde auf einer Demonstration anläßlich des Schah-Besuches in Berlin der Student Benno Ohnesorg von einem Polizisten erschossen.

251 Vgl. Dieter Claessens/Karen de Ahna, Das Milieu der Westberliner „scene“ und die „Bewegung 2. Juni“, in: Wanda von Baeyer-Katte/Dieter Claessens/Hubert Feger/Friedhelm Neidhardt, Gruppenprozesse, = Analysen zum Terrorismus 3, Opladen 1982, S. 20–181.

252 Michael Baumann, genannt „Bommi“, geb. 1948. 1967 Kontakte zum SDS in Berlin, Eintritt in die „Kommune I“; Beteiligung an Krawallen nach dem Attentat auf Rudi Dutschke (Gründonnerstag 1968); 1968 Eintritt in die militante „Wielandkommune“; 1969/70 „Tupamaros Westberlin“; 1970/71 im Gefängnis; 1971/72 „Bewegung 2. Juni“; 1972 Flucht ins Ausland: London – Damaskus – Teheran – Afghanistan – Indien; 1981 in London verhaftet; am Landgericht Berlin zu einer

Gruppe, teilt in seinem Erlebnisbericht immerhin Aufschlußreiches über das Selbstverständnis der Gruppe mit. Beim „2. Juni" habe es im Gegensatz zur RAF weder „Spezialistentum" noch „Autoritätsstrukturen" gegeben. Trotz des kollegialen Gruppenaufbaus seien Führungsstrukturen dennoch nicht ganz zu beseitigen gewesen: „Wer dann aber die meiste power hat und die wenigsten Verschleißerscheinungen auf Grund dieses Drucks von außen, der wird dann aber immer noch das Wort führen, also du hast in so einer Situation die Autoritätshierarchie nie ausgeschaltet."[253]

Das Selbstverständnis der Gruppe war ein betont „antiautoritäres": „Die Bewegung sollte sich zusammensetzen aus (möglichst vielen) Kommandotrupps von 3 bis 9 Personen. Jede dieser Gruppen arbeitete weitgehend selbständig bei der Planung und Durchführung von Aktionen, war auch autonom in der Beschaffung von Geld, Waffen, Sprengstoff, Wohnungen, Autos etc. [...] Die Rollenverteilung innerhalb der Gruppe geschah auf der Grundlage von Gleichberechtigung und Partnerschaftlichkeit. Nach Möglichkeit soll eine derartige Zuweisung auch weitgehend unabhängig von bestimmten Fähigkeiten geschehen, da es das Ziel war, zum Beispiel durch das Weitergeben von Kenntnissen resp. den Erwerb einer allround-Ausbildung."[254]

Auch die revolutionäre Strategie der „Bewegung 2. Juni", sofern man überhaupt davon sprechen kann, trug gewisse anarchistische Züge. So sollte die Arbeit an der „Basis" mit spektakulären Aktionen kombiniert werden: „Auf der einen Seite Flugblätter, Demos, Aufkleber, Nachbarschaftshilfe, also eine rote Hilfe in den Bezirken machen und auch die Jugendheim-Problematik aufgreifen. Von der anderen Seite her eine klandestine Zelle, die nicht erkannt wird, deren Kader, die Nacht- und Nebelaktionen machen und von da heraus Massenaktionen unterstützen."[255] Das für den älteren Anarchismus so kennzeichnende Vertrauen in die unmittelbare massenstimulierende Wirkung des Fanals schien den Aktivisten des „2. Juni" abzugehen. Es wäre allerdings verfehlt, unterstellte man ein allzu hohes theoretisches Reflexionsniveau. Die Mitglieder lehnten für sich selbst die Etikettierung als „anarchistisch" durchweg ab.[256]

Auch die ausländischen Vorbilder, die Baumann anführt[257], „Gauche Prolétarienne" in Frankreich, „Lotta Continua" in Italien, unterstreichen diesen Eindruck. So hatte „Lotta Continua" zwar ebenfalls einen anarchistischen Flügel[258], vorbildhaft dürfte jedoch die von den Betrieben ausgehende Anstachelung zum Aufruhr gewirkt haben – eine Praxis, die schwerlich allein dem Anarchismus zuzuordnen

Fortsetzung von Fußnote 252

Freiheitsstrafe verurteilt. Zur Biographie: Uwe Backes/Eckhard Jesse, Totalitarismus – Extremismus – Terrorismus. Ein Literaturführer und Wegweiser im Lichte deutscher Erfahrung, 2. aktualisierte und erweiterte Aufl., Opladen 1985, S. 259–261; Bommi Baumann, Wie alles anfing, Neuausgabe, München 1982 (1975); Hanno Kühnert, In Deutschland leben? Na, Wahnsinn! Ein Gespräch mit dem Ex-Terroristen Michael „Bommi" Baumann, in: Die Zeit vom 25. März 1983, S. 58.

253 Baumann (FN 252), S. 123.

254 Claessens/de Ahna (FN 251), S. 156.

255 Baumann (FN 252), S. 117.

256 Vgl. Claessens/de Ahna (FN 251), S. 180, Anm. 206.

257 Baumann (FN 252), S. 116.

258 Vgl. Berner (FN 46), S. 53.

wäre. Und was „Gauche Prolétarienne" betrifft, war diese 1973 aufgelöste Organisation von Anfang an maoistisch ausgerichtet.[259] Bartsch meint, aufgrund einiger eher äußerlicher Merkmale (Vokabular, Symbolik) auch beim „2. Juni" auf maoistische Tendenzen schließen zu können. [260] Wegen der Verknüpfung dieser Züge mit einer „antiautoritären" Organisationsstruktur bezeichnet er die Gruppierung als „anarcho-maoistisch". Wie bei den Anarcho-Terroristen der achtziger und neunziger Jahre des vergangenen Jahrhunderts überflügelte auch bei den „Kämpfern" des „2. Juni" der revolutionäre Aktivismus das Interesse an theoretischer Filigranarbeit weit.

3.1.2.2 Anarcho-Syndikalismus

Wenige Jahre nach dem Erscheinen seiner Schrift „Der Geist der Revolte", in der er die heldenhaften Aktionen „integre[r] Männer, für die die Idee eins ist mit der Aktion"[261]gefeiert hatte, schwor Peter Kropotkin diesem strategischen Konzept ab. Nun pries er die Macht der „unions monstres, englobant les millions de prolétaires contre les milliers et les millions d'or des exploiteurs".[262] Trotz mancherlei Widerstände erkannten führende Anarchisten in den 1890er Jahren mehr und mehr die Möglichkeiten, die eine Mitwirkung in der sich entwickelnden Gewerkschaftsbewegung bot. Umgekehrt wuchs in den betont revolutionär gesonnenen Teilen der Gewerkschaften die Sympathie für die Anarchisten, die selbst eine strategische Mitwirkung in Parteien oder Parlamenten kategorisch ablehnten.[263] Nicht zufällig stellte die Pariser anarchistische Zeitschrift „La Révolte" 1894 unter diesem Namen ihr Erscheinen ein. In der Redaktion fand ein Revirement statt, und das Organ kam ab 1895 unter dem Namen „Les Temps Nouveaux" heraus.[264]

Einer der neu in die Redaktion Aufgenommenen war der revolutionäre Syndikalist Fernand Pelloutier[265], Organisator einer Föderation der Arbeiterbörsen. Pellou-

---

259 Vgl. Biard (FN 46), S. 162–168.

260 Vgl. Bartsch (FN 202), S. 150.

261 Kropotkin (FN 243), S. 77.

262 Kropotkin, Les Grèves, in: La Révolte, Nr. 3, 27. September – 3. Oktober 1890. Zitiert nach: Maitron (FN 238), S. 266.

263 Vgl. zur Entwicklung des Syndikalismus in Frankreich die kursorische, auf das Verhältnis von Politik und Ökonomie zentrierte Darstellung von: Wilfried Röhrich, Revolutionärer Syndikalismus. Ein Beitrag zur Sozialgeschichte der Arbeiterbewegung, Darmstadt 1977, S. 24–41; F. F. Ridley, Revolutionary Syndicalism in France. The Direct Action of Its Time, Cambridge 1970; ders., Syndikalismus, Streik und „Revolutionäre Aktion" in Frankreich, in: Wolfgang J. Mommsen/Gerhard Hirschfeld (Hrsg.), Sozialprotest, Gewalt, Terror. Gewaltanwendung durch politische und gesellschaftliche Randgruppen im 19. und 20. Jahrhundert, Stuttgart 1982, S. 270–289.

264 Vgl. Maitron (FN 238), S. 269 f. Maitron hat der minuziösen historischen Rekonstruktion verdienstvollerweise ein umfassendes Verzeichnis anarchistischer Periodika, Broschüren, Flugblätter, Bücher hinzugefügt. Die 127 Seiten lange Liste der zwischen 1880 und 1972 erschienenen Periodika nennt jeweils auch Erscheinungsort, Jahrgänge, Zahl der Hefte sowie die Sigle des betreffenden Archivbestandes.

265 Fernand Pelloutier, geb. am 1. Oktober 1867 in Paris, gest. am 13. März 1901 in Paris (Tuberkulose). Als Schüler wird er wegen Abfassung eines antiklerikalen Romans vom religiös geführten

tier hatte sich vom marxistischen Sozialisten zum überzeugten Anarchisten gewandelt. Unter dem Einfluß der föderalistischen Ideen Proudhons und des Bakuninschen Konzepts einer freien Assoziation der Produzenten stehend, wurde Pelloutier zum bedeutendsten Befürworter und Theoretiker einer Verbindung von Anarchismus und Syndikalismus[266], die in den Gewerkschaftsbewegungen der romanischen Länder große Bedeutung erlangte. Diese Verbindung von Anarchismus und Syndikalismus hatte zur Voraussetzung, daß die Gewerkschafter dem Marxismus abschworen, ohne die revolutionären Ziele aus dem Auge zu verlieren, während die Anarchisten auf das „Ravacholisieren"[267] verzichteten und ihre Abneigung gegen festere Organisationsformen überwanden.

Es war dies von vornherein ein konfliktreiches Verhältnis. Auf dem Amsterdamer anarchistischen Kongreß trafen im Sommer 1907 die divergierenden Vorstellungen über die Art der zu wünschenden Synthese zwischen Anarchismus und Syndikalismus aufeinander. Dabei wurden unterschiedliche Prioritäten deutlich. Pierre Monatte[268], Mitglied der 1895 gegründeten, zu dieser Zeit stark anarcho-syndikalistisch beeinflußten „Confédération Générale du Travail" (CGT), brachte das von ihm verfolgte Konzept auf die Formel: „Wie der Kongreß von Amiens im Jahre 1906 verkündet hat, genügt der Syndikalismus sich selbst."[269] Der italienische Anar-

---

Fortsetzung von Fußnote 265

Pensionat verwiesen; seit 1885 journalistische Betätigung; unterstützt den radikal-republikanischen Kandidaten Aristide Briand 1889 im Wahlkampf; 1892 Redakteur der Zeitschrift „Démocratie de l'Ouest"; Anhänger des „Parti ouvrier français" von Jules Guesde, wird Parteisekretär der Sektion in Saint-Nazaire; 1892/93 Bruch mit Guesde in der Frage des Generalstreiks; 1893 Wahl in das Sekretariat der „Fédération des bourses du travail"; 1897 Gründung der Zeitschrift „L'Ouvrier des Deux Mondes". Zur Biographie: Maitron (FN 238), S. 297–299.

266 Hier in der Bedeutung von „Gewerkschaftsbewegung" allgemein. Der Begriff „Syndikalismus" wird vielfach auch zur Bezeichnung der revolutionären Teile bzw. des Anarchosyndikalismus im besonderen verwendet. Zum Verhältnis von Anarchismus und Syndikalismus siehe den programmatischen Beitrag von: Fernand Pelloutier, L'anarchisme et les syndicats ouvrière, in: Les Temps Nouveaux 1 (1895), Nr. 27, S. 2–4. Eine deutsche Übersetzung ist abgedruckt in: Anarchismus und Syndikalismus, 2. Aufl., Berlin, o. J., S. 9–18.

267 Das Verb „ravacholiser" in der Bedeutung von: „in die Luft sprengen" verdankt seinen semantischen Gehalt dem finsteren Treiben François-Claudius Ravachols. Ravachol, geb. 1859, ermordete unter anderem einen Lumpenhändler, einen betagten Einsiedler und zwei alte Geschäftsinhaberinnen. Außerdem raubte er das Grab einer Gräfin aus. Vor Gericht gab er an, er habe Geld für die Sache des Anarchismus besorgen wollen. Nach seiner Hinrichtung 1892 wurde er in anarchistischen Kreisen vielfach zum Märtyrer stilisiert. Vgl. Joll (FN 19), S. 139–142; Varennes (FN 236), S. 1–110.

268 Pierre Monatte, geb. 1881 in Monlet (Haute-Loire), gest. 1960. Bereits als Gymnasiast in Clermont Mitglied der „Jeunesse Socialiste" und Mitarbeiter der blanquistischen Zeitschrift „Tocsin populaire"; während des Studiums Hinwendung zum Anarchismus. 1903 Mitbegründer der ersten Gewerkschaft für die Beschäftigten des Buchhandels; 1905/06 Beteiligung an Streiks, mehrere kurze Gefängnisaufenthalte; 1905 Eintritt in das „Comité des bourses du travail" (Mitglied bis 1914); in den folgenden Jahren Teilnahme an anarchistischen und syndikalistischen Kongressen; Mitarbeit bei verschiedenen revolutionären Zeitschriften. Zur Biographie: Maitron (FN 238), S. 325, Anm. 181 (persönliche Mitteilungen Pierre Monattes).

269 Teile seines Redebeitrags sind (in Übersetzung) abgedruckt in: Anarchismus und Syndikalismus (FN 266), S. 18–28, 27. Siehe auch: Maitron (FN 238), S. 324–329.

chist Errico Malatesta[270] widersprach dieser Version vehement. Er habe die Arbeiterbewegung stets als ein „Betätigungsfeld“ angesehen, „das für unsere revolutionäre Propaganda besonders geeignet war und zugleich einen Berührungspunkt zwischen den Massen und uns“[271] bildete. Diese Mitwirkung sei jedoch kein Ziel, sondern „nichts als ein Mittel“. [272] Die Syndikalisten tendierten dazu, „aus dem Mittel ein Ziel zu machen und den Teil für das Ganze zu halten“.[273] Dies sei mit dem Anarchismus unvereinbar. Weder beschränkten sich die revolutionären Aktivitäten der Anarchisten auf die Methoden des Syndikalismus – neben dem Generalstreik könne auf die „bewaffnete Erhebung“ prinzipiell nicht verzichtet werden –, noch verfolgten die Anarchisten die Interessen einer bestimmten Klasse: „Die anarchistische Revolution, wie wir sie anstreben, geht weit über die Interessen einer einzelnen Klasse hinaus. Sie setzt sich die vollständige Befreiung der ganzen, augenblicklich geknechteten Menschheit in dreifacher, und zwar in wirtschaftlicher, politischer und moralischer Hinsicht zum Ziel.“[274]

Verstand sich der anarchistisch inspirierte Syndikalismus als eine autonome revolutionäre Bewegung, so war er nach Auffassung der Anarchisten alten Zuschnitts lediglich ein – freilich sehr bedeutender und wirksamer – Bestandteil des revolutionären Waffenarsenals.[275] Sollte nach Meinung der Syndikalisten die neue Gesellschaft aus den Organisationen der Arbeiter hervorgehen und auf ihnen aufbauen, richtete sich der anarchistische Argwohn auch gegen die Organisationsform des Syndikats. Bezeichnenderweise waren es die kommunistischen Anarchisten im Gefolge Kropotkins, deren pragmatischeres Organisationsverständnis eine syndikalistische Ausrichtung zuließ, während die ausgeprägten Individualisten dieses Engagement scheuten.

Das komplexe historische Verhältnis zwischen revolutionärem Syndikalismus und Anarchismus macht die Beantwortung der Frage schwierig, ob der Syndikalismus eher als eigenständige, neuartige Erscheinung oder schlicht als Subphänomen des Anarchismus zu begreifen ist.[276] Man mag zu unterschiedlichen Ergebnissen kommen, je nachdem, welche historische Phase in welchem Land gerade untersucht

270 Errico Malatesta, geb.1853 in S. Maria Capua Vetere, gest. 1932 in Rom. Als Student der Medizin in Neapel von Carlo Cafiero und Enrico Covelli in die Idee des Internationalismus eingeweiht; Freund Bakunins; Publikation der Zeitschrift „La questione sociale“ in Florenz; mehrmals Haftstrafen; zeitweilig im Exil in Frankreich, Belgien, der Schweiz, den Vereinigten Staaten, Südamerika und Großbritannien; nach der Rückkehr nach Italien 1913 Gründung der Zeitschrift „Volontà“; in London Beteiligung an Anti-Kriegskundgebungen; 1919 erneut Rückkehr nach Italien; Gründung der Zeitschrift „Umanità Nuova“. Zur Biographie: Art. „Errico Malatesta“, in: Grande Dizionario Enciclopedico, terza edizione interamente riveduta e accrescita, Bd. 11, Turin 1969, S. 743.

271 Teile des Redebeitrags sind (in Übersetzung) abgedruckt in: Anarchismus und Syndikalismus (FN 266), S. 28–34, 28.

272 Ebd., S. 29.

273 Ebd.

274 Ebd., S. 34.

275 Vgl. dazu zusammenfassend: Lösche (FN 26), S. 118.

276 Diese Frage wird bei Lösche (FN 26), S. 115–117 ausführlich erörtert, ohne daß sie gelöst würde.

wird. Anarchismus und Syndikalismus weisen jedoch gemeinsame Merkmale auf, die sie eine fruchtbare Symbiose eingehen ließen: die Überzeugung von der Notwendigkeit einer sozialen Revolution, das Streben nach einer herrschaftsfreien Gesellschaft, der Glaube an die Machtmißbrauch verhütende Wirkung des föderalistischen Organisationsprinzips, die prinzipielle Staatsfeindschaft. Der Anarcho-Syndikalismus entwickelte sich besonders in den romanischen Ländern zu einer starken sozialen Kraft. In Frankreich und Italien erreichte er seinen Höhepunkt bereits vor dem Ersten Weltkrieg, in Spanien übte er besonders in Katalonien bis zum Bürgerkrieg einen prägenden Einfluß auf die Arbeiterbewegung aus.[277] Als im Dezember 1922 Vertreter revolutionär-syndikalistischer Organisationen in Berlin eine „Internationale Arbeiterassoziation" gründeten, war damit ein bedeutendes Potential nationaler gewerkschaftlicher Macht zumindest symbolisch zusammengefaßt: Die Anarcho-Syndikalisten Spaniens und Italiens repräsentierten jeweils gut 500.000 Mitglieder, die Argentiniens ca. 200.000, die Portugals ca. 150.000, die Deutschlands ca. 120.000, die Frankreichs ca. 100.000. Hinzu kamen kleinere Organisationen aus Dänemark, Mexiko, den Niederlanden, Norwegen, Schweden.[278]

In Deutschland nahm der Anarcho-Syndikalismus nur während einer kurzen Periode geschichtsmächtige Ausmaße an. Das aus den Novemberereignissen des Jahres 1918 hervorgegangene parlamentarisch-demokratische System stand zunächst auf sehr wackligen Beinen und fand längst nicht bei allen die Revolution tragenden Kräften Anklang. Vielen erschien das neue System „halbherzig". Rätedemokratische Modelle wurden befürwortet. In Teilen der Industriearbeiterschaft breitete sich ein von mancherlei Illusionen genährtes Gefühl der Enttäuschung und Ernüchterung aus. Das Mißtrauen gegenüber den Obrigkeiten, den alten wie den neuen, ließ manche nach einer Lösung jenseits politischer Bevormundung und Gängelung suchen. So fand ein von anarchistischen Gedanken beeinflußter Syndikalismus nicht wenige Anhänger.

Die noch ungefestigte KPD erlebte im Oktober 1919 eine erste Parteispaltung, die sie rund die Hälfte ihrer Mitglieder kostete. Der größte Teil davon fand sich in den Reihen syndikalistischer Organisationen wieder. Sie hatten ihre Wurzeln bereits in der Vorkriegszeit und ließen sich nicht zuletzt von anarchistischen Ideen inspirie-

---

Fortsetzung von Fußnote 276

Es handelt sich um ein komplexes soziales Phänomen, das zeitlich und örtlich in verschiedenen Variationen auftrat. Die „Offenheit" oder Anpassungsfähigkeit des Syndikalismus gegenüber unterschiedlichen politischen Doktrinen zeigt sich auch an den intellektuellen Entwicklungen, die einige seiner Verfechter nahmen. Nicht nur Mussolini, sondern auch Georges Sorel und Robert Michels wandelten sich (zumindest zeitweilig) von Anhängern des Syndikalismus zu Verfechtern bzw. Sympathisanten faschistischer Politikkonzepte. Vgl. Ridley (FN 263); Hans Barth, Masse und Mythos. Die ideologische Krise an der Wende zum 20. Jahrhundert und die Theorie der Gewalt: Georges Sorel, Hamburg 1959; Michael Freund, Georges Sorel. Der revolutionäre Konservatismus, 2. erweiterte Aufl., Frankfurt a.M. 1972; Wilfried Röhrich, Der Mythos der Gewalt. Sorel: Vom Syndikalismus zum Faschismus, in: Mommsen/Hirschfeld (FN 263), S. 290–302; Jean-Jacques Becker, Gustave Hervé. Vom revolutionären Syndikalismus zum Neobonapartismus, in: Marieluise Christadler (Hrsg.), Die geteilte Utopie. Sozialisten in Frankreich und Deutschland. Biographische Vergleiche zur politischen Kultur, Opladen 1985, S. 109–119

277 Vgl. Bookchin (FN 24).

278 Vgl. Oberländer (FN 202), S. 45.

ren.[279] Zu ihnen gehörte vor allem die Ende 1919 gegründete „Freie Arbeiter-Union Deutschlands (Syndikalisten)" (FAUD) mit Organisationsschwerpunkten in den industriellen Ballungszentren des Reiches, insbesondere im Ruhrgebiet. Bei ihrer Gründung verfügte die FAUD bereits über gut 100.000 Mitglieder. Die dem Syndikalismus nahestehende „Kommunistische Arbeiter-Partei Deutschlands" (KAPD) erreichte bald nach der Formation im Jahre 1920 ihren Mitgliederhöchststand von ca. 40.000.[280] Zahlreiche Spaltungen schwächten die Organisation jedoch in der Folgezeit, bis sie nach Beendigung der Inflationsperiode 1923 völlig in die Bedeutungslosigkeit absank. Die politische Wirksamkeit des deutschen Anarcho-Syndikalismus blieb praktisch auf die Unruheperiode der Jahre 1919–1923 beschränkt. Die mit der Währungsreform 1923/24 einsetzende Konsolidierungphase ging mit einer Deradikalisierung der Arbeiterschaft einher. Die FAUD isolierte sich mehr und mehr. Nach eigenen Angaben waren in ihr 1924 nur mehr 25.000 Arbeiter organisiert[281], und auch in den Krisenjahren der Republik mit dem Ausbruch der Weltwirtschaftskrise 1929 vermochte sie nicht mehr an diese Erfolge anzuknüpfen.[282]

Der Anarcho-Syndikalismus der Jahre 1919–23 kann freilich nicht pauschal dem Potential des Anarchismus in Deutschland zugeschlagen werden. Er war zeitweilig ein Sammelbecken derjenigen Kräfte, die zuvor ihre Unzufriedenheit durch Mitgliedschaft in den Organisationen der reformistischen Arbeiterbewegung artikuliert hatten, dieses Ausdrucksmittels jedoch entbehrten, nachdem die Sozialdemokratie zur „Systempartei" avanciert war. Zudem wurden anarchistische Ideen in unterschiedlichem Maße aufgenommen. Die Bejahung festerer Organisationsstrukturen auf Seiten der Syndikalisten fand lediglich bei „pragmatischer" gesonnenen Anarchisten Anklang, während sie bei vielen Gruppen auf Ablehnung stieß.[283]

3.1.2.3 Pragmatischer Anarchismus

Eine Wortkombination wie „pragmatischer Anarchismus" mag auf den ersten Blick als eine contradictio in adjecto erscheinen. Der Anarchismus, so wie eingangs definiert, wirkt alles andere als „pragmatisch". Seine Ablehnung des Bestehenden ist total, sein Gesellschaftsentwurf utopisch, sein Waffenarsenal geradezu furchterregend. Ein Anarchismus, der gewisse Zugeständnisse im Bereich der Revolutions- und Organisationstheorie machen würde, verdiente schwerlich bereits die Bezeichnung „pragmatisch". Davon könnte erst die Rede sein, wenn es sich dabei um keinen ech-

279 Vgl. Ulrich Linse, Organisierter Anarchismus im Deutschen Kaiserreich von 1871, Berlin 1969; ders., Die Transformation der Gesellschaft durch die anarchistische Weltanschauung. Zur Ideologie und Organisation anarchistischer Gruppen in der Weimarer Republik, in: AfS 11 (1971), S. 289–372; ders., Die anarchistische und anarcho-syndikalistische Jugendbewegung 1919–1933. Zur Geschichte und Ideologie der anarchistischen, syndikalistischen und unionistischen Kinder- und Jugendorganisationen 1919–1933, Frankfurt a. M. 1976.

280 Vgl. Bock (FN 127), S. 156.

281 Vgl. ebd., S. 239.

282 Vgl. ebd., S. 319.

283 Vgl. Bartsch (FN 202), S. 103.

ten Anarchismus handelte, eine Form politischen Denkens, der man die extremistische Kinderstube noch ansieht, die diesen radikalen Anfängen aber längst entwachsen ist und sich mit dem weit bescheideneren, aber tragfähigen Kompromißprodukt des demokratischen Verfassungsstaates ausgesöhnt hat – vielleicht mit der Ausnahme gewisser Verbalradikalismen, von denen man sich – einem nostalgischen Erinnerungsstück revolutionärer Jugendtage gleich – nicht trennen möchte.

Ein auf diese Weise „pragmatisch" gebändigter Anarchismus ist dort entstanden, wo der Pragmatismus nach gängiger Meinung seine Heimat hat: in den angelsächsischen Ländern. Es handelt sich nicht um einen politisch organisierten Anarchismus, sondern in erster Linie um ein intellektuelles Phänomen, auch wenn daraus praktische Initiativen etwa im Bereich experimenteller Wohn- und Arbeitskollektive hervorgegangen sind. Ein bedeutendes kommunikatives Zentrum dieser Richtung ist die Zeitschrift „Anarchy".[284] Sie repräsentiert eine Form des „Anarchismus", der die Utopie zugunsten regulativer Ideen aufgegeben hat, sich zum Prinzip der Gewaltfreiheit bekennt und im Sinne des Popperschen „piecemeal social engineering" am Abbau „autoritärer Strukturen" mitwirken möchte. Dem liegt ein plebiszitäres Demokratieverständnis zugrunde. Der Bürger soll in einer möglichst umfassenden Weise an den Prozesses politischer Willensbildung und Entscheidungsfindung partizipieren. Nach dem Motto „Soviel Autonomie wie möglich, soviel Delegation wie nötig" firmieren dabei die kleinen Einheiten des alltäglichen Lebens und Arbeitens als Hauptstütze einer freiheitlichen Gesellschaft; organisatorische Zusammenhänge, die darüber hinausgreifen, sollen direkt in diesen Zellen an der „Basis" wurzeln und von dort kontrolliert werden.

Dieses gesellschaftliche Konzept stellt sehr hohe Ansprüche an die Verantwortungs- und Leistungsfähigkeit des Einzelnen. Die Anforderungen sind vielleicht zu hoch, um in Reinkultur realisiert werden zu können. Die immer wieder als Beispiele für autonome, demokratische Lebens- und Arbeitsformen angeführten Produktionskommunen der israelischen Kibbutzim[285] sind insofern nicht wirklich autonom, als sie neben anderen zentralisierten Organisationsformen existieren, ohne die das System insgesamt kaum funktionieren könnte. Trotz dieser Einwände gehen von der intellektuellen Richtung des „pragmatischen Anarchismus" jedoch Anregungen aus, die sich fruchtbringend in die Diskussion um Erhaltung und Erweiterung des freiheitlichen Charakters demokratischer Verfassungsstaaten einbringen lassen. Insofern mag die intellektuelle Bedeutung des Anarchismus seine politische übertreffen. Die geringe historische Belastung – eine „Gnade" seines historischen Scheiterns – wirkt sich vorteilhaft aus: Die Opfer einer in Extremform praktizierten „Propaganda der Tat" sind der Vergessenheit anheimgefallen. Anders als der Kommunismus hat der Anarchismus keine Massenmorde, keine inquisitorischen Verfol-

284 Vgl. Lösche (FN 26), S. 146–156; Oberländer (FN 202), S. 58–64.

285 Vgl. das nüchterne Porträt bei: Michael Wolffsohn, Israels New Economic Order, in: Gustav Stein/Udo Steinbach (Hrsg.), The Contemporary Middle Eastern Scene. Basic Issues and Major Trends, Opladen 1979, S. 59–83.

gungen, keine Lagersysteme, keine Unterdrückungsregime zu verantworten. Während der Eurokommunismus die Hypothek eines unheilvollen Erbes tragen muß, kann der pragmatische Anarchismus seine historische Erfolglosigkeit als Trumpf ausspielen.

3.2 Antidemokratischer Konservativismus: zwischen Restauration und Revolution

In Deutschland, wo sich der Obrigkeitsstaat hartnäckiger als etwa in Frankreich, Großbritannien, der Schweiz oder den Niederlanden behauptete, war man in den ersten Jahren nach dem Zweiten Weltkrieg geneigt, eine Bezeichnung wie „antidemokratischer Konservativismus" als tautologisch zu empfinden. Noch in der Weimarer Republik hatten sich in den Reihen derer, die sich „Konservative" nannten, die heftigsten Gegner der jungen Demokratie befunden, gleichgültig, ob sie nun einen Konservativismus älteren Zuschnitts wie die meisten Anhänger der „Deutsch-Nationalen Volkspartei" (DNVP) vertraten oder mit den geistigen Erzeugnissen konservativer „Revolutionäre" sympathisierten. Während konservative Führungsgruppen in Politik, Reichswehr und Großindustrie den Nationalsozialisten – willentlich oder unwillentlich – in den Sattel halfen[286], bereiteten Literatenclubs der „Konservativen Revolution" dem „Dritten Reich" intellektuell den Boden.[287]

Glaubwürdige Rekonstruktionsversuche konservativen Denkens gingen nach 1945 vor allem von einer Generation aus, die aufgrund ihres Geburtsdatums die „Last der Vergangenheit"[288] nicht als persönlichen Schuldanteil verspürte. Ihre Vertreter machten deutlich, daß der Konservativismus keineswegs ein Synonym für das Konservieren oder Restaurieren historisch überholter Gesellschaftszustände zu sein brauchte und der Nationalsozialismus seine Ideen noch aus anderen Quellen schöpfte, die selbst den Intentionen konservativer „Revolutionäre" strikt zuwiderliefen. Gerd-Klaus Kaltenbrunner bestimmt den Konservativismus als eine etwa auf folgenden mentalen Neigungen aufbauende „Lebensphilosophie": „[...] anhänglich an das Gegebene; mißtrauisch gegenüber Neuerungen; am Bestehenden, Erprobten, Bewährten festhaltend; die Erfahrung des Lebens den Konstruktionen des Intellekts entschieden vorziehend; Dauer, Beständigkeit und Tradition instinktiv bejahend; skeptisch gegenüber jedem Radikalismus, gegenüber Utopien und Zukunftsverheißungen; stets vom Konkreten ausgehend und die Möglichkeiten des Menschen eher unter- als überschätzend, gemäß dem Wort Bismarcks, man könne den Strom der

---

286 Vgl. dazu das Standardwerk von Karl Dietrich Bracher, Die Auflösung der Weimarer Republik. Eine Studie zum Problem des Machtverfalls in der Demokratie, unveränderter, mit einem Vorwort versehener Nachdruck der 5. Aufl., Königstein/Ts.–Düsseldorf 1978 (1955).

287 Vgl. grundlegend: Kurt Sontheimer, Antidemokratisches Denken in der Weimarer Republik. Die politischen Ideen des deutschen Nationalismus zwischen 1918 und 1933, 2. Aufl., München 1983 (1962).

288 Siehe Hans Mommsen, Die Last der Vergangenheit, in: Jürgen Habermas (Hrsg.), Stichworte zur 'Geistigen Situation der Zeit', Bd. 1: Nation und Republik, 3. Aufl., Frankfurt a.M. 1980, S. 164–184.

Zeit nicht schaffen und lenken, sondern nur auf ihm fahren und steuern, um mit mehr oder weniger Geschick den Schiffbruch zu vermeiden [...]".[289]

Geisteshaltungen wie diese sind in der Tat auf einer anderen Ebene angesiedelt als die Ideenkreise des Liberalismus, Sozialismus oder Marxismus mit ihren auf je konkrete historische Erfordernisse zugeschnittenen politischen Programmen. Sie entwickeln keine umfassende Deutung des Vergangenen und Gegenwärtigen, keinen Entwurf der zukünftigen Gesellschaft, sind mehr eine spezifische Form des Umgangs mit einer sich ständig wandelnden Welt und weigern sich, das Woher und Wohin allzu genau zu bestimmen, zeigen sich kritisch, wenn auch nicht völlig und unter allen Umständen abgeneigt, gegenüber Veränderungen. Allerdings setzen sie ein Bild des Bewahrenswerten voraus, wenn sie nicht für alles und jedes instrumentalisierbar sein sollen. Konservativ kann somit ein Sozialist und ein Liberaler genannt werden, je nach den historischen Umständen auch ein Anhänger der Monarchie oder des autoritären Staates. Und Konservativismus muß demnach nicht antidemokratisch sein. Er mag sich vielmehr gerade den Schutz politischer Freiheiten, des Rechtsstaates, der Machtbalance zwischen den staatlichen Gewalten zum Ziel setzen.

Konservativismus kann sich aber auch mit Vehemenz gegen die Demokratie wenden. Jedenfalls galt dies für viele derer, die sich „Konservative" nannten. Nun besteht allerdings die Möglichkeit, Konservativismus als im Einklang mit den Werten und Spielregeln des demokratischen Verfassungsstaates stehend zu definieren.[290] Nur handelt es sich dabei dann um einen künstlich geschaffenen Begriff, der sich souverän über die realen Gegebenheiten der historischen Entwicklung hinwegsetzt. Wenn man Konservativismen durch ihr Selbstverständnis definiert, kommt man schwerlich um die Feststellung herum, daß Konservative dem sozialen und politischen Wandel hin zum demokratischen Verfassungsstaat häufig hartnäckigen Widerstand entgegengebracht haben.

Es sind und waren die „Ideen von 1789", denen der Kampf des antidemokratischen Konservativismus galt und gilt. Dies ist nicht so wörtlich zu nehmen, als hätte erst die Französische Revolution die Gegnerschaft der konservativen Verteidiger des Ancien Régime hervorgerufen. Der französischen Umwälzung war 1776 eine amerikanische vorausgegangen, deren Ziele in Europa lebhaft erörtert wurden.[291] Die geistige Bewegung der Aufklärung übte eine tiefe Wirkung auf Generationen von Intellektuellen aus. Die Ideen vom Gesellschaftsvertrag, der gleichen Freiheit Aller, dem Naturrecht, der Vernunft und des Fortschritts fanden vor dem Hintergrund einer sich herausbildenden „Öffentlichkeit" aber auch Eingang in breitere Bevölkerungskreise. Die Legitimationsgrundlagen der alten Monarchien gerieten ins Wanken. Konserva-

289 Gerd-Klaus Kaltenbrunner, Der schwierige Konservatismus. Definitionen – Theorien – Porträts, Herford/Berlin 1975, S. 26.

290 Vgl. ebd., S. 40.

291 Vgl. Robert R. Palmer, Das Zeitalter der demokratischen Revolution. Eine vergleichende Geschichte Europas und Amerikas von 1760 bis zur Französischen Revolution, Frankfurt a.M. 1970 (Original: The Age of Democratic Revolution. A Political History of Europe and America, 1760–1800 – The Challenge, Princeton/N. J. 1959), S. 231–305.

tive Denkansätze sind lange vor der Französischen Revolution nachweisbar.[292] Als eine politische Bewegung modernen Stils ist der Konservativismus, wie auch der Begriff selbst[293], jedoch erst nach dem Frontalangriff auf die alte Ordnung im Jahre 1789 entstanden.[294] Von Anfang entwickelte sich keine geschlossene Bewegung mit klar definierten Zielen und koordinierter Strategie, und auch die Schärfe und Qualität der Reaktion auf die Infragestellung einer über Jahrhunderte bestehenden Ordnung differierte beträchtlich. Während der gemäßigte Flügel an eine konstitutionelle Tradition anknüpfte und Brücken für eine Versöhnung mit dem modernen Ethos von Freiheit, Gleichheit und Brüderlichkeit aufbaute (Edmund Burke, Benjamin Constant, Alexis de Tocqueville)[295], lief die extreme Form im Kern auf dessen Negation hinaus (Joseph de Maistre, Adam Müller, Karl Ludwig von Haller).[296]

Im Rahmen einer Phänomenologie des politischen Extremismus interessiert insbesondere der Konservativismus in seiner antidemokratischen Ausprägung. Aber auch hierbei handelt es sich noch um ein Gebilde von außerordentlicher Heterogenität. Auf einen entscheidenden Unterschied etwa zum sozialistischen oder liberalen Ideenkreis wurde bereits hingewiesen: Konservatives Denken verdichtet sich nämlich nicht zu einer mit konkreten Programmpunkten ausgestatteten „Weltanschauung", sondern es verharrt im Stadium einer „Lebensphilosophie", einer grundsätzlichen Haltung gegenüber der Welt und den Menschen, deren politische Konsequenzen je nach Zeit und Ort sehr unterschiedlich, ja gegensätzlich ausfallen können. Diese hochgradige Anpassungsbereitschaft, die starke Abhängigkeit des politischen Entwurfs von der jeweiligen Situation, steht keineswegs im Widerspruch zum konservativen Selbstverständnis: Die dem Denken der Aufklärung eigene Verbindung von Individualismus, ethischem Universalismus und Kosmopolitismus wird entschieden abgelehnt. Der Mensch entfaltet sich erst als Teil quasi naturwüchsiger Gemeinschaften: der Familie, der „Sippe", der „Bluts-" oder Gesinnungsgemeinschaft, des Volkes oder der Nation. So wie der Konservative in diesen „organischen" Zusammenhängen wurzelt, so bleibt auch sein Denken stets auf sie bezogen. Eine Re-

292 Vgl. Kaltenbrunner (FN 289), S. 24 f.; als universalgeschichtliche Kategorie begreift den Konservativismus: Alexander Rüstow, Ortsbestimmung der Gegenwart. Eine universalgeschichtliche Kulturkritik, Bd. 3: Herrschaft oder Freiheit?, Erlenbach–Zürich/Stuttgart 1957.

293 Bekanntlich gab Chateaubriand seiner ab 1818 erscheinenden Zeitschrift den programmatischen Namen „Le Conservateur".

294 Vgl. Klaus Epstein, Die Ursprünge des Konservativismus in Deutschland, Frankfurt a. M./Berlin/Wien 1973 (Original: The Genesis of German Conservatism, Princeton/N. J. 1966); Fritz Valjavec, Die Entstehung der politischen Strömungen in Deutschland, 1770–1815, München 1951; ders., Die Entstehung des europäischen Konservativismus (1954), in: Hans Gerd Schumann (Hrsg.), Konservativismus, 2. erweiterte Aufl., Königstein/Ts. 1984, S. 138–155.

295 Edmund Burke, Betrachtungen über die französische Revolution, in der Übertragung von Friedrich Gentz bearbeitet und mit einem Nachwort versehen von Lore Iser, Frankfurt a. M. 1967 (1793); Benjamin Constant, Cours de politique constitutionelle, 2. Aufl., Paris 1972; Alexis de Tocqueville, Der alte Staat und die Revolution, hrsg. von Jacob Peter Mayer, Reinbek bei Hamburg 1969 (1856).

296 Vgl. dazu den kursorischen Querschnitt von: John Weiss, Conservatism in Europe 1770–1945. Traditionalism, Reaction and Counter-Revolution, London 1977. Eine umfassende systematische Studie zur Entwicklung des europäischen Konservativismus seit 1789 liegt bislang nicht vor.

konstruktion konservativer Doktrinen darf dieses Selbstverständnis nicht außer acht lassen. Und schließlich erklärt sich die außerordentliche Heterogenität konservativer Entwürfe auch aus ihrem reaktiven Charakter.[297] Der Konservative sieht sich im Einklang mit den göttlichen und/oder natürlichen Gesetzen. Das historisch Gewachsene erscheint ihm per se näher an der wünschbaren Welt zu sein als der vom Gegebenen sich lösende, abstrakten Gesetzen folgende Plan. Er sieht in sich deshalb keineswegs den Verächter der Vernunft; vielmehr gilt ihm gerade die ausschließliche Orientierung an der Welt, so wie sie ist, als in höchstem Maße vernünftig.

Der genuinen Vielgestaltigkeit des konservativen Ideenkreises eingedenk, würde selbst eine historische Skizze seiner Entwicklung, noch dazu im europäischen Maßstab, weit über das im Rahmen dieser Arbeit Realisierbare hinausreichen. Im folgenden sollen lediglich die Bandbreiten und Umrisse einer Gruppe politischer Doktrinen kenntlich gemacht werden, deren totale Negation der philosophischen Grundlagen des demokratischen Verfassungsstaates sie auch von den Verfechtern der „totalitären Demokratie“ (Talmon) deutlich unterscheidet.

Die äußersten Enden jener politischen Topographie, die die ganze Vielfalt konservativer Entwürfe umfaßt, seien mit den Stichworten „Restauration“ und „Revolution“ gekennzeichnet. Der Ausgangspunkt für diese Unterscheidung ist eben jene totale Negation der philosophischen Grundlagen freiheitlicher Demokratie. Sie mußte äußerst folgenreich sein in einer Welt, die in vielen Bereichen eine geradezu revolutionäre Entwicklung hin zu „demokratischen“ Lebensformen durchmachte – „demokratisch“ zunächst verstanden als eine Entwicklung zu mehr faktischer Gleichheit der Lebensbedingungen, wie es Tocqueville als ein Amerika und auch den europäischen Kontinent erfassendes historisches Entwicklungsgesetz erkannt hatte[298], aber durchaus auch im Sinne eines „demokratischen“ Bewußtseins, gleichberechtigt zu sein, das gleiche Recht der Freiheitsentfaltung zu besitzen wie jeder andere, ein Recht auf Mitwirkung an den politischen Angelegenheiten zu haben. In dem Maße, in dem sich dieses demokratische Lebensgefühl ausbreitete, sich in Europa demokratische Verfassungsstaaten herausbildeten, mußte sich der antidemokratische Konservativismus der Realität entfremden. Er hatte sich zu einem bestimmten

---

297 „Reaktiv“ natürlich auch im Sinne der Verteidigung sozialer und ökonomischer Besitztümer. Dieser Aspekt, ohne den die Entstehung konservativer Doktrinen nicht verstanden werden kann, bleibt ausgeklammert. Es wäre allerdings auch falsch, bei der Entstehung konservativer Doktrinen stets ein sozialökonomisches Kalkül zu unterstellen. Die Annahme einer Interessenidentität von „Herrschenden“ und konservativen Ideologen ist durchaus nicht in jedem Falle zwingend. Siehe dagegen: Heide Gerstenberger, Der revolutionäre Konservatismus. Ein Beitrag zur Analyse des Liberalismus, Berlin 1969; Klaus Fritzsche, Konservatismus, in: Neumann (FN 202), S. 65–105.

298 In der Einleitung zum 1835 erschienenen ersten Band seiner Abhandlung „De la Démocratie en Amérique“ (1835) schreibt er: „Bientôt je reconnus que ce même fait étend son influence fort au-delà des mœurs politiques et des lois, et qu'il n'obtient pas moins d'empire sur la société civile que sur le gouvernement: il crée des opinions, fait naître des sentiments, suggère des usages et modifie tout ce qu'il ne produit pas. Ainsi donc, à mesure que j'étudiais la société américaine, je voyais de plus en plus, dans l'égalité des conditions, le fait générateur dont chaque fait particulier semblait descendre, et je le retrouvais sans cesse devant moi comme un point central où toutes mes observations venaient aboutir.“ Alexis de Tocqueville, De la démocratie en Amérique, Bd. I, biographie, préface et bibliographie par François Furet, Paris 1981 (1835), S. 57.

Zeitpunkt vom Zug der Geschichte „abgehängt". Je weiter sich dieser nun entfernte, desto unwahrscheinlicher wurde es, ihn mit herkömmlichen Mitteln noch einzuholen.

Hätte am Anfang eine Restauration zur Restituierung genügt, so war bald etwas ganz Neues entstanden, an dem es nichts mehr wiederherzustellen gab. Die Konsequenz mußte jetzt lauten: die Vernichtung des Neuen, um dem Alten Platz zu schaffen.[299] Nicht Restauration, sondern Revolution war damit gefordert. Aus dem restaurativen wurde mit einer inneren Logik ein revolutionärer Konservativismus: „Autorität, die wiederhergestellt werden soll, wird totale Macht; Religion, deren politisch-integrierende Wirkung man allein will, wird Mythos, und zwar notwendig Mythos der Gewalt; die künstliche Wiederherstellung der Einheit von privater und öffentlicher Tugend wird zum Terror der Volksgemeinschaft; und der Kampf gegen die Rationalität führt am Ende zu einem unvernünftigen Begriff rein aktivistischen 'Lebens'. Wie der Versuch, gegen die Aufklärung zu denken, einen unvernünftigen Antirationalismus gebiert, führt der Versuch zur Umgehung der politischen Forderungen aus der aufklärerischen Humanitätsforderung zu einer barbarischen Politik."[300]

Die Entwicklung von einem „restaurativen" zum „revolutionären" Konservativismus gilt nicht nur für Deutschland, sondern besonders auch für Frankreich. Die französische Gesellschaft war an der Jahrhundertwende zwar noch stärker agrarisch geprägt als die deutsche, in politischer Hinsicht jedoch moderner und liberaler als das Kaiserreich. Sieg und Niederlage von 1871 hatten sich in beiden Staaten als Wendepunkte erwiesen: in Deutschland zugunsten des Obrikeitsstaates, in Frankreich zugunsten der Republikaner, die sich mehr und mehr gegen die Anhänger der Monarchie durchsetzten. Es entsprach somit einer geschichtlichen Logik, wenn Frankreichs extreme Rechte als erste eine Metamorphose von der restaurativen zur revolutionären Gesinnung vollzog: „Profitant de ce que la France d'alors offrait la culture politique libérale et démocratique la plus avancée du continent, il était tout à fait logique que la droite radicale française qui en présentait l'antithèse atteignit sa matu-

---

299 Vgl. Martin Greiffenhagen, Das Dilemma des Konservatismus in Deutschland, München 1971, besonders S. 241–256, auf dessen Ausführungen ich mich auch im folgenden stütze. Allerdings identifiziert Greiffenhagen offenkundig den Konservativismus als Ganzes mit seiner – gerade in Deutschland zugegebenermaßen ungewöhnlich stark ausgeprägten – antidemokratischen Traditionslinie. Der „dialektische" Umschlag von der „Restauration" zur „Revolution" ist jedoch nur auf der Grundlage einer Totalnegation der philosophischen Grundlagen der Revolution von 1789 verständlich. Die von Greiffenhagen für Deutschland entwickelte Theorie läßt sich wohl auf alle europäischen Staaten anwenden, in denen sich eine „demokratische Revolution" vollzog. Allerdings sind dabei die jeweils unterschiedlichen nationalen Entwicklungsbedingungen zu berücksichtigen. Es handelt sich keineswegs um einen synchron ablaufenden Prozeß.

300 Ebd., S. 349. Im Abschnitt über die „Konservative Revolution" heißt es: „Da er neben dieser die abendländische Welt im ganzen betreffenden Entwicklung auch noch für die nationalen Unglücksfälle der deutschen Nachkriegszeit verantwortlich gemacht wurde, steigerte sich die Kritik des Konservatismus an der Rationalität in Geist und Wirklichkeit zu extremen Formen. Weil der Konservatismus jedoch gleichzeitig einsehen mußte, daß die Verbindung zu den gesellschaftlichen Zuständen, auf die er sich als die wahren und zu bewahrenden berief, längst abgerissen war, entschloß er sich zu einer Art Verzweiflungstat – er wurde revolutionär."(S. 241)

rité plus rapidement qu'ailleurs, il était tout à fait logique aussi que la critique de la démocratie libérale fût plus précoce en France."[301] Zeev Sternhell, von dem dieses Zitat stammt, ist besonders an der Ideologie des „Faschismus" interessiert; Frankreich erweise sich dabei als „un champ d'observation quasi idéal".[302] Die „faschistischen" Produktionen der Zwischenkriegszeit – Sternhell nennt Drieu La Rochelle, Brasillach, Rebatet, Céline – enthielten kaum ein Thema, das nicht bereits vor dem Ersten Weltkrieg von einem Barrès, Le Bon, Drumont, Berth oder Sorel entwickelt worden wäre.[303] Allerdings habe Frankreich die Modernisierung langsamer vollzogen als Deutschland und sei dem Ansturm der Rechten daher besser gewachsen gewesen.

In Frankreich kam es zu den entscheidenden Wandlungen bereits vor der Jahrhundertwende, in Deutschland erst nach dem Ersten Weltkrieg. Es war die Generation der Frontkämpfer, die dem Konservativismus eine völlig neue Wendung verlieh. Der Weltkrieg wurde zur Raison d'être eines neuen revolutionären Konservativismus. Seine Anhänger gossen, wie etwa Ernst Jünger in seinem Werk „In Stahlgewittern"[304], das existentielle Erlebnis des Grabenkrieges in ihre „Weltanschauung". Der ganze Groll, den sie ob der vernichtenden und demütigenden Niede.lage Deutschlands empfanden, entlud sich in Haßausbrüchen gegen das „liberale System", das als Sündenbock für allerlei Übel herhalten mußte. „An (!) Liberalismus gehen die Völker zu Grunde"![305] Dieser Ausspruch wurde zum geflügelten Wort einer Generation, die sich der totalen Negation der „Ideen von 1789" verschrieb. Dabei ging es ihr – nach eigenem Verständnis – jedoch nicht darum, die Geschichte zurückzudrehen und ein Ancien Régime gleich welcher Gestalt wiederzuerrichten. Vielmehr sollten im histo-

---

301 Zeev Sternhell, La droite révolutionnaire 1885–1914. Les origines françaises du fascisme, Paris 1978, S. 403.

302 Ebd., S. 405.

303 Vgl. ebd., S. 406. Es geht dabei nicht darum, den genannten Autoren pauschal das Etikett „faschistisch" anzuheften, sondern um die von ihnen in die Diskussion entlassenen Themen und Ideologeme, die in das Syndrom einer „faschistischen Ideologie" einflossen. Auf die Bedeutung des Begriffes „Faschismus" in diesem Zusammenhang wird weiter unten näher eingegangen.

304 Ernst Jünger, In Stahlgewittern, Berlin 1920. Siehe dazu: Hans-Peter Schwarz, Der konservative Anarchist. Politik und Zeitkritik Ernst Jüngers, Freiburg i. Br. 1962. – Ernst Jünger, geb. 29. März 1895 in Heidelberg. 1913 Flucht vom Gymnasium zur Fremdenlegion; 1914 Notabitur, Kriegsfreiwilliger am ersten Tag des Krieges; Soldat bis 1923; Mitarbeit bei verschiedenen konservativen Zeitschriften („Standarte. Wochenschrift des neuen Nationalismus", „Arminius. Kampfschrift für deutsche Nationalisten", „Der Vormarsch. Blätter der nationalistischen Jugend", „Überbündische Wochenschrift der deutschen Jugend", „Die Kommenden"); lehnt 1927 einen ihm von der NSDAP angebotenen Reichstagssitz ab; während des „Dritten Reiches" Publikation von Büchern mit zum Teil verhüllt oppositioneller Tendenz (z.B. „Auf den Marmorklippen"; „Gärten und Straßen"); nach dem 20. Juli 1944 als „wehrunwürdig" aus der Wehrmacht entlassen; nach 1945 Publikationsverbot; ab 1949 Wiederaufnahme der Publikationstätigkeit (z. B. „Der Waldgang" 1951; „Rivarol" 1956; „An der Zeitmauer" 1959; „Der Weltstaat" 1960; „Subtile Jagden" 1967; „Im Granit" 1967); 1959 Gründung der – 1971 eingestellten – Zweimonatsschrift „Antaios". Zur Biographie: Art. Ernst Jünger, in: Munzinger-Archiv/Internationales Biographisches Archiv, 31/84–K–000768–13 J–ME.

305 So das dem Kapitel „Liberal" vorgestellte Motto bei: Arthur Moeller van den Bruck, Das dritte Reich, 3. Aufl., Hamburg/Berlin/Leipzig 1931 (1923), S. 79.

risch Verlorengegangenen jene „ewigen Werte“ erkannt werden, die nun unter den Bedingungen der Moderne zu neuen Ehren kommen sollten: „Konservative Revolution nennen wir die Wiederinachtsetzung (!) aller jener elementaren Gesetze und Werte, ohne welche der Mensch den Zusammenhang mit der Natur und mit Gott verliert und keine wahre Ordnung aufbauen kann. An Stelle der Gleichheit tritt die innere Wertigkeit, an Stelle der sozialen Gesinnung der gerechte Einbau in die gestufte Gesellschaft, an Stelle der mechanischen Wahl das organische Führerwachstum, an Stelle bürokratischen Zwangs die innere Verantwortung echter Selbstverwaltung, an Stelle des Massenglücks das Recht der Volksgemeinschaft.“[306]

Der von Edgar Julius Jung herausgearbeitete Begriff der Konservativen Revolution ist keineswegs nur mehr von historischer Bedeutung. Er wirkt in Teilen der heutigen rechtsextremen Subkulturen weiter. Eine antidemokratische „Neue Rechte“ knüpft bei ihrer Suche nach einer von der Vergangenheit vermeintlich unbelasteten konservativen Identität an ihn an. Alain de Benoist, Cheftheoretiker der französischen Nouvelle Droite, kleidet diesen Sachverhalt in folgende Worte: „*Konservativ* nenne ich die Haltung, die darin besteht, sich in der Summe alles dessen, was bisher war, auf das Beste zu stützen, was der gegenwärtigen Situation vorausging, um zu einer *neuen* Situation zu kommen. Das heißt, daß in meinen Augen jeder wahre Konservatismus revolutionär ist. Zwischen dem neofaschistischen (oder dem integristischen) Ghetto und dem liberalen Sumpf glaube ich an die Möglichkeit einer solchen Doktrin.“[307] Die Verbindung zwischen dem Denken der Konservativen Revolutionäre der Weimarer Zeit und den theoretischen Produktionen der heutigen Nouvelle Droite in Frankreich liegt offen zu Tage.[308] Wie seine historischen Vorbilder führt auch de Benoist alle verderblichen Einflüsse auf jene „egalitäre Ideologie“ zurück, die die abendländische Kultur nacheinander in „drei Formen“ heimgesucht habe: das Christentum („Gleichheit vor Gott“), die „demokratische[n] Theorie des XVIII. Jahrhunderts (politische Gleichheit der Gesellschaftsmitglieder)“ und den Marxis-

---

306 Edgar Julius Jung, Deutschland und die Konservative Revolution, Nachwort zu: Ders., Deutsche über Deutschland, München 1932, S. 380. Zitiert nach: Sontheimer (FN 287), S. 120.

307 Alain de Benoist, Kulturrevolution von rechts, Krefeld 1985, S. 37 (Hervorhebungen im Original). Siehe dazu: Allen Douglas, „La Nouvelle Droite“: G.R.E.C.E and the Revival of Radical Rightist Thought in Contemporary France, in: The Tocqueville Review 6 (1984), S. 361–387; André Regnier, Une idéologie du désarroi: la nouvelle droite, in: L'Homme et la Société, 1980, Nr. 55–58, S. 255–265; Pierre-André Taguieff, Alain de Benoist, Philosophe, in: Les Temps Modernes, Februar 1984, S. 1439–1478.

308 Bei der Rezeption neu-nationalistischer Schriften der Weimarer Republik hat wohl Armin Mohler bei den Autoren der Nouvelle Droite, insbesondere de Benoist, Pate gestanden. „Mohler kennt Benoist seit den frühen 60er Jahren. Inzwischen verbindet ihn mit dem Herausgeber von NE [Nouvelle Ecole, die im Besitz Alain de Benoists befindliche Theoriezeitschrift; U.B.] eine Freundschaft, die auf gleichen philosophischen und politischen Überzeugungen beruht. Den Titel seines Buches Von rechts gesehen hat er Benoist für seine Anthologie 'abgetreten' und sich mehrfach lobend über die Arbeiten von GRECE geäußert.“ So Marie-Luise Christadler, Die „Nouvelle Droite“ in Frankreich, in: Iring Fetscher (Hrsg.), Neokonservative und „Neue Rechte“. Der Angriff gegen Sozialstaat und liberale Demokratie in den Vereinigten Staaten, Westeuropa und der Bundesrepublik, München 1983, S. 163–215, 245–260, 251, Anm. 68 (Hervorhebung im Original).

mus („tatsächliche Gleichheit in allen Lebensbereichen").[309] Der „Egalitarismus" zerstöre nach und nach die „Vielgestaltigkeit der Welt. Die Nivellierung der Menschen, die Reduktion aller *Kulturen* auf eine *'Weltzivilisation'* baut auf dem auf, was am *allgemeinsten* und *gewöhnlichsten* ist. Schon sieht man vom einen Ende des Planeten zum anderen denselben Typ von Bauten emporragen, dieselben Denkgewohnheiten Fuß fassen. Von *Holiday Inn* bis zu Howard Johnson kann man die Konturen einer einförmig grauen Welt sich abzeichnen sehen."[310]

Der revolutionäre Konservativismus ist kein spezifisch deutsches Phänomen, sondern im Prinzip überall dort nachweisbar, wo die liberalen und demokratischen Ideen sich ausbreiteten und einen restaurativen Konservativismus zur Farce werden ließen.[311] Die Herausbildung revolutionär-konservativer Doktrinen kann als eine der wichtigsten ideengeschichtlichen Voraussetzungen der heranbrechenden „Epoche des Faschismus" (Nolte) gelten. Auf den Gebrauch des Begriffs „Faschismus" wird aus folgenden Gründen verzichtet: Abgesehen von seiner Instrumentalisierung für den politischen Tageskampf[312], ist seine Verwendung auch deshalb problematisch, weil er politische Doktrinen, Bewegungen und Regime zugleich bezeichnet. Nennt man eine politische Doktrin „faschistisch", so löst die Begriffswahl unwillkürlich

---

309 De Benoist (FN 309), S. 38.

310 Ebd., S. 33 (Hervorhebungen im Original).

311 Mohler bemerkt dazu: „In dieser Form meint der Begriff 'Konservative Revolution' einen ganz Europa umfassenden politischen Vorgang, der sein Ende noch nicht gefunden hat. Sein Beginn läßt sich am ehesten mit der Französischen Revolution setzen. Jede Revolution gebiert mit sich selbst zugleich die Gegenkraft, welche diese Revolution rückgängig zu machen sucht. Und mit der Französischen Revolution kommt die Welt zum Siege, die der 'Konservativen Revolution' als der eigentliche Gegner erscheint." Armin Mohler, Die Konservative Revolution in Deutschland 1918–1932. Ein Handbuch, 2., völlig neu bearbeitete und erweiterte Fassung, Darmstadt 1972 (1950), S. 10 f. – Hier und im folgenden ist stets von „revolutionärem Konservativismus" die Rede. Damit soll einerseits der spezifische Zuschnitt, den der Begriff „Konservative Revolution" teilweise im zeitgenössischen Schrifttum besaß, unterlaufen, andererseits betont werden, daß verschiedene Strömungen mit jeweils unterschiedlichen Akzentsetzungen zu unterscheiden sind. Sontheimer (FN 287), S. 118–123, nämlich gebraucht den Begriff zur Bezeichnung einer besonderen Strömung im Neuen Nationalismus, während Mohler dem Begriff „Konservative Revolution" einen übergeordneten Status verleiht, dem er die Strömungen der „Völkischen", „Jungkonservativen", „Nationalrevolutionäre", „Bündischen" einschließlich der „Landvolkbewegung" unterordnet.

312 Vgl. dazu ausführlich: Karl Dietrich Bracher, Zeitgeschichtliche Kontroversen. Um Faschismus, Totalitarismus, Demokratie, 5., veränderte und erweiterte Aufl., München/Zürich 1984 (1976). Bracher rät insbesondere wegen des politischen Mißbrauchs von der Verwendung des Faschismusbegriffs ab und plädiert statt dessen für den Gebrauch des Totalitarismusbegriffs. Wippermann macht geltend, „daß die Unterschiede zwischen faschistischen und kommunistischen Bewegungen und Regimen noch größer sind als die, welche zwischen den einzelnen Faschismen anzutreffen sind" (Wolfgang Wippermann, Europäischer Faschismus im Vergleich 1922–1982, Frankfurt a. M. 1983, S. 18 f.). Die Verwendung des Faschismusbegriffs muß nicht diejenige des Totalitarismusbegriffs ausschließen – und umgekehrt. Im Gegenteil: Beide Begriffe können sich sinnvoll ergänzen! Aus im engeren Sinne wissenschaftlichen Gründen hält es Bracher dagegen für vertretbar, im Plural von „Faschismen" zu sprechen: „Dafür spräche auch die Tatsache, daß es viele Gemeinsamkeiten dieser Bewegungen und Regime gibt und daß ihr Vergleich eine wichtige und ergiebige Methode der Analyse ist."(S. 27)

Schlußfolgerungen im Hinblick auf bestimmte Bewegungen und Regime aus. Eine Verbindung dieser Ebenen im Sinne eines Ursache-Wirkung-Schemas wird damit suggeriert. Diese Sichtweise reduziert jedoch die hochkomplexe Verwobenheit sozialer Erscheinungsformen und deren Entstehungsbedingungen auf eine simple logische Linearität. Zudem geraten Anspruch und Wirklichkeit, endogene und exogene Faktoren in Konfusion. Um derartige unerwünschte Folgewirkungen der Begriffsverwendung zu unterbinden, sollte der Begriff des Faschismus auf Bewegungen und Regime beschränkt werden. Dasjenige aber, was zumeist als „faschistische Ideologie" firmiert, kann als spezifische Ausprägung eines Konservativismus gelten, der – um Martin Greiffenhagen zu paraphrasieren – aus „Verzweiflung" revolutionär geworden ist.

Die Bedeutung dieses Vorschlags geht jedoch über den Bereich der Terminologie hinaus. Ihm liegt die These zugrunde, der „Faschismus" (als Ideologie) sei in engem Zusammenhang zur Geschichte des europäischen Konservativismus zu interpretieren, genauer gesagt: zu seiner antidemokratischen Hauptströmung. Daraus folgt erstens, daß der Faschismus nicht primär als Gegenreaktion auf den Marxismus verstanden werden kann[313], seine Entstehung vielmehr auf die Totalnegation der „Ideen von 1789" zurückgeht; zweitens, daß die die Rechts-Links-Topographie vermeintlich sprengende Verbindung von Nationalismus und Sozialismus keine echte Synthese bildet, sondern aufgrund ihrer Frontstellung gegen „1789" lediglich als eine auf Themen und Formelemente des sozialistischen Ideenkreises rekurrierende Variante des Konservativismus zu begreifen ist.[314]

Vor der Erläuterung dieser Sichtweisen sei auf diejenige Variante des antidemokratischen Konservativismus hingewiesen, die sich der Entwicklung hin zum Revolutionarismus entzog. Bei immanenter Betrachtung dürfte leicht verständlich sein, daß die konservativen Revolutionäre deren Vertreter der Inkonsequenz ziehen und mit Spott überzogen. So verlacht Hans Freyer in seiner 1931 erschienenen programmatischen Kampfschrift diejenigen, welche die „Revolution von rechts mit allerhand braven, aber ungefährlichen Störenfrieden und Sonderlingen der alten Welt" verwechselten: „mit nationaler Romantik, mit konterrevolutionärem Aktivismus, mit idealistisch verputztem *juste milieu* oder mit dem famosen Staat über den Parteien".[315] Und Alain de Benoist sagt über die „alte Rechte", sie sei „von jeher reaktionär gewesen. Der reaktionäre Geist ist vielleicht das, was ich am meisten verabscheue auf der Welt".[316] Was aber ist unter der so geschmähten „alten Rechten" zu

313 Nolte (FN 2), S. 62, der den Faschismus unter anderem als „Antimarxismus" definiert, konzediert allerdings, daß man dem Begriff des „Antimarxismus" in diesem Zusammenhang einen „sehr weiten" Sinn geben müsse. Nolte stellt die Entstehung „faschistischer" Doktrinen auch in eine ideengeschichtliche Kontinuität zum „gegenrevolutionären Denken". Sternhell (FN 298), S. 403, Anm. 2, baut daher an dieser Stelle eine unnötige Front auf. Diese weite historische Perspektive wird in dem neuesten Werk Noltes m. E. zu sehr auf den Bolschewismus verengt: Ders., Der europäische Bürgerkrieg 1917–1945. Nationalsozialismus und Bolschewismus, Frankfurt a. M./Berlin 1987.

314 Vgl. dazu die ausführliche Auseinandersetzung mit der Rechts-Links-Topographie in Abschnitt IV, 2.

315 Hans Freyer, Revolution von rechts, Jena 1931, S. 5 (Hervorhebung im Original).

316 De Benoist (FN 307), S. 36.

verstehen? Es hat immer den Typus des macht- und besitzstandsorientierten Konservativismus gegeben, der Bestehendes erhalten oder Verlorengegangenes wieder herstellen will, jedoch mit Blick auf das Realisierbare, der taktisch und zurückhaltend agiert, sich in seinen Forderungen nicht zu weit vorwagt, weil er befürchtet, dadurch auch das schon sicher Geglaubte verlieren zu können. Das Argument der Wahrung sozialer und ökonomischer Besitzstände spielt bei ihm eine größere Rolle als bei den Doktrinären und revolutionären Asketen, gleichgültig, ob er dies kaltblütig kalkuliert und ideologisch verhüllt oder ob er glaubt, von den edelsten Motiven angetrieben zu werden. Er stürzt sich nicht in einen aussichtslosen Kampf, der nur zur Selbstpreisgabe führen könnte, sondern schließt Kompromisse und arrangiert sich mit den nun einmal eingetretenen Wandlungen, sofern er selbst dabei einigermaßen auf seine Kosten kommt.

Dieser „restaurative" Typus des Konservativismus, der beharrlich „repariert", „konserviert", sich gegen den sozialen Wandel stemmt, ohne daß er über ein eigenes „Projekt", eine umfangreiche Konzeption des zu Realisierenden verfügt, lehnt theoretische Reflexionen auch deshalb ab, weil er das historische Wachsen und Werden den „künstlichen" Verstandesprodukten vorzieht. An die Stelle des großen Zukunftsentwurfs tritt eine Vielzahl ideologiefremder Motive, die sein politisches Handeln motivieren: der Hang zum Fatalismus, der jedes Planen als eitles Tun verdammt; der Rückzug in vertraute Umgebungen, die Schutz vor einer immer fremder werden Welt bieten; eine Mischung aus trotziger Verneinung und opportunistischer Anpassung. Dieser Konservativismus ist weder „Theorie der Theorielosigkeit" noch „Antitheorie", sondern mehr oder weniger unreflektierter Theorieverzicht, wenn er auch aus einem starken Selbstbewußtsein heraus, ein jahrhundertealtes Erbe zu verwalten, vorgetragen wird.

Schaubild 4
Restaurativer und Revolutionärer Konservativismus: Merkmaloppositionen

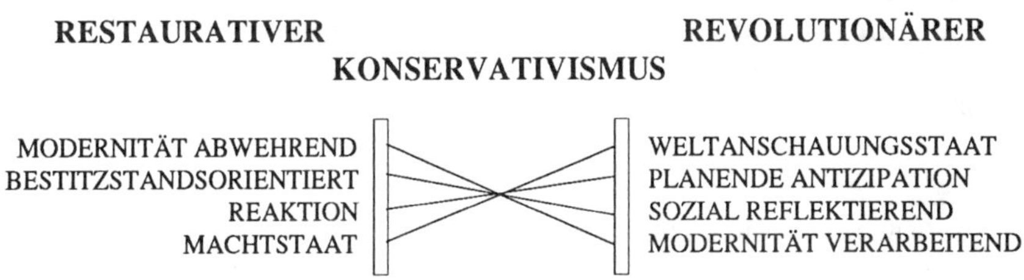

Es ist eine Form des Konservativismus, wie sie von den konservativen Honoratiorenparteien des Deutschen Kaiserreiches repräsentiert wurde und sich in der DNVP der Weimarer Republik niederschlug. Diese Rechte war einerseits zu bürgerlich, um, der historischen Logik folgend, den Schritt zum Revoluzzertum zu tun, andererseits für eine Aussöhnung mit dem demokratischen Verfassungsstaat zu starr und unbeweglich. Zwischen beiden Polen verharrte sie in einer unfruchtbaren Zwitterstellung, hin- und hermanövrierend, mehr getrieben als antreibend. Einige ihrer Vertreter liebäugelten in den ersten Jahren der Republik noch mit einer Restaurierung der Hohenzollern-Monarchie, entfernten sich mit der Zeit jedoch schon deshalb von diesen Plänen, weil kein geeigneter Thronprätendent in Sicht war.[317] Die Deutschnationalen bekannten sich zum „starken deutschen Volkstum", das in einem autoritären Machtstaat Bismarckscher Prägung zur Blüte gelangen sollte. Eine solche Vorstellung unterschied sich mit ihrer Betonung auf – in gewisser Weise – „defensiven" Werten wie Ordnung, Sicherheit, Autorität, Patriotismus deutlich von den romantisch-utopischen Konzepten des revolutionären Konservativismus.[318] Diese wollten sich nicht mit einem den geschichtlichen Bedingungen angepaßten Defensivgebilde begnügen, sondern die Bedingungen der Modernität nutzen, das Zeitalter der Massen, der modernen Verkehrs- und Kommunikationsmittel, um einen wahren „Volksstaat" zu schaffen – nach übergeordneten Wertmaßstäben geformt und von einem einheitlichen Ethos erfüllt.

3.2.1 Monarchismus

In den Jahren 1951 und 1954 legte das Institut für Demoskopie/ Allensbach einer repräsentativen Auswahl von Bundesbürgern jeweils folgende Frage vor: „Würden Sie sagen, es wäre am besten für unser Land, wieder die Monarchie, also einen König oder Kaiser, zu haben"?[319] Die Antworten im Jahre 1951 ließen sich bei oberflächlicher Betrachtung so interpretieren, als liebäugele ein beträchtlicher Teil der Bevölkerung mit der Monarchie: Immerhin 32 Prozent sprachen sich „Für einen Kaiser oder König" aus; nur wenig mehr, 36 Prozent, antworteten mit „Nein, finde ich nicht"; 32 Prozent blieben „unentschieden". 1954 allerdings hatte sich der Stimmanteil kräftig zugunsten der Monarchie-Gegner verschoben: 51 Prozent verneinten die Frage, 22 Prozent bejahten sie; 27 Prozent stimmten „unentschieden". Wie waren diese Ergebnisse zu deuten? Gab es Anfang der fünfziger Jahre noch starke Sympathien in der Bevölkerung für die Wiedererrichtung einer Monarchie? Wäre eine politische Organisation, die dieses Ziel auf ihre Fahnen geschrieben hätte, möglicherweise von Erfolg gekrönt worden? Eine solche Interpretation dürfte äußerst zweifelhaft sein, mögen „monarchophile" Beobachter auch zu einer derartigen Ausdeutung der Umfragedaten neigen.[320]

---

317 Vgl. Huber (FN 150), Bd. 6, S. 159. Wichtig: Friedrich Frhr. Hiller von Gaertringen, Monarchismus in der deutschen Republik, in: Michael Stürmer (Hrsg.), Die Weimarer Republik. Belagerte Civitas, 2. erweiterte Aufl., Königstein/Ts. 1985 (1980), S. 254–271. Es handelt sich hier um einen der raren Beiträge zum Monarchismus in der Weimarer Republik.

318 Vgl. Sontheimer (FN 287), S. 114–118 („Der Deutsch-Nationalismus").

319 Elisabeth Noelle/Erich Peter Neumann (Hrsg.), Jahrbuch der öffentlichen Meinung 1947–1955, Allensbach 1956, S. 132.

320 Der Hang "der Deutschen" zur Monarchie – in Geschichte und Gegenwart – wird thematisiert bei: Joseph Valynseele, Les prétendants aux trônes d'Europe, préface de M. le duc de Castries, Paris 1967, S. 37–68. In dem Abschnitt „Allemagne, terre de fidélité" (S. 65 f.) bezieht sich Valynseele auf andere Umfrageergebnisse, ohne allerdings die Quellen zu nennen: 1949 hätten noch 88,4 Prozent der Bayern dem König nachgetrauert, 1952 33 Prozent der Bundesbürger die Monarchie bejaht, 1957 sogar 37,3 Prozent.

Zunächst kommt der Befragung schon aufgrund ihrer Form nur ein stark begrenzter Aussagegehalt zu. Es bleibt nämlich offen, was unter einer „Monarchie" in diesem Zusammenhang zu verstehen ist. Eine absolute, eine konstitutionelle oder eine parlamentarische Monarchie? Diese Differenzierung wird den Befragten nicht nahegebracht. Welche Vorbilder mochten sie vor Augen gehabt haben? Die Monarchien in Großbritannien, Skandinavien, Belgien, deren glanzvolles Äußeres auch damals schon die Bilderseiten der Regenbogenpresse füllte? Oder doch die gekrönten Häupter der Hohenzollern, Welfen, Wittelsbacher, Habsburger? Erstes dürfte wahrscheinlicher sein! Das historische Gedächtnis der Durchschnittsbevölkerung reichte wohl kaum so weit zurück und wurde zudem ganz von den nationalen Katastrophen der letzten Jahrzehnte in Bann geschlagen. Möglicherweise waren mit der Aussprache für eine Monarchie bei manchen aber auch noch nostalgische Erinnerungen an die „gute alte Zeit" verbunden.

In der Bundesrepublik Deutschland gab es jedoch nach 1945 weder eine Mehrheit noch eine einflußreiche Minderheit, die sich für die Wiedererrichtung einer Monarchie – gleich welcher Prägung – einsetzte. Seit dem Untergang der Weimarer Republik hatte ein Gewittersturm die politische Landschaft durchfegt. Im Parlamentarischen Rat herrschte über das republikanische Prinzip ein so breiter Konsens, daß die Frage, ob die zukünftige parlamentarische Demokratie gegebenenfalls durch einen Monarchen an der Spitze repräsentiert werden sollte, nicht einmal Gegenstand der Erörterung war.[321] Nach Gründung der Bundesrepublik trat dann auch keine der im Bundestag vertretenen Parteien für eine Restaurierung der Monarchie ein. Eine derartige politische Forderung wäre zudem mit dem als „unabänderlich" geltenden und durch Art. 79 Abs. 3 GG geschützten Verfassungskern in Konflikt geraten, zu dessen Prinzipien auch das der „Republik" zählt.

Wenn auch keine der tragenden politischen Kräfte dem monarchischen Gedanken huldigte, gab es doch mancherlei Bestrebungen in einem subkulturellen Bereich. So traf die in der britischen Besatzungszone bestehende „Deutsche Konservative Partei" (DKP) in einem 1946 verfaßten „Manifest" folgende lapidare Feststellung: „Die geschichtliche Erfahrung lehrt, daß eine konstitutionelle, soziale Monarchie [...] die beste und gerechteste Form der Führung darstellt. [...] Monarchie schützt gegen Anarchie!"[322] Innerhalb des Bündnisses, das die DKP im März 1946 mit einer anderen Splitterpartei gebildet hatte (Deutsche Konservative Partei – Deutsche Rechtspartei [DKP-DRP]), waren diese Vorstellungen allerdings heftig umstritten. Wurde der monarchistische Programmpunkt von ehemaligen Deutschnationalen verteidigt, konnten Anhänger einer revolutionär-konservativen Richtung sich damit nicht anfreunden.[323] Die 1950 gegründete Nachfolgerin der gescheiterten DKP-DRP, die Deutsche Reichspartei (DRP), erhob keine Forderungen dieser Art mehr.

321 Vgl. Klaus Stern, Das Staatsrecht der Bundesrepublik Deutschland, Bd. 1: Grundbegriffe und Grundlagen des Staatsrechts, Strukturprinzipien der Verfassung, München 1977, insbesondere S. 433–435.

322 Nach den bei Tauber wiedergegebenen Textpassagen aus dem Englischen rückübersetzt: Kurt P. Tauber, Beyond Eagle and Swastika. German Nationalism since 1945, Bd. 1, Middletown/Conn. 1967, S. 58.

323 Vgl. ebd., S. 89; siehe ferner: Horst W. Schmollinger, Die Deutsche Konservative Partei – Deutsche Rechtspartei, in: Stöss (FN 68), S. 982–1024.

Stärker auf einer intellektuellen Ebene angesiedelt waren die Bemühungen des Erlangener Ordinarius für Religions- und Geistesgeschichte, Hans-Joachim Schoeps[324], der seit 1952 Tagungen zur Propagierung der Monarchie organisierte, wenngleich er nie mehr als den Status eines Außenseiters besaß. Schoeps, ein Verehrer Preußens, trat für die Fortsetzung der Hohezollern-Dynastie ein, weil er der „Volksseele" zutiefst mißtraute und in der Massendemokratie ein flatterhaftes Gebilde erblickte, dem ein stabilisierendes Element hinzugefügt werden müsse. Die Monarchie sollte als ein Bollwerk gegen den Totalitarismus wirken: „Nur sozial orientierte und sozial geprägte Monarchen sind noch vorzustellen, die als solche erst die Demokratie stützen und sichern können gegen absolutistische und totalitäre Entwicklungen, in denen schließlich der Wille eines Führers oberstes Gesetz wird."[325] Der Monarchie sollten mithin nicht nur repräsentative Funktionen zukommen, denn allein die ihr zugeschriebene integrierende Kraft konnte schwerlich bereits eine entscheidende Stabilisierung der „Massengesellschaft" bewirken. Schoeps machte dazu in seiner kleinen Schrift von 1953 keine näheren Ausführungen. In welche Richtung seine Überlegungen gingen, läßt sich jedoch aus den Vorschlägen zu einer „Konservative[n] Erneuerung" ablesen, mit denen er sich 1958 an die Öffentlichkeit wandte. Schoeps plädierte für die Einführung eines „Zweikammersystems", das neben dem „die politische Repräsentation des Volkes" gewährleistenden Gremium „ein dem Parteienkampf enthobenes Vertretungsorgan eigener Prägung"[326] vorsah. Zustimmend zitierte er den ehemaligen Reichsaußenminister Walther Rathenau, der die zweite Kammer 1918 wie folgt charakterisiert habe: „In ein Oberhaus gehören nicht Menschen, die etwas vertreten – weder Meinungen noch Interessen, noch Berufe, noch Herkommen, sondern Menschen, die etwas sind, etwas können und etwas geschaffen haben."[327]

Es stellte sich allerdings das Problem, wie die monarchistischen Ziele angesichts einer Verfassung, die das republikanische Prinzip für unabänderlich erklärte, jemals realisiert werden sollten. Den Weg dorthin konnte nach der Auffassung Hans-Joachim Schoeps' nur ein zukünftiger Friedensvertrag ebnen, der eine Wiedervereinigung Deutschlands zur Voraussetzung haben würde. Die dann auszuarbeitende gesamtdeutsche Verfassung sollte auf eine harmonische Verbindung von Monarchie

---

324 Hans-Joachim Schoeps, geb. 30. Januar 1909 in Berlin, gest. 8. Juli 1980. Seit 1923 Mitglied in Organisationen der Jugendbewegung („Freideutscher Werkbund"/Berlin; „Burschen vom Bund"/ Heidelberg; „Freideutsche Kameradschaft"; „Deutscher Vortrupp"); als Jude 1938 Emigration nach Schweden; 1946 Rückkehr nach Deutschland und Habilitation; seit 1947 Herausgeber der „Zeitschrift für Religions- und Geistesgeschichte"; 1950 Ruf auf den Lehrstuhl für Religions- und Geistesgeschichte der Universität Erlangen. Zur Biographie: Wilhelm Mogge, Jude, Preuße, Jugendbewegter. Hans-Joachim Schoeps (1909–1980), in: Jahrbuch des Archivs der deutschen Jugendbewegung 14 (1982/83), S. 227–240.

325 Hans-Joachim Schoeps, Kommt die Monarchie? Wege zu neuer Ordnung im Massenzeitalter, Ulm 1953, S. 67 f.; siehe auch: Hans-Joachim Schoeps, Deutschland droht die Anarchie, 11. Aufl., Mainz 1972.

326 Hans-Joachim Schoeps, Konservative Erneuerung. Ideen zur deutschen Politik, 2. Aufl., Berlin 1963 (1958), S. 141.

327 Ebd., S. 142.

und Demokratie hinauslaufen.[328] Zur Förderung der monarchistischen Ziele war unterdessen auch eine Zeitschrift ins Leben gerufen worden, die unter der Regie Heinrich Frhr. von Massenbachs erschien und sich „zu einer Art Hauspostille des Hauses Hohenzollern"[329] entwickelte. Wie unter anderem ein Interview aus dem Jahre 1957 zeigte[330], fanden die Bestrebungen die Unterstützung des Prinzen Louis Ferdinand. Der Thronprätendent und sein Gefolge wünschten jedoch wohl keine Restaurierung einer autoritären Monarchie, sondern orientierten sich in ihren Vorstellungen am Modell Großbritanniens und der skandinavischen Länder.

Das Bekenntnis Prinz Louis Ferdinands zur „modernen Monarchie" mochte allerdings mit weitergehenden Wünschen mancher seiner Anhänger kontrastieren. So fanden sich Mitte der fünfziger Jahre Freunde des monarchischen Gedankens in einer „Abendländischen Akademie" zusammen, an deren Zusammenkünften sogar Mitglieder der amtierenden Bundesregierung teilnahmen.[331] Der Sachverhalt wurde aufgrund der parlamentarischen Anfrage des Abgeordneten Helmut Schmidt (Hamburg) zum Gegenstand einer Fragestunde im Deutschen Bundestag. Bei diesem Anlaß zitierte Schmidt aus einer Veröffentlichung der „Abendländischen Akademie": „Als Träger der Regierungsverantwortung kann man nicht gleichzeitig Gott in seinem Gewissen verantwortlich sein und die Gesetze aus der Hand Dritter empfangen oder, wie es in der parlamentarischen Demokratie üblich ist, sogar noch vom Vertrauen des Parlaments abhängig sein."[332]

Initiativen und Bestrebungen dieser Art[333] hatten zu keinem Zeitpunkt auch nur den Schimmer einer Erfolgschance. Selbst zu den Zeiten, als „Der Spiegel" dem Randphänomen einige seiner Spalten widmete, wurden die monarchistischen Gruppierungen doch allgemein als anachronistisch angesehen und mehr belächelt als

---

328 Vgl. Schoeps, Kommt die Monarchie? (FN 325), S. 62 f.; siehe ferner: Art. Monarchie, in: Der Spiegel, Nr. 10, vom 3. März 1954, S. 6–10.

329 Greiffenhagen (FN 299), S. 10.

330 Vgl. Art. Wenn ich ein Kaiser wär'. Ein Spiegel-Gespräch mit Dr. Louis Ferdinand Prinz von Preußen, Chef des Hauses Hohenzollern, in: Der Spiegel, Nr. 15 vom 10. April 1957, S. 28–30.

331 Vgl. Art. Abendland. Die missionäre Monarchie, in: Der Spiegel, Nr. 33, vom 10. August 1955, S. 12–14. Siehe dazu auch: Tauber (FN 322), Bd. 1, S. 287.

332 Verhandlungen des Deutschen Bundestages. Stenographische Berichte, 2. Legislaturperiode, 116. Sitzung am 7. Dezember 1955, S. 46196. Der Wortlaut ist auch wiedergegeben in: Der Spiegel, Nr. 51, vom 14. Dezember 1955, S. 58.

333 Im Rahmen der interessierenden Fragen kann auf diese Phänomene lediglich anhand einiger weniger Beispiele eingegangen werden. Tatsächlich ließen sich leicht weitere – ebenso einflußlos gebliebene – Gruppenbildungen benennen. So gab es monarchistische Tendenzen etwa auch bei der 1946 auf dem Territorium der britischen Besatzungszone gegründeten „Niedersächsischen Landespartei" (NLP), der Vorläuferin der späteren „Deutschen Partei" (DP). Tauber berichtet, es habe dort sogar Hoffnungen auf eine etwaige „Personalunion" der Häuser Hannover und Windsor gegeben: Tauber (FN 322), Bd. 1, S. 886. Auf eine „Monarchistische Partei Deutschlands" (MPD), deren Vorsitzender ab Dezember 1954 das frühere MdB Heinrich Leuchtgens (DP) gewesen sei, weist Schmollinger hin: Die Organisation ging „im März 1956 in der 'Volksbewegung für Kaiser und Reich' (VKR)" auf. Horst W. Schmollinger, Die Nationaldemokratische Partei, in: Stöss (FN 68), S. 1892–1921, 1893. Der MPD ist allerdings im Stössschen „Parteien-Handbuch" kein Artikel gewidmet. Zum deutschen Monarchismus nach 1945 insgesamt liegt meines Wissens noch keine Monographie vor.

ernst genommen. Sie fristeten auch innerhalb des subkulturellen Milieus ein Schattendasein. Der Absturz von der einstigen Globalbedeutung in das historische Nichts war keineswegs so plötzlich gekommen, wie dies manchem Königstreuen erscheinen mochte.

Im nachhinein betrachtet, hatte die Zeit der Monarchie in Deutschland – wie auch in anderen Staaten Europas – bereits mit dem Ausgang des Ersten Weltkrieges unwiderruflich ihr Ende gefunden. Eine monarchistische Restauration wurde in der Weimarer Republik von den Parteien, die dieses Ziel auf ihre Fahnen geschrieben hatten, nur halbherzig betrieben. Auch in den Reihen der Konservativen hatte die großmannssüchtige Gestalt Wilhelms II. wenig gute Erinnerungen hinterlassen; obwohl man die Legenden vom „im Felde unbesiegten" deutschen Heer und dem „Dolchstoß" der „Novemberverbrecher" pflegte, konnte man doch das deutsche Kaiserhaus von Schuld für die nationale Katastrophe nicht freisprechen.[334] So ließ die Deutsche Volkspartei ein kämpferisches Eintreten für die Sache der Monarchie vermissen. In ihrem Parteiprogramm vom Oktober 1919 machte sie die Wiederaufrichtung eines „deutschen Kaisertums" von einem „freien Volksentschluß" abhängig und erklärte ihre Bereitschaft, „innerhalb der jetzigen Staatsform mitzuarbeiten".[335] Die „Grundsätze der Deutschnationalen Volkspartei" vom Oktober 1920 drückten sich in der monarchischen Frage eher nüchtern und zurückhaltend aus, ließen verschiedene Interpretationen im Hinblick auf eine Neugestaltung zu. Den „deutschen Einzelstaaten" wurde darüber hinaus die „freie Entschließung über ihre Staatsform" konzediert.[336] Angesichts des Fehlens vorzeigbarer Thronanwärter bezeichnet der Verfassungshistoriker Ernst Rudolf Huber den „deutschnationalen Monarchismus" gar als „eine historisierende Fassade", „die den realpolitischen 'Vernunftrepublikanismus' der Parteipraxis dekorativ verdeckte".[337]

Zwar verschob sich das machtpolitische Gewicht seit der Übernahme des Reichspräsidentenamtes durch den greisen Feldmarschall Hindenburg mehr und mehr zugunsten der autoritär-konservativen Kräfte[338]; damit verbesserten sich die realen Möglichkeiten für eine Restaurierung der Monarchie jedoch kaum, übernahm Hindenburg damit doch gleichsam die Funktion eines Ersatzkaisers und ließ vielen Monarchisten die ungeliebte Republik nun akzeptabler erscheinen.[339] Freilich weisen die posthum erschienenen Memoiren (1970) des ehemaligen Reichskanzlers Heinrich Brüning, der seine Macht auf die Ausnahmegewalt des Reichspräsidenten gestützt hatte, in eine andere Richtung. Sie lassen, nimmt man ihren Verfasser beim Wort, den Schluß zu, daß ein erfolgreiches Präsidialregime schließlich eine Art Bis-

334 Vgl. dazu die bisher wohl einzige Monographie zum Monarchismus in der Weimarer Republik: Walter H. Kaufmann, Monarchism in the Weimar Republic, New York 1953.

335 Huber (FN 150), Bd. 6: Die Weimarer Reichsverfassung, S. 179.

336 Vgl. ebd., S. 159.

337 Ebd. Vgl. auch: Hiller von Gaetringen (FN 317), insbesondere S. 259–364.

338 Bracher (FN 286), S. 43–47.

339 Vgl. Kaufmann (FN 334), S. 232.

marckschen Konstitutionalismus wiederhergestellt hätte.[340] Das „Ersatzkaisertum"[341] wäre dann im nachhinein als Vorstufe für die Restauration einer echten Monarchie erschienen. Statt dessen nahm die Geschichte einen anderen, verhängnisvolleren Lauf.

Noch zu Beginn des 20. Jahrhunderts waren republikanisch regierte Gemeinwesen in Europa die großen Ausnahmen. Dazu zählten die Schweiz, die nie eine Dynastie besessen hatte, und die Zwergstaaten Andorra und San Marino mit ihren Sondertraditionen. Als 1910 in Portugal eine Revolution ausbrach und König Manuel II. – wie sich zeigen sollte: für immer – ins Exil gehen mußte, gesellte sich der kleinen Zahl der Republiken eine weitere hinzu.[342] Das einzige europäische Land jedoch, in dem sich eine Republik auf der Grundlage einer jahrzehntelangen Auseinandersetzung mit dem Monarchismus herausgebildet hatte, war Frankreich. Hier hatte man die alte Ordnung weit früher und radikaler in Frage gestellt als jenseits des Rheins. Nicht wegen der Schwäche, sondern aufgrund der Stärke des Republikanismus hatten sich auch die Anhänger der Monarchie in Frankreich früher und fester organisiert.[343] Aufgrund der großen Bedeutung für die französische Innenpolitik bis zum Ende der Dritten Republik und seiner – wenn auch marginalen – Persistenz bis in die Gegenwart hinein, eignet sich der französische Monarchismus in besonderer Weise, um die Bandbreiten der mit ihm verbundenen politischen Doktrinen abzustecken.

Die französischen Monarchisten[344] waren weder hinsichtlich ihrer politischen Gestaltungswünsche noch in der Frage der Dynastie untereinander einig. Beide Ebenen,

---

340 Allerdings ist diese Frage – wie auch diejenige der Interpretation und Einordnung („letzter Rettungsversuch" versus „Anfang vom Ende") der Regierung Brünings – in der Wissenschaft heftig umstritten. Die Absicht einer Restauration der Monarchie geht aus den Memoiren Brünings eindeutig hervor. Fraglich ist jedoch, welches Gewicht diesen Äußerungen beigemessen werden muß. Vgl. zur Kontroverse: Heinrich Brüning, Memoiren 1918–1934, Stuttgart 1970; Karl Dietrich Bracher, Brünings unpolitische Politik und die Auflösung der Weimarer Republik, in: VHfZG 19 (1971), S. 113–123; Erich Hamburger, Betrachtungen über Heinrich Brünings Memoiren, in: IWK 15 (1972), S. 18–39; Rudolf Morsey, Zur Entstehung, Authentizität und Kritik von Brünings Memoiren 1918–1934, Opladen 1975. Mit weiteren Hinweisen: Kolb (FN 148), S. 201 f.

341 Die Bezeichnung „Ersatzkaiser" für das Amt des Reichspräsidenten der Weimarer Republik ist geprägt worden von: Theodor Eschenburg, Die improvisierte Demokratie. Ein Beitrag zur Geschichte der Weimarer Republik (1951), in: Ders., Die Republik von Weimar. Beiträge zur Geschichte einer improvisierten Demokratie, überarbeitete Neuausgabe, München/Zürich 1984, S. 66.

342 Vgl. das Vorwort des Herzogs de Castries, in: Valynseele (FN 320), S. 10.

343 Das Standardwerk zur Entwicklung der französischen „Rechten" von der Großen Revolution bis in die Gegenwart ist: René Rémond, Les droites en France, Neuausgabe, Paris 1982 (1954). Ein vergleichbares Werk für Deutschland liegt bislang nicht vor. Einen nützlichen Überblick zur Geschichte der Rechten in Frankreich vermittelt: Jean-Christian Petitfils, La droite en France de 1789 à nos jours, 3. Aufl., Paris 1973.

344 Korrekterweise müßte es eigentlich heißen: „Royalisten", Anhänger des Königtums. Als „Monarchisten", Anhänger der Herrschaft eines Einzelnen, könnten auch die Bonapartisten gelten. Politisch hätten sich die meisten Royalisten in der Dritten Republik jedoch eher mit konservativen Republikanern einigen können als mit den bonapartistischen Verfechtern eines plebiszitären, sich auf den „Volkswillen" berufenden Kaisertums. Vgl. Charlotte Touzalin Muret, French Royalist Doctrines since the Revolution, Nachdruck, New York 1972 (1933), S. 2. Die Begriffe

die dynastische und die politische, müssen sorgfältig voneinander abgegrenzt werden. Denn es gab, um zwei Extreme zu benennen, einerseits immer den apolitischen Royalisten, der aufgrund nostalgischer Erinnerungen eine tiefe emotionale Verbundenheit mit einer bestimmten Herrscherlinie und ihren Nachfahren empfand; andererseits den betont politischen Royalisten, welcher der dynastischen Frage eine lediglich untergeordnete Bedeutung beimaß. Dies zeigte sich besonders im Jahre 1883, als mit dem Comte de Chambord (Heinrich V.) der letzte in direkter Linie von den bourbonischen Königen abstammende Thronprätendent starb. Seine „königslos" gewordenen Anhänger, wegen ihrer Treue zu dem auf seine älteren Rechte pochenden bourbonischen Herrscherhaus „Legitimisten"[345] genannt, gingen nun in das Lager der Orleanisten über. Deren Thronanwärter, der bisherige Rivale des Comte de Chambord, der Comte de Paris, war ein Enkel des liberalen „Bürgerkönigs" Louis Philippe. Obwohl der Comte de Chambord zeitweilig auf ein Zusammengehen der beiden Häuser hingearbeitet hatte[346], wollte sich eine beachtliche Minderheit mit dem Comte de Paris als neuen Thronprätendenten nicht abfinden und wich auf eine spanische Nebenlinie der Bourbonen aus.[347] Mit einem spanischen Thronanwärter konnten sich jedoch viele nicht anfreunden, auch wenn sein Anspruch juristisch und historisch noch so gut abgesichert schien.[348] Der Tod des Comte de Chambord erwies sich im nachhinein als der Anfang vom Ende des französischen Legitimismus. In Gestalt von Zeitschriftenzirkeln und gelegentlichen Treffen auf regionaler Ebene hat er sich zwar bis in die Gegenwart gehalten, jedoch wohl nicht mehr mit dem Ziel der Restaurierung vorrevolutionärer Zustände, sondern vor allem als eine Art Verein für historische Traditionspflege.[349]

An der Schwelle vom 19. zum 20. Jahrhundert war eine neue monarchistische Formation entstanden, die den historischen Niedergang der traditionellen Richtungen kompensierte und den Weg in die Moderne wies. Die Dreyfus-Affäre hatte den alten Graben zwischen Revolution und Konterrevolution wieder frisch aufbrechen lassen.[350] Aus dem Lager der Anti-Dreyfusards erhob sich nun eine politische Kraft,

---

Fortsetzung von Fußnote 344

„Monarchismus" und „Royalismus" werden – dem gängigen Sprachgebrauch angepaßt – im folgenden als Synonyme behandelt. Siehe auch: Robert R. Locke, French Legitimists and the Politics of Moral Order in the Early Third Republic, Princeton/N. J. 1974, S. 3, 10–53.

345 Stéphane Rials unterscheidet den Legitimismus im engeren Sinne, der sich lediglich durch das Bekenntnis zur Bourbonen-Monarchie definiere, ohne daß damit bereits bestimmte politische Schlußfolgerungen verbunden wären, vom weiter gefaßten Begriff, der den Legitimismus darüber hinaus mit konterrevolutionären politischen Absichten in Verbindung bringt: Stéphane Rials, Le légitimisme, Paris 1983, S. 5 f.

346 Vgl. Samuel M. Osgood, French Royalism since 1970, 2. erweiterte Aufl., Den Haag 1970, S. 1–34.

347 Vgl. Rials (FN 345), S. 113–120.

348 Eine juristische Klärung der Nachfolgefragen brachte die Dissertation von: Paul Watrin, La tradition monarchique (1916), réédition sous la direction de Jean-Pierre Brancourt, augmentée d'une préface, d'une mise à jour critique et d'une bibliographie par Guy Augé, Paris 1983.

349 Vgl. Osgood (FN 346), S. 182–225; Rémond (FN 343), S. 274–283; Rials (FN 345), S. 121.

350 Vgl. Nolte, Faschismus (FN 2), S. 90–95; Hannah Arendt, Elemente und Ursprünge totaler Herrschaft, I. Antisemitismus, II. Imperialismus, III. Totale Herrschaft, München/Zürich 1986 (Origi-

die einerseits die Totalnegation von „1789“ wiederaufnahm, sich andererseits jedoch Formen und Mittel der Revolution aneignete. Die Zeitschrift „Revue de l'Action Française“ war 1899 erstmals erschienen; aus dem Larvenstadium des Intellektuellenzirkels entwickelte sich 1905 eine politische Organisation („Ligue d'Action Française“); sie bildete ein Jahr später eine schlagkräftige Aktionstruppe aus, die „Camelots du Roi“. Während der ersten drei Jahrzehnte des neuen Jahrhunderts stellte die Action Française einen bedeutenden Faktor in der politischen Landschaft Frankreichs dar. In Doktrin und äußerem Habitus verband die Organisation Althergebrachtes mit Neuartigem zu einem explosiven Gemisch.

Bereits der Bonapartismus hatte die Möglichkeit einer sich auf die Interessen der ganzen Nation berufenden Herrschaftsausübung vorexerziert.[351] Der Chefideologe der „Action Française“, Charles Maurras[352], knüpfte nun an diese Erfahrungen an, ohne freilich mit der royalistischen Tradition zu brechen: Die auf eine jahrhundertealte geschichtliche Erfahrung gegründete Erbmonarchie erklärte er zur „natürlichen Verfassung“[353] Frankreichs. Sie allein befinde sich mit den Interessen der ganzen, ungeteilten Nation in Einklang. Im Gegensatz zu den Bonapartisten ist die Monarchie für Maurras also keineswegs an einen „Volkswillen“ gekoppelt; er trifft sich mit der älteren legitimistischen Auffassung darin, daß keine geschriebene Verfassungsurkunde, kein Vertragsschluß, keine Volksbefragung notwendig sei, um der Monarchie Anerkennungswürdigkeit zu verleihen, unterscheidet sich von ihr jedoch durch die „positive“ Begründung: Sie basiert weder auf Gottes Gnaden noch auf naturrechtlichen Normen, sondern ist nur aufgrund ihrer einzigartigen historischen Verdienste um die Nation jeder anderen Staatsform vorzuziehen: „La Monarchie française peut se définir une institution qui ne craque et ne tombe que tous les huit cents ans et que tous les trente-trois règnes, et encore y faut-il le plus énorme des ouragans humains qu'on ait jamais vus déchaînés. [...] Cet admirable ouvrage, si on le refait méthodiquement, pourra donc supporter des pressions et des chocs autrement forts que les pauvres petits mécanismes constitutionnels que nous offrent, de ci de là, de modestes réformateurs. [...] Humainement, nationalement, nous ne sommes

---

Fortsetzung von Fußnote 350

nal: The Origins of Totalitarianism, New York 1951), S. 15–206. Zahlreiche Auszüge aus zentralen Dokumenten präsentiert: Siegfried Thalheimer (Hrsg.), Die Affäre Dreyfus, 2. Aufl., München 1986 (1963).

351 Vgl. Rémond (FN 343), S. 99–121. Ferner: Frédéric Bluche, Le bonapartisme. Aux origines de la droite autoritaire (1800–1850), Paris 1980.

352 Charles Maurras, geb. 20. April 1868 in Martigues, Bouches-du-Rhône, gest. 16. Nov. 1952 in Tours. Bekanntschaft und später Freundschaft mit Maurice Barrès; 1899 Gründung der Zeitschrift „Action française“; in der Dreyfus-Affäre Engagement für die „Anti-Dreyfusards“; 1900 Publikation der politischen Streitschrift „Enquête sur la Monarchie“, seit 1908 Tageszeitung der gleichnamigen politischen Organisation; 1931–1934 Publikation des „Dictionnaire politique et critique“; mehrmalige Inhaftierungen wegen antidemokratischer Aktivitäten; 1945 wegen Kollaboration mit dem Pétain-Regime zu lebenslänglicher Haft verurteilt. Zur Biographie: Art. „Maurras“, in: Henry Coston, Dictionnaire de la politique française, Paris 1967, S. 680–684.

353 „La monarchie héréditaire est en France la constitution naturelle, rationelle, la seule constitution possible du pouvoir central.“ Charles Maurras, Mes idées politiques, texte établi par Pierre Chardon, Paris 1937, S. 279.

sûrs que d'une chose: la Monarchie reconstituerait une France et sans la Monarchie la France périra."[354]

Die erste der entscheidenden „Neuerungen" der Maurasschen Doktrin besteht also in der Verbindung von Erbmonarchie und „integralem Nationalismus": „Essentiellement, le royalisme correspond à tous les divers postulats du nationalisme: c'est pour cela qu'il s'est nommé lui-même le NATIONALISME INTÉGRAL".[355] Maurras macht sich damit jene Umpolung des Nationalismus zunutze, die in Frankreich nach der Niederlage von 1871 einsetzte. Aus dem emanzipativen, mit demokratischen Werten gekoppelten wird der konterrevolutionäre Nationalismus.[356] Ihm gilt die Nation nicht mehr als Willens-, sondern als eine Schicksalsgemeinschaft. Die Nation ist mehr als die Summe der in ihr zusammengeschlossenen Individuen. Sie verkörpert eine jahrhundertealte Tradition, das geschichtlich Gewachsene, Organische, Natürliche, das alle abstrakten, künstlichen Verstandesprodukte als zweitklassig erscheinen läßt. Der Einzelne ist, auf sich allein gestellt, nichts; erst in der nationalen Gemeinschaft fügt sich seine Existenz in den Strom des geschichtlichen Werdens und Vergehens ein und erhält einen Sinn: „L'Italie vaut mieux que les personnes composant le peuple italien, de même que la France vaut mieux que nos Français; mais c'est que ni notre France, ni l'Italie n'ont eu pour principe générateur le suffrage universel et le régime égalitaire. L'une et l'autre reposent sur des générations de maîtres, de héros et d'artistes, de demidieux et de saints."[357]

So wie der „integrale Nationalismus" eine theoretische Selbsterhöhung bedeutet, zieht er auch eine Abwertung derer nach sich, die nicht Teil der Nation sind. Dies betrifft zunächst fremde Nationen – in den Augen Maurras' besonders den deutschen „Erbfeind", der die Grande Nation mit Schande überzogen hat. Die Kehrseite der nationalistischen Selbstvergötzung trifft aber auch diejenigen, die sich nicht in den Organismus der Nation einfügen, das harmonische Zusammenwirken stören oder gar bewußt hintertreiben. Die Glorifizierung der Nation verführt dazu, Sündenböcke zu schaffen, die dennoch vorhandene Übel erklären. Einer dieser Sündenböcke ist „die Linke", ein anderer „der Jude".

Antisemitismus hatte es in Frankreich zwar auch bereits vor der Dreyfus-Affäre gegeben.[358] Erst bei diesem Anlaß wurde er jedoch in seinem ganzen Ausmaß sichtbar. Maurras selbst hatte auf dem Höhepunkt der sich über Jahre hinziehenden An-

---

354 Ders., Art. „Monarchie", in: Ders., Dictionnaire politique et critique, établi par les soins de Pierre Chardon, Bd. III, Paris 1932, S. 85–97, 85. Das fünfbändige Werk verstand sich als Gegen-Enzyklopädie. Der Meister war jedoch ein „unsystematischer Systematiker" (Nolte), der den geplanten umfassenden Entwurf von einer Schülerin aus bereits erschienenen Artikeln und Büchern zusammenstückeln ließ. Vgl. Nolte (FN 2), S. 142.

355 Maurras (FN 353), S. 279 (Hervorhebung im Original).

356 Vgl. Jacques Droz, Der Nationalismus der Linken und der Nationalismus der Rechten in Frankreich (1871–1914), in: HZ 210 (1970), S. 1–13; Raoul Girardet, Pour une introduction à l'histoire du nationalisme français, in: RFSP 8 (1958), S. 505–528; Eugen Lemberg, Nationalismus, Bd. 1: Psychologie und Geschichte, Reinbek bei Hamburg 1964 (1950), S. 198–200; Rémond (FN 343), S. 122–180; Zeev Sternhell, Maurice Barrès et le nationalisme français, Taschenbuchausgabe, Paris 1985 (1972), S. 217 ff.

357 Maurras (FN 353), S. 260.

358 Siehe etwa: Arendt (FN 350), S. 165–173; Sternhell, La droite (FN 301), S. 177–244.

gelegenheit seinen antisemitischen Gefühlen freien Lauf gelassen. Er war es gewesen, der im September 1898, in einem Moment, als der als Schuldeingeständnis zu wertende Selbstmord des Geheimdienstchefs Henry der französischen Öffentlichkeit die dringende Notwendigkeit einer Revision des Dreyfus-Prozesses vor Augen führte, mit einem die Tatsachen verdrehenden und die zuvor konstruierte Verschwörungstheorie trotzig neu belebenden Hetzartikel geantwortet hatte: „Dieses Blut raucht, und es wird schreien, bis es gesühnt ist, nicht durch Sie, die Sie einer edlen Verzweiflung nachgaben, nicht einmal durch die fatale Koterie im Ministerium, sondern durch ihre ersten Henker, die ich öffentlich nenne: die Mitglieder des Verrätersyndikats. In dem Zustand der Verwirrung, in dem sich die nationalen Parteien befinden, haben wir Ihnen nicht die große Totenfeier bereiten können, die man Ihrem Martyrium schuldete. Man hätte auf unseren Boulevards den blutigen Waffenrock schütteln sollen und ebenso die befleckten Klingen, man hätte den Sarg umhertragen und dem Leichentuch wie einer schwarzen Fahne Verehrung bezeugen müssen. Dies wird unsere Schande sein, daß wir es nicht versucht haben. Aber das nationale Empfinden, wenngleich zerstreut und vielfältig gegen sich selbst gerichtet, ist dadurch trotzdem wieder zum Leben erweckt.“[359] Die „Mitglieder des Verrätersyndikats“ aber, das wußte jeder Leser, waren die Dreyfusards, die Freunde und Unterstützer der jüdischen Familie Dreyfus, zu denen auch viele einflußreiche Juden zählten. Die von Maurras geschürten antisemitischen Ressentiments fußten – trotz der naturalistischen Einfärbung des „integralen Nationalismus“ – nicht auf biologistischen Theorien; sie richteten sich gegen eine soziale Minderheit, von der man überzeugt war, sie störe aufgrund ihrer kulturellen Prägung den Gleichklang der Nation.

Als ein drittes „innovatives“ Element der Maurrasschen Doktrin figurierten seine Äußerungen zur „sozialen Frage“. So wie es notwendig erschien, den nationalen „Organismus“ von „Fremdkörpern“ zu säubern, forderte das nationalistische Credo gleichzeitig die soziale Integration aller Klassen der Gesellschaft. Für die Entstehung der „zwei Übel“[360], des Proletariats und des Kapitalismus, wurde die Revolution von 1789 gleichermaßen verantwortlich gemacht. Sie hatte an die Stelle einer festgefügten sozialen „Ordnung“ ein „régime d'isolement 'individuel'“[361] gesetzt. In diesen Freiraum drängten nun die entfesselten sozialen Kräfte und ließen Konflikte entstehen, die eine allgemeine Auflösung der Industrie, der Nation, der Zivilisation bewirkten. Maurras fordert daher, das soziale Gegeneinander durch ein Miteinander zu ersetzen. Ein Zurück zur „Korporation“ der vorrevolutionären Zeit erscheint ihm als das „Gegengift“ gegen die soziale „Konfrontation“ von Proletariat und Kapitalismus: „Quel antidote? L'incorporation du prolétariat à la société par l'opération des forces politiques du Gouvernement héréditaire, de la Corporation et de la Religion, qui ôteront au Capital son *isme* despotique, l'empêchant de régner tout seul.“[362] Es bedarf somit einer Regulierung der sozialen Beziehungen. Die „korporative Organisation“ soll die destruktiven Gegensätze der Klassen zugunsten eines berufsständi-

359 Zitiert nach: Nolte (FN 2), S. 92.
360 Maurras (FN 353), S. 228.
361 Ebd., S. 244.
362 Ebd., S. 228 (Hervorhebung im Original).

schen Gefüges ablösen, das die ökonomische mit einer moralischen Zielsetzung verbindet: „Accord à la fois industriel et moral, fondé sur le genre du travail, inhérent à la personne du travailleur, et que reconnaît à ceux qui n'ont point de propriété matérielle proprement dite une propriété morale: celle de leur profession, un droit: celui de leur groupe professionnel. C'est la seule idée qui puisse pacifier le travail en lui donnant une loi acceptable pour tous les intéressés."[363]

So altbacken diese von der Sehnsucht nach sozialer Harmonie getragenen Vorstellungen heute auch anmuten mögen, übten sie doch zeitweilig Einfluß auf national gesinnte Teile der Arbeiterschaft und der Intellektuellen aus.[364] Die neuartige Verbindung ideologisch-programmatischer Elemente, wie sie der geistige Ziehvater der Action Française herstellte, „integraler Nationalismus", Antisemitismus, traditioneller Korporatismus, nahm im Larvenstadium vorweg, was die faschistischen Bewegungen nach dem Ersten Weltkrieg zur vollen Entfaltung brachten. Eine scheinbar ganz der Vergangenheit angehörende Doktrin hatte durch diese Synthese eine ungeahnte Brisanz für die Probleme der Gegenwart erhalten. Auch das äußere Erscheinungsbild wies bereits Merkmale auf, die später in intensivierter Form wiederkehrten: die Aufmärsche der „Camelots du Roi"; die Uniformen und Fahnen; die Kaderschulung des „Institut d'Action française"; die propagandistischen Feldzüge.

Während die Action française auf der einen Seite bereits tiefe Einblicke in das 20. Jahrhundert gewährte, war sie auf der anderen Seite noch stark dem 19. Jahrhundert verhaftet. Ihr Chefideologe war keine charismatische Führerpersönlichkeit, sondern ein zauderhafter Schreibtischtäter, dem ein Staatsstreich kaum zuzutrauen war. Und auch seine Ideen nahmen den „totalen Staat" keineswegs vorweg. Vielmehr plädierte er gerade für die Abschaffung des jakobinischen Zentralismus zugunsten der vorrevolutionären Vielfalt sich weitgehend selbst verwaltender Territorien. Altes und Neues ging teilweise eine widersprüchliche Verbindung ein: die Berufung auf den Positivismus Comtes und die hervorgehobene Stellung, die Maurras der katholischen Kirche zuerkannte (was sich freilich änderte, als sich der Vatikan im Dezember 1926 endgültig von der Action française distanzierte); das Plädoyer für die Erbmonarchie und die Treue zur „liberalen" orleanistischen Linie (deren Thronprätendent 1937 ebenfalls offiziell mit den „integralen Nationalisten" brach).

---

363 Ebd., S. 245 f.

364 Kein geringerer als Georges Sorel geriet zeitweilig in den Bannkreis der Action Française. Vgl. Jacob L. Talmon, The Legacy of Georges Sorel: Marxism, Violence, Fascism, in: Encounter 34 (1970), S. 47–60; Eugen Weber, Action Française. Royalism and Reaction in Twentieth-Century France, Stanford/Cal. 1962, S. 73–76. George Lichtheim weist darauf hin, „daß der Kampf gegen den Individualismus und Rationalismus der Aufklärung der geistige Ausgangspunkt eines Lebens gewesen ist, das in allen seinen Phasen nur diesen einen Gegner kannte. Eben darum ist Sorel im strengen Sinne des Wortes nie Marxist gewesen: auch nicht in jenen Jahren – etwa von 1893 bis 1905 –, in denen er sowohl der italienischen wie der französischen Öffentlichkeit als Interpret und Sachwalter des revolutionären Sozialismus erschien." George Lichtheim, Nachwort, in: Georges Sorel, Über die Gewalt (1906), Frankfurt a. M. 1969, S. 355–393, 357. Zum Verhältnis Action Française – Nationalsyndikalismus: Paul Mazgaj, The Action Française and Revolutionary Syndicalism, Chapel Hill 1979. Zur Vorgeschichte: George L. Mosse, The French Right and the Working Classes: Les Jaunes, in: Journal of Contemporary History 7 (1972), S. 185–208.

Wo die Action française auf einer gedanklichen Skala zwischen „hartgesottener Reaktion"[365] und „Vor-" oder „Frühfaschismus" einzuordnen ist, darüber gehen die Auffassungen auseinander – je nachdem, welches Element stärker in den Blick gerät.[366] Während es der Action française nach dem Ersten Weltkrieg nicht gelang, sich ganz aus dem traditionalistischen Fahrwasser zu lösen, führten die in den zwanziger und dreißiger Jahren entstandenen „Ligen" das begonnene Werk fort.[367] Der vollständige Übertritt von der Restauration zur Revolution bedeutete dabei die Preisgabe des monarchistischen Credos. Maurras' Doktrin war zwischen beiden Polen auf halbem Wege stehengeblieben.

1945 hatte die Action française nach einer längeren Periode des Zerfalls ihren Nullpunkt erreicht. Die Organisation war aufgelöst, die Tageszeitung verboten, ihr Spiritus rector zu lebenslanger Haft verurteilt. Selbst noch so tiefe geschichtliche Einschnitte hinterlassen jedoch niemals eine Tabula rasa. Im subkulturellen Bereich finden sich die einst führenden Kräfte in mikroskopischer Verkleinerung wieder; sie können auf diesem Niedrigniveau noch lange nach ihrem Verschwinden von der großen politischen Bühne im Verborgenen wirken, wo sie mit ihren Bewahrern ganz erlöschen oder eines Tages, unter günstigen Rahmenbedingungen, aus dem Schattenreich ins helle Licht öffentlicher Aufmerksamkeit zurückkehren.

---

365 So Edward Tannenbaum, The Action française. Die-Hard Reactionaries in Twentieth-Century France, New York 1962.

366 Vgl. dazu: Pierre Milza, Fascisme français. Passé et présent, Paris 1987, S. 66–70; Patrick Moreau, Charles Maurras und die Action Française: Eine französische faschistische Versuchung, in: Iring Fetscher/Herfried Münkler (Hrsg.), Pipers Handbuch der politischen Ideen, Bd. 5: Neuzeit: Vom Zeitalter des Imperialismus bis zu den neuen sozialen Bewegungen, München/Zürich 1987, S. 341–351; Nolte (FN 2), S. 61–190; Osgood (FN 346), S. 211–225; Sternhell (FN 301), S. 348–400; Weber (FN 364), S. 528–534.

367 Vgl. im Überblick: Ernst Nolte, Die faschistischen Bewegungen. Die Krise des liberalen Systems und die Entwicklung des Faschismus, 7. Aufl., München 1979 (1966), S. 289–297; Zeev Sternhell, Strands of French Fascism, in: Stein Ugelvik Larsen/Bernt Hagtvet/Jan Peter Myklebust (Hrsg.), Who were the fascists, Bergen/Oslo/Tromsø 1980, S. 479–500; Wippermann (FN 312), S. 124–133. Hinsichtlich der historisch-politischen Einordnung der „Ligen" herrscht Uneinigkeit. Während René Rémond zu der Auffassung tendiert, bei den sich faschistisch gerierenden Gruppierungen der Zwischenkriegszeit habe es sich nur um einen schwachen, politisch marginalen Abklatsch der in Italien und Deutschland herangewachsenen Bewegungen gehandelt, interpretiert sie Zeev Sternhell als Entwicklungsprodukte eines originären französischen Faschismus: Rémond (FN 343), S. 195–230; Sternhell (FN 301), S. 401–416; ders., Ni droite ni gauche. L'idéologie fasciste en France, Paris 1983; ders., Emmanuel Mounier et la contestation de la démocratie libérale dans la France des années trente, in: RFSP 34 (1984), S. 1141–1180. Siehe zur Kontroverse ferner: Robert F. Byrnes, Morès, „The First National Socialist", in: The Review of Politics 12 (1950), S. 341–362; Raoul Girardet, Notes sur l'esprit d'un Fascisme français, 1934–1939, in: RFSP 5 (1955), S. 529–546; Pierre Milza, Les fascismes, Paris 1985, S. 40–54; Klaus Jürgen Müller, Die französische Rechte und der Faschismus in Frankreich 1924–1932, in: Dirk Stegmann/Bernd-Jürgen Wendt/Peter Christian Witt (Hrsg.), Industrielle Gesellschaft und politisches System. Beiträge zur politischen Sozialgeschichte. Festschrift für Fritz Fischer zum 70. Geburtstag, Bonn 1978, S. 413–430; Robert Soucy, The Nature of Fascism in France, in: Journal of Contemporary History 1 (1966), S. 27–55; ders., French Fascism: The First Wave, 1924–1933, New Haven/London 1986; Eugen Weber, Revolution? Counterrevolution? What Revolution?, in: Journal of Contemporary History 9 (1974), S. 3–47; ders., Fascism(s) and Some Harbingers, in: Journal of Modern History 54 (1982), S. 746–765.

Die Geschichte des Monarchismus Maurrasscher Prägung ist für den Zeitraum nach 1945 eine Geschichte kleiner Sekten.[368] Mit „Aspects de la France“ wurde bereits 1947 von einstigen Streitern der Action française ein legal wirkendes Organ des „integralen Nationalismus“ gegründet; 1955 folgte dem Zeitschriftenzirkel eine erste politische Organisation („Restauration Nationale“). Weitere Periodika und politische Zirkel schlossen sich an. Ohne Erfolg versuchten die Gruppierungen, von aussichtsreichen Entwicklungen im rechtsextremen Bereich („Algerie française“-Bewegung, Poujadismus) ihr Scherflein abzuzweigen. Ähnlich wie im Falle des Anarchismus und Kommunismus brachte die Studentenbewegung Ende der sechziger Jahre auch dem Monarchismus Aufwind. Dies mochte auf den ersten Blick paradox erscheinen, inspirierten doch „linke“ Ideen die Protestler. Der Zustand fiebriger Erregtheit, in den die monarchistischen Gruppierungen zeitweilig gerieten, war jedoch vor allem Folge einer allgemeinen Aufwertung subkultureller, gegen das „System“ gerichteter Kräfte.

Die gesteigerte Aufmerksamkeit der Öffentlichkeit aktivierte viele in einem Schattendasein dahinvegetierende Gruppen – und sei es auch nur, daß diese ihre Stunde nun gekommen sahen. Programmatischen Erneuerungsversuchen folgten Spaltungen und Ansätze organisatorischer Neubildung.[369] Die Anfang 1971 gegründete „Nouvelle Action Française“ (NAF) versteht die Monarchie als eine Staatsform, die ohne Parteien, Parlamente und Interessengruppen auskommt und eine „société communautaire“ mit hierarchischem Aufbau und syndikalistischer Organisation entstehen läßt.[370] Die „Demokratie“ gilt ihr als „Feind Nr. 1“[371], weil sie immer „zwischen parlamentarischer Anarchie und Tyrannei“ hin und her pendele.[372] Auch der „Kapitalismus“ als ihr Produkt wird verdammt. Wegen ihrer Nähe zum „gauchisme“ verschlechterte sich das Verhältnis der NAF zum orleanistischen Thronprätendenten. Die unter anderem aufgrund eines Generationswechsels 1978 in „Nouvelle Action Royaliste“ (NAR) umbenannte Gruppierung hat inzwischen dieses Verhältnis wieder entkrampft.[373] Zu ihren programmatischen Ambitionen zählt die

368 Siehe dazu vor allem: René Chiroux, Contribution à l'étude de l'extrême-droite française, in: Annales de la Faculté de Droit et de Science Politique 10 (1973), S. 3–367 (die Arbeit ist auch als selbständige Veröffentlichung erschienen und enthält zahlreiche Quellennachweise zum Thema); Raoul Girardet, L'héritage de l'„Action Française“, in: RFSP 7 (1957), S. 765–792; Osgood (FN 346), S. 182–210, 221–225. Ferner zur Einordnung des Nachkriegs-Rechtsextremismus in Frankreich auch: Joseph Algazy, La tentation néo-fasciste en France de 1944 à 1965, Paris 1984, S. 27–94 sowie die hilfreiche Überblicksdarstellung von: Jean-Christian Petitfils, L'extrême droite en France, Paris 1983, insbesondere S. 78–80.

369 Vgl. die interessante „Innensicht“ eines jungen Monarchisten: Olivier Lespes, Une Révolution dans le Royalisme, Paris 1984. Siehe dazu und zum französischen Monarchismus: Uwe Backes, Rechtsextremismus in westlichen Demokratien. Bundesrepublik Deutschland, Frankreich, Großbritannien, Italien, in: Wolfgang Michalka (Hrsg.), Extremismus und streitbare Demokratie, = NPL-Beiheft 4/1987, Stuttgart 1987.

370 Vgl. Lespes (FN 369), S. 58.

371 Ebd.: „La Démocratie représente l'ennemi numéro un de la N.A.F.“

372 Vgl. ebd., S. 61: „Selon eux, la Démocratie balance depuis toujours entre l'anarchie parlamentaire et la tyrannie.“

373 Vgl. ebd., S. 106–208.

Überwindung der Spaltung zwischen Monarchie und Republik, ein Projekt, das allerdings – was die neo-royalistischen Sektierer häufig zu übersehen scheinen – jenseits jeglichen öffentlichen Interesses verfolgt wird.

3.2.2 Nationalismus

Wie bereits die Geschichte des Nationalismus im 19. Jahrhundert zeigt, handelt es sich hierbei um ein hinsichtlich seiner politischen Stoßrichtung schwer einzuordnendes Phänomen. Die in Frankreich 1789 zum Tragen kommende nationale Bewegung war gegen das Ancien Régime gerichtet und ging mit der Forderung nach politischer Gleichheit einher; der deutsche Nationalismus des Vormärz wandte sich gegen politische Bevormundung und territoriale Zerstückelung, wie sie die alten Mächte der Monarchie und des Adels zu repräsentieren schienen.[374] Nachdem jedoch mit der Reichsgründung die Forderung nach Einheit im kleindeutschen Rahmen erfüllt war, gewannen diejenigen die Oberhand, die im Kaiserreich die Erfüllung nationaler Sehnsüchte erblickten. Auch viele derer, für die Einheit und Freiheit einst untrennbar verbunden gewesen waren, arrangierten sich nun mit dem Status quo. Der Nationalismus wandelte sich von einer emanzipativen zu einer affirmativen und integrativen Ideologie. So klagte der Liberale Ludwig Bamberger 1888: „Das nationale Banner in der Hand der preußischen Ultras und der sächsischen Zunftler ist die Karikatur dessen, was es einst bedeutet hat, und diese Karikatur ist ganz einfach so zustande gekommen, daß die überwundenen Gegner sich das abgelegte Gewand des Siegers angeeignet und dasselbe nach ihrer Fasson gewendet, aufgefärbt und zurechtgestutzt haben, um als die lachenden Erben der nationalen Bewegung einherstolzieren zu können.“[375] Auch in Frankreich vollzog sich nach der Niederlage von 1871 eine Umpolung des Nationalismus von einer revolutionären zu einer konterrevolutionären Ideologie.[376]

Trotz dieser historischen Tatbestände wäre es jedoch vordergründig, „den Nationalismus“ als ein Phänomen zu begreifen, das gängige Rechts-Links-Unterscheidungen sprengt.[377] Jene geschickte Instrumentalisierung des emanzipativen Nationalismusbegriffs für reaktionäre Zwecke war nämlich eine gewaltsame; das eine hat mit dem anderen nur noch wenig zu tun. Die politischen Forderungen von 1789 wurden unübersehbar mit einer universalistischen Tendenz vorgetragen. Sie sollten nicht nur für die französischen Bürger gelten, sondern prinzipiell für alle Menschen. So hieß es unter Punkt 1 der Erklärung vom 3. September 1791: „Die Menschen werden frei und gleich an Rechten geboren und bleiben es.“[378] Und in Deutschland artiku-

374 Vgl. Heinrich August Winkler, Der Nationalismus und seine Funktionen, in: Ders. (Hrsg.), Nationalismus, Meisenheim am Glan 1978, S. 5–46.

375 Ludwig Bamberger, National, in: Ders., Gesammelte Schriften, Bd. 5, Berlin 1897, S. 216. Zitiert nach Winkler (FN 374), S. 14 f.

376 Vgl. Droz (FN 356); Girardet (FN 356).

377 Die konträren theoretischen Konzepte zwingen zu einer stärkeren begrifflichen Differenzierung, als sie etwa Winkler (FN 374) vornimmt.

378 Die (französische) Erklärung der Rechte des Menschen und Bürgers von 1789 (3. September

lierten sich seit den Befreiungskriegen politische Kräfte, die das Eintreten für die nationale Einigung mit der Erkämpfung bürgerlicher Freiheitsrechte verbanden. Es ließen sich zugegebenermaßen auch Gegenbeispiele finden.[379] Wie dem auch sei: Wichtig erscheint es in diesem Zusammenhang, sich die kategoriale Bedeutung der Prioritäten-Reihenfolge zu vergegenwärtigen: Wem – wie Karl von Rotteck – bürgerliche Freiheitsrechte wertvoller erschienen als die Überwindung nationaler Zersplitterung[380], stellte sich in die Tradition der demokratischen Revolutionen von 1776 und 1789. Wer dagegen die deutsche „Einheit" unter Preisgabe oder Zurückstellung der Forderung nach „Freiheit" anstreben wollte, entwickelte sich zum Vordenker eines „integralen Nationalismus" mit konterrevolutionärem Impetus. Diese historische Konstellation hat unter gewandelten Bedingungen nach 1945 ihre Fortsetzung gefunden. National-neutralistische Gruppierungen – nicht nur, aber auch des rechtsextremen Spektrums – maßen (und messen) dem Ziel einer Wiedervereinigung Deutschlands eine so hohe Bedeutung zu, daß sie dafür bereit waren (und sind), wesentliche Konzessionen hinsichtlich der inneren Gestaltung eines solchen Staates wie auch seiner außenpolitischen Orientierung einzuräumen. Ein wiedervereinigtes Deutschland soll einen „dritten Weg" zwischen Ost und West einschlagen – zwischen „Kommunismus" und „Kapitalismus".[381]

Während dem emanzipativen „Nationalismus" das Ziel nationaler Einigung nur dann erstrebenswert erscheint, wenn es Mittel zur Realisation politischer Freiheiten ist, gilt dem integralen „Nationalismus" die Erreichung nationaler Einheit und Größe

---

Fortsetzung von Fußnote 378

1791), in: Wolfgang Heidelmeyer (Hrsg.), Die Menschenrechte. Erklärungen, Verfassungsartikel, internationale Abkommen, 3. erneuerte und erweiterte Aufl., Paderborn/München/Wien/Zürich 1982, S. 59–62, 60.

379 Vgl. Theodor Schieder, Die Juli-Revolution und ihre Wirkungen auf Deutschland, in: Ders., Vom Deutschen Bund zum Deutschen Reich, = Gebhardt/Handbuch der deutschen Geschichte, Bd. 15, 9. neu bearbeitete Aufl., München 1983, S. 42–59.

380 Von Karl von Rotteck stammt der Ausspruch: „Ich will lieber Freiheit ohne Einheit als Einheit ohne Freiheit." Zitiert nach: Ebd., S. 47.

381 National-neutralistische Konzepte wurden nach 1945 etwa in der „Deutschen Gemeinschaft" (DG) vertreten, die 1965 in der „Aktionsgemeinschaft Unabhängiger Deutscher" (AUD) aufging. Siehe dazu: Richard Stöss, Vom Nationalismus zum Umweltschutz. Die Deutsche Gemeinschaft/ Aktionsgemeinschaft Unabhängiger Deutscher im Parteiensystem der Bundesrepublik, Opladen 1980; ders., Aktionsgemeinschaft Unabhängiger Deutscher, in: Ders. (FN 68), S. 310–335; ders., Deutsche Gemeinschaft, in: Ebd., S. 876–900. Auch in der NPD gab es seit ihrer Gründung eine neutralistische Strömung, die sich Anfang der achtziger Jahre durchsetzte und die deutschlandpolitische Programmatik in ihrem Sinne bestimmen konnte. Siehe dazu: Willi Eichler, Einheit oder Freiheit im Programm der NPD, in: APZG, B. 15/1969, S. 3–13; Horst W. Schmollinger, Nationaldemokratische Partei Deutschlands, in: Stöss (FN 68), S. 1892–1994. National-neutralistische Konzepte werden jedoch nicht nur von rechtsextremen Gruppierungen vertreten. Sie haben beispielsweise auch Eingang in die Programmatik der heutigen Friedensbewegung gefunden. Siehe nur: Wilfried von Bredow, Friedensbewegung und Deutschlandpolitik. Herkömmliche und neuartige Aspekte einer Themenverbindung, in: APZG, B 46/1983, S. 34–46. Zum Nationalneutralismus ferner: Rainer Dohse, Der Dritte Weg. Neutralitätsbestrebungen in Westdeutschland zwischen 1945 und 1955, Hamburg 1974.

als Selbstzweck. Beide historischen Erscheinungsformen sind daher kaum auf eine Stufe zu stellen. Man sollte sie auch begrifflich voneinander unterscheiden. Die Triebkraft der Bestrebungen der erstgenannten Art kann als „Verfassungspatriotismus" (Sternberger) oder Nationalgefühl gelten, Eigenschaften, die auch in einer freiheitlichen Demokratie moderner Prägung eine fruchtbare integrierende Wirkung auszuüben vermögen. Bestrebungen der letztgenannten Art dagegen sollen im folgenden als Nationalismus (im engeren Sinne) bezeichnet werden.

Der Nationalismus ist per se antidemokratisch, da er die Nation zum Selbstzweck erhebt und ihr einen höheren Rang einräumt als bürgerlichen Freiheitsrechten, ja selbst menschlichen Grundrechten. Erst in der nationalen „Gemeinschaft" tritt das Individuum aus einem Zustand unfruchtbarer Isolation hinaus, um seine schöpferischen Fähigkeiten zu entfalten. Die Werke des Einzelnen werden Teil des nationalen Erbes und erringen damit ein Stück Ewigkeit. Die Nation gilt als eine gleichsam „natürliche", „organische" Form des Zusammenlebens, ähnlich der Familie. Der Nationalstaat, eine sich an den Grenzen der nationalen Gemeinschaft orientierende politische Ordnung, wird daher als prinzipiell erstrebenswert angesehen, da er das natürlich Gewachsene mit dem organisch Notwendigen auf einen Nenner bringt.

Auch der Nationalismus in diesem engeren Sinne ist von einer Vielfalt unterschiedlicher, teils nur durch Nuancen, teils in grundsätzlichen Fragen differierender Konzeptionen geprägt. Was für den antidemokratischen Konservativismus insgesamt gilt, trifft auch auf dessen nationalistisches „Segment" zu: Die Denkansätze und Doktrinen erreichen nicht jene systematische Durchformung, wie sie etwa kommunistischen Ideologien eigen ist. Dies läßt sich gerade auch für die Zeit nach dem Zweiten Weltkrieg feststellen: Die rechtsextremen Ideologien haben – zumindest gegenwärtig – ihre Hochzeit, die sie im Frankreich der Dritten Republik, im Deutschland der Zwischenkriegszeit erreichten, längst überschritten. Die ideologisch-programmatischen Bemühungen sind daher von der Defensive gegenüber dem gestärkt hervorgegangenen demokratischen Verfassungsstaat geprägt. Ihr Blick ist starr auf das Vergangene gerichtet; umfassende Alternativentwürfe fehlen.

Um grundlegende Dimensionen des Nationalismus kenntlich zu machen, kann vor diesem Hintergrund kaum auf das Mittel der Klassifikation zurückgegriffen werden. Es führte zur künstlichen Konstruktion von Abgrenzungen, wo es sich in Wirklichkeit um unscharfe Konturen, fließende Übergänge und zuweilen Versatzstücke handelt. Statt dessen lassen sich aus der Fülle historisch-politischer Erscheinungen bestimmte Typen herausheben, die als Koordinaten dienen. Diese müssen hinreichend konkret sein, damit stichhaltige Aussagen im Bezug auf Einzelerscheinungen möglich werden, aber auch ein ausreichendes Abstraktionsniveau aufweisen, um damit ähnliche Phänomene in einer Reihe demokratischer Verfassungsstaaten erfassen zu können.

Man muß sich dabei auch etwas von den spezifischen Bedeutungen lösen, die Begriffe wie „Volk", „Nation", „Reich" in der deutschen nationalistischen Tradition aufgrund der besonderen geschichtlichen Entwicklung angenommen haben. Wäh-

---

382 Vgl. Karl Dietrich Bracher, Art. „Nationalismus", in: Ernst Fraenkel/Karl Dietrich Bracher (Hrsg.), Staat und Politik, Neuausgabe, Frankfurt a. M. 1978 (1957), S. 210–217, 211.

rend in Deutschland seit der Romantik die Vorstellung von der „Kulturnation“ Verbreitung fand, die auch unabhängig von einer übergreifenden staatlichen Ordnung existiere, war in Frankreich der Begriff der „Nation“ seit dem Absolutismus meist identisch mit dem der „Staatsnation“, einer innerhalb eines Staatsgebietes zum kollektiven Bewußtseins als Nation zusammengewachsenen Einheit.[382] Das Selbstbewußtsein der „Staatsnation“ ließ tief- und teilweise abgründige Reflexionen über ethnische Grundlagen, wie sie eine nicht unter staatlicher Hoheit zusammengefaßte „Kulturnation“ hervorbrachte, nicht in diesem Maße aufkommen. Die Dreiheit von „Volk“ als quasi natürlicher Lebensgemeinschaft, „Nation“ als dem zu historisch-politisch-kulturellem Bewußtsein der Zusammengehörigkeit gelangten Volk und „Reich“ als mythischer Zukunftsvision, die Volk, Nation und Staat miteinander verschmelzen würde („ein Volk, ein Reich, ein Führer“), ist wohl das genuine pathologische Entwicklungsprodukt eines Landes, das erst spät und – aus dieser Perspektive – auch nur unvollkommen einen Nationalstaat ausbildete.

3.2.2.1 Kulturgemeinschaft, Weltanschauungsgemeinschaft, Rassegemeinschaft

Allen Nationalismen gemeinsam ist die Forderung nach der Einheit der nationalen „Gemeinschaft“. Der moderne Parteienpluralismus, die Vielzahl konkurrierender Interessenverbände gelten gemeinhin als Störfaktoren, die die Nation in einander feindlich gesonnene Lager spalten und ihre Existenz gefährden. Diese Auffassung impliziert nicht notwendigerweise die Annahme einer totalen Interessenhomogenität der Gesellschaftsmitglieder; es wird hingegen unterstellt, daß es eine objektiv bestimmbares „Gemeinwohl“ gebe, mit dem das Tun des Einzelnen nicht in Konflikt geraten darf. Um die Leistungsfähigkeit und Schaffenskraft der Nation auf ein Maximum zu steigern, bedarf es nicht des „freien Spiels der Kräfte“, das mit einer inneren Logik in die „Anarchie“ führe, sondern der auf die „Autorität“ eines „starken Staates“ gegründeten inneren „Ordnung“. Erst im Schutz dieser festgefügten, gemäß den unterschiedlichen Fertigkeiten und Talenten hierarchisch gegliederten Ordnung können sich die schöpferischen Fähigkeiten des „Volkes“ frei und ungehemmt entfalten. Der mächtige nationale Staat wird zum Garanten äußerer und innerer Sicherheit, und dies schafft wiederum Raum für die Entwicklung „kultureller“ Höchstleistungen.

Die Vorstellung vom Machtstaat, der die Grundlage einer „wahren“ Kulturgemeinschaft bildet, kann gewissermaßen als die „Grundform“ nationalistischer Staatsideologie gelten. Ihr korrespondiert das Modell des autoritären Staates. Dieser verfügt zwar über eine eigene Staatsräson, schreibt den Untertanen jedoch keine alle Lebensbereiche umfassende Weltanschauung vor. Staat und Gesellschaft werden als weitgehend voneinander abgesonderte Sphären betrachtet. Die Herrschenden berufen sich möglicherweise – wie im Bonapartismus – auf einen „Volkswillen“, ein von der Meinung der Beherrschten unabhängiges „Naturrecht“ und/oder die politische Unreife des Volkes; daneben können sie – an vorrevolutionäre Traditionen anknüpfend – Körperschaften zur Vertretung berufsständischer Interessen vorsehen und/oder in eingeschränktem Maße Verbände und Parteien modernen Typs zulassen.

Nach innen schafft der autoritäre Staat im nicht-politischen Bereich Freiräume und fördert den Apolitismus; nach außen verfolgt er eine „Politik der Stärke“ und neigt zur Großmachtpolitik, entwickelt jedoch in der Regel keine expansionistischen Gelüste.[383]

Auf der „Grundform“ baut die erste „Steigerungsform“ nationalistischer Staatsideologie auf. Sie begnügt sich nicht mit dem Verständnis der Nation als einer Kulturgemeinschaft. Ihr ideologisches Konzept ist umfassender und ambitionierter. Sie propagiert eine Nation, die Trägerin einer einheitlichen Weltanschauung ist. Eben dies meint Arthur Moeller van den Bruck[384], wenn er die nationale Gemeinschaft als eine „Wertungsgemeinschaft“ definiert: „Deutscher ist nicht nur, wer deutsch spricht, wer aus Deutschland stammt oder gar, wer dessen Staatsbürgerschaft besitzt. Land und Sprache sind die natürlichen Grundlagen einer Nation, aber ihre geschichtliche Eigentümlichkeit empfängt sie von der Art, wie ihr das Leben von Menschen ihres Blutes im Geiste vorgewertet wird. Leben im Bewußtsein seiner Nation heißt Leben im Bewußtsein ihrer Werte. [...] Eine Nation ist eine Wertungsgemeinschaft. Und Nationalismus ist ein Wertungsbewußtsein.“[385] Die „Wertungs-“ oder Weltanschauungsgemeinschaft fordert mehr als eine spezifische politische Verfaßtheit, die „kulturelles“ Schaffen begründen soll. Sie bezeichnet eine Nation, die über das geschichtlich gewachsene Maß an „organischer“ Geschlossenheit hinaus ein Maximum kollektiven Bewußtseins erreicht. Alle Lebensbereiche werden davon durchdrungen. Die Grenze zwischen Öffentlichkeit und Privatsphäre löst sich auf. Das Wirken des Individuums steht ganz im Dienste der Gemeinschaft, so daß Einzelinteresse und Gemeinwohl miteinander verschmelzen. Freiräume privaten und gesellschaftlichen Tuns werden sinnlos und daher aufgelöst. Der autoritäre wandelt sich zum „totalen Staat“.

Die innere Homogenisierung und „Gleichschaltung“ findet ihre logische Ergänzung in einem hegemonialen und expansionistischen Konzept der Außenpolitik. Zwar versichert der „konservative Revolutionär“ Edgar Julius Jung[386]: „[...] deutscher Nationalismus greift nicht nach fremdem Land und Volk, wie der Nationalis-

383 Vgl. Juan Linz, Totalitarian and Authoritarian Regimes, in: Fred I. Greenstein/Nelson W. Polsby (Hrsg.), Handbook of Political Science, Bd. 3: Macropolitical Theory, Reading/Mass. u. a. 1975, S. 175–411, 306–313 („Organic Statism“).

384 Arthur Moeller van den Bruck, geb. 23. April 1976 in Solingen, gest. 30 Mai 1925 in Berlin; lebte in den Jahren 1903–1912 zumeist in Frankreich und Italien; 1919 Gründung des Juniclubs in Berlin; Herausgeber der Zeitschrift „Das Gewissen“; Lehre am „Politischen Kolleg“. Zur Biographie: Günther Franz, Art. „Moeller van den Bruck“, in: Hellmuth Rössler/Günther Franz, Biographisches Wörterbuch zur Deutschen Geschichte, 2. Aufl., 2. Bd., München 1974, Sp. 1915 f.; Hans-Joachim Schwierskott, Arthur Moeller van den Bruck und der revolutionäre Nationalismus in der Weimarer Republik, Göttingen u. a. 1962.

385 Moeller van den Bruck (FN 305), S. 303.

386 Edgar Julius Jung, geb. 6. März 1894 in Ludwigshafen, gest. 30. Juni 1934 in Berlin (im Verlaufe des sogenannten „Röhm-Putsches“ ermordet). Weltkriegsteilnehmer; 1920 Promotion zum Dr. jur. et rer. pol.; Vorstandsmitglied der DVP; 1923 Organisation des Widerstandes gegen die pfälzischen Separatisten; Mitarbeit bei der Zeitschrift „Deutsche Rundschau“; Berater des Reichskanzlers von Papen seit 1932; Verfasser der „Marburger Rede“ (18. Juni 1934). Zur Biographie: Günther Franz, Art. „Jung“, in: Rössler/Franz (FN 384), Sp. 1362 f.

mus der westlichen Nationalstaaten, sondern nach innen. Unterdrückung und Gewalt zeichnen nicht den deutschen Weg"; aber bereits der nächste Absatz beginnt mit der Feststellung: „Ob der Weg zur deutschen Freiheit über Europas Neugestaltung geht oder erst ein freies Deutschland Europa wieder aufbauen kann, weiß niemand. Unzweifelhaft ist aber, daß zuerst das deutsche Volk innerlich gewappnet sein muß. Es muß entschossen sein, deutsche Freiheit und europäische Neuordnung nötigenfalls auch mit seinem Blute zu errichten".[387] Gilt die Nation als eine „natürliche" Gemeinschaft, so folgt daraus mit innerer Notwendigkeit, daß ihr bestimmte „natürliche" Rechte zustehen, wozu auch das Recht zählt, sich in kultureller Einheit frei zu entfalten. Was der Liberalismus dem Individuum als Recht zuspricht, überträgt der Nationalismus auf das Kollektiv der nationalen Gemeinschaft. Im Bewußtsein dieser Ansprüche führt die nationale Hybris schnell zum Übergriff auf andere „Nationen", die den eigenen Interessen im Wege stehen.

Dies trifft in verstärktem Maße auf die zweite „Steigerungsform" des Nationalismus zu. Sie vereinfacht und vergröbert den nationalistischer Ideologie immanenten Naturalismus zu einem platten Biologismus. Auch die Cheftheoretiker einer Konservativen Revolution sind davon nicht frei, wie überhaupt die Grenzen zwischen dem sogenannten „neuen Nationalismus" und „völkischen" Zirkeln fließend sind. So äußert sich Jung zu den „Quellen des Nationalismus": „Denn die Geistigkeit eines Volkstums wird durch sein Blut mitbeeinflußt: Individualismus ist eben die geistige Form der eigenartigen Blutmischung der Franzosen, der wahren Erben Spätroms. Was einst germanische Einwanderung zurückgedrängt und verdeckt hatte, schlug wieder durch und gelangte allmählich wieder zur Herrschaft. Das keltisch-germanische Blut wurde durch gewaltsame Ereignisse und langsame Gegenauslese immer weniger. Anderes, zum Teil sogar von Farbigen, dringt täglich stärker ein. Wo einst Franken, Burgunder und Goten herrschten, bildet sich die von Coudenhove erwartete eurasisch-negroide Zukunftsrasse schon heute. Die Deutschen, gleichfalls nicht einer Rasse wie alle Kulturvölker, sind viel besser gemischt: mit dem Erbgut anderer europäischer Rassen verbindet sich das nordische in viel höherem Einschlage: ein glückliches Zukunftszeichen."[388] Bei den Autoren der Konservativen Revolution wurden biologistische Ergüsse dieser Art immerhin noch dadurch abgemildert, daß sie von einer komplexen Verwobenheit geschichtlich-kultureller und „blutsmäßiger" Faktoren ausgingen. Auch hantierte man zur damaligen Zeit – vor Auschwitz! – weit freizügiger und unbefangener mit Begriffen wie „Rasse" und „Volk", als dies vor dem Hintergrund der inzwischen durchlebten (und durchlittenen) Geschichte heute der Fall ist. Innerhalb des weitgefächerten rechtsextremen Spektrums der Weimarer Republik nahmen die „konservativen Revolutionäre" in dieser Hinsicht noch eine vergleichsweise „gemäßigte" Position ein.

„Völkische" Gruppierungen dagegen, deren Biologismus auch konservative Zeitgenossen häufig ironisierten, vereinfachten Begriffe wie „Volk", „Nation" und „Reich" zusätzlich. Zu Recht hat Kurt Sontheimer über die geistigen Produkte der

---

387 Edgar J. Jung, Die Herrschaft der Minderwertigen. Ihr Zerfall und ihre Ablösung, Berlin 1927, S. 324.

388 Ebd., S. 323.

„Deutsch-Völkischen" geurteilt, es habe „in seiner krassen Ausprägung zum Primitivsten und Geistlosesten" gehört, „was die politischen Ideologien der Zeit zu bieten hatten".[389] Die Nation stand an erster Stelle als eine „Rassegemeinschaft", die aufgrund biologischer Faktoren zusammengehalten wird. Ihre kulturellen Hervorbringungen sind in starkem Maße von der rassischen Komposition des Volkes abhängig. Die Menschheitsentwicklung wird in enger Parallele zum Tierreich gesehen. Hier wie dort ist der „Kampf ums Dasein" bestimmend. Der Sozialdarwinismus des 19. Jahrhunderts[390] fand in primitivster Form seine Fortsetzung. Seine Gesetze sollten ihre Wirkung nach innen wie nach außen entfalten. War im Inneren der „Volksgemeinschaft" die „Reinheit der Rasse" anzustreben, was einer Kampfansage gegenüber dem rassisch „Unreinen", „Gemischten" oder Fremden entsprach, so war die Außenpolitik ein Exerzierfeld für die Überlegenheit und Höherwertigkeit der eigenen Rasse, aus der ein Anspruch auf die Beherrschung oder auch Ausmerzung des die eigene Reinheit und Stärke bedrohenden Minderwertigen resultierte.

In vielen Ländern Europas gab es sektiererische Gruppierungen dieser sozialdarwinistisch geprägten „völkischen" Kategorie – erinnert sei nur an die von einem hemmungslosen Antisemitismus angetriebene britische „Imperial Fascist League", deren Gründer, der ehemalige Tierarzt Arnold Spencer Leese 1935 (!) vorschlug, die jüdische Frage mit Hilfe von „Todeskammern" zu lösen[391]; oder an die 1933 ins Leben gerufene, betont rassistisch ausgerichtete „Nasjonal Samling" des Norwegers Abraham Vidkun Quisling.[392] Aber nirgends fielen diese abstrusen Ideen auf einen derart fruchtbaren Boden wie in Deutschland. Die NSDAP war zu einem beachtlichen Teil aus dem völkischen Milieu hervorgewachsen.[393] Das verquaste Ideologiegebräu, das Organe wie der „Völkische Beobachter" oder der „Stürmer" den Partei-

---

389 Sontheimer (FN 287), S. 131.

390 Siehe dazu: Fritz Bolle, Darwinismus und Zeitgeist, in: Hans Joachim Schoeps (Hrsg.), Zeitgeist im Wandel, Bd. 1: Das Wilhelminische Zeitalter, Stuttgart 1967, S. 235–287; Conrad-Martius (FN 17); Walter Zimmermann, Die Auseinandersetzung mit den Ideen Darwins. Der „Darwinismus" als ideengeschichtliches Phänomen, in: Gerhard Heberer/Franz Schwanitz (Hrsg.), Hundert Jahre Evolutionsforschung. Das wissenschaftliche Vermächnis Charles Darwins, Stuttgart 1960, S. 290–354.

391 Vgl. Robert Benewick, The Fascist Movement in Britain, revised edition, London 1972, S. 44–47; Colin Holmes, Anti-Semitism in British Society, 1876–1939, London 1979, S. 161–174; Gisela C. Lebzelter, Political Anti-Semitism in England 1918–1939, Oxford 1978, S. 68–85; John Morell, Arnold Leese and the Imperial Fascist League: the Impact of Racial Fascism, in: Kenneth Lunn/Richard C. Thurlow (Hrsg.), British Fascism. Essays on the Radical Right in Inter-War Britain, London 1980, S. 57–75; Nolte (FN 367), S. 280 f.

392 Vgl. Nolte (FN 367), S. 269 f.; Wippermann (FN 312), S. 168–172.

393 Vgl. vor allem: Martin Broszat, Die völkische Ideologie und der Nationalsozialismus, in: Deutsche Rundschau 84 (1958), S. 53–68; Sontheimer (FN 287), S. 130–141. Ferner: Wolfgang Altgeld, Volk, Rasse, Raum. Völkisches Denken und radikaler Nationalismus im Vorfeld des Nationalsozialismus, in: Rudolf Lill/Heinrich Oberreuter (Hrsg.), Machtverfall und Machtergreifung. Aufstieg und Herrschaft des Nationalsozialismus, München 1983, S. 95–119; George L. Mosse, Ein Volk – Ein Reich – Ein Führer. Die völkischen Ursprünge des Nationalsozialismus, Königstein/Ts. 1979 (Original: The Crisis of German Ideology, New York 1964); John M. Steiner, Über das Glaubensbekenntnis der SS, in: Karl Dietrich Bracher/Manfred Funke/Hans-Adolf Jacobsen (Hrsg.), Nationalsozialistische Diktatur, 1933–1945. Eine Bilanz, Bonn 1983, S. 206–223.

mitgliedern servierten, trug aufgrund der starken rassistischen Elemente und des dürftigen intellektuellen Niveaus unverkennbar die Züge jener Art von „Schrifttum", wie es von völkischen Gruppierungen unermüdlich verbreitet worden war. Hitlers „Mein Kampf" und Rosenbergs „Mythus des 20. Jahrhunderts" stellen zwar beide ein eklektisches Sammelsurium dessen dar, was in der deutschen rechtsextremen Szene vor und nach dem Ersten Weltkrieg kursierte; beide hatten sich jedoch ungehemmt der „völkischen" Giftküche bedient.[394] Dem italienischen Faschismus war dieser biologische Rassismus fremd[395], und nur in Deutschland gelangte er zu größerem Einfluß. Man kann ihn daher in dieser Form nicht zu den Grundbestandteilen „faschistischer" Ideologie rechnen.

Das Kontinuum des Nationalismus, von der Kultur- über die Weltanschauungs- zur Rassegemeinschaft, wie es in der rechtsextremen Szene der Weimarer Republik voll entwickelt wurde, hat nach 1945 in einer rechtsextremen Subkultur in der Bundesrepublik Deutschland durchaus seine Fortsetzung gefunden.[396] Die Varianten bildeten sich noch vielfältiger aus, da sie häufig unsystematisch auf historische Vorbilder rekurrierten. Trotz des Völkermords der Nationalsozialisten an den europäischen Juden sind „völkische" Topoi keineswegs ganz verschwunden. So heißt es etwa im „Politischen Lexikon" der NPD unter dem Stichwort „Nationalismus": „Allgemein breitet sich die Erkenntnis aus, daß die Völker natürliche Lebensgemeinschaften, Organismen und die Nationen die naturgegebene Gliederung, die Elemente der Menschheit darstellen."[397] Und der „Nationalsozialismus" wird wie folgt definiert: „Der deutsche N.S. – 1920 bis 1945 – stellte den Versuch dar, die vier Grundelemente menschlichen Lebens, nämlich das biologische Element der Arterhaltung, das

---

394 Adolf Hitler, Mein Kampf, München 1925 ff.; Alfred Rosenberg, Der Mythus des 20. Jahrhunderts. Eine Wertung der seelisch-geistigen Gestaltungskämpfe unserer Zeit, München 1930. Vgl. zu Hitler: Werner Maser, Adolf Hitler. Legende – Mythos – Wirklichkeit, 8. Aufl., München 1983, S. 176–292 („Die geistige Welt"); Eberhard Jäckel, Hitlers Weltanschauung. Entwurf einer Herrschaft, erweiterte und überarbeitete Neuausgabe, Stuttgart 1981 (1969); mit zahlreichen Korrekturen am landläufigen Hitler-Bild und dem Hinweis auf den hohen Grad der inneren Folgerichtigkeit seines Denkens: Rainer Zitelmann, Hitler. Selbstverständnis eines Revolutionärs, Hamburg/Leamington Spa/New York 1987; ders., Der Nationalsozialismus, in: Iring Fetscher/ Herfried Münkler (Hrsg.), Pipers Handbuch der Politischen Ideen, Bd. 5: Neuzeit: Vom Zeitalter des Imperialismus bis zu den neuen sozialen Bewegungen, München/Zürich 1987, S. 327–332; Joachim C. Fest, Alfred Rosenberg. Der vergessene Gefolgsmann, in: Ders., Das Gesicht des Dritten Reiches. Profile einer totalitären Herrschaft, 7. Aufl., München 1980, S. 225–240; Reinhard Bollmus, Das Amt Rosenberg und seine Gegner, Stuttgart 1970, insbes. S. 17–26.

395 Allerdings machte sich eine gewisse Anpassung an den Nationalsozialismus bemerkbar, nachdem sich die Beziehungen zwischen Italien und Deutschland enger gestalteten: A. James Gregor, The Ideology of Fascism. The Rationale of Totalitarianism, New York/London 1969, S. 241–282 („Final Doctrinal Developments: Racism").

396 Vgl. dazu die ideologiekritische Bestandsaufnahme von: Hans-Helmuth Knütter, Ideologien des Rechtsradikalismus im Nachkriegsdeutschland. Eine Studie über die Nachwirkungen des Nationalsozialismus, Bonn 1961. Ferner: Hermann Bott, Die Volksfeind-Ideologie. Zur Kritik rechtsradikaler Propaganda, Stuttgart 1969.

397 Stichwort „Nationalismus", in: Politisches Lexikon, hrsg. von der DN-Verlagsgesellschaft, 1. Lieferung, Hannover 1966 (ohne Seitenzählung; „DN" bedeutet: „Deutsche Nachrichten", das Presseorgan der NPD).

ökonomische der Artversorgung, das politische zur Regelung des Zusammenlebens und das religiöse zur letzten Sinndeutung des Lebens, miteinander in Einklang zu bringen."[398] Obwohl die NPD nicht „neonazistisch" ist, weil sie sich – alles in allem gesehen – in ihrer Doktrin deutlich vom historischen Nationalsozialismus abhebt[399], sind „völkische" Einschläge unverkennbar. Ganz in dieser Tradition steht (bzw. stand) eine Reihe rechtsextremer Zirkel und Sekten, darunter auch die Anhänger der Mathilde Ludendorff[400], deren Umtriebe einer breiteren Öffentlichkeit in den sechziger Jahren durch mehrere gegen die Organisation in Gang gesetzte Verbotsverfahren bekannt wurden.[401]

Was die politischen Doktrinen der Konservativen Revolution betrifft, so fanden sie nach 1945 zunächst nur akademisches Interesse.[402] Eine sich im Aufwind der

---

398 Stichwort „Nationalsozialismus", in: Ebd.

399 Vgl. Reinhard Kühnl, Die NPD. Struktur, Programm und Ideologie einer neofaschistischen Partei, Berlin 1967; Lutz Niethammer, Angepaßter Faschismus. Die politische Praxis der NPD, Frankfurt a. M. 1969. Die beiden vor dem Hintergrund spektakulärer NPD-Wahlerfolge erschienenen Studien bezeichnen die NPD bewußt nicht als „neonazistisch", halten ihre Einordnung als „neofaschistisch" im Sinne eines vergleichenden Faschismusbegriffs jedoch für zulässig. Siehe dazu jetzt die weitaus differenziertere Interpretation bei: Peter Dudek/Hans-Gerd Jaschke, Entstehung und Entwicklung des Rechtsextremismus in der Bundesrepublik. Zur Tradition einer besonderen politischen Kultur, Bd. 1, Opladen 1984, S. 280–355. Die Autoren erfassen aufgrund ihrer intimen Kenntnis der „Szene" das Selbstverständnis der Partei treffsicher. Ferner: Horst W. Schmollinger, Nationaldemokratische Partei Deutschlands, in: Stöss (FN 68), S. 1922–1994.

400 Mathilde Ludendorff, geb. 4. Oktober 1877 in Wiesbaden als Mathilde Spiess, gest. 12. Mai 1966. Studium der Medizin, Assistentin des Münchner Psychiaters Kraepelin; von 1904–1916 mit dem Zoologen Gustav Adolf von Kemnitz verheiratet; seit dem Ersten Weltkrieg erste „seherische" Schriften: „Das Weib und seine Bestimmung", „Erotische Wiedergeburt"; 1921 „Triumph des Unsterblichkeitswillens"; 1923 erste Begegnung mit General Erich Ludendorff in München, 1926 Heirat; 1925 Gründung des „Tannenbergbundes" durch General Ludendorff; 1930 Gründung des Vereins „Deutsch-Volk e. V."; Verbot beider Organisationen 1933; 1937 Gründung des Vereins „Deutsche Gotterkenntnis (L)"; seit 1947 erste Nachkriegsaktivitäten des „Bundes für Gotterkenntnis (L) e. V."; seit 1948 Erscheinen der Zeitschrift „Der Quell"; 1949 Gründung des Haus-Verlages „Hohe Warte"; 1955 Gründung der „Hochschule für Gotterkenntnis"; 1965 Verbot des „Bundes für Gotterkenntnis (L)" und des Verlages „Hohe Warte" durch den Bayerischen Verwaltungsgerichtshof. Zur Biographie: Art. „Mathilde Ludendorff/ Gotterkenntnis (L)", in: Der Spiegel vom 17. Februar 1960, S. 22 ff.; Friedrich-Wilhelm Haack, Wotans Wiederkehr. Blut-, Boden- und Rasse-Religion, München 1981, S. 139–141; Winfried Martini, Die Legende vom Hause Ludendorff, Rosenheim 1949.

401 Vgl. Manfred Jenke, Verschwörung von rechts? Ein Bericht über den Rechtsradikalismus in Deutschland nach 1945, Berlin 1961, S. 359–361; ders., Die nationale Rechte. Parteien – Politiker – Publizisten, Frankfurt a. M./Wien/Zürich 1967, S. 160 f.; Hans Kopp, Geschichte der Ludendorff-Bewegung, Bd. 1: Die Jahre 1913–1939, Stuttgart 1975 (der Band ist im Ludendorff-Verlag „Hohe Warte"/Starnberg erschienen; m. W. steht Bd. 2 bisher noch aus). Über weitere, zum Teil äußerst skurrile Sektierer berichtet: Haack (FN 400).

402 Vgl. insbesondere: Mohler (FN 311); Ernst-Otto Schüddekopf, Linke Leute von rechts. Die nationalrevolutionären Minderheiten und der Kommunismus in der Weimarer Republik, Stuttgart 1960. Siehe auch aus der Sicht eines ehemaligen Nationalbolschewisten: Karl Otto Paetel, Versuchung oder Chance? Zur Geschichte des deutschen Nationalbolschewismus, Göttingen 1965. Zur Forschungslage: Louis Dupeux, „Nationalbolschewismus" in Deutschland 1919–1933. Kommunistische Strategie und konservative Dynamik, München 1985 (Original: Stratégie communiste et

Studentenbewegung formierende „Neue Rechte“ knüpfte jedoch bald an diese Vorbilder an – auf der Suche nach dem berühmten „dritten Weg“ zwischen Kapitalismus und Kommunismus.[403] Der Einfluß dieser Gruppierungen reichte über das kommunikative Netzwerk intellektueller Zirkel kaum hinaus. Während die Neue Rechte in der Bundesrepublik bisher keine durchgreifenden politischen Erfolge erzielen konnte, gelang es der französischen Nouvelle Droite um ihren „maître penseur“ Alain de Benoist[404] seit Ende der siebziger Jahre, sich in einer breiteren Öffentlichkeit Gehör zu verschaffen. Die politischen Konzeptionen konservativer Revolutionäre der Zwischenkriegszeit sind hier inzwischen zu neuen Ehren gekommen.[405] Dies trifft auch auf eine Nuova Destra zu, die sich in Italien in Anlehnung an das französische Vorbild in der zweiten Hälfte der siebziger Jahre bildete.[406]

Die Vertreter dieser Richtung bedurften hinsichtlich konservativ-revolutionärer Einflüsse der französischen Vermittlung allerdings nicht. Bereits Julius Evola[407] hatte diesen Ideen Eintritt in die Gedankenwelt des italienischen Rechtsextremismus verschafft. Der einstige Dadaist verdankte viele seiner Inspirationen den konservativen Revolutionären nördlich der Alpen. 1934 hielt Evola vor dem Berliner „Herrenklub“ um Heinrich von Gleichen eine Rede. In seiner Autobiographie schilderte er

---

Fortsetzung von Fußnote 402

dynamique conservatrice. Essai sur les différents sens de l'expression „Nationalbolchevisme“ en Allemagne sous la République de Weimar, Paris 1976).

403 Vgl. insbesondere die – allerdings überschätzte – Studie von: Günter Bartsch, Revolution von rechts? Ideologie und Organisation der Neuen Rechten, Freiburg im Breisgau 1975. Aus der Sicht eines Sympathisanten: Karl-Heinz Pröhuber, Die Nationalrevolutionäre Bewegung in Westdeutschland, Hamburg 1980. Ferner: Richard Stöss, Väter und Enkel: Alter und Neuer Nationalismus in der Bundesrepublik, in: Ästhetik und Kommunikation 9 (1978), H. 3, S. 35–57; Jan Peters (Hrsg.), Nationaler „Sozialismus“ von rechts, Berlin 1980; Arno Klönne, „Linke Leute von rechts“ und „rechte Leute von links“ damals und heute, in: Blätter für deutsche und internationale Politik 28 (1983), S. 115–122; Hartmut Reese, Protagonisten der „nationalen Identität“: die Nationalrevolutionäre, in: FH 39 (1984), H. 6, S. 13–20; Günter Bartsch, Die Nationalrevolutionäre – heute, in: Criticón 14 (1984), Nr. 81, S. 32 f.; Wir sind eben doch Deutsche. Gespräch über nationalrevolutionäre Perspektiven, in: Ästhetik und Kommunikation 10 (1979), H. 36, S. 125–130; Günter Bartsch, Die Nationalrevolutionäre. Zur Situation einer fast unbekannten politischen Bewegung, in: Neue Politik 22 (1977), H. 5, S. 22–25.

404 Alain de Benoist, geb. 1943; erste journalistische Erfahrungen bei rechtsextremen Zeitschriften („Europe Action“); 1968 Gründung des „GRECE“; journalistische Tätigkeit im Rahmen des „Netzwerkes“ der Nouvelle Droite; zeitweilig Kolumnist des „Figaro Magazine“. Zur Biographie: Christadler (FN 308).

405 Vgl. Julien Brunn, La Nouvelle Droite. Le dossier du procès, Paris 1979. Die Dokumentation enthält die wichtigsten französischen Pressereaktionen auf die Nouvelle Droite seit 1972, geordnet nach den Standpunkten der einzelnen Betrachter und kommentiert durch den Herausgeber.

406 Vgl. Marco Revelli, La nuova destra, in: Franco Ferraresi (Hrsg.), La destra radicale, Mailand 1984, S. 119–214.

407 Julius Evola, geb. 1898 in Rom, gest. 1974 in Rom. Während des Ersten Weltkrieges freiwillige Kriegsteilnahme; Beschäftigung mit Okkultismus und orientalischen Weisheitslehren; in den 20er Jahren Vortragsreisen nach Deutschland; 1931 Kontakte zu Alfred Rosenberg; Angehöriger der „Republik von Salò“; 1945 in Wien bei einem Bombenangriff schwer verletzt, blieb er bis zu seinem Tode gelähmt. Zur Biographie: Philipp V. Cannistraro, Art. „Evola, Giulio“, in: Ders. (Hrsg.), Historical Dictionnary of Fascist Italy, Westport/Conn.–London 1982, S. 188 f.

diese Begegnung mit leidenschaftlichen Worten: „Hier fand ich meine natürliche Heimat. Von da an entwickelte sich eine herzliche und fruchtbare Freundschaft zwischen dem Präsidenten des Clubs, Baron Heinrich von Gleichen, und mir [...] Dies also war die Basis für manche Aktivitäten in Deutschland, die auf gemeinsamen Interessen und Zielen gründeten."[408] Nachdem 1935 eine deutsche Fassung seines erstmals 1934 erschienenen Hauptwerkes unter dem Titel „Erhebung wider die moderne Welt" herausgekommen war, unternahm der Autor weitere Vortragsreisen durch Deutschland. Evolas Schriften haben seit Ende der sechziger Jahre einen nicht unbedeutenden Einfluß auf eine sich intellektuell neu formierende Rechte in Italien ausgeübt. Im Jahre 1968 trugen Studenten bei der Besetzung der philosophischen Fakultät in Rom aus seiner „Revolte gegen die moderne Welt" vor.[409]

3.2.2.2 Ethnozentrismus und Ethnopluralismus

Der Begriff des „Ethnozentrismus" ist ursprünglich in dem vom Sozialdarwinismus geprägten Forschungsmilieu der Jahrhundertwende entstanden. Vacher de Lapouge, der Verfasser des bekannteren „Essai sur l'inégalité des races humaines", soll in seiner 1896 erschienenen Schrift „Les sélections sociales" erstmals von „Ethnien" gesprochen haben.[410] Und den Begriff des „Ethnozentrismus" führte William Graham Sumner 1906 in einer soziologischen Untersuchung ethnischen Brauchtums in die wissenschaftliche Diskussion ein.[411] Seine heutige Prägung hat der Begriff nicht zuletzt durch die berühmten Studien zur „autoritären Persönlichkeit" erhalten, die in der Emigration unter dem Eindruck der nationalsozialistischen Herrschaft entstanden. Levinson definierte den „Ethnozentrismus" als eine Ideologie, die die Eigengruppe streng von der Fremdgruppe abgrenze: „Sie beinhaltet ein stereotypes negatives Bild und feindselige Einstellungen gegenüber Fremdgruppen, ein stereotypes positives Bild und unterwürfige Einstellungen gegenüber der Eigengruppe und eine hierarchisch autoritäre Betrachtungsweise der Gruppeninteraktion, in der Eigengruppen als zu Recht dominierend, Fremdgruppen untergeordnet auftreten."[412]

---

408 Aus dem Englischen rückübersetztes, bei Ferraresi wiedergegebenes Zitat: Franco Ferraresi, Julius Evola: Tradition, Reaction, and the Radical Right, unveröffentlichtes Manuskript, S. 2. Siehe ferner: Anna Jellamo, J. Evola, il pensatore della tradizione, in: Ferraresi (FN 406), S. 215–252; Thomas Sheehan, Myth and Violence. The Fascism of Julius Evola and Alain de Benoist, in: Social Research 48 (1981), S. 45–73.

409 Vgl. Vorwort des Herausgebers und Übersetzers zu Julius Evola und dessen Werk: „Revolte gegen die moderne Welt", in: Julius Evola, Revolte gegen die moderne Welt, Übersetzung nach der 3. von letzter Hand verbesserten Ausgabe, Interlaken 1982 (Original: Rivolta contro il mondo moderno, Rom 1969), S. 7–16, 15 f.

410 Vgl. Lucio Levi, Art. „Etnia", in: Bobbio/Matteucci/Pasquino (FN 96), S. 382 f.

411 Vgl. Ekkehard Lippert/Roland Wakenhut, Art. „Ethnozentrismus", in: Dies. (Hrsg.), Handwörterbuch der Politischen Psychologie, Opladen 1983, S. 88–96, 89.

412 Levinson, in: Theodor W. Adorno u. a., The Authoritarian Personality, New York 1950, S. 150. Zitiert nach: Lippert/Wakenhut (FN 411), S. 90 f. – Vgl. dazu auch die – empirischer Sozialforschung verpflichteten – Ausführungen von: Badi Panahi, Vorurteile. Rassismus, Antisemitismus,

Überträgt man diese im Sinne empirischer Sozialforschung gefaßte Begrifflichkeit auf eine ideengeschichtlich und ideologiekritisch ausgerichtete Ebene[413], wird der enge Zusammenhang zwischen „Ethnozentrismus" und Nationalismus deutlich. Indem nämlich die nationalistische Ideologie auf die Selbsterhöhung des Individuums in der nationalen Gemeinschaft zielt, den „Gruppen-Narzißmus"[414], zieht sie mit unerbittlicher Logik die Erniedrigung als „fremd" definierter Gruppen nach sich. Nationalismus und Ethnozentrismus bilden eine untrennbare Einheit, gleichgültig, ob die betreffende „Ethnie" vornehmlich historisch-kulturell oder aber aufgrund ihrer „biologischen" Eigenschaften bestimmt wird.

Eine neonationalistische Neue Rechte[415] versucht seit einiger Zeit, sich dem Vorwurf des Ethnozentrismus auf eine elegante Art und Weise zu entziehen. Ihre Strategie erscheint wohldurchdacht: Zunächst setzt sie sich demonstrativ von dem – in der politischen Psychologie gebräuchlichen – Konzept des Ethnozentrismus ab, wobei sie dieses Etikett stillschweigend der „alten Rechten" anheftet und so ihr vermeintliches Einverständnis mit den ihm zugrundeliegenden ethischen Implikationen signalisiert, und propagiert statt dessen – in geschickter Wortwahl – einen „Ethnopluralismus". Dann aber, um die Verwirrung komplett zu machen, konterkariert sie den scheinbaren Rückzug auf der einen Seite durch einen Frontalangriff auf der anderen: Der „Universalismus", „der die ganze Welt nach einem einheitlichen Muster ordnen möchte", und seine „heute aktuellen ideologischen Ausformungen", das „Christentum", der „kapitalistische Liberalismus" und der „Marxismus"[416], werden vehement attackiert.

Dieser Frontalangriff ist ein umso wirksameres Ablenkungsmanöver, als er teilweise offene Türen einrennt. Der so geschmähte „Universalismus" nämlich befindet

---

Fortsetzung von Fußnote 412

Nationalismus ... in der Bundesrepublik heute. Eine empirische Untersuchung, Frankfurt a. M. 1980, insbesondere S. 94–126 („Antisemitismus, Autoritarismus, Ethnozentrismus und Nationalismus").

413 Eine derartige Zusammenführung leistet etwa: Eugen Lemberg, Nationalismus, 3 Bde., Reinbek bei Hamburg 1964.

414 So James G. Martin, The Tolerant Personality, Detroit 1964, S. 130.

415 Vgl. das programmatische Bändchen: Nationalismus Heute, = Junge Kritik, Bd. 1, Coburg 1970. „Hartwig Singer", der für mehrere Beiträge des Bandes zeichnet, ist ein Pseudonym, hinter dem sich der (lange Zeit) führende Kopf der deutschen Neuen Rechten, Henning Eichberg, verbirgt. Vgl. Bartsch (FN 403), S. 19–22; Peter Dudek/Hans-Gerd Jaschke, Revolte von rechts. Anatomie einer neuen Jugendpresse, Frankfurt a. M./New York 1981, S. 96–108, 170–187 (enthält ein Interview mit Eichberg). – Henning Eichberg, geb. 1942 in Schlesien. Als Schüler 1956 Kontakt zur „Deutsch-Sozialen Union" (DSU) Otto Straßers; Aktivitäten bei der AUD und der „Vereinigung Deutsche Nationalversammlung" (VDNV); Förderung durch Arthur Ehrhardt von der Zeitschrift „Nation Europa"; 1966 Teilnahme an einem Zeltlager junger französischer Nationalisten in der Provence; Mitarbeit bei den „nationalrevolutionären" Zeitschriften „Junges Forum" und „Neue Zeit"; 1969/70 Kulturredakteur der Zeitschrift „actio"; 1970 Promotion in Neuerer Geschichte; 1976 Habilitation; Dozent für Geschichte und Soziologie an den Universitäten Stuttgart, Tübingen und Osnabrück/Vechta; seit einigen Jahren auch Beiträge für „linke" Zeitschriften wie „Ästhetik und Kommunikation", „päd. extra", „Das da avanti", „Unter dem Pflaster liegt der Strand".

416 Vgl. Henning Eichberg, Nationale Identität. Entfremdung und nationale Frage in der Industriegesellschaft, München/Wien 1978, S. 19. Siehe zu dieser Position auch folgende neu-rechte An-

sich seit einiger Zeit auf dem intellektuellen Rückzug, und er war sich der eigenen Fehler längst bewußt geworden, bevor wendige „Nationalrevolutionäre" ihre Chance zu nutzen suchten und sie ihm besserwisserisch unter die Nase rieben. Um welche Art von „Universalismus" handelt(e) es sich dabei? Mit Fug und Recht wurde und wird eine aufklärerischem Überschwang entspringende Sozialphilosophie kritisiert, die glaubt, „Entwicklungsmodelle" globalen Ausmaßes ließen sich quasi auf dem Reißbrett entwerfen, ohne daß dabei viel Aufhebens um die spezifischen Bedingungen unterschiedlicher Regionen, Kulturkreise und Mentalitäten gemacht wird. Die Maßstäbe der erfolgreichen westlichen Zivilisation übertrug man vielfach unbesehen auf Länder, die eine ganz andere historische Prägung erhalten hatten. Das Versagen „entwicklungs"-politischer Konzepte, wie sie noch heute fortschrittsoptimistisch genannt werden, war in der Vergangenheit vielfach auf diese Form des „Universalismus" zurückzuführen.[417] Davon allerdings muß eine andere Form des „Universalismus" strikt getrennt werden. Sie betrifft das ethische Fundament des demokratischen Verfassungsstaates. Eine dieser „universalistischen" Maximen besagt, daß das bloße Menschsein als solches die Individuen mit unveräußerlichen Rechten ausstattet. Niemand kann demnach aus Abstammung, Geschlecht, Hautfarbe, ethnischer Zugehörigkeit einen prinzipiellen Anspruch ableiten, über Leben und Freiheit anderer zu bestimmen.[418] Diese „universalistische" Maxime hat gerade das Gegenteil von Bevormundung zum Zweck; vielmehr soll sie die naturgegebene Vielfalt der Überzeugungen und Lebensformen sichern. Sie ist deshalb wahrhaft pluralistisch, auch, wenn man so will, „ethnopluralistisch", nämlich insofern, als es jedem anheimgestellt wird, seine Freiheit in derjenigen kulturellen Gemeinschaft zu entfalten, in der er geboren ist – oder auch nicht, ganz wie es ihm beliebt.

An dieser Stelle wird der bedeutsame Unterschied zum „ethnopluralistischen" Konzept deutlich, wie es die Vertreter einer Neuen Rechten propagieren. Sie nämlich leugnen gerade auch die Universalisierbarkeit dieser fundamentalen ethischen Prinzipien – und mehr: selbst die der Gesetze der Logik. So heißt es in einem programmatischen Beitrag für die Zeitschrift „Nouvelle Ecole", dem Theorieorgan der französischen Nouvelle Droite: „Eine 'universelle Logik', die für alle Menschen als vernünftige Wesen gültig wäre, gibt es nicht". Und weiter: „Universelle Wertsysteme sind zu verwerfen: Etwas ist gut, wahr, schön nur für den Menschentyp, dessen 'ethnischem Substrat', psychischem Zustand, genetischer Zusammensetzung sowie sozialer und rassischer Umwelt es entspricht [...] Jedem 'ethnischen Substrat' ent-

---

Fortsetzung von Fußnote 416

thologie: Pierre Krebs (Hrsg.), Das unvergängliche Erbe. Alternativen zum Prinzip der Gleichheit, = Veröffentlichung des THULE-SEMINARS e. V., Arbeitskreis für die Erforschung und das Studium der europäischen Kultur, Bd. 1, mit einem Vorwort von Hans Jürgen Eysenck, Tübingen 1981. Außerdem: Eichberg, Ethnopluralismus. Eine Kritik des naiven Ethnozentrismus und der Entwicklungshilfe, in: Junges Forum, Nr. 5/1973, S. 3–12.

417 Vgl. nur: Franz Nuscheler, Entwicklungslinien der politikwissenschaftlichen Dritte Welt-Forschung, in: Ders. (Hrsg.), Dritte Welt-Forschung. Entwicklungstherapie und Entwicklungspolitik, = PVS-Sonderheft 16, Opladen 1985, S. 7–25.

418 Vgl. dazu das zweite Kapitel dieser Arbeit.

spricht eine eigene Logik, eine eigene Weltsicht."[419] Das Konzept des „Ethnopluralismus" geht bei weitem über eine Kritik an eurozentrischen Entwicklungspolitiken hinaus. Auch Alain de Benoist setzt seine ätzende Kritik an der „Wodka-Cola-Kultur" oder der „Von *Holiday Inn* bis zu Howard Johnson [...] einförmig grauen Welt"[420] lediglich als ein rhetorisches Mittel ein, um seine (intellektuellen) Leser freundlich zu stimmen und ihnen im nächsten Absatz die mit goldenen Lettern geschriebene und von Engelszungen verlesene Verfassungsurkunde der autoritären Eliteherrschaft zur Unterschrift vorzulegen. Wie die Auguren einer Konservativen Revolution führt auch er alle verderblichen Einflüsse auf jene „egalitäre Ideologie" zurück, die die abendländische Kultur heimgesucht habe.[421]

Was aber teilt die Menschheit in so verschiedene Einheiten, daß selbst die Gesetze der Logik nicht für alle Menschen in gleicher Weise gelten und schon gar nicht von einer existentiellen Gleichberechtigung Aller die Rede sein kann? Es sind die Erbanlagen, die nach Auffassung neu-rechter Ideologen auch universelle Wert- und Wahrheitssätze prinzipiell verbieten. Die genetischen Voraussetzungen unterschieden sich in fundamentaler Weise – nicht nur von Mensch zu Mensch, sondern vor allem auch von Ethnie zu Ethnie. Ethnopluralismus und Polygenetismus sind im Denken der Neuen Rechten nicht voneinander zu trennen.[422] Demnach erklärt sich die naturgegene Vielfalt der Ethnien insbesondere durch die Verschiedenartigkeit ihrer Erbanlagen. „Volksgruppen" oder „Rassen" gelten als die Träger je spezifischer kultureller Werte und Verhaltensregeln, in die sich nur der ganz hineinfinden und -fühlen kann, der in die betreffende Ethnie hineingeboren wurde. Dies führt Alain de Benoist zu folgender Feststellung: „Ich persönlich habe immer große Bewunderung für die Zivilisationen Chinas und Japans gehegt. Die Kontakte, die ich in den Vereinigten Staaten mit den Schwarzen und im Nahen Osten mit den Arabern hatte, waren fesselnd. Aber mein Interesse für die Kulturen, so lebhaft es auch sein mag, wird mir nie erlauben, sie von *innen* her einzuschätzen. Wir müssen uns deshalb damit abfinden, die Existenz einer *Schwelle* im 'interkulturellen' Verstehen anzuerkennen."[423]

Diese „Schwelle" gilt jedoch nicht nur für denjenigen, der sich mit den Wertvorstellungen einer bestimmten „Ethnie" vertraut machen möchte. Sie besteht umgekehrt in gleicher Weise für jedes Individuum, indem es nämlich in eine bestimmte rassische Gruppe hineingeboren wurde und sich dieser genetischen Prägung unter keinen Umständen entziehen kann. Jeder Versuch, das angestammte ethnische Mi-

419 Jean-Yves Le Gallou, La sémantique générale et les méthodes d'évaluation non aristotéliciennes, in: Nouvelle Ecole, Nr. 16, S. 55. Zitiert nach: Patrick Moreau, Die neue Religion der Rasse. Der Biologismus und die kollektive Ethik der Neuen Rechten in Frankreich und Deutschland, in: Fetscher (FN 308), S. 117–162, 119.

420 De Benoist (FN 307), S. 33 (Hervorhebung im Original).

421 Vgl. ebd., S. 38.

422 Vgl. Moreau (FN 419), S. 143 f. – Ferner: Jean Caruel, Biologie et démocratie, in: Humanisme, März 1981, Nr. 140, S. 11–16; Patrick Latreille, Nouvelle Droite: Scientisme et sociobiologie, in: Ebd., S. 17–20; Pierre-André Taguieff, Alain de Benoist, philosophe, in: Les Temps Modernes, Februar 1984, S. 1439–1478; Allen Douglas, „La Nouvelle Droite". G.R.E.C.E. and the Revival of Radical Thought in Contemporary France, in: The Tocqueville Review 6 (1984), S. 361–387.

423 De Benoist (FN 307), S. 55.

lieu zu verlassen, führt notwendigerweise zu einem Verlust an „Persönlichkeit": „Ein gewisser 'Integrationismus', der manchmal von den besten Absichten beseelt sein mag, kann gleichfalls das Verschwinden bestimmter bedrohter Bevölkerungen verursachen. Das Beispiel der südamerikanischen Indianer ist bekannt. Nehmen wir ein anderes: das der amerikanischen Schwarzen. Sie stellen nur 12 % der Bevölkerung der Vereinigten Staaten dar. Ihre 'Integration' bedeutet, in klaren Worten, ihre Assimilation, das heißt ihr *Verschwinden* im amerikanischen *melting pot*, so daß sie der Sklaverei und der Segregation nur entgangen wären, um 'in aller Güte' ihre Persönlichkeit zu verlieren."[424] Für Alain de Benoist ist dies „mit dem abscheulichsten Rassismus" verbunden, „denn er führt zum Ethnozid, das heißt zum Verschwinden der Ethnien als Ethnien".[425]

Der lauthals erhobene Vorwurf des „Ethnozids" erscheint jedoch im wesentlichen als ein rhetorisches Mittel, um denen Paroli zu bieten, die den Ethnopluralismus der Neuen Rechten mit dem „Genozid" in Verbindung bringen.[426] Und in der Tat könnte der Frontalangriff gegen den ethischen Universalismus einer neuen Form der Barbarei die Schleusen öffnen. Wenn der Begriff der „Menschheit" obsolet wird, jede „Ethnie" als ganz und gar eigenständige Einheit zu gelten hat, die eine eigene Moral ausbildet, dann preist man hier womöglich etwas als höchste Tugend, was dort als der Inbegriff des Bösen firmiert. Heimtückischer Mord wäre folglich entweder eine Heldentat oder aber ein ruchloses Verbrechen, je nachdem, in welcher „Ethnie" er geschieht und gegen wen er sich richtet. Eine Verständigung zwischen den „Völkern" kann es demnach in einem tieferen Sinne nicht geben. Sie bleiben einander fremd. Ihre „Vermischung" führt zur Dekadenz. Nur in ihrer „Reinheit" können sie kulturschöpferische Fähigkeiten entfalten. – Aber ist die Geschichte der Menschheit nicht eine der „Völkervermischung"? Haben die Seefahrervölker der Griechen und Römer sich nicht vielfältig mit anderen Volksgruppen durchmischt, die germanischen Stämme auf ihren Wanderungen etwa ihre „Rassereinheit" erhalten? Ist nicht gerade das Land, in dem der Rassismus sich in der ungehemmtesten Form an einer kulturellen Minderheit entlud, aufgrund seiner historischen Entwicklung ein Schmelztigel verschiedenartigster ethnischer Gruppen?

Der Vorwurf ist nicht von der Hand zu weisen, die in der neu-rechten Ideologie verankerte Kombination von Ethnopluralismus und Polygenetismus laufe auf eine – in mancherlei Hinsicht „modernisierte" und aufpolierte – Form des Rassismus hinaus. Daß es vorgibt, mit neuen Ergebnissen der Ethnologie und Verhaltensforschung

---

424 Ebd., S. 56 (Hervorhebungen im Original).

425 Ebd., S. 57.

426 Vgl. Moreau (FN 419), S. 160–162. Ferner: Lothar Baier, Geschminkter Rassismus: Frankreichs „Neue Rechte", in: Französische Zustände. Berichte und Essays, Frankfurt a. M. 1985, S. 66–91; Michael Billig, Die Rassistische Internationale. Zur Renaissance der Rassenlehre in der Modernen Psychologie, mit einem Vorwort von Lothar Baier, Frankfurt a. M. 1981 (Original: Psychology, Racism and Fascism, Birmingham 1979); Ruth Levitas (Hrsg.), The Ideology of the New Right, Cambridge/Oxford 1986; Martina Koelschtzky, Die Stimme ihrer Herren. Ideologie und Strategie der „Neuen Rechten" in der Bundesrepublik, Köln 1986; Günter Rexilius, Die „Neue Anthropologie" oder: Mensch und Geschichte – von rechtsaußen gesehen, in: Psychologie und Gesellschaftskritik 1980, H. 13/14, S. 104–143.

in schönstem Einvernehmen zu stehen, das tabuisierte Vokabular aus dem „Wörterbuch des Unmenschen"[427] mit gelehrsam einherschreitenden Formeln vertauscht, „linke" Themen für „rechte" Zwecke okkupiert, beweist nur die Brisanz der neuartigen ideologischen Kreation. Es sind nicht wie einst halbseidene Figuren mit zusammengeschusterten Traktaten, die die Abgründe des Geistes neu durchforschen, sondern originelle, ernstzunehmende Köpfe. Sie führen ihren Kampf gegen „Egalitarismus" und „Universalismus" mit äußerster Rigorosität; und wenn sie den Vorwurf des „Rassismus" von sich weisen, dann nicht mit gespielter Entrüstung. Die Doktrinen der Neuen Rechten erfordern eine intensive geistige Auseinandersetzung, soll sich der demokratische Verfassungsstaat nicht eines Tages als eine Hülse erweisen, deren Inneres in einem schleichenden Prozeß ausgehöhlt wurde.

3.2.2.3 Separatismus

Separatisten streben die Lostrennung eines bestimmten Territoriums vom Gebiet eines Staates an, um einen unabhängigen Separatstaat zu gründen oder sich einem anderen Staatsverband anzugliedern.[428] Bestrebungen dieser Art gingen (und gehen) in diesem Jahrhundert vor allem von Regionen aus, die aufgrund der Sprache und/oder geschichtlich-kultureller Sondertraditionen ein Bewußtsein ihrer Eigenständigkeit erhalten oder neu entwickelt hatten (haben). Regionalistische Bewegungen entstanden insbesondere in Staaten mit ausgeprägtem Zentralismus, die in den Regionen nur ein geringes Maß politischer und kultureller Selbstverwaltung und Selbstverantwortlichkeit zuließen. So trug der – entgegen den historischen Traditionen – von den Franquisten praktizierte Zentralismus maßgeblich zur Herausbildung starker regionalistischer Bewegungen bei, insbesondere in Katalonien und im Baskenland.[429] In Frankreich haben vor allem die Bretonen ein Bewußtsein kultureller Besonderheit bewahrt. Aber auch in anderen Regionen (Elsaß, Korsika, „Okzitanien") werden seit einiger Zeit entsprechende Ansprüche angemeldet.[430] Diese Bestrebungen sind durch die in der V. Republik lange Zeit nur halbherzig angestrengten Beühungen zur Stärkung der Regionen des französischen Zentralstaates noch eher verstärkt worden.[431]

---

427 Vgl. Dolf Sternberger/Gerhard Storz/W. E. Süskind, Aus dem Wörterbuch des Unmenschen, Neuausgabe, Frankfurt a. M./Berlin 1986 (1945).

428 Vgl. Dirk Gerdes, Art. „Regionalismus", in: Dieter Nohlen (Hrsg.), Pipers Wörterbuch zur Politik, Bd. 1: Politikwissenschaft. Theorien – Methoden – Begriffe, hrsg. von Dieter Nohlen und Rainer-Olaf Schultze, München/Zürich 1985, S. 852–855.

429 Vgl. Beate Kohler, Politischer Umbruch in Südeuropa. Portugal, Griechenland, Spanien auf dem Weg zur Demokratie, Bonn 1981, S. 375–409; Juan Linz, Early State-Building and Later Periphal Nationalism Against the State: The Case of Spain, in: Samuel N. Eisenstadt/Stein Rokkan (Hrsg.), Building States and Nations, Beverly Hills/Calif. 1973, S. 32–110; Dieter Nohlen, Regionalismen in Spanien, in: APZG, B 12/1980, S. 39–60.

430 Vgl. Dirk Gerdes, Frankreich – „Vielvölkerstaat" vor dem Zerfall?, in: APZG, B 12/1980, S. 3–17; Lothar Baier, Mein Okzitanien/Okzitanien 1981, in: Ders. (FN 426), S. 152–179.

431 Vgl. Eckhard Müller-Guntrum, Die Organisation der französischen Regionalverwaltung unter der 5. Republik, in: JöR 29 (1980), S. 137–207.

Um ein weiteres Beispiel anzuführen: Im Falle Belgiens handelt es sich um einen weitgehend in zwei sprachlich-kulturelle „Segmente" geteilten Gesamtstaat, dessen Existenz langfristig nur auf der Grundlage der gleichberechtigten Berücksichtigung der Interessen beider Bevölkerungsteile, der Flamen und der Wallonen, gesichert erscheint.[432]

Über die heterogenen Motive hinaus, die zum Anschluß an eine regionalistische Bewegung führen – nicht immer besteht ein historisch gewachsenes Traditionsbewußtsein –, sind auch deren politische Ziele sehr unterschiedlich: Sie können auf ein föderalistisches System, ein weitergehendes Autonomiestatut oder gar auf die Lostrennung vom Staatsverband (Separatismus) hinauslaufen.[433] Die ideologische Palette reicht vom „Marxismus-Leninismus" bis hin zum offenen Rassismus.[434] Angesichts der historisch gewachsenen Komplexität des Verhältnisses zwischen Motivationslagen, politischen Zielen und weltanschaulicher Einfärbung lassen sich einfache klassifizierende Zuordnungen kaum vornehmen. Als Beispiel mag die baskische Wahlkoalition „Herri Batasuna" (HB; = „Einiges Volk") dienen, die als politischer „Arm" der terroristischen ETA („Euzkadi ta Askatasuna" = „Baskisches Vaterland und Freiheit") gelten kann. Sie erklärt die Provinz Navarra – entgegen der Auffassung einer Mehrheit der dortigen Bevölkerung – zu einem Teil des Baskenlandes und fordert nicht nur eine völlige Loslösung der betreffenden spanischen Regionen vom Mutterland, sondern darüber hinaus die Vereinigung der zu Spanien und zu Frankreich gehörenden „sieben baskischen Provinzen" in einem unabhängigen baskischen Nationalstaat.[435] Ideologisch verbindet die Koalition nationalistische mit (revolutionär-)sozialistischen Elementen, wobei offen ist, wie sich diese explosive Mischung in einem Separatstaat auswirken würde.

Kann man das Phänomen des Separatismus auch nicht losgelöst vom jeweiligen historisch-politischen Kontext betrachten, so lassen sich doch einige verallgemeinernde Aussagen hinsichtlich politischer Kräfte mit separatistischer Zielsetzung in demokratischen Verfassungsstaaten treffen. Freiheitliche demokratische Gemeinwesen sind dadurch definiert, daß sie Rahmenbedingungen für einen offenen und friedlichen Konfliktaustrag zwischen den unterschiedlichen Interessen und Meinungen ihrer Bürger schaffen. Selbstverständlich gilt dies auch für solche Teile der Bevölkerung, die auf die Berücksichtigung traditionaler Besonderheiten pochen, wenn dies

---

432 Vgl. Arend Lijphart, Democracy in Plural Societies. A Comparative Exploration, New Haven/London 1977; Kenneth D. McRae, Consociational Democracy. Political Accomodation in Segmented Societies, Toronto 1974, insbesondere S. 18–21.

433 Vgl. Gerdes, Art. „Regionalismus" (FN 428).

434 Dieses gesamte Spektrum ist im Falle des Baskenlandes vertreten. Vgl. die als Materialsammlung nützliche Arbeit von: Michael Buse, Die neue spanische Demokratie: Parteiensystem und Wählerorientierung 1976 bis 1984, Baden-Baden 1985, S. 219–283.

435 Vgl. ebd.; Gerhard Brunn, Gewalt und Terror im Nationalismus der spanischen Grenzprovinzen: die ETA, in: Mommsen/Hirschfeld (FN 263), S. 135–161. Zur ETA generell: Josef Lang, Das baskische Labyrinth. Unterdrückung und Widerstand in Euskadi, Frankfurt a. M. 1983; José Mari Garmendia, Historia de ETA, 2 Bde., San Sebastian 1980, 1983; Gurutz Jáuregui Bereciartu, Ideología y estrategia política de ETA. Análisis de su evolución entre 1959 y 1968, Madrid 1981; Luciano Rincón, ETA (1974–1984), Barcelona 1985.

in den betreffenden „Segmenten" mehrheitsfähig ist. Was die drei beispielhaft aufgeführten Demokratien Belgien, Frankreich und Spanien anlangt, sind lediglich im Falle des Baskenlandes starke separatistische Bestrebungen zu registrieren. In diesem einen Fall spricht viel für die Annahme, daß die extremistisch-separatistische Richtung vor allem durch die repressiven Bedingungen des franquistischen Regimes stärkeren Anhang in der Bevölkerung finden konnte.[436] Mit der Demokratisierung Spaniens gingen Bemühungen einher, den begründeten Autonomieansprüchen der Regionen so weit als möglich Rechnung zu tragen. Im Terrorismus der ETA, ihrer Vorfeldorganisation „Herri Batasuna" und den separatistischen Forderungen ihrer Anhänger und Sympathisanten leben heute unheilvolle Traditionen fort, die der Franquismus – willentlich oder unwillentlich – genährt hat.[437]

In den übrigen Regionen Spaniens sowie in Frankreich und Belgien wird der Separatismus nur von kleinen Minderheitsgruppen am Rande oder ganz außerhalb regionalistischer Bewegungen verfochten.[438] Demokratische Verfassungsstaaten schaffen die Rahmenbedingungen für einen friedlichen Ausgleich divergierender Interessen. Hier gibt es nach Abwägung aller vernünftigen Gründe lediglich einen triftigen, der das Verfolgen separatistischer Ziele in den Augen ihrer Verfechter als legitim erscheinen lassen kann: Die betreffende politische Kraft beabsichtigt, einen Staat zu errichten, dessen Zielbestimmung im Widerspruch zum demokratischen Verfassungsstaat steht. Mit anderen Worten: Eine in der freiheitlichen Demokratie auf Dauer operierende separatistische Organisation wird nach aller Wahrscheinlichkeit zugleich extremistisch ausgerichtet sein.

Zwei Fälle lassen sich wiederum grundsätzlich unterscheiden. Erstens: Die Separatstaatsbildung hat lediglich instrumentellen Charakter; eine bestimmte Organisation macht sich ein auf gewachsenen Traditionen gegründetes Bewußtsein der Eigenständigkeit zunutze, um in dem neu zu formierenden Staat Ziele realisieren zu können, deren Verfolgung auf gesamtstaatlicher Ebene wenig aussichtsreich erscheint. Separatismus und Nationalismus wären demnach lediglich Vehikel zur Verwirklichung weitergehender Vorstellungen. Ein solches Kalkül dürfte zumindest Teile der baskischen „Herri Batasuna" antreiben. Zweitens: Das Ziel einer Separatstaatsbildung ist Selbstzweck. In diesem Falle ist der antreibende ideologische „Motor" ein genuin nationalistischer. Die „Ethnie" gilt als eine „natürliche" Lebenseinheit, die nicht nur durch gemeinsame Sprache und Kultur, sondern auch durch Bluts-

---

436 Vgl. Linz (FN 429), S. 32–37; Kohler (FN 429), S. 378.

437 Vgl. Buse (FN 434), S. 219–222. Ferner die einfühlsame Schilderung von: Franz Wördemann, Terrorismus. Motive, Täter, Strategien, München/Zürich 1977, S. 169–180.

438 Zu Spanien vgl. die Übersicht bei: Buse (FN 434), S. 224. Ferner: Uwe Joachim Moritz, Die Basken – Restauration oder marxistische Utopie, in: Rainer S. Elkar (Hrsg.), Europas unruhige Regionen. Geschichtsbewußtsein und europäischer Regionalismus, Stuttgart 1981, S. 195–217. Zu Belgien und Frankreich: Serge Dumont, Les brigades noires. L'extrême-droite en France et en Belgique francophone de 1944 à nos jours, Brüssel 1983, S. 37–41; E. Verhoeyen, L'extrême-droite en Belgique, in: Courrier Hebdomadaire du C.R.I.S.P., Nr. 642–643/1974, S. 1–43, Nr. 675–676/1975, S. 1–62, Nr. 715–716/1976, S. 1–44. Siehe zur Entwicklung und Ideologie des französischen Regionalismus bis Mitte der sechziger Jahre besonders auch: Thiébaut Flory, Le mouvement régionaliste français. Sources et développements, Paris 1966.

bande zusammengehalten wird. Wer in ihr geboren ist, kann seine Freiheit nur hier voll entfalten; verläßt er die Gemeinschaft, drohen ihm Entwurzelung und geistig-sittlicher Verfall. Umgekehrt vermag der „Fremde" nie ganz in die Geheimnisse und Eigenarten der „Ethnie" einzudringen. Von dieser Warte aus ist es folgerichtig, Nationen mit Bevölkerungsgruppen, die in sprachlich-kultureller Hinsicht stark voneinander abweichen, als „widernatürlich" anzusehen. Dagegen muß es als erstrebenswert erscheinen, wenn jede „Ethnie" ihr eigenes Staatswesen aufbaut, das ihren spezifischen Bedürfnissen entspricht. Ein auf diese Weise begründeter Separatismus kann als seine ideologisch konsistente Form gelten.

Die Rassentheorien nationalistischer Separatisten spiegeln jedoch in ihrer Vielfalt und Widersprüchlichkeit den Mikrokosmos des Sektierertums wider. So leugnet der Bretone Beauvy de Kergalec in einem Beitrag für die separatistische Zeitschrift „La Bretagne Réelle" die Existenz „reiner" Rassen; die „arische Rasse" sei der gemeinsame Stamm einiger europäischer Völker. Man habe sich jedoch gegen diese Urrasse verschworen, um die Menschen einer „Minderheit kosmopolitischer Sklavenhändler"[439] auszuliefern. Während de Kergalec die „arisch"-stämmigen Volksgruppen in den Mittelpunkt rückt, propagieren belgische Organisationen wie der 1972 gegründete „Mouvement Nationaliste Wallonie", die traditionsreiche Gruppe „Rex" und der 1971 ins Leben gerufenen „Europese Partij – Parti Européen" (E.P.E.) ein „sozialistisches Europa der Ethnien"[440], wobei jede „Ethnie" eine eigene Art von „Sozialismus" begründen soll – eine Konzeption, wie sie ähnlich wohl auch den „Ethnopluralisten" der Neuen Rechten vorschwebt.

Einen kompletten Stufenplan dazu präsentiert ein 1986 erschienenes Heft der nationalrevolutionären Zeitschrift „Junges Forum" (Hamburg). Dort heißt es: „1. Die eigenständige Kultur der einzelnen europäischen Völker stellt einen Wert dar, dessen Erhaltung gegenüber jeder Form von Einebnung und Vereinheitlichung erstrebt werden muß. 2. Die Kultur eines Volkes läßt sich dann am besten bewahren, wenn dieses Volk eine seiner Kultur und seiner Tradition entsprechende eigene staatliche und gesellschaftliche Ordnung, frei von äußerer Einmischung, schaffen kann. 3. Dies setzt längerfristig eine Neustrukturierung der europäischen Landkarte nach ethnischen Kriterien voraus, d. h. die Erfüllung der nationalen Autonomiewünsche der heutigen Völker ohne Staat und die Vornahme von Grenzkorrekturen in einer Reihe von Minderheitengebieten. [...] 5. Als Zwischenstufe zwischen dem ethnisch homogenen Nationalstaat und den oft favorisierten, unseres Erachtens untauglichen europäischen Großraumlösungen bieten sich Konföderationen teilkontinentaler Art an [...] Ein mögliches Beispiel dafür wäre eine 'Iberische Föderation' Portugals, Galiciens, Kataloniens, des Baskenlandes und Spaniens [...] 6. Gegen Einmischung außereuropäischer Mächte wäre die Möglichkeit einer 'europäischen Monroe-Doktrin'

439 Dumont (FN 438), S. 38.

440 Ebd., S. 41. Zum „Rexismus" (die Bezeichnung geht auf den katholisch-integristischen Verlag „Christus Rex"/Brüssel zurück) siehe vor allem: Jean-Michel Étienne, Le mouvement rexiste jusqu'en 1940, Paris 1968. Ferner: Luc Schepens, Fascists and Nationalists in Belgium, 1919–1940, in: Larsen/Hagtvet/Myklebust (FN 367), S. 501–516; Daniéle Wallef, The Composition of Christus Rex, in: Ebd., S. 517–523.

zu erwägen, die alle europäischen Staaten zum gegenseitigen Beistand im Falle einer Intervention verpflichtet."[441] Wie man sieht, wird hier, im subkulturellem Milieu, eine folgerichtige politische Konzeption entwickelt, die anderenorts, wo sich die „ethnopluralistische" Frage dringlicher stellt, nur in vagen Formen Verbreitung findet.

Realistisch denkende „Nationalrevolutionäre" sind sich darüber im Klaren, daß derzeit in Europa wenig Aussicht besteht, Pläne dieser Art in die Tat umzusetzen. Dies soll sich in Zukunft ändern. Allerdings herrscht grundsätzliche Uneinigkeit darüber, wie man dem Ziel eines „ethnopluralistisch" organisierten Europa strategisch näher kommen kann. Während Henning Eichberg als einer der führenden deutschen Theoretiker des „Befreiungsnationalismus" seine Hoffnungen auf das Erstarken regionalistischer Bewegungen setzt[442], propagieren Alain de Benoist und seine Gesinnungsgenossen mit dem „gramscisme de droite" eine Kulturrevolution von oben, d. h. eine „Umwertung der Werte" durch die Eroberung der Köpfe.[443]

3.2.2.4 Populismus

Ähnlich wie der Separatismus tritt auch der Populismus nicht als ein geschlossenes, ausgeformtes System von Überzeugungen in Erscheinung. Es handelt sich eher um ein locker geknüpftes Netz bestimmter ideologischer Grundelemente, in das ganz verschiedenartige, ja widersprüchliche Programmpunkte eingefügt werden (können). Peter Wiles hat daher vorgeschlagen, den Populismus nicht als eine „Doktrin", sondern als ein politisches „Syndrom" zu begreifen.[444] Ein gewisses Maß ideologischer Diffusität wäre dem Begriff somit inhärent. Aber läßt dies bereits die Tatsache gerechtfertigt erscheinen, daß höchst unterschiedliche historisch-politische Erscheinungen wie die „Levellers" und „Diggers" des 17. Jahrhunderts ebenso als populistisch etikettiert werden wie die Anhänger Mahatma Gandhis, die russischen „Narodniki" ebenso wie die 1891 in den Vereinigten Staaten gegründete „People's Party", der Peronismus ebenso wie der Maoismus?[445] Eine stärkere begriffliche Differenzierung ist vonnöten.

---

441 Peter Bahn, Regionalismus und nationale Befreiungsbewegungen in Europa, in: Junges Forum, Nr. 1/1986, S. 3–9, 8 f. Siehe dazu auch die nach den utopischen Vorstellungen eines Ethno-Nationalisten gestaltete Europa-Karte, abgedruckt bei: Klaus von Beyme, Parteien in westlichen Demokratien, München 1982, S. 174.

442 Vgl. Peter Dudek, Nationalromantischer Populismus als Zivilisationskritik. Eine Antwort an Henning Eichberg, in: Wolf Schäfer (Hrsg.), Neue Soziale Bewegungen: Konservativer Aufbruch in buntem Gewand? Arbeitspapiere einer Diskussionsrunde, Frankfurt a. M. 1983, S. 27–36.

443 Siehe dazu die detaillierte Analyse von: Pierre André Taguieff, La stratégie culturelle de la „Nouvelle Droite" en France (1968–1983), in: Robert Badinter u. a., Vous avez dit fascismes?, Paris 1984, S. 13–152.

444 Vgl. Peter Wiles, A Syndrome, not a Doctrine: Some Elementary Theses on Populism, in: Ghita Ionescu/Ernest Gellner (Hrsg.), Populism. Its Meanings and National Characteristics, London 1969, S. 166–179.

445 Vgl. mit weiteren Beispielen: Ebd. – Ferner für Südamerika: Robert H. Dix (Hrsg.), Populism:

„Populismus" soll an dieser Stelle ein locker geknüpftes „Netz" politischer Überzeugungen bezeichnen, deren gedanklicher Mittelpunkt die Kategorie des „Volkswillens" bildet. Als legitimiert gilt nur ein politisches Handeln, das sich nach dem Willen des Volkes ausrichtet.[446] Dabei wird vorausgesetzt, daß es einen solchen einheitlichen „Volkswillen" gibt. Gemäß der Präzisierung des Begriffs kann dieser einheitliche „Volkswille" jedoch nicht – und dies grenzt den Definitionsbereich scharf gegen revolutionär-sozialistische Formen ab! – kraft rationaler Überlegung erkannt werden; vielmehr bedarf seine Ermittlung und praktische Umsetzung einer engen Gemeinschaft des Fühlens zwischen dem Volk und seinen politischen Führern. Herder, nicht Rousseau, ist der Stammvater des so eingegrenzten Populismus.[447]

Als Teil des nationalen „Organismus" befindet sich die Führung in einem Zustand permanenter Kommunikation mit den Geführten. Diese Kommunikation unterliegt allerdings störenden Einflüssen, die es möglichst zu beseitigen gilt. Einen dieser Störfaktoren bilden die Intellektuellen. Mit ihrer zergliedernden, zersetzenden Ratio entfremden sie sich den „natürlichen" Prozessen mehr und mehr und zerstören das ganzheitliche Gefüge, das Führer und Geführte verbindet. Dem kritischen Intellekt wird daher der „gesunde Menschenverstand" des „Mannes auf der Straße" entgegengesetzt. Ein weiteres Übel sind „intermediäre" Gewalten, die sich zwischen Volk und Führung schieben und den „Volkswillen" verfälschen. Werden aufgrund der emotionalen Gemeinschaft zwischen „Masse" und „Elite" überhaupt zusätzliche Kanäle der Kommunikation als notwendig erachtet, dann kommen nur „direkte" Verbindungen in Frage, etwa Plebiszite und Referenden, Massenakklamation oder häufige Wahlakte. Repräsentativkörperschaften sind ebenso verpönt wie politische Parteien, die „Sonderinteressen" vertreten und die Nation in feindliche Lager spalten. Populistische Organisationen definieren sich daher nicht als „Partei", sondern als „Bewegung", deren Dynamik von tief unten herrührt, den „Graswurzeln" des Volkskörpers. Der nicht zuletzt auch aus dem Argwohn gegen „die da oben" entspringende Anti-Etatismus tut dabei dem nationalistischen Bekenntnis keinen Abbruch. Die Repräsentanten des Staates gelten als „Fremdkörper", die – auf welche Weise auch immer – jeglichen Kontakt mit der „Nation" verloren haben.

Der Populismus ist wie der Nationalismus insgesamt ein Phänomen des Massenzeitalters.[448] Er ist zuerst dort aufgetreten, wo sich die Entwicklung zu größerer

---

Fortsetzung von Fußnote 445

Authoritarian and Democratic, in: Latin American Research Review 20 (1985), H. 2, S. 29–52. Der Autor definiert den Populismus allerdings nicht auf der Grundlage eines ideologischen Syndroms, sondern anhand der sozialstrukturellen Zusammensetzung der Parteiführung bzw. ihrer Mitglieder/Anhänger.

446 Vgl. die Definition bei: Edward Shils, The Torment of Secrecy. The Background and Consequences of American Security Policies, Melbourne/London/Toronto 1956, S. 98.

447 Sowohl Rousseau als auch Herder nennt als „Stammväter": Donald MacRae, Populism as an Ideology, in: Gellner/Ionescu (FN 444), S. 153–165, 159. Zur Ideologie ferner: Ludovico Incisa, Art. „Populismo", in: Bobbio/Matteucci/Pasquino (FN 96), S. 859–864.

448 Allerdings werden „Vorläufer" genannt, wie etwa die englischen „Levellers" und „Diggers" im 17. Jahrhundert. Wenn von „Volkstribunen" die Rede ist, so impliziert dies offenkundig einen Vergleich zur römischen Republik. Vgl. den vorzüglichen Überblick bei: Nuno Rogeiro, Art. „Populismo", in: Polis. Enciclopédia VERBO da Sociedade e do Estado. Antropologia – Direito – Ciência Política, Bd. 4, Lissabon/São Paulo 1986, Sp. 1388–1393.

Gleichheit der Lebensformen am frühesten und massivsten bemerkbar machte. Bonapartismus und Boulangismus tragen bereits wesentliche Züge des Populismus.[449] Dies trifft sowohl hinsichtlich der Berufung auf einen fiktiven „Volkswillen" zu als auch im Hinblick auf das „caesaristische"[450] Selbstverständnis des Staatsoberhauptes als eines in direktem Kontakt zu den Massen stehenden charismatischen Führers. Der Begriff des Populismus ist jedoch wohl in den Vereinigten Staaten geprägt worden, wo er auch Gegenstand intensiver Forschungsbemühungen war. So hat Victor C. Ferkiss nachgewiesen, daß die in den Vereinigten Staaten der dreißiger Jahre agierenden „faschistischen" Organisationen keineswegs wurzellose Fremdgebilde in der amerikanischen Gesellschaft darstellten, sondern zahlreiche stilistische und inhaltliche Elemente bereits von populistischen Bewegungen Ende des 19., Anfang des 20. Jahrhunderts vorweggenommen worden waren.[451] Diese Bewegungen traten für einen Einwanderungsstop ein und schürten antisemitische Ressentiments. Den kleinen Farmern des Mittleren Westens galt „der Jude" als Inbegriff des korrupten „östlichen" Großhändlers und Finanziers.

Ähnlich wie dieser frühe amerikanische Populismus verdankte auch der französische Poujadismus der fünfziger Jahre seine Erfolge den Stimmen der kleinstädtischen und ländlichen Bevölkerung. Kleine Gewerbetreibende, Händler und Handwerker fühlten sich von der beschleunigten technisch-industriellen Entwicklung der Nachkriegsjahrzehnte in ihrer Existenz bedroht und wurden in besonderem Maße für populistische Parolen empfänglich.[452] Der französische Volkstribun der achtziger Jahre, Jean-Marie Le Pen[453], war nach dem Wahlerfolg der poujadistischen „Union de défense des commerçants et artisans" (UDCA) im Jahre 1956 einer der 52 Abge-

---

449 Vgl. Bluche (FN 351); Rémond (FN 343).

450 Zu diesem Begriff vgl. Max Weber, Wirtschaft und Gesellschaft. Grundrisse der verstehenden Soziologie, 5. revidierte Aufl., Tübingen 1972 (1921), S. 862 f., 866 f.

451 Vgl. Victor C. Ferkiss, Populist Influences on American Fascism, in: WPQ 10 (1957), S. 350–373. Siehe dazu die Entgegnung von: Paul S. Holbo, Wheat or What? Populism and American Fascism, in: WPQ 14 (1961), S. 727–436. Und die Kritik der Kritik: Ferkiss, Populism: Myth, Reality, Current Danger, in: WPQ 14 (1961), S. 737–740. Zum Populismus in den USA ferner: Richard Hofstadter, The Age of Reform, New York 1955; ders., North America, in: Gellner/Ionescu (FN 444), S. 9–27; Seymour M. Lipset, Soziologie der Demokratie, Neuwied/Berlin 1962 (Original: Political Man. The Social Basis of Politics, New York 1960), S. 176–181; ders./Earl Raab, The Politics of Unreason. Right-Wing Extremism in America, 1790–1977, 2. Aufl., Chicago/London 1978 (1970), insbesondere S. 528–530; David J. Saposs, The Rôle of the Middle Class in Social Development. Fascism, Populism, Communism, Socialism, in: Economic Essays in Honour of Wesley Clair Mitchell, presented to him by his former students on the occasion of his sixtieth birthday, New York 1935, S. 395–424.

452 Vgl. dazu die noch immer wichtige Studie von: Stanley Hoffmann, Le Mouvement Poujade, Paris 1956. Sowie aus einiger (zeitlicher) Distanz: Dominique Borne, Petits bourgeois en révolte? Le Mouvement Poujade, Paris 1977.

453 Jean-Marie Le Pen, geb. 20. Juni 1928 in La Trinité-sur-Mer (Morbihan). Während des Studiums Aktivitäten in monarchistischen und nationalistischen Gruppen; Beteiligung an gewalttätigen Krawallen; 1952 Eignungszertifikat für die Eröffnung einer Rechtsanwalts-Kanzlei; seit 1953 Militärdienst, Einsatz in Indochina und Algerien; 1956 auf der Liste der Poujadisten in die National-

ordneten.[454] Und obwohl Le Pen schon bald mit Poujade[455] brach, hat er doch später zahlreiche Merkmale dieser Bewegung neu aktiviert. Dies gilt für den Anspruch, nicht Partei zu sein, keine Partikularinteressen, sondern die Forderungen des „Mannes auf der Straße“ zu artikulieren, ebenso wie für die herausragende Bedeutung des „Chefs“, der im Gegensatz zu „denen da oben“, den Politikern und Intellektuellen in Paris, die Vorstellungen der „einfachen Leute“ vertritt. Auch Le Pen knüpft mit seinen politischen Parolen an in der Bevölkerung verbreitete Ängste und Vorurteile an: die Abneigung des Provinzlers gegen die Bewohner der Metropole, die Sorgen des kleinen Geschäftsinhabers angesichts wirtschaftlicher Konzentration, die Konkurrenzangst sozial Verunsicherter gegenüber den „immigrés“. Der Führer des „Front National“ (FN) gibt sich als jemand, der seine Gedanken mit denen einer „schweigenden Mehrheit“ teilt: „Les idées que je défends? Les vôtres.“[456] Auch verfügt er über einige persönliche Ausstrahlung, so daß innerhalb des FN ein wahrhaftiger Personenkult um ihn getrieben wird.[457]

So eindrucksvoll die Übereinstimmungen zwischen den beiden populistischen „Bewegungen“ der fünfziger und der achtziger Jahre auch sein mögen, ist dennoch die Warnung vor einer allzu weitgehenden Parallelisierung angebracht. Le Pen zog 1958 nicht mehr als Poujadist, sondern als Anwalt der „Algérie française“-Bewegung in die Nationalversammlung ein. Für Poujade gingen die Positionen des mit den Zielen der terroristischen OAS sympathisierenden Le Pen zu weit. Der Bruch zwischen Le Pen und Poujade war von symptomatischer Bedeutung. Wäh-

---

Fortsetzung von Fußnote 453

versammlung gewählt; 1956/57 freiwilliger Militäreinsatz in Algerien; 1957 Strafverfahren wegen Folterung eines algerischen Studenten – Freispruch; 1958 Wiederwahl in die Nationalversammlung auf der Liste der „Algérie française“-Anhänger; Generalsekretär des „Front national pour l'Algérie française“ (F.N.A.F.); 1962 Gründung der „Société d'études et de relations publiques“ (S.E.R.P.) – Vertrieb von Schallplatten und Kassetten mit Reden führender Nationalsozialisten, Liedern der Wehrmacht etc.; 1965 Unterstützung des rechtsextremen Präsidentschaftskandidaten Tixier-Vignancour; 1972 Gründung des „Front National“ (FN); 1983 spektakuläre Wahlerfolge bei lokalen Wahlgängen (zwischen 9,3 und 16,7 Prozent); 10,9 Prozent bei der Wahl zum Europa-Parlament 1984; bei den französischen Kantonalwahlen im März 1985 erhält der FN durchschnittlich 8,8 Prozent; 9,65 Prozent der Stimmen bei den Wahlen zur Nationalversammlung im März 1986. Zur Person: Algazy (FN 368), S. 227–230.

454 Zur politischen Karriere Jean-Marie Le Pens siehe die beiden Bücher der Le Monde-Journalisten: Edwy Plenel/Alain Rollat, L'effet Le Pen, Paris 1984; Alain Rollat, Les hommes de l'extrême droite. Le Pen, Marie, Ortiz et les autres, Paris 1985.

455 Pierre Poujade, geb. Dezember 1920 in Saint-Céré (département du Lot); 1943 Flucht nach Algier; Dienst bei der Royal Air Force; 1945–1959 Betrieb einer Leihbibliothek, eines Papier- und Buchladens; 1953 Aufruf zum Steuerstreik; Organisation der UDCA (Höhepunkt: 2,5 Mio. Mitglieder); bei den Wahlen zur Nationalversammlung 1956 11,4 Prozent; nach 1958 Zerfall der Bewegung; bis 1973 Stadtrat in St.-Céré; politische Aktivitäten im regionalen Rahmen. Zur Biographie: Hoffmann (FN 452), S. 25–34; Art. „Pierre Poujade“, in: Munzinger Archiv/Internationales Biographisches Archiv 32/82 P 006412–3/7.

456 Zitiert nach: Pierre-André Taguieff, La rhétorique du national-populisme. Les règles élémentaires de la propagande xénophobe, in: Mots, 1984, Nr. 9, S. 113–139, 115. Der Autor analysiert den gezielten Einsatz rhetorischer Mittel in den öffentlichen Verlautbarungen Le Pens.

457 Vgl. dazu die hagiographische Darstellung eines Le Pen-Verehrers: Jean Marcilly, Le Pen sans bandeau, Paris 1984.

rend Poujade – trotz der Eigendynamik, die seine politische Initiative gewann, und trotz der teilweise erfolgreichen Unterwanderungsversuche durch hartgesottene Rechtsextremisten – vor allem der Anwalt der kleinen Händler und Handwerker mit ihren Existenzängsten blieb[458], übernahm Le Pen ganz das Erbe der extremen Rechten Frankreichs. Die Le Monde-Journalisten Edwy Plenel und Alain Rollat führen seinen politischen Erfolg auch daraufhin zurück, daß sich in seiner Person die verschiedenen Traditionslinien des französischen Rechtsextremismus kreuzten. In ihm finde sich etwas vom monarchistischen Marschall Mac-Mahon, der die Pariser Kommune niederschlug und die „im Einklang mit den göttlichen Gesetzen" stehende „natürliche Ordnung" wieder herstellen wollte; ebenso vom General Boulanger, dem die Unzufriedenen der Dritten Republik um sich scharenden ehemaligen Kriegsminister. Er sei aber auch ein Nachkomme jener Ligen der dreißiger Jahre, die die Volksfront bekämpften, selbst wenn Le Pen deren politischen Aktivismus ablehne und einer „elektoralistischen" Strategie den Vorzug gebe.[459]

In der Tat ist die politische „Botschaft" Le Pens „härter" und unmißverständlicher, als es diejenige Poujades gewesen war. In einer Selbstdarstellung („Les Français d'abord") im Vorfeld der Europawahl 1984[260] verbindet sich der populistische Appell an das nationale Wir-Gefühl mit einer massiven fremdenfeindlichen Attitüde. Die Ausländer – und hier besonders die moslemischen Maghrebinier, in Frankreich die größte Ausländergruppe[461] – werden als Bedrohung der eigenen kulturellen Identät angesehen. Sie müssen aber auch als Sündenböcke für viele weitere Übel herhalten: die Arbeitslosigkeit, die hohe Kriminalitätsrate, der Rauschgiftkonsum. Allerdings ist die Rhetorik Le Pens trotz mancher Temperamentsausbrüche dosiert. Er sagt nicht: „Ausländer raus!", sondern macht praktische Vorschläge, wie man ihre Zahl stufenweise reduzieren könnte. Entschieden wendet er sich gegen Vorwürfe, ein Rassist, Faschist, Extremist zu sein und appelliert doch immer wieder an die Masseninstinkte. So fordert er die Todesstrafe, schärferes Vorgehen gegen Kriminelle, einen „starken Staat", die Ablösung der „Viererbande" (gemeint sind die „etablierten" Parteien), die Bekämpfung der linksgerichteten Medien („ein wahrhaftiger intellektueller Terrorismus") und des Kommunismus.

Bei aller volkstümlichen Verbrämung schimmert bei den Äußerungen ein ausgeformtes nationalistisches Bekenntnis durch: „Dans ce monde où il existe des races différentes, des ethnies différentes, des cultures différentes, je prends acte de cette diversité et de cette variété, mais j'établis bien sûr une distinction à la fois entre les êtres, les peuples et les nations. Je ne peux pas dire que la Suisse est aussi grande que les Etats-Unis. Je ne peux pas dire que les Bantous ont les mêmes aptitudes ethnologiques que les Californiens, parce que cela est tout simplement contraire à la

458 Vgl. auch: Pierre Poujade, A l'heure de la colère, Paris 1977.

459 Vgl. Plenel/Rollat (FN 454), S. 166 f.

460 Jean-Marie Le Pen, Les Français d'abord, Paris 1984.

461 Siehe dazu die kenntnisreiche Darstellung des ehemaligen Generalsekretärs des „Haut Comité de la Population et de la Famille" beim Chef der Regierung (1944–1970): Georges Mauco, Les étrangers en France et le problème du racisme, Paris 1984. Ferner: Simon Epstein, L'antisémitisme français aujourd'hui et demain, Paris 1984. Ferner: Cathérine Wihtol de Wenden, Les immigrés et la politique. Cent cinquante ans d'évolution, Paris 1988.

réalité."[462] Angesichts Äußerungen dieser Art gewinnt man den Eindruck, daß hinter dem Appell an den „bon sens" ein nationalistisches (und rassistisches?) Glaubensbekenntnis steht, dem vermeintlichen Volkstribunen das Gefühl echter Verbundenheit mit den Massen also fehlt, wie es dem wirklichen Populisten eigen ist.

3.2.3 Revolutionärer Konservativismus und „Faschismus"

Ein Konservativismus, der auf den beschleunigten Einbruch der Moderne – das Zeitalter der Massen, die Egalisierung der Lebensformen und -bedingungen, die Herausbildung einer „öffentlichen Meinung", die Vielfalt sich neu formierender Interessengruppen und politischen Parteien etc. – mit der Verwandlung zum Revolutionarismus antwortet; der zu einem traditionalistisch-modernistischen Zwittergebilde (die Doktrin Maurras') entartete Monarchismus; ein ehemals revolutionär verstandener Nationalismus, der konterrevolutionär uminterpretiert wird; populistische Doktrinen, die als Rechtfertigungsideologien einer sich auf den „Volkswillen" berufenden Variante autokratischer Herrschaft fungieren: All dies sind ideengeschichtliche Voraussetzungen einer neuartigen politischen Strömung, deren Vertreter mit dem Ende des 19. Jahrhunderts auch das Ende seiner großen Ideenbewegungen, des emanzipativen Nationalismus, des Liberalismus, des Sozialismus, glaubten einläuten zu können. Weitere Faktoren ließen sich hinzufügen: Gegenbewegungen zu Rationalismus, Fortschrittsglauben[463] und optimistischem Menschenbild der Aufklärung; der Sozialdarwinismus, der die Entwicklung der Menschheit nach den (vergröberten bzw. verfälschten) Gesetzen des Tierreiches beurteilte; soziologische Elitetheorien (Michels, Mosca, Pareto), die sich in den Dienst antidemokratischer Gesellschaftslehren stellten.

Es ist dies der geistige Hintergrund für die Entstehung „faschistischer" Gruppierungen und Bewegungen nach dem Ersten Weltkrieg. Sie konnten an vielfältige Traditionslinien der Vorkriegszeit anknüpfen. Keines der ideologischen Elemente, aus denen sich die entwickelte „Doktrin des Faschismus" zusammensetzte, das nicht bereits Jahre zuvor entworfen worden wäre. Besonders in Frankreich, das politisch den Weg in die Moderne früh beschritten und 1871 einen schwere Kränkung des nationalen Selbstbewußtseins erlitten hatte, waren Bausteine der späteren „faschistischen" Lehren wie in einem Laboratorium prototypisch konstruiert worden[464]: der „integrale Nationalismus", mit massiven antisemitischen Einschlägen, der Kampf

---

462 Ebd., S. 168. Vgl. dazu auch: Jean-Paul Honoré, Jean-Marie Le Pen et le Front National (Description et interprétation d'une idéologie identitaire), in: Les Temps Modernes, 1986, S. 1842–1871; Pascal Perrineau, Le Front National: un électorat autoritaire, in: RPP 87 (1985), Nr. 918, S. 24–31. Ferner: Monica Charlot, L'émergence du Front National, in: RFSP 36 (1986), S. 30–45.

463 Vgl. Erwin Faul, Ursprünge, Ausprägungen und Krise der Fortschrittsidee, in: ZfP 31 (1984), S. 241–290.

464 Vgl. dazu den wegweisenden Beitrag von: Zeev Sternhell, Fascist Ideology, in: Walter Laqueur (Hrsg.), Fascism. A Reader's Guide. Analysis, Interpretations, Bibliography, Berkeley/Los Angeles 1976, S. 345–376. Ferner: Karl Dietrich Bracher, Zeit der Ideologien. Eine Geschichte politischen Denkens im 20. Jahrhundert, Stuttgart 1982, insbesondere S. 150–169.

gegen die „Ideen von 1789“, Antiparlamentarismus und Antiliberalismus, die – konsequente – Verbindung des Nationalismus mit einer konterrevolutionär umgepolten Form des „Sozialismus“. Auch die von Mussolini propagierte Einheit des Gedankens und der Tat, der Gleichgewichtigkeit beider Elemente, war lediglich Ausfluß jener sich mit Begriffen wie „Wille“, „Kraft“ „Stärke“, „Größe“ verbindenden Irrationalismen.[465]

Damit sich die Ideologie des Faschismus entfalten konnte, bedurfte es zweier „Katalysatoren“, die die vorhandenen Ideen zu einem Syndrom verdichteten: der Erste Weltkrieg einerseits, die bolschewistische Regimebildung andererseits. Es war die Generation der Frontkämpfer, die durch das Erlebnis der „Stahlgewitter“ und ihrer klassensprengenden Wirkung den Glauben an die alten Werte verlor und sich neuen politischen Perspektiven öffnete. Die Verschmelzung von Nationalismus und Sozialismus schien die überkommenen ideologischen Kategorien von „rechts“ und „links“ zu einer neuen, fruchtbaren Synthese zusammenzuführen. Das Erlebnis der Machtübernahme der Bolschewiki in Rußland wirkte auf die Ausformung dieser Synthese als „Vorbild“ und „Schreckbild“ zugleich.[466] Als „Vorbild“, weil viele von dem totalen Bruch mit dem Vergangenen und der Radikalität, mit der das Neue ins Werk zu setzen versucht wurde, fasziniert waren. Als „Schreckbild“, weil der Kommunismus mit seinem internationalistischen, auf die Weltrevolution gerichteten Anspruch eine (Bürger-)Kriegserklärung gegenüber jeder Form des Nationalismus, auch einer „sozialistisch“ inspirierten, bedeutete. Der Bolschewismus kristallisierte sich daher – neben dem Liberalismus – als der zentrale Widerpart der faschistischen Strömungen und Bewegungen heraus.

Bisher ist auf die Verwendung des Begriffes „Faschismus“ im Zusammenhang eines Kategoriensystems extremistischer Doktrinen verzichtet worden, weil er auf der ideologisch-programmatischen Ebene nur das systematisiert, was der revolutionäre Konservativismus vorgeformt hatte. Die Doktrin des „Faschismus“ ist daher dessen – radikale – Variante. Wie andere historisch-politische Begriffe berührt darüber hinaus auch „Faschismus“ mehrere Ebenen. Der Terminus bezeichnet in der Literatur Regime, extremistische Organisationen und Ideologien zugleich.[467] Zu Recht hat Zeev Sternhell darauf hingewiesen, es mache wenig Sinn, nach den geistigen Bedingungen politischer Phänomene auf der Regimeebene zu fahnden.[468] Politische Syste-

465 Vgl. Emilio Gentile, Le origini dell'ideologia fascista (1918–1925), Bari 1975; Norberto Bobbio, L'ideologia del fascismo (1975), in: Constanzo Casucci (Hrsg.), Interpretazioni del fascismo, Bologna 1982, S. 598–624; Gregor (FN 390). Zur Ideologie der Acción Española: Raúl Morodo, Los orígenes ideológicos del franquismo: Acción Española, Madrid 1985. Das vergleichende Standardwerk zu den politischen Doktrinen der Faschismen ist: Nolte (FN 2).

466 Vgl. hierzu das bedeutende Werk Ernst Noltes über den „europäischen Bürgerkrieg“, das bislang noch nicht in dem ihm gebührenden Maße gewürdigt worden ist: Ders.(FN 312). Dort heißt es: „Der Bolschewismus war für den Nationalsozialismus Schreckbild und Vorbild zugleich.“ (S. 21 f.) Diese Aussage trifft wohl auf die Faschismen als Ganzes zu.

467 Zur Kontroverse um den Faschismusbegriff: Bracher (FN 312); Augusto Del Noce, Il problema della definizione storica del fascismo, in: Storia e Politica 15 (1976), S. 121–170; Gerhard Schulz, Faschismus – Nationalsozialismus. Versionen und theoretische Kontroversen 1922–1972, Frankfurt a.M./Berlin/Wien 1974; Wippermann (FN 312), S. 12–21.

468 Sternhell (FN 464), S. 319 f.

me unterliegen zahlreichen Entwicklungsfaktoren, denen Machthaber gleich welcher Couleur Rechnung tragen müssen. Bewegungen, die von weitgehend übereinstimmenden politischen Vorstellungen motiviert werden, können daher nach der „Machtergreifung" ganz unterschiedliche Formen annehmen. Im Falle des „Faschismus" sind historisch lediglich zwei von ihren inneren wie äußeren Voraussetzungen sehr unterschiedliche Regime entstanden. In vielen anderen europäischen und außereuropäischen Ländern gab es in der Zwischenkriegszeit bedeutende und unbedeutende extremistische Organisationen, die sich am italienischen Faschismus oder am Nationalsozialismus orientierten. Hier muß eine vergleichende Erforschung „faschistischer" Ideologien ansetzen.

Die Subsumption der „faschistischen" Doktrin unter einen revolutionären Konservativismus mag im Falle Deutschlands gewagt erscheinen, betrachtet man das komplizierte Verhältnis der Konservativen Revolutionäre zum Nationalsozialismus. Allerdings bildete der Nationalsozialismus im europäischen Maßstab bereits in der Bewegungsphase eine Sonderform. In keinem anderen Land nämlich spielte die „völkische" Ideologie eine so große Rolle wie in Deutschland.[469] Obwohl sich der Nationalsozialismus in vielen Bereichen an den geistigen Produkten der konservativen Revolutionäre orientierte, war er doch aus dem Lager der Völkischen emporgewachsen, das eklektische Ideologiegebräu des Nationalsozialismus daher intensiv von einer biologistischen Form des Rassismus durchdrungen, der in den Intellektuellenzirkeln der konservativen Revolutionäre mit einem Naserümpfen begegnet wurde. Es wäre daher irreführend, die Doktrin des Faschismus – in ihren unterschiedlichen Variationen – mit dem Nationalsozialismus oder „Hitlers Weltanschauung" zu identifizieren.

3.2.4 Xenophobie und Rassismus

Gleichgültig, wie bedeutend man auch immer den Faktor der (rassistischen) Ideologie für die Eskalation des Antisemitismus bis hin zur „Endlösung" im Verlaufe der NS-Herrschaft einschätzen mag[470], ist der Begriff des „Rassismus" spätestens seit Auschwitz mit starken moralischen Wertungen belegt. Dies war seiner wissenschaftlichen Verwendung abträglich. Denn wie der Begriff des „Faschismus" ist auch der des „Rassismus" seither zu einer Waffe degeneriert, die undifferenziert gegen mißliebige politische Kräfte eingesetzt wird, ohne daß der Begriff inhaltlich näher bestimmt wäre.

Es ist jedoch analytisch von großer Bedeutung, ob es sich – das eine Extrem – bei diesem sogenannten „Rassismus" um die quasi „natürliche" Abneigung des Provinzlers gegenüber Fremden handelt oder – das andere Extrem – um eine Haltung, die aus einem elaborierten Überzeugungssystem resultiert. Diese Einordnung ist für die

469 Vgl. Sontheimer (FN 287), S. 130–141.

470 Zum Streit zwischen „Intentionalisten" und „Strukturalisten" vgl. die Darstellung der Forschungslage bei: Gerhard Schreiber, Hitler. Interpretationen 1923–1983. Ergebnisse, Methoden und Probleme der Forschung, Darmstadt 1984, insbesondere S. 301–331.

Diagnose ebenso wichtig wie für die Therapie. Der Vorschlag sei unterbreitet, zwischen drei „Stufen“ oder „Steigerungsformen“ der Einstellungen gegenüber Minderheiten und Fremdgruppen zu unterscheiden.[471]

Auf der ersten Stufe angesiedelt sind die in der Bevölkerung aufgrund einer bestimmten naturgegebenen sozialpsychologischen Disposition vorhandenen Vorurteile gegenüber Unbekanntem, Fremden. Man kann in diesem allgemeinen Sinne von einer „Heterophobie“[472] sprechen, der Angst gegenüber dem Andersartigen. Die Abneigung ist eine unreflektierte, spontane, emotionale. Sie kann weichen, sobald ausreichende Aufklärung das Fremde zu etwas Bekanntem werden läßt. Sie kann sich aber auch steigern, eine stark emotionalisierte Form annehmen, sich mit Statusängsten verbinden und zu massiven Akten der Gegenwehr führen. Die zweite Stufe ist damit erreicht: die naturgegebene Angst vor dem Fremden hat sich zur Xenophobie erweitert.[473]

Fremdenfeindlichkeit ist jedoch noch nicht identisch mit „Rassismus“. Von „Rassismus“[474] sollte man im Interesse einer differenzierten Begrifflichkeit erst sprechen, wenn die Sphäre des Emotionalen – zumindest teilweise – verlassen wird und die Xenophobie eine scheinrationale Fundierung erfährt. Fremdenfeindlichkeit hat sich nun zur sozialen Doktrin weiterentwickelt. Der „Rassismus“ in diesem Sinne setzt einen hohen Reflexionsgrad voraus. Er verbindet sich „organisch“ mit nationalistischen Lehren, denen die Ausgrenzung von „Fremdlingen“, gleich welcher Art, inhärent ist. Der Rassismus wird immer zugleich kulturell und biologisch begründet. Seine konkrete Ausprägung hängt jedoch entscheidend vom jeweiligen „Mischungsverhältnis“ der beiden Faktoren ab. Bei den Vordenkern einer „Konservativen Revolution“ dominierte das kulturelle Begründungselement, bei den nationalsozialistischen Ideologen das biologische.

4. Politische Organisationen

Politische Doktrinen führen bis zu einem gewissen Grad ein Eigenleben. Ihre Schöpfer, nach Karl Mannheim „freischwebende Intellektuelle“[475], geben kaum jemals

471 Die von Colette Guillaumin vorgeschlagenen Differenzierungen sind für die Analyse des Phänomens sicherlich bedeutsam; es erscheint jedoch zweifelhaft, ob die Subsumption des gesamten Spektrums unter den Rassismusbegriff im Hinblick auf eine unmißverständliche Verwendung sinnvoll ist: Colette Guillaumin, Caractères spécifiques de l'idéologie raciste, in: Cahiers Internationales de Sociologie 52/53 (1972), S. 247–274.

472 Diesen Terminus schlägt als weitestmöglichen Sammelbegriff vor: Albert Memmi, Rassismus, aus dem Französischen übersetzt von Udo Rennert, Frankfurt a. M. 1987 (Original: Le racisme. Description, définition, traitement, Paris 1982).

473 Vgl. zur Geschichte: Greive (FN 17); Léon Poliakov, Geschichte des Antisemitismus, 8 Bde., Worms 1977.

474 Vergleichende Darstellungen zu dieser Thematik sind Mangelware. Siehe etwa: Alphons Silbermann/Julius H. Schoeps (Hrsg.), Antisemitismus nach dem Holocaust. Bestandsaufnahme und Erscheinungsformen in deutschsprachigen Ländern, Köln 1986.

475 Vgl. Thomas Molnar, Kampf und Untergang der Intellektuellen, München 1966. – Der von Al-

ihre Distanz gegenüber bestehenden Organisationen auf, bedeutete dies doch eine Auslieferung der „Lehre" an die Widrigkeiten politischer Praxis. Übernimmt eine extremistische Organisation diese Ideen in ihren Grundzügen, so mag dies den Intellektuellen zufriedenstellen; da es jedoch ohne sein direktes Mittun geschehen ist, bleibt ihm die Möglichkeit, sich von ihren Anwendungen zu distanzieren. Der Fall Lenins, eines Intellektuellen, der an die Schalthebel der Macht gelangte, erscheint auf den ersten Blick atypisch; seine Schriften sind jedoch durch einen ausgeprägten Praxisbezug gekennzeichnet, wohingegen er die historischen und geistigen Grundlagen seines Zukunftsstaates kaum gründlich reflektierte. In der Mehrzahl der Fälle war das Verhältnis zwischen Ideologieproduzenten und -konsumenten hochkompliziert.

Edgar Julius Jung verwies im Sommer 1932 nicht ohne Stolz auf seine „Verdienste" und die seiner intellektuellen Weggefährten um die politischen Erfolge der Nationalsozialisten: „Es steht weiter fest, daß die Gedanken der konservativen Revolution in den Jahren 1919 bis 1927 fast unter Ausschluß der Öffentlichkeit von einzelnen Kreisen und schöpferischen Menschen geformt und gegen den Widerstand einer hohnlachenden Umwelt durchgefochten wurden [...] Die geistigen Voraussetzungen für die deutsche Revolution wurden außerhalb des Nationalsozialismus geschaffen."[476] Und doch fiel er zwei Jahre später eben jener „deutschen Revolution" zum Opfer. Julius Evola, der bei allen Differenzen große Sympathien für das faschistische Regime empfand und einen gewissen Einfluß auf Mussolini ausübte, konnte sich zeitweilig nur in Begleitung einer Leibwache durch die Straßen Roms bewegen.[477] Das Verhältnis zwischen politischen Praktikern und Theoretikern ist auch deshalb häufig so kompliziert, weil die Horizonte ihres Bewußtseins unterschiedlich verlaufen. Der Theoretiker sieht sich in einer dem politisch Handelnden möglicherweise ganz oder teilweise fremden geistigen Tradition; umgekehrt orientiert sich der Praktiker an Vorbildern, die im Denken des Theoretikers lediglich von marginaler Bedeutung sind.

Der – häufig, wenngleich nicht immer anzutreffende – Gegensatz zwischen dem weltfremden Stubengelehrten und dem machtbewußten Politiker muß sich allerdings keineswegs in einer prinzipiellen Abneigung des Intellektuellen gegenüber jeglicher Organisationsbildung fortsetzen. Gruppenbildungen verschiedenster Art beziehen auch den Ideologieproduzenten in das Vorfeld politisch-organisatorischer Verfestigung ein. Aus dem geselligen, durch freund- und bekanntschaftliche Bande zusammengehaltenen Kreis entwickelt sich der organisierte Theoriezirkel. Die Zusammenkünfte kommen nicht mehr nur zufällig oder gelegentlich zustande, sondern nach vorheriger terminlicher Absprache; ihr Ablauf wird formalisiert, eine Arbeitsteilung setzt ein (Protokollant, Diskussionsleiter etc.); das Effizienzstreben erhöht den "in-

Fortsetzung von Fußnote 575

fred Weber geprägte Begriff der „sozial freischwebenden Intelligenz" fand als kategoriale Größe in die Wissenssoziologie Karl Mannheims Eingang. Siehe Karl Mannheim, Ideologie und Utopie, 5. Aufl., Frankfurt a. M. 1969 (1928/29), S. 135.

476 In: Deutsche Rundschau, Juni 1932, S. 158. Zitiert nach: Sontheimer (FN 287), S. 35.

477 Vgl. Vorwort, in: Evola (FN 409), S. 7–16.

neren Organisationsdruck“[478] die Zweckorientierung der Veranstaltungen intensiviert sich: Aus der informellen Gruppe wird eine vollgültige Organisation.[479]

Was am Beispiel des Theoriezirkels skizziert wurde, trifft in ähnlicher Weise auf eine Vielfalt anders gearteter gesellschaftlicher Gruppen zu, die sich in einem Wandlungsprozeß organisatorisch verdichten. In subkulturellen Milieus, deren Angehörige in ihren Werten, Normen, Metaphern und Verhaltensformen nicht nur graduell von den übrigen Teilen der Gesellschaft abweichen[480], ist die Neigung zur Organisationsbildung erfahrungsgemäß größer als in der Mehrheitskultur, da Minderheiten sich auf diese Weise gegen den auf sie ausgeübten Konformitätsdruck zur Wehr setzen. Außerdem hängt die Bereitschaft zum politischen Engagement eng mit der Radikalität der Auffassungen zusammen, d. h. , dem Grad der Abweichung von den „gängigen“, „etablierten“ politischen Vorstellungen.

Politische Subkulturen spiegeln in gewisser Weise die Mehrheitskultur wider. Auf einer niedrigeren Ebene weisen sie jene kommunikativen und organisatorischen Differenzierungen auf, wie sie die Mehrheitskultur im Großen praktiziert. Subkulturen bilden einen politisch-organisatorischen Mikrokosmos heraus, der innerhalb der Gesamtkultur ein Schattendasein fristen mag, für das subkulturelle Milieu jedoch möglicherweise eine ebenso wichtige Bedeutung erfüllt, wie sie ähnlich strukturierten Organisationen im Bereich der Mehrheitskultur zukommt.

Ein Beispiel kann dies erhellen: Die im Deutschen Bundestag vertretenen Parteien erfüllen innerhalb des politischen Systems zentrale Funktionen: Sie sind Organe der politischen Willensbildung, wirken am Prozeß der politischen Entscheidungsfindung mit, dienen der Rekrutierung politischen Führungspersonals und kanalisieren die Interessen unterschiedlichster gesellschaftlicher Gruppen. Eine Organisation wie die „Nationaldemokratische Partei Deutschlands“ (NPD) fristet innerhalb des Parteienspektrums mit ihren Zehntelprozent-Ergebnissen bei Wahlen ein Schattendasein. Für die rechtsextreme Subkultur jedoch nimmt sie ähnlich wichtige Funktionen ein, wie dies für die „etablierten“ Parteien innerhalb des Gesamtsystems gilt. Sie integriert gut 6000 Mitglieder und verfügt über zwei kleine Nebenorganisationen für Jugendliche („Junge Nationaldemokraten“ [JN]) und Studenten („Nationaldemokratischer Hochschulbund“ [NHB]).[481] Durch ihre programmatische Arbeit, die Pu-

478 Vgl. Dieter Claessens, Die Gruppe unter innerem und äußerem Organisationsdruck, in: Friedhelm Neidhardt (Hrsg.), Gruppensoziologie. Perspektiven und Materialien, Opladen 1983, S. 484–496.

479 Zum Begriff der „Organisation“ vgl. Prätorius (FN 9); Mayntz (FN 10), S. 36–40.

480 Zum Begriff der „Subkultur“ vgl. Mike Brake, Soziologie der jugendlichen Subkulturen. Eine Einführung, Frankfurt a. M./New York 1981 (Original: The Sociology of Youth Culture and Youth Subcultures, London 1980), S. 12–26. Der Autor wendet den Begriff auf Gruppen jugendlicher Außenseiter an. Das Subkultur-Konzept findet sich auch umgesetzt bei: Peter Dudek/Hans-Gerd Jaschke, Entstehung und Entwicklung des Rechtsextremismus in der Bundesrepublik. Zur Tradition einer besonderen politischen Kultur, Opladen 1984. Vgl. dazu auch: Jaschke, Subkulturanalysen. Anmerkungen zu einem neuen Ansatz in der Diskussion um rechtsextreme Jugendliche, in: Peter Dudek/ders., Jugend rechtsaußen. Analysen, Essays, Kritik, Bensheim 1982, S. 42–52. Den („revolutionären, reformistischen und anarchistischen“) Sozialismus begreift als „Subkultur“: Claus D. Kernig, Sozialismus. Ein Handbuch, Bd. 1: Von den Anfängen bis zum Kommunistischen Manifest, Stuttgart/Berlin/Köln/Mainz 1979, insbesondere S. 11–32.

481 Vgl. VSB 1985, S. 160–165.

blikation von Parteischriften und -broschüren (in bescheidenem Umfang), öffentliche Veranstaltungen und die Herausgabe eigener Nachrichtenorgane (Monatszeitung „Deutsche Stimme"; Schülerzeitschrift „Komet", Studentenblatt „NHB-Report"[482]) wirkt die Partei auf die politische Willensbildung ihrer Mitglieder, Anhänger und Sympathisanten ein. Dabei darf auch die sozial-integrative Funktion der Publikationsorgane nicht unterschätzt werden. In kleinerem Umfang stellt die NPD neben- und hauptamtliche „Führungs"-Positionen zur Verfügung. Dies gilt etwa für ihre 11 Mandate (1986)[483] in Vertretungen kommunaler Gebietskörperschaften, die Mitgliedschaft im Parteivorstand, den Vorständen der Nebenorganisationen, Tätigkeiten in den Redaktionen der Parteiorgane und den zu verschiedenen Sachgebieten existierenden Parteiabteilungen. Die 1985 gegründete „Hauptabteilung Bildung"[484] dient der Schulung von Parteifunktionären. Schließlich kanalisiert die Partei auch Teile bestimmter Interessengruppen (z. B. Ostflüchtlinge, ehemalige SS-Mitglieder), die sich von den „etablierten" Organisationen nicht angemessen vertreten fühlen.

Was für die politischen Parteien gilt, trifft auch auf andere Organisationsformen zu: Der subkulturelle Mikrokosmos bildet bis zu einem gewissen Grad das Spiegelbild des mehrheitskulturellen Makrokosmos. Politische Minderheiten – und hierum handelt es sich bei politischen Extremismen in funktionierenden demokratischen Verfassungsstaaten – bringen nicht selten ein höheres Maß an politischer Agilität auf als die Vertreter der saturierten Mehrheit. Denn die Angehörigen von Subkulturen wollen aus ihrer Minderheitsposition hinausgelangen, sei es von unten – indem immer weitere Teile der Bevölkerung für ihre politischen Vorstellungen gewonnen werden –, sei es von oben – durch die Übernahme der entscheidenden politischen Machtpositionen (z. B. Staatsstreich). Diese Rastlosigkeit ist eine der Voraussetzungen für die organisatorische Vielfalt der Subkulturen. Sie geraten in einen permanenten Alarmzustand, wenn das Potential der Unzufriedenen anschwillt und sich die Chancen erhöhen, auch innerhalb des „etablierten" Systems erfolgreich zu sein.

In einem durch seine außerordentliche Stabilität gekennzeichneten Gemeinwesen wie der Bundesrepublik Deutschland ist ein solcher Alarmzustand bisher nicht eingetreten[485]; subjektiv, in den Augen der Angehörigen einer Subkultur, war dies jedoch zeitweise mit Sicherheit der Fall. Das Auf und Ab des Erfolgsbewußtseins lief mit den Verlaufswellen jener „sozialen Bewegungen" parallel, die die Geschichte

482 Die „Deutsche Stimme" erscheint seit 1976 und weist derzeit eine Auflagenhöhe von ca. 150.000 Exemplaren auf; die Studentenzeitung „NHB-Report" (mit geringer Auflagenstärke) ist in finanzielle Engpässe geraten; die Jugendzeitschrift „Komet" kam 1985 erstmals heraus. Offiziell wird die Auflage mit 110.000 Exemplaren angegeben. Diese Zahl dürfte jedoch nach Angaben im VSB 1985 wesentlich überhöht sein. Vgl. dazu auch: Horst W. Schmollinger, Die Nationaldemokratische Partei Deutschlands, in: Stöss (FN 68), insbesondere S. 1988.

483 Vgl. VSB 1986, S. 173.

484 Vgl. ebd., S. 162.

485 Vgl. die neueren Forschungen zur „politischen Kultur" der Bundesrepublik Deutschland: David P. Conradt, Changing German Political Culture, in: Gabriel A. Almond/Sidney Verba (Hrsg.), The Civic Culture Revisited, Boston/Toronto 1980, S. 212–272; ders., The German Polity, 3. Aufl., New York/London 1986; Martin Greiffenhagen, Vom Obrigkeitsstaat zur Demokratie. Die politische Kultur in der Bundesrepublik Deutschland, in: Peter Reichel (Hrsg.), Politische Kultur

der Bundesrepublik begleiten. „Soziale Bewegungen" bestehen aus einem Netz gesellschaftlicher Protestgruppen von unterschiedlicher organisatorischer Dichte, die ein kollektives Bewußtsein entwickeln und politische Ziele vornehmlich außerhalb des „etablierten" Organisationen- und Institutionengefüges verfolgen. Sie werden von breiteren, potentiell mobilisierbaren Bevölkerungsgruppen getragen, die gesellschaftliche Krisenzustände als ungerecht erfahren und von einem sich ausschließlich auf das „etablierte" Gefüge politischer Organisationen und Institutionen konzentrierenden Engagement keine Lösung ihrer Probleme erwarten.[486]

Sieht man die deutsche Arbeiterbewegung – in ihren Ausmaßen von der Aufhebung des Sozialistengesetzes (1890) bis zum Ausbruch des Ersten Weltkrieges – und den Nationalsozialismus – von den Initiativen gegen den Young-Plan (1929) bis zur „Machtergreifung" – als „soziale Bewegungen" an, erscheint es auf den ersten Blick unsinnig, dem außerparlamentarischen Protest in der Bundesrepublik ebensolche Qualität zu bescheinigen.[487] Es wäre in der Tat abwegig, paßte man sich dem Sprachgebrauch politischer „Zwerge" an und nähme deren großspurige Selbstdefinition als „Bewegung" für bare Münze. Wenn sich jedoch bei verschiedenen Anlässen tausende von Menschen zu Demonstrationen versammeln wie Ende der sechziger („Studentenbewegung"), in der zweiten Hälfte der siebziger („Anti-Atomkraftbewegung") und zu Beginn der achtziger Jahre („Friedensbewegung"), ist dies ein Beleg dafür, daß „alternative" politische Handlungsformen wenigstens von Zeit zu Zeit von breiteren Teilen der Bevölkerung genutzt werden. Derartige Aktivitäten – wie auch Bürgerinitiativen als spezifischer organisatorischer Ausdruck des Mißtrauens gegenüber dem „etablierten" Organisationen- und Institutionengefüge – stehen keineswegs in notwendigem Gegensatz zur verfassungsmäßigen Ordnung, sondern können gerade die Antwort einer offenen, dynamischen Gesellschaft auf Mängel und Verkrustungen in den Parteien und Parlamenten sein.[488]

Fortsetzung von Fußnote 585

in Westeuropa. Bürger und Staaten in der Europäischen Gemeinschaft, Frankfurt a. M./New York 1984, S. 52–76; ders./Sylvia Greiffenhagen, Ein schwieriges Vaterland. Zur politischen Kultur Deutschlands, 2. Aufl., München 1979; Peter Reichel, Politische Kultur der Bundesrepublik, Opladen 1981. Siehe zur Einordnung und Bewertung der – unterschiedliche Akzente setzenden – Forschungen: Wolf Michael Iwand, Paradigma politische Kultur. Konzepte, Methoden, Ergebnisse der Political Culture-Forschung in der Bundesrepublik, Opladen 1985; Eckhard Jesse, The Federal Republic of Germany – From Anglo-American, West German and French Perspectives, in: WEP 9 (1986), S. 148–156; Geoffrey K. Roberts, 'Normal' or 'Critical': Progress Reports on the Condition of West Germany's Political Culture, in: EJPR 12 (1984), S. 423–431.

486 Vgl. zum Begriff der „sozialen Bewegung": Otthein Rammstedt, Soziale Bewegung, Frankfurt a. M. 1978, der auch auf die Verwendung des Begriffes bei Lorenz von Stein eingeht (S. 27 f.). Ferner die grundlegende Arbeit von: Joachim Raschke, Soziale Bewegungen. Ein historisch-systematischer Grundriß, Frankfurt a. M./New York 1985.

487 Ein Mangel der Studie Raschkes (FN 486) besteht m. E. darin, daß der Autor die jeweilige Geschichtsmächtigkeit der sozialen Bewegungen in ihrer Entwicklung im 19. und 20. Jahrhundert nicht hinreichend proportioniert.

488 Vgl. zu diesem Aspekt der demokratietheoretischen Bewertung des Phänomens: Peter Haungs, Bürgerinitiativen und Probleme der parlamentarischen Demokratie in der Bundesrepublik Deutschland, in: Bernd Guggenberger/Udo Kempf (Hrsg.), Bürgerinitiativen und repräsentatives System, 2. neubearbeitete und erweiterte Aufl., Opladen 1984, S. 156–171.

Es entspricht jedoch auch der Erfahrung, daß der – legitime – Protest gegen funktionelle Störungen des politischen Systems in prinzipielle Systemfeindschaft, die Ungeduld des auf Reformen Drängenden in Revoluzzertum umschlägt. Extremistische Kräfte umwerben das Potential der Unzufriedenen, wollen auf den fahrenden Zug aufsteigen und die Führung übernehmen. Soziale Bewegungen sind daher an den Nahtstellen zwischen Sub- und Mehrheitskultur angesiedelt.[489] In ihnen durchdringen sich Verfassungsgegnerschaft und -konformität, Reformismus und Revolutionarismus, Gewaltkalkül und Gewaltverzicht. Ihre Existenz läßt keine präzisen Aussagen über die Leistungsfähigkeit des demokratischen Systems zu; ihr Ausmaß ist jedoch auch nicht unabhängig von dessen Fähigkeit zur Problembewältigung.

Gerade weil das Entstehen sozialer Bewegungen extremistische Subkulturen in einen Alarmzustand versetzt und zur Steigerung ihrer Aktivitäten führt, sind an diesem Gegenstand besonders gut die unterschiedlichen Organisationsformen und -stadien zu beschreiben. Was die noch junge Geschichte der Bundesrepublik betrifft, so kann die Studentenbewegung Ende der sechziger Jahre als Beispiel dienen. Aus einiger Distanz läßt sie sich heute als innenpolitisches Ereignis bestimmen, das auf die politische Kultur wie auf die politische Landschaft einen nachhaltigen Einfluß ausgeübt hat. Ihre Wirkungen und Folgeerscheinungen sind erst Jahre später in ihrer Tragweite – zum Beispiel im Hinblick auf den Wandel der politischen Kultur – voll erkannt worden.[490]

Wer hätte 1968 voraussagen können, daß sich als Zerfallsprodukte des studentischen Protestes terroristische Gruppen bilden und nach Art südamerikanischer Stadtguerillas über Jahre hinweg die Öffentlichkeit in Atem halten würden? Unter denen, die Bomben zündeten und sich Gefechte mit der Polizei lieferten, fanden sich viele Versprengte der ehemaligen APO wieder.[491] Auch die Gründer der sogenannten „K-Gruppen“, zumeist maoistischer Ausrichtung, die Ende der sechziger, Anfang der siebziger Jahre wie Pilze aus dem Nährboden der Protestbewegung sprossen, waren zuvor in den Reihen der Demonstranten gegen den Vietnamkrieg marschiert.[492] Die Vielzahl der marxistischen und anarchistischen Diskussionszirkel überraschte selbst die übrig gebliebenen Getreuen Marxens und Bakunins.

---

489 Vgl. dazu die Auswertung von Umfragedaten bei: Gerhard Schmidtchen, Jugend und Staat. Übergänge von der Bürger-Aktivität zur Illegalität. Eine empirische Untersuchung zur Sozialpsychologie der Demokratie, in: Ulrich Matz/ders., Gewalt und Legitimität, = Analysen zum Terrorismus 4/1, hrsg. vom Bundesministerium des Innern, Opladen 1983, S. 106–437.

490 Manche Beobachter sprechen in diesem Zusammenhang – m. E. überzogen – von einer „Kulturrevolution“. So etwa: Günter Rohrmoser, Krise der politischen Kultur, Mainz 1983, S. 89–95.

491 Vgl. zum biographischen Hintergrund des Linksterrorismus der siebziger Jahre vor allem: Jillian Becker, Hitlers Kinder? Der Baader-Meinhof-Terrorismus, Frankfurt a. M. 1978 (Original: Hitler's Children. The Story of the Baader-Meinhof Gang, New York 1977); Stefan Aust, Der Baader-Meinhof Komplex, Hamburg 1985; Herbert Jäger/Gerhard Schmidtchen/Lieselotte Süllwold, Lebenslaufanalysen, = Analysen zum Terrorismus 2, hrsg. vom Bundesministerium des Innern, Opladen 1981.

492 Vgl. dazu vor allem: Langguth (FN 46). Ferner: Peter Mosler, Was wir wollten, was wir wurden. Studentenrevolte – zehn Jahre danach, Reinbek bei Hamburg 1982 (1977); Wir warn die stärkste der Partein ... Erfahrungsberichte aus der Welt der K-Gruppen, Berlin 1977.

Auch die Studentenbewegung entstand an der Nahtstelle zwischen systemimmanentem und systemfeindlichem Protest. Die großen Kundgebungen und Kampagnen wären ohne die Mitwirkung vieler Mitglieder der Mehrheitskultur nicht möglich gewesen. Und dennoch hatte eine große Zahl von Kerngruppen und -organisationen der Bewegung – wie dies etwa für die wohl bedeutendste Organisation, den Sozialistischen Deutschen Studentenbund (SDS) galt, der seine Entstehung nicht der Dynamik der Protestbewegung verdankte – eindeutig revolutionäre Ziele. Der SDS war Jahrzehnte vorher als Studentenorganisation der SPD gegründet und bereits 1961 von der Mutterpartei abgekoppelt worden[493], nachdem er mehr und mehr nach links weggetriftet war. Der SDS wirkte als eine Art Motor der Studentenbewegung. Wortführer der Protestler wie der legendäre Rudi Dutschke und Bernd Rabehl gingen aus den Reihen seiner Mitglieder hervor. In zahlreichen Diskussionsrunden kamen die theoretischen Altväter Marx und Lenin zu neuen Ehren, und gleichzeitig bereitete man auch die „Aktionen" vor, die den Theorien in der Praxis zum Durchbruch verhelfen sollten. Der Antreiber wurde jedoch bald zum Getriebenen. Die Eigendynamik der Protestbewegung erfaßte auch den SDS, unterwarf ihn ständigen personellen und programmatischen Veränderungen und führte schließlich zu seiner Auflösung in den Jahren 1969/70.

Schaubild 5

Organisatorische Entwicklung sozialer Bewegungen

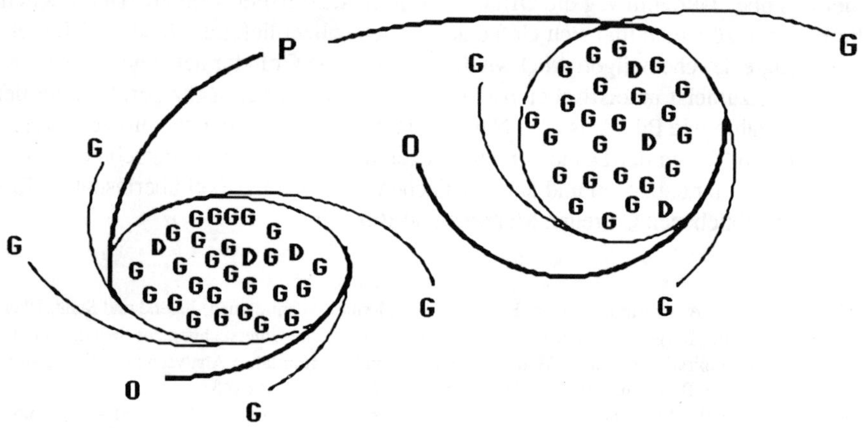

O = Organisation; P = Partei; G = Gruppe; D = Doktrin (Theoriezirkel)

493 Vgl. Tilman Fichter, SDS und SPD. Parteilichkeit jenseits der Partei, Opladen 1988.

Während sich die Bewegung gewissermaßen um die Diskussionen und Aktivitäten des SDS und der großen Zahl mit ihm locker verbundener „Ableger" herum entfaltete, formten sich andere Gruppen aus dem diffusen Protestprotential, das erst in den Jahren 1966–1968 voll zur Ausbildung kam.[494] Ende April 1967 war in Berlin der „Republikanische Club" (RC) ins Leben gerufen worden, eine politisch heterogen zusammengesetzte, locker organisierte und stark fluktuierende Gruppierung, in der kommunistische und (partiell) anarchistische Einflüsse nach einiger Zeit die Oberhand gewannen. Das Berliner Vorbild ließ in etwa 60 Städten der Bundesrepublik, häufig auf Initiative bereits im SDS organisierter Studenten, ähnliche Diskussionrunden entstehen. Von ihnen gingen auch militante Aktionen aus.[495] Zahlreiche Nachahmer fand auch das im Juli 1968 in Frankfurt am Main von den Mitgliedern des RC Berlin, Horst Mahler und Klaus Meschkat, sowie dem ehemaligen SDS-Bundesvorsitzenden Karl Dietrich Wolff und anderen gegründete „Kuratorium Republikanische Hilfe". Die Organisation diente der Verteidigung von APO-Aktivisten vor Gericht; dabei sollten diese Prozesse gezielt in ein politisches Fahrwasser gelenkt werden.[496] Ein weiteres Beispiel für die aus der Dynamik der Bewegung hervorgegangenen Gruppen war die Politisierung der (Gymnasial-)Schüler, die studentische Vorbilder nachahmten. Vielerorts entstanden Schüler-„Bünde" und –„Gemeinschaften" mit linksextremer Zielsetzung. Im 1967 gebildeten Dachverband, dem „Aktionszentrum Unabhängiger und Sozialistischer Schüler", waren 1968 ca. 3000 Schüler organisiert.[497]

Nicht alle Gruppenbildungen zielten so stark auf Theoriedebatten wie die Republikanischen Clubs. Daneben gab es die Wohngemeinschaften, die neue Formen des Zusammenlebens erproben wollten („Kommunen"). Andere Gruppen kamen zusammen, um im Haschisch-Nebel phantastische Zukunftspläne zu entwerfen. Die weitere Radikalisierung der Bewegung nach dem Attentat auf Rudi Dutschke führte viele Protestler auch auf den Weg eines politisch drapierten, aggressiven Aktionismus, der bald in die ersten terroristischen Formationen mündete.[498]

Die meisten der mehr oder weniger locker organisierten Gruppen überstiegen den lokalen Rahmen nicht. Von ihnen unterschieden sich die streng zentralistisch-hierarchisch strukturierten „K-Gruppen", die sich nach dem alten Rezept Lenins als Kaderparteien verstanden.[499] Der „antiautoritäre" Protest hatte das „System" nicht von Grund auf zu verwandeln vermocht; militärische Disziplin, totale Hingabe des

494 Vgl. zur Geschichte der Studentenbewegung die materialreiche, wenngleich umstrittene, Darstellung von: Gerhard Bauß, Die Studentenbewegung der sechziger Jahre in der Bundesrepublik und Westberlin. Handbuch, Köln 1977.

495 Vgl. Erfahrungsbericht über die Beobachtungen der Ämter für Verfassungsschutz im Jahre 1968, hrsg. vom Bundesministerium des Innern, Bonn 1969, S. 99 f. – Siehe dazu ferner: Oskar Negt, Aufgaben eines Republikanischen Clubs, in: Ders., Politik als Protest. Reden und Aufsätze zur antiautoritären Bewegung, Frankfurt a. M. 1971, S. 128–135.

496 Vgl. Erfahrungsbericht (FN 495), S. 100.

497 Vgl. ebd., S. 101. Ferner: Ulrike Heider, Schülerprotest in der Bundesrepublik Deutschland, Frankfurt a. M. 1984.

498 Vgl. Claessens/de Ahna (FN 251), S. 89–132; Baumann (FN 252).

499 Vgl. vor allem: Langguth (FN 46).

Einzelnen für die revolutionären Ziele, die rechte Mischung zwischen Agitation und Propaganda einerseits, konspirativer Betätigung andererseits sollte statt dessen auf Dauer zum Durchbruch führen. Nach anfänglichen Erfolgen bei der Mitgliederwerbung erlebten die marxistisch-leninistischen Kaderparteien in der zweiten Hälfte der siebziger Jahre einen kontinuierlichen Schrumpfungsprozeß. Aufgrund ihrer straffen Organisation überlebten sie jedoch die meisten aus der Dynamik des studentischen Protestes geborenen Gruppierungen, so daß einige (wenige) von ihnen, wie etwa der „Kommunistische Bund" (KB), noch heute in den Nachfolgebewegungen aktiv sind.[500]

Von der neomarxistischen Renaissance vergleichsweise wenig berührt blieb dagegen die westdeutsche Statthalterin Moskaus und Ostberlins, die 1968 unter veränderter Bezeichnung (DKP) neu konstituiert worden war. Sie meldete zwar ihren Führungsanspruch an: „Die APO braucht ein Zentrum – und dieses Zentrum kann nur die KPD sein!"[501] Aber die „Antiautoritären" widersetzten sich ihren hegemonialen Gelüsten. So konnte die Partei nur hoffen, daß ihr ein Teil des Protestpotentials eines Tages zuflösse, wenn die „linksradikale" „Kinderkrankheit" auskuriert sein würde. Bis dahin jedoch mußte sie Distanz wahren. Mit die größten Erfolge bei der politischen Vereinnahmung versprengter APO-Aktivisten erzielte der im Mai 1971 gegründete „Marxistische Studentenbund Spartakus" (MSB), der aufgrund seiner etwas großzügigeren ideologischen Auslegung den Einstieg in die „Orthodoxie" erleichterte.[502]

Am Beispiel der Studentenbewegung und ihres Umfeldes läßt sich nahezu die ganze organisatorische Vielfalt am Schnittpunkt zwischen Subkulturen und Mehrheitskultur aufzeigen. Das Spektrum reicht von der unorganisierten, spontan zusammentretenden Clique bis hin zur straff organisierten Kaderpartei, vom Theoriezirkel bis hin zu den Banden politisierter Randalierer, von der Kleinstgruppe bis hin zur tausende von Mitgliedern umfassenden Organisation.

5. *Politische Aktionen*

Politische Aktionen sollen all jene Aktivitäten heißen, die soziale Gruppen nach außen hin zur Erreichung bestimmter Ziele entwickeln. Sie sind zu unterscheiden von Handlungen, die der politischen Mobilisierung dienen und eine Gruppe erst aktionsfähig machen. Zur politischen Mobilisierung zählt der Aufbau organisatorischer

---

500 Vgl. VSB 1987, S. 54 f.

501 Erklärung der KPD im „Deutschen Freiheitssender 904" vom 10. Juni 1968. Zitiert nach: Erfahrungsbericht (FN 495), S. 74.

502 Vgl. Harald Ludwig, Zur Gründung des Marxistischen Studentenbundes Spartakus, in: Deutschland Archiv 4 (1971), S. 850–853. Ferner: Lucas Heumann, Antiimperialistisches Kampffeld Hochschule. Zur Ideologie, Geschichte und Praxis kommunistischer Bündnispolitik an den Hochschulen, Köln 1983; Emil-Peter Müller, Die Bündnispolitik der DKP. Ein trojanisches Pferd, Köln 1982; Ossip K. Flechtheim/Wolfgang Rudzio/Fritz Vilmar/Manfred Wilke, Der Marsch der DKP durch die Institutionen. Sowjetmarxistische Einflußstrategien und Ideologien, Frankfurt a. M. 1981.

Strukturen, das Werben von Mitgliedern, die Aneignung von Kenntnissen und das Erschließen materieller Quellen. All dies schafft erst die Grundlage für die Realisierung von Aktionen, beispielsweise die Durchführung einer Demonstration oder das Verteilen eines Flugblatts. Obwohl beide Handlungsformen nicht immer scharf voneinander abgrenzbar sind, ist diese von Joachim Raschke vorgeschlagene Unterscheidung[503] doch von großer analytischer Bedeutung. Denn extremistische Organisationen heben sich häufig kaum hinsichtlich ihrer mobilisierenden Aktivitäten von demokratischen ab, wohl aber im Hinblick auf ihre politischen Aktionen im engeren Sinne.

Auch die möglichen Formen politischer Aktionen hat Raschke in seiner bedeutenden Phänomenologie sozialer Bewegungen zu klassifizieren versucht. Dabei erschwerte die auf ideologischer Ebene herrschende Heterogenität des Untersuchungsobjektes die Kategorienbildung. Grenzt man die Analyse dagegen anhand normativer Kriterien auf extremistische Phänomene ein, wird die Lösung dieser Aufgabe wesentlich erleichtert. Die politischen Aktionen all jener Extremismen, die sich nicht an der Macht befinden, zielen nämlich auf einen Zweck: den Sturz des demokratischen Verfassungsstaates und die Errichtung einer – wie auch immer etikettierten – Diktatur. Mögen sich manche Organisationen auch halb behaglich, halb resignativ in stabilen demokratischen Regimen eingerichtet haben und – ihrer Programmatik zum Trotz – Aktionen im engeren Sinne auf Sparflamme halten, kann doch kein Zweifel daran bestehen, daß sie ihre Chance zu nutzen verstünden, zeigte der demokratische Verfassungsstaat eines Tages fundamentale Schwächen.

Politische Aktionen extremistischer Kräfte sind letztlich immer auf ein Ziel hin ausgerichtet: das demokratische Regime zu stürzen und ein anderes nach eigenen Vorstellungen zu errichten. Es handelt sich dabei verständlicherweise um eine breitere Palette von Methoden, als sie demokratischen Organisationen in der Demokratie bei ihrem Kampf um politischen Einfluß zur Verfügung stehen. Extremisten erkennen die Legitimität des demokratischen Verfassungsstaates nicht an und fühlen sich daher prinzipiell auch nicht an seine Gesetze gebunden. Entscheiden sie sich dennoch für die Einhaltung strikter Legalität, so ist dies nur Folge eines strategischen Kalküls. Nach ihrem gescheiterten Putschversuch im Jahre 1923, der Verurteilung Adolf Hitlers und den wirksamen Verbotsbestimmungen gegen die NSDAP, hielten es die Nationalsozialisten für klüger, künftig die Grenzen der Legalität zu beachten – wenigstens dem äußeren Anschein nach. Trotz dieser taktischen Einstellung wichen sie nicht von ihrem Ziel ab, die Demokratie mit deren Mitteln zu beseitigen.[504]

Kann somit für den politischen Extremismus als typisch gelten, daß er – wie häufig angenommen – sein Handeln nach dem Wahlspruch „Der Zweck heiligt die Mittel" ausrichtet, was bedeutet, ausschließlich die Nützlichkeit eines Mittels werde für das Erreichen bestimmter Ziele bei deren Auswahl als Kriterium zugrundegelegt? Dies trifft in gewisser Weise zu, bedarf allerdings der Präzisierung. Das große Ziel extremistischer Organisationen heiligt insofern die Mittel, als sie die Grenze der Rechtsstaatlichkeit nach Belieben mißachten und auch die massive Anwendung von

---

503 Vgl. auch zum folgenden: Raschke (FN 486), S. 274–336, insbesondere S. 274 f.

504 Vgl. Bracher (FN 286), S. 110–115.

Gewalt – gegen Personen wie gegen Sachen – vorsehen können. Das Motto bedeutet jedoch nicht, alle denkbaren und als nützlich geltenden Mittel, die den Sturz des demokratischen Verfassungsstaates herbeizuführen geeignet sind, würden wahllos in Kauf genommen. Dies träfe etwa dann zu, wenn eine Clique nur auf den eigenen Vorteil bedachter Krimineller einen Putschversuch unternähme. Aber genau dies beinhaltet der Extremismus nicht. Vielmehr wird er durch die politische Motivation definiert. Extremistischen Handlungen mögen im einzelnen verwickelte Motivationsstrukturen zugrundeliegen; sie gründen jedoch immer auch auf bestimmten politischen Überzeugungen. Selbst der Nationalsozialismus war keineswegs eine „Revolution des Nihilismus", wie ihn der ehemalige Danziger Senatspräsident und NS-Renegat Hermann Rauschning definierte, der es angesichts der eigenen Aktivitäten hätte besser wissen müssen.[505] Dem politischen Handeln Hitlers lag, mag diese Feststellung auch wie der pure Zynismus anmuten, ein „ethisches" Regelsystem zugrunde, das bestimmte, wer für die Vernichtung, die Versklavung oder die Heranzüchtung einer neuen „Herrenrasse" ausersehen war.

Selbst für die neonazistischen Amokläufer unserer Tage ist nachgewiesen worden, daß „Schlächtertheorien" ihre Taten nicht erklären können.[506] Auch wenn Terrorakte häufig das Signum wahlloser Grausamkeit tragen, verknüpft sie der Täter

---

505 Vgl. Hermann Rauschning, Die Revolution des Nihilismus. Kulisse und Wirklichkeit im Dritten Reich, Zürich/New York 1938. Das von Rauschning in vielen Punkten zutreffend gezeichnete Selbstverständnis des Nationalsozialismus widerspricht dieser plakativen und wohl auf Publikumswirksamkeit zielenden Etikettierung. Im übrigen verstand selbst der „Erfinder" des Nihilismus, Friedrich Nietzsche, das Nichts als eine Chance, ein neues, „größeres" Sein zu schaffen. Vgl. dazu: Walter Kaufmann, Nietzsche. Philosoph – Psychologe – Antichrist, Darmstadt 1982 (Original: Nietzsche. Philosopher, Psychologist, Antichrist, Princeton/N. J. 1974), besonders S. 112–138. Was Rauschnings Buchproduktion der Kriegs- und unmittelbaren Nachkriegszeit betrifft, so sind die – schwierigen – materiellen Umstände zu berücksichtigen, unter denen der Emigrant und Familienvater arbeiten mußte. Freilich entschuldigt dies nicht die Herstellung und Verbreitung als dokumentarisch ausgegebener Phantasieprodukte. Siehe dazu die Kontroverse um den Wert der sogenannten „Gespräche mit Hitler" als Geschichtsquelle: Hermann Rauschning, Gespräche mit Hitler, unveränderter Neudruck, Wien/Zürich/New York 1940 (1939). Dazu – mehr als vorsichtig und rücksichtsvoll – : Theodor Schieder, Hermann Rauschnings 'Gespräche mit Hitler' als Geschichtsquelle, Opladen 1972; dagegen pointiert: Wolfgang Hänel, Hermann Rauschnings 'Gespräche mit Hitler'. Eine Geschichtsfälschung, Ingolstadt 1984. Ferner zu den beiden Studien: Karl-Heinz Janßen, Kümmerliche Notizen. Rauschnings 'Gespräche mit Hitler' – wie ein Schweizer Lehrer nach 45 Jahren einen Schwindel auffliegen ließ, in: Die Zeit vom 19. Juli 1985, S. 16; Julius H. Schoeps, Fälschung oder Dokument? Eine detektivische Arbeit zu Rauschnings 'Gesprächen mit Hitler', in: FAZ vom 10. August 1985, S. 8; Gerhard Schreiber, Rezension der Hänel-Schrift, in: Militärgeschichtliche Mitteilungen 29 (1985), S. 204–206; Marion Gräfin Dönhoff, Renegat oder Patriot? Zur Kontroverse um den ehemaligen Danziger Senatspräsidenten Hermann Rauschning, in: Die Zeit vom 16. August 1985, S. 32; A. C., Wirbel um ein Hitler-Buch. Wie echt sind Rauschnings 'Gespräche mit Hitler'?, in: NZZ vom 25./26. August 1985, S. 6; Martin Broszat, Enthüllung? Die Rauschning-Kontroverse, in: FAZ vom 20. September 1985. Siehe jetzt auch den wichtigen Beitrag von: Fritz Tobias, Auch Fälschungen haben lange Beine. Des Senatspräsidenten Rauschnings „Gespräche mit Hitler", in: Karl Corino (Hrsg.), Gefälscht! Betrug in Literatur, Kunst, Musik, Wissenschaft und Politik, Nördlingen 1988, S. 91–105.

506 Vgl. Friedhelm Neidhardt, Linker und rechter Terrorismus. Erscheinungsformen und Handlungs-

subjektiv doch zumeist mit einer zweckrationalen Methodik. Émile Henry hatte „die Bourgeoisie“ treffen wollen, als er im Café des Pariser Hotels Términus ein Blutbad anrichtete. Was den Zeitgenossen als die Untat eines Wahnsinnigen erschien, war – wie der Prozeß zeigte – Ausfluß moralistischer Unerbittlichkeit.[507] In dem „Katechismus eines Revolutionärs“, 1869 von dem russischen Terroristen Nechaev verfaßt, heißt es: „Sein einziges und unerschütterliches Objekt ist die schnellstmögliche Zerstörung dieser gemeinen Ordnung. [...] Er verachtet und verabscheut die herrschende Sozialethik in all ihren Ausprägungen und Einzelheiten. Für ihn ist all das *Moral*, was zum Triumph der Revolution führt. *Unmoralisch* und kriminell ist alles, was diesem im Wege steht.“[508]

Bindet der Extremist die Wahl seiner Mittel also durchaus an ein Regelsystem – wenngleich an eines, das sich von demjenigen des demokratischen Verfassungsstaates grundlegend unterscheidet –, werden dadurch Umfang und Ausstattung des Waffenarsenals doch nur unmerklich geschmälert. Es beginnt bei der strikten Legalitätswahrung und endet beim systematischen Einsatz massiver Gewaltakte. Zwischen beiden Extremen erstreckt sich ein breites Feld möglicher Dosierungen, und die Virtuosen der Subversion machen das Abspielen der gesamten Klaviatur nur von der Gunst der jeweiligen Stunde abhängig. Die Marxisten-Leninisten Moskauer Couleur haben ihr historisches Wissen um die Wahl der Instrumente zu einer Technologie entwickelt. Strategie und Taktik sollen sich dynamisch den gegebenen Möglichkeiten zur politischen Veränderung anpassen. Der Altmeister dieser Disziplin, Wladimir Iljitsch Lenin, hatte seinen Schülern eingeschärft, gegebenenfalls auch die äußerste Form der politischen „Aktion“ nicht zu verschmähen: „Selbstverständlich lehnten wir den individuellen Terror nur aus Gründen der Zweckmäßigkeit ab; Leute aber, die es fertigbrächten, den Terror der großen französischen Revolution oder überhaupt den Terror einer siegreichen und von der Bourgeoisie der ganzen Welt bedrängten revolutionären Partei 'prinzipiell' zu verurteilen, solche Leute hat bereits Plechanow in den Jahren 1900–1903, als er Marxist und Revolutionär war, dem Spott und der Verachtung preisgegeben.“[509] Wenn sich also die kommunistischen Orthodoxien Moskaus und Ostberlins auch immer wieder vom „individuellen Terror“, den selbsternannte Volksbefreier in westlichen Demokratien übten, distanziert haben, sind solche Bekundungen doch keineswegs mit einer generellen Absage an die Gewalt zu verwechseln. Eine Organisation wie die DKP, die in der Bundesrepublik die Grenzen der Legalität beachtet, könnte in einer für sie günstigeren politischen Situation auch zu dem Ergebnis gelangen, die Anwendung oder Unterstützung von Terrorakten sei „aus Gründen der Zweckmäßigkeit“ sinnvoll. Gleiches gilt selbstverständlich für alle anderen moskauhörigen KPen in den demokratischen Verfassungsstaaten.

Fortsetzung von Fußnote 506
potentiale im Gruppenvergleich, in: Von Baeyer-Katte/Claessens/Feger/ders. (FN 251), S. 433–476, insbesondere S. 466–469.

507 Vgl. Varennes (FN 236), S. 247–290.

508 Nechaev, Katechismus eines Revolutionärs (1869). Prinzipien, von denen sich der Revolutionär leiten lassen soll, in: Laqueur (FN 243), S. 56–59, 56 (Hervorhebung von mir, U.B.).

509 Lenin (FN 126), S. 20 f.

Lassen die Gesetze der gruppenspezifischen „Ethik“ und der Zweckmäßigkeit ein weites Handlungsspektrum zu, so unterscheiden sich extremistische Kräfte verschiedenster Ausrichtung oft wesentlich hinsichtlich ihres Aktionsstils voneinander. Verbreitet ist eine spezifische Form politischer Mimikry: der „Elektoralismus“, wie diese Strategie von ihren aktionistischen Gegnern tituliert wird. Dabei organisieren sich extremistische Kräfte als politische Partei und stellen sich – wie andere demokratische Parteien – zur Wahl, sei es auf nationaler, sei es auf regionaler oder lokaler Ebene. Der elektoralistischen Strategie liegt die Überlegung zugrunde, „liberale Systeme“ könnten am besten mit den eigenen Mitteln geschlagen werden. Die Anpassung an die systemkonformen Prozesse soll der extremistischen Partei in den Augen der Wählerschaft Respektabilität verschaffen und sie als eine wählbare Alternative erscheinen lassen. Dieser Effekt wird noch durch Mandatsgewinne seitens der Extremisten gesteigert. Der Geruch der „Straße“ schwindet; gelangt die extremistische Organisation zu „Amt und Würden“, mag es manchem Wähler schwerfallen, die fundamentalen Differenzen wahrzunehmen, die Extremisten von Demokraten trennen. Zudem bedienen sich extremistische Kräfte häufig zusätzlich einer programmatischen Kosmetik.[510] Verbalästhetische Manipulationen sollen einen geistigen Wandel suggerieren, der tatsächlich gar nicht stattgefunden hat. Elektoralistische Strategien kommen nur bei extremistischen Gruppierungen in Frage, die über ein Mindestmaß an Mitgliedern und Ressourcen verfügen. Dies ist allerdings nicht mit den Maßstäben demokratischer Parteien zu messen, denen es fernliegt, die nahezu totale Selbstpreisgabe des Individuums zu fordern, wie das bei extremistischen „Sekten“ häufig der Fall ist. Eine Parteiorganisation mit nur wenigen hundert Mitgliedern über Jahre hinweg zu betreiben, setzt die aufopferungsvolle Tätigkeit jedes Einzelnen voraus.

Extremistische Strategien vertrauen jedoch selten ausschließlich auf die Anpassung an die Gegebenheiten des „liberalen Systems“. Für rechtsextreme Organisationen des „faschistischen“ Typs ist etwa die „Arbeitsteilung“ zwischen Wahl- und Straßenpolitik kennzeichnend. Dies ist am Beispiel der britischen „National Front“ (NF) herausgearbeitet worden[511], die in den siebziger Jahren einerseits den Versuch startete, mittels der Teilnahme an Wahlen im lokalen Rahmen das Image des „political fringe“ zu verlieren, andererseits jedoch gleichzeitig „nachhalf“, indem sie Konflikte zwischen Einwanderern und Alteingesessenen schürte und sogar (im Londoner

510 Im Falle des sogenannten „Eurokommunismus“ ist umstritten, ob Veränderungen des programmatischen Wortlauts mehr oder weniger kosmetische Bedeutung haben oder ob ihnen ein Gesinnungswandel zugrundeliegt. Vgl. repräsentativ für die widerstreitenden Positionen: Enzo Bettiza, O Comunismo Europeu. O mito do eurocomunismo, Lissabon 1979 (Original: Il comunismo europeo, Mailand 1978); Hornung (FN 41); Leonhardt (FN 44).

511 Vgl. besonders: Duncan Scott, The National Front in Local Politics: Some Interpretations, in: Ivor Crewe (Hrsg.), British Political Sociology Yearbook, Bd. 2: The Politics of Race, London 1975, S. 214–238, 230 f. – Zur National Front ferner: Michael Billig, Fascists. A Social Psychological View of the National Front, London/New York 1978; Nigel Fielding, The National Front, London/Boston/Henley 1980; Zig Layton-Henry, The Politics of Race in Britain, London 1984; Franz Nuscheler, Rassistische und faschistische Auswüchse der britischen Krise, in: APZG, B 44/1979, S. 3–19; Stan Taylor, The National Front in English Politics, London/Basingstoke 1982; Martin Walker, The National Front, 2. Aufl., Glasgow 1977.

East End) Rassenkrawalle provozierte. Der Elektoralismus ist nur Mittel zum Zweck, und die Annahme wäre naiv, eine Konversion zu demokratischen Spielregeln habe stattgefunden. Bei kommunistischen Organisationen ergänzen vielfältige Einfluß- und Unterwanderungsstrategien häufig das konventionell auf Wahlen ausgerichtete Engagement. Interessengruppen verschiedenster Art, besonders aber Gewerkschaften und Verbände im Bereich der Kultur und des Bildungswesens, sind bevorzugte Objekte derartiger Strategien. In einigen Fällen gelingt es, maßgeblichen Einfluß auf die Entscheidungen eines Verbandes zu nehmen, in anderen Fällen können immerhin en détail Veränderungen zu eigenen Gunsten erreicht werden (etwa was den Wortlaut bestimmter öffentlicher Bekundungen angeht).[512]

Hinsichtlich des Untersuchungsbereichs politischer Extremismen in demokratischen Verfassungsstaaten stellt der sogenannte „Putschismus" einen Sonderfall dar. „Putsche" oder „Staatsstreiche" sind vor allem von südamerikanischen Militärregimen bekannt, wo eine herrschende Clique strategisch wichtige Bereiche der Gesellschaft kontrolliert, ohne mit ihnen auf breiter Ebene verflochten zu sein, so daß ein Regimewechsel am leichtesten durch den Austausch einer Oligarchie gegen die andere zu bewerkstelligen ist.[513] In funktionierenden demokratischen Systemen, wo Gesellschaft und Staat miteinander verflochten, die Hauptfunktionsbereiche des Staates voneinander getrennt sind, von unten kontrolliert werden, Elitenkonkurrenz herrscht und in der Bevölkerung ein Legitimitätsbewußtsein verankert ist, erscheinen Staatsstreiche von vornherein zum Mißerfolg verdammt. Der Putschismus kommt als Strategie also allenfalls in jungen, ungefestigten und daher krisenanfälligen Demokratien in Frage.

Das exakte Gegenteil des Putschismus sind Strategien, die auf die Spontaneität der Massen vertrauen.[514] Der von Lenin so titulierte „Linksradikalismus" sieht in der Verbreitung „revolutionären Bewußtseins" die entscheidende Voraussetzung für das Gelingen einer gesellschaftlichen Umwälzung. „Agitation und Propaganda" haben für ihn Vorrang, während die von Lenin an erster Stelle genannte Organisation von Berufsrevolutionären nach diesem Verständnis nur erfolgreich sein kann, wenn sich das revolutionäre Bewußtsein in den „Massen", insbesondere dem „Proletariat", ausgebreitet hat. Eine besondere Form des Spontaneitätsglaubens ist die von anarcho-

---

512 Zu den Praktiken auf internationaler Ebene vgl. R. N. Carew Hunt, The Theory and Practice of Communism. An Introduction, with a Preface by Leonard Schapiro, Nachdruck, Harmondsworth u. a. 1983 (1950), insbesondere S. 192–203. Siehe dazu besonders den engagierten Appell an den Überlebenswillen der westlichen Demokratien von: Jean-François Revel, So enden die Demokratien, München 1984 (Original: Comment les démocraties finissent, Paris 1983). Zur Situation in der Bundesrepublik Deutschland vgl. besonders: Heumann (FN 502); Wilhelm Mensing, Maulwürfe im Kulturbeet. DKP-Einfluß in Presse, Literatur und Kunst, Zürich 1983; Müller (FN 502); Dieter Portner, Bundeswehr und Linksextremismus, München/Wien 1976. Siehe zum Thema auch: Flechtheim/Rudzio/Vilmar/Wilke (FN 502). Die Schrift über kommunistische Unterwanderungsstrategien hat hohe Wellen geschlagen, ein Zeichen dafür, daß auch demokratische Sozialisten in dieser Frage häufig falsche Solidarität üben. Vgl. zur Diskussion mit ausführlichen Literaturverweisen: Backes/Jesse (FN 252), S. 211–224.

513 Vgl. Linz (FN 429), S. 264–350. Ferner: Ekkehard Zimmermann, Staatsstreiche und Revolutionen. Theorien, Daten und neuere Forschungsansätze, Opladen 1981.

514 Vgl. dazu Abschnitt III, 3.1.1.6. dieser Arbeit.

syndikalistischer Seite propagierte „direkte Aktion“. Sie erblickt im Generalstreik den Hebel für die Beseitigung des alten Systems. Nach syndikalistischer Vorstellung bilden die betrieblichen Organisationen die Grundlage einer herrschaftslosen Ordnung.[515]

Auf die Ebene des Bewußtseins zielen auch kulturrevolutionäre Strategien. Nach Antonio Gramsci ist die kulturelle „Hegemonie“ die Voraussetzung für eine grundlegende Umgestaltung des herrschenden Systems.[516] Der gesellschaftlichen Revolution muß eine in den Köpfen der Menschen vorausgehen. Diese gegen das Konzept der „Diktatur des Proletariats“ gerichtete Strategie wird heute auch von den Verfechtern einer Neuen Rechten propagiert – bislang freilich ohne greifbare Erfolge. Pierre Krebs umschreibt die Ziele der neu-rechten „Ableger“ in der Bundesrepublik wie folgt: „*Strategisch:* Das metapolitische Projekt, das eine neue Kultur und neue Werte verkündet. Die neuen Werte werden innerhalb der spezifischen Strukturen der europäischen Mentalität formuliert, d. h. innerhalb der einzelnen ethnischen Einheiten und deren jeweiliger Geschichte; im Gegensatz zum ideologischen Projekt der Gleichheitslehre, das jedwede Identität zerschmettert, die geistig oder ethnisch spezifischen Strukturen zerrüttet und letzthin die menschliche, psychische und soziale Integrität der einzelnen Völker modifiziert“.[517] Dieses „metapolitische“ Konzept zielt nicht in erster Linie auf die Veränderung politischer Strukturen, stellt vielmehr die Eroberung des Geistes in den Vordergrund. Die deutsche Rechte, so Armin Mohler in seiner Elegie auf das de Benoist-Buch „Kulturrevolution von rechts“, habe „ein naturburschenhafter Anti-Intellektualismus“ an der Einsicht gehindert, „daß der Geist die Welt regiert“.[518] Demgegenüber lobt er die Vorkämpfer der Nouvelle Droite wegen ihrer Bemühungen, die Köpfe für sich zu gewinnen. Eine „Umwertung der Werte“ ist das Ziel. Sie soll bewirken, daß eines Tages die Veränderung der politischen Strukturen den Kulturrevolutionären wie ein reifer Apfel in die Hände fällt.

Sind Worte die Waffen des Metapolitikers, so erfordert die „Propaganda der Tat“ revolutionäre Praxis.[519] Ihre Extremform ist der politische Terrorismus, die systematische Anwendung von Gewalttaten mit Überraschungseffekt. Terroristische Aktionen verfolgen im wesentlich zwei Ziele: ein quasi-militärisches und ein kommunikatives.[520] Das quasi-militärische stellt den Terroristen an die Seite des Guerillakämpfers, das kommunikative weist sein Handeln als eine Sonderform der „Propaganda der Tat“ aus. Quasi-militärisch ist der Terrorismus, weil seine Aktionen der Erzeugung von Furcht und Schrecken bei einer genau definierten Feindgruppe (die Reprä-

515 Vgl. Röhrich (FN 263).

516 Vgl. Antonio Gramsci, Gli intellettuali e l'organizzazione della cultura, Turin 1949.

517 Pierre Krebs, Gedanken zu einer kulturellen Wiedergeburt, in: Ders. (FN 416), S. 13–31, 25 f. Siehe dazu aus der Sicht der italienischen Nuova Destra: Stenio Solinas, Intellettuali, minoranza e strategia del consenso, in: Al di là della destra e della sinistra. Atti del convegno 'costanti ed evoluzioni di un patrimonio culturale', Rom 1982, S. 30–36.

518 Armin Mohler, Vorwort, in: De Benoist (FN 304), S. 9–12, 12.

519 Vgl. Joll (FN 19), S. 121–156.

520 Vgl. Backes/Jesse (FN 252), S. 245 f., 321 f.; Henner Hess, Terrorismus und Terrorismus-Diskurs, in: Kriminologisches Journal 15 (1983), S. 89–109, 93.

sentanten des „Unterdrückungsregimes“ und dessen „Handlanger“) dienen; ihre gesellschaftliche Position soll geschwächt werden. Kommunikativ ist der Terrorismus insofern, als seine Aktionen eine mobilisierende und revolutionierende Wirkung bei den zu befreienden Gruppen der Bevölkerung anstreben. Terrorakte suchen die spektakuläre Wirkung. Sie sollen die Aufmerksamkeit einer breiten Öffentlichkeit erregen, „Problembewußtsein“ und revolutionäre Stimmung erzeugen, die es den „Befreiungskämpfern“ nach und nach erlaubt, die wachsenden Sympathien für ihren Kampf auszunutzen. Das Dilemma des politischen Terrorismus besteht in demokratischen Verfassungsstaaten darin, daß die Erfüllung seiner kommunikativen Funktion Handlungen erfordert, die moralisch diskreditierend wirken.

7. Zusammenfassende Bemerkungen

Die phänomenologische Betrachtung sollte ein möglichst weites Spektrum extremistischer Erscheinungsformen erschließen. Die Darstellung der Mannigfaltigkeit unterschiedlicher Phänomene wirkt der Gefahr entgegen, den Begriff des politischen Extremismus ausschnitthaft zu verkürzen und seine Komplexität zu beschneiden. So ist in Studien zum politischen Extremismus häufig von der „totalitären Ideologie“ die Rede, obwohl der Begriff des Totalitarismus lediglich einen bestimmten Typus politischer Regime umgreift. Der Begriff der „totalitären Ideologie“ wird vorzugsweise am Beispiel kommunistischer (Bolschewiki) oder rechtsextremer (Nationalsozialisten) Parteien entwickelt, die zur Macht gelangt sind. Diese Form der Konzeptualisierung verwischt erstens charakteristische Unterschiede zwischen den leitenden Doktrinen der Bewegungs- und der Politik der Regimephase, zweitens überträgt sie die ideologischen Strukturmerkmale pauschal auf alle extremistischen Phänomene (in demokratischen Verfassungsstaaten). Demgegenüber kommt der Phänomenologie unter anderem die Aufgabe zu, die Vielfalt politisch-extremistischer Denkweisen abzubilden. Sie erlaubt keine pauschale Subsumption extremistischer Doktrinen unter den Begriff der „totalitären Ideologie“.

Überblickt man das Spektrum extremistischer Phänomene, so erscheint seine Komposition noch weiter und buntscheckiger als die der demokratischen Kräfte. Diese Feststellung gilt in geringerem Maße für den Bereich der Organisationen. Ihre Bandbreite mutet wie eine Miniatur des demokratischen Makrokosmos an. Sie trifft jedoch gewiß auf das Feld extremistischer Doktrinen zu. Im Verhältnis zur Ideenentwicklung des demokratischen Verfassungsstaates rekurrieren extremistische Entwürfe auf verschiedenartige Traditionslinien: Prädemokratischen Ursprungs sind etwa die Ständestaatsideen und Rassenlehren; ebenso jene chiliastischen Impulse, die besonders anarchistische und kommunistische Doktrinen mit religiösen Heilsbewegungen verbinden. Sie stammen also aus einer Zeit, als die konstitutionelle Tradition sich in eine Außenseiterrolle verwiesen sah. Postdemokratisch (und auch pseudodemokratisch) können dagegen all jene Doktrinen genannt werden, die in Auseinandersetzung mit der sich kräftigenden konstitutionellen Entwicklungslinie entstanden, sei es, daß sie – wie im Falle des Anarchismus und Kommunismus – manche Wurzeln mit dem demokratischen Verfassungsstaat teilen, sie aber in eigentümlicher

Weise in vordemokratische Denkstrukturen einpflanzen, sei es, daß sie – wie im Falle der Faschismen – demokratische Ausdrucksformen übernehmen, um sie für ihre konterrevolutionären (im Hinblick auf „1789") Zwecke zu mißbrauchen.

Die vielgestaltigen und komplexen ideengeschichtlichen Traditionen des politischen Extremismus erklären einen Gutteil seiner Buntscheckigkeit. Andere Faktoren treten hinzu: Der – unterschiedlich stark ausgeprägte – Dogmatismus und die mangelnde Kompromißfahigkeit fördern das Sektierertum und sorgen für ständige Um- und Neuformierungen. Damit einher geht die zügellose politische Phantasie. Von den Widrigkeiten der realen Welt nahezu unberührt, entwickeln extremistische Zukunftsentwürfe eine ungeheure Formenvielfalt.

Auch das Waffenarsenal des politischen Extremismus enthält ein reichhaltiges Sortiment. Da Extremisten die Legitimität des demokratischen Verfassungsstaates nicht anerkennen, stehen ihnen im Prinzip viele Wege zu seiner Bekämpfung offen. Der Kampf wird weder ziel– noch regellos geführt; viemehr folgt er einem eigenständigen „Ethos". Dieses kann – seltener – bestimmte Formen politischer Aktion ganz ausschließen oder – häufiger – die Bedingungen formulieren, unter denen der Einsatz der Mittel als opportun gilt. Die elementare Spannung zwischen den strahlenden Aussichten der Zukunftsverheißung und den tristen Ergebnissen der Gegenwartsanalyse läßt die Gewalt regelmäßig als geeignetes Mittel für den guten Zweck erscheinen.

Die phänomenologische Betrachtung gleicht einer Gratwanderung: Einerseits unterliegt sie der Gefahr der Weitschweifigkeit, andererseits bringt der Zwang zur Auswahl der Objekte ein gewisses Maß an Willkür mit sich. Um sich weder in der Weite des Untersuchungsraumes zu verlieren, noch das Spektrum ungebührlich zu verkürzen, orientierte sich die Darstellung an Einteilungskategorien, die den Einzelphänomenen übergeordnet sind. So sollte verhindert werden, daß bestimmte Gruppen von Erscheinungsformen aus der Betrachtung herausfallen. Auch folgte die Auswahl der zur Illustration hinzugezogenen Beispiele bestimmten Kriterien: Erstens wurden nicht nur politische Extremismen in der Bundesrepublik Deutschland behandelt, sondern auch Phänomene in anderen demokratischen Verfassungsstaaten. Hierbei waren solche Formen von Interesse, die das in der Bundesrepublik Deutschland vorfindbare Spektrum transzendieren. Zweitens basiert die Phänomenologie nicht nur auf einer Momentaufnahme, sondern nimmt besonders auch historische Entwicklungen in den Blick. Drittens wurde die Frage der jeweiligen politischen Relevanz bei der Auswahl gestellt. Die Phänomenologie sollte nicht in ein Kabinett der Kuriositäten ausarten. Viertens schließlich war bei allem Bemühen um Repräsentativität darauf zu achten, daß bestimmte Sonderphänomene, die sich herkömmlichen Einordnungsversuchen – tatsächlich oder vermeintlich – entziehen (z. B. „Neue Rechte"), gebührende Berücksichtigung fanden. Im Zweifelsfall erschien es unumgänglich, Phänomene von marginaler politischer Relevanz näher zu beleuchten.

Übergeordnete Maßstäbe liegen auch den großförmigen typologischen Einteilungen zugrunde: der Unterscheidung zwischen den „Aggregatzuständen" Doktrin, Organisation und Aktion und der Konstruktion von Typen durch deren Kombination; der Unterscheidung zwischen Kommunismus und Anarchismus und der Gegenüberstellung eines „restaurativen" und eines „revolutionären Konservativismus". Diese

Einteilungen orientieren sich einerseits am Selbstverständnis, transzendieren es jedoch andererseits in manchen Punkten. Eine Fixierung auf die immanente Betrachtung bei der Konstruktion von Typen wäre Gefahr gelaufen, die Subjektivismen und Irrtümer extremistischer Sichtweisen partiell zu übernehmen. Daher findet sich die immanente Betrachtungsweise durch eine Außensicht ergänzt.

Die Darstellung der Einzelphänomene war eingebettet in ein Raster großräumiger Ordnungsbegriffe. Zunächst wurde analytisch zwischen den Elementen „Doktrin", „Organisation" und „Aktion" unterschieden. Sie kommen in der sozialen Wirklichkeit in dieser Isolation nicht vor; vielmehr ergibt sich die Vielfalt der extremistischen Phänomene aus der Art ihrer jeweiligen Ausprägung und Kombination. Die Differenzierung der analytischen „Segmente" leitete die phänomenologische Betrachtung ein. Danach folgte ihr Kernstück. Ihre Gliederung basiert auf der Unterscheidung der drei „Aggregatzustände". Im Bereich „politische Doktrinen" wurde zunächst eine grundlegende Differenzierung zwischen Rechts- und Linksextremismus vorgenommen. Die Bedeutungen der Richtungsbegriffe „rechts" und „links" wichen dabei von denjenigen ab, die man ihnen in der heutigen politischen Alltagssprache vielfach verleiht. Vielmehr rekurriert die Unterscheidung auf die politische Kernfrage, die sich mit der symbolträchtigen Jahreszahl „1789" verbindet: Werden dem Einzelnen allein aufgrund der Tatsache seines Menschseins – unabhängig von Geschlecht, Hautfarbe, Herkunft, Bildung und weltanschaulichem Bekenntnis – bestimmte elementare Rechte zuerkannt („personale Autonomie"), oder lassen bestimmte Qualitätsmerkmale (Stand, Volkszugehörigkeit, Rasse) den Begriff der „Menschheit" unsinnig erscheinen, so daß die Freiheit, sich selbst zu entfalten, durchaus von Mensch zu Mensch verschieden sein muß? Dies war der historische Ausgangspunkt der Separierung des politischen Raumes in „Rechte" und „Linke", mögen die Begriffe auch längst andere Bedeutungen angenommen haben.

Die Unterscheidung hat jedoch ihren Sinn bis in die Gegenwart behalten. Wer die Frage nach der prinzipiell gleichen Freiheit jedes Einzelnen verneint, kann als Rechtsextremist gelten. Heute wie damals nämlich lebt der Rechtsextremismus aus der Verneinung der „Prinzipien von 1789". Er ist der Erbe der Konservativen, die sich gegen den neuen Geist erhoben und für die Restauration des Ancien Régime eintraten. Je stärker die demokratische Revolution die politischen Strukturen Europas veränderte, desto weiter mußten sich die Konservativen von ihrem Ziel entfernt sehen. Der restaurative Konservativismus wandelte sich unter diesem Realitätsdruck schließlich zu einem revolutionären. Seinen konterrevolutionären Zielen treu bleibend, paßte er sich nun teilweise auch den Bedingungen und Problemen der Moderne an: den Organisationsformen und Handlungsstilen des Massenzeitalters, der Selbsterhöhung der Massen in der „Nation", der sozialen Frage. Damit waren alle Voraussetzungen für die Entstehung „faschistischer" Bewegungen erfüllt. Sie entfalteten sich auf der ideengeschichtlichen Grundlage eines aus Verzweiflung revolutionär gewordenen Konservativismus.

Qualifiziert die Verneinung der Kardinalfrage nach der prinzipiell gleichen Freiheit jedes Einzelnen den Rechtsextremisten, so macht ihre Bejahung allein noch nicht den Linksextremisten aus. Denn auch der demokratische Verfassungsstaat ruht auf diesem Verständnis politischer Gleichheit. Ethischer Universalismus und politischer Kosmopolitismus sind dem demokratischen Verfassungsstaat als geistige Prinzipien ebenso immanent wie linksextremen Doktrinen. Es waren ganz unterschiedliche Strömungen, die das Erbe der europäischen Aufklärung für sich reklamierten. Ein ungebremster Rationalismus, geprägt vom Glauben an die Unaufhaltbarkeit des wissenschaftlichen und moralischen Fortschritts der Menschheit, mündete in die bekannten Reißbrettentwürfe idealer Gesellschaften. Ein kritisch korrigierter Rationalismus dagegen mußte zur Einsicht in die Imperfektibilität des Menschen gelangen und phantastischen Zukunftsentwürfen mit der nötigen Skepsis begegnen. Talmons bekannte Unterscheidung zwischen der „liberalen" und der „totalitären" Demokratie knüpft an diese beiden Entwicklungsrichtungen an. Auch wenn die tatsächliche ideengeschichtliche Entwicklung komplexer war, als es diese Dichotomie besagt, macht sie doch deutlich, daß die Forderungen nach der „Herrschaft des Volkes", nach Freiheit, Gleichheit und Brüderlichkeit von einander zutiefst widerstreitenden Richtungen vertreten werden konnten. Der Kult der Vernunft führte zu politischen Resultaten, die seine Anhänger als Gefolgsleute eines säkularisierten Millenarismus erscheinen lassen.

Der Linksextremismus steht ganz in dieser Tradition. Seine Ausprägungen in der Gegenwart – Anarchismus und Kommunismus – weisen bei allen Gemeinsamkeiten doch auch so bedeutende Unterschiede auf, daß es ratsam erscheint, sie als eigenständige Ideenkreise zu behandeln: Der Anarchismus stellt die Freiheit des Individuums in den Mittelpunkt seiner politischen Entwürfe, während der Kommunismus immer erst die rechtliche und materielle Gleichheit Aller fordert, ehe er den daraus erwachsenden Konsequenzen für die Freiheit des Einzelnen Beachtung schenkt. Diese elementare Spannung zwischen Individualismus und Kollektivismus erzeugt über das vage entworfene Endziel hinaus die grundlegenden Gegensätze, die das Verhältnis anarchistischer und kommunistischer Doktrinen prägen.

Viertes Kapitel

Typologie

1. Begriffsbestimmung und Aufgabenstellung

Die Forschungsgegenstände der Humanwissenschaften sind in aller Regel von einer hochgradigen Verwobenheit, so daß sie sich nicht nach Art jener streng gegliederten Klassifikationen einfangen lassen, wie sie etwa aus der Zoologie oder der Botanik bekannt sind. Die auf einer höheren Abstraktionsebene angesiedelte typologische Methode hat sich als unverzichtbares Hilfsmittel bewährt, wo immer eine amorphe Masse in übersichtliche Einheiten zu gliedern ist.

In der Einleitung wurden die damit verbundenen Probleme bereits eingehender erörtert. Hier sei mit Blick auf das Folgende nur so viel gesagt: Die typenbildende Methode wendet sich nicht dem Einzelphänomen, sondern Gruppen von Objekten zu, um aus der Menge ihrer Merkmale jene hervorzuheben, die aus einer bestimmten „Sicht der Dinge" heraus als „charakteristisch" erscheinen. Diese der Einordnung zugrundeliegende „Sicht der Dinge" wurde im zweiten Kapitel näher beschrieben. Das sich herauskristallisierende Deutungs- und Ordnungsgefüge erhebt nicht den Anspruch, die Wirklichkeit gleichsam „originalgetreu" abzubilden; es erfüllt lediglich eine heuristische Funktion. Die Plausibilität der aus ihm ableitbaren Aussagen ist der Gradmesser, an dem sich die Nützlichkeit der gewonnenen Einsichten erweisen muß.

Die phänomenologische Betrachtung beinhaltete den Versuch, die Formenfülle extremistischer Erscheinungen in ihrer ganzen Breite zu durchmessen. Eine Vielzahl programmatischer, organisatorischer und handlungsstrategischer Möglichkeiten trat zutage. Damit diese Bestandsaufnahme nicht in eine unzusammenhängende Aneinanderreihung von Gegenständen ausartete, wurden die Phänomene in ein großflächiges Raster eingebettet. Zu den grundlegenden Einordnungen, die im Rahmen der Phänomenologie ohne eingehendere Erörterung vorgenommen worden sind, zählt die Zweiteilung der Doktrinen in rechts- und linksextreme. Zwar handelt es sich hierbei um ein weit verbreitetes politisches Orientierungsschema; angesichts mannigfacher Verwendungsweisen der Richtungsbegriffe „rechts" und „links" und einer Kritik, die ihre Zweckmäßigkeit und analytische Fruchtbarkeit in Frage stellt, muß jedoch näher begründet werden, welche spezifische konzeptionelle Fassung eine trennscharfe Abgrenzung beider Bereiche erlaubt.

Der Phänomenologie lag die Unterscheidung zwischen drei „Aggregatzuständen" des politischen Extremismus zugrunde: Doktrin, Organisation und Aktion. Dabei wurde betont, daß diese drei Analyseebenen sich in der Wirklichkeit mannigfach durchdringen. Im Rahmen der typologischen Betrachtung soll es nun darum gehen, einige besonders häufig vorfindbare und insofern „typische" Konfigurationen aus der jeweils spezifischen Verbindung der drei Elemente zu gewinnen. Dies geschieht im zweiten Teil der sich anschließenden Untersuchung.

Ein weiteres zentrales Problem der Typologisierung schließlich, dem gleichfalls im Rahmen der Phänomenologie immer wieder Aufmerksamkeit galt, ist Gegenstand des dritten Teiles: der Grad der Bedrohung, die extremistische Phänomene für den demokratischen Verfassungsstaat darstellen. Insbesondere wird der Frage nachgegangen, ob sich für den Bereich der nicht an der Macht befindlichen Extremismen eine ähnliche Abgrenzung treffen läßt, wie sie Juan J. Linz für den Bereich der Diktaturen („autoritär" – „totalitär") systematisch entfaltet hat. Lassen sich Indikatoren ausmachen, die es erlauben, vom Erscheinungsbild der Extremismen in demokratischen Verfassungsstaaten auf die Art des Regimes zu schließen, das sie im Falle einer Machtübernahme voraussichtlich errichten würden?

2. *Die Rechts-Links-Topographie*

Die wohl verbreiteteste Art der Strukturierung des Raumes politischer Doktrinen und Organisationen ist die Unterscheidung zwischen einer „Rechten" und einer „Linken". Die Dichotomie zielt in erster Linie auf die ideologisch-programmatische Ebene. Wird von einer Partei gesagt, sie sei „rechts" oder „links", dann sind damit vor allem bestimmte Ziele angesprochen, die sie verfolgt, zu verfolgen meint oder zu verfolgen vorgibt. Topographische Modelle sollen undurchdringlich erscheinende Gegenstandsbereiche in übersichtliche Einheiten untergliedern. Die Vielfalt der Ideen und programmatischen Entwürfe, die auf dem Nährboden demokratischer Meinungsfreiheit gedeiht, erzeugt einen Bedarf nach Hilfsmitteln politischer Orientierung.

Es ist daher kein Zufall, daß die Rechts-Links-Dimensionierung im Zuge der Herausbildung einer modernen „Öffentlichkeit" entstand. In der neugebildeten französischen „Nationalversammlung" des Revolutionsjahres 1789 kam es bald zur Auseinandersetzung zwischen den Deputierten, die für und jenen, die gegen ein unbeschränktes Vetorecht des Königs eintraten: „Ce fut à la suite de cette séance, le vendredi 28 août 1789, que l'assemblée se sépare définitivement en côté gauche et côté droit. Tous les partisans du veto allèrent s'asseoir à droite du président, tous les antagonistes se groupèrent dans la partie opposée. Cette séparation rendait plus facile le calcul des voix dans le vote par assis et levé qui avait été conservé."[1] Im Kern ging es um die entscheidende Frage, wer oberster Souverän sein sollte – der König oder das Volk.[2] Wer sich für erstes entschied, gehörte der parlamentarischen „Rechten" an, letztes dagegen qualifizierte die Angehörigen der „Linken". Die einen wollten

1 Philippe Buchez/Pierre Roux-Lavergne, Histoire parlementaire de la Révolution française. Journal des assemblées nationales depuis 1789 jusqu'en 1815, Paris 1834. Zitiert nach: René Rémond, Les droites en France, Neuausgabe, Paris 1982 (1954), S. 389. – Siehe dazu auch: Michel Mourre, Art. „Droite et Gauche", in: Ders., Dictionnaire encyclopédique d'histoire, Paris 1978, S. 1437–1442.

2 Am 11. September entschied die Nationalversammlung mit 575 gegen 325 Stimmen zugunsten eines aufschiebenden Veto-Rechtes des Königs. Wohl aus diesem Grunde nennen folgende beiden

einen grundstürzenden Wandel des Bestehenden verhindern, die anderen die Verfassung des Staates von Grund auf verändern. Wandel und Fortschritt, Tradition und Beharrung sind die vagen, ausdeutungsfähigen Inhalte, die sich seither mit den Richtungsbegriffen „rechts“ und „links“ verbinden.

Die zu treffenden Entscheidungen und politischen Konstellationen waren in den folgenden Jahrzehnten einem ständigen Wandel unterworfen. Wenn sich die Inhalte auch veränderten, erwies sich die Rechts-Links-Dichotomie dennoch als ein schier unausrottbarer Bestandteil der politischen Sprache. Allzu pauschal heftete man die Begriffe im 19. und 20. Jahrhundert den wechselnden Regimen an: Als „links“ hatte die Revolution gegolten; „rechts“ wurde die nach dem endgültigen Scheitern Bonapartes einsetzende Restauration genannt. „Links“ erschien den Zeitgenossen die Zweite Republik; „rechts“ hingegen das Zweite Kaiserreich. Die „Linke“ konnte sich in der Dritten Republik durchsetzen; die Stunde der „Rechten“ schlug nach der deutschen Invasion. Für „links“ hielt man die Vierte Republik, während die Fünfte lange Zeit als „rechts“ verschrieen war.[3]

Frankreich ist das Ursprungsland der topographischen Unterscheidung. Nach und nach breitete sie sich jedoch auch in anderen Verfassungsstaaten aus. Vor allem auf zweierlei Wegen: einerseits durch das Medium des parlamentarischen Wortgebrauchs, andererseits durch das der Sprachkonventionen im Bereich des Sozialismus.[4] Heute sind die Begriffe – in verschiedenen Varianten ihrer Verwendung – über die ganze Erdkugel verstreut.[5] Man hat zu zeigen versucht, daß die Beliebtheit des

---

Fortsetzung von Fußnote 2

Arbeiten dieses Datum als historischen Ausgangspunkt der Rechts-Links-Separierung in der Assemblée Nationale: Jean Defrasne, La gauche en France de 1789 à nos jours, 3. Aufl., Paris 1983 (1972); Jean-Christian Petitfils, La droite en France de 1789 à nos jours, 3. Aufl., Paris 1983 (1973). Siehe ferner: Georges Lefranc, Les gauches en France, 1789–1972, Paris 1973; Alain-Gérard Slama, Les chasseurs d'absolu. Genèse de la gauche et de la droite, Paris 1980. Für den Ablauf der Ereignisse vgl. auch: Michael Erbe, Geschichte Frankreichs von der Großen Revolution bis zur Dritten Republik 1789–1884, Stuttgart/Berlin/Köln/Mainz 1982, insbesondere S. 78–152.

3 Vgl. Guy Rossi-Landi, Le chassé croisé. La droite et la gauche en France de 1789 à nos jours. Essai, Paris 1978, S. 25.

4 Die Nachweise hierzu finden sich im Standardwerk von: Jean A. Laponce, Left and Right. The Topography of Political Perceptions, Toronto/Buffalo/London 1981, S. 52–68.

5 Vgl. ebd. – Insbesondere im Zusammenhang mit der Erforschung des Wählerverhaltens hat die Rechts-Links-Topographie Beachtung in der empirischen Sozialforschung gefunden: Wilhelm P. Bürklin, Konzept und Fakten: Zur Notwendigkeit der konzeptionellen Fundierung der Diskussion der politischen Richtungsbegriffe „Links“ und „Rechts“, in: PVS 23 (1982), S. 339–345; Wolfgang G. Gibowski, Die Bedeutung der Links-Rechts-Dimension als Bezugsrahmen für politische Präferenzen, in: PVS 18 (1977), S. 600–626; Hans D. Klingemann, Party Identification, Ideological Preference and the Left-Right Dimension among Western Mass Publics, in: Ian Budge/Ivor Crewe/Dennis Farlie (Hrsg.), Party Identification and Beyond. Representation of Voting and Party Competition, London 1976, S. 243–276; ders., Testing the Left-Right Continuum on a Sample of German Voters, in: CPS 5 (1972), H. 1, S. 93–107; ders., Fakten oder Programmatik? Die Thesen von Murphy et al. über den Bedeutungswandel von „links“ und „rechts“ und das gegenwärtige Verständnis der politischen Richtungsbegriffe in der Bevölkerung der Bundesrepublik Deutschland, in: PVS 23 (1982), S. 214–224; Detlef Murphy/Frank Nullmeier/Joachim Raschke/Frauke Rubart/Thomas Saretzki, Haben „links“ und „rechts“ noch eine Zukunft? Zur aktuellen Diskussion über die politischen Richtungsbegriffe, in: PVS 22 (1981), S. 398–414; Jean Ranger, Droite et gauche dans les élections à Paris (1965–1977), in: RFSP 27 (1977), S. 789–819.

zweipoligen Schemas mit elementaren Strukturen menschlicher Raumwahrnehmung zusammenhängt.[6] Unterscheidungen wie die zwischen „rechts“ und „links“, „oben“ und „unten“, „hinten“ und „vorne“ werden auf die politische Ebene übertragen.

Schaubild 6
Eindimensionale Rechts-Links-Achse

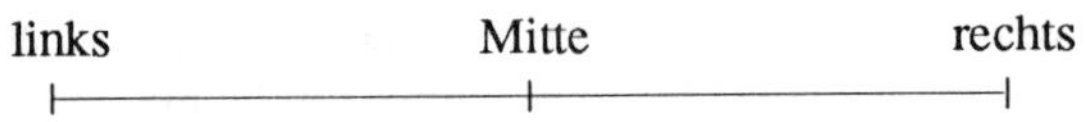

Während diese Begriffe ausreichend sein mögen, einem Fremden die Orientierung im Straßendickicht einer Großstadt zu erleichtern, muß es doch als äußerst fragwürdig gelten, ob sie sich auch hinreichend zur Grobstrukturierung eines hochkomplexen Raumes politischer Ideen und Doktrinen eignen. Dies gilt selbst dann, wenn man die Rechte mit dem Festhalten an überkommenen Werten, die Linke mit emanzipativen Bestrebungen identifiziert. Denn „Beharrung“ und „Fortschritt“ können zu unterschiedlichen Zeiten Verschiedenes bedeuten. Keine Partei will nichts verändern und alles konservieren, und es gibt keine Gruppierung, die alles verändern und nichts konservieren möchte. Ob eine Politik „rechte“ oder „linke“ Ziele verfolgt, hängt demnach von dem jeweiligen Wertungssystem ab, das den Begriffen zugrundeliegt. Eine dualistische Topographie[7], wie sie das Schaubild 6 modellhaft umsetzt, mag sich aufgrund seiner Einfachheit weiter Verbreitung erfreuen; sie fördert jedoch auch eine simplifizierende Betrachtung des Politischen und die Herausbildung von Freund-Feind-Stereotypen.

2.1. Wissenschaftliche Konzeptualisierungen

Trotz der offenkundigen Schwächen des eindimensionalen, zweipoligen Rechts-Links-Modells, wie es die politischen Alltagsvorstellungen bis in die Gegenwart prägt, sind doch auch von seiten der Humanwissenschaften immer wieder Versuche unternommen worden, diese Dimension für die topographische Erfassung politischer Orientierungen nutzbar zu machen. An der Unterscheidung zwischen einer Rechten und einer Linken hält beispielsweise René Rémond fest, wobei er sich des historischen Inhaltswandels der Begriffe bewußt ist und den ihnen innewohnenden „simplisme“[8] zu vermeiden sucht. Rémond teilt nicht die Auffassung, die beiden Begriffe seien der Ausdruck „ewiger Wesenheiten“[9], konstatiert vielmehr eine doppelte

6 Vgl. Robert Hertz, The Preeminence of the Right Hand. A Study in Religious Polarity (1909), in: Rodney Needham (Hrsg.), Right and Left. Essays in Dual Symbolic Classification, Chicago 1973, S. 3–31; Jean A. Laponce, Spatial Archetypes and Political Perceptions, in: APSR (1975), S. 11–20; ders. (FN 4), S. 29–46.

7 Zu den Gefahren dualistischer Systeme vgl. Laponce (FN 4), S. 14–28; Rémond (FN 1), S. 18–27.

8 Rémond (FN 1), S. 20.

9 Ebd., S. 30: „Droite et gauche ne sont pas des essences éternelles.“

Relativität der Rechten und Linken: „L'une par rapport à l'autre: elles se définissent autant par leur complémentarité et leur antagonisme qu'en elles-mêmes et par leur contenu propre. Relatives aussi à un temps donné et à un type de situation: elles évoluent avec leur environnement et s'adaptent aux problèmes de chaque époque. Elles ne sont pas exclusive: la juxtaposition de ces deux notions n'épuise pas la richesse de la réalité et ne réussit qu'exceptionellement à enclore toute la diversité des possibles.“[10] „Links“ und „rechts“ definieren sich demnach ebenso sehr durch das gegenseitige Spannungsverhältnis wie durch das geistige Umfeld, dem sie entstammen.

Ob die eindimensionale Rechts-Links-Unterscheidung jedoch tatsächlich imstande ist, die ganze Formenvielfalt politischer Orientierungen zu „umzäunen“, mag auch nach den Erläuterungen Rémonds zweifelhaft erscheinen. Es wird nämlich innerhalb des Modells keine Differenzierung zwischen historischen Entwicklungsformen getroffen, die in den demokratischen Verfassungsstaat münden, und solchen, die die Tradition seiner ärgsten Kontrahenten speisen. Rémond behandelt die Rechte insgesamt als „famille politique“ – was durchaus legitim ist. Allerdings hätte das Problem der Unterscheidung „extrémiste“/„modéré“ eine stärkere Beachtung verdient, führt doch die undifferenzierte Gegenüberstellung von „rechts“ und „links“ dazu, daß liberale Konservative ebenso als „rechts“ gelten wie sozialdarwinistisch beeinflußte Rassisten. Umgekehrt werden Bolschewiki und Menschewiki, Kommunisten und Sozialdemokraten in einen Topf geworfen – eine keineswegs von Rémond intendierte Konsequenz. Wenn aber der Sinn typologischer Unterscheidungen unter anderem darin besteht, Gleiches oder Verwandtes von Ungleichem oder kategorial Entgegengesetztem zu trennen, dann wird dieses Ziel durch das eindimensionale, zweipolige Rechts-Links-Schema offenkundig verfehlt.

Um die Vermischung gegenläufiger Traditionslinien zu vermeiden, koppelt man die Begriffe „links“ und „rechts“ häufig an das Gegensatzpaar „extremistisch“ und „gemäßigt“, wobei „Mäßigung“ im Sinne des demokratischen Verfassungsstaates verstanden wird. Das politische Spektrum läßt sich dann in der Form eines Hufeisens darstellen, dessen Pole einander entfernt und benachbart zugleich sind. Das Hufeisen-Modell (siehe Schaubild 7) trägt der Tatsache Rechnung, daß die Grenzlinie zwischen politischem Extremismus und demokratischem Verfassungsstaat für die Bewertung politischer Phänomene von größerer Bedeutung ist als die jeweilige Stellung auf der Rechts-Links-Achse.

Die Hufeisen-Metapher war schon in der Weimarer Republik im politischen Gebrauch – wenngleich in einer vom obigen Schaubild abweichenden Version. Innerhalb der Intellektuellenzirkel der „Konservativen Revolution“ und deren Umkreis wurden die Richtungsbegriffe „rechts“ und „links“ vielfach als „bürgerlich“ und überholt zurückgewiesen – mit dem Anspruch, die seit der Französischen Revolution verbreitete Dichotomie in einem höheren Sinne zu „überwinden“. Dazu ein Beispiel: Auf einer Veranstaltung im Hause des Berliner Herrenclubs, am Abend des 15. November 1932, lokalisierte ein Redner die Position der „Schwarzen Front“ Otto Straßers wie folgt: „Der Standort der 'Schwarzen Front' ist eindeutig feststell-

10 Ebd., S. 30 f.

Schaubild 7
Hufeisen-Schema

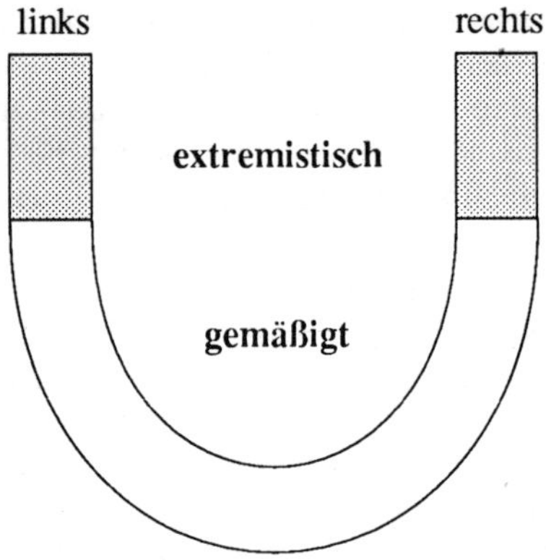

bar, wenn man darauf verzichtet, das bürgerlich-demokratische Schema von 'Links' und 'Rechts' anzuwenden. Stellt man sich die deutschen Parteien und Strömungen in Gestalt eines *Hufeisens* vor, an dessen Biegung das Zentrum und an dessen Endpunkten jeweils die KPD und die NSDAP lagern, so liegt der Raum der 'Schwarzen Front' zwischen den beiden Polen des Kommunismus und des Nationalsozialismus. Die Gegensätze von 'Links' und 'Rechts' heben sich auf, indem sie eine Art Synthese eingehen unter einmütiger Ausscheidung des 'Bürgerlichen'. Die Lage zwischen beiden Polen gibt den Spannungscharakter der Schwarzen Front am besten wieder."[11] Läßt man zunächst einmal die These von der Überwindung der Dichotomie als unbewiesen beiseite und ersetzt KPD und NSDAP durch Links- und Rechtsextremismus, so stimmt dieses Modell im wesentlichen mit Schaubild 7 überein.

11 Adolf Ehrt/Julius Schweickert, Entfesselung der Unterwelt. Ein Querschnitt durch die Bolschewisierung Deutschlands, Berlin 1933, S. 270 f. Zitiert nach: Armin Mohler, Die konservative Revolution in Deutschland 1918–1932. Ein Handbuch, 2. völlig neu bearbeitete und erweiterte Fassung, Darmstadt 1972 (1950), S. 59 (Hervorhebung bei Mohler). Vgl. dazu ausführlicher: Jean Pierre Faye, Langages totalitaires. Critique de la raison/l'économie narrative, édition augmentée de l'introduction théorique, Paris 1973 (1972), insbesondere S. 401–405. Siehe dazu die kritische Bemerkung bei: Louis Dupeux, „Nationalbolschewismus" in Deutschland 1919–1933. Kommunistische Strategie und konservative Dynamik, München 1985 (Original: Stratégie communiste et dynamique conservatrice. Essai sur les différents sens de l'expression „Nationalbolchevisme" en Allemagne sous la République de Weimar, Paris 1976), S. 11. Zur „Schwarzen Front" siehe vor allem die grundlegende Studie von: Patrick Moreau, Nationalsozialismus von links. Die „Kampfgemeinschaft Revolutionärer Nationalisten" und die „Schwarze Front" Otto Straßers 1930–1935, Stuttgart 1985.

Schaubild 8

Das politische Spektrum der Weimarer Republik nach dem modifizierten Hufeisen-Modell Jean Pierre Fayes

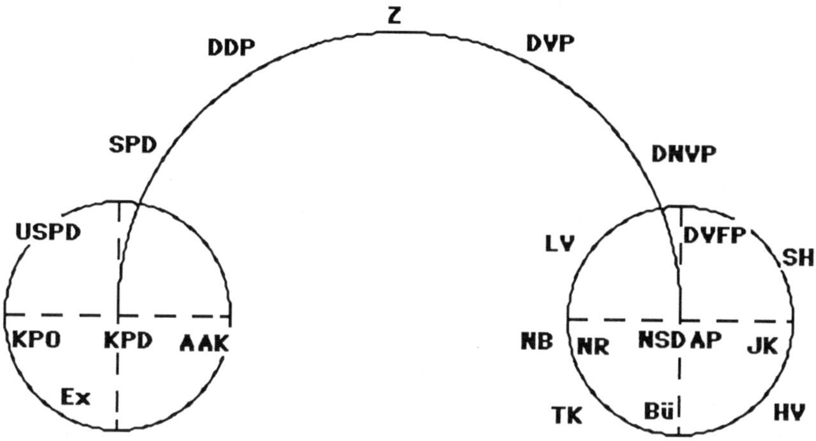

KPD	Kommunistische Partei Deutschlands	DVFP	Deutschvölkische Freiheitspartei
SPD	Sozialdemokratische Partei Deutschlands	Bü	Bündische Jugend
DDP	Deutsche Demokratische Partei	JK	Jungkonservativer Club
Z	Zentrum	NR	Nationalrevolutionäre
DVP	Deutsche Volkspartei	NB	Nationalbolschewismus
DNVP	Deutschnationale Volkspartei	HV	Hanseatische Verlagsanstalt
USPD	Unabhängige Sozialdemokratische Partei Deutschlands	SH	Stahlhelm
Ex	Expressionismus	LV	Landvolkbewegung
KPO	Kommunistische Partei Opposition	TK	Tat-Kreis
		AAK	Aufbruch Arbeitskreis („Nationalkommunismus“)

Jean Pierre Faye hat das Hufeisen-Bild in seiner Abhandlung über „Totalitäre Sprachen“ aufgegriffen.[12] Allerdings nimmt er an den beiden Extrempolen eine Erweiterung vor. Die dort angebrachten Kreise (siehe Schaubild 8) sollen verdeutlichen, daß Links- und Rechtsextremismen in sich keine monolithischen Einheiten bilden, sondern auch wiederum Spektren aufweisen. Somit wäre zwischen einem „linken“ und einem „rechten“ Rechtsextremismus zu unterscheiden, wie auch zwischen einem

12 Faye (FN 11), S. 407. Schaubild 8 ist mit dem Modell Fayes identisch; die Abkürzungen entsprechen den von ihm gewählten im wesentlichen. Hier geht es vor allem um die Grundzüge des Modells. Es erscheint daher nicht erforderlich, die von Faye vorgenommene Sichtung des politisch-extremistischen Raumes kritisch zu beleuchten.

„linken“ und „rechten“ Linksextremismus. Diese Erweiterung des Modells ist insofern verdienstvoll, als dem Bereich des politischen Extremismus dadurch ein eigenständiges Gewicht beigemessen wird. Es ergeben sich jedoch auch problematische Konsequenzen. Die Rechts-Links-Dimension findet nämlich auf verschiedenen Aussageebenen zugleich Anwendung.

Das damit verbundene terminologische Problem ist nicht allein dem von Faye entwickelten Modell anzulasten; vielmehr wird in der entsprechenden Literatur häufig von der NSDAP-„Linken“ oder der KPD-„Rechten“ gesprochen. Im Falle der NSDAP-„Linken“, gemeint ist vor allem der als „sozialistisch“ geltende Straßer-Flügel[13], läßt sich durchaus eine plausible Begründung finden: Es hat eine Vermischung programmatischer Elemente stattgefunden, ohne daß die betreffende Organisation ihren Charakter, der zur Einordnung auf der „rechten“ Seite des Spektrums führt, grundsätzlich verändert hätte. Im Falle der KPD reicht diese Erklärung wiederum nicht aus. Als „Rechtsabweichler“ firmierten beispielweise die Anhänger Paul Levis („Leviten“), der nach dem gescheiterten Aufstandsversuch vom März 1921 („Märzaktion“) die KPD verließ.[14] Hier war es zur Vermischung programmatischer Elemente wohl ebensowenig gekommen wie im Falle der KPD-„Linken“, der „Ultralinken“, „Linksabweichler“ oder „Linksradikalen“, denen – mit Recht – eine Neigung zum „Putschismus“ nachgesagt wurde. Diese extremismusinternen Richtungsbezeichnungen sollen vielmehr die Distanz zu der auf dem Rechts-Links-Kontinuum jeweils als nächststehend gedachten politischen Kraft ausdrücken. Die „Leviten“ sind demnach „Rechtsabweichler“, weil sie sich angeblich dem „Sozialdemokratismus“ annähern, während die „Ultralinke“ gewisse Tendenzen hin zum Anarchismus an den Tag legt, der offenkundig als „links“ vom Kommunismus stehend angesehen wird.

Auch die wissenschaftlichen Prägungen des dualistischen Begriffspaares, die allerdings vielfach den politischen Sprachgebrauch aufgreifen, können also, nebeneinander gestellt, für beträchtliche Verwirrung sorgen. Den bisherigen Ausführungen lassen sich drei unterschiedliche Bedeutungen von „rechts“ und „links“ entnehmen: 1. bezeichnen die beiden Begriffe die Extrempole eines unidimensionalen, als Kontinuum gedachten politischen Spektrums, das sowohl demokratische als auch extremistische Phänomene umfaßt. 2. dienen die Begriffe innerhalb des Spektrums zur Ortsbestimmung, a) indem sie eine programmatische Vermischung der beiden entgegengesetzten Konfigurationen anzeigen, b) indem die relative Distanz zu der als nächstliegend gedachten politischen Kraft markiert wird. Es bedarf einer deutlichen Trennung dieser drei Ebenen.

Auch empirische Sozialforscher haben sich verschiedentlich bemüht, die Rechts-Links-Achse von „alltagstheoretischem“ Ballast zu befreien und für die wissen-

13 Genannt sei nur die – gründliche – Studie von Kühnl, in der die Terminologie durchgängig Verwendung findet: Reinhard Kühnl, Die nationalsozialistische Linke 1925–1930, Meisenheim am Glan 1966. Siehe zum Problem der Durchmischung programmatischer Elemente: Michael Wolffsohn, Linker und rechter National-Sozialismus, in: ZfP 24 (1977), S. 56–80.

14 Die Parteiterminologie übernimmt teilweise: Hermann Weber, Kommunismus in Deutschland 1918–1945, Darmstadt 1983. Siehe jetzt auch die wichtige Studie von: Sigrid Koch-Baumgarten, Aufstand der Avantgarde. Die Märzaktion der KPD 1921, Frankfurt a.M./NewYork 1986.

schaftliche Analyse fruchtbar zu machen. Wohl der erste Versuch dieser Art ist von dem Psychologen Hans Jürgen Eysenck unternommen worden. Seine Grundüberlegung ist derjenigen nicht unähnlich, die zum Hufeisen-Modell hinführt: Die eindimensionale Rechts-Links-Achse reiche zur Erfassung des politischen Ideen-Raumes nicht aus, da so unterschlagen werde, daß „Faschisten“ und „Kommunisten“ wichtige Merkmale gemeinsam haben, was sie beide wiederum von freiheitlich-demokratischen Kräften unterscheide: „Much might be said in favour of both these hypotheses, but clearly they cannot both be true *as long as we restrict ourselves to a one-dimensional system.* They could easily be reconciles if we accepted a two-dimensional system [...], where our abscissa represents our left-right continuum, and our ordinate represents our democratic versus autocratic continuum, as we may provisionally call it.“[15]

Schaubild 9
Zweidimensionale Darstellung des politischen Spektrums nach Hans Jürgen Eysenck

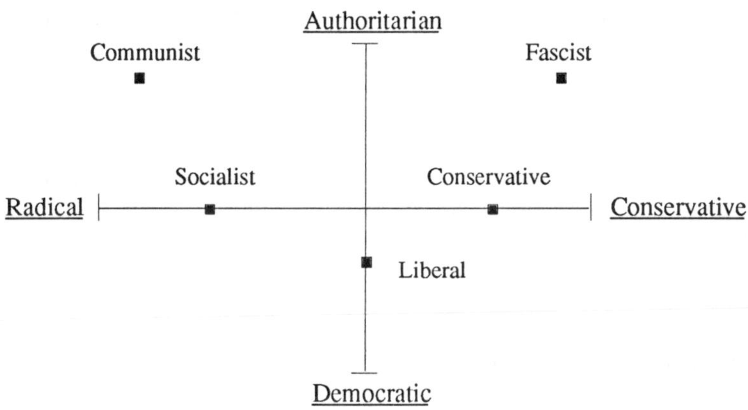

Seiner naturwissenschaftlichen Orientierung entsprechend, hat sich Eysenck für eine politische Topographie in Anlehnung an mathematische Darstellungsformen entschieden. Obwohl er zu Recht betont, daß es sich lediglich um eine „heuristische Hypothese“[16] handelt, wird durch diese Präsentationsform doch ein Grad der Aussagegenauigkeit suggeriert, den das Modell bei nüchterner Prüfung seiner Elemente nicht herzugeben vermag. Das von Eysenck entworfene Koordinatensystem (siehe Schaubild 9) bildet auf der horizontalen Achse das Rechts-Links-Kontinuum ab (mit den Polen „Radical“ und „Conservative“), auf der vertikalen die Unterscheidung

15 Hans Jürgen Eysenck, The Psychology of Politics, 5. Aufl., London 1968 (1954), S. 110 (Hervorhebung im Original).
16 Ebd.: „It should be noted, of course, that we are presenting this two-dimensional pattern merely as an heuristic hypothesis, not as a definite fact.“

zwischen politischem Extremismus („Authoritarian") und „Demokratie" („Democratic"). Die zweidimensionale Erfassungsweise Eysencks führt zu folgenden Anwendungsbeispielen: Der „Kommunist" verbindet äußerst „radikale" mit ausgeprägt „autoritären" Werten; der „Faschist" sieht sich weit rechts und zugleich hochgradig „autoritär" eingestuft; der „Liberale" wiederum gilt als gemäßigt „demokratisch" und nimmt eine Mittelposition auf der Rechts-Links-Achse ein.

Im Vergleich zur Hufeisen-Metapher bringt das Eysencksche Koordinatensystem noch deutlicher die Eigenständigkeit des extremistischen gegenüber dem freiheitlich-demokratischen Sektor zum Ausdruck. Fraglich erscheint allerdings, ob die angedeutete Parallelität beider Bereiche der Wirklichkeit in jedem Falle entspricht. Sind die zwei Dimensionen gleichgewichtig? Durchdringen sie nicht einander? Reichen sie bereits aus, um die ganze Vielfalt des politischen Spektrums in befriedigender Weise abzubilden? Weitere Zweifel melden sich an: Wenn sich auf der Horizontalen ein Kontinuum zwischen den Extrempunkten „Radical" und „Conservative" erstreckt, dann muß dies in gleicher Weise für die Vertikale gelten. Das aber bedeutet, daß sich insbesondere die sozialistischen und konservativen Kräfte, die Eysenck exemplarisch in das Koordinatensystem eingetragen hat, sozusagen im Niemandsland zwischen „Demokratie" und „Autoritarismus" befinden. Ferner ist dem Modell zu entnehmen, daß die Liberalen gegenüber Sozialisten und Konservativen einen Vorsprung im Hinblick auf demokratische Regeln und Werte besitzen. Beabsichtigt oder unbeabsichtigt unterscheidet Eysenck also Parteien unterschiedlicher „demokratischer" Qualität. Die mathematische Form des Modells steht in beträchtlichem Gegensatz zur (mangelnden) Präzision seiner Aussagen. Das „animalische" Hufeisen-Bild will nicht so genau beim Wort genommen werden; seine erkenntnisaufschließende Funktion dürfte jedoch wenig hinter der des zweidimensionalen Koordinatenkreuzes zurückstehen.

Schaubild 10
Zweidimensionale Darstellung des politischen Spektrums nach Kaase/Klingemann/Pappi

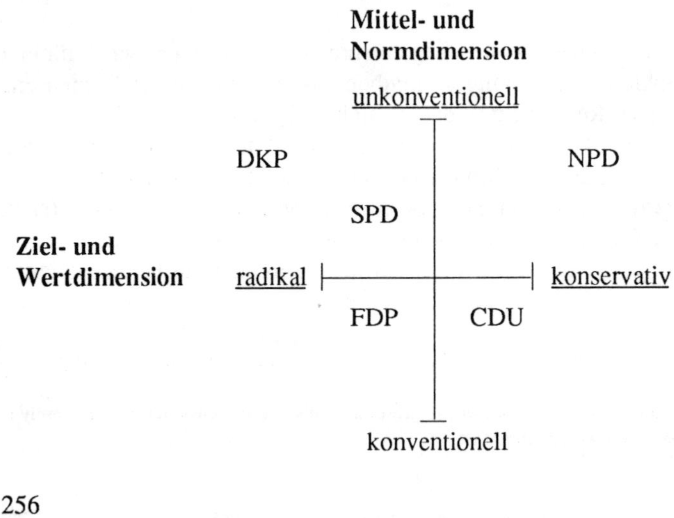

Mathematisierende Darstellungen üben große Attraktivität auf eine am Methodenideal der Naturwissenschaften orientierte Richtung der Humanwissenschaften aus. Bei Vertretern dieses Forschungsansatzes ist Eysencks zweidimensionales Modell auf beträchtliche Resonanz gestoßen. In der bereits im ersten Kapitel genannten Radikalismusstudie knüpfen Hans D. Klingemann und Franz U. Pappi an das Eysenck-sche Konzept an.[17] Stand dieses noch ganz unter dem Einfluß der Totalitarismustheorien, so wissen sich die Autoren strikter „Wertneutralität" verpflichtet. Der von ihnen vorgenommene Austausch der beiden Dimensionen des Koordinatensystems trägt dieser Veränderung der Sichtweise Rechnung. Klingemann/Pappi halten es im Rahmen ihrer Analyse des Wählerverhaltens für heuristisch zweckmäßig, zwischen einer Ziel- und einer Normdimension zu unterscheiden.[18] Das von Max Kaase in Anlehnung an die Forschungsergebnisse Klingemanns und Pappis entwickelte Modell[19] (siehe Schaubild 10) ersetzt die Rechts-Links-Achse (auf der Horizontalen) durch die Ziel- oder Wertdimension; die Unterscheidung des Eysenckschen Modells zwischen „Autoritarismus" und „Demokratie" (auf der Vertikalen) weicht der Mittel- und Normdimension. Hier stehen sich die Pole des konventionellen und des unkonventionellen politischen Verhaltens gegenüber.

Waren die Begriffe „Autoritarismus" und „Demokratie" bei Eysenck noch wertgeladen, so wird diese Achse nun durch eine wertungsfreie Inventur des politischen „Waffenarsenals" ersetzt, wobei „unkonventionell" nichts anderes besagt, als daß die betreffenden Mittel vom allgemein Üblichen abweichen. Dagegen soll die Ziel-Achse, anders als das Rechts-Links-Kontinuum, die jeweilige Position zwischen starker Befürwortung „demokratischer" Werte („radikal") und ihrer Ablehnung („konservativ") – die höchst mißverständlichen Begriffe sind wohl aus Eysencks Modell übernommen worden – zu fixieren ermöglichen. Freilich wird die als Grundlage dienende „Demokratie"-Definition nicht aus prinzipiellen Überlegungen zur Anerkennungswürdigkeit politischer Ordnungen deduziert, sondern „empirisch" aus den in Umlauf befindlichen Vorstellungen und Parolen gewonnen. Dies führt – notgedrungen – zu folgendem grotesken Resultat: Die DKP erhält die besten „Noten" im Hinblick auf die Befürwortung „demokratischer" Werte, während sich die CDU bedrohlich dem Grenzbereich des Antidemokratischen nähert (siehe Schaubild 10).

Klarer als anhand dieser beiden Fälle dürfte die Untauglichkeit des „wertneutralen" Modells bei der topographischen Erfassung des politischen Raumes nicht zu erweisen sein. Die gegenüber Eysenck vorgebrachten formalen Einwände gelten auch hier: Die durch die mathematisierende Darstellungsweise suggerierte Genauigkeit der Aussagen hält der Überprüfung an Beispielen aus der politischen Praxis nicht hinreichend stand. Wenn Max Kaase aus einiger kritischer Distanz heraus den Vorschlag erhoben hat, das zweidimensionale Modell durch eine dritte Di-

17 Hans D. Klingemann/Franz U. Pappi, Politischer Radikalismus. Theoretische und methodische Probleme der Radikalismusforschung, dargestellt am Beispiel einer Studie anläßlich der Landtagswahl 1970 in Hessen, München/Wien 1972, S. 29–32.

18 Vgl. ebd., S. 72–75.

19 Politischer Protest in der Bundesrepublik Deutschland. Beiträge zur sozialempirischen Untersuchung des Extremismus. Eine Arbeit der Infratest Wirtschaftsforschung GmbH, Stuttgart/Berlin/Köln/Mainz 1980, S. 27.

mension zu erweitern[20], nämlich durch die bei Lipset/Raab vorgeschlagene Unterscheidung zwischen „Pluralismus“ und „Monismus“[21], so zeugt dies von Problembewußtsein. Man sollte sich jedoch darüber im Klaren sein, daß Darstellungsformen dieser Art dem hohen Komplexitätsgrad humangesellschaftlicher Verhältnisse niemals voll gerecht werden können. Ihr Wert bemißt sich ausschließlich aufgrund der heuristischen Funktion, die sie erfüllen. Bildhafte Vergleiche tragen diesen Erfordernissen zumindest in gleichem Maße Rechnung, besitzen allerdings den unschätzbaren Vorteil, daß sie jedermann sogleich als gedankliches Experiment erkennt, während nach naturwissenschaftlichen Vorbildern konstruierte Modelle einen ähnlichen Präzisionsgrad vortäuschen, ohne diesen Anspruch jedoch auch nur im Entferntesten einzulösen.[22]

Schaubild 11
Zweidimensionale Darstellung des politischen Spektrums in Anlehnung an Seymour Martin Lipset

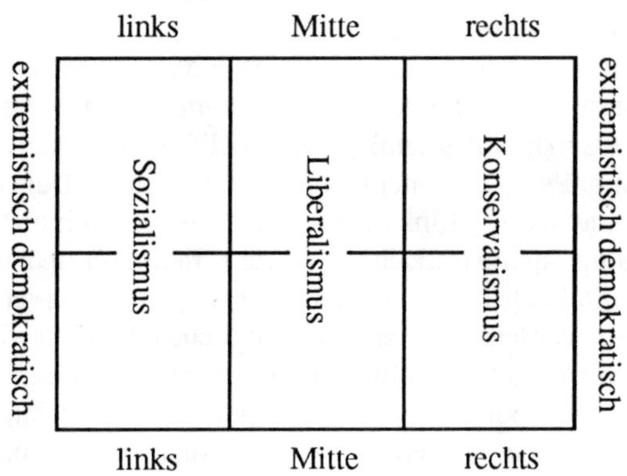

Auch Seymour Martin Lipset und Earl Raab verstehen die Unterscheidung von „Pluralismus“ und „Monismus“, wie im ersten Kapitel gezeigt, keineswegs als eine werthafte Alternative – und doch orientieren sie sich damit ungewollt am amerikanischen Common sense. Die Antithese ist im Grunde mit der zwischen politischem Extremismus und demokratischem Verfassungsstaat identisch. Dieser Sachverhalt

20 Vgl. Max Kaase, Art. „Linksextremismus“, in: Dieter Nohlen (Hrsg.), Pipers Wörterbuch zur Politik, Bd. 2: Westliche Industriegesellschaften. Wirtschaft – Gesellschaft – Politik, hrsg. von Manfred G. Schmidt, München 1983, S. 218–222, 219 f.

21 Vgl. Seymour Martin Lipset/Earl Raab, The Politics of Unreason. Right-Wing Extremism in America, 1790–1977, 2. Aufl., Chicago/London 1978 (1970), S. 4–17.

22 Siehe zu diesen Problemen der Modellbildung auch: Daniel-Louis Seiler, Partis et familles politiques, Paris 1980, S. 31–103 („De la classification des familles et partis politiques“).

ist deshalb von Interesse, weil Lipset in seiner wohl bekanntesten Arbeit[23] darauf aufbaut und die Extremismus-Demokratie-Konfrontation mit einem eindimensionalen Rechts-Mitte-Links-Kontinuum verknüpft. Schaubild 11 verdeutlicht bildhaft die typologischen Konstruktionen Lipsets.

Der Autor ordnet die drei großen Ideenkreise des Konservativismus, Sozialismus und Liberalismus auf der Rechts-Links-Achse einander zu. Dabei nimmt der Sozialismus – gemäß dem Selbstverständnis – die Position der „Linken" ein, der Konservativismus die der „Rechten" und der Liberalismus die der „Mitte". Insoweit entspricht die Anordnung Lipsets gängigen Vorstellungsmustern. Das Besondere an der Lipsetschen Konstruktion besteht nun darin, daß er das Rechts-Links-Kontinuum mit den drei Ideenkreisen an die Unterscheidung zwischen Demokratie und Extremismus koppelt. Sozialismus, Liberalismus und Konservativismus werden also jeweils in einer demokratischen und einer extremistischen Variante gedacht.

Dabei hat Lipset allerdings nicht in erster Linie, wie man vielleicht vermuten könnte, ideengeschichtliche Zusammenhänge vor Augen. Vielmehr beruht sein Konzept auf der Prämisse, sozialstrukturelle Bedingungen bestimmten die politische Richtungswahl in entscheidendem Maße: „Die Untersuchung der gesellschaftlichen Grundlagen verschiedener moderner Massenbewegungen weist darauf hin, daß in jeder größeren sozialen Schicht sowohl demokratische als auch extremistische politische Tendenzen sich äußern. Die extremistischen Bewegungen der Linken, der Rechten und der Mitte (Kommunismus und Peronismus, traditioneller Autoritarismus und Faschismus) wurzeln der Reihe nach in der Arbeiter-, der Ober- und der Mittelklasse."[24] Diese Sichtweise ist offenkundig durch einen gewissen Grad an Determinismus geprägt. Lipsets Annahmen über die sozialstrukturelle Basis der „Massenbewegungen" sind vor dem Hintergrund neuerer wahlsoziologischer Forschungen zweifelhafter denn je. Vor allem die Kausalrelation zwischen Mittelschichtenzugehörigkeit und liberaler bzw. faschistischer Ausrichtung ist – nicht nur durch die jüngsten Forschungen Jürgen W. Falters – zum Gegenstand der Kritik geworden.[25]

---

23 Seymour Martin Lipset, Der „Faschismus", die Linke, die Rechte und die Mitte, in: KZfSS 11 (1959), S. 401–444. Der Beitrag ist häufig reproduziert worden, so etwa in dem Band: Ders., Political Man. The Social Basis of Politics, New York 1960 oder auch bei: Ernst Nolte (Hrsg.), Theorien über den Faschismus, 6. Aufl., Königstein/Ts. 1984 (1967), S. 449–491. In diesem Zusammenhang sind folgende Beiträge des Autors von Interesse: Seymour Martin Lipset, Socialism – Left and Right – East and West, in: Confluence 7 (1958), S. 173–192; ders., Democracy and Working-Class Authoritarianism, in: ASR 24 (1959), S. 482–501; ders., Social Stratification and „Right-Wing Extremism", in: BJS 10 (1959), S. 346–382.

24 Lipset, Der „Faschismus", die Linke, die Rechte und die Mitte, in: Nolte (FN 23), S. 449.

25 Vgl. etwa: Jürgen W. Falter, Wählerwanderungen vom Liberalismus zu (rechts-)extremen Parteien. Ein Forschungsbericht am Beispiel des NSDAP-Aufstiegs 1928–1933 und der NPD-Erfolge 1966–1970, in: Lothar Albertin (Hrsg.), Politischer Liberalismus in der Bundesrepublik, Göttingen 1980, S. 92–124 ; ders., Radikalisierung des Mittelstandes oder Mobilisierung der Unpolitischen? Die Theorien von Seymour Martin Lipset und Reinhard Bendix über die Wählerschaft der NSDAP im Lichte neuerer Forschungsergebnisse, in: Peter Steinbach (Hrsg.), Probleme politischer Partizipation im Modernisierungsprozeß, Stuttgart 1982, S. 438–469. Dagegen im Sinne von Lipset: Heinrich August Winkler, Extremismus der Mitte? Sozialgeschichtliche Aspekte der nationalsozialistischen Machtergreifung, in: VHfZG 20 (1972), S. 175–191; ders., Mittelstand, Demokratie und Nationalsozialismus, Köln 1972.

Was die Ideenkreise des Sozialismus und des Konservativismus betrifft, können die Lipsetschen Hypothesen vermutlich größere Plausibilität beanspruchen: Es fällt nicht schwer, zwischen demokratischem Sozialismus und Kommunismus einerseits, liberalem und autoritärem bis „revolutionärem" Konservativismus andererseits zu unterscheiden. Manches spricht auch für die Annahme, daß diese feindlichen Brüderpaare ebenso sehr durch das soziale Milieu, in dem sie sich entfalteten, wie durch ihre ideelle Verwandtschaft zusammengehalten werden. Dennoch mißt Lipset sozialstrukturellen Faktoren eine zu große Bedeutung bei. Weiterhin kombiniert er die simplifizierende Rechts-Links-Dichotomie mit weltanschaulichen Klusterbegriffen, die sich gegenseitig an Vagheit übertreffen. Das entstehende Bild muß daher notgedrungen holzschnittartig bleiben, sofern es überhaupt erkenntnisstimulierende Wirkungen entfalten kann.

2.2. Extremismus und Verfassungsstaat: die Spaltung der politischen Topographie

Wie die Vielzahl der Modellbildungen zeigt, übt die überkommene Rechts-Links-Gliederung des politischen Raumes auch in der Wissenschaft nach wie vor Faszinationskraft aus. Angesichts disparater Verwendungsweisen erhebt sich allerdings die Frage, ob – und wenn ja: inwiefern – das Schema tatsächlich noch für den wissenschaftlichen Gebrauch tauglich ist. Meinungsbefragungen können hierüber schwerlich eine Antwort geben. Vielmehr muß man sich bestimmte historische Abläufe und Konstellationen vor Augen führen.

Die Einteilung politischer Orientierungen und Bestrebungen in „rechte" und „linke" entstand – wie bereits ausgeführt – in Frankreich am Vorabend der revolutionären Auseinandersetzungen des Jahres 1789. Die Richtungsbegriffe erhielten auch damals schon ihren Sinn dadurch, daß sie Extrempositionen einander antithetisch gegenüberstellten. „Rechts" waren bekanntlich die Anhänger einer uneingeschränkten Souveränität des Königs – sie wurden bald, in der Restaurationszeit, noch durch die „Ultraroyalisten" überholt, die das Rad der Geschichte weiter zurückzudrehen beabsichtigten[26] – „links" standen die Verfechter des Prinzips der „Volkssouveränität". Dazwischen fand sich schon damals eine Reihe vermittelnder Positionen. Eine solche nahmen etwa die Anhänger einer konstitutionellen Monarchie ein, wie sie von La Fayette oder Sieyès gefordert wurde.[27] Unter ihnen gab es auch manche, die das Prinzip der Volkssouveränität akzeptierten, ohne freilich die von seiten der revolutionären „Linken" damit verknüpften egalitären Forderungen zu teilen. Den äußersten „egalitären" Flügel markierten die Anhänger des ehemaligen Katasterbeamten

---

26 Vgl. Rémond (FN 1), S. 46–71 („1815–1830: l'ultracisme. Extrémisme et tradition").

27 Vgl. Erbe (FN 2), S. 78–89; Robert R. Palmer, Das Zeitalter der demokratischen Revolution. Eine vergleichende Geschichte Europas und Amerikas von 1760 bis zur Französischen Revolution, Frankfurt a. M. 1970 (Original: The Age of Democratic Revolution. A Political History of Europe and America, 1760–1800. The Challenge, Princeton/N. J. 1959), S. 519–534 („Die Verfassung: Mounier und Sieyès").

François Noël Babeuf, der 1796 eine „Conspiration des Egaux“ organisierte. Die Verschwörung wurde jedoch aufgedeckt, Babeuf nebst einigen seiner Getreuen im folgenden Jahr nach langwierigem Prozeß hingerichtet.[28] Eines der Hauptziele Babeufs war die Enteignung der Landbesitzer und die gleichmäßige Aufteilung von Grund und Boden an die Bauern gewesen. – Babouvisten und Ultraroyalisten markierten die ganze Breite der neu entfalteten Topographie.

Der unversöhnliche Gegensatz zwischen den äußersten Rändern des politischen Spektrums blieb in der Folgezeit bestehen. In seinem breiten Mittelfeld kam es jedoch zu vielfältigen Annäherungen und programmatischen Kreuzungen. Die weltanschaulichen „Großfamilien“ durchmischten sich: Der Liberalismus begann als überzeugter Verfechter des Manchestertums und erlangte erst nach und nach ein Bewußtsein sozialer Verantwortlichkeit, wozu der Privatbesitz an „Produktionsmitteln“ verpflichtet[29]; innerhalb des sozialistischen Ideenkreises setzte in der zweiten Hälfte des 19. Jahrhunderts die Auseinandersetzung um die teleologischen und utopistischen Elemente ein[30]; Teile des Konservativismus schließlich gaben ihre unversöhnliche Haltung gegenüber den Prinzipien von „1789“ auf.[31] Die Entwicklung hin zum demokratischen Verfassungsstaat der Gegenwart war nur durch vielfältige Kompromisse möglich. Insbesondere setzte sie voraus, daß keine politische Strömung einen Alleinvertretungsanspruch auf die Erkenntnis des Wahren und Guten erhob. Dies bedeutete die Anerkennung einer legitimen Vielfalt von Interessen, Meinungen und Lebensentwürfen.

Was ergibt sich daraus für die Betrachtung der demokratischen Verfassungsstaaten der Gegenwart und ihrer politischen „Landschaften“? Im Bereich der systemloyalen Parteien hat sich eine Annäherung vollzogen, die auf der gemeinsamen Akzeptanz elementarer politischer Werte und Spielregeln basiert. Der einstmals schwelende Bürgerkrieg ist domestiziert worden. Die diametralen Gegensätze haben sich in – manchmal hart umkämpfte – Objekte einer Auseinandersetzung verwandelt, die mit

---

28 Ablauf und Hintergründe der Verschwörung sind vor allem durch die Berichterstattung eines mit dem Leben davongekommenen Gefolgsmannes Babeufs bekannt geworden: Philipp Buonarotti, Babeuf und die Verschwörung für die Gleichheit, mit dem durch sie veranlaßten Prozeß und den Belegstücken (1828), übersetzt und eingeleitet von Anna und Wilhelm Blos, Nachdruck der ersten deutschen Ausgabe, 2. Aufl., Berlin/Bonn-Bad Godesberg 1975 (1909). Schriftliche Zeugnisse Babeufs (insbesondere Auszüge aus Prozeßreden) dokumentiert folgender Band: Gracchus Babeuf, Die Verschwörung für die Gleichheit. Rede über die Legitimität des Widerstands, hrsg. und eingeleitet von John Anthony Scott, mit Essays von Herbert Marcuse und Albert Soboul, Hamburg 1988; Siehe dazu: Leszek Kolakowski, Die Hauptströmungen des Marxismus. Entstehung – Entwicklung – Zerfall, Bd. 1, 2. Aufl., München/Zürich 1981 (1976), S. 211–214.

29 Vgl. Pierre Guiral, Der Liberalismus in Frankreich (1815–1870). Grundlagen, Erfolge, Schwächen (1960), in: Lothar Gall (Hrsg.), Liberalismus, 2. Aufl., Königstein/Ts. 1980, S. 283–307; Rainer Koch, Art. „Liberalismus“, in: Wolfgang W. Mickel (Hrsg.), Handlexikon zur Politikwissenschaft, München 1983, S. 276–280.

30 Vgl. besonders: Bo Gustafsson, Marxismus und Revisionismus. Eduard Bernsteins Kritik des Marxismus und ihre ideengeschichtlichen Voraussetzungen, 2 Bde., Frankfurt a. M. 1972.

31 Vgl. Heinrich Strakosch, Liberalismus und Konservatismus. Gegensatz und Möglichkeit einer Synthese, in: Gerd-Klaus Kaltenbrunner (Hrsg.), Konservatismus in Europa, Freiburg 1972, S. 489–521; Klaus Hornung, Art. „Konservativismus“, in: Mickel (FN 29), S. 259–265.

friedlichen Mitteln ausgetragen wird. All dies fördert und erleichtert den wechselseitigen Austauch politischer Programmelemente, mit der Folge, daß die dualistische Rechts-Links-Gegenüberstellung immer weniger „trägt". Keine der demokratischen Parteien kann für sich behaupten, sie sei allein im Besitz der geistigen Mittel zur Bewältigung der Zukunftsprobleme. Das traditionelle Selbstverständnis der Linken, die Kräfte des „Fortschritts" zu repräsentieren, mußte daher in eine Krise geraten.[32] Zwar war das „Ende des ideologischen Zeitalters" in den fünfziger Jahren zu früh eingeläutet worden[33], und man kann angesichts der inzwischen wieder abgeebbten Renaissance des Marxismus und neuerlicher Ideologieimporte aus der „Dritten Welt"[34] berechtigte Zweifel daran äußern, ob diese These sich jemals voll bewahrheitet; aber die demokratischen Verfassungsstaaten werden nur dann überleben und sich möglicherweise weiter entfalten, wenn keine der führenden politischen Kräfte für sich ein Wahrheitsmonopol deklariert.

Schaubild 12
Multidimensionale Darstellung des politischen Spektrums

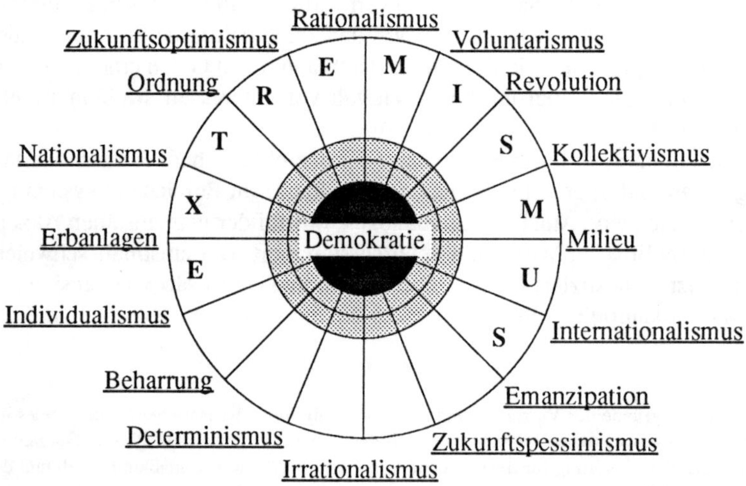

32 Die vieldiskutierte „Krise der Linken" hängt wohl zumindest teilweise mit jener „Katerstimmung" zusammen, die sich nach dem Abschied von alten Selbstgewißheiten ausgebreitet hat. Vgl. dazu: Kurt Sontheimer, Das Elend unserer Intellektuellen. Linke Theorie in der Bundesrepublik Deutschland, Hamburg 1976. Die „Krise des Liberalismus" wird vielfach deshalb beschworen, weil er sich in seiner Geschichte so rege mit benachbarten Ideenkreisen vermischt hat: Frederick Watkin, Theorie und Praxis des modernen Liberalismus, in: Gall (FN 29), S. 54–76. Siehe zur historischen Vermischung der Programmatiken auch den materialreichen Beitrag von: Johann Baptist Müller, Politische Attitüden links und rechts, in: Civitas 16 (1979), S. 154–170.

33 Vgl. Raymond Aron, Opium für Intellektuelle oder: Die Sucht nach Weltanschauung, Köln/Berlin 1957, S. 362–348; Daniel Bell, The End of Ideology. On the Exhaustion of Political Ideas in the Fifties, New York/London 1962.

34 Der „letzte Schrei" auf diesem Gebiet ist wohl die „Dritte Universaltheorie" des Muhammad Al Gadhafi, die beginnt, auch in Europa gläubige Anhänger zu finden.

Nachdem die alten Zauberformeln „rechts“ und „links“ innerhalb des demokratischen Politikfeldes an Kraft eingebüßt haben, wird der Blick frei für eine Vielfalt von Dimensionen, die den Raum politischer Orientierungen strukturieren. Schaubild 12 bietet eine Alternative gegenüber den ein-, zwei- oder dreidimensionalen Modellen zur Darstellung politischer Spektren. Es verzichtet auf eine mathematisierende Form, um etwaige Fehldeutungen im Hinblick auf seine Funktion und Aussagegenauigkeit von vornherein zu vermeiden. Alle angedeuteten Dimensionen haben entscheidenden Einfluß auf die topographische Verortung der jeweiligen politischen Doktrin. Sie erheben keinen Anspruch auf Vollständigkeit, sollen jedoch für die Art der Beantwortung politischer Grundfragen stehen, denen sich politische Doktrinen zu stellen pflegen. Die Merkmaloppositionen am äußersten Kreis markieren die Extrempositionen des politischen Spektrums. Die inneren Kreise bezeichnen Randbereiche und Kernzone der freiheitlich-demokratischen Ideenströmungen. Ihr Charakteristikum besteht darin, daß sie die Grundfragen nicht im Sinne der Merkmaloppositionen, sondern durch das Abwägen und Gewichten unterschiedlicher Faktoren beantworten. Insofern entwickeln sie ein „gemäßigtes“, nicht durch ein Nebeneinander von Schneeweiß und Pechschwarz, sondern von verschiedenartigen Grautönen bestimmtes Bild der historisch-politischen Wirklichkeit.

Der Mensch ist weder ausschließlich ein Vernunftwesen (Rationalismus) noch völlig von Irrationalismen (Irrationalismus) beherrscht; weder bahnt der Wille alle Wege (Voluntarismus), noch steht der Mensch hilflos dem Wirken äußerer Kräfte gegenüber (Determinismus); weder das zähe Festhalten am Bestehenden (Beharrung) noch revolutionärer Aktivismus (Revolution) kann zur friedlichen Lösung der Zukunftsprobleme beitragen; weder das Kollektiv (Kollektivismus) noch das Individuum (Individualismus) ist das einzige, was zählt; weder wird der Mensch in seinen Fähigkeiten allein von dem Milieu, in dem er lebt (Milieu), noch ausschließlich von den Erbanlagen bestimmt (Erbanlagen); weder der die jeglichen Bindungen befreite internationalistische Gesinnung (Internationalismus) noch nationalistische Selbsterhöhung (Nationalismus) kann Ziel verantwortlicher Politik sein; Emanzipation (Ordnung) ohne Ordnung ist ebensowenig erstrebenswert wie eine Ordnung, die Emanzipation im Sinne von Selbstverwirklichung verhindert (Emanzipation); eine realistische Politik darf weder allzu düsteren (Zukunftspessimismus) noch allzu hellen Zukunftsvisionen anhängen (Zukunftsoptimismus). Ein Gutteil der Faszinationskraft politischer Extremismen erklärt sich aus der Kühnheit und scheinbaren „Reinheit“ des Gedankens, der sich in der kompromißlosen Option für eine bestimmte Radikallösung ausdrückt. Der pragmatischen Nüchternheit beim Abwägen all der Vor- und Nachteile, die für oder gegen eine prinzipielle politische Orientierungs- und Handlungswahl sprechen, vermögen viele nur geringe Attraktivität abzugewinnen.

Die vom äußeren Kreis zum gemeinsamen Schnittpunkt zielenden Dimensionen sollen zum Ausdruck bringen, daß im Bereich der inneren Zirkel ein höheres Maß programmatischer Durchmischung und Befruchtung anzutreffen ist. Zwar findet auch zwischen extremistischen Doktrinen ein Ideen-Transfer statt, gewöhnlich jedoch in geringerem Maße als zwischen demokratischen Strömungen. Das Modell grenzt einerseits die Bereiche der (konstitutionellen) Demokratie und des politischen Extremismus deutlich voneinander ab, andererseits wird angedeutet, daß alle Strömungen auf gleiche Fragen verschieden antworten. Nicht die Art der politischen Fragestellung, sondern der Modus ihrer Beantwortung ist demnach entscheidend. Das Kontinuum der einzelnen Dimensionen von einer Merkmalopposition zur anderen symbolisiert die unterschiedlichen graduellen Ausprägungen innerhalb der beiden antithetischen Bereiche. Angesichts des Verzichts auf eine unidimensionale Links-Rechts-Achse werden Fehldeutungen im Hinblick auf verschiedene demokratische „Qualitäten" ganzer politischer Parteien vermieden. Keine der demokratischen Kräfte kann von vornherein für sich den Anspruch erheben, „an der Spitze des Fortschritts" zu stehen. Dies schließt allerdings nicht aus, daß an sich „demokratische" Überzeugungen und Überzeugungssysteme durch eine unterschiedliche Nähe oder Ferne gegenüber extremistischen Positionen gekennzeichnet sind. Gleiches gilt umgekehrt für das extremistische Spektrum.

Freiheitlich-demokratische und extremistische Phänomene sind in das gleiche Koordinatensystem eingebettet, obgleich sie sich in topographischer Hinsicht fundamental unterscheiden. Folgende heuristische Hypothese sei gewagt: Während diejenigen politischen Strömungen, die in den demokratischen Verfassungsstaat mündeten, sich untereinander im Laufe der historischen Entwicklung intensiv durchmischt und gegenseitig befruchtet haben, so daß eine dualistische Scheidung (die Rechts-Links-Achse) des freiheitlich-demokratischen Politikraumes äußerst fragwürdig erscheint, bewegte sich der Ideentransfer im Bereich extremistischer Doktrinen an der Oberfläche. Hier sind die Fronten der Französischen Revolution, die der Verfechter des Ancien Régime und die seiner Gegner, in einer bestimmten Weise erhalten geblieben. Und wenn man die Begriffe „rechts" und „links" an diesen historischen Ausgangspunkt knüpft, so lautet die These weiter, haben sie bis zum heutigen Tage – wohlgemerkt: angewendet auf die Vielfalt der Extremismen! – ihre fundamentale topographische Bedeutung bewahrt.

Worin bestehen nun die beiden Grundpositionen, die in der Französischen Revolution aufeinanderstießen? Um die historische Antithese zu erkennen, muß man von den politischen, durch komplizierte Frontverläufe gekennzeichneten Realitäten des Jahres 1789 abstrahieren und sich die wichtigsten Punkte vor Augen führen. „Monarchie" oder „Republik" – dies war eine der zentralen Streitfragen, aber den entscheidenden Gegensatz kennzeichnete sie nicht. Spätestens die Julimonarchie bewies, daß Königtum und Volkssouveränität sich sehr wohl zu einem konstitutionellen Kompromiß zusammenschweißen ließen. „Hierarchische Ordnung oder Gleichheit Aller" bezeichnet eine andere, häufig mit der symbolischen Jahreszahl „1789" verknüpfte Alternative. Sie kommt den Dingen schon etwas näher, ohne sie freilich präzise zu orten. Schließlich wies das zentralistische Verwaltungssystem der Jakobiner eine ganze Reihe feinabgestimmter Kompetenzstufungen auf, und die egalitären Vorstellungen der Babouvisten teilten sie keineswegs.

Die Alternative „Hierarchie oder Gleichheit" ist im Sinne jener Grundnorm zu verstehen, die in den Köpfen der Gelehrten so lange eine Schattenexistenz gefristet, seit den Religionskriegen an moralischer Kraft gewonnen und nun in der tiefen Krise der alten Ordnung eine ungeahnte politische Wirkmächtigkeit erlangt hatte: die Idee fundamentaler Menschengleichheit. Ordnete die ständische Gesellschaft jedem Mitglied aufgrund seiner Herkunft einen bestimmten, ihm angemessenen Platz in der sozialen Hierarchie zu, der keinesfalls beliebig, etwa aufgrund von Leistungen, durch einen anderen zu vertauschen war, so wurden die Revolutionäre von 1789 von der Vorstellung beseelt, daß die bloße Zugehörigkeit zur menschlichen Gattung jedes Individuum mit dem unveräußerlichen Recht zur Entfaltung seiner natürlichen Freiheit ausstatte. „Der Mensch wird frei geboren, und überall ist er in Banden."[35] Wer wie Rousseau dem modernen Ethos Ausdruck verlieh, daß „alle gleich und frei geboren sind"[36], mußte die überkommene Ordnung mit ihren Ständeschranken und Privilegien als illegitim empfinden.

Nun wird man sich fragen, inwiefern die Anerkennung oder Ablehnung des Prinzips fundamentaler Menschengleichheit – nicht zu verwechseln mit der empirischen Feststellung einer Gleichheit der menschlichen Talente, Fertigkeiten, Interessen und Anschauungen! – das Lackmuspapier zur Unterscheidung der „rechten" und der „linken" Variante des politischen Extremismus sein kann. Gründet nicht auch der moderne Verfassungsstaat auf der ethischen Grundnorm einer gleichen Freiheit aller Mitglieder der menschlichen Gattung? Gewiß, doch wäre es ein grandioses Fehlverständnis des demokratischen Verfassungsstaates, wollte man alle seine freiheitssichernden Mechanismen auf die Annahme fundamentaler Menschengleichheit zurückführen. Die Prinzipien der Rechtsstaatlichkeit und der Gewaltenteilung sind von dieser ethischen Prämisse vollkommen unabhängig. Auf die Möglichkeit einer – uns heute befremdlich anmutenden – „Humanität ohne Gleichheit", angelegt in der „Politologik" des Aristoteles, hat Dolf Sternberger hingewiesen.[37] Es wäre jedenfalls verfehlt, jede hierarchisch gestufte Gesellschaft als barbarisch anzusehen. Die modernen Apostel der Gleichheitsidee haben uns in Erinnerung gerufen, daß das Bekenntnis zur fundamentalen Menschengleichheit für die Errichtung einer freiheitlichen Ordnung nicht ausreicht und mit einer politischen Praxis einhergehen kann, die ältere Formen der Tyrannis beinahe als das „kleinere Übel" erscheinen läßt.[38]

Das Kriterium der Ablehnung oder Anerkennung fundamentaler Menschengleichheit stellt ein wichtiges unterscheidendes, jedoch kein allzu stark qualifizierendes Merkmal dar. Es ermöglicht primär eine saubere Grenzziehung zwischen Rechts- und Linksextremismus, führt somit zu einer Zweiteilung des extremistischen Spektrums. Für einen „Extremismus der Mitte" ist im Rahmen dieser Terminologie kein Raum.[39] Auch diejenigen Extremismen, die den Anspruch erheben, die herkömmli-

---

35 Jean-Jacques Rousseau, Der Gesellschaftsvertrag oder: Die Grundsätze des Staatsrechtes, deutsch von H. Denhardt, mit einer Einleitung von Paul Ritterbusch, Leipzig 1927, S. 34.

36 Ebd., S. 35.

37 Dolf Sternberger, Drei Wurzeln der Politik, in: Ders., Schriften II/1, Frankfurt a. M. 1978, S. 88.

38 Vgl. die ideengeschichtliche Analyse von: Jacob L. Talmon, The Origins of Totalitarian Democracy, London 1961 (1952).

39 Die Ausführungen von Manfred Funke zum „Extremismus der Mitte", gemeint ist eine in der Bevölkerung verbreitete politische Apathie, die in extremistische Bestrebungen einmünden kann, sind m. E. durch unzureichende begriffliche Systematik gekennzeichnet: Manfred Funke, Extremismus und offene Gesellschaft. Anmerkungen zur Gefährdung und Selbstgefährdung des demokratischen Rechtsstaates, in: Ders. (Hrsg.), Extremismus im demokratischen Rechtsstaat. Ausgewählte Texte und Materialien zur aktuellen Diskussion, Bonn 1978, S. 15–46 („Extremistische Elemente der 'unpolitischen Mitte'").

che Rechts-Links-Scheidung zu sprengen, können nun eindeutig einer der beiden Alternativen zugeordnet werden. So mochte der Nationalsozialismus „nationalistische" und „sozialistische" Programmelemente und Themen verknüpfen; seine rassistische Orientierung weist ihn zweifelsfrei als Gegner des Prinzips fundamentaler Menschengleichheit aus. Die Anhänger der „Konservativen Revolution", die echten „Nationalbolschewisten"[40] eingeschlossen, wollten „rechts" und „links" überwinden – jedoch durch eine Wendung gegen „1789", nämlich eine auf der Grundnorm fundamentaler Menschengleichheit basierenden politischen Ordnung.

3. Doktrinen, Organisationen und Aktionen: eine typisierende Betrachtung

Der phänomenologischen Betrachtung lag eine typologische Aufgliederung in die drei Großbereiche Doktrin, Organisation und Aktion zugrunde. Die drei Ebenen wurden separat behandelt. Diese analytische Trennung der drei „Aggregatzustände" soll nun aufgegeben werden. Die Phänomene der politischen Wirklichkeit sind durch deren jeweils spezifische Komposition gekennzeichnet. Ordnet man die drei Elemente einander auf einer Kreuztabelle zu (siehe Schaubild 13), ergeben sich exakt sieben Möglichkeiten der Kombination. Jede einzelne repräsentiert einen bestimmten Typus, der in dieser Idealgestalt keine genaue Entsprechung in der Wirklichkeit haben mag. Die sieben Typen können jedoch als Maßstab dienen, um die Vielfalt der realen Erscheinungen daran zu messen. Ihnen kommt damit eine erkenntnisaufschließende Funktion zu.

Schaubild 13
Kreuztabelle: Doktrin (D), Organisation (O), Aktion (A)

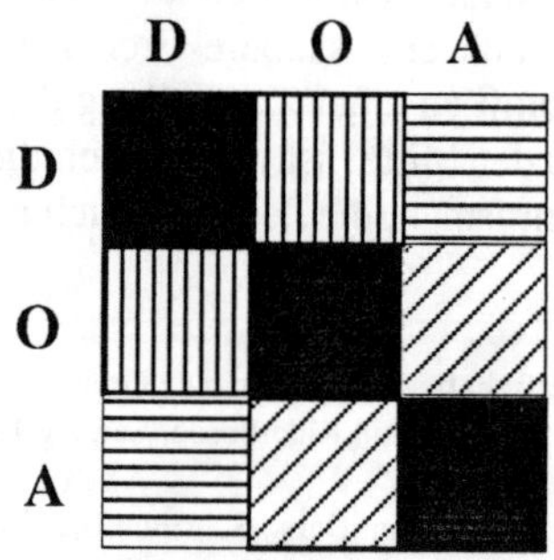

Die ersten drei Kombinationsmöglichkeiten werden mittels der schwarzen Felder der Kreuztabelle angedeutet: Sie entstehen dadurch, daß ein bestimmtes Element (Doktrin, Organisation oder Aktion) stark dominiert, während die beiden anderen

40 Siehe hierzu die wichtigen terminologischen Präzisierungen bei: Dupeux (FN 11).

verkümmert sind. Weitere drei Konfigurationen ergeben sich, wenn jeweils zwei „Aggregatzustände“ etwa gleich stark hervortreten (D + O, D + A, O + A) und der dritte nur unbedeutend oder gar nicht ausgebildet ist. Die siebte Kombinationsmöglichkeit schließlich geht nicht unmittelbar aus der Kreuztabelle hervor. Gemeint ist die annähernd gleichgewichtige Verbindung aller drei Elemente (D + O + A). Die Typen sind nachfolgend noch einmal aufgelistet, wobei jedem einzelnen eine in der politischen Wirklichkeit vorfindbare Konfiguration zugeordnet wird. Natürlich enthält diese Typologie ein gewisses Maß an Willkür. So könnten weitere Typen je nach der graduellen Ausprägung der Elemente gebildet werden (z. B. D = stark, O = mittel, A = schwach). Eine Typologie erhebt jedoch nicht den Anspruch, Wirklichkeit „abzubilden“; sie ist lediglich ein erkenntnisförderndes Mittel, und an dieser Funktion mag man ihre Zweckmäßigkeit messen.

Typen	Beispiele	
1. D	dominierend	Theoriezirkel
2. O	dominierend	Traditionsvereine
3. A	dominierend	Einzelaktivisten
4. D + O	dominierend	Politische Sekten
5. D + A	dominierend	Terrorgruppen
6. O + A	dominierend	Sammlungsbewegungen
7. D + O + A	gleichgewichtig	Kaderparteien

Im folgenden wird nun jeder Typus anhand von Beispielen näher erläutert. Im Gegensatz zum phänomenologischen Teil, der den Doktrinen Vorrang einräumte, stehen dabei Aspekte der Organisation und Aktion im Mittelpunkt.

3.1. Theoriezirkel

Der erstgenannte Typus, die Dominanz der Doktrin und das Zurücktreten der beiden übrigen Elemente, entspricht annähernd der Struktur extremistischer Theoriezirkel. Unorganisierte oder organisatorisch locker verbundene Diskussionrunden dienen vor allem dem Meinungsaustausch und der Entwicklung mehr oder weniger umfassender Deutungssysteme, die als Grundlage einer politischen Programmatik im Hinblick auf bestimmte Organisationsbildungen fungieren können, aber nicht müssen. Die Bezeichnung „Zirkel“ soll andeuten, daß die Teilnehmer möglicherweise häufig wechseln, ihre Zahl in jedem Falle jedoch stark eingeschränkt ist, da größere Diskussionsrunden ein bestimmtes Maß organisatorischer Verfestigung erforderten.

Der Theoriezirkel kann als eine extremistische Elementarform gelten. Viele bedeutende Organisationen sind aus diesem Primärstadium emporgewachsen – beispielsweise die Action française, die um eine Zeitschrift herum entstand. Dem Erscheinen des ersten Heftes (1899) folgte einige Jahre später die Gründung der auf politische Aktionen ausgerichteten Organisation: die „Ligue d'Action française". Redaktion und Sympathisantenkreis der Zeitschrift legten den Grundstein für die spätere politische Wirksamkeit. Hier wurden nicht nur die politischen Ideen entfaltet, sondern auch „Herrschaftswissen" angesammelt und personelle Kontakte geknüpft.[41]

Die Bedeutung der Kommunikationsmittel für die Heranbildung einer Organisation hatte Lenin lange vor der Oktoberrevolution klar erkannt: „Die Rolle der Zeitung beschränkt sich jedoch nicht allein auf die Verbreitung von Ideen, nicht allein auf die politische Erziehung und die Gewinnung politischer Bundesgenossen. Die Zeitung ist nicht nur ein kollektiver Propagandist und kollektiver Agitator, sondern auch ein kollektiver Organisator. [...] Mit Hilfe der Zeitung und in Verbindung mit ihr wird sich ganz von selbst eine beständige Organisation herausbilden, die sich nicht nur mit örtlicher, sondern auch mit regelmäßiger allgemeiner Arbeit befaßt [...] Schon allein die technische Aufgabe – die regelmäßige Versorgung der Zeitung mit Material und ihre regelmäßige Verbreitung – zwingt dazu, ein Netz von örtlichen Vertrauensleuten der einheitlichen Partei zu schaffen, von Vertrauensleuten, die lebhafte Beziehungen zueinander unterhalten, die mit der allgemeinen Lage der Dinge vertraut sind, die sich daran gewöhnen, die Teilfunktionen der gesamtrussischen Arbeit regelmäßig auszuführen, die ihre Kräfte an der Organisierung dieser oder jener revolutionären Aktion erproben."[42] Lenin war sich darüber im Klaren, daß ein solches Periodikum nicht nur die spätere organisatorische Expansion vorbereiten könnte, sondern daß sie vor allem auch ein Mittel sein würde, schwierige politische Zeiten zu überdauern. Theoriezirkel in ihrer rudimentären Gestalt sind den Schwankungen politscher Konjunkturen weit besser gewachsen als komplexe organisatorische Gebilde, deren Unterhaltung unabhängig von Erfolg oder Mißerfolg hohe Reibungsverluste verursacht. Der Theoriezirkel mag daher Teil einer Überlebensstrategie sein. Auch wenn mögliche Erfolge in weite Ferne gerückt sind, werden die Teilnehmer durch das gemeinsame Wirken, Diskutieren und Publizieren (in bescheidenem Rahmen) motiviert.

In den demokratischen Verfassungsstaaten der Gegenwart sind die Arbeitsbedingungen extremistischer Theoriezirkel häufiger von diesen Überlebensbemühungen gekennzeichnet als von spektakulären Erfolgen. Der Mikrokosmos der Subkulturen beherbergt eine Fülle solcher Diskussionsrunden und Zeitschriftenprojekte. Viele von ihnen verschwinden wieder so sang- und klanglos, wie sie aufgetaucht sind. Andere, etwa die monarchistischen Gruppierungen in Frankreich[43], blicken auf eine lange Geschichte zurück, in der Hoffnung, daß eines Tages ihre Stunde kommen möge. Aus der Menge politisch Erfolgloser ragen aber auch einige Formationen em-

---

41 Vgl. Ernst Nolte, Der Faschismus in seiner Epoche. Die Action Française – Der italienische Faschismus – Der Nationalsozialismus, 5. Aufl., München/Zürich 1979 (1963); Eugen Weber, Action Française. Royalism and Reaction in Twentieth-Century France, Stanford/Cal. 1962.

42 Lenin, Womit beginnen? (1901), in: Ders., Ausgewählte Werke, Moskau 1985, S. 37–44, 42 f.

43 Vgl. Olivier Lespes, Une Révolution dans le Royalisme, Paris 1984; Samuel M. Osgood, French Royalism since 1970, 2. erweiterte Aufl., Den Haag 1970.

por, die aus dem Schattendasein an das helle Tageslicht öffentlicher Aufmerksamkeit emporgestiegen sind: Die französische Nouvelle Droite ist eine davon. Viele ihrer heutigen Verfechter haben erste politische Erfahrungen in den Organisationen der sogenannten „alten Rechten“ gemacht, bis sie sich Ende der sechziger Jahre absonderten und Diskussionszirkel gründeten.[44] Damals sind die Grundlagen für spätere Erfolge gelegt worden. Von „Erfolg“ muß man angesichts des florierenden Zeitschriften- und Verlagswesens der Nouvelle Droite sprechen, auch wenn sich ihre kulturrevolutionäre Strategie als fruchtlos erweisen sollte.

3.2. Traditionsvereine

Wer mit extremistischen Organisationen äußerste Aktionsbereitschaft assoziiert, übersieht leicht, daß keineswegs bei allen Vereinigungen das politische Handeln im Vordergrund steht. Die Traditionsvereine können als Beispiel für den zweiten Typus gelten, der durch die Dominanz des organisatorischen Elementes und das weitgehende Zurücktreten der Faktoren „Doktrin“ und „Aktion“ gekennzeichnet ist. Weder theoretische Entwürfe werden hier erörtert noch politische Initiativen geplant oder gar entwickelt. Traditionsvereine dienen der Pflege und Erhaltung einer „Gemeinschaft“, der Besinnung auf die eigene Geschichte, der Information, der Geselligkeit und Unterhaltung. Veranstaltungen, die Zwecke dieser Art verfolgen, bilden den Mittelpunkt des organisatorischen Lebens. Darüber hinaus will eine oft zahlreiche Mitglieder umspannende Organisation erhalten sein. Die Außenaktivitäten beschränken sich dagegen auf ein Minimum, ergeben sich allenfalls aus der Notwendigkeit zur „Mobilisierung“, der Gewinnung neuer Gesinnungsgenossen.

Die Mitglieder extremistischer Traditionsvereine gehören häufig der älteren Generation an. Sie haben den Höhepunkt ihrer politischen „Karriere“ hinter sich und suchen eher besinnliche Formen gemeinschaftlicher Betätigung. Aber es gibt durchaus auch Jugendorganisationen, die sich der Traditionspflege verschreiben. In der Bundesrepublik gilt dies etwa für den „Bund Heimattreuer Jugend“ (BHJ), der an „bündische“ Traditionen der Weimarer Republik anknüpft.[45] Fahrten und Zeltlager erfüllen das Bedürfnis Jugendlicher nach Kameradschaft und Abenteuer. Bei den ge-

44 Vgl. vor allem: Marie-Luise Christadler, Die „Nouvelle Droite“ in Frankreich, in: Iring Fetscher (Hrsg.), Neokonservative und „Neue Rechte“. Der Angriff gegen Sozialstaat und liberale Demokratie in den Vereinigten Staaten, Westeuropa und der Bundesrepublik Deutschland, München 1983, S. 163–215.

45 Vgl. zum BHJ: Alwin Meyer/Karl-Klaus Rabe, Unsere Stunde, die wird kommen, Bornheim-Merten 1979. Besonders aussagekräftig sind die dort abgedruckten Dokumente (S. 161–192). Ferner: Peter Dudek/Hans-Gerd Jaschke, Jugend rechtsaußen. Analysen, Essays, Kritik, Bensheim 1982, S. 71–74. Siehe auch die aufschlußreiche Publikation des BHJ-„Bundesführers“: Gernot Mörig (Hrsg.), Deutschlands junge Zukunft. Jugendliche antworten auf Fragen der Zeit, 2. Aufl., Kiel 1982. Zur „bündischen Jugend“: Peter Dudek, Jugendliche Rechtsextremisten. Zwischen Hakenkreuz und Odalsrune, 1945 bis heute, Köln 1985; Walter Laqueur, Die deutsche Jugendbewegung. Eine historische Studie, Köln 1962 (Original: Young Germany. A History of the German Youth Mouvement, New York 1962); Michael H. Kater, Bürgerliche Jugendbewegung und Hitlerjugend in Deutschland von 1926 bis 1939, in: AfS 17 (1977), S. 127–174.

meinschaftlichen Betätigungen werden die Teilnehmer für die Indoktrination durch nationalistische Ideen empfänglich. Gruppen des BHJ organisieren auch „Geländeübungen" mit paramilitärischem Charakter. Im Gegensatz zu „härteren" Gruppierungen wie etwa der „Wiking Jugend" (WJ)[46] liegt jedoch sein Schwerpunkt auf der Traditionspflege. Wie die Rekonstruktion rechtsextremer „Karrieren" zeigt, fungierte die Gruppe in manchen Fällen als „Durchlauferhitzer" – der regelmäßigen Teilnahme an Veranstaltungen dieser Art folgte der Übertritt in Organisationen mit aktionistischer Orientierung.[47]

Traditionsvereine scheinen eher bestimmten Temperamentslagen innerhalb des rechtsextremen Spektrums zu entsprechen, während Linksextremisten Theorie und Praxis fester miteinander verknüpfen. So kann auch die mitgliederstärkste rechtsextreme Organisation in der Bundesrepublik als Traditionsverein gelten: die Deutsche Volksunion (DVU) des Münchener Verlegers Dr. Gerhard Frey mit über 12.000 Mitgliedern.[48] Die Aktivitäten der DVU beschränken sich fast ausschließlich auf Kundgebungen und Vortragsveranstaltungen, in denen die deutsche Geschichte kosmetisch aufpoliert und an den Nationalstolz appelliert wird. Zahlreiche Bücher und Reihenveröffentlichungen des Verlagshauses dienen der Verharmlosung nationalsozialistischer Gewaltverbrechen. Die DVU entwickelt dabei lediglich Ansätze einer eigenständigen politischen Programmatik.

Die DVU weicht insofern etwas vom Typus des Traditionsvereins ab, als der ihr angeschlossene Verlag sich mit der wöchentlich erscheinenden „Deutschen National-Zeitung" (DNZ) an ein breiteres Lesepublikum wendet und damit massiv in der Öffentlichkeit agiert und agitiert.[49] Die Zeitung hat jedoch auch eine wichtige integrative Funktion. Die Meinungsbildung der DVU-Mitglieder vollzieht sich wesentlich über ihre Spalten. Zudem ist der Anzeigenteil innerhalb der rechtsextremen Subkultur von Bedeutung. Der Traditionspflege im engeren Sinne dient der Verkauf von Medaillen und Abzeichen, für die in der Zeitung massiv geworben wird.

3.3. Einzelaktivisten

Der dritte Typus stellt das Moment der Aktion ganz in den Vordergrund, während Doktrin und Organisation in ihrer Bedeutung zurücktreten. Eine bestimmte Art des

---

46 Vgl. Meyer/Rabe (FN 45), insbesondere die Dokumentation S. 193–216. Die WJ steht den „national-freiheitlichen" Organisationen des Münchener Verlegers Dr. Gerhard Frey nahe. Vgl. VSB 1985, S. 171 f.

47 Zur Struktur der „Karrieren" rechtsextremer Jugendlicher in der Bundesrepublik: Eike Hennig, Neonazistische Militanz und Rechtsextremismus unter Jugendlichen, = Schriftenreihe des Bundesministeriums des Innern, Bd. 15, Stuttgart/Berlin/Köln/Mainz 1982; ders., „Wert habe ich nur als Kämpfer". Rechtsextremistische Militanz und neonazistischer Terror, in: Reiner Steinweg (Red.), Faszination der Gewalt. Politische Strategie und Alltagserfahrung, Frankfurt a. M. 1983, S. 89–122; ders., Neonazistische Militanz und Rechtsextremismus unter Jugendlichen, in: APZG, B 23/1982, S. 23–37.

48 Vgl. VSB 1987, S. 117.

49 Vgl. Peter Dudek/Hans-Gerd Jaschke, Die Deutsche National-Zeitung. Inhalte – Geschichte – Aktionen, München 1981.

Einzelaktivisten kommt dieser Konfiguration am nächsten: „Täter", die ihr Lebenselixier in der nackten Aktion erblicken, während ihnen alle Theorie als schwächlich verhaßt ist. Für sie machen nur Taten Geschichte, nicht Ideen; diese münden allenfalls in die Dekadenz. Die schöpferische Kraft purer Aktion hat der Faschismus verherrlicht. Sein Credo berührt sich in eigentümlicher Weise mit dem linksterroristischen Aktionismus unserer Tage, der das „Theoriegeschwätz" beiseite fegt und der revolutionären Tat huldigt. Allerdings handelt es sich dabei jeweils um eine organisierte Form des Aktivismus.

Der Einzelaktivist tritt dagegen regelmäßig am Rande gewaltsamer Auseinandersetzungen auf, sei es anläßlich von Demonstrationen, sei es im Fußballstadion. Die zumeist jugendlichen Täter sind nur oberflächlich „anpolitisiert" und suchen vor allem den Aggressionsaustausch. Wo randaliert wird, greifen sie in die Auseinandersetzungen ein, lassen sich auch politisch von verschiedener Seite instrumentalisieren. Die paramilitärischen Abteilungen früherer Zeiten machten sich diese politisierte Gewaltbereitschaft zunutze. Die brutalen Straßenschlachten, wie sie sich SA- und Rot-Front-Kämpfer lieferten, wären ohne diesen Typus nicht möglich gewesen.[50]

3.4. Politische Sekten

Ein weiterer Typus wird dadurch gebildet, daß die „Aggregatzustände" Doktrin und Organisation etwa gleichgewichtig ausgebildet sind, während die politische Aktion in ihrer Bedeutung deutlich zurücktritt. Dieser Konfiguration entsprechen am ehesten solche extremistischen Phänomene, die man als politische Sekten bezeichnen könnte.

Der Begriff der Sekte und seine Derivationen („Sektierer", „sektiererisch") findet in der Extremismusforschung häufig Verwendung, ohne daß immer Klarheit über die damit verbundenen Bedeutungen herrscht. Er stammt ursprünglich aus dem religiösen Bereich und bezeichnet dort zunächst Vereinigungen, die durch Abspaltung von größeren Glaubensgemeinschaften (Kirchen) entstanden sind.[51] Dieser die Genese betreffende Sachverhalt erscheint für eine Definition jedoch kaum geeignet, denn auf der politischen Ebene wird der Begriff durchaus auch für Organisationen gebraucht, die nicht aus Abspaltungen von größeren Einheiten hervorgingen. Im religiösen Bereich sind auch keineswegs alle Abspaltungen Sekten, wie das Beispiel des Protestantismus zeigt. Auch das Merkmal geringer Größe kann schwerlich entscheidend sein, zumal es Sekten mit beträchtlicher Mitgliederzahl gibt.

Die Herkunft aus einer Abspaltung liefert, wenn sie schon keine Definitionskomponente darstellt, dennoch einen Schlüssel für das Verständnis der Eigenart politischer Sekten. Max Weber sieht ihr „Wesen" darin, daß sie sich nicht wie eine „Kirche" als „Anstalt" begriffen, als – wie er es nicht ohne Ironie formuliert – „eine

---

50 Vgl. Hans-Gerd Jaschke/Martin Loiperdinger, Gewalt und NSDAP vor 1933. Ästhetische Okkupation und physischer Terror, in: Steinweg (FN 47), S. 123–155.

51 Vgl. K. Keinath, Art. „Sekten", in: LThK, 2. völlig neu bearbeitete Aufl., Bd. 9, Freiburg im Breisgau 1964, S. 614 f.

Art göttlicher Fideikommißstiftung zur Seelenrettung der Einzelnen, die in sie *hineingeboren* werden und für sie prinzipiell *Objekt* ihrer an das 'Amt' gebundenen Leistung sind", sondern als „eine freie Gemeinschaft lediglich religiös *qualifizierter* Individuen, in welche der Einzelne kraft beiderseits freier Entschließung *aufgenommen* wird."[52] Auch wenn der Akt der Sezession schon lange zurückliegt, bleibt doch die Freiwilligkeit, mit der jedes Mitglied der Dissidentengemeinde diesen Akt vollzogen und für sich aufgrund religiöser (politischer) Überzeugungen begründet hat, für das Verständnis der Sekte bestimmend.

Von der Genese her rührt auch das verbreitete Selbstverständnis, „Gegengesellschaft" zu sein, den Keim einer besseren Welt in sich zu tragen, weshalb es nur darauf ankomme, den neuen (oder alten) Werten zum Durchbruch zu verhelfen. Die Sekte erzeugt schon aus diesem Bewußtsein heraus ein starkes, emotional geladenes Wir-Gefühl. Mitglied kann nur sein, wer die Überzeugungen aller teilt. Die Sekte bietet keinerlei Raum für weltanschauliche Pluralität. Ihre Gemeinschaft gründet auf der Homogenität der Gesinnungen. Aus der Sezession geboren, legt sie damit selbst wieder den Grund für weitere Abspaltungen. Dem Außenstehenden minimal erscheinende Abweichungen von der „reinen" Lehre werden mit dem Ausschluß aus der Gemeinschaft geahndet. Sekten pflanzen sich durch „Zellteilung" fort.

Die Homogenität der Gesinnungen ist für die Existenz einer Sekte Voraussetzung. Hierin liegt auch der Grund, weshalb sich die Zahl ihrer Mitglieder häufig in engsten Grenzen hält. Wird die Mitgliederschaft unüberschaubar, wächst die Gefahr, daß sektenfremde Überzeugungen in die Gemeinschaft eindringen und sie von innen heraus zersetzen. Sekten größeren Umfangs verfügen daher über ein ausgeklügeltes System der Gesinnungskontrolle. Mechanismen dieser Art sind in der Öffentlichkeit besonders durch die Praktiken mancher Jugendsekten bekannt geworden, die mit strafgesetzlichen Bestimmungen kollidieren. In einigen dieser Fälle zeitigt die Sekten-„Philosophie" dabei extreme politische Konsequenzen.[53] Zahlreiche der genannten Merkmale treffen auf kommunistische Kaderparteien ebenfalls zu.

Die Kaderparteien sollen jedoch aufgrund ihrer starken Orientierung hin auf politische Aktionen nicht zu den politischen Sekten im engeren Sinne gerechnet werden. Ihre Aktivisten sind Technologen des Umsturzes und auch bereit, nach dessen Gelingen Machtpositionen zu übernehmen. Politische Sekten betreiben das Geschäft der Revolution auf eine weniger praxisorientierte Weise und streben selbst kaum direkt nach der Macht. Vielmehr wollen sie als Gegengesellschaft und Gegengesinnung wachsen. Aufgrund ihres vorbildhaften Wirkens soll sich die Welt – wenn dies überhaupt als möglich gilt – zum Besseren bekehren. Die Sektenaktivitäten nach außen

---

52 Max Weber, „Kirchen" und „Sekten" in Nordamerika. Eine kirchen- und sozialpolitische Skizze, in: Ders., Soziologie – Universalgeschichtliche Analysen – Politik, mit einer Einleitung von Eduard Baumgarten, hrsg. und erläutert von Johannes Winckelmann, 5. überarbeitete Aufl., Stuttgart 1973, S. 382–397, 389 f. (Hervorhebungen im Original).

53 Vgl. zur Situation in der Bundesrepublik Deutschland: Friedrich Wilhelm Haack, Wotans Wiederkehr. Blut-, Boden- und Rasse-Religion, München 1981; ders., Führer und Verführte. Jugendreligionen und politreligiöse Jugendsekten, München 1980; Rainer Jetter, Getarnter Rechtsradikalismus. Oder: Was will die CARP, Berlin 1978.

sind „mobilisierender“ Natur; der direkten zwischenmenschlichen Kontaktaufnahme räumt man Vorrang gegenüber der Verbreitung von Wort und Schrift ein. Denn die „Geheimnisse“ und „Wahrheiten“ der Lehre erschließen sich nicht durch rationale Erkenntnis (allein), sondern vor allem durch die Anleitung der „Wissenden“, das Gefühl der Verbundenheit mit ihnen, die Erzeugung einer inneren Bereitschaft, sich der „Botschaft“ zu öffnen.

Je nachdem, wie die „Wahrheiten“ erkannt werden können, lassen sich rationalistische und irrationalistische Formen der Sektenbildung unterscheiden. Zur ersten Kategorie zählten etwa bestimmte Geheimgesellschaften der Freimaurer im 18. und 19. Jahrhundert.[54] Heute bestimmen Organisationen der letztgenannten Ausrichtung das Bild. Die Aktivitäten des Hauses Ludendorff trugen deutlich die Merkmale politischen Sektierertums. Bezeichnenderweise zerstreute sich die Organisation nach dem Tod Mathilde Ludendorffs, der „Seherin“, die den Mitgliedern „Gotterkenntnis“ offenbarte.[55] Unverkennbar sektiererische Züge tragen auch einige rechtsextreme „Kulturgruppen“ („Gesellschaft für Freie Publizistik“ [GFP], „Freundeskreis Ulrich von Hutten“), wenngleich bei ihnen das organisatorische Element nicht stark genug entwickelt scheint.[56] In Frankreich haben innerhalb des organisatorischen Netzes der Nouvelle Droite auch im „Nordischen“ und „Keltischen“ den Urquell geistiger Erneuerung suchende Sektierer eine Heimat gefunden.[57]

3.5. Terrorgruppen

Ein weiterer Typus wird durch die vorrangige Ausprägung der Elemente „Doktrin“ und – vor allem – „Aktion“ gekennzeichnet; der Faktor „Organisation“ dagegen tritt mehr oder weniger deutlich zurück. Dieser Konfiguration scheinen am ehesten terroristische Gruppen verschiedener Ausrichtung zu entsprechen. Allerdings ist die Zuordnung nicht so reibungslos wie in anderen Fällen. Außer Zweifel steht die starke Aktionsorientierung des Terrorismus, dessen Raison d'être das Attentat ist. Dagegen dürfte die Rolle der politischen Doktrin schwieriger zu bestimmen sein. So erzeugt die Praxis des Terrors häufig eine Eigendynamik, die das Handeln der Gruppe immer weiter von ihren „revolutionären“ Zielen entfernt. Auch hinsichtlich der Bedeu-

---

54 Vgl. Eugen Lennhoff, Politische Geheimbünde, neu bearbeitet und ergänzt von Harry Wilde, Wien/München/Zürich 1966 (1931). Siehe hier vor allem die Darstellung über die „Illuminaten“ (S. 17–103).

55 Vgl. Hans Kopp, Geschichte der Ludendorff-Bewegung, Bd. 1: Die Jahre 1913–1939, Stuttgart 1975; Manfred Jenke, Verschwörung von rechts? Ein Bericht über den Rechtsradikalismus in Deutschland nach 1945, Berlin 1961, S. 359–361. Für die psychische Konstitution der „Seherin“ aufschlußreich: Winfried Martini, Die Legende vom Hause Ludendorff, Rosenheim 1949.

56 Vgl. VSB 1985, S. 169 f.

57 Vgl. Lothar Baier, Französische Zustände. Berichte und Essays, Frankfurt a. M. 1985; Michael Billig, Die Rassistische Internationale. Zur Renaissance der Rassenlehre in der modernen Psychologie, mit einem Vorwort von Lothar Baier, Frankfurt a. M. 1981 (Original: Psychology, Racism and Fascism, Birmingham 1979). In umfassender Form werden die in Frankreich agierenden Sekten vorgestellt bei: Fanny Cornuault, La France des sectes, Paris 1978. Die Autorin gibt auch einige Hinweise zu den im Grenzbereich von Politik und Religion wirkenden Organisationen.

tung des ideologischen Elementes für den Einstieg in die Terror-„Szene“ ist Vorsicht am Platze.[58] In keinem der in der Bundesrepublik bekannten Fälle bildete die Lektüre bestimmter Schriften den Auslöser für den Anschluß an eine terroristische Gruppe. Vielmehr handelt es sich – wie dies generell für „unkonventionelle“ politische Handlungsformen gilt – um eine komplexe Motivationslage, die wiederum von Person zu Person und von Gruppe zu Gruppe beträchtlich variiert.

Es wäre dennoch falsch, die Bedeutung politischer Doktrinen für das Selbstverständnis der Angehörigen einer Terrorgruppe gering einzuschätzen. Der stufenweise Einstieg in die „Szene“ bis hin zur aktiven Mitwirkung bei der Planung und Durchführung von Anschlägen ist mit großen Opfern für den Einzelnen verbunden und ohne einen Prozeß des Reflektierens über die „Natur“ des herrschenden „Systems“ und die Art der zu realisierenden Ziele nicht angängig. Ist der Einstieg vollzogen, setzt der Rechtfertigungsdruck ein: Je weiter das jeweilige politische Handeln von den Konventionen abweicht, je gravierender die Verletzung geltender Normen ist, desto größer wird das Bedürfnis, die Zulässigkeit des eigenen Tuns vor sich selbst, den Anhängern, Sympathisanten und der Öffentlichkeit zu begründen. Erst die Doktrin (in welch rudimentärer Gestalt auch immer) verleiht der kriminellen Aktion politische Qualität.[59]

---

58 Der jeweilige Stellenwert politischer Ideen für den Einstieg in die „Szene“ ist in der Forschung umstritten. Vgl. vor allem den Band mit Beiträgen von: Iring Fetscher/Günter Rohrmoser, Ideologien und Strategien, = Analysen zum Terrorismus 1, hrsg. vom Bundesministerium des Innern, Opladen 1981. Hierbei geht es auch um die Frage der „Haftbarmachung“ der Frankfurter Schule für die Studentenbewegung, ihre Rand- und Folgeerscheinungen. Der Konservative Rohrmoser bezieht schon aufgrund seiner gesellschaftspolitischen Auffassungen eine andere Position als der demokratische Sozialist Fetscher. Eine Ideologiekritik der kontroversen Analysen muß also über die Betrachtung des methodischen Vorgehens hinausgehen. Siehe zur Frage der terroristischen Ideologie ferner: Günter Heckelmann/ Lucas Heumann, Herbert Marcuse und die Szene 1978. Studentenrevolte und Terror-Eskalation, in: Die Politische Meinung 23 (1978), H. 181, S. 55–69; Konrad Hobe, Zur ideologischen Begründung des Terrorismus. Ein Beitrag zur Auseinandersetzung mit der Gesellschaftskritik und der Revolutionstheorie des Terrorismus, Bonn 1979; Hans Heinz Holz, Hat der Terrorismus eine theoretische Basis?, in: Blätter für deutsche und internationale Politik 23 (1978), S. 317–329; Herfried Münkler, Sehnsucht nach dem Ausnahmezustand. Die Faszination des Untergrunds und ihre Demontage durch die Strategie des Terrors, in: Steinweg (FN 47), S. 60–88. Zur Problematik generell: Ted Robert Gurr, Rebellion. Eine Motivationsanalyse von Aufruhr, Konspiration und innerem Krieg, Düsseldorf/Wien 1972 (Original: Why Men Rebel, Princeton/N. J. 1970); Walter Laqueur, Terrorismus, Kronberg/Ts. 1977 (Original: Terrorism, London 1977), S. 22–77 („Die Philosophie der Bombe“).

59 Hierzu sind die Äußerungen ehemaliger Terroristen aufschlußreich. Vgl. Uwe Backes/Eckhard Jesse, Totalitarismus – Extremismus – Terrorismus. Ein Literaturführer und Wegweiser im Lichte deutscher Erfahrung, 2. überarbeitete und erweiterte Aufl., Opladen 1985, S. 256–264. Ferner: Art. „Horst Mahler“, in: Internationales Biographisches Archiv vom 13. 12. 1980 – Lfg. 50/80-P; Stefan Aust, Der Baader-Meinhof Komplex, Hamburg 1985; Horst Jürgen Bäcker/Horst Mahler, Die Linke und der Terrorismus. Gespräche mit Stefan Aust, in: Die Linke im Rechtsstaat, Bd. 2: Bedingungen sozialistischer Politik 1965 bis heute, Berlin 1979, S. 174–204; Jillian Becker, Hitlers Kinder? Der Baader-Meinhof-Terrorismus, Frankfurt a. M. 1978 (Original: Hitler's Children. The Story of the Baader-Meinhof Gang, New York 1977); Peter-Jürgen Boock, Abgang, Bornheim-Merten 1988; Peter-Jürgen Boock/Peter Schneider, Ratte – tot ... Ein Briefwechsel, 2. Aufl., Darmstadt/

Das organisatorische Moment tritt demgegenüber zurück, was nicht heißen soll, es sei völlig ohne Bedeutung. Entwickelt sich innerhalb einer terroristischen Gruppe oder eines Netzes von Gruppen eine ausgeprägte Rollendifferenzierung, so daß von einer „Organisation" gesprochen werden kann, zielt diese doch ganz auf das Ziel der Durchführung politischer Aktionen – auch im Bereich der Logistik, die immer in engem Zusammenhang zu den jeweiligen Planungen steht. Im Hinblick auf die Unterscheidung zwischen „politischer Aktion" und „Mobilisierung" gilt: Die Bedeutung der Organisation etwa für den Traditionsverein zeigt sich darin, daß sie – um es an einem Zahlenbeispiel zu verdeutlichen – zu 95 Prozent der „Mobilisierung" und lediglich zu 5 Prozent der Durchführung politischer Aktionen dient. Die umgekehrte Relation kennzeichnet die Terrorgruppe: Nur 5 Prozent werden für die „Mobilisierung" aufgewendet, während 95 Prozent der Kapazitäten ganz auf Aktion ausgerichtet sind. Der permanente Ausnahmezustand, dem sich die Terrorgruppe aufgrund ihres folgenschweren Wirkens aussetzt, läßt die Herausbildung eines relativ eigenständigen organisatorischen Apparates kaum zu.[60] Die Fluktuation der Mitglieder ist verhältnismäßig gering, wenngleich – etwa infolge personeller Verluste durch Tod oder Inhaftierung – die Notwendigkeit zur weiteren Mitgliederwerbung besteht.

Das Spektrum terroristischer Gruppen mit linksextremistischer Ausrichtung, wie es sich in der Bundesrepublik Deutschland in den siebziger Jahren herausbildete, kann als Beispiel für die Variationsbreite der Elemente „Doktrin" und „Organisation" dienen. Die Extrempunkte der Skala bilden die RAF einerseits, die „Bewegung 2. Juni" andererseits; dazwischen angesiedelt sind die „Revolutionären Zellen" (RZ).[61] Der eindeutig kommunistischen Ausrichtung der RAF entspricht ihr

---

Fortsetzung von Fußnote 59

Neuwied 1985; Peter Brückner, Ulrike Marie Meinhof und die deutschen Verhältnisse, Berlin 1982; Gespräch mit Peter-Paul Zahl am Tag nach seiner Entlassung aus dem Gefängnis nach zehn Jahren Haft, Berlin 1983; Frank Grützbach (Red.), Heinrich Böll: Freies Geleit für Ulrike Meinhof. Ein Artikel und seine Folgen, Köln 1972; Axel Jeschke/Wolfgang Malanowski (Hrsg.), Der Minister und der Terrorist. Gespräche zwischen Gerhart Baum und Horst Mahler, Reinbek bei Hamburg 1980; Hans-Joachim Klein, Irgendwo Januar 1985, in: Daniel Cohn-Bendit, Wir haben sie so geliebt, die Revolution, Frankfurt a. M. 1987, S. 157–167; Melvin J. Lasky, Ulrike Meinhof and the Baader-Meinhof Gang, in: Encounter 1975, H. 2, S. 9–23; Reinhard Rauball, Die Baader-Meinhof-Gruppe, Berlin/New York 1973; Klaus Rainer Röhl, Fünf Finger sind keine Faust, 2. veränderte Aufl., Göttingen 1977; ders., Die Genossin. Roman, München/Wien 1975; Hans-Peter Schreiner, Ohne Terror ist die Tugend machtlos. Maximilien Robespierre und Ulrike Meinhof, in: Kurt E. Becker/ Hans-Peter Schreiner, Anti-Politik. Terrorismus – Gewalt – Gegengewalt, Hannover 1979, S. 189–195; Klaus Wagenbach, Grabrede für Ulrike Meinhof, in: Ders., Eintritt frei. Beiträge zur öffentlichen Meinung, Darmstadt/Neuwied 1982, S. 57–59; „Wir wollten alles und gleichzeitig nichts". Ex-Terrorist Volker Speitel über seine Erfahrungen in der westdeutschen Stadtguerilla, in: Der Spiegel, Nr. 31, 32, 33/1980, S. 36–49, 30–39, 30–36.

60 Vgl. Klaus Wasmund, Zur politischen Sozialisation in terroristischen Gruppen, in: APZG, B 33–34/1980, S. 29–46; Franz Wördemann, Mobilität, Technik und Kommunikation als Strukturelemente des Terrorismus, in: Manfred Funke (Hrsg.), Terrorismus. Untersuchungen zur Strategie und Struktur revolutionärer Gewaltpolitik, Bonn 1977, S. 140–157.

61 Vgl. auch zum folgenden: Friedhelm Neidhardt, Linker und rechter Terrorismus. Erscheinungsformen und Handlungspotentiale im Gruppenvergleich, in: Wanda von Baeyer-Katte/Dieter Claessens/Hubert Feger/ders., Gruppenprozesse, = Analysen zum Terrorismus 3, hrsg. vom Bundesmi-

zentralistischer Gruppenaufbau mit klarer Positions- und Aufgabenverteilung. Führende Vertreter der „Bewegung 2. Juni“ propagierten dagegen anarchistische Ideen. Sie bildete lediglich ein lockeres „Netzwerk“ von Einzelaktivisten und Kleinstgruppen aus. Allerdings bewies die „Bewegung“ etwa im Falle der Entführung des Berliner CDU-Vorsitzenden Peter Lorenz, daß sie punktuell durchaus zu Aktionen fähig war, die ein hohes Maß an Planung und Koordination erforderten. In organisatorischer Hinsicht zwischen RAF und „Bewegung 2. Juni“ angesiedelt sind schließlich die RZ. Die lose verbundenen autonomen Gruppen entwickeln offenbar eine festere Struktur, agieren allerdings dezentral, auf regionaler und lokaler Ebene. Während die Handlungsfähigkeit der „Bewegung 2. Juni“ prekär blieb, ermöglichte die leistungsfähigere Organisationsweise der RAF schwierigere Operationen wie Entführungen oder Anschläge auf Personen. Das Terrorkonzept der RZ hält auch hier die Mitte. Um „Basisnähe“ bemüht, konzentriert es sich auf Aktionen, die mit geringerem Risiko verbunden sind, in der Öffentlichkeit nicht so abschreckend wirken (wie etwa Entführungen und Morde) und dennoch eine massenmobilisierende Wirkung versprechen. Die RZ folgen dabei dem Gebot: „[...]jede Aktion sollte sich durch sich selbst erklären; eine Aktion, die eine Erklärung benötigt, ist falsch und überflüssig“.[62]

3.6. Sammlungsbewegungen

Extremistische Sammlungsbewegungen verkörpern einen durch die Dominanz der Elemente „Organisation“ und „Aktion“ gekennzeichneten Typus. Sie bilden einen umfangreichen organisatorischen Apparat aus, der das politische Wirken einer großen Zahl von Aktiven miteinander koordiniert. Der Gewinnung neuer Mitglieder kommt große Bedeutung zu, da die „Bewegung“ alle Gruppen und Schichten der Bevölkerung erfassen will. Die politische Programmatik ist daher auch auf die Bedürfnisse möglichst Vieler zugeschnitten und bleibt notwendigerweise vage. Weltanschauliche Geschlossenheit wird nur in einigen wesentlichen Punkten angestrebt, während man darüber hinaus eine gewisse Bandbreite unterschiedlicher Vorstellungen in Kauf nimmt. Auf die Integration einer großen Zahl von Mitgliedern ist auch die politische Strategie zugeschnitten. Sie schließt bestimmte Extremformen politischer Aktion aus, da sie mobilisationshemmend wirkten. Sammlungsbewegungen versuchen daher, sich möglichst eng den Strukturen politischer Prozesse in demokratischen Verfassungsstaaten anzupassen. Eine politische Mimikry erhöht ihre Respektabilität in den Augen eines breiteren Publikums. Die Demokratie soll mit ihren Methoden geschlagen werden.[63]

Fortsetzung von Fußnote 63

nisterium des Innern, Opladen 1982, insbesondere S. 462–464; ders., Linker und rechter Terrorismus. Empirische Ansätze zu einem Gruppenvergleich, in: Gewalt von rechts. Beiträge aus Wissenschaft und Publizistik, Bonn 1982, S. 155–204.

62 Zitiert nach: VSB 1982, S. 105. Es handelt sich um den Wortlaut einer 1981 erschienenen Schrift „autonomer“, den RZ nahestehender Gruppen.

63 Vgl. Uwe Backes/Eckhard Jesse, Demokratie und Extremismus. Anmerkungen zu einem antithetischen Begriffspaar, in: APZG, B 44/1983, S. 3–18, 15 f.

Nehmen extremistische Sammlungsbewegungen in demokratischen Verfassungsstaaten überhand, so ist dies ein ernsthaftes Krisensymptom. Sie kultivieren zumeist eine populistische Doktrin, die das „liberale System“ mit Berufung auf den „Willen des Volkes“ attackiert. In der Bevölkerung verbreitete Vorurteile und Klischees werden für politische Zwecke mißbraucht. Eine wichtige Erfolgsbedingung populistischer Sammlungsbewegungen stellt die Ausstrahlungskraft des Führers dar. Verfügt dieser „starke Mann“ über das notwendige Charisma[64], steigen damit die Erfolgsaussichten der Organisation wesentlich.

Adolf Hitler verfügte zweifellos über dieses Charisma. Allerdings kontrastierten die populistischen Elemente des Parteiprogramms offenkundig mit dessen radikaler biologistischer Einfärbung. Während der echte Populist einen Teil seines Sendungsbewußtseins aus der Überzeugung ableitet, er verfüge über eine besondere Verbindung zum Volk, setzte Hitler zu überlegt die Verführungskünste des geschickten Demagogen ein.[65] Auf den französischen Front National, der seit 1986 auch in der Nationversammlung vertreten ist, trifft die Bezeichnung „populistisch“ wohl eher zu. Die Erfolge der Partei dürften größtenteils auf die Ausstrahlungs- und Integrationskraft ihres Führers Jean-Marie Le Pen zurückgehen: Nach innen hat er die jahrzehntelange Zerstrittenheit des rechtsextremen Lagers teilweise überwunden und einen Gutteil ehemals disparater Kräfte auf die von ihm 1972 gegründete Partei und seine Person eingeschworen. Nach außen gelingt es Le Pen offenbar – ähnlich wie Pierre Poujade in den fünfziger Jahren –, Volksstimmungen zu erfassen, sie in die Sprache des „Mannes von der Straße“ zu kleiden und ein unter normalen Umständen apathisches autoritäres Potential mit derartigen Stammtisch-Parolen zu politisieren.[66] Ähnlich wie die NPD, die in den Jahren 1966 bis 1969 beachtliche Wahlresultate erzielen konnte[67], hat jedoch auch der FN von Protestwählern profitiert, die bereits bei den nächsten Wahlen ihre Stimme einer anderen Partei geben können.[68]

---

64 Vgl. zu diesem Begriff: Martin E. Spencer, What is Charisma?, in: BJS 24 (1973), S. 341–354.

65 Zu Hitlers demagogischen Fähigkeiten siehe vor allem: Joachim Fest, Blick auf eine Unperson, in: Ders., Hitler. Eine Biographie, Bd. 2: Der Führer, Frankfurt a. M./Berlin/Wien 1978 (1973), S. 697–741.

66 Vgl. Edwy Plenel/Alain Rollat, L'effet Le Pen, Paris 1984.

67 Vgl. vor allem: Thomas A. Herz, Soziale Bedingungen für Rechtsextremismus in der Bundesrepublik Deutschland und in den Vereinigten Staaten. Eine vergleichende Analyse der Nationaldemokratischen Partei Deutschlands und der Anhänger von George C. Wallace, Meisenheim am Glan 1975; Reinhard Kühnl, Die NPD. Struktur, Programm und Ideologie einer neofaschistischen Partei, Berlin 1967; Lutz Niethammer, Angepaßter Faschismus. Politische Praxis der NPD, Frankfurt a. M. 1969; Horst W. Schmollinger, Die Nationaldemokratische Partei Deutschlands, in: Richard Stöss (Hrsg.), Parteien-Handbuch. Die Parteien der Bundesrepublik Deutschland 1945–1980, Bd. 2: FDP bis WAV, Opladen 1984, S. 1923–1994.

68 Vgl. Monica Charlot, L'émergence du Front National, in: RFSP 36 (1986), S. 30–45; Pascal Perrineau, Le Front National: un électorat autoritaire, in: RPP 87 (1985), Nr. 918, S. 24–31; ders., Front national: l'écho politique de l'anomie urbaine, in: Esprit 1988, Nr. 136–137, S. 22–38. Skeptischer in dieser Hinsicht: Claus Leggewie, Explosion der Mitte. Zum Erfolg von Le Pens „Front National“, in: Blätter für deutsche und internationale Politik 33 (1988), S. 793–801.

3.7. Kaderparteien

Die ausgewogene Verbindung der drei „Aggregatzustände" Doktrin, Organisation und Aktion kennzeichnet schließlich den letzten Typus. Die Kaderpartei, in der von Lenin entworfenen Form, dürfte dieser Konfiguration am besten entsprechen. Die politische Kampforganisation soll einerseits die Fähigkeit entwickeln, im Stile einer Verschwörerorganisation zu agieren, andererseits jedoch auch den Kontakt zu den Massen nicht verlieren.[69] An ihre Mitglieder werden daher höchste Anforderungen gestellt: Sie sind „Berufsrevolutionäre", die sowohl die Regeln erfolgreicher konspirativer Tätigkeit beherrschen als auch die kommunistische Lehre in den Massen verbreiten und neue Anhänger gewinnen (können). Diese Kaderpartei versteht sich als eine „Führerorganisation", die über das entwickelteste revolutionäre Bewußtsein verfügt und daher berufen ist, an der Spitze der „Bewegung" zu marschieren, ihr den Weg in der Revolution zu zeigen und an erster Stelle am Aufbau einer neuen Gesellschaft zu wirken.

Diese „Partei neuen Typs" war von Lenin für den Kampf gegen das autokratische Zarenregime entworfen worden. Die zumeist maoistischen Gruppierungen, die sich Ende der sechziger Jahre in Westeuropa formierten, wurden nicht zuletzt von der Lust am konspirativen Spiel getrieben, als sie dieses Konzept nun in demokratischen Verfassungsstaaten anzuwenden gedachten.[70] Der politische Mißerfolg war programmiert. Im Verlaufe der siebziger Jahre degenerierten die „K-Gruppen" zu politischen Sekten, die bald mehr durch ihre Machtkämpfe und dogmatischen Auseinandersetzungen um die einzuschlagende „Linie" als durch politische Aktionen in der Öffentlichkeit auffielen.

Daß nicht nur der Marxismus-Leninismus Kaderparteien hervorbringt, stellt seit einiger Zeit die „Europäische Arbeiterpartei" (EAP) unter Beweis. Die Organisation hat in der Öffentlichkeit für viel Verwirrung gesorgt, weil sie politisch nach herkömmlichen Kriterien nicht einzuordnen ist. Sie trat 1976, 1980, 1983 und 1987 („Patrioten für Deutschland") bei den Bundestagwahlen an, und ihr Gründer, Lyndon Hermyle LaRouche[71] bewarb sich in den Jahren 1976, 1980 und 1984 um das Amt des Präsidenten der Vereinigten Staaten. Im März 1986 erregte LaRouche die Aufmerksamkeit der amerikanischen Öffentlichkeit, als zwei seiner Anhänger sich erfolgreich bei den Vorwahlen um die Nominierung der Demokratischen Partei für

---

69 Vgl. Lenin, Was tun? Brennende Fragen unserer Bewegung (1902), Berlin [Ost] 1977.

70 Vgl. Wolfgang Berner, Italiens APO. Außer- und antiparlamentarische Gruppen der italienischen Linken und Ultralinken, = Berichte des Bundesinstituts für ostwissenschaftliche und internationale Studien, Nr. 10, Köln 1973; Roland Biard, Dictionnaire de l'extrême-gauche de 1945 à nos jours, Paris 1978; Gerd Langguth, Protestbewegung. Entwicklung, Niedergang, Renaissance. Die Neue Linke seit 1968, Köln 1983.

71 Lyndon Hermyle LaRouche, geb. 8. September 1922 in Rochester/New Hampshire. Während des Militärdienstes Kontakte zur KP Indiens. Nach dem Zweiten Weltkrieg Eintritt in die trotzkistische „Socialist Workers Party" (SWP); 1966 Gründung des „International Caucus of Labour Committees (ICLC); seit 1972 Aktivitäten in der Bundesrepublik. Zur Biographie: Leo Wieland, Strohfeuer um Lyndon LaRouge. Eine Peinlichkeit für Amerikas Demokratische Partei, in: FAZ vom 24. Mai 1986, S. 12.

die Ämter des stellvertretenden Gouverneurs und des Staatssekretärs im Bundesstaat Illinois bewarben.[72]

Die Art, wie sich die EAP der Öffentlichkeit präsentiert, ist mehr als ungewöhnlich. In den Partei-Statuten (Fassung vom 13. Juli 1980) heißt es: „1. Die EAP ist eine Vereinigung, die auf dem höchsten Stand der modernen Wissenschaft die Kontinuität der platonisch-humanistischen Tradition Europas fortsetzt. 2. Fundamentale Voraussetzung für den Zusammenschluß ist die Erkenntnis, daß sich der Mensch als Gattungswesen absolut von den Tieren unterscheidet. [...] 3. Somit stellt die Weltanschauung der EAP die Fortsetzung der Politik des 'Grand Design' dar, wie sie von früheren politischen Führern (den Salier- und Hohenstaufenkaisern, Heinrich IV. von Frankreich und dem großen Gottfried Wilhelm Leibniz) betrieben wurde. Umfassender noch steht die EAP in der Städtebauer-Tradition, die zivilisatorisch bis auf die ionischen Republiken und früher zurückgeht.“[73] Welche Partei kann schon eine solche geistige Ahnengalerie vorweisen? Lassen bereits die Statuten Großes erahnen, verdienen die politischen Forderungen der EAP erst recht helle Aufmerksamkeit: Sie will „Rockefellers Nazipläne in Europa“[74] durchkreuzen, eine Verschwörung der Psychiater (gegen die EAP?) aufdecken, den SPD-Vorsitzenden Willy Brandt als „CIA-Agent“ und „Nürnbergverbrecher“ entlarven, „Danton und Marat als britische Agenten und die 'von ihnen aufgehetzten Jakobiner – die Umweltschützer von damals' und ihre Nachfahren mit Schillers erzieherischen Konzepten umerziehen“, die geheimen Machenschaften des „Isis Osiris Ordens“ an die Öffentlichkeit bringen, die Aristotelische Gesellschaft mit ihren ehemaligen Präsidenten Bertrand Russell und Sir Karl Popper als „apollinische[r] Flügel des britischen Nachrichtendienstes“[75] überführen und die USA „in 30 Tagen wieder in Ordnung bringen“.[76] Angesichts dieses eindrucksvollen Wahlprogramms war es nur zu veständlich, daß der Präsidentschaftskandidat LaRouche seine potentiellen Wähler warnte, ihm ihre Stimme zu verweigern, denn dies sei „ein Fehler, den man nur noch Wahnsinn nennen könnte“.[77]

Diese Bemerkung des EAP-Führers verrät ungewollt etwas über das „Geheimnis“ der Partei. Ihre „Doktrin“, wenn man davon sprechen kann, basiert offenkundig auf einer einzigen gigantischen Verschwörungstheorie, deren Ursprung wohl nur ein Psychiater ganz ergründen könnte. Für ihre Mitglieder sind überall auf der Welt verschwörerische Umtriebe am Werk, die die „Humanisten“ hindern, das „Gute“ zu vollbringen. Mit viel finanziellem Aufwand (die Quellen sind bisher unbekannt) hat der ehemalige Trotzkist LaRouche eine Organisation aufgebaut, die sich – wie die kommunistischen Kaderparteien – als eine Kampfvereinigung begreift. Sie soll die internationalen Verschwörungen aufdecken und ihre Drahtzieher unschädlich machen. Die Mitglieder der Organisation unterwerfen sich diesem wirren Ziel ebenso

72 Ebd.

73 EAP-Statut, Fassung vom 13. Juli 1980.

74 Haack (FN 53), S. 125–140, 125.

75 Ebd., S. 126.

76 Vgl. Art. „Dunkle Kräfte“, in: Der Spiegel, Nr. 39/1980.

77 Ebd.

absolut, wie das von politreligiösen Jugendsekten bekannt ist. Zu Recht spricht Friedrich-Wilhem Haack von „Menschenfallen"[78], die ihre Mitglieder hörig und zu autonomem Handeln unfähig machen.

4. Gefahrenpotentiale

Die Frage nach dem politischen Einfluß extremistischer Gruppierungen ist bisher aus der Betrachtung weitgehend ausgeklammert worden. Und das mit gutem Grund: Die Extremismusforschung hat diesen Aspekt vielfach in den Mittelpunkt ihres Interesses gerückt, dabei aber häufig grundlegende Probleme vernachlässigt. Erst das Verständnis der Phänomene „aus sich heraus" ermöglicht ihre weiterführende Einordnung und Bewertung im Hinblick auf die Frage des politischen Einflusses. Die Phänomenologie tat also gut daran, diese Dimension nur am Rande in den Blick zu nehmen. Dennoch handelt es sich um eine bedeutende Problemstellung der politischen Praxis, die nähere Aufmerksamkeit verdient.

Das Ausmaß der Gefährdung durch extremistische Kräfte wird gewöhnlich nach Art der Sicherheitsbehörden taxiert[79], der Grad der aktuellen Gefährdung also anhand bestimmter Indikatoren zu ermitteln versucht. Mögliche Indikatoren sind demnach Zahl und Größe der Organisationen, ihr Wählerpotential, das Verhältnis von Mitglieder- und Wählerschaft (Organisationsgrad), die Mobilisierbarkeit der Anhänger, die finanzielle Ausstattung, das strategische Arsenal (z. B. Einflußstrategien), Auflage und Verbreitung extremistischer Schriften, der Anteil entsprechender Einstellungsmuster in der Bevölkerung etc. Diese Indikatoren sind im Rahmen der hier interessierenden Fragen von minderem Belang. Denn nicht die Möglichkeiten zur Ermittlung einer aktuellen Gefährdung sollen behandelt werden; vielmehr geht es im folgenden um die Bestimmung des Ausmaßes einer potentiellen Gefährdung.

Was ist unter einer potentiellen Gefährdung zu verstehen? Die Problemstellung verdankt ihre Inspiration der in der Staatsformenlehre üblichen Unterscheidung zwischen autoritären und totalitären Diktaturen.[80] Die Differenzierung zwischen „autoritär" und „totalitär" zielt vornehmlich auf den Freiraum, der dem Einzelnen zur Selbstentfaltung in diktatorischen Regimen verbleibt. Dieser Freiraum ist in autoritären Diktaturen „durchschnittlich" größer als in totalitären. Die Frage mit Blick auf das Spektrum politischer Extremismen in demokratischen Verfassungsstaaten

78 Haack (FN 53), S. 138.

79 Vorbildlich in dieser Hinsicht sind die in der Bundesrepublik Deutschland alljährlich erscheinenden Verfassungsschutzberichte des Bundes und – seit geraumer Zeit – auch einiger Länder.

80 Die Unterscheidung zwischen demokratischen, autoritären und totalitären Regimen ist erstmals von Juan J. Linz am Beispiel Franco-Spaniens systematisch entwickelt worden: Juan J. Linz, An Authoritarian Regime: the Case of Spain (1964), in: Erik Allard/Stein Rokkan (Hrsg.), Mass Politics. Studies in Political Sociology, New York 1970, S. 57–79. Linz konnte sich dabei auf die Forschungen Karl Loewensteins stützen, der die Unterscheidung wohl in die wissenschaftliche Diskussion entlassen hat. Vgl. Loewenstein, Verfassungslehre, 2. durch einen Nachtrag auf den Stand von 1969 gebrachte Aufl., Tübingen 1969 (Original: Political Power and the Governmental Process, Chicago 1957), besonders S. 52–66 („Das autoritäre und das totalitäre Regime").

lautet nun: Welchen Grad an Freiheitsbeschränkung gewärtigte der Einzelne voraussichtlich, gelänge es der Gruppe x oder y, die Macht zu übernehmen und ein Regime in ihrem Sinne zu installieren? Die Frage betrifft das Ausmaß der potentiellen Gefährdung.

Problemstellungen dieser Art („was wäre, wenn ...") sind natürlich mit einer ganzen Reihe von Unsicherheitsfaktoren belastet. Der Schluß von politischen Klein- und Kleinstorganisationen – denn darum handelt es sich in demokratischen Verfassungsstaaten ja in der Regel – auf entsprechende Mechanismen potentieller Herrschaftsausübung ist äußerst heikel: Extremistische Gruppen an der Macht sind ganz anderen „Umwelt"-Faktoren unterworfen als solche, die ohne jeglichen Handlungsdruck „bürgerliche" Freiheiten genießen. Die Ernsthaftigkeit der programmatisch entwickelten Ziele mag im Einzelfall zweifelhaft sein. Und nicht jedes (scheinbar) politische Engagement wird auch in erster Linie von entsprechenden Motiven angeleitet.

Jedoch verbietet es die geschichtliche Erfahrung, den „political fringe" leichtfertig als eigenwilligen Sektierer abzutun, der die allemal zu Gleichförmigkeit und Monotonie tendierende politische Szenerie mit frischen Farben und Formen belebt. Die Zahl der historischen Beispiele ist nicht gerade gering, wo eine unbedeutende Organisation in überraschend kurzer Zeit zur bestimmenden politischen Kraft heranwuchs. Die Frage nach der potentiellen Gefährdung politischer Extremismen wird also nicht aus purer Lust an der Spekulation erhoben; sie kann für das Überleben des demokratischen Verfassungsstaates in Krisenzeiten vielmehr von erheblicher Bedeutung sein.

Wenn auch die Parallele zwischen Extremismen an und jenseits der Macht nicht übertrieben werden sollte, so können die Differenzierungen der Staatsformenlehre doch bereits wichtige Einsichten vermitteln, die für das Feld der Extremismen in demokratischen Verfassungsstaaten ebenfalls von Nutzen sind. Dieser „Umweg" bei der Erkenntnissuche liegt schon deshalb nahe, weil die Diktatur-Forschung in den letzten Jahrzehnten intensiv betrieben worden ist. Für die Unterscheidung autoritärer und totalitärer Regime von grundlegender Bedeutung dürften die Forschungen des hispano-amerikanischen Politikwissenschaftlers Juan J. Linz sein. Dieser grenzt sich von einer älteren Totalitarismusforschung ab, die zu sehr unter dem dominierenden Eindruck der totalitären Regime des 20. Jahrhunderts stand.[81] Dabei wurde die breite Formenfülle derjenigen Staatsformen vernachlässigt, die weder dem Typus totalitärer Herrschaft noch dem der konstitutionellen Demokratie zuzurechnen sind.

Linz betont demgegenüber, daß es sich im Falle der autoritären Regime um einen ganz und gar eigenständigen Typus der Herrschaftsausübung handelt.[82] An dieser

---

81 Allerdings hatte eine Reihe von Forschern bereits lange zuvor den Totalitarismusbegriff für epochenübergreifende Untersuchungen „geöffnet". Vgl. besonders die noch immer anregende Studie von: Kurt von Fritz, Totalitarismus und Demokratie im Alten Griechenland und Rom (1948), in: Ders., Schriften zur griechischen und römischen Verfassungsgeschichte und Verfassungstheorie, Berlin/New York 1976, S. 567–603.

82 Juan J. Linz, Totalitarian and Authoritarian Regimes, in: Fred I. Greenstein/Nelson W. Polsby (Hrsg.), Handbook of Political Science, Bd. 3: Macropolitical Theory, Reading/Mass. u. a. 1975, S. 3–411, 178 f.: „Inevitably those developments would lead to the formulation, with one or another

Schaubild 14
Typologie autoritärer Regime nach Juan J. Linz

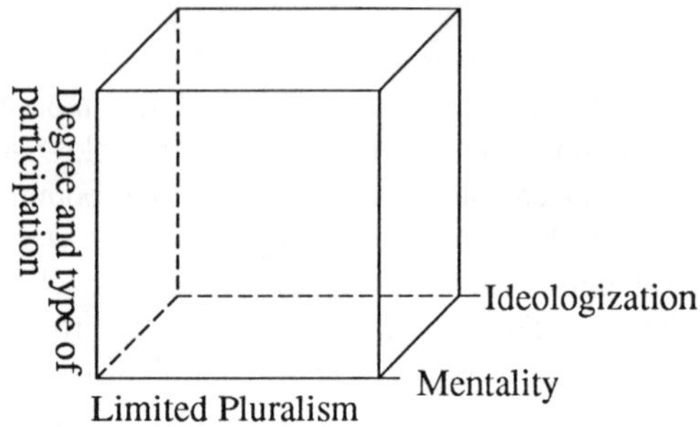

Stelle interessieren insbesondere die drei Dimensionen, die der Autor bei der Betrachtung der Staatsformen unterscheidet. Sie liegen auch dem von Linz entwickelten Modell (siehe Schaubild 14) zur typologischen Differenzierung autoritärer Regime zugrunde, einer dreidimensionalen Darstellung des politischen Raumes. Jede der Dimensionen ist für den jeweiligen Charakter der Herrschaftsausübung von zentraler Bedeutung: erstens die unterschiedlichen graduellen Ausprägungen eines „begrenzten Pluralismus" (im einzelnen unterscheidet Linz die Vorherrschaft einer Einheitspartei, die Einheitspartei mit unbedeutenderen politischen „Partnern", die korporatistische Interessenorganisation, der Typ einer Dominanz des bürokratisch-technokratischen und der einer Vorherrschaft des militärischen Sektors), zweitens das Ausmaß, in dem politische Beteiligung möglich und/oder notwendig ist (von der „Depolitisierung" zur organisierten politischen Mobilisation), drittens schließlich der Grad der Ideologisierung der Herrschaftsausübung und des öffentlichen Lebens.[83]

In allgemeine Begriffe gefaßt, unterscheidet Linz die Typen der Herrschaftsausübung also nach (1) dem Grad des „Pluralismus", (2) dem Grad der Partizipation bzw. Mobilisation, (3) dem Grad der Ideologisierung. Um nun wieder auf die Ebene der Extremismen in demokratischen Verfassungsstaaten zurückzukehren: Die drei Dimensionen können in einen gewissen Zusammenhang zu den drei „Aggregatzuständen" gestellt werden, die im Rahmen der Phänomenologie unterschieden worden sind: Doktrin, Organisation und Aktion. Die Linzsche Differenzierung zwischen „Mentality" und „Ideologization" betrifft offenkundig die Ebene der politischen Doktrinen. Wenn Linz verschiedene Formen des „begrenzten Pluralismus" differenziert, so steht dies in einem Zusammenhang zur Ebene der politischen

Fortsetzung von Fußnote 82
emphasis, of the idea of a third type of regime, a type sui generis rather than on a continuum between democracy and totalitarianism." (Hervorhebung von Linz)

83 Vgl. ebd., S. 277–285.

Organisation. Und die Abstufungen der „Partizipationsgrade“ gilt für die Ebene des Handelns, der politischen Aktion.

Schaubild 15
Gefährdungspotentiale extremistischer Organisationen

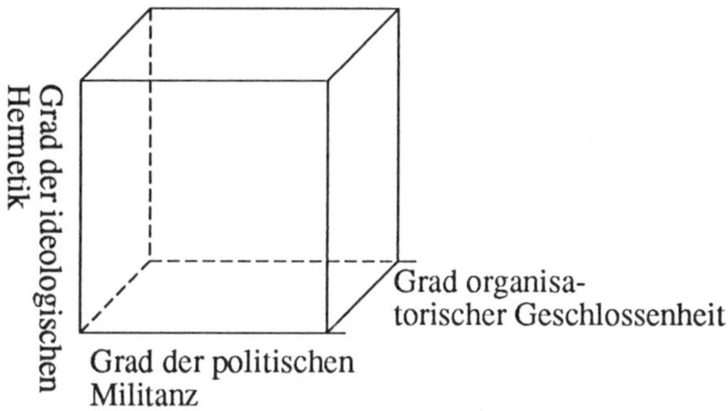

Parallel zur Linzschen Typologie autoritärer Regime kann somit, basierend auf den drei „Aggregatzuständen“, eine dreidimensionale Typologie entfaltet werden, die eine ordnende Erfassung der Extremismen nach dem Grad ihrer potentiellen Gefährdung für den demokratischen Verfassungsstaat erlaubt (siehe Schaubild 15). Es erscheint allerdings wenig sinnvoll, nach dem Linzschen Vorbild eine Vielzahl von Typen zu bilden, da sie dem verworrenen und in seiner politischen Relevanz schwer abschätzbaren Mikrokosmos der Extremismen schwerlich entsprächen. Daher sollen, in Entsprechung zu den drei analytischen Dimensionen, lediglich grob drei Typen von Gefährdungspotentialen unterschieden werden: die Prädominanz der politischen Doktrin, die Prädominanz der politischen Organisation, die Prädominanz der politischen Aktion.

Für alle drei Typen lassen sich Beispiele finden, wie sie bereits im Rahmen der Phänomenologie herangezogen worden sind. Zunächst zur Ebene politischer Doktrinen. Sie sollen als prädominant gelten, wenn das zu erwartende Gefährdungspotential in erster Linie von ihnen ausgeht, organisatorische und handlungsstrategische Gesichtspunkte also stark zurücktreten. Ein Beispiel für diesen Typus sind die Vertreter der französischen Nouvelle Droite. Der Grad ihrer aktuellen Gefährdung ist nicht allzu hoch. Obwohl sie periodische Schriften und Publikationen in respektabler Auflage auf den Markt bringen, bleibt ihr politischer Einfluß alles in allem gesehen doch gering.[84] Zudem verfügen sie weder über eine festere politische Organisation noch über ein analoges Aktionspotential.

84 Vgl. besonders: Christadler (FN 44); Allen Douglas, „La Nouvelle Droite“: G.R.E.C.E. and the Revival of Radical Rightist Thought in Contemporary France, in: The Tocqueville Review 6 (1984), S. 361–387; Patrick Moreau, Die neue Religion der Rasse. Der Biologismus und die kollektive Ethik der Neuen Rechten in Frankreich und Deutschland, in: Fetscher (FN 44), S. 117–162; Pierre-André Taguieff, La stratégie culturelle de la „Nouvelle Droite“ en France (1968–1983), in: Robert Badinter u. a., Vous avez dit Fascismes?, Paris 1984, S. 13–152.

Dennoch sprechen einige Argumente dafür, den Grad ihrer potentiellen Gefährdung höher einzustufen als den ihrer aktuellen. So muß erstaunen, in welch kurzer Zeit sich diese Theoriezirkel im öffentlichen Bewußtsein verankert und verhindert haben, daß sie von heute auf morgen der Vergessenheit anheimfielen. Inzwischen sind „Ableger" der Nouvelle Droite entstanden, vor allem in Italien, aber auch in der Bundesrepublik, Großbritannien, Spanien und Portugal[85], was zusätzlich für ihre politische Vitalität spricht. Offenkundig ist es den Gruppierungen gelungen, Bedürfnisse nach Sinngebung zu befriedigen, die in einer weitgehend säkularisierten Welt entstehen. Das ideologische Lehrgebäude[86] der Nouvelle Droite ist von einiger intellektuellen Attraktivität. Der Cheftheoretiker, Alain de Benoist, erhielt für seine Anthologie „Vu de Droite" den angesehenen „Grand Prix de l'Essai" der Académie Française.[87]

Die Theoriezirkel bieten ein Vergangenheit, Gegenwart und Zukunft umspannendes Deutungsangebot, das für manche Balsam auf die Wunden einer vom Skeptizismus „angekränkelten" Welt bedeutet.

Den Gegenpol zur intellektuell ansprechenden neu-rechten Doktrin bilden Ideologie und Programmatik von Gruppierungen wie der bundesdeutschen NPD. Ihr Deutungsangebot ist weit weniger komplex und ambitiös als das der Nouvelle Droite.[88] Der Partei mangelt es an intellektuellen Kapazitäten, der Ideologie an Ausstrahlungskraft. So werden altbekannte Nationalismen neu aufgemöbelt. Die Doktrin der NPD legt den Vergleich nahe zur Linzschen Kategorie der „mentality"[89], einer traditional gewachsenen, wenig durchreflektierten, auf überkommenen Wertmustern basierenden Geisteshaltung. Sie können jedoch gerade durch die Übereinstimmung mit gewissen in der Bevölkerung verbreiteten Residuen obrigkeitstreuer Gesinnung virulent werden. Die intellektuelle Faszination, die von extremistischen Doktrinen ausgeht, ist daher nur ein Aspekt im Hinblick auf den Grad potentieller Gefährdung, das Ausmaß der Übereinstimmung mit autoritären Einstellungspotentialen ein anderer.

Der Grad ideologischer Hermetik, der Geschlossenheit und Reichweite extremistischer Doktrinen kann wichtige Aufschlüsse zur Beurteilung der potentiellen Gefährdung vermitteln. Die Diagnose wird fundierter, bietet sich die Möglichkeit, die „Außenwirkungen" politischer Doktrinen über einen längeren Zeitraum hinweg zu beobachten. Hier ist von besonderem Interesse, in welcher Weise sie sich gesellschaftliche Krisen oder Krisenstimmungen nutzbar machen.

Neben der politischen Doktrin kann der Bereich des Organisatorischen dominieren. Die Indikatoren einer aktuellen Gefährdung müssen ergänzt werden durch die

---

85 Vgl. Hans-Gerd Jaschke, Wölfe im Schafspelz? Der europäische Rechtsradikalismus bemüht sich um ein intellektuelles Profil, in: Die Zeit vom 10. Januar 1986, S. 16.

86 Die damit verbundenen konzeptionellen Probleme werden im folgenden Kapitel ausführlich zu behandeln sein.

87 Alain de Benoist, Aus rechter Sicht. Eine kritische Anthologie zeitgenössischer Ideen, 2 Bde., Tübingen/Buenos Aires/Montevideo 1983/84 (Original: Vu de Droite, Paris 1983).

88 Für Ideologie und Programmatik der NPD aufschlußreich ist das von führenden Parteitheoretikern entwickelte Parteilexikon: Politisches Lexikon, hrsg. von der DN-Verlagsgesellschaft, Hannover 1966 ff. (Loseblattsammlung).

89 Linz (FN 82), S. 277–285.

Frage, welche Schlagkraft eine extremistische Organisation unter bestimmten günstigen Bedingungen zu entfalten vermag. Für ein beeindruckendes organisatorisches Konzept sind die maoistischen Sekten von besonderem Interesse. Sie verfügen über eine von oben nach unten streng durchgebildete Befehlshierarchie, sprichwörtliche Disziplin und Schulung der Mitglieder, Einsatzbereitschaft für die Sache, günstige finanzielle Ausstattung und ein hochentwickeltes Bewußtsein für Fragen der Strategie und Taktik. [90] Diese Voraussetzungen mögen für sich allein vielleicht noch kein hohes Gefährdungspotential erzeugen; in Verbindung mit ausgeklügelten Handlungskonzepten und ansprechender Programmatik zeitigen sie jedoch möglicherweise politische Wirkungen. Die organisatorische Schlagkraft kann sich in der erfolgreichen Beteilung an Wahlen erweisen, sich aber auch verdeckter Strategien der Unterwanderung und Einflußnahme bedienen.

Was mit Prädominanz der Aktion gemeint ist, wird bei einem Blick auf die paramilitärischen Verbände der Weimarer Republik einsichtig. Wer die „Straße" beherrscht, übt Pressionen auf die jeweiligen Machthaber aus. Besonders die SA, die zeitweilig verboten wurde, verlieh den Forderungen der politischen Führung der NSDAP den nötigen Nachdruck.[91] Die paramilitärischen Einheiten spielten während der „Machtergreifung" durch Einschüchterung und „handfeste" Aktionen eine zentrale Rolle. Der politische Aktionismus kann mit einer festgefügten Organisationsstruktur einhergehen, jedoch auch, wie bei vielen terroristischen Gruppen, auf vergleichsweise schwach entwickelten organisatorischen Voraussetzungen basieren. Will man Gefahrenpotentiale bestimmen, spielt die Einschätzung des handlungsstrategischen „Repertoires" extremistischer Organisationen eine wichtige Rolle. Indizien liefern der Grad der Militanz im Laufe eines bestimmten Zeitraumes wie auch die in der politischen Doktrin gegebenenfalls latent verankerten Handlungsimpulse.

Generell ist jedoch der Schluß von den ermittelten Gefährdungspotentialen auf mögliche Regimeformen mit mannigfachen Imponderabilien belastet, so daß er nur mit allergrößter Vorsicht gezogen werden kann. Dennoch wäre es unzureichend, sich mit aktuellen Gefahrenindikatoren zu begnügen, da der demokratische Verfassungsstaat seine Standfestigkeit gerade in schwierigen Krisenzeiten beweisen muß.

5. *Zusammenfassende Bemerkungen*

Bereits die Phänomenologie hat die Vorgänge der Beschreibung und Komparation mit der ordnenden Erfassung und Bewertung verbunden. Drei zentralen Probleme der Typologisierung, die dort nur am Rande behandelt werden konnten, widmet dieses Kapitel nähere Aufmerksamkeit. Das erste betrifft in erster Linie die Ebene der politischen Doktrinen, das zweite und dritte geht alle drei „Aggregatzustände" gleichermaßen an.

---

90 Vgl. für die Bundesrepublik: Langguth (FN 70)

91 Vgl. besonders: Hans-Gerd Jaschke, Gewalt von rechts vor und nach Hitler, in: APZG, B 23/1982, S. 3–21.

Beim erstgenannten typologischen Problem handelt es sich um die traditionelle Einteilung des politischen Spektrums in „links“ und „rechts“. Auf der Grundlage einer ausführlichen Auseinandersetzung mit verschiedenen Formen wissenschaftlicher Konzeptualisierung wurde zu zeigen versucht, daß eine separate Betrachtung des extremistischen und des demokratischen Spektrums sinnvoll ist. Während zwischen denjenigen Strömungen, die in den demokratischen Verfassungsstaat mündeten, eine intensive Durchmischung stattfand, haben sich innerhalb des extremistischen Spektrums trotz mancherlei programmatischer Kreuzungen die politischen Fronten erhalten, die sich mit der symbolischen Jahreszahl „1789“ verbinden. Der Rechtsextremismus steht demnach insofern in der Tradition der Verfechter des Ancien Régime, als er das moderne Ethos fundamentaler Menschengleichheit – explizit oder implizit – verwirft und die faktisch vorhandenen Ungleichheiten der Menschen zum normativen Ausgangspunkt seines Politikverständnisses macht. Der Linksextremismus dagegen teilt das Ethos fundamentaler Menschengleichheit mit den Vertretern der demokratischen Verfassungsstaaten, hypostasiert das – auch empirisch verstandene – Prinzip der Gleichheit jedoch zur politischen Fundamentalnorm.

Ein weiterer Versuch typologischer Differenzierung knüpfte an die der Phänomenologie zugrundeliegende Unterscheidungen zwischen den analytischen Dimensionen „Doktrin“, „Organisation“ und „Aktion“ an. Sie stehen in Wirklichkeit nicht isoliert nebeneinander, sondern treten in vielfältig verwobenen Formen auf. Um die unüberschaubare Vielfalt der Phänomene zu strukturieren, wurden sieben Typen der Kombination der drei Elemente konstruiert. Dem Theoriezirkel mit seiner Fixierung auf die Entwicklung politischer Ideen steht der unorganisierte Einzelaktivist gegenüber, der den „Primat der Aktion“ propagiert. Die Terrorgruppe verfolgt ihre Ziele mittels systematischen Gewalteinsatzes, während die politische Sekte im „kranken“ Körper der Gesellschaft wachsen will, bis er schließlich wie eine Larven-Hülle abfällt und den im Verborgenen entstandenen, nun dominierend gewordenen eigenen Organismus ans Tageslicht treten läßt. Traditionsvereine führen weitgehend ein Innenleben und reduzieren ihre Außenaktivitäten auf ein Minimum. Sammlungsbewegungen dagegen verzichten nicht auf die politische Aktion. Sie soll sich jedoch den normativen Bedingungen des politischen Systems anpassen, damit es schließlich mit den eigenen Methoden überwältigt werden kann. Am vielseitigsten ist die von Lenin für den Kampf in autokratischen Regimen konzipierte Kaderpartei. Sie stellt keines der drei Elemente in den Vordergrund. Alle drei sollen äquivalent – und voll – ausgebildet sein: Der Berufsrevolutionär ist zugleich Agitator und Organisator, Propagandist und Aktionist. Er hält den Kontakt zu den „Massen“, ist aber auch zu einer konspirativen Betätigung fähig.

Ein letztes typologisches Problem betrifft den Grad der Gefährdung des demokratischen Verfassungsstaates durch extremistische Kräfte. Die Fragestellung ist durch die Unterscheidung der Staatsformenlehre zwischen autoritären und totalitären Regimen inspiriert. Dort steht der jeweilige Freiraum, der dem Einzelnen zu seiner Selbstentfaltung verbleibt, im Zentrum der Betrachtung. Man kann daher die politischen Extremismen in den Verfassungsstaaten nach der Art gruppieren, wie sie voraussichtlich ihre Herrschaft ausübten, kämen sie an die Macht. Parallel zu den von Linz bei der Typologisierung autoritärer Regime verwendeten Dimensionen (begrenzter Pluralismus, Grad der Partizipation, „mentality" versus „ideologization") wurden die Extremismen jenseits der Macht im Hinblick auf die von ihnen ausgehenden Gefahrenpotentiale in den Bereichen Organisation, Doktrin und Aktion untersucht. Auf dieser Grundlage ließen sich drei durch die Dominanz jeweils eines der drei „Aggregatzustände" gekennzeichnete (Extrem-)Typen unterscheiden. Sie erlauben die Ermittlung von Indikatoren potentieller Gefährdung, weisen somit über eine verbreitete Aktualitätsfixiertheit der Betrachtung hinaus.

Fünftes Kapitel

Strukturen und Funktionen extremistischer Doktrinen

1. Begriffsbestimmung und Aufgabenstellung

Im Rahmen der phänomenologischen Betrachtung wurde zwischen drei Untersuchungsdimensionen differenziert: Doktrin, Organisation und Aktion. Der Schwerpunkt der Aufmerksamkeit lag beim Spektrum extremistischer Doktrinen. Denn ihnen kommt für die Bestimmung der normativ-theoretischen Grundlagen eine konstitutive Bedeutung zu. Organisatorische Apparate und handlungsstrategische Arsenale bedürfen einer spezifischen Inspiration, sollen sie aus der Fülle nicht-politischer Formen heraustreten. Wohl ist die politische Realität durch Variationen der Verflochtenheit der drei Elemente gekennzeichnet; die Ebenen der Organisation und Aktion können eine Eigendynamik entfalten und die ideellen Einflüsse stark zurückdrängen. Und doch erschließt sich ein tieferes Verständnis dieser Phänomene nur, werden die politischen Doktrinen in die Betrachtung einbezogen.

Berücksichtigt man diese Rangfolge der drei Untersuchungsebenen, so handelt es sich beim Begriff des politischen Extremismus um eine definitorisch primär durch den Bereich politischer Ideen zu erfassende Kategorie. Organisatorische Strukturen (z. B. Hierarchien), Arten der Aktion (z. B. Gewalttätigkeit) können wichtige Indikatoren liefern, die auf den extremistischen Charakter eines politischen Phänomens hindeuten; sie müssen jedoch in irgendeiner – loseren oder festeren – Form mit politischen Vorstellungen verbunden sein. Die zentrale Bedeutung der politischen Doktrinen für die Bestimmung der normativ-theoretischen Grundlagen des politischen Extremismus macht es notwendig, nicht nur die Inhalte ihrer Aussagensysteme, sondern darüber hinaus auch deren spezifische Struktur zu beleuchten. Die Phänomenologie legte den Schwerpunkt auf die Beschreibung und den Vergleich von Inhalten; die Art und Weise, wie jene sich zu größeren geistigen Gebilden zusammenfügen, blieb dabei weitgehend unbeachtet. Dieser Aspekt soll nun im Mittelpunkt der Strukturanalyse stehen.

Was unter einer politischen Doktrin zu begreifen ist, wurde bisher nur vage bestimmt. Als ihr „genus proximum" kann – im weitesten Sinne – gelten: „geistige Gebilde". „Gebilde" soll dabei bedeuten, daß die Einzelaussagen nicht wahllos nebeneinander, sondern – zumindest aus der Sicht dessen, der einer Doktrin anhängt – in einem Sinnzusammenhang stehen. „Geistig" besagt, daß es sich um ein Produkt menschlicher Verstandestätigkeit handelt. „Doktrinen" (lat. doctrina = die Lehre) sind geistige Gebilde besonderer Art: Zumindest einige ihrer Sätze beanspruchen ein hohes Maß an Verbindlichkeit. Sie gelten als „wahr", wobei der Begriff der „Wahrheit" nicht im Sinne einer regulativen Idee zu verstehen ist, nach der man zwar streben, die man jedoch nicht erreichen kann, sondern die Identität einer Aussage mit der Wirklichkeit meint.[1] Die Bereiche des Seienden und des Seinsollenden werden nicht analytisch geschieden und beide Sphären so behandelt, als komme ihnen der gleiche erkenntnistheoretische Status zu.

Extremistische Doktrinen stellen also Überzeugungssysteme dar, indem sie Werte mit Wahrheitsanspruch vermitteln. Dieser Wahrheitsanspruch kann typischerweise nicht im Sinne moderner Wissenschaftsauffassung verifiziert werden, was keineswegs bedeutet, alle Aussagen entzögen sich der empirischen Überprüfung. Überzeugungssysteme sind vielmehr gerade durch die je spezifische Verflochtenheit (auch möglicherweise als „falsch") verifizierbarer und nicht-verifizierbarer Aussagen gekennzeichnet. Dieser Tatsache verdanken sie einen Gutteil ihrer Anziehungskraft.[2] Überzeugungssysteme bezeichnet man häufig auch als Ideologien. Auf eine Einführung dieses Begriffs wurde zunächst verzichtet, weil er zu den besonders vieldeutigen Termini der politischen Sprache zählt. Er läßt sich im Sinne der obigen Bestimmung negativ gebrauchen, ist aber ebenso mit wertneutraler und sogar positiver Ausrichtung in Umlauf.[3] Eine wertneutrale Begriffsverwendung liegt vor, wird von der Ideologiebehaftetheit des Denkens als einer – notwendigen – Naturtatsache ausgegangen, die das Streben nach Ideologiefreiheit sinnlos und zudem dysfunktional erscheinen läßt.[4] Negativ und positiv zugleich verwendet der Marxismus-Leninismus Moskauer Couleur den Begriff: Einerseits gilt das „bürgerliche" Denken nach der Marxschen Lehre per se als „ideologisch"[5] im Sinne einer selektiven Wirklichkeits-

---

1 Vgl. G. Gawlick, Art. „Wahrheit", in: RGG, 3. völlig neu bearbeitete Aufl., Bd. 6, Tübingen 1962, Sp. 1515–1526.

2 „Ideologien enthalten ihrer konkreten Gestalt wie ihrer sprachlichen Form nach in der Regel richtige und falsche Momente, nur eben ungeschieden voneinander." Kurt Lenk, Zehn Thesen 78, in: Ders. (Hrsg.), Ideologie. Ideologiekritik und Wissenssoziologie, 9. überarbeitete und erweiterte Aufl., Frankfurt a. M. 1984 (1961), S. 357–361, 360.

3 Vgl. zur systematischen Unterscheidung der in Umlauf befindlichen Ideologiebegriffe: Hans-Joachim Lieber, Ideologie. Eine historisch-systematische Einführung, Paderborn/München/Wien/Zürich 1985, S. 14–16. Lieber gibt zudem eine Einführung in die Begriffs- und Wissenschaftsgeschichte der Ideologietheorien. Siehe dazu ferner die bei Lenk (FN 2) enthaltenen Beiträge sowie als konziser Überblick: Kurt Lenk, Art. „Ideologiebegriffe", in: Wolfgang W. Mickel (Hrsg.), Handlexikon zur Politikwissenschaft, München 1983, S. 207–211. Vor allem Bacon, Marx, Schopenhauer und Nietzsche behandelt die noch immer lesenswerte Studie von: Hans Barth, Wahrheit und Ideologie, Frankfurt a. M. 1974 (1945). Zur Begriffsgeschichte wichtig: Ulrich Dierse, Art. „Ideologie", in: Otto Brunner/Werner Conze/Reinhard Koselleck, Geschichtliche Grundbegriffe. Historisches Lexikon zur politisch-sozialen Sprache in Deutschland, Bd. 3, Stuttgart 1982, S. 131–169.

4 Dieser Ansatz wird vertreten bei: Eugen Lemberg, Ideologie und Gesellschaft. Eine Theorie der ideologischen Systeme, ihrer Struktur und Funktion, 2. verbesserte Aufl., Stuttgart/Berlin/Köln/Mainz 1974 (1971). Lemberg weist nachdrücklich auf die sozialintegrative Rolle der Ideologien hin. Die diesbezügliche Dysfunktionalität der Ideologiekritik bezeichnet das Dilemma, in dem sie sich befindet, soll sie aufklärerische Breitenwirkung entfalten. Denn eine Ideologie der Ideologiezertrümmerung wäre eine contradictio in adjecto. Die Kritik Hans-Joachim Liebers (FN 3), S. 157–159 an Lemberg zielt an diesem Dilemma vorbei.

5 Der „klassische" Satz Marxens lautet: „Es ist nicht das Bewußtsein der Menschen, das ihr Sein, sondern umgekehrt ihr gesellschaftliches Sein, das ihr Bewußtsein bestimmt." Karl Marx, Vorwort (1859), in: Ders., Zur Kritik der politischen Ökonomie, in: Karl Marx/Friedrich Engels, Ausgewählte Werke in sechs Bänden, Bd. 2, Berlin [Ost] 1981 (1970), S. 501–506, 503.

perzeption; andererseits wird auch das „richtige“ Bewußtsein, der Marxismus-Leninismus, eine Ideologie genannt.[6]

Zwei einander entgegengesetzte Verwendungsformen haben die Diskussion bis in die Gegenwart beeinflußt: der „totale“ Ideologiebegriff und die Antithese von „Ideologie“ und „Wahrheit“. Nach Karl Mannheim bewegen sich Denken und Bewußtsein des Individuums in vorgezeichneten, durch seine soziale Existenz bestimmten Bahnen.[7] Jedes gedankliche Bemühen wird auf diese Weise präformiert. Das Individuum kann der eigenen Ideologieverhaftetheit nur bewußt werden, wenn es die Fähigkeit entwickelt, sich aus dem sozialen Wurzelgrund zu lösen und im Rahmen wissenssoziologischer Analyse die bewußtseinsprägenden geistigen Mechanismen aufzudecken („freischwebende Intelligenz“). Während die Ideologiekritik Mannheims die Wahrheitsfrage zu umgehen sucht, stellt Theodor Geiger diese in den Mittelpunkt seiner sprachlogischen Überlegungen. Die These von der sozialen Vorprägung der Denkprozesse erfährt eine schroffe Zurückweisung: „Dergleichen mag sehr tiefsinnig klingen, ist aber barer Unsinn, wenn es mehr als bloße, und obendrein unnötig irreführende, Metapher sein will.“[8] Demgegenüber definiert Geiger die Ideologie schlicht als „falsches Denken“[9] wobei „Falschheit“ begriffen wird als „Nicht-Übereinstimmung mit der objektiv-rationalen oder Erkenntnis-Wirklichkeit“, über deren Erscheinungen Aussagen zu treffen seien, „die durch Beobachtung und Schluß verifizierbar und falsifizierbar sind“.[10]

Der Erkenntnispessimismus Mannheims tendiert dazu, die Eingefangenheit individueller Denkbemühungen in den Gehäusen des sozialen Seins zu verabsolutieren und die verschiedenen Komplexitätsgrade geistiger Gebilde außer acht zu lassen. Geigers Erkenntnisoptimismus hingegen lebt aus dem Glauben an die vollständige Entschlüsselbarkeit der humangesellschaftlichen Realität durch eine Kumulation von Tatsachenfeststellungen und übersieht dabei, daß deren Komplexität nicht reduzierbar ist, daher nur ein methodisch diszipliniertes Vortasten an die Wirklichkeit versucht werden kann, dessen Ergebnis aufgrund zahlloser Unwägbarkeiten eine Erkenntnisgewißheit nicht erlaubt. Der „totale“ Ideologiebegriff Mannheims und die Geigersche Bestimmung der Ideologie als „falsches Denken“ markieren Extrempositionen, die als gedankliche Ausgangpunkte einer fruchtbaren „Synthese“ dienen können. Der „These“ Mannheims ist die Einsicht zu verdanken, daß jedes geistige Bemühen ideologischer Versuchung unterliegt, während die „Antithese“ Geigers mit der Trennung von Tatsachenfeststellung und Werturteil ein analytisches Grundin-

6 Vgl. Art. „Ideologie“, in: Georg Klaus/Manfred Buhr (Hrsg.), Marxistisch-leninistisches Wörterbuch der Philosophie, neubearbeitete und erweiterte Ausgabe, Reinbek bei Hamburg 1977 (1964), S. 546–548.

7 Vgl. zur Mannheimschen Ideologietheorie vor allem: Ders., Die Methoden der Wissenssoziologie (1925), in: Lenk, Ideologie (FN 2), S. 203–211 sowie: Karl Mannheim, Ideologie und Utopie, 5. Aufl., Frankfurt a. M. 1969 (1928/29). Zur Auseinandersetzung um die „Wissenssoziologie“ siehe vor allem: Volker Meja/Nico Stehr, Der Streit um die Wissenssoziologie, 2 Bde., Frankfurt a. M. 1982.

8 Theodor Geiger, Ideologie und Werturteil (1949), in: Lenk (FN 2), S. 184–189, 186.

9 Ebd., S. 185.

10 Ebd.

ventar anbietet, das der – pessimistischen – Diagnose Mannheims zumindest den Ansatz einer Therapie an die Seite stellt.

Der Mannheimsche Ansatz macht trotz seiner Pauschalität deutlich, daß der Begriff des Ideologischen nicht auf bestimmte „totalitäre" Extremformen begrenzt werden kann. Dies liefe auf eine Form erkenntnistheoretischen Manichäismus hinaus, wie ihn Theodor Geiger praktizierte. Versteht man „Wahrheit" nicht im positivistischen Überschwang als eindeutig eruierbare Größe, sondern im Sinne Kants als eine „regulative Idee"[11], die es mittels kontrollierter Verfahrensweisen anzustreben gilt, dann wird einem weitgefaßten Ideologiebegriff der Boden bereitet, der alle Sphären des Denkens und des Bewußtseins einbezieht – von den Mythen und Mentalitäten über die „Alltagstheorien" bis hin zu im engeren Sinne „wissenschaftlichen" Erkenntnisbemühungen.

Einen derartigen Begriff hat Kurt Lenk thesenartig zu bestimmen versucht: „Ideologieverdächtig ist jenes Bewußtsein, das sich – aus welchen Gründen immer – seiner eigenen Konstitution nicht bewußt wird und daher zwischen *un*bewußter Verschleierung und gesellschaftlich bedingter Selbsttäuschung oszilliert."[12] „Wahrheit" sei „nur in der *Intention* jener Erkenntnisbemühungen" enthalten, „die, gleichermaßen selbstkritisch wie kritisch, sich der Bedingtheit des Anspruchs *aller* historisch gewordenen Bewußtseinsmomente innezuwerden suchen".[13] Nur das Bewußtsein der Gefährdung aller geistigen Bemühungen durch ideologische Einflüsse setzt die zur Entwicklung von Gegenstrategien erforderlichen Kräfte frei. Die Geschichte der neuzeitlichen Wissenschaft kann als ein – keineswegs abgeschlossener – Prozeß der Emanzipation des Erkenntnisstrebens von „geschlossenen", „intentionalen Weltauffassungen"[14] verstanden werden, die sich über Jahrhunderte hinweg nahezu unangefochten behauptet hatten. Der erfolgreiche Kampf gegen ideologische Verirrungen setzt eine strenge Disziplinierung der Gedankenführung voraus. Wissenschaftliche Aussagesysteme sehen sich rigorosen Kontrollen im Hinblick auf Systemhaftigkeit, logische Stringenz, Verifizierbarkeit, Falsifizierbarkeit und Intersubjektivität unterworfen („Wahrheitskriterien").

Kurt Lenks weitgefaßte Bestimmung des Ideologischen als eines Denkens, das sich „seiner eigenen Konstitution nicht bewußt wird"[15], ist im Rahmen der hier interessierenden Probleme spezifischer – auch im Hinblick auf Operationalisierbarkeit – gefaßten Konzeptualisierungen vorzuziehen, wie sie etwa Peter Christian Ludz ausgearbeitet hat. Ludz entfaltete seine Ideologiedefinition am Forschungsobjekt des Marxismus-Leninismus. Entsprechend betont sie Systemhaftigkeit, theoretische Durchdringung und utopischen Zuschnitt dieser geistigen Gebilde.[16] Es ist daher nur

11 Vgl. Gawlick (FN 1).

12 Lenk, Zehn Thesen 78 (FN 2), S. 357.

13 Ebd., S. 358.

14 Siehe zu diesem Begriff und der Auseinandersetzung mit ihm wegweisend: Ernst Topitsch, Vom Ursprung und Ende der Metaphysik. Eine Studie zur Weltanschauungskritik, Neuausgabe, München 1972 (1958).

15 Lenk, Zehn Thesen 78 (FN 2), S. 357.

16 „Ideologie ist eine aus einer historisch bedingten Primärerfahrung gespeiste, systemhafte und lehrhafte Kombination von symbolgeladenen theoretischen Annahmen, die spezifischen historisch-

konsequent, wenn Ludz die Faschismen weder in die Betrachtung einbezieht, noch eine vergleichende Strukturanalyse liefert: Nationalsozialismus und Faschismus „können nicht als Ideologie im strengen klassischen Sinne des Wortes bezeichnet werden".[17] Dagegen erlaubt es die Lenksche Formel, die gesamte Bandbreite extremistischer Doktrinen unter dem Aspekt des Ideologischen zu analysieren. Gleichzeitig wird der Eindruck vermieden, als seien nur die Extremismen ideologischen Einflüssen ausgesetzt. Die Weite des so geschaffenen definitorischen Raumes erschließt sich durch die Konstruktion von Subtypen. Auf diese Weise entsteht ein analytisches Grundgerüst, das einen strukturorientierten Vergleich verschiedenster Phänomene gestattet.

Schaubild 16

Typologie der „verhaltensbestimmenden Bewußtseinsgehalte" nach Andreas von Weiss

	Grad der Systematisierung/Rationalisierung →		
Individuen	**Einstellung**	**Weltanschauung**	**Dogmensystem**
Kollektive	**Mentalität**	**Ideologie**	**Doktrin**

Dabei darf der Blick allerdings nicht bei den geistigen Gebilden in ihrer Reinform verweilen; die Komplexität ihrer Gestalt wird erst erkennbar, finden organisatorische und handlungsstrategische Gesichtspunkte Berücksichtigung. Von großer Bedeutung sind in diesem Zusammenhang auch die jeweiligen sozialen Träger. Andreas von Weiss hat dazu eine Typologie entwickelt[18], die wichtige Einsichten vermittelt, wenngleich ihre begrifflichen Kategorien an dieser Stelle terminologischem Pragmatismus zum Opfer fallen müssen. „Verhaltensbestimmende Bewußtseinsgehalte" unterscheidet er erstens nach dem Grad ihrer Systematisierung und Rationalisierung, d. h., dem Grad ihrer geistigen Durchdringung und der Reichweite ihrer Aussagen, zweitens danach, ob sie von Individuen oder sozialen Kollektiven entfaltet werden. Die Kategorie der „verhaltensbestimmenden Bewußtseinsgehalte"

Fortsetzung von Fußnote 16

sozialen Gruppen ein intentional-utopisches, tendenziell geschlossenes und dadurch verzerrtes Bild von Mensch, Gesellschaft und Welt vermittelt und dieses Bild für eine bestimmte politisch-gesellschaftliche Aktivität bei strenger Freund-Feind-Polarisierung programmatisch-voluntaristisch organisiert." Peter Christian Ludz, Entwurf einer operationalen Theorie des Ideologiebegriffs (1964), in: Hans-Joachim Lieber (Hrsg.), Ideologie – Wissenschaft – Gesellschaft. Neuere Beiträge zur Diskussion, Darmstadt 1976, S. 484–519, 492.

17 Ebd., S. 490.

18 Vgl. Andreas von Weiss, Weltanschauungen der linken politischen Gruppierungen, in: Anton Peisl/ Armin Mohler (Hrsg.), Kursbuch der Weltanschauungen, Berlin/Frankfurt a. M./Wien 1981, S. 83–145, 86 f.

ist dabei sehr weit gefaßt und keineswegs allein im Bereich politischer Vorstellungen angesiedelt. Auf der Ebene extremistischer Geistesprodukte erlaubt sie etwa die Unterscheidung zwischen gruppen-„offiziellen" Lehren und der persönlichen „Weltanschauung" des Parteiintellektuellen. Ebenso läßt sich nun zwischen historisch gewachsenen geistigen „Klimaten" oder „Prädispositionen" und kühn entworfenen „Dogmensystemen" differenzieren.

Zwar sollen die Begriffe „Doktrin" und „Ideologie" nicht im Sinne des von Weissschen Systematisierungsversuchs benutzt werden: „Ideologie" sei dem weit ausgreifenden Verständnis Kurt Lenks angelehnt, „Doktrin" auf das Feld extremistischer Geistesprodukte beschränkt. Aber die Typologie macht deutlich, daß eine Strukturanalyse extremistischer Doktrinen nicht von einer relativen Homogenität ihrer Untersuchungsgegenstände ausgehen kann, sondern – wie dies schon für die Phänomenologie galt – einer Vielfalt von Ausprägungen Rechnung zu tragen hat.

2. *„Totalitäre Ideologien"*

Fragen der Strukturanalyse extremistischer Doktrinen sind erstmals im Rahmen der Totalitarismusforschung intensiver erörtert worden. Zwar stellt das Totalitarismuskonzept die Mechanismen der Herrschaftsausübung in den Vordergrund der Betrachtung, jedoch spielt die Ideologie insofern eine zentrale Rolle, als sie die Ziele der Herrschaft definiert und ihre Mittel rechtfertigt. Sie ist somit eine tragende Säule totalitärer Regime. Differenziert argumentierende Studien betonten diese zentralen Funktionen „totalitärer Ideologien", ohne ihre weitgehenden inhaltlichen Differenzen zu leugnen. Sie wiesen darüber hinaus auf strukturelle Gemeinsamkeiten totalitärer Weltdeutungen hin, die auf die Art ihrer Herrschaftsausübung prägend wirken.[19]

Besonders Hannah Arendt setzte sich mit der Struktur totalitärer Ideologien auseinander. Diese seien „samt und sonders jenes verrückte Ding, das es nirgends gibt, nämlich 'wissenschaftliche Weltanschauungen'".[20] Schon das Wort „Ideologie" gehe von der absurden Vorstellung aus, als könne „eine Idee in genau dem gleichen Sinne der Gegenstand einer Wissenschaft sein [...], wie die Tiere der Gegenstand der Zoologie sind, und daß die Endung –logie nichts anderes besage als eben die *logoi* , die wissenschaftlichen Feststellungen über den Gegenstand der Idee".[21] Und so sei auch die Auffassung vertretbar, „daß es das eigentliche Wesen der Ideologie ist, aus einer Idee eine Prämisse zu machen, aus einer Einsicht in das, was ist, eine Voraussetzung

19 Vgl. zum Ideologiebegriff in der Totalitarismusdiskussion: Carl Joachim Friedrich, Der einzigartige Charakter der totalitären Gesellschaft (1953), in: Bruno Seidel/Siegfried Jenkner (Hrsg.), Wege der Totalitarismus-Forschung, 3. Aufl., Darmstadt 1974 (1968), S. 379–196.

20 Hannah Arendt, Ideologie und Terror: Eine neue Staatsform (1953), in: Seidel/Jenkner (FN 19), S. 133–167, 151. Siehe auch das gleichnamige Kapitel in: Dies., Elemente und Ursprünge totalitärer Herrschaft, I. Antisemitismus, II. Imperialismus, III. Totale Herrschaft, München 1986 (Original: The Origins of Totalitarianism, New York 1951), S. 703–730.

21 Ebd. (Hervorhebung im Original).

für das, was sich zwangsläufig einsichtig ereignen soll".[22] Einer bestimmten „Einsicht" wird also eine derart große Bedeutung beigemessen, daß man glaubt, in ihr den Schlüssel für die Deutung der Welt und der Geschichte zu besitzen – so der Kampf der Klassen (oder Rassen) bis zur „klassenlosen Gesellschaft" (oder dem Endsieg der „Herrenrasse").

Totalitäre Ideologien weisen nach Arendt drei Hauptmerkmale auf: Sie erheben erstens einen „Anspruch auf totale Welterklärung [...], und zwar totale Erklärung des Vergangenen, totales Sich-Auskennen im Gegenwärtigen und verläßliches Vorhersagen des Zukünftigen".[23] In dem Maße, in dem die Einlösung des Anspruchs umfassender Weltdeutung scheitert, entfernen sich die Aussagen zweitens von der erfahrbaren Wirklichkeit. Zwischen Realität und ideologischem Lehrgebäude entsteht eine Kluft, die durch propagandistische Anstrengungen zu überbrücken versucht wird. Drittens schließlich bleibt das von der geschichtlichen Erfahrung losgelöste ideologische Denken auf das strenge logische Deduzieren und Schlußfolgern aus den selbstgesetzten Voraussetzungen angewiesen: „Ideologisches Denken ist, hat es einmal seine Prämisse, seinen Ausgangspunkt, statuiert, prinzipiell von Erfahrungen unbeeinflußbar und von der Wirklichkeit unbelehrbar."[24] Von der erfahrbaren Wirklichkeit abgeschnitten, im eigenen Theoriegebäude gefangen, in einem „in sich stimmige[n] Netz von abstrakt logischen Deduktionen, Folgerungen und Schlüssen"[25], entwickelt sich die „Tyrannei des zwangsläufigen Schlußfolgerns"[26], die „Narrenhölle" oder das „Narrenparadies", in dem den Menschen „jene Ruhe niemals gegönnt ist, in der sie allein der Wirklichkeit einer erfahrbaren Welt begegnen können".[27]

Hannah Arendts Kritik totalitärer Ideologie ist durch einige Überspitzungen und Verengungen gekennzeichnet, die wohl aus der Zeitsituation heraus (1953) zu erklären sind. Die Betonung der strengen Systematik der ideologischen Lehrgebäude scheint eher dem Marxismus-Leninismus gerecht zu werden als der rudimentären und eklektischen nationalsozialistischen „Weltanschauung". Und wenn die Philosophin einen Teil der ideologischen Suggestivkraft der Art des zirkulären Schlußfolgerns aus einer axiomatischen Prämisse zuschreibt, schlägt die „abgehobene" Denkweise der Intellektuellen durch, die die ideologische Breitenwirkung nur mit der Struktur jener geistigen Gebilde erklären kann. Dennoch ist Hannah Arendt eine Reihe wichtiger Beobachtungen zu verdanken, die in der Diskussion ihren Einfluß bis zum heutigen Tag ausüben: der umfassende Anspruch totalitärer Doktrinen, Vergangenheit und Gegenwart zu deuten und den Weg in die Zukunft zu weisen, ihre Entfremdung von der erfahrbaren Wirklichkeit, ihre dogmatische Erstarrung, ihre Unfähigkeit, das ideologische System einer sich wandelnden Welt schrittweise anzupassen.

22 Ebd., S. 156.
23 Ebd., S. 153.
24 Ebd., S. 154.
25 Ebd., S. 159.
26 Ebd., S. 158.
27 Ebd., S. 159.

Im Gefolge Arendts widmete die Totalitarismusforschung dem Faktor der Ideologie große Aufmerksamkeit. Der bereits „klassisch“ zu bezeichnende Sechs-Punkte-Katalog, mit dem Carl Joachim Friedrich (erstmals 1953) die zentralen Merkmale totalitärer Herrschaft systematisierte, nennt als ersten dieser „eng verbundene[n] Komplexe“: „1. eine offizielle Ideologie, bestehend aus einem offiziellen, alle Hauptaspekte des menschlichen Lebens umfassenden Lehrsystem, woran sich jedes Mitglied dieser Gesellschaft mindestens passiv zu halten hat; im Mittelpunkt dieser Ideologie stehen bezeichnenderweise chiliastische Forderungen für eine 'vollkommene' Endgesellschaft der Menschheit.“[28] Das bereits bei Arendt genannte prophetische Moment wird bei Friedrich als die Verheißung eines irdischen Paradieses präzisiert, eines Idealzustandes, der die qualvolle Entwicklungsphase des Nicht-eins-mit-sich-selbst-seins für immer beenden soll.

Karl Dietrich Bracher knüpft in seiner Beschreibung des totalitären Syndroms an den Merkmalskatalog Friedrichs und dessen Schülers Zbigniew Brzezinki an, wobei er deren Kategorien entschlackt, indem er sie von solchen Elementen befreit, die der neueren historischen Entwicklung nicht genügen. Dennoch hält Bracher in den Grundzügen an den Kriterien von Friedrich/Brzezinski fest. Dies gilt auch und besonders für den ersten Faktor: die Ideologie. In weitgehender Analogie zu Friedrich/Brzezinski sieht Bracher als Merkmal totalitärer Herrschaft an: „1. Eine offizielle Ideologie von umfassendem und exklusivem Anspruch, die teils auf der Ablehnung traditioneller Werte und der Perhorreszierung der Vergangenheit, teils auf der Beschwörung chiliastischer Erwartungen an die Zukunft beruht.“[29]

Ausführlicher hat sich Bracher besonders im Rahmen seiner 1982 erschienenen ideengeschichtlichen Darstellung „Zeit der Ideologien“ zur Struktur totalitärer Doktrinen geäußert. Dabei stehen allerdings historische Abläufe im Vordergrund, so daß es der Studie an Systematik mangelt. Dennoch lassen sich ihr wichtige Einsichten entnehmen. Das Verhältnis der „rechts- und linksideologischen Vorstellungen“[30] sieht der Bonner Zeithistoriker durch „Konvergenz“ wie auch durch „Polarisierung“[31] gekennzeichnet. Während die totalitären Überzeugungssysteme inhaltlich diametrale Gegensätze aufweisen, konvergieren sie in ihrer Frontstellung gegen jegliche Form liberaler Demokratie. „Autoritäres und totalitäres Denken“ weisen ähnliche „Krisenbegriffe“ auf, „mit denen die Kampfansage an die liberale Demokratie vorangetrie-

28 Friedrich, Der einzigartige Charakter (FN 19), S. 185. In einer leicht veränderten Fassung aus dem Jahre 1965 heißt es: „1. Eine ausgearbeitete Ideologie, bestehend aus einem offiziellen Lehrgebäude, das alle lebenswichtigen Aspekte der menschlichen Existenz umfaßt, und an die sich alle in dieser Gesellschaft Lebenden zum mindesten passiv zu halten haben; diese Ideologie ist charakteristisch auf einen idealen Endzustand der Menschheit ausgerichtet und projiziert – das heißt, sie enthält eine chiliastische Forderung, gegründet auf eine radikale Ablehnung der bestehenden Gesellschaft mit der Eroberung der Welt für die neue.“ Friedrich/Zbigniew Brzezinski, Die allgemeinen Merkmale der totalitären Diktatur, in: Seidel/Jenkner (FN 19), S. 600–617, 610.

29 Karl Dietrich Bracher, Zeitgeschichtliche Kontroversen. Um Faschismus, Totalitarismus, Demokratie, 5. veränderte und erweiterte Aufl., München/Zürich 1984 (1976), S. 43.

30 Ders., Zeit der Ideologien. Eine Geschichte des politischen Denkens im 20. Jahrhundert, Stuttgart 1982, S. 124.

31 Ebd.

ben, ihr baldiger Verfall als unausweichlich postuliert wurde".[32] Und die in mancherlei Punkten übereinstimmenden Diagnosen führten zu ähnlichen Therapien: „Leninismus und Stalinismus werden faktisch ebenso wie Mussolinismus und Hitlerismus Ausdruck eines antiliberalen Personen- und Tatkults."[33]

Während Bracher den Ideologiebegriff auf den Bereich der antidemokratischen Strömungen zu begrenzen scheint, weist Hans-Joachim Lieber darauf hin, daß auch demokratisches Denken – nebst dem Totalitarismusbegriff selbst – ideologieanfällig ist.[34] Dennoch stimmt er mit Bracher in der Betonung des Gegensatzes zwischen liberaler Demokratie und totalitärer Diktatur überein. Liebers Beobachtungen zur Struktur totalitärer Ideologien gehen über diejenigen Brachers hinaus, da er stärker als jener die (fruchtbringende) Ideologiekritik des „kritischen Rationalismus" reflektiert.

Für das Modell totalitärer Herrschaft sei die „Funktion der Ideologie" von entscheidender Bedeutung: „Sie ist nicht einfach ein weiteres Merkmal neben anderen, sondern sie gibt den verschiedenen Merkmalen ihren funktional-strukturellen Stellenwert im Gesamtzusammenhang. Eine totalitäre Sozialordnung vollendet sich nämlich erst darin als totalitär, daß die Philosophie in ein bestimmt geartetes Dienstverhältnis zur politischen Ordnung tritt. Es wird nicht einfach schrankenlos Macht ausgeübt, die auf der Seite der Beherrschten ebenso schrankenlos Furcht als entsprechendes Verhalten erzeugt, sondern es wird schrankenlos ausgeübte Macht den Beherrschten gegenüber philosophisch gerechtfertigt."[35] Ideologie fungiert als Instrument der Legitimierung. Wie andere Autoren vor ihm betont auch Lieber den Monopolanspruch totalitärer Ideologien auf die Erkenntnis des Richtigen und Guten. Sie begründeten damit ein missionarisches Bewußtsein, das zugleich der Integration der Gruppenmitglieder diene: „Es ist das vordringliche Bestreben jeder totalitären Ideologie, mögliche Gegensätze zwischen dem Bewußtsein und dem Verhalten des einzelnen Gruppenmitgliedes und dem Selbst- und Sendungsbewußtsein der totalitären Führungsschicht auszuschalten und geistig eine Einheit zwischen Führungswille und Volkswille zu bewerkstelligen."[36]

Zu den wichtigsten Aufgaben totalitärer Ideologien zählt Lieber ihre Orientierungsfunktion. Sie vermitteln „Stereotypen des politisch-historischen Urteils"[37]; für höchst verwickelte Probleme werden denkbar einfache Lösungen angeboten – zudem mit wissenschaftlichem Anspruch. Von zentraler Bedeutung ist das Freund-Feind-Denken. Ihm liegt eine simple Zweiteilung der Welt in „gut" und „böse" zugrunde. Um das „Gute" zu verwirklichen, muß das „Böse" überwunden werden. Während die Eigengruppe das „Gute" verkörpert, stellt die Feindgruppe die Inkarnation des „Bösen" dar. Die Definition des politischen „Feindes" streicht das Erkenntnismonopol der Eigengruppe heraus und erfüllt integrative Funktionen. Mit Ernst

32 Ebd., S. 125.
33 Ebd., S. 126.
34 Vgl. Lieber, Ideologie (FN 3), S. 118–125.
35 Ebd., S. 109.
36 Ebd., S. 110.
37 Ebd., S. 111.

Topitsch und Kurt Salamun[38] erblickt auch Lieber in „dichotomischen Deutungsschemata“ das zentrale Merkmal totalitärer Ideologien: „Ihr Resultat ist nämlich die Emotionalisierung, Schematisierung, Schwarz-weiß-Malerei, Radikalisierung von Fühlen, Denken und Handeln.“[39]

Um den Tour d'horizon über einige bedeutende Versuche der Konzeptualisierung „totalitärer Ideologie“ resümierend zu beenden: Alle behandelten Beiträge konstatieren – trotz unterschiedlicher Akzentsetzungen – eine Reihe funktionaler und struktureller Gemeinsamkeiten rechts- und linkstotalitärer Doktrinen. Explizit oder implizit werden die strukturellen Eigenheiten als geistige Prädispositionen einer bestimmten Art der Herrschaftsausübung angesehen. Die bei den älteren Beiträgen gravierender als bei den jüngeren zu Tage tretende Schwäche besteht vor allem darin, daß sie die Strukturanalyse auf bestimmte Extremformen konzentrieren und somit der breiten Vielfalt antidemokratischer Phänomene nicht Rechnung tragen. Bracher spricht zwar auch vom „autoritären Denken“[40], wendet ihm jedoch wenig Aufmerksamkeit zu. Aufgrund ihrer herausragenden politischen Relevanz konzentriert sich das Erkenntnisinteresse auf die Regimeebene, während das Feld der Extremismen jenseits der Macht vielfach unbeackert bleibt. Gerade hier lassen sich die Doktrinen jedoch angemessener studieren, da die Frage des Machterhalts naturgemäß eine untergeordnete Rolle spielt und die betreffenden Gruppierungen in geringerem Maße zu entsprechenden Konzessionen gezwungen sind.

3. Strukturmerkmale extremistischer Doktrinen

Die Darstellung und Bewertung von Forschungsergebnissen zur Charakteristik „totalitärer Ideologien“ soll im folgenden als Ausgangspunkt einer strukturanalytischen Betrachtung dienen, die ein möglichst breites Spektrum extremistischer Phänomene in den Blick nimmt. Bei aller Betonung der Gemeinsamkeiten wird es darum gehen, ein differenzierteres Bild jener Konstruktionsprinzipien zu gewinnen, die auch Doktrinen mit gegensätzlichen Inhalten ihre spezifische Form verleihen.

3.1 Absolutheitsansprüche – offensive und defensive

Das Hauptkennzeichen aller extremistischen Doktrinen besteht in bestimmten Kernaussagen über die Welt, von denen behauptet wird, sie gründeten auf „rationalen“ Einsichten oder „objektiven“ Erkenntnissen hinsichtlich der „Natur der Dinge“, d. h., sie seien „absolut wahr“. Nach moderner Wissenschaftsauffassung ist gegenüber derartigen Absolutheitsansprüchen ein gerüttelt Maß an Skepsis am Platze, da sie

---

38 Zu den „Immunisierungsstrategien“ und Freund-Feind-Stereotypen vgl. vor allem: Ernst Topitsch, Mythos, Philosophie, Politik, Freiburg im Breisgau 1969; ders./Kurt Salamun, Ideologie. Herrschaft des Vor-Urteils, München/Wien 1972, S. 70–87.

39 Lieber, Ideologie (FN 3), S. 116.

40 Vgl. Bracher (FN 30), S. 121.

sich bei näherer Prüfung in der Regel als schlecht begründete Werturteile erweisen.[41] Alle ernstzunehmenden Versuche einer ontologischen Ableitung von Sollensvorschriften („objektive Werte“) sind (bislang) gescheitert.[42] Nichts deutet darauf hin, daß es in Zukunft dem Menschen möglich sein wird, Werte aus der Wirklichkeit gleichsam „empirisch“ zu gewinnen. Da kein allgemein akzeptables Verfahren der Normenbegründung verfügbar ist, müssen ethische Überlegungen realistischerweise von der Subjektivität der Werte und einem daraus resultierenden Wertepluralismus ausgehen. Der demokratische Verfassungsstaat ist ein Versuch, Frieden und Freiheit für alle unter der Bedingung eines Pluralismus der Werte zu realisieren.

Extremistische Ideologien setzen sich leichtfertig über die mangelnde Begründbarkeit „objektiver“ Wahrheit und Wirklichkeitserkenntnis hinweg. Sie brauchen derartige axiomatische Setzungen so notwendig wie Rauschgiftsüchtige ihre Droge. Denn nur durch die Behauptung eines privilegierten Zugangs zur Realität lassen sich Verbindlichkeit und absolute Dringlichkeit der rettenden Lösungen begründen. Das extremistische Denken erliegt dem uralten Wunsch des Menschen zu wissen, „was die Welt im Innersten zusammenhält“, und diese erkenntnistheoretische Hybris, der maßlose Wunsch nach dem umfassenden Wissen, hindert es zugleich daran zu erkennen, was erkennbar ist. Extremistische Doktrinen enthalten keineswegs ausschließlich falsche oder nicht verifizierbare Behauptungen über die Wirklichkeit; dadurch aber, daß ihre geistigen Produkte auf Setzungen basieren, deren Anspruch einer nüchternen Prüfung nicht standhält, werden auch die zutreffenden Feststellungen in eine logische Struktur eingebettet, die ihren Erkenntniswert zunichte macht.

Den Anspruch eines privilegierten Zugangs zur Erkenntnis des „Wahren“ und „Guten“ erheben die Verfechter des Marxismus-Leninismus in besonders nachdrücklicher Form. Sie tun dies im Namen einer extremistischen Doktrin, die aufgrund der großen Reichweite und Systematik ihrer Aussagen eine einzigartige Stellung einnimmt.[43] Das Leninsche Konzept einer Avantgardepartei von Berufsrevolutionären basiert auf der Überzeugung, „daß *die Rolle des Vorkämpfers nur eine Partei erfüllen kann, die von einer fortgeschrittenen Theorie geleitet wird*“.[44] Die „Fortgeschrittenheit“ einer „Theorie“ ist für Lenin wiederum keine Frage subjektiver Einschätzung, sondern eine Frage „wissenschaftlicher“ Erörterung. Den revisionistischen Kritikern der marxistischen „Orthodoxie“ wirft er in seiner Schrift „Was tun?“ unlautere Motive vor, während er für sich selbst höhere Einsicht reklamiert und schulmeisterlich mahnt: „Es wird namentlich die Pflicht der Führer sein, sich über alle theoretischen Fragen mehr und mehr aufzuklären, sich mehr und mehr von dem Einfluß überkommener, der alten Weltanschauung angehöriger Phrasen zu be-

---

41 Vgl. Topitsch/Salamun (FN 38), S. 87–112.

42 Vgl. dazu: John Leslie Mackie, Ethik. Auf der Suche nach dem Richtigen und Falschen, Stuttgart 1981 (Original: Ethics. Inventing Right or Wrong, Harmondsworth 1977).

43 Vgl. zur Ideologiekritik des Marxismus: Ernst Topitsch, Marxismus und Gnosis, in: Ders., Sozialphilosophie zwischen Ideologie und Wissenschaft, 3. Aufl., Neuwied/Berlin 1971 (1961), S. 261–296; ders., Entfremdung und Ideologie. Zur Entmythologisierung des Marxismus, in: Ebd., S. 297–327.

44 Wladimir Iljitsch Lenin, Was tun? Brennende Fragen unserer Bewegung (1902), Berlin [Ost] 1977, S. 56 (Hervorhebung im Original).

freien und stets im Auge zu behalten, daß der Sozialismus, seitdem er eine Wissenschaft geworden, auch wie eine Wissenschaft betrieben, d. h. studiert werden will."[45]

Ein ganz ähnlicher Ton wird in der Einleitung des Rosenbergschen „Mythus des 20. Jahrhunderts" angestimmt. In düsteren Farben schildert der – von Hitler geschmähte – NS-Ideologe die geistige Situation, die der Erste Weltkrieg hinterlassen habe: „Zusammengebrochen sind aber auch soziale, kirchliche, weltanschauliche Erkenntnisse und Werte. Kein *oberster Grundsatz,* keine *höchste Idee* beherrscht unbestritten das Leben der Völker. Gruppe ringt gegen Gruppe, Partei gegen Partei, nationaler Wert gegen umsichgreifenden (!) Pazifismus."[46] Doch dieser als widernatürlich empfundene Zustand werde bald sein Ende finden, denn schon sehe man ein neues (geschlossenes) „Weltbild" sich aus den Trümmern erheben: „Das Blut, welches starb, beginnt lebendig zu werden. In seinem mystischen Zeichen geht ein neuer Zellenbau der deutschen Volksseele vor sich. [...] Geschichte und Zukunftsaufgabe bedeuten nicht mehr Kampf von Klasse gegen Klasse, nicht mehr Ringen zwischen Kirchendogma und Dogma, sondern die Auseinandersetzung zwischen Blut und Blut, Rasse und Rasse, Volk und Volk. [...] Die rassische Geschichtsbetrachtung ist eine *Erkenntnis,* die bald selbstverständlich sein wird."[47] Sind die Gesetze der Geschichte durchsichtig geworden, ist der Weg in ein goldenes Zeitalter vorgezeichnet. Einer politischen „Bewegung" komme nun die Aufgabe zu, das für richtig Erkannte in die Tat umzusetzen.

Ist die Verabsolutierung bestimmter Grundannahmen über die Wirklichkeit auch ein Charakteristikum aller Extremismen, so sind Reichweite und Systematik der Doktrinen doch großen Schwankungen unterworfen. In dieser Hinsicht unterscheiden sich die „Weltanschauungen" des Nationalsozialismus und des Marxismus-Leninismus bereits beträchtlich.[48] Beiden ist jedoch gemeinsam, daß sie ihren Anspruch auf totale Welterklärung offensiv vertreten, indem sie alle Lebensbereiche ideologisch zu infiltrieren suchen und selbst den Religionen den Kampf ansagen. Daneben finden sich auch extremistische Doktrinen, die auf der Grundlage axiomatischer Setzungen eher defensiv agieren: Erinnert sei an die Theoriescheu des Anarchismus, sein – schwankendes – Mißtrauen gegenüber den machtpolitischen Implikationen politischer Ideologien[49] – was seine Vertreter allerdings keineswegs daran hindert, die Realisierbarkeit und Notwendigkeit „herrschaftsloser" Ordnung dogmatisch zu behaupten.

Man denke auch an die populistischen Strömungen, die in demokratischen Verfassungsstaaten von Zeit zu Zeit eine beträchtliche Zahl von Anhängern um sich scharen. Sie propagieren zumeist kein komplexes System ideologischer Aussagen, sondern ein Sammelsurium politischer Formeln und Forderungen, die sie dem

45 Ebd., S. 58.

46 Alfred Rosenberg, Der Mythus des 20. Jahrhunderts. Eine Wertung der seelisch-geistigen Gestaltungskämpfe unserer Zeit, 103.–104. Aufl., München 1936 (1930), S. 1 (Hervorhebung von mir, U. B.).

47 Ebd., S. 1 f. (Hervorhebung von mir, U. B.).

48 Siehe dazu etwa die vergleichende Betrachtung von: J.-Lucien Radel, Roots of Totalitarianism: The Ideological Sources of Fascism, National Socialism, and Communism, New York 1975.

49 Vgl. mit weiterführenden Hinweisen: Peter Lösche, Anarchismus, Darmstadt 1977, S. 14–18.

„Mann auf der Straße" vom Munde ablesen.[50] Ihre „Doktrin" ist durch eine begrenzte Reichweite charakterisiert; sie erheben nicht den Anspruch, Vergangenheit, Gegenwart und Zukunft gleichermaßen analytisch zu durchdringen. Und doch verzichten auch sie keineswegs auf ideologische „Absolutismen". So heißt es im „Politischen Lexikon" der NPD unter dem Stichwort „Nationalismus" lapidar: „Allgemein breitet sich die *Erkenntnis* aus, daß die Völker natürliche Lebensgemeinschaften, Organismen und die Nationen die naturgegebene Gliederung, die Elemente der Menschheit darstellen."[51] Eine derartige „Erkenntnis" genügt, um einer politischen Doktrin eine unverwechselbare Einfärbung zu verleihen.

3.2 Dogmatismus

Ein System von Aussagen, das auf axiomatischen Setzungen basiert, sei dogmatisch genannt, wobei die einzelnen Aussagen durchaus „richtige" (im Sinne verifizierbarer) Einsichten enthalten können; die Funktion der Erkenntnisfindung wird jedoch durch die ihr übergelagerte der Wertvermittlung empfindlich gestört.[52] Da die Axiome als absolut „wahr" gelten und vielfach auch so formuliert sind, daß sie sich gegen jede erfahrungswissenschaftliche Überprüfung immun[53] erweisen, behindern sie wesentlich eine unvoreingenommene Beurteilung der Wirklichkeit. Das Ergebnis des Schlußfolgerns und Deduzierens aus höchst zweifelhaft fundierten Dogmen muß notwendigerweise ebenfalls zweifelhaft sein. Der von Hannah Arendt scharfsinnig analysierte Mechanismus setzt ein: Indem die Dogmen einer Prüfung anhand der Wirklichkeit entzogen werden, emanzipiert sich das ideologische System mehr und mehr von der erfahrbaren Welt.[54] Die ursprünglich aus der Verarbeitung empirischer Befunde gewonnenen Lehrsätze degenerieren zu „Leerformeln". [55]

Kann extremistisches Denken generell als dogmatisch gelten, so ist der Grad des Dogmatismus[56] doch von Fall zu Fall erheblichen Schwankungen unterworfen. Als

---

50 Vgl. hierzu S. III, 3.1.2. dieser Abhandlung.

51 Politisches Lexikon, Loseblattsammlung: 1. Lieferung, Hannover 1966 (ohne Numerierung; Hervorhebung von mir, U. B.).

52 Diese beiden Funktionen konfrontiert miteinander: Peter Karstedt, Ideologie. Versuch über prometheisches Bewußtsein, Meisenheim am Glan 1979, S. 17.

53 Vgl. Topitsch (FN 38).

54 Vgl. Arendt, Ideologie und Terror (FN 20), insbesondere S. 154–159.

55 Vgl. Topitsch/Salamun (FN 38), S. 113–126 („Der Gebrauch von Leerformeln").

56 Das Konzept des „Dogmatismus" ist insbesondere in der politischen Psychologie eingehend erörtert worden. Hier geht es vor allem um das Verhältnis von Persönlichkeitsstrukturen zu bestimmten politischen Einstellungen: Theodor W. Adorno, Studien zum autoritären Charakter (1950), 4. Aufl., Frankfurt a. M. 1982 (1973); Hans Jürgen Eysenck, The Psychology of Politics, 5. Aufl., London 1968 (1954); Michaela von Freyhold, Autoritarismus und politische Apathie. Analyse einer Skala zur Ermittlung autoritätsgebundener Verhaltensweisen, Frankfurt a. M. 1971; Hans Albrecht Hartmann, Art. „Dogmatismus", in: Ekkehard Lippert/Roland Wakenhut (Hrsg.), Handwörterbuch der Politischen Psychologie, Opladen 1983, S. 72–83; Peter Keiler/Michael Stadler (Hrsg.), Erkenntnis oder Dogmatismus? Kritik des „Dogmatismus"-Konzepts, Köln 1978; Milton Rokeach, The Open and Closed Mind, New York 1960; Christiane Schmerl/Helmut Bonn, Zum Problem dogmatischer Einstellungen bei „Rechten" und „Linken", in: Soziale Welt 26 (1975), S. 174–187.

Indikator eignet sich etwa die Fähigkeit zu einer (relativ) differenzierten Beurteilung der jeweiligen politischen Lage. Geschlossene politische Sekten entwerfen bekanntermaßen häufig ein grotesk verzerrtes Bild der Wirklichkeit. Die Katastrophenszenarien können aberwitzige Formen annehmen – bis hin zum kollektiven Selbstmord.[57] Andere extremistische Gruppierungen bewahren sich dagegen besonders in den Fragen des politischen Alltags ein beträchtliches Maß an Anpassungsbereitschaft und Flexibilität. Während an einigen axiomatischen „Leeformeln“ unbeirrbar festgehalten wird, beweisen sie die Fähigkeit, die Interpretationen der Wirklichkeit Veränderungen anzupassen.

Politische Flexibilität oder dogmatische Verhärtung sind jedoch nicht allein von der Struktur der jeweiligen Doktrin abhängig. Von den Linksterroristen in der Bundesrepublik Deutschland ist beispielsweise bekannt, daß sich die Entfremdung von der Wirklichkeit wesentlich durch die Isolation der Gruppen verstärkt[58] – allerdings dürfte der ideologische Einfluß bei der Entscheidung, der Gruppe beizutreten, in der Regel größer gewesen sein. Umgekehrt ist ein hohes Maß an Anpassungsfähigkeit nicht notwendigerweise ein Indiz für einen geringeren Grad dogmatischer Petrifizierung. Eine in politischer Lethargie vor sich hin lebende extremistische Organisation mag an ihren Vorstellungen festhalten, wenngleich niemand eine realistische Chance sieht, sie in die Tat umzusetzen.[59]

3.3 Utopismus und kategorischer Utopieverzicht

Der demokratische Verfassungsstaat will der Naturtatsache des gesellschaftlichen Wandels durch dessen institutionelle Kanalisierung gerecht werden. Extremistische Lösungsversuche laufen entweder darauf hinaus, Veränderungen zu blockieren oder aber sie in Richtung auf ein bestimmtes Fernziel zu beschleunigen. Die letztgenannte Alternative basiert auf Zukunftsentwürfen eines glücklichen Idealzustandes, der sich von der „Heillosigkeit“ der Gegenwartsgesellschaft radikal unterscheidet. Der so definierte „Utopismus“[60] empfindet es nicht als ausreichend, die reale Welt mit einer zeitlich-räumlich inexistenten, aber fiktiven Wunschwelt zu konfrontieren, damit diese auf den Weg der Selbsterkenntnis und in die Lage einer Besserung aus ei-

---

57 Entsprechende Beispiele finden sich bei: Mario Morales, Milenarismo. Mito y realidad del fin de los tiempos, Barcelona 1980.

58 Vgl. vor allem die Analysen in folgendem Band: Wanda von Baeyer-Katte/Dieter Claessens/Hubert Feger/Friedhelm Neidhardt, Gruppenprozesse, = Analysen zum Terrorismus 3, hrsg. vom Bundesministerium des Innern, Opladen 1982.

59 Die Wechselwirkungen der Faktoren „Doktrin“, „Organisation“ und „Aktion“ werden im folgenden noch näher zu beleuchten sein.

60 Der Begriff des „Utopismus“ trägt dazu bei, den pauschalisierenden Wortgebrauch von „Utopie“ zu vermeiden. „Utopie“ wird häufig ganz von jenem modernen Verständnis okkupiert, das deren Qualität von den Realisationsmöglichkeiten abhängig macht. Wenn „Utopie“ nicht mehr im Sinne eines der geistigen Selbstfindung und Inspiration dienenden Gedankenexperimentes verstanden wird, sondern als ein „rationaler“ Entwurf für die zu schaffende Alternativgesellschaft, erfolgt regelmäßig der Umschlag des Utopischen in das, was hier „Utopismus“ genannt wird.

gener Kraft gebracht werde; vielmehr handelt es sich um eine „intentionale Utopie“[61] in dem Sinne, daß sie sich mit der Absicht verbindet, den für realisierbar erachteten Idealzustand in die Tat umzusetzen. Die erstgenannte Alternative sieht demgegenüber jeden Versuch der Verwirklichung gesellschaftlicher Harmonie von vornherein zum Scheitern verdammt; Hauptziel des Staates muß demnach die Verhinderung des „bellum omnium contra omnes“ sein. Ihr Utopieverzicht ist kategorischer Natur, da er die inspirierenden Kräfte utopischer Modelle grundsätzlich verschmäht.

Die Gegenüberstellung von Utopismus und kategorischem Utopieverzicht entspricht keineswegs, wie man vielleicht vermuten könnte, jener Front, die sich am Vorabend der Großen Revolution formierte und bald die parlamentarische Sitzordnung bestimmte. Den kommunistischen und anarchistischen Utopien und ihren Visionen eines herrschaftslosen Zusammenlebens der Menschen in vollkommener Freiheit und Gleichheit treten rassistische „Utopien der Menschenzüchtung“ an die Seite.[62] Ihre Zukunftsprojektionen sind schroff gegensätzlicher Natur: Die einen wollen den Kampf der Klassen, die Ausbeutung oder Herrschaft des Menschen über den Menschen beseitigen, die anderen propagieren das Ideal der „Rassereinheit“ und das „Recht des Stärkeren“.

Trotz der inhaltlichen Divergenzen und der unterschiedlichen ideengeschichtlichen Traditionsströme, aus denen sie sich speisen, weisen diese utopistischen Doktrinen doch eine Reihe augenfälliger Gemeinsamkeiten auf: Ihr Ausgangspunkt ist die Erfahrung der modernen Gesellschaften als „chaotisch“, „medioker“, „unheil“, „dekadent“, „ungerecht“; die mannigfaltigen Krisentheorien und Weltuntergangsgemälde ähneln einander.[63] Utopistische Doktrinen – als Subkategorie der extremistischen Lehren – wähnen sich im Besitz von (wissenschaftlichen) „Erkenntnissen“, die eine Lösung aller Probleme erlauben. Die der „wahren“ Natur des Menschen gemäße Art des sozialen Zusammenlebens soll gefunden, eine aus den Fugen geratene Welt ein für allemal mit sich selbst versöhnt werden. Zur Verwirklichung der als richtig erkannten Ziele erscheint notfalls jedes Mittel recht. Utopistische Doktrinen

61 Vgl. Arnhelm Neusüss, Schwierigkeiten einer Soziologie des utopischen Denkens, in: Ders. (Hrsg.), Utopie. Begriff und Phänomen des Utopischen, Frankfurt a. M./New York 1986, S. 13–119, 30–33, der das Gemeinsame intentional-utopischer Entwürfe in der „kritischen Negation der bestehenden Gegenwart im Namen einer glücklicheren Zukunft“ sieht. Die durchweg positive Einschätzung dieser Art des utopischen Denkens wird vom Verfasser nicht geteilt.

62 Für die verschiedenen Kategorien der Utopie (oder genauer: „Uchronia“, insofern es sich nicht um einen „Wunschtraum“, sondern eine „Wunschzeit“ handelt) siehe: Manuel Sarkisyanz, Politische Utopien, in: Peisl/Mohler (FN 18), S. 31–82. Zur Geschichte des utopischen Denkens ferner das Standardwerk von: Frank E. Manuel/Fritzie P. Manuel, Utopian Thought in the Western World, Cambridge/Mass. 1979 sowie die geraffte Darstellung bei: Robert Heiss, Utopie und Revolution. Ein Beitrag zur Geschichte des fortschrittlichen Denkens, München 1973. Zum Stand der Utopieforschung siehe die Beiträge folgenden Sammelbandes: Wilhelm Voßkamp (Hrsg.), Utopieforschung. Interdisziplinäre Studien zur neuzeitlichen Utopie, 3 Bde., Taschenbuchausgabe, Stuttgart 1985 (1982). Zu den rassistischen Doktrinen noch immer wichtig: Hedwig Conrad-Martius, Utopien der Menschenzüchtung. Der Sozialdarwinismus und seine Folgen, München 1955.

63 Vgl. Bracher (FN 30), S. 189–212; Heinz Theisen, Katastrophenstimmung und freiheitliche Demokratie. Gefährdungen, Grenzen und Möglichkeiten freiheitlicher Politik in den prognostizierten Bedrohungsfeldern unserer Zukunft, Köln 1985.

eint die Bereitschaft, „die Gegenwart zu opfern für den hellen Klang einer Zukunft“[64]; Gewalt wird eingesetzt, um der als richtig erkannten Idee zum Durchbruch zu verhelfen, das Glück von Generationen zu zerstören, um das der folgenden zu gewinnen.

Manche Charakterzüge, die von den religiösen Heilsbewegungen des Mittelalters und der frühen Neuzeit bekannt sind[65], kehren in veränderter Gestalt wieder: der Ekel vor den „Niedrigkeiten“ irdischen Daseins und die unstillbare Sehnsucht nach „Reinheit“ und Harmonie; die Weigerung, sich dauerhaft auf Kompromisse mit einer sündhaft befleckten Welt einzulassen; das Hoffen auf den „neuen“ („erlösten“, „befreiten“, „rassisch hochwertigen“) Menschen; der Glaube an ein goldenes Zeitalter, das „tausendjährige Reich“, wie es die „Offenbarung des Johannes“ verkündete; die „klassenlose Gesellschaft“, die „herrschaftslose Ordnung“, das Zeitalter der „arischen Herrenmenschen“. Gegenüber Ernst Bloch und Karl Mannheim, die – auf unterschiedliche Weise – Utopie und Chiliasmus miteinander verquicken, hat Manuel Sarkisyanz allerdings zu Recht auf die Notwendigkeit hingewiesen, beide Phänomene sorgfältig auseinanderzuhalten.[66] Während die Utopien „traditionell von Intellektuellen“ entworfen worden seien und also mit dem Anspruch hochgradiger Rationalität einhergehen, handele es sich im Falle des Chiliasmus um eine „volkstümlichere[m]“[67] Kategorie. Im Gegensatz zu utopischen Entwürfen, in die allenfalls sublimierte Heilserwartungen eingeflossen sein mögen, kehren millenaristische Motive in der Tat deutlicher in (stärker religiösen oder eher säkularen) Bewegungen wieder, wie sie bis in die Gegenwart zu beobachten sind.[68]

Ganz frei von utopistischen Anwandlungen ist dagegen ein autoritär-paternalistischer Etatismus konservativer Provenienz. Er vermeidet alles, was sich als Motor gesellschaftlichen Wandels erweisen könnte. In diesem sieht er nur eine Bedrohung gewachsener Autorität. Der „starke Staat“ soll der gefühlswogenden Masse einen unüberwindbaren Damm entgegensetzen. Nur er vermöge die permanente Gefahr des Bürgerkrieges zu bannen, Ordnung und Sicherheit zu gewährlei-

---

64 So Karl R. Popper, Utopie und Gewalt, in: Neusüss (FN 61), S. 313–326, 324, der in seiner grundsätzlichen Utopiekritik die reflektorischen Möglichkeiten nicht-intentionaler Utopien m. E. übersieht.

65 Siehe dazu vor allem: Norman Cohn, Das Ringen um das Tausendjährige Reich. Revolutionärer Messianismus im Mittelalter und sein Fortleben in den modernen totalitären Bewegungen (Original: The Pursuit of the Millennium, London 1957), Bern/München 1961; Wilhelm E. Mühlmann, Chiliasmus und Nativismus. Studien zur Psychologie, Soziologie und historischen Kasuistik der Umsturzbewegungen, zweiter Druck, Berlin 1964 (1961).

66 Sarkisyanz (FN 62), S. 35; Mannheim, Ideologie und Utopie (FN 7), S. 184–191 („Die erste Gestalt des utopischen Bewußtseins: Der orgiastische Chiliasmus der Wiedertäufer“); Ernst Bloch, Zur Originalgeschichte des Dritten Reiches (1935), in: Neusüss (FN 61), S. 193–218. Siehe zu den chiliastischen Elementen des andalusischen Anarchismus: Eric J. Hobsbawm, Sozialrebellen. Archaische Sozialbewegungen im 19. und 20. Jahrhundert, Sonderausgabe, Neuwied/Berlin 1971 (Original: Primitive Rebels. Studies in Archaic Forms of Social Movement in the 19th and 20th Centuries, o. O., 1958). Sowie: Morales (FN 57).

67 Sarkisyanz (FN 62), S. 35.

68 Vgl. Kurt Sontheimer, Zeitenwende? Die Bundesrepublik Deutschland zwischen alter und alternativer Politik, Hamburg 1983, S. 237–240 („Atomarer Chiliasmus“).

sten. Die Entwürfe planender, projektierender Vernunft gelten dem „restaurativen" Konservativismus allesamt als eitles Unterfangen. Dagegen wähnt er sich als Gralshüter jahrhundertealter Traditionen, die auf „ewigen" Werten ruhen. Dieses Erbe verteidigt er mit jener Klugheit – und notfalls: Durchtriebenheit –, die Machiavelli dem Fürsten empfiehlt.[69] Moralistisches Eifern dagegen ist ihm fremd, da er die grundlegenden Fakten geschichtlichen Werdens hinnimmt. Ein nüchternes machtpolitisches Kalkül entspricht seiner politischen Temperamentslage.

3.4 Freund-Feind-Stereotype

Als Hauptkennzeichen extremistischer Doktrinen wurde ihre logische Herkunft aus bestimmten axiomatischen Setzungen genannt, die als absolut „wahr" gelten. Aus dieser Warte sind abweichende politische Positionen ebenso absolut „falsch". Wer die Geltung der axiomatischen Setzung leugnet oder den Wahrheitgehalt der Prämisse anzweifelt, vertritt somit nicht einfach eine „andere" Meinung, sondern er befindet sich im Irrtum. Der politische Extremist tendiert dazu, die Kategorien von „wahr" und „falsch" pauschal auf (oft als Tatsachenbehauptungen getarnte) Werturteile[70] wie auch auf hochkomplexe politische Problemstellungen anzuwenden. Seiner politischen Weltsicht liegt damit im wesentlichen eine Zweiteilung zugrunde: Hüben stehen die Verteidiger der „wahren Lehre", drüben die Apostel des Irrglaubens.

Die Absolutheitsansprüche extremistischer Doktrinen bilden die Grundlage dualistischer Sichtweisen. Einer simplifizierenden Deutung erscheint die Welt klar in zwei sich gegenüberstehende Lager geteilt. Es findet eine Auseinandersetzung zwischen absolut Gutem und absolut Bösem statt. Extremistische Gruppierungen prägen ein Feindbild aus, in das sie alle möglichen negativen Eigenschaften hineinprojizieren. Umgekehrt dient das Feindbild wiederum dazu, die Eigengruppe aufzuwerten und ihren missionarischen Auftrag zu unterstreichen. Extremistische Gruppen entwickeln eine elitäre Bewußtseinshaltung. Man wähnt sich von Feinden umzingelt, gegen die ein unerbittlicher Kampf geführt werden muß: „Wir schreiten als eng geschlossenes Häuflein, uns fest an den Händen haltend, auf steilem und mühevollem Wege dahin. Wir sind von allen Seiten von Feinden umgeben und müssen fast stets unter ihrem Feuer marschieren. Wir haben uns, nach frei gefaßtem Beschluß, eben zu dem Zweck zusammengetan, um gegen die Feinde zu kämpfen und nicht in den benachbarten Sumpf zu geraten, dessen Bewohner uns von Anfang an dafür schalten, daß wir uns zu einer besonderen Gruppe vereinigt und den Weg des Kampfes und nicht den der Versöhnung gewählt haben."[71] Dieses Stimmungsbild des russi-

---

69 Vgl. Niccolò Machiavelli, Der Fürst, hrsg. von Werner Bahner, Wiesbaden 1980 (Original: Il Principe, 1532). Zur Geschichte des Machiavellismus bis in die neuere Zeit siehe: Erwin Faul, Der moderne Machiavellismus, Köln/Berlin 1961.

70 Vgl. Topitsch/Salamun (FN 38), S. 101–112.

71 Lenin (FN 44), S. 38 f.

schen Revolutionärs spiegelt das Bewußtsein vieler extremistischer Gruppierungen wider, die dem demokratischen Verfassungsstaat den Kampf angesagt haben.

Nun entspräche es ebenfalls einer simplifizierenden Betrachtung, übersähe man die Tatsache, daß Freund-Feind-Denken häufig auch Verfechtern des demokratischen Verfassungsstaates eigen ist. In allen diesen Fällen handelt es sich jedoch um Deformierungen demokratischen Denkens, während dualistische Sichtweisen extremistischen Doktrinen innewohnen. Die Unterscheidung zwischen Extremismus und demokratischem Verfassungsstaat selber ist trotz ihrer dualistischen Natur schwerlich als Ausfluß eines Freund-Feind-Denkens deutbar. Wer die Definition des politischen Extremismus, wie sie aus der Sicht einer Politikwissenschaft, die sich auch als Demokratiewissenschaft begreift, getroffen wird, als Feind-Bestimmung ansieht, sollte bedenken, daß diese Begrifflichkeit einer sich von der des politischen Extremismus kategorial unterscheidenden geistigen Haltung enspringt: Sie nämlich erhebt im Gegensatz zu jener nicht den Anspruch der Unfehlbarkeit, ist vielmehr zur kritischen Prüfung ihrer Prämissen bereit; sie bewahrt die Fähigkeit zur Selbstkritik und setzt sich mit den Haltungen ihres Gegenspielers argumentativ auseinander; sie will überzeugen, nicht überreden oder gar vernichten; sie weiß zwischen Doktrinen und den Menschen, die ihnen anhängen, zu unterscheiden.

3.5 Verschwörungstheorien

Das unbeirrbare Festhalten an bestimmten axiomatischen Setzungen vermindert die Fähigkeit, die Realität in ihrer Komplexität wahrzunehmen. Bestimmte Erscheinungen und Entwicklungen übersteigen das Fassungsvermögen, so daß geistige Behelfskonstruktionen erforderlich sind. Auf diese Weise werden Verschwörungstheorien zu einem unverzichtbaren Bestandteil des extremistischen Erklärungsrepertoires. Sie schließen die explanative Lücke, die durch die in der Struktur extremistischen Denkens enthaltene Tendenz zur „Emanzipation" von der Wirklichkeit angelegt ist. Neben dieser Entlastungsfunktion dienen Verschwörungstheorien häufig zur Stigmatisierung von „Sündenböcken", die für bestimmte Übel verantwortlich gemacht werden. Zugleich kommen sie der menschlichen Faszination gegenüber dem Phantastischen, Mysteriösen, Geheimnisumwitterten entgegen, der mit Hilfe nüchterner Tatsachen nur schwer entgegenzuwirken ist.[72]

Konspirationstheorien beschäftigten die Geister vor allem in einer Zeit, als die Staatsangelegenheiten sich in den Händen verhältnismäßig kleiner Führungsgruppen befanden, die Sphären des Politischen, Ökonomischen und Kulturellen noch nicht die Verflochtenheit moderner Gesellschaften aufwiesen, die Intrigen und Komplotte verschworener Cliquen bei gründlicher organisatorischer Vorbereitung eine gewisse Aussicht auf Erfolg versprachen. Wie Fritz Valjavec in einer Untersuchung zur

---

72 Vgl. Eugen Lennhoff, Politische Geheimbünde, neu bearbeitet und ergänzt von Harry Wilde, Wien/München/Zürich 1966 (1931), S. 10–16 („Vom Wesen der Geheimbünde"). Die noch immer lesenswerte Studie Lennhoffs behandelt die „Illuminaten", „Carbonari", „Dekabristen", irischen, serbischen und chinesischen Geheimbünde sowie den „Ku Klux Klan".

„Entstehung des europäischen Konservativismus" gezeigt hat, spielte hierbei die Angst vor geheimen Zusammenschlüssen eine wesentliche Rolle. Vor allem die Freimaurerbünde traf der – wohl nicht immer ganz unbegründete, jedoch phantasievoll ausgeschmückte – Verdacht der Konservativen, sie planten eine gigantische Verschwörung, „um die bestehende politische und geistige Ordnung umzustoßen, um Fürsten und Priester, Christentum und Fürsten zu vernichten".[73]

Verteidiger des Status quo haben seither häufig durch Konspirationstheorien von Systemschwächen abzulenken und dafür bestimmte gesellschaftliche Gruppen haftbar zu machen versucht. Das prominenteste Opfer solcher Diffamierungskampagnen waren die Juden. Die 1903 erstmals in Rußland veröffentlichten sogenannten „Protokolle der Weisen von Zion" – in Wirklichkeit eine Fälschung der zaristischen Geheimpolizei – malten das Schreckgespenst einer jüdischen „Weltverschwörung" an die Wand.[74] Die „Protokolle" fanden nach dem Ersten Weltkrieg in Europa weite Verbreitung und dienten einer antisemitischen Hetze als propagandistische Grundlage.

Ähnliche „Theorien" entwickelten nach der Oktoberrevolution die neuen Herren im Kreml. In seiner Schrift „Die Aufgaben der Dritten Internationale" warnte Lenin im Jahre 1919: „Die Bourgeoisie der ganzen Welt, mit all ihrer Macht, mit riesiger Energie, Schläue und Entschlossenheit und kein Verbrechen scheuend [...] bereitet sich vor, das Proletariat in dem drohenden Bürgerkrieg zu unterjochen."[75] Häufiger noch griff Lenins Nachfolger Stalin auf konspirationstheoretische Formen und Formeln zurück. Nicht nur Hannah Arendt wies auf die Bedeutung des „Trotzkismus"-Vorwurfs hin. Das Gerede von der trotzkistischen Verschwörung habe sich ebenso wie die Fälschung der zaristischen Geheimpolizei in besonderem Maße für propagandistische Zwecke geeignet, „weil beide Fiktionen von internationaler Bedeutung waren, und weil sie beide ein Element des Plausiblen enthielten – den nichtöffentlichen Einfluß der Juden im neunzehnten Jahrhundert, den Machtkampf zwischen Stalin und Trotzki nach Lenins Tod –, ohne das die fiktive Welt der totalitären Bewegungen in einer nichttotalitären Umgebung nicht etabliert werden kann".[76] Immer wieder beschwor auch Stalin die Gefahren einer „kapitalistischen Einkreisung".[77] Heute erfüllen in den kommunistischen Doktrinen Begriffe wie „internationale

---

73 Fritz Valjavec, Die Entstehung des europäischen Konservativismus (1954), in: Hans-Gerd Schumann (Hrsg.), Konservativismus, 2. erweiterte Aufl., Königstein/Ts. 1984 (1974), S. 138–155, 149. Siehe zur Bedeutung von Konspirationstheorien im frühen Konservativismus auch: Thomas Molnar, Kampf und Untergang der Intellektuellen, München 1966, S. 209; Johannes Rogalla von Bieberstein, Plutosophen, Freimaurer, Juden, Liberale und Sozialisten als Verschwörer gegen die Sozialordnung, Bern 1976.

74 Vgl. Norman Cohn, Die Protokolle der Weisen von Zion. Der Mythos von der jüdischen Weltverschwörung, Köln/Berlin 1969; Hans Sarkowicz, Die Protokolle der Weisen von Zion, in: Karl Corino (Hrsg.), Gefälscht! Betrug in Literatur, Kunst, Musik, Wissenschaft und Politik, Nördlingen 1988, S. 51–68.

75 Zitiert nach: R. N. Carew Hunt, Wörterbuch des kommunistischen Jargons, Freiburg im Breisgau 1958 (Original: A Guide to Communist Jargon, London, o. J.), S. 65. Ob die Verschwörungstheorie geglaubt wurde oder nicht, ist wiederum eine andere Frage.

76 Arendt, Elemente und Ursprünge (FN 20), S. 572 f.

77 Vgl. Hunt (FN 75), S. 64–68 („kapitalistische Einkreisung").

Hochfinanz", „Weltkapitalismus" oder „staatsmonopolistischer Kapitalismus" ähnliche Zwecke. Sie sollen von inneren Systemschwächen ablenken und den Blick auf einen (angeblichen) internationalen Feind lenken.

Verschwörungstheorien sind weder durch den historischen Wandel hin zu hochkomplexen Gesellschaften noch durch die Etablierung demokratischer Verfassungsstaaten ausgerottet worden. Sie stellen nach wie vor ein untrügliches Kennzeichen extremistischer Doktrinen dar – gleich welcher Provenienz – und können ein solches Gewicht gewinnen, daß sie das Weltbild der betreffenden Gruppe völlig bestimmen. Die Konspirationsvorstellung bietet sich nicht nur als Medium totalitärer Propaganda an, sondern ist auch für das Denken politischer Extremismen in demokratischen Verfassungsstaaten von suggestiver Kraft. Wer sich im Besitz absoluter Wahrheiten wähnt, benötigt eine Erklärung für seine andauernde politische Erfolglosigkeit. Schon die Selbstachtung gebietet dies.

Explanative „Krücken" sind aus der extremistischen Szene hinlänglich bekannt. Am häufigsten findet sich die Behauptung, es werde „Manipulation" großen Stils betrieben, um die „Massen" zu „verdummen". Das Schlagwort vom „Konsumterror" erfreute sich in Kreisen der Neuen Linken allgemeiner Anerkennung. In einer einschlägigen pädagogischen Schrift aus dem Jahre 1975 heißt es: „Vielmehr dient gerade das Eigentum der Lohnabhängigen gesellschaftlich dazu, den Eigentümer zu kontrollieren. Mittels seiner Habe, von der Wohnungseinrichtung bis zum Einfamilienhaus, wird er abhängig gemacht; sein Leben gerinnt, Geschichte wird stationär. Das Privateigentum vermag dies über den Lohnabhängigen: daß er sich zähe jedem Impuls zur Veränderung, zum Protest wird widersetzen müssen, daß er sich bei aufsteigendem Unbehagen an seiner Lage am Besitz festklammert, daß er über seine wahren Bedürfnisse sich täuscht."[78] In eine ganz ähnliche Richtung zielt eine Stellungnahme der NPD-Zeitung „Deutsche Nachrichten" aus dem Jahre 1965: „Und das wollen sie doch, die Linksintellektuellen in der Literatur, in den Illustrierten, im Rundfunk und im Fernsehen. Das ist ein System! Und sein ausgesprochener Zweck ist es, aus dem deutschen Volk eine geschichtslose Masse zu machen, die nur noch an Fressen und Saufen und Sex denkt."[79] An unterschiedliche Adressaten wendet sich der gleiche Vorwurf. Beide Schreiber erheben überdies implizit den Anspruch, die „wahren" Bedürfnisse des Volkes zu kennen.

Der Manipulationsverdacht trifft besonders häufig die Medien. Der Franzose Le Pen führt einen Kreuzzug gegen die linken Publizisten und bezichtigt sie des „intellektuellen Terrorismus".[80] Deutsche Neonazis behaupten, es finde eine „widerliche Selbstbesudelung durch die vom Feind kontrollierten Medien"[81] statt. Der Vorwurf, die Deutschen seien nach 1945 „umerzogen" worden, wird in rechtsextremen

78 Zitiert nach: Kurt Sontheimer, Das Elend unserer Intellektuellen. Linke Theorie in der Bundesrepublik Deutschland, Hamburg 1976, S. 134.

79 Zitiert nach: Hermann Bott, Die Volksfeind-Ideologie. Zur Kritik rechtsradikaler Propaganda, Stuttgart 1969, S. 33.

80 Jean-Marie Le Pen, Les Français d'abord, Paris 1984, S. 27.

81 SIEG-AJ-Presse-Dienst, 7/8/85, S. 8. Zitiert nach: VSB 1985, S. 150.

Kreisen wieder und wieder variiert.[82] Andere Gruppierungen klagen, man versuche, sie totzuschweigen. Von einer „Schweigespirale" ist die Rede, „die alle gegen uns verabredet haben".[83] Wütende Angriffe gelten den „Monopolkapitalisten": Der „Staat ist der Interessenvertreter der gesamten Kapitalistenklasse."[84]

Alle diese Verschwörungstheorien enthalten ein Körnchen Wahrheit (Stigmatisierungsversuche gegenüber rechten Medien; das Reeducation-Programm der Alliierten; die Schattenseiten der Konsumgesellschaft; Kapitalkonzentration; Korruption). Dies erst macht sie als explanative „Krücke" wirksam. Die Vorstellung konspirativer Machenschaften bildet gewissermaßen den ideologischen „Kitt", der die zwischen axiomatischen Systemen und Wirklichkeitserfahrung klaffende Lücke ausfüllt. Gleichzeitig sind Verschwörungstheorien gegenüber Versuchen empirischer Überprüfung immun. Jene zu einem machtvollen Bündnis zusammengeschlossenen Mächte der Konspiration lassen sich nicht „in die Karten" schauen. Zwar wird manches gemunkelt, die Drahtzieher jedoch bleiben im Verborgenen. Im Gegensatz zum Durchschnittsbürger ist das Mitglied der extremistischen Gruppe immerhin über die Tatsache konspirativer Aktivitäten informiert. Man hat es verstanden, sich einer allumfassenden Manipulation zu entziehen. Dies erzeugt ein Gefühl intellektueller Überlegenheit und stärkt das Sendungsbewußtsein – ein schwer zu durchbrechender Kreislauf von Betätigung und Bestätigung.

3.6 Fanatismus und Aktivismus

Von Fanatismus ist gemeinhin die Rede, wenn jemand von einer bestimmten Sache „besessen" ist, sich leidenschaftlich dafür einsetzt, ihr ein derartiges Gewicht beimißt, daß vieles andere liegenbleibt, der Betreffende alle verfügbare Energie für etwas aufbietet, „Kosten und Mühen" nicht scheut, sein Ziel unbeirrbar verfolgt, ohne Kompromisse mit sich selbst oder anderen zu schließen; ein hohes Maß emotionaler Teilhabe investiert und in der Wahl seiner Mittel nicht zimperlich ist. „Fanatismus" bezeichnet also einen bestimmten Stil politischen Verhaltens; in der politischen Psychologie steht der Begriff auch für Persönlichkeitsstrukturen einer besonderen Art. Dagegen sagt man von Doktrinen im allgemeinen nicht, sie seien „fanatisch". Und dennoch läßt sich aus dem politischen Verhalten häufig auf das jeweilige geistige Milieu schließen.

Extremistische Doktrinen „atmen" Fanatismus, entspringen der fanatischen Veranlagung ihrer Produzenten, verraten mangelnde Distanz zu den Gegenständen ihrer Analyse. Jenes vorsichtige Herantasten an die Wirklichkeit, das moderne Wissenschaft auszeichnet, ist ihnen zutiefst fremd. Der Vorwurf der Bewußtseinstrübung

---

82 Zahlreiche Einzelnachweise enthält die Inhaltsanalyse der „Deutschen National-Zeitung" von: Peter Dudek/Hans-Gerd Jaschke, Die Deutsche National-Zeitung. Inhalte, Geschichte, Aktionen, München 1981.

83 So ein Flugblatt der „Patrioten für Deutschland", ehemals EAP, anläßlich der Bundestagswahl 1987.

84 Willi Dickhut, Der staatsmonopolistische Kapitalismus in der BRD, Bd. 2, Stuttgart 1979, S. 6.

geht dem Extremisten im Umgang mit seinen Kontrahenten zwar leicht von der Hand; sein eigenes Erkenntnisvermögen jedoch stellt er nicht in Frage. Er hält es zur Überprüfung dieses Anspruchs nicht für notwendig, größeren Aufwand zu treiben. Auf dem einmal für richtig Erkannten beharrt er.

Extremistische Weltdeutungen strahlen ein hohes Maß an Selbstgewißheit aus. Sie begnügen sich daher auch nicht mit der „Theorie". Diese steht vielmehr stets im Dienste der Praxis.[85] Die 11. Feuerbach-These Marxens fände auch die Unterstützung von Gruppierungen mit ganz anderen politischen Zielen: „Die Philosophen haben die Welt nur verschieden *interpretiert.* Es kömmt drauf an, sie zu *verändern* ."[86] Es ist dies eine verräterische Formulierung, denn eine Theorie, die Veränderungen bewirken soll, kann schwerlich zu einer „objektiven" Beurteilung der Wirklichkeit gelangen. Ihr liegt ein praktischer Impuls zugrunde, und ihre Ergebnisse sind folglich „intentional" gesteuert. Extremistische Doktrinen gehen jedoch noch darüber hinaus, indem sie eine Praxeologie entwickeln, Richtlinien für das politische Handeln entwerfen. So kann von einer Wechselwirkung zwischen Theorie und Praxis gesprochen werden: Eine praktische Intention leitet die Konzipierung des theoretischen Grundgerüstes an; umgekehrt folgt die politische Praxis wiederum den Vorgaben der Theorie.

Denken und Handeln werden so von demselben Stil geprägt: die fanatische Begeisterung für die jeweiligen politischen Ziele. Eric Hoffer hat diese Art des Engagements am Beispiel der modernen Massenbewegungen beschrieben: „Alle Massenbewegungen erzeugen in ihren Anhängern Bereitschaft zu sterben und Drang zu geschlossener Aktion; alle züchten [...] Fanatismus, glühende Hoffnung, Enthusiasmus, Haß und Intoleranz. [...] Alle Bewegungen, wie unterschiedlich sie in Lehre und Trachten auch sein mögen, gewinnen ihre ersten Anhänger aus denselben Reihen, denselben Kategorien von Menschen. Sie appellieren an einen bestimmten, immer selben Typus menschlichen Geistes. Obgleich es offensichtliche Unterschiede gibt zwischen einem fanatischen Christen, einem fanatischen Mohammedaner, einem fanatischen Nationalisten, einem fanatischen Kommunisten und einem fanatischen Nazi, kann der Fanatismus, der sie beherrscht, als ein und derselbe betrachtet werden."[87]

Der den Fanatiker beflügelnde „Typus menschlichen Geistes", lebt aus der Überzeugung von der absoluten Gültigkeit der eigenen Visionen und Ziele. Eine derartige Haltung erzeugt Intoleranz und Kompromißlosigkeit, denn alles andere wäre Verrat an der „gerechten Sache". Die politische Praxis des Fanatikers ist daher zumeist re-

---

85 Vgl. im Hinblick auf den Marxismus und Leninismus die brillanten Analysen von: Alexander Schwan, Theorie als Dienstmagd der Praxis. Systemwille und Parteilichkeit – Von Marx zu Lenin, Stuttgart-Degerloch 1983, besonders S. 45–49 („Theorie der revolutionären Praxis"); ders., Zum Verhältnis von Theorie und Praxis im Marxismus-Leninismus am Beispiel der Parteilehre Lenins, in: Dieter Oberndörfer/Wolfgang Jäger, Marx – Lenin – Mao. Revolution und neue Gesellschaft, Stuttgart/Berlin/Köln/Mainz 1974, S. 90–101.

86 Karl Marx, Thesen über Feuerbach (1845), in: Ders./Friedrich Engels, Ausgewählte Werke in sechs Bänden, Bd. 1, 9. Aufl., Berlin [Ost] 1981, S. 196–200, 200 (Hervorhebung im Original).

87 Eric Hoffer, Der Fanatiker, Reinbek bei Hamburg 1965 (Original: The True Believer, New York 1951), S. 7.

volutionär. Sie gibt sich nicht mit der schrittweisen Veränderung auf der Grundlage des Bestehenden zufrieden. Der Fanatismus ruft ein hohes Maß politischen Aktivismus hervor. Im Prinzip ist jedes Mittel zur Menschheitsbeglückung recht. Auch der Einsatz von Gewalt gilt als legitim, wenn er der Sache dienlich ist. Fanatismus und Terror können eine natürliche Verbindung eingehen.

4. Strukturen extremistischer Kommunikation

Bisher war abstrakt von „den" extremistischen Doktrinen die Rede, ohne daß die sozialen Träger, Produzenten, Konsumenten dieser Überzeugungssysteme in die Betrachtung einbezogen worden wären. Dies ist jedoch aus mehreren Gründen notwendig: Erstens sind extremistische Doktrinen bei aller Tendenz zu dogmatischer Erstarrung keine unwandelbaren Einheiten. Sie unterliegen vielmehr einem – behäbigeren oder dynamischeren – Veränderungsprozeß, der größtenteils nicht in ihrer Struktur, sondern in Impulsen von „außen" begründet ist. Zweitens hängt die je konkrete Gestalt und Wirkweise der Überzeugungssysteme von der Bedeutung für den betreffenden Träger ab. Drittens erfüllen extremistische Doktrinen innerhalb eines Kommunikationssystems bestimmte Funktionen, die zu ihrer Struktur in einer Wechselbeziehung stehen. Im folgenden soll zunächst den beiden erstgenannten Faktoren nähere Aufmerksamkeit gelten.

Extremistische Subkulturen sind durch ein bestimmtes Maß der Abschottung von der Mehrheitskultur gekennzeichnet. Die Intensität der Kommunikation ist innerhalb der jeweiligen Subkultur weit höher als diejenige zwischen Sub- und Mehrheitskultur. Ein reger Gedanken- und Informationsaustausch findet zwischen verschiedenartigen Akteuren statt. Es kommunizieren Einzelpersonen und Kollektive. Als Einzelpersonen kommen Mitglieder bestimmter Organisationen in Frage, die als Kommunizierende eine eigenständige Meinung vertreten; oder Intellektuelle, die keine formelle Mitgliedschaft besitzen und somit über größeren geistigen Freiraum verfügen, jedoch in intensivem Kontakt zu einem kommunizierenden Kollektiv stehen. Was die Kollektive betrifft, wären lockere Diskussionsrunden möglich oder fester gefügte Organisationen, wie sie im Rahmen der Phänomenologie typologisch unterschieden worden sind.

Schaubild 17 bildet ein derartiges Kommunikationssystem in groben Zügen ab. Die quadratisch verlaufende äußerste Markierungslinie soll die Grenzen der Kommunikation innerhalb der Mehrheitskultur symbolisieren. Die gepunktete Quadratfläche kennzeichnet das Kommunikationssystem der extremistischen Subkultur, wobei der innere nicht-gepunktete Bereich eine zusammenhängende kommunikative Einheit innerhalb der Subkultur bezeichnen soll. Als schwarze Quadrate sind in dieses Kommunikationsfeld Akteure verschiedener Kategorien eingebettet. Die für die Ebene politischer Doktrinen bedeutendsten sind Intellektuelle (I), ob sie nun einer Organisation angehören oder nicht, Theorie-Zirkel (Z), wie sie sich etwa um entsprechende Zeitschriften oder Zeitungen gruppieren, sowie politische Organisationen (O) im engeren Sinne. Die zwischen den Akteuren eingezeichneten Linien stellen kommunikative Verbindungen dar. Diese existieren nicht zwischen allen Akteuren. Die Intensität der Kommunikation ist innerhalb der Subkultur am größten, was durch die Zahl der Verbindungslinien symbolisiert wird. Dagegen sind die kommunikativen Kontakte zwischen Akteuren der Mehrheits- und der Subkultur lockerer – sofern sie überhaupt existieren.

Schaubild 17
Kommunikationsmodell

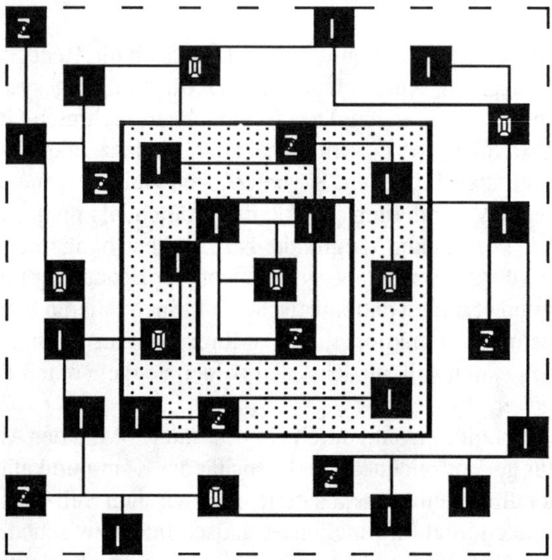

Z = Theorie-Zirkel; O = politische Organisation; I = Intellektueller

Das Kommunikationsmodell vereinfacht die in der Wirklichkeit vorfindbaren Strukturen. Die lebendige Verflochtenheit politischer Doktrinen mit ihrem „Umfeld" wird symbolhaft aufgezeigt. Erinnert sei an die Typologie Andreas von Weiss', die zwischen kollektiven und individuellen Ideologie-Trägern sowie dem jeweiligen Grad der Systematisierung/Rationalisierung unterscheidet (siehe Schaubild 16).[88] Demnach kann innerhalb einer extremistischen Partei eine bestimmte politische Doktrin den Status des Offiziellen einnehmen, ohne daß dieses Überzeugungssystem – sieht man einmal von bestimmten Grunderfordernissen ab – für jedes Mitglied der Organisation das gleiche Maß an Verbindlichkeit besitzt. Der „Chefideologe" der Partei hat von dieser Doktrin möglicherweise eine Vorstellung, die hinsichtlich ihrer Reichweite, Systematik und praktischen Konsequenzen weit über das hinaus geht, was in das Bewußtsein des Durchschnittsmitglieds dringt. Die politischen Praktiker in der Parteiführung wiederum mögen sich mancher Schlußfolgerungen des Chefideologen bewußt sein, beabsichtigen jedoch aus Gründen der politischen Opportunität keineswegs, diese auch zu ziehen.

88 Vgl. von Weiss (FN 18), S. 86 f.

Die nationalsozialistische Bewegung bietet ein anschauliches Beispiel für die selektive Aufnahme und Filterung „geschlossener" Überzeugungssysteme, die unter dem Einfluß politisch-praktischer Erwägungen und einer gehörigen Portion „machiavellistischen"[89] Kalküls zu einer rudimentären Kerndoktrin mit beachtlicher Manövrierfreiheit schrumpfen. Die nationalsozialistische Rassenlehre nämlich war, wie bereits erwähnt, ursprünglich ein Gewächs des „völkischen" Lagers, in dem sozialdarwinistisch inspirierte biologistische Einflüsse dominierten. Innerhalb dieser Gruppierungen blühte ein rassistischer Utopismus. Die alchemistischen Rezepturen zur Schaffung des „neuen Menschen" wurden minuziös beschrieben, die Folgen der Zuchtexperimente makaber-plastisch ausgemalt.[90] Mit einer Programmatik von derartiger Monstrosität hätte sich auch unter noch so „günstigen" Bedingungen keine Sammlungsbewegung organisieren lassen. Seinem Gespür für das politisch Machbare entsprechend, nahm Hitler manche dieser Einflüsse auf, eliminierte jedoch alles ihm unnütz erscheinende ideologische Rankwerk, welches dem Erfolg der Partei im Wege hätte stehen können. Die „Weltanschauung" des Nationalsozialismus, wenn davon überhaupt die Rede sein kann[91], besaß den Charakter einer Rudimentärdoktrin, deren geistige Quellflüsse zuvor das Filter handlungsstrategischer und organisatorischer Erfordernisse passiert hatten und von mancherlei Ballast befreit worden waren. Umfassenderen Weltdeutungsversuchen, wie sie Alfred Rosenberg im „Mythus" entwickelte, blieb die Emporhebung in den Status einer offiziellen Ideologie versagt. Nicht nur wäre Hitlers Monopolstellung innerhalb der „Bewegung" in Frage gestellt worden[92]; vielmehr hätte dies auch eine beträchtliche Einengung des politischen Manövrierfeldes bedeutet.

Allgemein mag es sinnvoll sein, zwischen der Sicht des Ideologiekonsumenten und der des Ideologieproduzenten innerhalb eines Kommunikationssystems deutlich zu unterscheiden. Der Ideologieproduzent wird meist von intellektuellen Bedürfnissen angetrieben. Sein Interesse gilt dem Überzeugungssystem als solchem, der

---

89 Beispiele hierfür bietet: Erwin Faul, Hitlers Über-Machiavellismus, in: VHfZG 2 (1954), S. 344–372. Zur Einordnung dieser Position in den Gesamtzusammenhang der zeitgeschichtlichen Diskussion: Gerhard Schreiber, Hitler. Interpretationen 1923–1983. Ergebnisse, Methoden und Probleme der Forschung, 2. Aufl., Darmstadt 1988 (1984), S. 264–301; Martin Greiffenhagen, Der Totalitarismusbegriff in der Regimenlehre, in: PVS 9 (1968), S. 372–396, 378 f.

90 Vgl. Conrad-Martius (FN 62); George L. Mosse, Ein Volk – ein Reich – ein Führer. Die völkischen Ursprünge des Nationalsozialismus, Königstein/Ts. 1979 (Original: The Crisis of German Ideology, New York 1964); ders., Rassismus. Ein Krankheitssymptom in der europäischen Geschichte des 19. und 20. Jahrhunderts, Königstein/Ts. 1978 (Original: Towards the Final Solution. A History of European Racism, New York 1978), insbesondere, S. 176–211; Kurt Sontheimer, Antidemokratisches Denken in der Weimarer Republik. Die politischen Ideen des deutschen Nationalismus zwischen 1918 und 1933, 2. Aufl., München 1983 (1962), S. 134–141.

91 Von „Hitlers Weltanschauung" spricht aus guten Gründen: Eberhard Jäckel, Hitlers Weltanschauung. Entwurf einer Herrschaft, erweiterte und überarbeitete Neuausgabe, Stuttgart 1981 (1969). Siehe dazu die in mannigfacher Hinsicht anregende und weiterführende Analyse von: Rainer Zitelmann, Hitler. Selbstverständnis eines Revolutionärs, 2. Aufl., Hamburg/Leamington Spa/New York 1989 (1987).

92 Vgl. die eingehende Erörterung bei: Reinhard Bollmus, Das Amt Rosenberg und seine Gegner, Stuttgart 1970.

Systematik und Reichweite seiner Aussagen, seiner logischen Struktur. Er neigt zur Überschätzung ideeller Momente und möchte, daß sie unverfälscht Eingang in die politische Praxis finden. Der Ideologiekonsument kann durchaus von der Erklärungskraft der Doktrin fasziniert sein; ebenso bedeutend sind jedoch daneben sein Wille zur Macht, das Erlebnis politischer Aktion, die integrierende Kraft des politischen Handlungsverbandes. Sein Denken ist stärker auf den politischen Erfolg gerichtet, und das sacrificium intellectus fällt ihm leichter als demjenigen, der im geistigen Produkt ein Stück seiner Persönlichkeit erkennt. Es ist dies ein wichtiger Grund, weshalb Veränderungen in extremistischen Subkulturen häufig aus Gründen erfolgen, die außerhalb des ideologischen Deutungssystems liegen.

6. Funktionen extremistischer Doktrinen

Begreift man extremistische Subkulturen als kommunikative Netzwerke, stellt sich die Frage, welche Funktionen sie darin erfüllen. Bereits im Verlauf der Betrachtung der strukturellen Eigenarten dieser Überzeugungssysteme wurden hierzu einige Erkenntnisse gewonnen. „Die“ zentrale Funktion ideologischer Systeme ergibt sich aus der Beobachtung ihrer Hauptmerkmale.[93] Sie dienen nämlich nicht in erster Linie der Erkenntnisfindung, sondern stellen die Vermittlung von Werten in den Vordergrund. Typischerweise wird dabei so getan, als seien diese „evident“ und bedürften keiner weiteren Begründung. Es handelt sich also um axiomatische Setzungen, die wiederum als logische Ausgangspunkte weiterer Aussagen und Aussage-Reihen fungieren. Auf der Grundlage dieser „Wahrheiten“ entwickeln extremistische Doktrinen mehr oder weniger umfassende Deutungen von Vergangenheit, Gegenwart und Zukunft. Sie weisen dem Menschen einen bestimmten Platz zu, der seinem Leben „Sinn“ verleiht. Weltdeutung und Sinngebung zählen zu den wichtigsten Funktionen ideologischer Systeme (siehe Schaubild 18).

Schaubild 18
Funktionen extremistischer Doktrinen

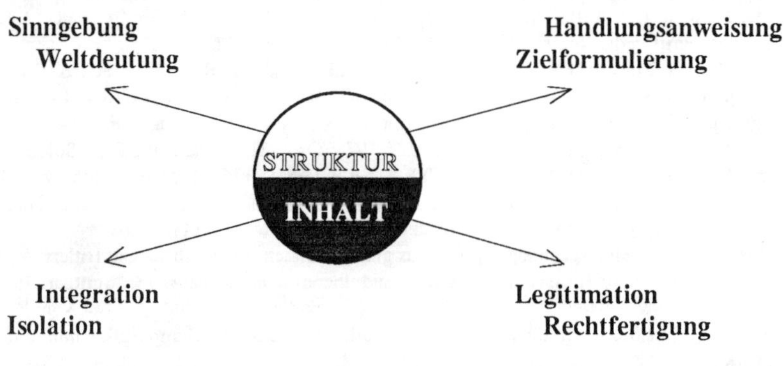

93 Vgl. vor allem: Lemberg (FN 4), S. 149–153; Lieber (FN 3), S. 157–159.

Die zweite Funktion steht mit diesem Anspruch der Weltbildvermittlung in engem Zusammenhang: Extremistische Doktrinen beanspruchen ein hohes Maß an Verbindlichkeit. Sie wollen die Welt nicht nur „erklären" und „deuten", sondern auch Ziele definieren und Anleitungen zum politischen Handeln geben. Der Marxismus-Leninismus erhebt den höchsten Anspruch. Er definiert sich selbst als „Wissenschaft" und sieht die eigene politische Praxis als Ausfluß „objektiver" Erkenntnisse an. Andere Doktrinen zeichnen sich durch eine relativ lockere Struktur aus, die ein höheres Maß an Flexibilität erlaubt. Aber auch sie gehen von axiomatischen Grundprämissen aus. Der Glaube, man könne politische Rezepte dem Füllhorn „wissenschaftlicher" Erkenntnis beliebig entnehmen, erweist sich jedoch als irrational: Weltdeutungen mit diesem Anspruch verwechseln Wunsch und Wirklichkeit. Ihnen liegt eine „intentionale" Struktur zugrunde, die den Handlungsanweisungen den Anschein höherer Rechtfertigung verleiht.[94]

An dritter Stelle kann jene Funktion genannt werden, die bereits im Rahmen der Freund-Feind-Stereotype und Verschwörungstheorien hervorgetreten ist. Einerseits nämlich dienen diese Mechanismen der Integration in die Gruppe, andererseits findet eine Abgrenzung gegenüber denen statt, die ihre „Einsichten" nicht teilen. Integration und Isolation[95] sind die zwei Seiten der gleichen Medaille. Das Gemeinsame verbindet, das Trennende entzweit. Die Überwindung politischer Feindseligkeiten in der Eigengruppe wird durch äußerste Aggressivität gegenüber Fremdgruppen erkauft. Es sind gerade diese Eigenschaften der ideologischen Systeme, die sie zu einer ständigen Bedrohung freiheitlichen und friedfertigen Zusammenlebens der Menschen machen können.

Viertens schließlich zielen extremistische Doktrinen auf Legitimation und Rechtfertigung. Diese Funktionen sind keineswegs nur dann wirksam, wenn Extremisten die Macht erobert haben. Auch in den demokratischen Verfassungsstaaten bedarf das Handeln extremistischer Organisationen permanenter ideologischer Untermauerung. Dies betrifft in erster Linie Fragen der Strategie und Taktik. Das extremistische Waffenarsenal ist bestens bestückt, denn prinzipiell erscheint jedes Mittel recht, sofern es nur Erfolg verspricht. Führt eine bestimmte Strategie nicht zur Ausweitung des politischen Einflusses, müssen sich die Verantwortlichen rechtfertigen. Der Einsatz der richtigen Mittel zum richtigen Zeitpunkt wird daher häufig zum Gegenstand grundsätzlicher Erwägungen, wobei die Heftigkeit der Diskussionen vom Ausmaß revolutionärer Ungeduld abhängt.

Die vier genannten Funktionen stehen miteinander in engem Zusammenhang. Dabei nimmt die Funktion der Sinngebung und Weltdeutung einen herausragenden Platz ein. Von ihr hängt es ab, ob die übrigen volle Kraft entfalten können. Breiten sich Zweifel an der Richtigkeit des Sinnangebotes aus, so schwindet die legitimierende, handlungsanleitende, projektierende, integrierende und isolierende Wirkung. Wenn der Verlust der Werte zur Suche nach neuen Gewißheiten führt, ohne daß die strukturelle Beschaffenheit der verlorengegangenen erkannt wird, ist ein „fliegender

94 Vgl. hierzu: Topitsch (FN 14).
95 Vgl. Lemberg (FN 4), S. 149–153.

Wechsel" von einem zum anderen Dogmensystem programmiert – wie das Beispiel vieler kommunistischer Renegaten zeigt.[96]

6. Strukturen extremistischer Doktrinen – Grundlage einer „definitio ex positivo"

Vergleicht man die Befunde zur Struktur „totalitärer Ideologien" im besonderen mit den obigen Betrachtungen zur Bauweise extremistischer Doktrinen im allgemeinen, so erhält man Übereinstimmungen wie auch Abweichungen. Die Inkongruenzen sind dabei keine Quantité négligeable. Der implizit erhobene Anspruch, mit den Charakteristika „totalitärer Ideologien" gleichzeitig die wichtigsten Strukturmerkmale antidemokratischer Ideenströmungen zu erfassen, ist nicht solide fundiert. Er bedarf zumindest einer Differenzierung.

Schaubild 19
Extremistische Doktrinen und „totalitäre Ideologien"

Immerhin haben einige wichtige Befunde über die Konstitutionsprinzipien „totalitärer Ideologien" für den Bereich der politischen Extremismen insgesamt Geltung. Ihnen kommt zugleich erhebliche Bedeutung zu, da sie als Basis einer „definitio ex positivo" dienen können. Dies mag insofern nicht erstaunen, als die „totalitären Ideologien" eine „Teilmenge" der extremistischen Doktrinen bilden (siehe Schaubild 19). Einige Grundbausteine haben sie daher gemeinsam. Als „extremistisch" sollen demnach politische Gesinnungen und Bestrebungen gelten, die auf dem dogmatischen Festhalten an absoluten, evidenten, mit den Gesetzen des Kosmos in Einklang stehenden „Wahrheiten" basieren. Die Berufung auf die Notwendigkeit „höherer Einsichten" für das Verständnis der unumstößlichen „Erkenntnisse" soll das Lehrgebäude gegenüber Versuchen empirischer Verifikation immuni-

96 Vgl. Margret Boveri, Der Verrat im 20. Jahrhundert, Bd. 3: Zwischen den Ideologien, Reinbek bei Hamburg 1957, besonders S. 102–111.

sieren. Das starre Festhalten an axiomatischen Behauptungen erschwert die differenzierte Wahrnehmung einer sich wandelnden Wirklichkeit. Die Kluft zwischen ideologischen Behauptungen und Realität wird typischerweise mittels Verschwörungstheorien überbrückt. Politische Alternativentwürfe sind mit den Absolutheitsansprüchen extremistischer Doktrinen unvereinbar, müssen daher samt und sonders als Irrlehren gelten. Das Insistieren auf Erkenntnismonopolen begründet eine prinzipielle Intoleranz gegenüber dem Andersdenkenden. Wer die Möglichkeit des Irrtums im Hinblick auf das eigene Ideengebäude nicht in Betracht zieht, erklärt die Anschauung des anderen zur Makulatur. Und wer sich im Alleinbesitz des Wahren und Guten glaubt, verfolgt seine Ziele mit fanatischem Eifer. Mit allen Mitteln gilt es, der Lehre zum Durchbruch zu verhelfen. Im manichäistischen Weltbild des Extremisten stehen sich absolut Gutes und ebenso absolut Böses, Freund und Feind, unversöhnlich gegenüber. Der Feind muß vernichtet werden, soll das Gute zum Durchbruch gelangen – in diesem Punkt herrscht Klarheit.

Eine Reihe von Gesichtspunkten läßt es jedoch nicht statthaft erscheinen, die Befunde zur Struktur „totalitärer Ideologien" auf die Ebene der Extremismen in toto zu übertragen. Bereits was das Hauptkennzeichen extremistischer Doktrinen betrifft, das Festhalten an unumstößlichen „Wahrheiten", tut Differenzierung not. So mag die Unterscheidung zwischen „offensiven" und „defensiven" Aussagesystemen sinnvoll sein: Im erstgenannten Fall produziert die erkenntnistheoretische Selbstgewißheit des Extremisten eine unerbittliche Logik des Schlußfolgerns und Deduzierens, die eine Art geistiger Selbstinternierung nach sich zieht. Systeme dieses Typs sind durch die große Reichweite und Systematik ihrer Aussagen gekennzeichnet. Davon können solche Doktrinen unterschieden werden, die eher dem ähneln, was Juan J. Linz mit dem Stichwort „mentality" auszudrücken versucht hat. Gemeint sind Anschauungen, die auf gewachsenen gesellschaftlichen Überzeugungen gründen, durchaus einen Alleinvertretungsanspruch auf die Erkenntnis des Wahren und Guten erheben, jedoch kein formalisiertes, durchrationalisiertes, verbindliches Überzeugungssystem entwickeln. Sie sind vor allem in der politischen Alltagspraxis durch ein höheres Maß an Flexibilität gekennzeichnet, so daß sich die Tendenz zu dogmatischer Erstarrung nicht derart gravierend bemerkbar macht wie bei hochgradig systematisierten Ideologien.

Die Unterscheidung zwischen „offensiv" oder „defensiv" artikulierten Absolutheitsansprüchen verläuft in mancherlei Hinsicht parallel zur Differenzierung zwischen utopistischen Doktrinen und solchen, die auf die Entwicklung von Utopien verzichten. Während die einen „Heillosigkeit", „Ungerechtigkeit", „Konflikthaftigkeit" der Welt ein für allemal überwinden und eine diesseitige Ordnung des Friedens und der Freiheit errichten wollen, betrachten die anderen den permanenten Bürgerkrieg als einen nur mit Hilfe starker Staatlichkeit domestizierbaren Naturzustand. Opfern die einen die düstere Gegenwart in Erwartung einer strahlenden Zukunft, sehen sich die anderen vor die Alternative gestellt, entweder die menschliche Bestie zu bändigen oder dem gnadenlosen Kampf aller gegen alle die Schleusen zu öffnen. Der demokratischer Verfassungsstaat stellt den Versuch einer institutionellen Ordnung dar, die der Befähigung des Menschen zur Destruktion Rechnung trägt, zugleich aber seine konstruktiven Anlagen kanalisiert.

7. *Zusammenfassende Bemerkungen*

Den Kern der Darstellung bildete der Versuch einer Strukturanalyse extremistischer Doktrinen. Die vorliegenden Forschungen zu den Konstitutionsbedingungen „totalitärer Ideologien“ dienten als Ausgangspunkt der Untersuchung. Diese implizieren häufig den Anspruch, für den gesamten Bereich antidemokratischer Strömungen zu gelten. Im Rahmen der strukturanalytischen Betrachtung konnte jedoch gezeigt werden, daß nicht alle der für „totalitäre Ideologien“ als typisch angesehenen Merkmale auf den Bereich der politischen Extremismen in toto übertragbar sind.

So erscheint es sinnvoll, zwischen einem „offensiven“ und einem „defensiven“ Stil der Artikulation ideologischer Absolutheitsansprüche zu unterscheiden. Die Aussagensysteme weisen häufig beträchtliche Bandbreiten im Hinblick auf Reichweite und Systematik auf. Parallel zu dieser Unterscheidung sollte zwischen utopistischen Doktrinen und solchen differenziert werden, die explizit auf die Entwicklung utopischer Modelle verzichten. Während utopistische Visionen irdische Idealgesellschaften vollkommener Freiheit und Gerechtigkeit projektieren, sehen die Utopien prinzipiell negierenden Doktrinen das „bellum omnium contra omnes“ als den Naturzustand der Menschheit an. Demnach kann nur der starke Staat das menschliche Raubtier zähmen und seine konstruktiven Fähigkeiten zur Entfaltung bringen. Andere Konstitutionsmerkmale wiederum gelten für alle Extremismen gleichermaßen: das Festhalten an absoluten „Wahrheiten“, die als Schlüssel der Welterklärung fungieren; die Neigung zu dogmatischer Erstarrung und zur Emanzipation von der Wirklichkeit; Intoleranz gegenüber Andersdenkenden; die dualistische Teilung der Welt in absolut Gutes und absolut Böses; die Entwicklung von Freund-Feind-Stereotypen; die Kultivierung von Verschwörungstheorien, die als ideologischer „Kitt“ die Kluft zwischen Wirklichkeit und Ideologie überbrücken.

Weitere Aufschlüsse lassen sich gewinnen, betrachtet man extremistische Doktrinen als Elemente von Kommunikationssystemen zwischen Akteuren unterschiedlicher Kategorie. Für den Parteiintellektuellen bedeutet die Doktrin häufig etwas anderes als für das Durchschnittsmitglied. Sein Bewußtsein prägen insbesondere handlungsstrategische und organisatorische Erfordernisse; die der Doktrin innewohnende Logik vermag nur verminderte Kraft zu entfalten. Ihre Bedeutung für komplexe extremistische Phänomene wird relativiert.

Der Blick auf die Funktionen, die extremistische Doktrinen innerhalb des Kommunikationssystems erfüllen, kann diese Sichtweise vertiefen. Extremistische Doktrinen dienen der Weltdeutung und Sinngebung, der Handlungsorientierung und Zieldefinition, der Legitimation und Rechtfertigung, der Integration in die Eigen- und der Isolation von der Fremdgruppe. Extremistischen Entwürfen eignet also eine „intentionale“ Struktur. Sie basieren nicht auf unangreifbaren „Erkenntnissen“, sondern sind der unbewußte Ausdruck bestimmter Absichten. Hier werden die Nahtstellen von Ideologie und Extremismus, Wissenschaft und demokratischem Verfassungsstaat sichtbar: Während das erstgenannte Paar totale Erklärung des „Wahren“ und „Guten“ beansprucht, gründet das letztgenannte auf der Einsicht in die Begrenztheit des menschlichen Erkenntnisvermögens und die Fragwürdigkeit einer allgemeingültigen Definition des „guten Lebens für den Menschen“.

Schlußbetrachtung

1. Zusammenfassung: Elemente einer normativen Rahmentheorie

Bereits am Ende der einzelnen Kapitel sind deren wichtigste Ergebnisse zusammengefaßt worden. Da die Analyse teilweise in der Art eines Gedankenganges angelegt ist, so daß erst am Ende das Gebäude als Ganzes sichtbar wird und in seinen Proportionen vor Augen tritt, mag es angezeigt sein, die ausgebreiteten Thesen und Befunde noch einmal in systematischer Form zu präsentieren.

1.1 Wissenschaftstheorie/Methodologie

„Ein Überblick über verschiedene ältere und neuere sozialwissenschaftliche Enzyklopädien, Handwörterbücher und Lexika verdeutlicht nicht nur, daß über die eng miteinander verzahnten Begriffe Extremismus und Radikalismus – sie werden gelegentlich sogar begriffsgleich verwendet – sehr unterschiedliche und auch sehr unklare Vorstellungen bestehen. Dieser Überblick zeigt insbesondere unter transnationaler Perspektive darüber hinaus, daß es sich um Bereiche handelt, die in der sozialwissenschaftlichen Forschung theoretisch wie empirisch keine zentrale Bedeutung erlangt haben, wenn man einmal von einer historisch bedingten Konjunktur nach Ende des Zweiten Weltkrieges absieht.“[1]

„Die wissenschaftliche Erforschung des Rechtsextremismus steckt in der Bundesrepublik noch in den Kinderschuhen. Obwohl den Sozialwissenschaften erhebliche personelle und finanzielle Kapazitäten zur Verfügung stehen und obwohl in den vergangenen 15 bis 20 Jahren eine hocharbeitsteilige Spezialisierung auf verschiedene Problembereiche mit spezifischen Fragestellungen und Methoden erfolgt ist, bildet der Rechtsextremismus bzw. der Neofaschismus kein gesondertes Forschungsfeld mit eigener Tradition und Kontinuität. Er ist nicht Gegenstand ständiger wissenschaftlicher Analyse, seine – vielfach von Journalisten besorgte – Aufarbeitung unterliegt vielmehr politischen Konjunkturen, die weithin auch inhaltlich von öffentlichen Interessen bestimmt werden (Wahlerfolge, spektakuläre Ereignisse). An methodisch abgesicherten, systematisch-empirischen Untersuchungen mangelt es folglich, es findet keine wissenschaftliche Theoriediskussion statt, vergleichbar etwa der über Faschismustheorien. Ja, es gibt nicht einmal eine, wenigstens partiell konsensu-

1 Max Kaase, Zu den extremistischen Potentialen in der Bundesrepublik Deutschland, in: Extremismus und Schule. Daten, Analysen und Arbeitshilfen zum politischen Rechts- und Linksextremismus, hrsg. von der Bundeszentrale für politische Bildung, Bonn 1984, S. 94–108, 95.

ale, Definition des Begriffs Rechtsextremismus, auf die hier zurückgegriffen werden könnte."[2]

Mängeldiagnosen dieser Art standen am Anfang der Betrachtung. Für den Gegenstandsbereich des politischen Extremismus fällt der Aufweis gravierender Forschungsdefizite nicht schwer. Weniger leicht dürften die Ursachen der unbefriedigenden Situation zu bestimmen sein. Sie erweisen sich, wie gezeigt, als höchst vielfältig, wobei die unzureichende Durchdringung der theoretischen Grundlagen wohl eine herausragende Stellung einnimmt. Wenn sowohl Max Kaase als auch Richard Stöss eine mangelnde definitorische Klärung zentraler Begriffe beklagt, kann dies kaum mit dem Fehlen „systematisch-empirischer" Studien erklärt werden. Vielmehr hat gerade eine „systematisch-empirische" Forschung, die glaubte, man könne voraussetzungslos an die Gegenstände der realen Welt herantreten und bedürfe – eingestandenermaßen – ideologieanfälliger Reflexionen über das Seinsollende nicht, wesentlich zu jener defizitären Forschungslage beigetragen. Eine allein an der Frage empirischer Operationalisierbarkeit im Rahmen quantifizierender Analysen orientierte Terminologie ging und geht, wie gezeigt worden ist, unweigerlich mit der phänomenologischen Entleerung der Begriffe einher.

Einer „szientistischen", am Methodenideal der Naturwissenschaften orientierten Strömung in den Humanwissenschaften trat in der zweiten Hälfte der sechziger Jahre eine (neo-)marxistisch inspirierte an die Seite. Aus einer ganz anderen wissenschaftstheoretischen Position heraus gelangte sie im entscheidenden Punkt zu ähnlichen Ergebnissen: Begriffe wie „Extremismus" und „Totalitarismus" seien analytisch unfruchtbar, weil sie a) in erster Linie als „politische Kampfbegriffe" fungierten oder b) die Ebenen von Sein und Sollen vermischten – und daher eines wissenschaftlichen Fundamentes entbehrten. Der „gesellschaftskritische" Ansatz kommt jedoch ebensowenig ohne normative Kategorien aus wie eine am Typus des demokratischen Verfassungsstaates ausgerichtete Betrachtungsweise. Nicht die normative Orientierung schlechthin, sondern deren inhaltliche Ausgestaltung ist daher Hauptgegenstand dieser Kritikrichtung.

Extremismus- und Totalitarismuskonzepte sahen sich einer (unkoordinierten) Zangenbewegung des (Neo-)Marxismus und Szientismus gegenüber. Argumente dieser Provenienz fanden eine weite Verbreitung, da sie dem „Zeitgeist" entsprachen (und entsprechen). Weist die Verwendung von Termini wie „Extremismus" und „Totalitarismus" deren Propagatoren nicht als „Entspannungsfeinde" und „primitive Antikommunisten" aus? Viele Intellektuelle empfinden linksextreme Lehren darüber hinaus als geistig reizvoller und interessanter als rechtsextreme Doktrinen. Und schließlich ist man vielfach geneigt, den Kommunismus mit seinen „humanitären" Zielen gegen die „menschenfeindlichen" Pläne rechtsextremer Gruppierungen in Schutz zu nehmen – ungeachtet der Übereinstimmungen in den Methoden. – Verfechter extremismus- und totalitarismustheoretischer Sichtweisen trugen freilich auch selbst zur Diskreditierung ihrer zentralen Kategorien bei, indem sie deren wis-

2 Richard Stöss, Pronazistisches Protestverhalten in der Schule. Ursachen und Ausmaß, in: Ebd., S. 171–194, 171.

senschaftstheoretische Grundlagen mangelhaft sondierten und die Leistungsfähigkeit teilweise überschätzten.

Die vorliegende Studie will extremismus- und totalitarismustheoretische Sichtweisen aus ihrer argumentativen Defensivposition befreien. Sie wird dabei von einem Verständnis politikwissenschaftlicher Forschung geleitet, das diese nicht als ein die Objekte der „Lebenswelt" lediglich beschreibendes, registrierendes und nomologisch sondierendes Unterfangen begreift; Politikwissenschaft soll sich vielmehr bei allem Bemühen um Objektivität im Hinblick auf die Anhäufung nüchterner Befunde über die Wirklichkeit in ihrer grundsätzlichen erkenntnistheoretischen Ausrichtung am Leitbild einer „menschenwürdigen Ordnung des sozialen Lebens" (Fraenkel) orientieren. Eine derart verstandene Forschung bezieht ihr Erkenntnisinteresse nicht lediglich auf die Sphäre des Seienden; diese erscheint im humanwissenschaftlichen Bereich vielfältig mit der des Seinsollenden verflochten, so daß sie in die Bemühungen gleichberechtigt aufgenommen werden muß. Die Betrachtung des Normativen ist allerdings in besonderem Maße der Gefahr ideologischer Verirrung ausgesetzt, und Erkenntnisgenauigkeit läßt sich hier in noch geringerem Maße erzielen als im Bereich des Seienden.

Unter einer „Theorie" des politischen Extremismus wird in diesem Zusammenhang kein Aussagesystem verstanden, das Bedingungen formuliert, unter denen ein bestimmtes Ereignis oder eine Ereigniskonstellation eintritt („wenn ..., dann ..."). Von diesem „explanativen" Theoriebegriff (für den die szientistische Richtung einen Exklusivitätsanspruch erhebt) ist ein „normativer" abgrenzbar. Eine „Rahmentheorie" will nicht in erster Linie „erklären", sondern vor allem ein Deutungssystem konstituieren, das eine Grundlage für „erklärende" Theoreme schafft. „Explanative" und „normative" Theorien schließen einander nicht aus; sie können sich vielmehr sinnvoll ergänzen.

„Politischer Extremismus" ist (wie „Totalitarismus" oder „demokratischer Verfassungsstaat") ein normativer Typusbegriff. Typen erfüllen die Aufgabe, eine Vielzahl disparater Erscheinungen in überschaubare Einheiten zu gliedern, wobei aus der Summe ihrer Merkmale diejenigen hervorgehoben und zu einem Syndrom gebündelt werden, die aus einer bestimmten Sichtweise heraus als „charakteristisch" gelten. Hier zeigt sich die Verschränkung des Normativen mit der Empirie: Die den Phänomenen induzierte Deutung entspringt nämlich bestimmten Annahmen über das Sollen. Diese sind keineswegs bloße Fiktionen, haben sich vielmehr aus einem Prozeß historisch-politischer Erfahrung und dessen rationaler Verarbeitung herauskristallisiert.

Werte sind nicht „objektiv" in dem Sinne, daß sie sich aus einer ontologischen Seinsordnung gewinnen ließen – jedenfalls verfügen wir bisher über kein Verfahren, das eine derartige Ableitung unter der Bedingung intersubjektiver Nachvollziehbarkeit gestattete. Werte gründen letztlich auf Entscheidungen, wenngleich diese freilich nicht beliebig, vielmehr mit konsistenter Begründung getroffen werden (müssen). Dies ist der springende Punkt: Eine Politikwissenschaft, die das Normative als eine unumgehbare Herausforderung betrachtet und sich daher als zugleich empirisch und normativ ausgerichtet versteht, darf das eigene Wertsystem nicht in das Belieben des Einzelnen setzen, sondern muß es in allen seinen Voraussetzungen und Folgen durchschaubar machen, so daß es in seiner komplexen Begründungsstruktur erkannt und anhand historisch-politischer Erfahrungen auf seine Konsistenz und Haltbarkeit (wie auch Wünschbarkeit) hin überprüft werden kann. Probleme dieser Art sind insbesondere im Rahmen der Erörterung des demokratischen Minimalkonsenses und der Strukturanalyse extremistischer Doktrinen näher beleuchtet worden.

1.2 „Definitio ex negativo“

Dem Szientismus verpflichtete Autoren konzentrieren ihre Bemühungen auf die Suche nach Kausalrelationen; das soziale Leben soll in seinen „Gesetzen“ erforscht werden. Eine derartige Betrachtungsweise nimmt vor allem beobachtbare Regelmäßigkeiten von Ereignissen in den Blick und vernachlässigt häufig die reiche Beschaffenheit der Phänomene. Eine historisch-genetisch orientierte Richtung konzentriert sich dagegen auf die das 20. Jahrhundert prägende Antithese von Demokratie und Totalitarismus, ohne dieses Wechselverhältnis hinreichend theoretisch-systematisch zu entfalten. Beide Forschungstendenzen haben – freilich mit unterschiedlicher Gewichtung – die Klärung der phänomenologischen Grundlagen des Extremismusbegriffs eher behindert als gefördert. Er verharrt im Stadium einer „derivativen“ Größe, deren Definitionsbereich an den Grenzen anderer Typusbegriffe („demokratischer Verfassungsstaat“ und „Totalitarismus“) endet.

Immerhin ermöglicht die „definitio ex negativo“ eine klare, von jeweils „herrschenden Lehren“ unabhängige Grenzziehung zwischen demokratischem Verfassungsstaat und politischem Extremismus, ist somit ein wesentlicher Fortschritt gegenüber relativistischen Definitionen. Diese bestimmen „Extremismus“ nämlich als gravierende Abweichung von einem Zustand gesellschaftlicher Normalität, was in unterschiedlichen Gesellschaftssystemen Verschiedenes bedeutet und über die politische Qualität der betreffenden Phänomene so gut wie nichts aussagt.

Die „definitio ex negativo“ fungiert im Rahmen der Untersuchung als Arbeitsdefinition, die den Bereich der als „extremistisch“ geltenden Phänomene eingrenzt. Darüber hinaus bietet sie Gelegenheit, jenes Deutungssystem näher zu konturieren, das den zentralen Typusbegriffen zugrundeliegt. Der Begriff des politischen Extremismus ruht nämlich auf dem Selbstverständnis demokratischer Verfassungsstaaten angesichts der die Gegenwart prägenden politischen Szenerie. Der Typus des „demokratischen Verfassungsstaates“ wird durch eine Reihe normativer Minimalbedingungen konstituiert. Diese Werte, Verfahrensregeln und Institutionen stehen in einem wechselseitigen Abhängigkeitsverhältnis zueinander: Die Werte bleiben unverbindliche Formeln, solange sie nicht mittels bestimmter Mechanismen prägenden Einfluß auf die politische Praxis erlangen; Verfahrensregeln und Institutionen werden erst durch ihre normative Basis mit „Sinn“ erfüllt.

Das normative Fundament des demokratischen Verfassungsstaates bildet eine allgemeine Philanthropie. Das Gattungswesen Mensch gilt als sein „letzter Zweck“. Die Individuen werden – abgesehen von ihren biologischen Eigenschaften und der Heterogenität ihrer Interessen, Anschauungen und Lebensentwürfe – als Angehörige einer Gattung bestimmt, weil sie einander im Hinblick auf ihre existentielle Situation vollkommen gleich sind. Denn Menschsein impliziert Sterblichkeit, Fehlbarkeit, Unwissenheit und Bedürftigkeit. Aus dieser fundamental-existentiellen Menschengleichheit leitet sich die Auffassung ab, daß alle das gleiche Recht zur Selbstbestimmung besitzen. Das Spannungsverhältnis zwischen der fundamentalen Gleichheit der Menschen und ihrer außerordentlichen Heterogenität in den konkreten Lebensfragen bildet ein Grundproblem für den demokratischen Verfassungsstaat. Er bietet Wege und Mittel eines friedlichen Konfliktaustrags an, deren Wirksamkeit freilich die Bereitschaft voraussetzt, seine normative Letztorientierung und die aus ihr resultierende Forderung nach Offenheit und Toleranz zu akzeptieren.

Werte, Verfahrensregeln und Institutionen des demokratischen Verfassungsstaates sind aus einem Prozeß historisch-politischer Erfahrung hervorgegangen. Das Postulat menschlicher Fundamentalgleichheit erwuchs aus der Verarbeitung einer jahrhundertelangen Unterdrückung des Menschen durch den Menschen; konstitutionelle Verfahrensregeln und Institutionen basieren auf Erfahrungswissen, das in einem historischen Ringen mit den verschiedenen Formen der Fremdbestimmung und Willkürherrschaft angesammelt wurde. Der demokratische Verfassungsstaat gründet daher nicht auf einem rationalen Entwurf, und seine philosophischen Grundlagen bilden keine in sich geschlossene Systematik. Er trägt dem Mängelwesen Mensch ebenso Rechnung wie der letztlichen Unergründbarkeit des Seienden.

1.3 Phänomene

Die „definitio ex negativo" ermöglicht eine klare Abgrenzung des Phänomenbereiches; sein materieller Gehalt bleibt jedoch merkwürdig unbestimmt. Im Hinblick auf eine „definitio ex positivo" wurde zunächst ein weites Spektrum extremistischer Erscheinungsformen ausgebreitet. Die Darstellung einer Vielfalt unterschiedlicher Objekte sollte der Gefahr entgegenwirken, den Begriff des politischen Extremismus in ein enges Korsett zu schnüren, ihn in seiner Fülle einzuschränken.

Die Buntscheckigkeit extremistischer Erscheinungen im Vergleich zum demokratischen politischen Spektrum hat mancherlei Gründe. So werden die extremistischen Doktrinen der Gegenwart von disparaten Ideenströmen gespeist. Sie sind einerseits prädemokratischen Ursprungs – wie etwa die Rassenlehren oder säkularisierte Impulse der mittelalterlichen und frühneuzeitlichen Millenarismen, andererseits gerade in Auseinandersetzung mit der konstitutionellen Tradition entstanden (postdemokratisch) – sei es, daß sie manche Wurzeln mit dem demokratischen Verfassungsstaat teilen, sie jedoch in eine ihm fremdartige geistige Grundstruktur einbetten, sei es, daß sie sich Formen, Metaphern und Verhaltensmuster des Massenzeitalters aneignen, um diese pseudodemokratisch zu mißbrauchen. Weitere Faktoren könnnen die außerordentliche Vielfalt der Extremismen erklären: ihre politische, zu immer neuen Organisationsbildungen führende Rastlosigkeit; die zügellose politische Phantasie, die sich wenig um die Bedingungen und Restriktionen der erfahrbaren Wirklichkeit schert; das grassierende Sektierertum; das reichhaltige Waffenarsenal, das sich vom „Legalismus" bis zum Terrorismus erstreckt.

Die Phänomenologie mußte einerseits einer möglichst breiten Formenfülle Beachtung schenken, andererseits verhindern, daß sie in ein Panoptikum der Kuriositäten entartete; dem Selbstverständnis der politischen Gruppierungen hinreichend Rechnung tragen, gleichzeitig aber auch der Gefahr entgehen, eine Gefangene der Immanenz zu werden; historische Entwicklungsverläufe in den Blick nehmen und die Aufmerksamkeit dennoch auf das Spektrum der Extremismen in demokratischen Verfassungsstaaten konzentrieren. All diesen Unbilden des Untersuchungsfeldes ausgesetzt, konnte der Autor wohl nicht immer einen „goldenen Mittelweg" einhalten. Auch bewegen sich die Ausführungen bei allem Bemühen um exemplarische Veranschaulichung häufig auf hohem Abstraktionsniveau. Dies kann bei der Sondierung theoretischer Grundlagen nicht ausbleiben und geschieht in der Hoffnung, empirische Forschungen anzuregen.

Wenn sich die phänomenologische Analyse auch auf das Selbstverständnis der Erscheinungen „einließ", mußten dennoch übergeordnete Maßstäbe für ihre Einordnung und Bewertung gefunden werden. Einerseits lieferte der Typus des demokratischen Verfassungsstaates Richtpunkte der Beurteilung; andererseits dienten typologische Grundkategorien der Orientierung. So wurde zwischen Anarchismus und Kommunismus als Ideenkreisen eigener Art unterschieden wie auch zwischen einer stärker „restaurativen" und einer eher „revolutionären" Ausformung des antidemokratischen Konservativismus.

Anarchismus und Kommunismus weisen bei allen Gemeinsamkeiten so grundlegende Unterschiede auf, daß es ratsam erschien, beiden Ideenströmungen trotz ihrer weit auseinander gehenden politischen Wirkkraft einen eigenständigen Status zuzuerkennen. Der Anarchismus stellt die Idee einer von allen Zwängen losgelösten Freiheit des Individuums an den Anfang seiner politischen Zukunftsentwürfe und lehnt daher Herrschaft in jeglicher Form ab – auch für eine „Übergangszeit", während der Kommunismus immer erst die rechtliche und materielle Gleichheit Aller fordert, nötigenfalls Zuflucht in starker Staatlichkeit sucht, ehe er den daraus erwachsenden Konsequenzen für die Freiheit des Einzelnen Beachtung schenkt. Diese soll dem „neuen Menschen" in einer nach dem Untergang des Kapitalismus heraufziehenden „klassenlosen Gesellschaft" als Lohn der Selbstüberwindung zufallen. Die elementare Spannung zwischen Individualismus und Kollektivismus erzeugt über das vage entworfene Endziel hinaus grundlegende Gegensätze zwischen den anarchistischen und kommunistischen Doktrinen.

Die idealtypische Unterscheidung einer „restaurativen" und einer „revolutionären" Form des antidemokratischen Konservativismus basiert auf der ideengeschichtlichen Tatsache, daß eine maßgebliche Strömung des europäischen Konservativismus aus der prinzipiellen Frontstellung gegen die „Prinzipien von 1789" erwuchs. Der antidemokratische Konservativismus der Gegenwart ist Erbe jener politischen Streiter, die sich gegen den Geist der neuen Zeit erhoben und die Werte des Ancien Régime verteidigten. Je stärker Konstitutionalisierung, Demokratisierung und Liberalisierung voranschritten, desto weiter mußten sich die Konservativen von ihrem Ziel, der Wiederherstellung der alten Ordnung, entfernt sehen. Ein beträchtlicher Teil des restaurativen Konservativismus wandelte sich unter dem Druck der Realitäten zu einem revolutionären. Seiner konterrevolutionären Zielsetzung treu bleibend, paßte er sich im Laufe der Jahrzehnte teilweise auch den Bedingungen der Moderne an: den Organisationsformen und Handlungsstilen des Zeitalters der Massen, ihrer Selbsterhöhung in der „Nation“, den Herausforderungen der „sozialen Frage“.

Die Entstehung der europäischen Faschismen, in deren Mitte der Nationalsozialismus als eine Sonder- und Extremform anzusehen ist, vollzog sich auf der ideengeschichtlichen Grundlage eines aus Verzweiflung revolutionär gewordenen Konservativismus (Greiffenhagen). Die Interpretation der Faschismen als Ausprägungen eines „revolutionären“ Konservativismus hat erstens zur Konsequenz, daß diese nicht primär (und ausschließlich) im Sinne einer Gegenreaktion auf den Marxismus verstanden werden können, ihre Entstehung vielmehr in der Totalnegation der „Ideen von 1789“ wurzelt; zweitens, daß die das Rechts-Links-Spektrum vermeintlich sprengende Verbindung von Sozialismus und Nationalismus nicht als eine echte Synthese gelten kann und bei aller (oberflächlichen) Vermischung von Programmelementen die geistigen Bahnen eines antidemokratischen Konservativismus in grundlegenden Fragen keineswegs verläßt.

1.4 Typologische Differenzierungen

An die der phänomenologischen Betrachtung zugrundeliegenden Unterscheidungen knüpfte der eigentliche typologische Teil der Analyse an. Drei Problemkomplexe wurden eingehender erörtert: die Rechts-Links-Scheidung, die typologische Differenzierung der Extremismen aufgrund der Faktoren „Doktrin“, „Organisation“ und „Aktion“ und die Bestimmung von Gefahrenpotentialen.

Die aus der Phänomenologie bekannte Unterscheidung zwischen Anarchismus und Kommunismus einerseits, „restaurativem“ und „revolutionärem“ Konservativismus andererseits ist mit der zwischen Rechts- und Linksextremismus identisch. Dabei weichen die Richtungsbegriffe „rechts“ und „links“ in ihrer Bedeutung allerdings von den heute die politische Alltagssprache gemeinhin prägenden Formeln wesentlich ab. Die Bestimmung der Begriffe geht vielmehr auf ihre Ursprünge zurück. In der neugebildeten Nationalversammlung des Jahres 1789 standen sich die Gegner und Befürworter eines uneingeschränkten Vetorechtes des Königs auf der linken und rechten Seite des Sitzungssaales gegenüber. Aus dieser Konfrontation erwuchs in den folgenden Jahrzehnten die Unterscheidung zwischen den Verfechtern und den Verächtern der revolutionären Errungenschaften. Legt man das Selbstverständnis der einzelnen Gruppierungen zugrunde, konnte auch damals schon Verschiedenes mit den beiden Formeln „rechts“ und „links“ verbunden werden. In Anlehnung an Talmon erscheint es jedoch sinnvoll, begrifflich-systematisch zwischen jenen Strömungen zu differenzieren, die die Forderung fundamentaler Menschengleichheit – in welcher Interpretation auch immer – unterstützten, und jenen, die die Grundannahme einer menschlichen Gattung existentiell Gleicher grundsätzlich zurückwiesen.

Die Unterscheidung zwischen Rechten und Linken hat in den konstitutionellen Demokratien der Gegenwart, führt man sich diese historischen Ausgangspunkte vor

Augen, ihre Bedeutung nahezu vollkommen eingebüßt, denn der moderne Verfassungsstaat gründet auf der Annahme fundamentaler Menschengleichheit. Im Bereich der politischen Extremismen dagegen ist jene Frontstellung, die sich mit der symbolkräftigen Jahreszahl „1789" verbindet, bis in unsere Tage erhalten geblieben. Heute wie damals nämlich lebt der Rechtsextremismus aus der radikalen Negation des Gleichheitsprinzips. Allerdings macht die Bejahung der Kardinalfrage noch nicht den Linksextremisten aus. Ethischer Universalismus und politischer Kosmopolitismus sind dem demokratischen Verfassungsstaat als geistige Prinzipien ebenso immanent wie linksextremen Doktrinen.

Sehr heterogene Strömungen teilten das Erbe der Aufklärung untereinander: Ein ungebremster Rationalismus, geprägt vom Glauben an die Unaufhaltbarkeit des wissenschaftlichen und moralischen Fortschritts der Menschheit, mündete in die bekannten Reißbrettentwürfe idealer Gesellschaften. Ein kritisch korrigierter Rationalismus dagegen mußte zur Einsicht in die Imperfektibilität, Erkenntnisunsicherheit und Fehlbarkeit des Menschen führen. Talmons Unterscheidung zwischen der „totalitären" und der „liberalen" Demokratie fußt auf diesen beiden Entwicklungslinien. Auch wenn die tatsächlichen ideengeschichtlichen Prozesse komplexer waren, als es diese Dichotomie suggeriert, macht sie doch deutlich, daß die Forderungen nach der „Herrschaft des Volkes", nach Freiheit, Gleichheit und Brüderlichkeit von einander in ihrem Innersten zutiefst widerstreitenden Richtungen stammen.

Bei der im Rahmen der Phänomenologie vorgenommenen Unterscheidung zwischen den Analyseebenen der „Doktrinen", der „Organisationen" und der „Aktionen" handelt es sich um Ausschnitte der Wirklichkeit, deren Separierung erkenntnisstimulierend wirken soll, wiewohl sie in der Realität vielfältig miteinander verflochten sind. Aus der Kombination der drei Elemente lassen sich, legt man verschiedene Grade ihrer Intensität zugrunde, insgesamt sieben Typen ermitteln: Theoriezirkel, politische Sekten, Kaderparteien, Einzelaktivisten, Terrorgruppen, Sammlungsbewegungen und Traditionsvereine. Die Typen liefern Maßstäbe für eine sinnvolle Einordnung und Bewertung der Vielfalt extremistischer Gruppierungen mit ihren jeweils charakteristischen Merkmalen.

Eine weitere typologische Differenzierung knüpft an das von dem hispanoamerikanischen Forscher Juan J. Linz entwickelte dreidimensionale Modell im Hinblick auf autoritäre und totalitäre Diktaturen an. Dabei steht der Freiraum, der dem Einzelnen zu seiner Selbstentfaltung verbleibt, im Zentrum der Betrachtung. Die Linzsche Typologie unterscheidet politische Regime nach dem Grad der Partizipation, dem der Ideologisierung des öffentlichen Lebens und dem des noch zulässigen politischen Pluralismus. Die in der Phänomenologie herausgearbeiteten Untersuchungsdimensionen („Doktrin", „Organisation", „Aktion") lassen sich hierzu in eine gewisse Verbindung setzen, so daß es sich als möglich erwies, extremistische Gruppierungen in Verfassungsstaaten parallel zur Art des jeweiligen Regimetyps zu gruppieren. Die Analyse der potentiellen Gefährdung fragt also nach dem Charakter des Herrschaftssystems, das Extremismen errichteten, stünde ihnen der Weg zu den Schalthebeln der Macht offen. Demnach ergeben sich Dimensionen potentieller Gefährdung, je nachdem, ob die Indikatoren stärker auf der organisatorischen, handlungsstrategischen oder ideologisch-programmatischen Ebene angesiedelt sind.

1.5 Strukturen extremistischen Denkens

Die Phänomenologie legte den Schwerpunkt der Betrachtung auf das Feld extremistischer Doktrinen. Dabei standen vor allem die Inhalte der Überzeugungssysteme gemäß dem Selbstverständnis im Vordergrund. Beschränkte man sich auf diese Untersuchungsebene, könnte der Eindruck entstehen, als handele es sich im Falle der Extremismen um denkbar weit voneinander entfernt stehende Positionen, die kaum Gemeinsames aufweisen. In der Tat wäre es verfehlt, Auffassungsunterschiede und Gegensätze zwischen den Extremismen zu mißachten. Ebensowenig dürfen jedoch ihre verblüffenden strukturellen Übereinstimmungen außer acht bleiben, die aus der Perspektive des demokratischen Verfassungsstaates eine fundamentale Bedeutung gewinnen.

Derartige Strukturen extremistischen Denkens sind bislang vor allem im Rahmen der Erfassung „totalitärer Ideologien" behandelt worden, wobei die Fragestellung jedoch auf diese phänomenologischen Sonder- und Teilbereiche des weiter gefächerten extremistischen Spektrums zentriert ist. Idealtypische Kriterienkataloge, die vor allem Nationalsozialismus und Marxismus-Leninismus in den Blick nehmen, tragen jedoch etwa den strukturellen Eigenheiten antidemokratisch-restaurativer Konservativismen nicht hinreichend Rechnung. Im Laufe der Untersuchung wurden daher einige zusätzliche Differenzierungen getroffen, die der Vielfalt der Extremismen besser entsprechen.

Ein Blick auf die Strukturen extremistischer Kommunikation und die Funktionen der Doktrinen diente dazu, die starke Konzentration auf die sprachlogische Verknüpfung von Überzeugungssystemen auszugleichen. Denn allenfalls der Intellektuelle läßt sich überwiegend von den Gesetzen einer immanenten Logik geistiger Gebilde in den Bann schlagen. Für viele andere Mitglieder und Aktivisten extremistischer Gruppierungen stellen die Doktrinen dagegen nur ein motivierendes Element neben anderen dar (Gemeinschaftssinn, die Faszination politischer Aktionen, personelle Bindungen etc.). Auch können im Rahmen des Kommunikationssystems die Funktionen der Doktrinen die aus deren Inhalten ersichtlichen Zwecke überlagern – so etwa, wenn bestimmte Annahmen an Faszination und Überzeugungskraft einbüßen, jedoch weiterhin zur Integration der Anhänger und der Rechtfertigung – längst anderen Absichten dienlicher – politischer Ziele eingesetzt werden.

Im Hinblick auf die Strukturmerkmale extremistischer Dokrinen erscheint es angemessen, Absolutheitsansprüche in stärker „offensive" und eher „defensive" zu unterteilen, dem Maß der aus ihnen entspringenden Unduldsamkeit, dogmatischen Verhärtung und ideologischen Hermetik entsprechend. In Parallelität zu dieser Unterscheidung muß man auch utopistische und prinzipiell utopiefeindliche Doktrinen auseinanderhalten. Einem autoritären Konservativismus sind Projektionen idealer Gesellschaftszustände der Zukunft durchaus fremd, wie sie anarchistischen und kommunistischen, ja selbst völkisch-rassistischen Doktrinen eignen. Der antidemokratische Etatismus sieht im starken Staat die einzige Rettung aus der Gefahr eines unablässig drohenden Bürgerkrieges.

1.6 „Definitio ex positivo“

Die Untersuchung nahm ihren Ausgang von einem Definitionsproblem, das sich als Theorieproblem entpuppte. Der Begriff des politischen Extremismus kann zwar „pragmatisch“ mit Inhalten gefüllt werden, so daß er je nach Untersuchungsgegenstand eine andere Bedeutung annähme. Doch wäre eine solche Vorgehensweise weder sonderlich sinnvoll, noch würde man auf diese Weise seiner phänomenologischen Ausdehnung gerecht. Der politische und wissenschaftliche Begriff erhält seine Bedeutung nämlich in erster Linie als antithetische Größe zum Typus des demokratischen Verfassungsstaates im Sinne einer Sammelbezeichnung gegen ihn gerichteter Gesinnungen und Bestrebungen. Läßt man sich auf diese Art der begrifflichen Konzeptualisierung ein, ergibt sich eine Reihe von Fragen. Gemeinhin nämlich wird der Begriff des politischen Extremismus mittels einer Minimalbestimmung freiheitlicher Demokratie eingegrenzt. Es entsteht der Eindruck, als handele es sich lediglich um ein von der Gestalt der Verfassungsstaaten geworfenes Schattenbild, dem kein eigenständiger historisch-politischer Rang zukomme.

Politische Extremismen sind jedoch gleichsam „naturwüchsige“ Phänomene, aus denen die konstitutionelle Demokratie in einem Prozeß langwierigen historischen Ringens hervorging. Allerdings kann insofern von einem Wechselverhältnis beider Traditionslinien gesprochen werden, als sich die Extremismen mehr und mehr zur Übernahme konstitutionell-demokratischer Formelemente genötigt sahen, nachdem die verfassungsstaatliche Tradition, die über Jahrhunderte eine residuale Existenz gefristet hatte, sich mit den Revolutionen des 17. (England) wie des 18. (Vereinigte Staaten, Frankreich) Jahrhunderts kraftvoll entfalten und innerhalb des okzidentalen Kulturkreises geschichtsmächtige Ausmaße annehmen konnte.

Die Ebene der politischen Doktrinen bietet die entscheidenden Ansatzpunkte für eine Positivbestimmung des Begriffs, da den Phänomenen der „Lebenswelt“ erst mit ihrer inspirierenden Kraft extremistische „Qualität“ zuwächst. Trotz großer inhaltlicher Heterogenität und teilweise Gegensätzlichkeit wohnt den Extremismen eine Reihe struktureller Gemeinsamkeiten inne: Sie alle beanspruchen den Besitz eines „Wahrheits“-Codes, mit dem sie die Welträtsel (vermeintlich) dechiffrieren können. Diese „Wahrheiten“ gelten als mit den Gesetzen des Seins in Einklang stehend, erfordern jedoch eine „höhere Einsicht“, die sich nicht jedermann in gleicher Weise offenbart. Die auf Absolutheitsansprüchen gegründeten extremistischen Doktrinen entziehen sich auf diese Weise einer Verifikation. Gleichzeitig programmiert die Fixierung auf bestimmte Dogmen eine Emanzipation des Weltbildes von der Wirklichkeit. Das Versagen der Prophetien wird typischerweise mit den verschwörerischen Aktivitäten feindlich gesinnter Mächte erklärt und gerechtfertigt. Wer an absoluten, evidenten, unantastbaren „Wahrheiten“ festhält, kann Toleranz gegenüber Andersdenkenden nicht aufbringen. Absolutheitsansprüche führen damit zur Ausprägung einer perspektivisch verengten Weltsicht, die nur mehr zwischen Freund und Feind, absolut Gutem und absolut Bösem zu unterscheiden weiß.

2. *Rahmentheorie und Forschungspraxis*

Die vorliegende Untersuchung leistet theoretische Grundlagenarbeit. Eine normative Rahmentheorie des politischen Extremismus ist kein Selbstzweck, sondern soll als Fundament empirischer Detailstudien dienen. Sie stellt quasi eine Einladung dar, ihre Wertbasis, ihr Deutungssystem und ihre elementaren typologischen Einordnungen zum Ausgangspunkt thematisch spezifizierter Analysen zu machen. Normative und explanative Theoriebildung schließen sich nämlich gegenseitig keineswegs aus, sondern gewinnen erst im Zusammenwirken eine wissenschaftlich fruchtbringende Wirkung. Im Sinne einer gestuften Theoriebildung liefert die normative Rahmentheorie die Voraussetzung für die Formulierung explanativer Hypothesen.

„Aufgeklärte" Vertreter szientistischer Wissenschaftskonzepte konzedieren bereitwillig, daß auch der nach naturwissenschaftlichem Vorbild arbeitende Sozialwissenschaftler bei der Formulierung forschungsrelevanter Fragen eines normativen Bezugssystems bedarf.[3] Ohne normative Orientierungen könnte das nach Erkenntnis strebende Subjekt aus der unendlichen Menge möglicher Fragen nämlich nicht diejenigen auswählen, die ihm forschungswürdig erscheinen. Gleiches gilt für die Begriffsbildung und die Interpretation der Ergebnisse. Eine normative Rahmentheorie stellt hier ein in seinen Wertprämissen und phänomenologischen Konsequenzen durchdachtes, rational begründetes und in sich konsistentes Deutungssystem zur Verfügung. Der empirische Forscher ist nicht länger auf das eigene Wertempfinden angewiesen, sondern greift bei der Formulierung seiner Fragestellungen auf ein intersubjektiv vermittelbares Wertsystem zurück. Selbst angenommen, die Anerkennungswürdigkeit und Zweckmäßigkeit des Wertsystems selbst sei umstritten, kommt dem eindeutig fixierten Bezug auf eine genau definierte Wertbasis ein unbezweifelbarer Vorteil gegenüber der Orientierung an rein subjektiven Empfindungen zu: Die intersubjektive Vermittelbarkeit der Wertbasis und des Deutungssystems erlaubt in jedem Fall eine immanente Prüfung der daraus gezogenen Schlußfolgerung im Hinblick auf ihre formallogische Stimmigkeit.

Daher wäre es keineswegs ein Zeichen konzeptioneller Verirrung, betteten empirisch-quantifizierende Studien ihre grundlegenden analytischen Kategorien in ein klar umrissenes normatives Deutungssystem ein. Dies gilt etwa auch für die „klassische" Domäne des Szientismus: die Wahlforschung. So hätte etwa die bekannte Studie von Klingemann/Pappi über Einflußfaktoren des Wählerverhaltens beim Votum für „radikale" Parteien[4] wesentlich an analytischer Klarheit gewonnen,

---

3 So räumt der Berliner Politikwissenschaftler Jürgen Falter ein: „Wertfreiheit der Forschung bedeutet nach erfahrungswissenschaftlicher Ansicht keine völlige Wertabstinenz des Forschers; Werte spielen sowohl bei der Auswahl und der Formulierung der Forschungsfragen und der als wichtig erachteten Meßgrößen (Variablen) als auch bei der Interpretation und der Anwendung (Operationalisierung) von Forschungsresultaten eine große Rolle." Ders., Die drei „Schulen" der deutschen Politikwissenschaft, in: Klaus von Beyme/Ernst-Otto Czempiel/Peter Graf Kielmansegg/Peter Schmoock (Hrsg.), Politikwissenschaft. Eine Grundlegung, Bd. I: Theorien und Systeme, Stuttgart/Berlin/Köln/Mainz 1987, S. 295–300, 300.

4 Hans D. Klingemann/Franz U. Pappi, Politischer Radikalismus. Theoretische und methodische Probleme der Radikalismusforschung, dargestellt am Beispiel einer Studie anläßlich der Landtagswahl 1970 in Hessen, München/Wien 1972.

wäre der dort verwendete Demokratiebegriff einer normativ vertieften Betrachtung unterzogen worden. Die als Bestandteile der „definitio ex positivo" abgeleiteten Elemente (Absolutheitsanspruch, Dogmatismus, Fanatismus und Aktivismus, Utopismus – kategorischer Utopieverzicht, Freund-Feind-Stereotype, Verschwörungstheorien) könnten bei empirischen Umfragestudien als theoretisches Rüstzeug dienen, von dem sich entsprechende Fragekataloge ableiten ließen.

Von besonderer Bedeutung sind die Elemente der normativen Rahmentheorie für komparative Studien. Vergleiche scheitern häufig am Fehlen geeigneter Kategorien, die alle Vergleichsobjekte umfassen. Der extremismustheoretische Ansatz eröffnet demgegenüber vielfältige Perspektiven. Vergleichend untersucht werden können etwa: Anzahl, Wirkungsweise, Organisationsformen, Strategien, politischer Einfluß extremistischer Gruppierungen in verschiedenen demokratischen Staaten, „linke" mit „rechten" extremistischen Parteien, die innerorganisatorischen Verhältnisse extremistischer und demokratischer Vereinigungen, der Gefährdungsgrad, der in verschiedenen Ländern von seiten extremistischer Kräfte ausgeht etc. Auch bei derartigen Studien liefert eine normative Rahmentheorie lediglich elementare Begriffe und Kriterien. Dabei wird es von Fall zu Fall sinnvoll sein, spezifischere (explanative) Theorien und Hypothesen in das normative Deutungssystem einzubetten. So bieten sich etwa organisationssoziologische Kategorien bei der vergleichenden Untersuchung politischer Parteien an. Ansätze der Jugendpädagogik können die Erforschung von Erfolgsbedingungen extremistischer Jugendorganisationen fruchtbar gemacht werden. Sozialpsychologische und soziologische Ansätze („Kernneurose", „autoritäre Persönlichkeit", „Devianz", „Statusinkonsistenz", „relative Deprivation" etc.) stehen zur Verfügung, geht es um die Untersuchung rechts- oder linksextremer Rekrutierungsprozesse. In all diesen Fällen bietet eine normative Rahmentheorie des politischen Extremismus erste Orientierungen als Grundlage weiterführender Forschungsstrategien.[5]

Der extremismustheoretische Ansatz eröffnet auch die Möglichkeit der Bearbeitung epochenübergreifender Fragestellungen. So stellt eine systematische Darstellung zur Entwicklung des (antidemokratischen) Konservativismus in Deutschland, von der zweiten Hälfte des 18. Jahrhunderts bis in die Gegenwart, weiterhin ein Desiderat der Forschung dar. Auch in diesem Falle bietet eine normative Rahmentheorie erste Orientierungen und regt entsprechende Fragestellungen an: In welcher Weise setzten sich konservative Gruppierungen mit den „Ideen von 1789" auseinander? Lassen sich typische Argumentationsmuster und Alternativkonzeptionen rekonstruieren? In welchem Verhältnis standen konservative Gruppierungen zur konstitutionellen und demokratischen Traditionslinie? Sind Entwicklungsstränge aufweisbar, die bis zu den konservativen und rechtsextremen Gruppierungen der Gegenwart hinführen? Auf einige dieser Fragen wurde bereits im Rahmen der Phänomenologie eine Antwort zu geben versucht. Die dortige knappe Skizzierung bedarf jedoch einer intensiven empirischen Verifikation.

5 Eine Anwendung der auch im Rahmen dieser Arbeit entwickelten theoretischen Kategorien auf das Panorama politischer Extremismen in der Bundesrepublik Deutschland findet sich in folgenden Studien: Uwe Backes/Eckhard Jesse, Politischer Extremismus in der Bundesrepublik Deutschland, Bd. 1: Literatur, Bd. 2: Analyse, Bd. 3: Dokumentation, Köln 1989.

Wenn an dieser Stelle mancherlei Perspektiven aufgezeigt worden sind, die eine normative Rahmentheorie des politischen Extremismus eröffnet, soll dies nicht heißen, ihre grundlegenden Prämissen und typologischen Einordnungen bedürften nicht selbst beständiger Prüfung und Verfeinerung. Erst eine intensive und kontrovers geführte Auseinandersetzung mit den theoretischen Grundlagen des Ansatzes könnte einen Prozeß einleiten, der zu einer breiteren Konsensbasis hinführt und schließlich koordinierte Forschungsbemühungen ermöglichte. Mag dieser Weg auch steinig sein, scheint er allein doch Aussicht auf eine Extremismusforschung zu eröffnen, die diesen Namen verdient.

3. Ausblick: der demokratische Verfassungsstaat aus extremismustheoretischer Perspektive

Nachdem eine der zentralen Aufgaben der Analyse darin bestand, dem schattenhaften Negativgebilde des nach herkömmlicher Art umrissenen Extremismusbegriffs konkrete Gestalt zu verleihen, mag es am Ende der geistigen Wegstrecke angemessen erscheinen, die Fragestellung nunmehr umzukehren. Denn so wie der Begriff des demokratischen Verfassungsstaates jene Sichtweise präfiguriert, aus der die Sammelbezeichnung des politischen Extremismus hervorgeht, kann der inhaltlich angereicherte Begriff des politischen Extremismus wichtige Einsichten über Existenzbedingungen und Entwicklungsmöglichkeiten seiner konstitutionellen Antithese vermitteln. Die Positivbestimmung des politischen Extremismus wird auf diese Weise zum Ausgangspunkt einer nun auf den Antipoden zurückfallenden „definitio ex negativo". Damit schließt sich der Kreis der Betrachtung.

Welche Konsequenzen lassen sich aus der Existenz der Extremismen für die geistige Grundverfassung konstitutioneller Demokratie gewinnen? Eine Beantwortung dieser Frage kann bei den sechs Merkmalen der Strukturanalyse anknüpfen. Als allen Extremismen gemeinsame geistige Charakteristika wurden herausgearbeitet: (1) Absolutheitsansprüche, (2) Dogmatismus, (3) Utopismus versus kategorischer Utopie-Verzicht, (4) Freund-Feind-Stereotype, (5) Verschwörungstheorien, (6) Fanatismus und Aktivismus. Sie stehen in ihrer spezifischen Ausprägung mit den geistigen Grundlagen demokratischer Verfassungsstaaten im Widerspruch.

(1) Extremistische Doktrinen vermitteln Werte, von denen gesagt wird, sie basierten auf „objektiven" Erkenntnissen. Richtlinien des Sollens gelten als aus den Strukturen des Seins ableitbar. Derartige Evidenzen bilden seit jeher ein Einfallstor beliebiger ideologischer Zweckbehauptungen, da sie mit der Berufung auf „höhere Einsicht" einhergehen. Normatives Fundament und Begründungsstruktur der Überzeugungssysteme entziehen sich einer empirischen Überprüfung. Die Auffassung, es existierten „objektive" Wahrheiten, ist das Resultat einer beängstigenden Erkenntniszuversicht, deren ausgeprägter Mangel an Selbstzweifel despotische Konsequenzen zeitigen kann.

Der demokratische Verfassungsstaat gründet dagegen in der Einsicht, daß es „die" einzig wahre und unfehlbare Sicht der Welt nicht gibt. Die historische Erfahrung der Religionskriege führte zu der Erkenntnis, der Staat müsse sich aus religiösen und weltanschaulichen Auseinandersetzungen heraushalten und strikte Neutralität wahren, soll das friedliche Mit-, Neben- und Gegeneinander heterogener Interessen und Meinungen nicht aufs Spiel gesetzt werden. Moderne Verfassungsstaaten bieten daher einer Pluralität von Lebensentwürfen Raum. Freilich ist der so begründete Wertepluralismus nicht mit einem ethischen Relativismus zu verwechseln. Die „Ethik" (oder besser: „Metaethik"[6]) des demokratischen Verfassungsstaates wurzelt gerade in der realen Vielfalt der Moralsysteme; ihr Ziel ist es, allgemeine Maßstäbe des (politischen) Handelns zu entwickeln, die für Anhänger unterschiedlicher Überzeugungen und Bekenntnisse annehmbar sind. Eine derartige „Metaethik" vermag nur anzuerkennen, wer sich der Fehlbarkeit und Relativität eigener Standpunkte bewußt ist, dem anderen die Möglichkeit, Recht zu haben, ebenso zubilligt wie sich selber die des Irrtums. Umgekehrt findet die weltanschauliche Neutralität des modernen Verfassungsstaates ihre Grenze dort, wo es an Toleranz mangelt, Anschauungen mit dem Anspruch auf Unfehlbarkeit erhoben und Andersdenkenden der Respekt versagt wird. Denn auch die konstitutionelle Demokratie kennt ein Absolutum: den Menschen als Mitglied einer Gattung existentiell Gleicher.

(2) Extremistische Doktrinen gehen von bestimmten Dogmen aus und errichten auf dieser Grundlage ein System des Zwangsschlußfolgerns[7], dessen unerbittlicher Logik der Mensch sich zu unterwerfen hat. Der vermessene Anspruch auf Erkenntnis des Wahren und Guten wird zum Gefangenen seiner selbst, da sich das Überzeugungssystem von der erfahrbaren Welt abkoppelt. Die Kluft zwischen Wahn und Wirklichkeit macht den Extremisten zur Entwicklung realistischer Problemlösungsstrategien unfähig.

Der auf einer universalen Philanthropie ruhende Verfassungsstaat eröffnet der menschlichen Kreativität dagegen einen weiten Entfaltungsraum. Frei von dogmatischer Bevormundung und Gängelung kann sich hier ein Wettstreit der Ideen[8] entfalten, der zwar noch keine Garantie für die erfolgreiche Meisterung der Zukunft bedeutet, hierfür jedoch ungleich bessere Bedingungen schafft als eine Atmosphäre geistiger Erstarrung, wie sie extremistische Doktrinen verbreiten. Das Eingeständnis eigener Fehlbarkeit und Begrenztheit des Wissens führt zur Ablehnung revolutionärer Globalentwürfe und favorisiert eine Politik vorsichtigen Experimentierens, die unter keinen Umständen bereit ist, das Glück einer Generation für das der folgenden zu opfern.

(3) Diese Haltung bedeutet auch eine Absage an utopistische Visionen, die sich der Realisierung gesellschaftlicher Idealzustände verschreiben. Die Geschichte bietet reichhaltiges Anschauungsmaterial, was dem Menschen zugemutet werden kann und was ihn nach aller Voraussicht überfordert. Der Verzicht auf ein ideologisches

---

6 Vgl. Hans Albert, Ethik und Meta-Ethik (1961), in: Ders./Ernst Topitisch (Hrsg.), Werturteilsstreit, 2. erweiterte Aufl., Darmstadt 1979, S. 472–517.

7 Vgl. Hannah Arendt, Ideologie und Terror: eine neue Staatsform, in: Dies., Elemente und Ursprünge totaler Herrschaft, I. Antisemitismus, II. Imperialismus, III. Totale Herrschaft, München/Zürich 1981 (Original: The Origins of Totalitarianism, New York 1951), S. 703–730.

8 Vgl. dazu das klassische Werk von: John Stuart Mill, Über die Freiheit (1859), aus dem Englischen übersetzt von Bruno Lemke, mit Anhang und Nachwort hrsg. von Manfred Schlenke, Stuttgart 1974.

Telos bedeutet allerdings nicht, der moderne Verfassungsstaat lasse sich wie Treibholz vom Strom der Geschichte tragen. Sein normatives Fundament, der Letztbezug auf das Gattungswesen Mensch, dessen Würde und Freiheit zur Selbstbestimmung, stellt eine ständige Herausforderung an die politische Gestaltung des Gemeinwesens dar und begründet eine umfassende Verantwortlichkeit, wo immer möglich für diese Grundrechte des Menschen einzutreten. Die konstitutionelle Demokratie widerstreitet daher auch einem politischen Kalkül, das Sinn und Zweck des Politischen allein im Machterhalt zu sehen vermag.

(4) Der Anspruch auf die Erkenntnis des Wahren und Guten begründet eine dualistische Weltsicht, die strikt zwischen Freund und Feind unterscheidet. Einem Verständnis der Politik, das sich von der Einsicht in die Fehlbarkeit allen menschlichen Tuns leiten läßt, liegt die Verteufelung des politischen Kontrahenten ebenso fern wie die Idealisierung eigener Anschauungen. Eine derartige Haltung darf freilich nicht mit Prinzipienlosigkeit verwechselt werden, denn auch der Verfassungsstaat kennt Grenzen der Toleranz, werden seine eigenen Grundlagen in Frage gestellt. Die Parole „Keine Freiheit den Feinden der Freiheit" entspringt jedoch einem jakobinischen Temperament, das konstitutioneller Liberalität fremd ist. Der Verfassungsstaat beraubt bei aller Klarheit im Hinblick auf seine Grenzen auch diejenigen ihrer elementaren Rechte nicht, die ihn mit Haß und Verachtung überziehen.

(5) Verschwörungstheorien sind ein typisches Begleitprodukt extremistischer Doktrinen, weil ihr Scheitern angesichts des selbstgesteckten Anspruchs dringender Erklärung bedarf. Der demokratische Verfassungsstaat greift auf derartige Behelfskonstrukte nicht zurück, da er sich von einem Verständnis des Politischen leiten läßt, das in diesem ein mühseliges Unterfangen erblickt – ständig vom Scheitern bedroht, nie des Erfolges gewiß. Eine Mentalität des „muddling through" (die pejorative Konnotation ist unberechtigt) ist weit weniger der Gefahr einer konspirationstheoretischen Kompensation übersteigerter Erwartungen ausgesetzt als von Erkenntnisgewißheit bestimmte extremistische Doktrinen.

(6) Konstitutionellem Verständnis widerstreitet gleichfalls der den meisten extremistischen Konzepten eigene Hang zur Totalpolitisierung. Das Verständnis von Freiheit als Selbstbestimmung läßt einen Zwang zum politischen Engagement als abwegig erscheinen. Wer die Möglichkeit politischer Betätigung ungenutzt läßt, verliert seine bürgerlichen Rechte nicht. Demokratische Verfassungsstaaten kennen auch politikfreie Räume; zwischen Öffentlichkeit und Privatsphäre verläuft eine klare Trennungslinie. Demokratische Organisationen verlangen von ihren Mitgliedern daher auch nicht jenes Maß bedingungsloser Selbstpreisgabe, wie es von vielen extremistischen Gruppierungen bekannt ist. Konstitutionellem Verständnis entgegengesetzt ist jedoch auch die Strategie der Depolitisierung, wie sie von rechts-autoritären Diktaturen praktiziert wird. Ein auf Übereinkunft basierendes Gemeinwesen lebt vom Mittun und der Mitverantwortlichkeit der Bürger. Hierfür bietet der Verfassungsstaat zahlreiche Möglichkeiten.

Wenn bei alledem der Eindruck entstanden ist, als solle der Verfassungsstaat dem politischen Extremismus im Sinne einer idealen Größe gegenübergestellt werden, mag dies eine Konsequenz folgenden Vorgehens sein: Die auf die Erarbeitung theoretischer Grundlagen zielende Analyse konfrontiert die Extremismen im Interesse definitorischer Klarheit vornehmlich mit den Grundprinzipien des modernen Verfassungsstaates und nicht – was abwegig wäre – mit der dort herrschenden Praxis. Allerdings treten manche Kennzeichen politisch-extremistischer Gesinnung durchaus auch auf der politischen Bühne demokratischer Verfassungsstaaten in der einen oder anderen Form zutage. Sie sind nämlich kein Ort, an dem tugendsame Idealisten einen Wettstreit um die besten Lösungen vollführen. Die Strukturen „demokratischer Kommunikation" weisen vielfältig verflochtene Motivationslagen auf; das Engagement in demokratischen Organisationen ist noch kein Ausweis tiefergehender demokratischer Gesinnung. Eine politische „Pathologie"[9], wie sie Carl Joachim Friedrich entwickelt hat, trifft auch innerhalb des konstitutionell-demokratischen Lagers auf ein reichhaltiges Anschauungsmaterial. Korruption, Macht- und Ämtermißbrauch, Interessenklüngel, Parteibuchwirtschaft, politischer „Filz", Verrat, propagandistische Schaugefechte, Intrigen und politisches Ränkespiel zählen zu den beklagenswerten, aber wohl kaum ausmerzbaren Erscheinungen des politischen Lebens. Wer dies unter den Teppich kehrt, erweist der Sache der Demokratie selbst einen schlechten Dienst. Einerseits böte eine Selbststilisierung den Gegnern der Demokratie unnötige Angriffsflächen, andererseits – und vor allem – führte sie zur Schwächung jenes „Abwehrsystems", das nur funktioniert, wenn die Mißstände zum Gegenstand öffentlicher Auseinandersetzung werden.

Aus der Antithese von politischem Extremismus und demokratischem Verfassungsstaat lassen sich einige Einsichten auch über ihr Verhältnis zum normativen Fundament moderner Wissenschaft gewinnen. Sie nämlich ist gerade aus einem Emanzipationsprozeß von den älteren „intentionalen" Weltdeutungen hervorgegangen[10] und gründet in der Einsicht, daß menschliches Erkenntnisstreben ein mühsames und notwendigerweise an Grenzen stoßendes Unterfangen darstellt, dessen Erfolgsaussichten ungewiß sind; es ist jedoch von vornherein zum Scheitern verurteilt, macht sich das forschende Subjekt nicht die stete Gefahr ideologischer Verirrungen bewußt. Nur ein Bewußtsein, das um die eigene Konstitution weiß[11], eröffnet die Chance, das Wissen um die Wirklichkeit Stück um Stück zu erweitern. Weil die Frage nach der prinzipiellen Erkenntnisfähigkeit des Menschen unbeantwortbar bleibt, muß der Anspruch, die Rätsel der Welt zu lösen, als vermessen gelten.

So wie der demokratische Verfassungsstaat weder der Verzweiflung angesichts der abgrundtiefen Bösartigkeit der Menschennatur verfällt, noch dem sehnlichen Glauben an ihre ursprüngliche Güte anhängt, schlägt auch die moderne Wissenschaft einen Mittelweg zwischen einem resignativen Erkenntnisskeptizismus und dem überschwenglichen Erkenntnisoptimismus des politischen Extremismus ein. Die

---

9 Vgl. Carl Joachim Friedrich, Pathologie der Politik. Die Funktion der Mißstände: Gewalt, Verrat, Korruption, Geheimhaltung, Propaganda, Frankfurt a. M./New York 1973 (Original: The Pathology of Politics, New York 1972).

10 Vgl. Ernst Topitsch, Vom Ursprung und Ende der Metaphysik. Eine Studie zur Weltanschauungskritik, Neuausgabe, München 1972 (1958).

11 Vgl. Kurt Lenk, Zehn Thesen 78, in: Ders. (Hrsg.), Ideologie, Ideologiekritik und Wissenssoziologie, 9. überarbeitete und erweiterte Aufl., Frankfurt a. M./New York 1984 (1961), S. 357–361, 357.

zwischen Wissenschaft und Verfassungsstaat bestehende „Wahlverwandtschaft"[12], bedenkt man, daß humanwissenschaftliche Forschung nur in einer Atmosphäre geistiger Liberalität gedeiht, ruht also offenkundig auf normativen Grundlagen, die moderner Wissenschaft und demokratischem Verfassungsstaat gemeinsam sind. Beide erhoben sich aus den Trümmern totaler Welterklärungsversuche und ihrer verhängnisvollen politischen Konsequenzen. Eine Besinnung auf die Grenzen menschlicher Erkenntnisfähigkeit und Belastbarkeit mußte zur Einsicht in die Ungewißheit des Wissens[13] und die Fehlbarkeit menschlicher Bemühungen führen. In diesem Sinne vertrauen Wissenschaft und Verfassungsstaat gleichermaßen auf die elementare Bedeutung von Verfahrensregeln. Nur eine Disziplinierung des Denkens anhand strenger Selektionskriterien vermag, wenn überhaupt, fruchtbare Ergebnisse zu zeitigen. Der Verfassungsstaat bietet einer Vielfalt an Überzeugungen, Interessen und Lebensentwürfen Raum, deren Artikulation gleichfalls an die Befolgung elementarer Verfahrensvorschriften gebunden ist. Weder gegenüber der modernen Wissenschaft noch gegenüber dem demokratischen Verfassungsstaat kann dabei der Vorwurf des Relativismus erhoben werden: Das Gebot interdisziplinärer Nachvollziehbarkeit beschneidet die Pluralität der Hypothesen; die Pluralität der Anschauungen stößt an ihre Grenze, wo ein unbegründeter Anspruch auf Totalerkenntnis und angemaßte Herrschaftsausübung erhoben wird.

Dennoch eignet sich der demokratische Verfassungsstaat nicht zur Konstituierung einer – dann selbst manichäistische Züge annehmenden – Gegenideologie. Sie würde gebildet, hypostasierte man das historisch gewachsene Kompromißprodukt zu einem die Widrigkeiten des politischen Lebens überragenden Idealbild von erhabener Größe. Es wäre dies ein grandioses und folgenschweres Fehlverständnis konstitutioneller Demokratie, die weder aus dem Glauben an die Heraufkunft des „neuen Menschen" noch aus der Hoffnung auf eine endgültige Überwindung irdischer Beengung und Bedrängnis lebt. Der Verfassungsstaat schöpft aus einem Schatz historischer Erfahrungen, die in einem jahrhundertelangen Ringen mit Fremdbestimmung und Willkürherrschaft angesammelt wurden. Hierauf kann er sein Selbstbewußtsein gründen.

---

12 So Erwin Faul, Politikwissenschaft im westlichen Deutschland. Bemerkungen zu Entwicklungstendenzen und Entwicklungsanalysen, in: PVS 20 (1979), S. 71–103, 97.

13 Vgl. Ralf Dahrendorf, Ungewißheit, Wissenschaft und Demokratie, in: Ders., Konflikt und Freiheit. Auf dem Weg zur Dienstklassengesellschaft, München 1972, S. 292–315.

Quellen- und Literaturverzeichnis

Die in den Anmerkungen aufgeführten Titel werden mit Ausnahme vermischter Artikel aus Zeitungen und verschiedener bio-bibliographischer Nachschlagewerke verzeichnet. Die Grenze zwischen Literatur und Quellen kann nicht in jedem Fall scharf gezogen werden. Als Quellen gelten insbesondere Schriften extremistischer Ideologen und Aktivisten sowie Veröffentlichungen, die in erster Linie der Präsentation von Informationsmaterialien dienen, wie sie in die Untersuchung eingeflossen sind.

1. Quellen

Al di là della Destra e della Sinistra. Atti del convegno „costanti ed evoluzioni di un patrimonio culturale, Rom 1982.

Babeuf, Gracchus, Die Verschwörung für die Gleichheit. Rede über die Legitimität des Widerstands, hrsg. und eingeleitet von John Anthony Scott, mit Essays von Herbert Marcuse und Albert Soboul, Hamburg 1988.

Bahn, Peter, Regionalismus und nationale Befreiungsbewegungen in Europa, in: Junges Forum, Nr. 1/1986, S. 3–9.

Baumann, Bommi, Wie alles anfing, Neuausgabe, München 1982 (1975).

Benoist, Alain de, Aus rechter Sicht. Eine kritische Anthologie zeitgenössischer Ideen, 2 Bde., Tübingen/Buenos Aires/Montevideo 1983/84 (Original: Vu de Droite, Paris 1983).

Benoist, Alain de, Kulturrevolution von rechts. Gramsci und die Nouvelle Droite, Vorwort von Armin Mohler, Krefeld 1985.

Boock, Peter-Jürgen/Peter Schneider, Ratte – tot ... Ein Briefwechsel, 2. Aufl., Darmstadt/Neuwied 1985.

Boock, Peter-Jürgen, Abgang, Bornheim-Merten 1988.

Carrillo, Santiago, „Eurokommunismus“ und Staat, Hamburg/Berlin 1977 (Original: „Eurocomunismo“ y Estado, Madrid 1977).

Cohn-Bendit, Daniel und Gabriel, Linksradikalismus. Gewaltkur gegen die Alterskrankheit des Kommunismus, Reinbek bei Hamburg 1968.

Dickhut, Willi, Der staatsmonopolistische Kapitalismus in der BRD, 2 Bde., Stuttgart 1979.

Eichberg, Henning, Nationale Identität. Entfremdung und nationale Frage in der Industriegesellschaft, München/Wien 1978.

Ein rechtsradikaler Jugendlicher berichtet. „Ich heiße Gerald Wagener ...“. Vorwort von Horst Richter, Berlin 1981.

Erfahrungsbericht über die Beobachtungen der Ämter für Verfassungsschutz im Jahre 1968, hrsg. vom Bundesministerium des Innern, Bonn 1969.

Evola, Julius, Revolte gegen die moderne Welt, Übersetzung nach der 3., von letzter Hand verbesserten Ausgabe, Interlaken 1982 (Original: Rivolta contro il mondo moderno, Rom 1969).

Fanon, Frantz, Die Verdammten dieser Erde, Vorwort von Jean-Paul Sartre, Frankfurt a. M. 1966 (Original: Les damnés de la terre, Paris 1961).

Freyer, Hans, Revolution von rechts, Jena 1931.

Gespräch mit Peter Paul Zahl am Tag nach seiner Entlassung aus dem Gefängnis nach zehn Jahren Haft, Berlin 1983.

Gramsci, Antonio, Gli intellettuali e l'organizzazione della cultura, Turin 1949.

Graswurzelrevolution. Für eine gewaltfreie, herrschaftslose Gesellschaft, Nr. 64 – 4/82.

Hitler, Adolf, Mein Kampf, München 1930 (Original: Bd. 1 1925, Bd. 2 1927).

Informationsdienst „Innere Sicherheit“, hrsg. vom Bundesministerium des Innern, Erscheinungsweise: monatlich, Bonn.

Jünger, Ernst, In Stahlgewittern, Berlin 1920.

Jung, Edgar J., Die Herrschaft der Minderwertigen. Ihr Zerfall und ihre Ablösung, Berlin 1927.

Klaus, Georg/Manfred Buhr (Hrsg.), Marxistisch-leninistisches Wörterbuch der Philosophie, neubearbeitete und erweiterte Aufl., Reinbek bei Hamburg 1977 (1964).

Klein, Hans-Joachim, Rückkehr in die Menschlichkeit. Appell eines ausgestiegenen Terroristen, mit einem Nachwort von Daniel Cohn-Bendit, Reinbek bei Hamburg 1979.

Klein, Hans-Joachim, Irgendwo Januar 1985, in: Daniel Cohn-Bendit, Wir haben sie so geliebt, die Revolution, Frankfurt a. M. 1987, S. 157–167.

Krebs, Pierre (Hrsg.), Das unvergängliche Erbe. Alternativen zum Prinzip der Gleichheit, = Veröffentlichungen des THULE-SEMINARS e. V., Arbeitskreis für die Erforschung und das Studium der europäischen Kultur, Bd. 1, mit einem Vorwort von Hans Jürgen Eysenck, Tübingen 1981.

Kropotkin, Peter, Der Geist der Revolte (1880), Auszug, abgedruckt in: Walter Laqueur, Zeugnisse, S. 77 f.

Lenin, Wladimir Iljitsch, Was tun? Brennende Fragen unserer Bewegung, Berlin [Ost] 1977 (1902).

Lenin, Wladimir Iljitsch, Der „linke Radikalismus", die Kinderkrankheit im Kommunismus, 8. Aufl., Berlin [Ost] 1970 (1920).

Lenin, Wladimir Iljitsch, Ausgewählte Werke, Moskau 1985.

Le Pen, Jean-Marie, Les Français d'abord, Paris 1984.

Lespes, Olivier, Une Révolution dans le Royalisme, Paris 1985.

Luxemburg, Rosa, Politische Schriften, Bd. 1, 5. Aufl., Frankfurt a. M./Wien 1972.

Luxemburg, Rosa, Die Russische Revolution, Hamburg 1948 (1918).

Marcilly, Jean, Le Pen sans bandeau, Paris 1984.

Mandel, Ernest, Kritik des Eurokommunismus. Revolutionäre Alternative oder neue Etappe in der Krise des Stalinismus?, Berlin 1978.

Mandel, Ernest, Emanzipation, Wissenschaft und Politik bei Karl Marx, in: Flechtheim, Marx heute, S. 134–154.

Marx, Karl/Friedrich Engels, Ausgewählte Werke in 6 Bänden, Berlin [Ost] 1981 (1970), S. 561–506.

Maurras, Charles, Art. „Monarchie", in: Ders., Dictionnaire politique et critique, établi par les soins de Pierre Chardon, Bd. 3, Paris 1932, S. 85–97.

Maurras, Charles, Mes idées politiques, texte établi par Pierre Chardon, Paris 1937.

Moeller van den Bruck, Arthur, Das dritte Reich, 3. Aufl., Hamburg/Berlin/Leipzig 1931 (1923).

Mörig, Gernot (Hrsg.), Deutschlands junge Zukunft. Jugendliche antworten auf Fragen der Zeit, 2. Aufl., Kiel 1982.

Nechaev, Katechismus eines Revolutionärs (1869). Prinzipien von denen der Revolutionär sich leiten lassen soll, in: Laqueur, Zeugnisse, S. 56–59.

Negt, Oskar, Politik als Protest. Reden und Aufsätze zur antiautoritären Bewegung, Frankfurt a. M. 1971, S. 128–135.

Politisches Lexikon, hrsg. von der DN-Verlagsgesellschaft, Loseblattsammlung, Hannover 1966 ff.

Poujade, Pierre, A l'heure de la colère, Paris 1977.

Programm der Kommunistischen Partei Deutschlands/ Marxisten-Leninisten, 2. veränderte Aufl., Dortmund 1979.

Robbe, Martin, Verlockung der Gewalt. Linksradikalismus – Anarchismus – Terrorismus, Berlin [Ost] 1981.

Rosenberg, Alfred, Der Mythus des 20. Jahrhunderts. Eine Wertung der seelisch-geistigen Gestaltungskämpfe unserer Zeit, München 1930.

Schoeps, Hans-Joachim, Kommt die Monarchie? Wege zu neuer Ordnung im Massenzeitalter, Ulm 1953.

Schoeps, Hans-Joachim, Konservative Erneuerung. Ideen zur deutschen Politik, 2. Aufl., Berlin 1963 (1958).

Schoeps, Hans-Joachim, Deutschland droht die Anarchie, 11. Aufl., Mainz 1972.

Serge, Victor, Beruf: Revolutionär. Erinnerungen 1901–1927, Frankfurt a. M. 1967 (Original: Mémoires d'un révolutionnaire, Paris 1951).
Sorel, Georges, Über die Gewalt, Frankfurt a. M. 1969 (Original: Réflexions sur la violence, Paris 1906).
Stalin, Joseph, Fragen des Leninismus, Moskau 1938.
Stirner, Max, Der Einzige und sein Eigentum, neue Ausgabe, mit einer biographischen und erläuternden Einleitung von Dr. Anselm Ruest, Berlin 1924 (1845).
Tariq, Ali (Hrsg.), New Revolutionaries. Left Opposition, London 1969.
Trotzki, Leo, Die permanente Revolution, Berlin 1930.
Trotzki, Leo, Ma vie, Paris 1933.
Trotzki, Leo, Der Zusammenbruch des Terrorismus, in: Laqueur, Zeugnisse, S. 185–191.
Verfassungsschutzberichte, hrsg. vom Bundesministerium des Innern, Erscheinungsweise: jährlich, Bonn 1972 ff.
„Wir wollten alles und gleichzeitig nichts". Ex-Terrorist Volker Speitel über seine Erfahrungen in der westdeutschen Stadtguerilla, in: Der Spiegel, Nr. 31, 32, 33/1980, S. 36–49, 30–39, 30–36.

2. Literatur

Abendroth, Wolfgang/Helmut Ridder/Otto Schönfeldt (Hrsg.), KPD-Verbot oder mit Kommunisten leben?, Reinbek bei Hamburg 1968.
Abosch, Heinz, Trotzki und der Bolschewismus, Frankfurt a. M./Berlin/Wien 1984 (1975).
Acham, Karl, Philosophie der Sozialwissenschaften, Freiburg/München 1983.
Adorno, Theodor W., Studien zum autoritären Charakter (1950), 4. Aufl., Frankfurt a. M. 1982 (1973).
Ahlberg, René, Die politische Konzeption des Sozialistischen Deutschen Studentenbundes, in: APZG, B 20/1968, S. 3–31.
Alain, Eléments d'une doctrine radicale, Paris 1925.
Alba, Víctor, Historia del estalinismo, 1923/1953, Barcelona 1981.
Albert, Hans, Theorien in den Sozialwissenschaften, in: Ders. (Hrsg.), Theorie und Realität. Ausgewählte Aufsätze zur Wissenschaftslehre der Sozialwissenschaften, 2. veränderte Aufl., Tübingen 1972, S. 3–24.
Albert, Hans, Wertfreiheit als methodisches Prinzip. Zur Frage der Notwendigkeit einer normativen Sozialwissenschaft, in: Ernst Topitsch (Hrsg.), Logik der Sozialwissenschaften, 6. Aufl., Köln/Berlin 1970 (1965), S. 181–210.
Albert, Hans, Ethik und Meta-Ethik (1961), in: Ders./Ernst Topitsch (Hrsg.), Werturteilsfreiheit, 2. Aufl., Darmstadt 1979, S. 472–517.
Algazy, Joseph, La tentation néo-fasciste en France de 1944 à 1965, Paris 1984.
Allerbeck, Klaus R./Thomas A. Herz, Nationaldemokratische Partei Deutschlands. Zum Aufstieg und Fall einer rechtsextremen Partei, vervielfältigtes Manuskript, Köln 1972.
Almond, Gabriel A./G. Bingham Powell, Comparative Politics. Systems, Process and Policy, 2. überarbeitete Aufl., Boston 1978.
Almond, Gabriel A./Sidney Verba (Hrsg.), The Civic Culture Revisited, Boston/Toronto 1980.
Alt, Franz, Frieden ist möglich. Die Politik der Bergpredigt, 13. Aufl., München/Zürich 1983.
Altgeld, Wolfgang, Volk, Rasse, Raum. Völkisches Denken und radikaler Nationalismus im Vorfeld des Nationalsozialismus, in: Rudolf Lill/Heinrich Oberreuter (Hrsg.), Machtverfall und Machtergreifung. Aufstieg und Herrschaft des Nationalsozialismus, München 1983, S. 95–119.
Anweiler, Oskar, Die Rätebewegung 1905–1921, Leiden 1958.
Anweiler, Oskar, Der revolutionsgeschichtliche Zusammenhang des Räteproblems, in: Probleme der Demokratie, S. 56–69.
Arendt, Hannah, Elemente und Ursprünge totaler Herrschaft, I. Antisemitismus, II. Imperialis-

mus, III. Totale Herrschaft, München/Zürich 1986 (Original: The Origins of Totalitarianism, New York 1951).

Aristoteles, Politik, übersetzt und hrsg. von Olof Gigon, 6. Aufl., München 1986 (1973).

Arndt, Hans-Joachim, Die Besiegten von 1945. Versuch einer Politologie für Deutsche samt Würdigung der Politikwissenschaft in der Bundesrepublik Deutschland, Berlin 1978.

Arnim, Hans Herbert von, Zur normativen Politikwissenschaft. Versuch einer Rehabilitierung, in: Der Staat 26 (1987), S. 477–496.

Aron, Raymond, Demokratie und Totalitarismus, Hamburg 1970 (Original: Démocratie et totalitarisme, Paris 1965).

Aron, Raymond, Opium für Intellektuelle oder: Die Sucht nach Weltanschauung, Köln/Berlin 1957.

Arvon, Henri, Le gauchisme, Paris 1974.

Aust, Stefan, Der Baader-Meinhof-Komplex, Hamburg 1985.

Ayer, Alfred Jules, Die Hauptfragen der Philosophie, München 1976 (Original: The Central Questions of Philosophy, London 1973).

Azzola, Axel/Jürgen Crössmann, 30 Jahre Verbot der KPD, in: Demokratie und Recht 14 (1986), S. 266–282.

Bacia, Jürgen, Kommunistische Partei Deutschlands/Marxisten-Leninisten, in: Stöss, Parteien-Handbuch, S. 1831–1851.

Backes, Uwe, Rechtsextremismus in westlichen Demokratien. Bundesrepublik Deutschland, Frankreich, Großbritannien, Italien, vergleichende Studien, in: Wolfgang Michalka (Hrsg.), Extremismus und streitbare Demokratie, = NPL-Beiheft 4/1987, Stuttgart 1987, S. 71–128.

Backes, Uwe/ Karl-Heinz Janßen/Eckhard Jesse/Henning Köhler/Hans Mommsen/Fritz Tobias, Reichstagsbrand – Aufklärung einer historischen Legende, mit einem Vorwort von Louis de Jong, München/Zürich 1986.

Backes, Uwe/Eckhard Jesse, Demokratie und Extremismus. Anmerkungen zu einem antithetischen Begriffspaar, in: APZG, B 44/1983, S. 3–18.

Backes, Uwe/Eckhard Jesse, Totalitarismus – Extremismus – Terrorismus. Ein Literaturführer und Wegweiser im Lichte deutscher Erfahrung, 2. aktualisierte und erweiterte Aufl., Opladen 1985 (1984).

Backes, Uwe/Eckhard Jesse, Extremismusforschung – ein Stiefkind der Politikwissenschaft, in: Wolfgang Michalka (Hrsg.), Extremismus und streitbare Demokratie, = NPL-Beiheft 4/1987, Stuttgart 1987, S. 9–28.

Backes, Uwe/Eckhard Jesse, Politischer Extremismus in der Bundesrepublik Deutschland, Bd. 1: Literatur, Bd. 2: Analyse, Bd. 3: Dokumentation, Köln 1989.

Badinter, Robert u. a., Vous avez dit fascismes?, Paris 1984.

Bärwald, Helmut, Deutsche Kommunistische Partei. Die kommunistische Bündnispolitik in Deutschland, Köln 1970.

Baeyer-Katte, Wanda von/Dieter Claessens/Hubert Feger/Friedhelm Neidhardt, Gruppenprozesse, = Analysen zum Terrorismus 3, hrsg. vom Bundesministerium des Innern, Opladen 1982.

Bahne, Siegfried, Der „Trotzkismus" in Geschichte und Gegenwart, in: VHfZG 15 (1967), S. 56–86.

Baier, Lothar, Französische Zustände. Berichte und Essays, Frankfurt a. M. 1985.

Baker, Blake, The Far Left. An Exposé of the Extreme Left in Britain, London 1981.

Bamberger, Ludwig, National, in: Ders., Gesammelte Schriften, Bd. 5, Berlin 1897.

Barth, Hans, Masse und Mythos. Die ideologische Krise an der Wende zum 20. Jahrhundert und die Theorie der Gewalt: Georges Sorel, Hamburg 1959.

Barth, Hans, Wahrheit und Ideologie, Frankfurt a. M. 1974 (1945).

Bartol, Gerda, Ideologie und studentischer Protest. Untersuchungen zur Entstehung deutscher Studentenbewegungen im 19. und 20. Jahrhundert, München 1977.

Bartsch, Günter, Anarchismus in Deutschland, 3 Bde., Hannover 1972/73.

Bartsch, Günter, Revolution von rechts? Ideologie und Organisation der Neuen Rechten, Freiburg im Breisgau 1975.

Bartsch, Günter, Zu Begriff und Typologie des Anarchismus, in: PVS 16 (1975), S. 429–431.
Bartsch, Günter, Trotzkismus als eigentlicher Sowjetkommunismus? Die IV. Internationale und ihre Konkurrenzverbände, Berlin/Bonn-Bad Godesberg 1977.
Bartsch, Günter, Die Nationalrevolutionäre. Zur Situation einer fast unbekannten politischen Bewegung, in: Neue Politik 22 (1977), H. 5, S. 22–25.
Bartsch, Günter, Vom Pazifismus zur gewaltfreien Grawurzelbewegung, in: Becker/Schreiner, S. 245–258.
Bartsch, Günter, Entwicklung und Organisation des deutschen Anarchismus von 1945 bis zur Gegenwart. Ein Überblick, in: Funke, Extremismus, S. 147–163.
Bartsch, Günter, Die Nationalrevolutionäre – heute, in: Criticón 14 (1984), Nr. 81, S. 32 f.
Battmer, Gerd/Werner Rischmüller/Gerhard Voigt, Faschismus in Deutschland und Neonazismus oder: Warum die „Holocaust"-Diskussion nicht ausreicht. Untersuchungseinheiten und Materialien für die Sekundarstufe I und II. „Neonazismus-Projekt" des Verbandes der Politiklehrer: Ergebnisse I, Hannover 1979.
Bauer, Wolfram, Wertrelativismus und Wertbestimmtheit im Kampf um die Weimarer Demokratie. Zur Politologie des Methodenstreites der Staatsrechtslehrer, Berlin 1968.
Bauß, Gerhard, Die Studentenbewegung der sechziger Jahre in der Bundesrepublik und Westberlin. Handbuch, Köln 1977.
Beck, Ulrich/Elisabeth Gernsheim, Zu einer Theorie der Studentenunruhen in fortgeschrittenen Industriegesellschaften, in: KZfSS 23 (1971), S. 439–477.
Becker, Kurt E./Hans-Peter Schreiner (Hrsg.), Anti-Politik. Terrorismus – Gewalt – Gegengewalt, Hannover 1979.
Becker, Jean-Jacques, Gustave Hervé. Vom revolutionären Syndikalismus zum Neobonapartismus, in: Marieluise Christadler (Hrsg.), Die geteilte Utopie. Sozialisten in Frankreich und Deutschland. Biographische Vergleiche zur politischen Kultur, Opladen 1985, S. 109–119.
Becker, Jillian, Hitlers Kinder? Der Baader-Meinhof-Terrorismus, Frankfurt a. M. 1978 (Original: Hitler's Children. The Story of the Baader-Meinhof Gang, New York 1977).
Becker, Werner, Die Freiheit, die wir meinen. Entscheidung für die liberale Demokratie, 2. Aufl., München/Zürich 1984 (1982).
Bell, Daniel, The End of Ideology. On the Exhaustion of Political Ideas in the Fiftieth, New York/London 1962.
Bell, Daniel (Hrsg.), The Radical Right, New York 1963.
Belligni, Silvano, Art. „Estremismo", in: Bobbio/Matteucci/Pasquino, S. 380–382.
Benewick, Robert, The Fascist Movement in Britain, revised edition, London 1972, S. 44–47.
Benz, Wolfgang (Hrsg.), Rechtsextremismus in der Bundesrepublik. Voraussetzungen, Zusammenhänge, Wirkungen, erweiterte Fortschreibung, Frankfurt a. M. 1984 (1980).
Bergsdorf, Wolfgang, Politik und Sprache, München 1978.
Bericht im Namen des Untersuchungsausschusses „Wiederaufleben des Faschismus und Rassismus in Europa" über die Ergebnisse der Arbeiten des Untersuchungsausschusses, Berichterstatter: Herr Dimitrios Evrigenis, = Europäisches Parlament: Sitzungsdokumente, 23. Januar 1985, Serie A, Dokument A 2-160/85/rev. + Anlagen I, II, III.
Berkman, Alexander, ABC des Anarchismus (1929), hrsg. von August Behrens jr., Berlin, o. J.
Bermbach, Udo, Rätesysteme als Alternative? Zum Repräsentationscharakter direktdemokratischer Organisationsprinzipien, in: Probleme der Demokratie, S. 110–138.
Bernecker, Walther L., Anarchismus und Bürgerkrieg. Zur Geschichte der sozialen Revolution in Spanien 1936–1939, Hamburg 1978.
Berner, Wolfgang, Italiens APO. Außer- und antiparlamentarische Gruppen der italienischen Linken und Ultralinken, = Berichte des Bundesinstituts für ostwissenschaftliche und internationale Studien, Nr. 10, Köln 1973.
Bernstein, Eduard, Wesen und Aussichten des bürgerlichen Radikalismus, München/Leipzig 1915.
Bertini, Bruno/Paolo Franchi/Ugo Spagnoli, Estremismo – terrorismo – ordine democratico, Rom 1978.

Besançon, Alain, Les origines intellectuelles du léninisme, Paris 1977.
Bettiza, Enzo, O comunismo europeo. O mito do eurocomunismo, Lissabon 1979 (Original: Il comunismo europeo, Mailand 1978).
Beyme, Klaus von, Die politischen Theorien der Gegenwart. Eine Einführung, 4. überarbeitete und ergänzte Aufl., München 1980.
Beyme, Klaus von, Parteien in westlichen Demokratien, München 1982.
Beyme, Klaus von, Die deutsche Politikwissenschaft im internationalen Vergleich, in: Ders. (Hrsg.), Politikwissenschaft in der Bundesrepublik Deutschland. Entwicklungsprobleme einer Disziplin, = PVS-Sonderheft 17/1986, Opladen 1986, S. 12–26.
Beyme, Klaus von (Hrsg.), Right-Wing Extremism in Western Europe, = West European Politics, Bd. 11, London 1988.
Bialer, Seweryn/Sophia Sluzar (Hrsg.), Radicalism in the Contemporary Age, 3 Bde., Boulder/Col. 1977.
Biard, Roland, Dictionnaire de l'extrême-gauche de 1945 à nos jours, Paris 1978.
Biard, Roland, Histoire du mouvement anarchiste 1945–1975, Paris 1976.
Bieberstein, Johannes Rogalla von, Plutosophen, Freimaurer, Juden, Liberale und Sozialisten als Verschwörer gegen die Sozialordnung, Bern 1976.
Bieberstein, Johannes Rogalla von, Die These von der jüdisch-freimaurerischen Weltverschwörung 1776–1945, in: APZG, B 25/1977, S. 30–46.
Biemann, Georg/Joachim Krischka (Hrsg.), Nazis, Skins und alte Kameraden, Dortmund 1986.
Billig, Michael, Fascists. A Social Psychological View of the National Front, London/New York 1978.
Billig, Michael, Die Rassistische Internationale. Zur Renaissance der Rassenlehre in der modernen Psychologie, mit einem Vorwort von Lothar Baier, Frankfurt a. M. 1981 (Original: Psychology, Racism and Fascism, Birmingham 1979).
Bittner, Egon, Art. „Radicalism", in: David L. Sills (Hrsg.), International Encyclopedia of the Social Sciences, Bd. 13, 2. Aufl., New York/London 1972, S. 294–300.
Blackmer, Donald/Sidney Tarrow (Hrsg.), Communism in Italy and France, Princeton/London 1975.
Blakemore, Harold, Art. „Radical Pary (Chile)", in: Encyclopedia of Latin America, hrsg. von Helen Delpar, New York u. a. 1974, S. 514.
Blasche, Siegfried, Bakunin, in: Jürgen Mittelstraß (Hrsg.), Enzyklopädie Philosophie und Wissenschaftstheorie, Bd. 1: A–G, Mannheim/Wien/Zürich 1980, S. 249.
Bloch, Ernst, Zur Originalgeschichte des Dritten Reiches (1935), in: Neusüss, Utopie, S. 193–218.
Blondel, Jean, An Introduction to Comparative Government, London 1969.
Bluche, Frédéric, Le bonapartisme. Aux origines de la droite autoritaire (1800–1850), Paris 1980.
Blumenberg, Werner, Karl Marx in Selbstzeugnissen und Bilddokumenten, Reinbek bei Hamburg 1962.
Bobbio, Norberto/Nicola Matteucci/Gianfranco Pasquino (Hrsg.), Dizionario di politica, 2. edizione interamente riveduta e ampliata, Turin 1983.
Bobbio, Norberto, L'ideologia del fascismo (1975), in: Constanzo Casucci (Hrsg.), Interpretazioni del fascismo, Bologna 1982, S. 598–624.
Boca, Angelo del/Mario Giovana, Fascism Today. A World Survey, London 1970 (Original: I figli del sole, Mailand 1965).
Bocca, Giorgio, Palmiro Togliatti, Rom/Bari 1973.
Bock, Hans Manfred, Syndikalismus und Linkskommunismus von 1918–1923. Zur Geschichte und Soziologie der Freien Arbeiter-Union Deutschlands (Syndikalisten), der Allgemeinen Arbeiter-Union Deutschlands und der Kommunistischen Arbeiter-Partei Deutschlands, Meisenheim am Glan 1969.
Bock, Hans Manfred, Geschichte des „linken Radikalismus" in Deutschland. Ein Versuch, Frankfurt a. M. 1976.

Bockemühl, Christian, 25 Jahre nach dem KPD-Urteil. Historische und aktuelle Überlegungen, in: APZG, B 46/1981, S. 3–12.
Böckenförde, Ernst Wolfgang, Entstehung und Wandel des Rechtsstaatsbegriffs (1969), in: Ders., Staat, Gesellschaft, Freiheit, Frankfurt a. M. 1976, S. 65–92.
Boggs, Carl/David Plotke (Hrsg.), The Politics of Eurocommunism. Socialism in Transition, London/Basingstoke 1980.
Bolle, Fritz, Darwinismus und Zeitgeist, in: Hans Joachim Schoeps (Hrsg.), Zeitgeist im Wandel, Bd. 1: Das Wilhelminische Zeitalter, Stuttgart 1967, S. 235–287.
Bollmus, Reinhard, Das Amt Rosenberg und seine Gegner, Stuttgart 1970.
Bonomi, Giorgio, Partito e rivoluzione in Gramsci, Mailand 1973.
Bookchin, Murray, Los Anarquistas Españoles. Los Años Heroïcos (1868–1936), Barcelona/ Buenos Aires/Mexiko 1980 (Original: The Spanish Anarchists. The Heroic Years 1868–1936, New York 1977).
Boor, Wolfgang de, Terrorismus: Der „Wahn" der Gesunden, in: Hans-Dieter Schwind (Hrsg.), Ursachen des Terrorismus in der Bundesrepublik Deutschland, Berlin/New York 1978, S. 122–153.
Borghini, Gianfranco, Estremismo e classe operaia, in: Critica Marxista 13 (1975), Nr. 2–3, S. 71–89.
Borne, Dominique, Petits bourgeois en révolte? Le Mouvement Poujade, Paris 1977.
Borries, Achim von/Ingeborg Brandies, Anarchismus – Theorie, Kritik, Utopie, Frankfurt a. M. 1970.
Bosch, Michael (Hrsg.), Antisemitismus. Nationalsozialismus und Neonazismus, Düsseldorf 1979.
Bosl, Karl (Hrsg.), Bayern im Umbruch. Die Revolution von 1918. Ihre Voraussetzung, ihr Verlauf und ihre Folgen, München 1969.
Bott, Hermann, Die Volksfeind-Ideologie. Zur Kritik rechtsradikaler Propaganda, Stuttgart 1969.
Boveri, Margret, Der Verrat im 20. Jahrhundert, Bd. 3: Zwischen den Ideologien, Reinbek bei Hamburg 1957, besonders S. 102–111.
Bracher, Karl Dietrich/Ernst Fraenkel (Hrsg.), Staat und Politik, Neuausgabe, Frankfurt a. M. 1978 (1957).
Bracher, Karl Dietrich, Art. „Diktatur", in: Fraenkel/Bracher, S. 79–82.
Bracher, Karl Dietrich, Art. „Nationalismus", in: Fraenkel/Bracher, S. 210–217.
Bracher, Karl Dietrich, Art. „Nationalstaat", in: Fraenkel/Bracher, S. 210–217.
Bracher, Karl Dietrich, Die Auflösung der Weimarer Republik. Eine Studie zum Problem des Machtverfalls in der Demokratie, unveränderter, mit einem Vorwort versehener Nachdruck der 5. Aufl. (1971), Königstein/Ts.–Düsseldorf 1978 (1955).
Bracher, Karl Dietrich, Rechtsextremismus in der zweiten Demokratie, in: Ders., Die deutsche Diktatur. Entstehung, Struktur, Folgen des Nationalsozialismus, 6. Aufl., Frankfurt a. M./ Berlin/Wien 1979 (1969), S. 509–520.
Bracher, Karl Dietrich, Schlüsselwörter in der Geschichte, Düsseldorf 1978.
Bracher, Karl Dietrich, Der umstrittene Totalitarismus: Erfahrung und Aktualität, in: Funke, Totalitarismus, S. 81–101.
Bracher, Karl Dietrich, Geschichte und Gewalt. Zur Politik im 20. Jahrhundert, Berlin 1981.
Bracher, Karl Dietrich, Streit um politische Begriffe und Erfahrungen: Totalitarismus- und Faschismusforschung in der Bundesrepublik Deutschland, in: Entwicklungslinien der Politikwissenschaft in der Bundesrepublik Deutschland, = Forschungsbericht 17, hrsg. im Auftrag der Konrad-Adenauer-Stiftung von Hans Rühle und Hans-Joachim Veen, St. Augustin 1982, S. 139–145.
Bracher, Karl Dietrich, Zeit der Ideologien. Eine Geschichte politischen Denkens im 20. Jahrhundert, Stuttgart 1982.
Bracher, Karl Dietrich, Zeitgeschichtliche Kontroversen. Um Faschismus, Totalitarismus, Demokratie, 5. veränderte und erweiterte Aufl., München/Zürich 1984.

Bracher, Karl Dietrich, Politische Institutionen in Krisenzeiten, in: VHfZG 33 (1985), S. 1–27.
Bracher, Karl Dietrich, Die totalitäre Erfahrung, München 1987.
Bracher, Karl Dietrich, Die Aktualität des Totalitarismusbegriffes, in: Löw, Totalitarismus, S. 19–27.
Brake, Mike, Soziologie der jugendlichen Subkulturen. Eine Einführung, Frankfurt a. M./New York 1981 (Original: The Sociology of Youth Culture and Youth Subcultures, London 1980).
Brandt, Heinz, Und Marx hat doch recht, in: Flechtheim, Marx heute, S. 47–62.
Brandt, Peter/Ulrich Schulze-Marmeling (Hrsg.), Antifaschismus. Ein Lesebuch. Deutsche Stimmen gegen Nationalsozialismus und Rechtsextremismus von 1922 bis zur Gegenwart, Berlin 1985.
Braunthal, Julius, Geschichte der Internationale, 3 Bde., 3. Aufl., Berlin/Bonn 1978.
Bravo, Gian Mario, Sull'estremismo contemporaneo, in: Critica Marxista 10 (1972), Nr. 2–3, S. 262–290.
Bravo, Gian Mario, Critica dell'estremismo. Gli uomini, le correnti, le idee del radicalismo di sinistra, Mailand 1977, S. 11.
Bravo, Gian Mario, L'estremismo in Italia, Rom 1982.
Bredow, Wilfried von, Extremismus und politische Tabus, in: Liberal 21 (1979), S. 907–919.
Bredow, Wilfried von, Friedensbewegung und Deutschlandpolitik. Herkömmliche und neuartige Aspekte einer Themenverfälschung, in: APZG, B 46/1983, S. 34–46.
Bredow, Wilfried von, Sozialer Protest und Friedensbewegung in Westeuropa. Ein Gemisch von Idealisten, Weltverbesserern und Realpolitikern, in: BzK 15 (1985), H. 4, S. 35–50.
Breitling, Rupert, Zur Renaissance des Demokratiebegriffs im 18. Jahrhundert, in: Haungs, Res Publica, S. 37–52.
Brenan, Gerald, Die Geschichte Spaniens. Über die sozialen und politischen Hintergründe des Spanischen Bürgerkrieges, Berlin 1978 (Original: The Spanish Labyrinth. An Account of the Social and Political Background of the Civil War, Cambridge 1950).
Brinton, Crane, Die Revolution und ihre Gesetze, Frankfurt a. M. 1959 (Original: The Anatomy of Revolution, New York 1951).
Broszat, Martin, Die völkische Ideologie und der Nationalsozialismus, in: Deutsche Rundschau 84 (1958), S. 53–68.
Broué, Pierre, L'assassinat de Trotzky, Brüssel 1980.
Brückner, Peter, Ulrike Meinhof und die deutschen Verhältnisse, Berlin 1982.
Brüdigam, Heinz, Der Schoß ist fruchtbar noch. Neonazistische, militaristische, nationalistische Literatur und Publizistik in der Bundesrepublik, 2. neubearbeitete Aufl., Frankfurt a. M. 1965.
Brüning, Heinrich, Memoiren 1918–1934, Stuttgart 1970.
Brünneck, Alexander von, Politik und Verfolgung der KPD seit 1948, in: Die Linke im Rechtsstaat, Bd. 1: Bedingungen sozialistischer Politik 1945–1965, Berlin 1976, S. 211–235.
Brünneck, Alexander von, Politische Justiz gegen Kommunisten in der Bundesrepublik Deutschland 1949–1968, Frankfurt a. M. 1978.
Brugger, Winfried, Menschenrechtsethos und Verantwortungspolitik. Max Webers Beitrag zur Analyse und Begründung der Menschenrechte, Freiburg/München 1980.
Brunn, Gerhard, Gewalt und Terror im Nationalismus der spanischen Grenzprovinzen: die ETA, in: Mommsen/Hirschfeld, S. 135–161.
Brunn, Julien, La Nouvelle Droite. Le dossier du procès, Paris 1979.
Brunner, Georg, Vergleichende Regierungslehre. Ein Studienbuch, Bd. 1, Paderborn u. a. 1979.
Buchez, Philippe/Pierre Roux-Lavergne, Histoire parlementaire de la Révolution française. Journal des assemblées nationales depuis 1789 jusqu'en 1815, Paris 1834.
Buchstab, Günter, Brigitte Kaff/Hans-Otto Kleinmann (Hrsg.), Keine Stimme dem Radikalismus. Christliche, liberale und konservative Parteien in den Wahlen 1930–1933, Berlin 1984.
Buchstein, Hubertus/Gerhard Göhler, In der Kontinuität einer „braunen" Politikwissenschaft? – empirische Befunde und Forschungsdesiderate, in: PVS 27 (1986), S. 330–340.

Buonarotti, Philippe, Babeuf und die Verschwörung für die Gleichheit, mit dem durch sie veranlaßten Prozeß und den Belegstücken (1828), übersetzt und eingeleitet von Anna und Wilhelm Blos, Nachdruck der ersten deutschen Ausgabe, 20. Aufl., Berlin/Bonn–Bad Godesberg 1978.
Burke, Edmund, Betrachtungen über die französische Revolution, Frankfurt a. M. 1967 (1793).
Buse, Michael, Die neue spanische Demokratie: Parteiensystem und Wählerorientierung 1976 bis 1984, Baden-Baden 1985.
Bußhoff, Heinrich, Politikwissenschaftliche Theoriebildung, Grundlagen und Verfahrensweisen, Köln/Wien 1984.
Byrnes, Robert F., Morès, „The First National Socialist", in: The Review of Politics 12 (1950), S. 341–362.
Calic, Edouard, Ohne Maske. Hitler–Breiting Geheimgespräche 1931, Frankfurt a. M. 1968.
Calvi, Gabriele/Massimo Martini (Hrsg.), L'estremismo politico. Ricerche psicologiche sul terrorismo e sugli atteggiamenti radicali, Mailand 1982.
Carlson, Andrew R., Anarchism in Germany, Bd. 1: The Early Movement, Metuchen/N. J. 1972, S. 53–76.
Carlyle, A. J./R. W. Carlyle, A History of Mediaeval Political Theory in the West, Bd. 6: Political Theory from 1300–1600, 4. Aufl., Edinburgh/London 1970 (1936)
Carr, Edward Hallett, The Bolshevik Revolution 1917–1923, 3 Bde., London 1950–1953.
Carter, April, Die politische Theorie des Anarchismus, Berlin 1979 (Original: The Political Theory of Anarchism, London 1971).
Caruel, Jean, Biologie et démocratie, in: Humanisme, März 1981, Nr. 140, S. 11–16.
Cecchi, Amos/Fabio Mussi, L'estremismo nella scuola, in: Critica Marxista 13 (1975), Nr. 2–3, S. 91–113.
Chairoff, Patrice, Dossier néo-nazisme, Paris 1977.
Chandon, Jean-Louis/Suzanne Pinson, Analyse typologique. Théories et applications, Paris/New York/Barcelona/Mailand 1981.
Charlot, Monica, L'émergence du Front National, in: RFSP 36 (1986), S. 30–45.
Chaussy, Ulrich, Oktoberfest. Ein Attentat, Darmstadt/Neuwied 1985.
Childs, David (Hrsg.), The Changing Faces of Western Communism, London 1980.
Chiroux, René, Contribution à l'étude de l'extrême-droite française, in: Annales de la Faculté de Droit et de Science Politique 10 (1973), S. 3–367.
Christadler, Marieluise, Die „Nouvelle Droite" in Frankreich, in: Fetscher, Neokonservative, S. 163–215.
Claessens, Dieter, Die Gruppe unter innerem und äußerem Organisationsdruck, in: Friedhelm Neidhardt (Hrsg.), Gruppensoziologie. Perspektiven und Materialien, Opladen 1983, S. 484–496.
Claudín, Fernando, Die Zukunft des Eurokommunismus, Berlin 1978 (Original: Eurocomunismo y Socialismo, Madrid 1977).
Cohn, Norman, Das Ringen um das Tausendjährige Reich. Revolutionärer Messianismus im Mittelalter und sein Fortleben in den modernen totalitären Bewegungen, Bern/München 1961 (Original: The Pursuit of the Millennium, London 1957).
Cohn, Norman, Die Protokolle der Weisen von Zion. Der Mythos von der jüdischen Weltverschwörung, Köln/Berlin 1969.
Cohn-Bendit, Daniel und Gabriel, Linksradikalismus. Gewaltkur gegen die Alterskrankheit des Kommunismus, Reinbek bei Hamburg 1968.
Conrad-Martius, Hedwig, Utopien der Menschenzüchtung. Der Sozialdarwinismus und seine Folgen, München 1955.
Conradt, David P., Changing German Political Culture, in: Almond/Verba, The Civic Culture Revisited, S. 212–272.
Conradt, David P., The German Polity, 3. Aufl., New York/London 1986.
Cornuault, Fanny, La France des sectes, Paris 1978.
Cossutta, Sovversivismo delle classi dominanti ed estremismo, in: Critica Marxista 10 (1972), Nr. 1, S. 3–16.

Coston, Henry, Dictionnaire de la politique française, Paris 1967.
Cropsey, Joseph, Radicalism and its Roots, in: Public Policy 18 (1970), S. 301–319.
Dähn, Horst, Rätedemokratische Modelle. Studien zur Rätediskussion in Deutschland 1918–1919, Meisenheim am Glan 1975.
Dahl, Robert A., Die politische Analyse, München 1973 (Original: Modern Political Analysis, Englewood Cliffs/N. J. 1963).
DDR Handbuch, wissenschaftliche Leitung: Peter Christian Ludz, hrsg. vom Bundesministerium für innerdeutsche Beziehungen, 2. Aufl., Köln 1979 (1975).
Defrasne, Jean, La gauche en France de 1789 à nos jours, 3. Aufl., Paris 1983 (1973).
Degenhardt, Henry W., Political Dissent. An International Guide to Dissident, Extra-Parliamentary, Guerilla and Illegal Political Movements, Harlow/Essex 1983.
Delarue, Jacques, Les nazis sont parmi nous, Paris 1968.
Deuerlein, Ernst, Der Freistaat Bayern zwischen Räteherrschaft und Hitler-Putsch, in: APZG, B 44/1964, S. 17–33.
Deutscher, Isaac, Trotzki, 3 Bde., Frankfurt a. M. 1967.
Diehl, Karl, Über Sozialismus, Kommunismus und Anarchismus. Zwanzig Vorlesungen, 2. vermehrte Aufl., Jena 1911 (1905).
Diehl-Thiele, Peter, Partei und Staat im Dritten Reich. Untersuchungen zum Verhältnis von NSDAP und allgemeiner innerer Staatsverwaltung 1933–1945, München 1969.
Dietz, Heinrich, Faszination der Revolte. Jugend und ewiges Jakobinertum, Stuttgart 1970.
Dix, Robert H., Populism: Authoritarian and Democratic, in: Latin American Research Review 20 (1985), H. 2, S. 29–52.
Dohse, Rainer, Der Dritte Weg. Neutralitätsbestrebungen in Westdeutschland zwischen 1945 und 1955, Hamburg 1974.
Domes, Jürgen, Politische Landeskunde der Volksrepublik China, Berlin 1982.
Douglas, Allen, „La Nouvelle Droite“: G.R.E.C.E. and the Revival of Radical Rightist Thought in Contemporary France, in: The Tocqueville Review 6 (1984), S. 361–387.
Drath, Martin, Totalitarismus in der Volksdemokratie (1958), in: Seidel/Jenkner, S. 310–358.
Dreier, Ralf, Recht – Moral – Ideologie. Studien zur Rechtstheorie, Frankfurt a. M. 1981.
Dreier, Ralf, Widerstandsrecht im Rechtsstaat? Bemerkungen zum zivilen Ungehorsam, in: Recht und Staat im sozialen Wandel. Festschrift für Ulrich Scupin, Berlin 1983, S. 573–599.
Droz, Jacques, Der Nationalismus der Linken und der Nationalismus der Rechten in Frankreich (1971–1914), in: HZ 210 (1970), S. 1–13.
Dudek, Peter (Hrsg.), Hakenkreuz und Judenwitz. Antifaschistische Jugendarbeit in der Schule, Bensheim 1980.
Dudek, Peter, Nationalromantischer Populismus als Zivilisationskritik. Eine Antwort an Henning Eichberg, in: Wolf Schäfer (Hrsg.), Neue soziale Bewegungen: Konservativer Aufbruch in buntem Gewand? Arbeitspapiere einer Diskussionsrunde, Frankfurt a. M. 1983, S. 27–36.
Dudek, Peter, Jugendliche Rechtsextremisten. Zwischen Hakenkreuz und Odalsrune. 1945 bis heute, Köln 1985.
Dudek, Peter, Konzepte und Strategien staatlicher Rechtsextremismusbekämpfung, in: Widersprüche, 1985, H. 16, S. 65–73.
Dudek, Peter/Hans-Gerd Jaschke, Die Deutsche National-Zeitung. Inhalte – Geschichte – Aktionen, München 1981.
Dudek, Peter/Hans-Gerd Jaschke, Revolte von Rechts. Anatomie einer neuen Jugendpresse, Frankfurt a. M./New York 1981.
Dudek, Peter/Hans-Gerd Jaschke, Jugend rechtsaußen. Analysen, Essays, Kritik, Bensheim 1982.
Dudek, Peter/Hans-Gerd Jaschke, Entstehung und Entwicklung des Rechtsextremismus in der Bundesrepublik. Zur Tradition einer besonderen politischen Kultur, 2 Bde., Opladen 1984.
Duhamel, Olivier/Jean-Luc Parodi, Le PC à l'épreuve de l'exercice du pouvoir, in: Pouvoirs 32 (1985), S. 153–164.

Dumont, Serge, Les brigades noires. L'extrême-droite en France et en Belgique francophone de 1944 à nos jours, Brüssel 1983.
Dupeux, Louis, „Nationalbolschewismus" in Deutschland 1919–1933. Kommunistische Strategie und konservative Dynamik, München 1985 (Original: Stratégie communiste et dynamique conservatrice. Essai sur les différents sens de l'expression „Nationalbolchevisme" en Allemagne sous la République de Weimar, Paris 1976).
Dutschke, Rudi, Versuch, Lenin auf die Füße zu stellen. Über den halbasiatischen und den westeuropäischen Weg zum Sozialismus, Berlin 1974.
Duverger, Maurice, Institutions politiques et droit constitutionnel, 7. Aufl., Paris 1963 (1953).
Duverger, Maurice, Institutions politiques et droit constitutionnel, Bd. 1: Les grandes systèmes politiques, 15. erweiterte Aufl., Paris 1978 (1953).
Ebels-Dolanová, Vera (Hrsg.), The Extreme Right in Europe and the United States, Amsterdam 1985.
Eichler, Willi, Einheit vor Freiheit im Programm der NPD, in: APZG, B 15/1969, S. 3–13.
Eisenberg, Dennis, Fascistes et nazis d'aujourd'hui, Paris 1963.
Elleinstein, Jean, Geschichte des Stalinismus, 2. Aufl. Hamburg/Berlin 1977.
Epstein, Klaus, Die Ursprünge des Konservativismus in Deutschland, Frankfurt a. M./Berlin/Wien 1973 (Original: The Genesis of German Conservatism, Princeton/N. J. 1966).
Epstein, Simon, L'antisémitisme français aujourd'hui et demain, Paris 1984.
Erbe, Michael, Geschichte Frankreichs von der Großen Revolution bis zur Dritten Republik 1789–1884, Stuttgart/Berlin/Köln/Mainz 1982.
Erdmann, Karl Dietrich, Der Begriff der Freiheit in der Französischen Revolution. Von der „Déclaration des droits de l'homme" zum „Despotisme de la liberté", in: GWU 32 (1981), S. 455–468.
Eschenburg, Theodor, Die Republik von Weimar. Beiträge zur Geschichte einer improvisierten Demokratie, überarbeitete Neuausgabe, München/Zürich 1984.
Étienne, Jean-Michel, Le mouvement rexiste jusqu'en 1940, Paris 1968.
Evangelische Jugendakademie Radevormwald (Hrsg.), Rechtsextremismus unter Jugendlichen. Möglichkeiten antifaschistischer Jugendarbeit. Eine Dokumentation für die Jugendarbeit, Radevormwald 1980.
Extrem und gemäßigt, besprochen von einem bayerischen Veteranen, Würzburg 1877.
Art. „Extrémisme", in: Compère-Morel, Grand Dictionnaire Socialiste du Mouvement Politique et Economique National et International, Paris 1924, S. 276–279.
Art. „extrémisme", in: Trésor de la Langue Française. Dictionnaire de la Langue du XIXe et du XXe siècle (1789–1960), 8 Bde., Paris 1980, S. 536.
Art. „Extremist", in: A Dictionary of American English, Bd. 2, London 1960, S. 915.
Art. „extremist", in: A Supplement to the Oxford English Dictionary, Bd. 1, Oxford 1972, S. 1006.
Extremistische Medien. Pädagogische und juristische Auseinandersetzungen am Beispiel des Rechtsextremismus, Bonn 1984.
Eysenck, Hans Jürgen, The Psychology of Politics, 5. Aufl., London 1968 (1954).
Eysenck, Hans Jürgen, Die Ungleichheit der Menschen, München 1975 (Original: The Inequality of Man, London 1973).
Falter, Jürgen W., Wählerwanderungen vom Liberalismus zu (rechts-)extremen Parteien. Ein Forschungsbericht am Beispiel des NSDAP-Aufstiegs 1928–1933 und der NPD-Erfolge 1966–1970, in: Lothar Albertin (Hrsg.), Politischer Liberalismus in der Bundesrepublik, Göttingen 1980, S. 92–124.
Falter, Jürgen W., Der 'Positivismusstreit' in der amerikanischen Politikwissenschaft. Entstehung, Ablauf und Resultate der sogenannten Behavioralismus-Kontroverse in den Vereinigten Staaten 1945–1975, Opladen 1982.
Falter, Jürgen W., Radikalisierung des Mittelstandes oder Mobilisierung der Unpolitischen? Die Theorien von Seymour Martin Lipset und Reinhard Bendix über die Wählerschaft der NSDAP

im Lichte neuerer Forschungsergebnisse, in: Peter Steinbach (Hrsg.), Probleme politischer Partizipation im Modernisierungsprozeß, Stuttgart 1982, S. 438–469.

Falter, Jürgen W., Die Wähler der NSDAP 1928–1933. Sozialstruktur und parteipolitische Herkunft, in: Wolfgang Michalka (Hrsg.), Die nationalsozialistische Machtergreifung 1933, Paderborn/München/Wien/Zürich 1984, S. 47–59.

Falter, Jürgen W. u. a., Wahlen und Abstimmungen in der Weimarer Republik. Materialien zum Wahlverhalten 1919–1933, München 1986.

Falter, Jürgen W./Dirk Hänisch, Die Anfälligkeit von Arbeitern gegenüber der NSDAP bei den Reichstagswahlen 1928–1933, in: AfS 26 (1986), S. 179–216.

Falter, Jürgen, Die drei „Schulen" der deutschen Politikwissenschaft, in: Klaus von Beyme/ Ernst-Otto Czempiel/Peter Graf Kielmansegg/Peter Schmoock (Hrsg.), Politikwissenschaft. Eine Grundlegung, Bd. I: Theorien und Systeme, Stuttgart/Berlin/Köln/Mainz 1987.

Farner, Konrad, Theologie des Kommunismus?, Taschenbuchausgabe, Zürich 1985 (1969).

Faul, Erwin, Hitlers Über-Machiavellismus, in: VHfZG 2 (1954), S. 344–372.

Faul, Erwin, Der moderne Machiavellismus, Köln/Berlin 1961.

Faul, Erwin, Kreuzwege radikaler Ziel- und Strategiediskussionen in den Anfängen der Arbeiterbewegung, in: PVS 17 (1976), S. 297–316.

Faul, Erwin, Sonderbewußtsein und Identitätskrise des Abendlandes. Politikwissenschaftliche Bemerkungen zu Fragestellungen der Geschichtssoziologie, in: Haungs, Res Publica, S. 63–81.

Faul, Erwin, Politikwissenschaft im westlichen Deutschland. Bemerkungen zu Entwicklungstendenzen und Entwicklungsanalysen, in: PVS 20 (1979), S. 71–103.

Faul, Erwin, Ursprünge, Ausprägungen und Krise der Fortschrittsidee, in: ZfP 31 (1984), S. 241–290.

Faulenbach, Bernd, Ideologie des deutschen Weges. Die deutsche Geschichte in der Historiographie zwischen Kaiserreich und Nationalsozialismus, München 1980.

Faulenbach, Bernd, „Deutscher Sonderweg". Zur Geschichte und Problematik einer zentralen Kategorie des deutschen geschichtlichen Bewußtseins, in: APZG, B 33/1981, S. 3–21.

Faye, Jean Pierre, Langages totalitaires. Critique de la raison/l'économie narrative, édition augmentée de l'introduction théorique, Paris 1973 (1972).

Fennell, Lee C., Art. „Radical Party (Argentina)", in: Encyclopedia of Latin America, hrsg. von Helen Delpar, New York u. a. 1974, S. 513 f.

Ferkiss, Victor C., Populist Influences on American Fascism, in: WPQ 10 (1957), S. 350–373.

Ferkiss, Victor C., Populism: Myth, Reality, Current Danger, in: WPQ 14 (1961), S. 737–740.

Ferraresi, Franco (Hrsg.), La destra radicale, Mailand 1984.

Ferraresi, Franco, Julius Evola: Tradition, Reaction, and the Radical Right, unveröffentlichtes Manuskript, 1986.

Fest, Joachim C., Alfred Rosenberg. Der vergessene Gefolgsmann, in: Ders., Das Gesicht des Dritten Reiches. Profile einer totalitären Herrschaft, 7. Aufl., München 1980, S. 225–240.

Fest, Joachim C., Hitler. Eine Biographie, 2 Bde., Frankfurt a. M./Berlin/Wien 1978 (1973).

Fetscher, Iring, Von Marx zur Sowjetideologie, 7. Aufl., Frankfurt a. M./Berlin/Bonn 1962.

Fetscher, Iring (Hrsg.), Rechtsradikalismus, Frankfurt a. M. 1967.

Fetscher, Iring, Rousseaus politische Philosophie, 3. Aufl., Frankfurt a. M. 1975.

Fetscher, Iring, Rousseau, der konservative Denker und seine revolutionären Folgen, in: Ders., Herrschaft und Emanzipation. Zur Philosophie des Bürgertums, München 1976, S. 135–161.

Fetscher, Iring, Terrorismus und Reaktion in der Bundesrepublik Deutschland und in Italien, erweiterte Neuausgabe, Reinbek bei Hamburg 1981 (1977).

Fetscher, Iring/Günter Rohrmoser, Ideologien und Strategien, = Analysen zum Terrorismus 1, hrsg. vom Bundesministerium des Innern, Opladen 1981.

Fetscher, Iring (Hrsg.), Neokonservative und „Neue Rechte". Der Angriff gegen Sozialstaat und liberale Demokratie in den Vereinigten Staaten, Westeuropa und der Bundesrepublik, München 1983.

Fetscher, Iring, Rosa Luxemburg, in: Edmund Jacoby (Hrsg.), Lexikon Linker Leitfiguren, Frankfurt a. M./Olten/Wien 1988, S. 247–251.
Fichter, Tilman, SDS und SPD. Parteilichkeit jenseits der Partei, Opladen 1988.
Fielding, Nigel, The National Front, London/Boston/Henley 1980.
Fijalkowski, Jürgen, Bemerkungen zu Sinn und Grenzen der Rätediskussion, in: Probleme der Demokratie, S. 140–152.
Filmer, Werner/Heribert Schwan, Was von Hitler blieb. 50 Jahre nach der Machtergreifung, Frankfurt a. M./Berlin/Wien 1983.
Fischer, Louis, Das Leben Lenins, Köln/Berlin 1964.
Flechtheim, Ossip K./Wolfgang Rudzio/Fritz Vilmar/Manfred Wilke, Der Marsch der DKP durch die Institutionen. Sowjetmarxistische Einflußstrategien und Ideologien, Frankfurt a. M. 1981.
Flechtheim, Ossip K., Einführung, in: Rosa Luxemburg, Politische Schriften, Bd. 1, 5. Aufl., Frankfurt a. M./Wien 1972, S. 5–46.
Flechtheim, Ossip K., (Hrsg.), Marx heute. Pro und contra, Hamburg 1983.
Flew, Anthony, Who ist Moderate, what is Extreme? Between Left & Right, in: Encounter 59 (1982), Nr. 2, S. 52–55.
Flory, Thiébaut, Le mouvement régionaliste français. Source et développements, Paris 1966.
Fraenkel, Ernst, Deutschland und die westlichen Demokratien, 7. Aufl., Stuttgart/Berlin/Köln/Mainz 1979 (1964).
Fraenkel, Ernst, Pluralismus als Strukturelement der freiheitlich-rechtsstaatlichen Demokratie (1964), in: Ders., Deutschland und die westlichen Demokratien, S. 197–221.
Fraenkel, Ernst, Rätemythos und soziale Selbstbestimmung. Ein Beitrag zur Verfassungsgeschichte der deutschen Revolution (1971), in: Ders., Deutschland und die westlichen Demokratien, S. 69–100.
Fraenkel, Ernst, Strukturdefekte der Demokratie und deren Überwindung (1964), in: Ders., Deutschland und die westlichen Demokratien, S. 48–68.
Fraenkel, Ernst, Die Wissenschaft von der Politik und die Gesellschaft (1963), in: Ders., Reformismus und Pluralismus. Materialien zu einer ungeschriebenen politischen Autobiographie, zusammengestellt und herausgegeben von Falk Esche und Frank Grube, Hamburg 1973, S. 337–353.
Fraenkel, Ernst, Der Doppelstaat. Recht und Justiz im „Dritten Reich“, Frankfurt a. M. 1974 (Original: The Dual State, New York 1941).
Freies Mandat, Mandatsverzicht des Abgeordneten und das Rotationsprinzip der GRÜNEN, in: ZParl 16 (1985), S. 451 ff.
Freund, Michael, Georges Sorel. Der revolutionäre Konservatismus, 2. erweiterte Aufl., Frankfurt a. M. 1972.
Freyhold, Michaela von, Autoritarismus und politische Apathie. Analyse einer Skala zur Ermittlung autoritätsgebundener Verhaltensweisen, Frankfurt a. M. 1971.
Fricke, Karl Wilhelm, Opposition und Widerstand in der DDR. Ein politischer Report, Köln 1984, S. 186–188.
Friedrich, Carl Joachim, Der Verfassungsstaat der Neuzeit, Berlin/Göttingen/Heidelberg 1953 (Original: Constitutional Government and Democracy. Theory and Practice, Boston 1950).
Friedrich, Carl Joachim, Die Staatsräson des Verfassungsstaates, München 1961 (Original: Constitutional Reason of State. The Survival of the Constitutional Order, Providence 1957).
Friedrich, Carl Joachim, Demokratie als Herrschafts- und Lebensform, 2. Aufl., Heidelberg 1966 (1959).
Friedrich, Carl Joachim, Art. „Constitutions and Constitutionalism“, in: David L. Sills (Hrsg.), International Encyclopedia of the Social Sciences, Bd. 3, New York/London 1968, S. 318–326.
Friedrich, Carl Joachim, The Changing Theory and Practice of Totalitarianism, in: Il Politico 33 (1968), S. 53–76.

Friedrich, Carl Joachim, Totalitarianism: Recent Trends, in: Problems of Communism 17 (1968), S. 32–43.
Friedrich, Carl Joachim, Der einzigartige Charakter der totalitären Gesellschaft (1953), in: Seidel/Jenkner, S. 179–196.
Friedrich, Carl Joachim, The Evolving Theory of Totalitarian Regimes, in: Ders./Michael Curtis/Benjamin R. Barber, Totalitarianism in Perspective: Three Views, New York/ Washington/London 1969, S. 123–164.
Friedrich, Carl Joachim, Pathologie der Politik. Die Funktion der Mißstände: Gewalt, Verrat, Korruption, Geheimhaltung, Propaganda, Frankfurt a. M./New York 1973 (Original: The Pathology of Politics, New York 1972).
Friedrich, Carl Joachim/ Zbigniew Brzezinski, Die allgemeinen Merkmale der totalitären Diktatur (1965), in: Seidel/Jenkner, S. 600–617.
Friedrich, Carl Joachim/Zbigniew Brzezinski, Die Stufen der Entwicklung und die Zukunft (1965), in: Seidel/Jenkner, S. 618–634.
Friedrichs, Jürgen, Methoden empirischer Sozialforschung, 10. Aufl., Opladen 1980 (1973).
Fritz, Kurt von, Totalitarismus und Demokratie im Alten Griechenland und Rom (1948), in: Ders., Schriften zur griechischen und römischen Verfassungsgeschichte und Verfassungstheorie, Berlin/New York 1976, S. 567–603.
Fritz, Kurt von, The Theory of the Mixed Constitution in Antiquity. A Critical Analysis of Polybius' Political Ideas, New York 1954.
Fritzsche, Klaus, Konservatismus, in: Neumann, Handbuch, S. 65–105.
Frölich, Paul, Rosa Luxemburg. Gedanke und Tat, 4. Ausgabe, Frankfurt a. M. 1973 (1939).
Frohme, Karl, Monarchie oder Republik? Kulturgeschichtliche Streifzüge, Hamburg 1904.
Fünf Millionen Deutsche: „Wir sollten wieder einen Führer haben ...". Die SINUS-Studie über rechtsextremistische Einstellungen bei den Deutschen, mit einem Vorwort von Martin Greiffenhagen, Reinbek bei Hamburg 1981.
Funke, Manfred (Hrsg.), Terrorismus. Untersuchungen zur Strategie und Struktur revolutionärer Gewaltpolitik, Bonn 1977.
Funke, Manfred, Extremismus und offene Gesellschaft. Anmerkungen zur Gefährdung und Selbstgefährdung des demokratischen Rechtsstaates, in: Ders., Extremismus, S. 15–46.
Funke, Manfred (Hrsg.), Extremismus im demokratischen Rechtsstaat. Ausgewählte Texte und Materialien zur aktuellen Diskussion, Bonn 1978.
Funke, Manfred (Hrsg.), Totalitarismus. Ein Studien-Reader zur Herrschaftsanalyse moderner Diktaturen, Düsseldorf 1978.
Funke, Manfred, Art. „Extremismus", in: Theodor Schober/Martin Honecker/Horst Dahlhaus (Hrsg.), Evangelisches Staatslexikon, 7. völlig neu bearbeitete und erweiterte Aufl., Stuttgart/Berlin 1980 (1954), Sp. 387 f.
Funke, Manfred, Art. „Extremismus", in: Mickel, S. 132–136.
Gall, Lothar (Hrsg.), Liberalismus, 2. Aufl., Königstein/Ts. 1980.
Gallagher, Tom, The Portuguese Communist Party and Eurocommunism, in: The Political Quarterly 49 (1979), S. 215–230.
Galtung, Johan, Strukturelle Gewalt. Beiträge zur Friedens- und Konfliktforschung, Reinbek bei Hamburg 1975.
Garmendia, José Mari, Historia de ETA, 2 Bde., San Sebastian 1980, 1983.
Garrone, Alessandro Galante, Art. „radicalismo", in: Enciclopedia Europea, Bd. 9, Mailand 1979, S. 462–464.
Gaucher, Roland, Saboteure und Attentäter. Der moderne Terrorismus, Köln 1967 (Original: Les terroristes, Paris 1965).
Gawlick, G., Art. „Wahrheit", in: RGG, 3. völlig neu bearbeitete Aufl., Bd. 6, Tübingen 1962, Sp. 1515–1526.
Geiger, Theodor, Ideologie und Werturteil (1949), in: Lenk, Ideologie, S. 184–189.
Geiss, Imanuel, Geschichte des Rassismus, Frankfurt a. M. 1988.
Gemkow, Heinrich, Karl Marx. Eine Biographie, Berlin [Ost] 1975.

Gentile, Emilio, Le origini dell'ideologia fascista (1918–1925), Bari 1975.
Gerdes, Dirk, Frankreich – „Vielvölkerstaat" vor dem Zerfall?, in: APZG, B 12/1980, S. 3–17.
Gerdes, Dirk, Art. „Regionalismus", in: Nohlen, Pipers Wörterbuch, Bd. 1, S. 852–855.
Gerstenberger, Heide, Der revolutionäre Konservatismus. Ein Beitrag zur Analyse des Liberalismus, Berlin 1969.
Gerteis, Klaus, Radikalismus in Deutschland vom 16. bis zur Mitte des 19. Jahrhunderts, in: Trierer Beiträge, Heft 11/1982, S. 30–38.
Gessenharter, Wolfgang, Art. „Autoritarismus", in: Lippert/Wakenhut, S. 39–48.
Gewalt von rechts. Beiträge aus Wissenschaft und Publizistik, hrsg. vom Referat „Öffentlichkeitsarbeit gegen Terrorismus" im Bundesministerium des Innern, Bonn 1982.
Geyer, Curt, Der Radikalismus in der deutschen Arbeiterbewegung, 2. Aufl., Jena 1923.
Geyer, Dietrich, Art. „Kommunistische Internationale", in: Claus D. Kernig (Hrsg.), Die kommunistischen Parteien der Welt, = Sowjetsystem und demokratische Gesellschaft, Freiburg im Breisgau/Basel/Wien 1969, Sp. 14–32.
Gibowski, Wolfgang G., Die Bedeutung der Links-Rechts-Dimension als Bezugsrahmen für politische Präferenzen, in: PVS 18 (1977), S. 600–626.
Ginzel, Günther Bernd, Hitlers (Ur)enkel. Neonazis: ihre Ideologien und Aktionen, Düsseldorf 1981.
Girardet, Raoul, L'héritage de l'„Action Française", in: RFSP 7 (1957), S. 765–792.
Girardet, Raoul, Notes sur l'esprit d'un Fascisme français, 1934–1939, in: RFSP 5 (1955), S. 529–546.
Girardet, Raoul, Pour une introduction à l'histoire du nationalisme français, in: RFSP 8 (1958), S. 505–528.
Goetz, Helmut, Totalitarismus. Ein historischer Begriff, in: Schweizerische Zeitschrift für Geschichte 32 (1982), S. 163–174.
Graf, Werner (Hrsg.), „Wenn ich die Regierung wäre ...". Die rechtsradikale Bedrohung. Interview und Analysen, Berlin/Bonn 1984.
Gralher, Martin, Mitte – Mischung – Mäßigung. Strukturen, Figuren, Bilder und Metaphern in der Politik und im politischen Denken, in: Haungs, Res Publica, S. 82–114.
Grebing, Helga, Rechtsradikalismus gleich Linksradikalismus. Eine falsche Gleichung, Stuttgart 1971.
Gregor, A. James, The Ideology of Fascism. The Rationale of Totalitarianism, New York/London 1969.
Greiffenhagen, Martin, Der Totalitarismusbegriff in der Regimenlehre 9 (1968), S. 372–396.
Greiffenhagen, Martin, Das Dilemma des Konservatismus in Deutschland, München 1971.
Greiffenhagen, Martin (Hrsg.), Kampf um Wörter? Politische Begriffe im Meinungsstreit, München/Wien 1980.
Greiffenhagen, Martin/ Sylvia Greiffenhagen, Ein schwieriges Vaterland. Zur Politischen Kultur Deutschlands, 2. Aufl., München 1979.
Greiffenhagen, Martin, Vom Obrigkeitsstaat zur Demokratie. Die politische Kultur in der Bundesrepublik Deutschland, in: Peter Reichel (Hrsg.), Politische Kultur in Westeuropa. Bürger und Staaten in der Europäischen Gemeinschaft, Frankfurt a. M./New York 1984, S. 52–76.
Greive, Hermann, Geschichte des modernen Antisemitismus in Deutschland, Darmstadt 1983.
Grevemeyer, Jan-Heeren, Religion, Ethnizität und Nationalismus im afghanischen Widerstand, in: Leviathan 13 (1985), S. 115–128.
Gross, Helmut, Grundsatzfragen sozialwissenschaftlicher Theoriebildung, in: Zeitschrift für allgemeine Wissenschaftstheorie 14 (1983), S. 1–14.
Grosser, Alfred/François Goguel, Politik in Frankreich, aus dem Französischen übersetzt von Adolf Kimmel, völlig überarbeitete Neuauflage, Paderborn/München/Wien/Zürich 1980 (Original: La politique en France, nouvelle édition entièrement mise à jour, Paris 1980).
Grützbach, Frank (Red.), Heinrich Böll: Freies Geleit für Ulrike Meinhof. Ein Artikel und seine Folgen, Köln 1972.
Gruner, Erich, Die Parteien in der Schweiz, 2. neu bearbeitete und erweiterte Aufl., Bern 1977.

Günther, Klaus, Politisch-soziale Analyse im Schatten von Weimar, Frankfurt a. M./Bern/New York 1985.

Günther, Klaus, Politikwissenschaft in der Bundesrepublik und die jüngste deutsche Geschichte, in: Klaus von Beyme (Hrsg.), Politikwissenschaft in der Bundesrepublik Deutschland. Entwicklungsprobleme einer Disziplin, Opladen 1986, S. 27–40.

Guérin, Daniel, Anarchismus. Begriff und Praxis, Frankfurt a. M. 1967 (Original: L'anarchisme, Paris 1965).

Guerra, Adriano, Le PCF dans le miroir du PCI, in: RPP 87 (1985), Nr. 914, S. 63–71.

Guggenberger, Bernd, Die Neubestimmung des subjektiven Faktors im Neomarxismus. Eine Analyse des voluntaristischen Geschichtsverständnisses der Neuen Linken, Freiburg im Breisgau/München 1973.

Guggenberger, Bernd, Weltflucht und Geschichtsgläubigkeit. Strukturelemente des Linksradikalismus, Mainz 1974.

Guggenberger, Bernd/Claus Offe (Hrsg.), An den Grenzen der Mehrheitsdemokratie. Politik und Soziologie der Mehrheitsregel, Opladen 1984.

Guillaumin, Colette, Caractères spécifiques de l'idéologie raciste, in: Cahiers Internationales de Sociologie 52/53 (1972), S. 247–274.

Guiral, Pierre, Der Liberalismus in Frankreich (1915–1870). Grundlagen, Erfolge, Schwächen (1960), in: Gall, Liberalismus, S. 283–307.

Gurr, Ted R., Rebellion. Eine Motivationsanalyse von Aufruhr, Konspiration und innerem Krieg, Düsseldorf/Wien 1972 (Original: Why Men Rebel, Princeton/N. J. 1970).

Gustafsson, Bo, Marxismus und Revisionismus. Eduard Bernsteins Kritik des Marxismus und ihre ideengeschichtlichen Voraussetzungen, 2 Bde., Frankfurt a. M. 1972.

Herz, Thomas A., Soziale Bedingungen für Rechtsextremismus in der Bundesrepublik Deutschland und in den Vereinigten Staaten. Eine vergleichende Analyse der Anhänger der Nationaldemokratischen Partei Deutschlands und der Anhänger von Georg C. Wallace, Meisenheim am Glan 1975.

Herz, Thomas A., Neuer Wein in neuen Schläuchen? Studien über Rechtsextremismus in der Bundesrepublik Deutschland, in: SOWI 13 (1984), H. 3, S. 72–79.

Hess, Henner u. a., Angriff auf das Herz des Staates. Soziale Entwicklung und Terrorismus, 2 Bde., Frankfurt a. M. 1988.

Hofmann, Werner, Der Rechtsextremismus in der Bundesrepublik und seine Quellen, in: Ders., Abschied vom Bürgertum. Essays und Reden, Frankfurt a. M. 1970, S. 140–147.

Hornung, Klaus, Der faszinierende Irrtum. Karl Marx und die Folgen, 4. Aufl., Freiburg im Breisgau/Basel/Wien 1982 (1978).

Hornung, Klaus, Art. „Konservativismus“, in: Mickel, Handlexikon, S. 259–265.

Imboden, Max, Die Staatsformen. Versuch einer psychologischen Deutung staatsrechtlicher Dogmen, Basel/Stuttgart 1959.

Infratest Wirtschaftsforschung GmbH, Politischer Protest in der Bundesrepublik Deutschland. Beiträge zur sozialempirischen Untersuchung des Extremismus, Stuttgart u. a. 1980.

Inglehart, Ronald/Hans D. Klingemann, Party Identification, Ideological Preference and the Left-Right Dimension among Western Mass Publics, in: Ian Budge/Ivor Crewe/Dennis Farlie (Hrsg.), Party Identification and Beyond. Representation of Voting and Party Competition, London 1976, S. 243–276.

Institut für Zeitgeschichte (Hrsg.), Deutscher Sonderweg – Mythos oder Realität?, München 1982.

Internationale Föderation der Widerstandskämpfer (Hrsg.), Neofaschismus im Europa von heute. Dokumentation, Wien 1972.

Internationaler Faschismus 1920–1945, deutsche Buchausgabe des „Journal of Contemporary History“, hrsg. von Walter Laqueur und George L. Mosse, München 1966.

Iwand, Wolf Michael, Paradigma politische Kultur. Konzepte, Methoden, Ergebnisse der Political Culture-Forschung in der Bundesrepublik, Opladen 1985.

Jäckel, Eberhard, Hitlers Weltanschauung. Entwurf einer Herrschaft, erweiterte und überarbeitete Neuausgabe, Stuttgart 1981 (1969).

Jäger, Herbert/Gerhard Schmidtchen/Lieselotte Süllwold, Lebenslaufanalysen, = Analysen zum Terrorismus 2, hrsg. vom Bundesministerium des Innern, Opladen 1981.

Janßen, Karl-Heinz, Geschichte aus der Dunkelkammer. Kabalen um den Reichstagsbrand. Eine unvermeidliche Enthüllung. Sonderdruck der „Zeit" aus Nr. 38–41/1979, Hamburg 1979.

Jaschke, Hans-Gerd, Extremismus, Populismus, Intellektuelle – zur Geschichte des französischen Rechtsextremismus, unveröffentlichtes Manuskript, 1986.

Jaschke, Hans-Gerd, Extremismusforschung. Möglichkeiten und Grenzen, unveröffentlichtes Manuskript, 1986.

Jaschke, Hans-Gerd, Gewalt von rechts vor und nach Hitler, in: APZG, B 23/1982, S. 3–21.

Jaschke, Hans-Gerd/Eike Hennig, Die neue Diskussion über den Rechtsextremismus. Ausgewählte und kommentierte Literaturhinweise, in: Steinweg, Faszination, S. 156–160.

Jaschke, Hans-Gerd/Martin Loiperdinger, Gewalt und NSDAP vor 1933. Ästhetische Okkupation und physischer Terror, in: Steinweg, Faszination, S. 123–155.

Jáuregui Bereciartu, Gurutz, Ideología y estrategia política de ETA. Análisis de su evolución entre 1959 y 1968, Madrid 1981.

Jeschke, Axel/Wolfgang Malanowski (Hrsg.), Der Minister und der Terrorist. Gespräche zwischen Gerhart Baum und Horst Mahler, Reinbek bei Hamburg 1980.

Jenke, Manfred, Die nationale Rechte. Parteien – Politiker – Publizisten, Frankfurt a. M./Wien/Zürich 1967.

Jenke, Manfred, Verschwörung von rechts? Ein Bericht über den Rechtsradikalismus in Deutschland nach 1945, Berlin 1961.

Jenkner, Siegfried, Entwicklung und Stand der Totalitarismusforschung, in: APZG, B 31/1984, S. 16–26

Jesse, Eckhard, Streitbare Demokratie. Theorie, Praxis und Herausforderungen in der Bundesrepublik Deutschland, Berlin 1980.

Jesse, Eckhard, Demokratie, Autoritarismus, Totalitarismus. Einige Anmerkungen zur Klassifikation politischer Systeme, in: Politische Bildung 18 (1985), H. 2, S. 3–26.

Jesse, Eckhard, The Federal Republic of Germany – From Anglo-American, West German and French Perspectives, in: WEP 9 (1986), S. 148–156.

Jesse, Eckhard/Henning Köhler, Die deutsche Revolution 1918/19 im Wandel der historischen Forschung. Zur Kritik an der „herrschenden Lehre", in: APZG, B 45/1978, S. 3–23.

Jetter, Rainer, Getarnter Rechtsradikalismus. Oder: Was will die CARP, Berlin 1978

Joes, A. J., Fascism in the Contemporary World, Boulder/Col. 1978.

Joll, James, Die Anarchisten, Berlin 1966 (Original: The Anarchists, London 1964).

Kaase, Max, Art. „Linksextremismus", in: Dieter Nohlen (Hrsg.), Pipers Wörterbuch zur Politik, Bd. 2: Westliche Industriegesellschaften. Wirtschaft – Gesellschaft – Politik, hrsg. von Manfred G. Schmidt, München 1983, S. 218–222.

Kaase, Max, Zu den extremistischen Potentialen in der Bundesrepublik Deutschland, in: Extremismus und Schule. Daten, Analysen und Arbeitshilfen zum politischen Rechts- und Linksextremismus, Bonn 1984, S. 94–108.

Kaase, Max/Hans D. Klingemann, Art. „Radikalismus", in: Martin Greiffenhagen/Sylvia Greiffenhagen/Rainer Prätorius (Hrsg.), Handwörterbuch zur politischen Kultur der Bundesrepublik Deutschland, Opladen 1981, S. 393–395.

Kalinowski, Harry H., Rechtsextremismus und Strafrechtspflege. Eine Analyse von Strafverfahren wegen mutmaßlicher rechtsextremistischer Aktivitäten und Erscheinungen, Bonn 1986.

Kaltenbrunner, Gerd-Klaus, Der schwierige Konservativismus. Definitionen – Theorien – Porträts, Herford/Berlin 1975.

Kant, Immanuel, Zum ewigen Frieden. Ein philosophischer Entwurf, hrsg. von Karl Kehrbach, Leipzig, o. J.

Karstedt, Peter, Ideologie. Versuch über prometheisches Bewußtsein, Meisenheim am Glan 1979.

Kastendiek, Hans, Die Entwicklung der westdeutschen Politikwissenschaft, Frankfurt a. M. 1977.
Kater, Michael H., Bürgerliche Jugendbewegung und Hitlerjugend in Deutschland von 1926 bis 1939, in: AfS 17 (1977), S. 127–174.
Kaufmann, Walter H., Monarchism in the Weimar Republic, New York 1953.
Keiler, Peter/Michael Stadler (Hrsg.), Erkenntnis und Dogmatismus? Kritik des „Dogmatismus"-Konzepts, Köln 1978.
Keinath, K., Art. „Sekten", in: LThK, 2. völlig neu bearbeitete Aufl., Bd. 9, Freiburg im Breisgau 1964, Sp. 644 f.
Keller, Franz, Art. „Radikalismus", in: Staatslexikon, hrsg von Hermann Sacher, 5. von Grund auf neubearbeitete Aufl., Bd. 4, Freiburg im Breisgau 1931, Sp. 507 f.
Kellmann, Klaus, Pluralistischer Kommunismus? Wandlungstendenzen eurokommunistischer Parteien in Westeuropa und ihre Reaktion auf die Erneuerung in Polen, Stuttgart 1984.
Kellmann, Klaus, Die kommunistischen Parteien in Westeuropa. Entwicklung zur Sozialdemokratie oder Sekte?, Stuttgart 1988.
Kepplinger, Hans Mathias, Rechte Leute von links. Gewaltkult und Innerlichkeit, Olten/Freiburg im Breisgau 1970.
Kernig, Claus D., Sozialismus. Ein Handbuch, Bd. 1: Von den Anfängen bis zum Kommunistischen Manifest, Stuttgart/Berlin/Köln/Mainz 1979.
Kershaw, Ian, Der NS-Staat. Geschichtsinterpretationen und Kontroversen im Überblick, Reinbek bei Hamburg 1988 (Original: The Nazi Dictatorship. Problems and Perspectives of Interpretation, London 1985).
Kessel, Patrick, Le mouvement „maoïste" en France. Textes et documents, 2 Bde., Paris 1972 und 1978.
Kevenhörster, Paul, NPD im Bundestag?, in: Sonde 2 (1969), Nr. 1, S. 28–40.
Kielmansegg, Peter Graf, Krise der Totalitarismustheorie?, in: Funke, Totalitarismus, S. 61–79.
Kielmansegg, Nachdenken über die Demokratie. Aufsätze aus einem unruhigen Jahrzehnt, Stuttgart 1980.
Kimmel, Adolf (Hrsg.), Eurokommunismus. Die kommunistischen Parteien Frankreichs, Italiens, Spaniens und Portugals, Köln/Wien 1977.
Klingemann, Hans D., Politische und soziale Bedingungen der Wählerbewegungen zur NPD. Fallstudie Baden-Württemberg, in: SJP 2 (1971), S. 563–601.
Klingemann, Hans D./Franz U. Pappi, Politischer Radikalismus. Theoretische und methodische Probleme der Radikalismusforschung, dargestellt am Beispiel einer Studie anläßlich der Landtagswahl 1970 in Hessen, München/Wien 1972.
Klingemann, Hans D., Testing the Left-Right Continuum on a Sample of German Voters, in: CPS 5 (1972), H. 1, S. 93–107.
Klingemann, Hans D., Party Identification, Ideological Preference and the Left-Right Dimension among Western Mass Publics, in: Ian Budge/Ivor Crewe/Dennis Farlie (Hrsg.), Party Identification and Beyond. Representation of Voting and Party Competition, London 1976, S. 243–276.
Klingemann, Hans D., Fakten oder Programmatik? Die Thesen von Murphy et al. über den Bedeutungswandel von „links" und „rechts" und das gegenwärtige Verständnis der politischen Richtungsbegriffe in der Bevölkerung der Bundesrepublik Deutschland, in: PVS 23 (1982), S. 214–224.
Klönne, Arno, „Linke Leute von rechts" und „rechte Leute von links" damals und heute, in: Blätter für deutsche und internationale Politik 28 (1983), S. 115–122.
Kluth, Hans, Die KPD in der Bundesrepublik. Ihre politische Tätigkeit und Organisation 1945–1956, Köln/Opladen 1959.
Knütter, Hans-Helmuth, Ideologien des Rechtsradikalismus im Nachkriegsdeutschland. Eine Studie über die Nachwirkungen des Nationalsozialismus, Bonn 1961.
Koch, Rainer, Art. „Liberalismus", in: Mickel, S. 276–280.

Koch-Baumgarten, Sigrid, Aufstand der Avantgarde. Die Märzaktion der KPD 1921, Frankfurt a. M./New York 1986.

Koelschtzky, Die Stimme ihrer Herren. Ideologie und Strategie der „Neuen Rechten“ in der Bundesrepublik, Köln 1986.

Kohler, Beate, Politischer Umbruch in Südeuropa. Portugal, Griechenland, Spanien auf dem Weg zur Demokratie, Bonn 1981.

Kolakowski, Leszek, Die Hauptströmungen des Marxismus. Entstehung – Entwicklung – Zerfall, 3 Bde., 2. überarbeitete Aufl., München/Zürich 1981 (1977).

Kolb, Eberhard, Die Weimarer Republik, München/Wien 1984.

Kommunistische Parteien im Westen. England, Frankreich, Italien, Skandinavien, Frankfurt a. M. 1968.

Kopp, Hans, Geschichte der Ludendorff-Bewegung, Bd. 1: Die Jahre 1913–1939, Stuttgart 1975.

Kremendahl, Hans, Pluralismustheorie in Deutschland – Entstehung, Kritik, Perspektiven, Leverkusen 1977.

Kremer, K./U. Wolf, Art. „Ontologie“, in: Joachim Ritter/Karlfried Gründer (Hrsg.), Historisches Wörterbuch der Philosophie, Bd. 6: Mo–O, Basel/Stuttgart 1984, S. 1190–1199.

Kreuzberger, Wolfgang, Rechtsradikalismus in der Bundesrepublik. Versuch einer Zwischenbilanz, Frankfurt a. M. 1983.

Kriele, Martin, Die Rechtfertigungsmodelle des Widerstands, in: APZG, B 39/1983, S. 12–24.

Kriele, Martin, Nicaragua – das blutende Herz Amerikas. Ein Bericht, München 1986.

Kriz, Jürgen, Methodenkritik empirischer Sozialforschung. Eine Problemanalyse sozialempirischer Forschungspraxis, Stuttgart 1981.

Krockow, Christian Graf von, Gewalt für den Frieden? Die politische Kultur des Konflikts, 2. Aufl., München/Zürich 1983.

Krockow, Christian Graf von, Die liberale Demokratie. Begriffe – Analysen – Theorien. Ein Grundkurs, Reinbek bei Hamburg 1985, S. 432–462.

Kuckuk, Peter, Revolution und Räterepublik in Bremen, München 1969.

Küchenhoff, Erich, Möglichkeiten und Grenzen begrifflicher Klarheit in der Staatsformenlehre, Berlin 1967.

Kühnhardt, Ludger, Die Universalität der Menschenrechte, München 1987.

Kühnl, Reinhard, Die nationalsozialistische Linke 1925–1930, Meisenheim am Glan 1966.

Kühnl, Reinhard, Die NPD. Struktur, Programm und Ideologie einer neofaschistischen Partei, Berlin 1967.

Kühnl, Reinhard, Der Rechtsextremismus in der Bundesrepublik. Ein Literaturbericht, in: PVS 9 (1968), S. 423–442.

Kühnl, Reinhard, Zur politischen Funktion der Totalitarismustheorien in der BRD, in: Martin Greiffenhagen/ders./Johann Baptist Müller, Totalitarismus. Zur Problematik eines politischen Begriffs, München 1972, S. 7–21.

Künzli, Arnold, Karl Marx. Eine Psychographie, Wien 1966.

Lagneau, Gérard, „Radicalism“, „Radicalisme“. Essai d'identification des idéologies radicales, in: L'Année Sociologique 22 (1972), S. 129–152.

Lang, Josef, Das baskische Labyrinth. Unterdrückung und Widerstand in Euskadi, Frankfurt a. M. 1983.

Lang, Michel R., „Straße frei ...“. Die neue Nazi-Internationale, Berlin 1982.

Langguth, Gerd, Protestbewegung. Entstehung, Niedergang, Renaissance. Die Neue Linke seit 1968, Köln 1983.

Laponce, Jean L., Spatial Archetypes and Political Perceptions, in: APSR 69 (1975), S. 11–20.

Laponce, Jean L., Left and Right. The Topography of Political Perceptions, Toronto/Buffalo/London 1981.

Laqueur, Walter, Die deutsche Jugendbewegung. Eine historische Studie, Köln 1962 (Original: Young Germany. A History of the German Youth Movement, New York 1962.

Laqueur, Walter (Hrsg.), Fascism. A Reader's Guide. Analyses, Interpretations, Bibliography, Berkeley/Los Angeles 1976.
Laqueur, Walter (Hrsg.), Zeugnisse politischer Gewalt. Dokumente zur Geschichte des Terrorismus, Kronberg/Ts. 1978 (Original: Terrorism Reader, New York 1978).
Laqueur, Walter, Terrorismus. Die globale Herausforderung, Frankfurt a. M./Berlin 1987 (Original: The Age of Terrorism, London 1987).
Larsen, Stein Ugelvik/Bernt Hagtvet, Jan Petter Myklebust (Hrsg.), Who were the Fascists? Social Roots of European Fascism, Bergen/Oslo/Tromsø 1980.
Lasky, Melvin J., Ulrike Meinhof and the Baader-Meinhof Gang, in: Encounter 52 (1975), Nr. 3, S. 9–23.
Latreille, Patrick, Nouvelle Droite: Scientisme et sociobiologie, in: Humanisme, März 1981, Nr. 140, S. 17–20.
Launer, Ekkehard/Eckhart Pohl/Eckhard Stengel (Hrsg.), Rechtsum zum Abitur oder: Wie braun dürfen Lehrer sein?, 2. überarbeitete Aufl., Göttingen 1979.
Laurent, Frédéric, L'orchestre noir, Paris 1978.
Layton-Henri, Zig, The Politics of Race in Britain, London 1984.
Lebzelter, Gisela, Political Anti-Semitism in England 1918–1939, Oxford 1978.
Lefort, Claude, L'invention démocratique. Les limites de la domination totalitaire, Paris 1981.
Lefranc, Georges, Les gauches en France, 1789–1972, Paris 1973.
Leggewie, Claus, Explosion der Mitte. Zum Erfolg von Le Pens „Front National", in: Blätter für deutsche und internationale Politik 33 (1988), S. 793–801.
Lemberg, Eugen, Nationalismus, 3 Bde., Reinbek bei Hamburg 1964 (1950).
Lemberg, Eugen, Ideologie und Gesellschaft. Eine Theorie der ideologischen Systeme, ihrer Struktur und Funktion, 2. verbesserte Aufl., Stuttgart/Berlin/Köln/Mainz 1974 (1971).
Lemberg, Eugen, Anthropologie der ideologischen Systeme, Weinheim/Basel 1977.
Lenk, Kurt, Volk und Staat. Strukturwandel politischer Ideologien im 19. und 20. Jahrhundert, Stuttgart/Berlin/Köln/Mainz 1971.
Lenk, Kurt, Zehn Thesen 78, in: Ders., Ideologie, S. 357–361.
Lenk, Kurt (Hrsg.), Ideologie, Ideologiekritik und Wissenssoziologie, 9. überarbeitete und erweiterte Aufl., Frankfurt a. M. 1984 (1961).
Lenk, Kurt, Art. „Ideologiebegriffe", in: Mickel (Hrsg.), Handlexikon, S. 207–211.
Lenk, Kurt, Politische Soziologie. Struktur und Integrationsform der Gesellschaft, Stuttgart/Berlin/Köln/Mainz 1982.
Lennhoff, Eugen, Politische Geheimbünde, neu bearbeitet und ergänzt von Harry Wilde, Wien/München/Zürich 1966 (1931).
Leonhard, Wolfgang, Die Dreispaltung des Marxismus. Ursprung und Entwicklung des Sowjetmarxismus, Maoismus und Reformkommunismus, Düsseldorf/Wien 1970.
Leonhard, Wolfgang, Eurokommunismus. Herausforderung für Ost und West, München 1978.
Lerner, Max, Das Grundmuster der Diktatur (Original: The Patterns of Dictatorship, 1935), in: Seidel/Jenkner, S. 30–48.
Leroy, Maxime, Les techniques nouvelles du syndicalisme, Paris 1921.
Lersch, Paul (Hrsg.), Die verkannte Gefahr. Rechtsradikalismus in der Bundesrepublik, Reinbek bei Hamburg 1981.
Levitas, Ruth (Hrsg.), The Ideology of the New Right, Cambridge/Oxford 1986.
Lieber, Hans-Joachim, Ideologie. Eine historisch-systematische Einführung, Paderborn/München/Wien/Zürich 1985.
Liepelt, Klaus, Anhänger der neuen Rechtspartei. Ein Beitrag zur Diskussion über das Wählerreservoir der NPD, in: PVS 8 (1967), S. 237–271.
Lijphart, Arend, Democracy in Plural Societies. A Comparative Exploration, New Haven/London 1977.
Lijphart, Arend, Democracies. Patterns of Majoritarian and Consensus Government in Twenty-One Countries, New Haven/London 1984.

Die Linke antwortet Jürgen Habermas, mit Beiträgen von Wolfgang Abendroth u. a., Frankfurt a. M. 1968.

Die Linke im Rechtsstaat, 2 Bde., Berlin 1979.

Linse, Ulrich, Organisierter Anarchismus im Deutschen Kaiserreich von 1871, Berlin 1969.

Linse, Ulrich, Die Transformation der Gesellschaft durch die anarchistische Weltanschauung. Zur Ideologie und Organisation anarchistischer Gruppen in der Weimarer Republik, in: AfS 11 (1971), S. 289–372.

Linse, Ulrich, Die anarchistische und anarcho-syndikalistische Jugendbewegung 1919–1933. Zur Geschichte und Ideologie der anarchistischen, syndikalistischen und unionistischen Kinder- und Jugendorganisationen 1919–1933, Frankfurt a. M. 1976.

Linz, Juan J., An Authoritarian Regime: The Case of Spain (1964), in: Erik Allard/Stein Rokkan (Hrsg.), Mass Politics. Studies in Political Sociology, New York 1970, S. 57–79.

Linz, Juan J., Early State-Building and Later Peripheral Nationalism against the State, in: Samuel N. Eisenstadt/Stein Rokkan (Hrsg.), Building States and Nations, Beverly Hills/Cal. 1973, S. 32–110.

Linz, Juan J., Totalitarian and Authoritarian Regimes, in: Fred I. Greenstein/Nelson W. Polsby (Hrsg.), Handbook of Political Science, Bd. 3: Macropolitical Theory, Reading/Mass. u. a. 1975, S. 3–411.

Lippert, Ekkehard/Roland Wakenhut (Hrsg.), Handwörterbuch der Politischen Psychologie, Opladen 1983.

Lippert, Ekkehard/Roland Wakenhut, Art. „Ethnozentrismus“, in: Dies., S. 88–96.

Lipset, Seymour Martin, The Sources of the „Radical Right“ (1955), in: Bell, The Radical Right, S. 307–371.

Lipset, Seymour Martin, Socialism. Left and Right – East and West, in: Confluence 7 (1958), S. 173–192.

Lipset, Seymour Martin, Social Stratification and 'Right-Wing Extremism', in: BJS 10 (1959), S. 346–382.

Lipset, Seymour Martin, Democracy and Working-Class Authoritarianism, in: ASR 24 (1959), S. 482–501.

Lipset, Seymour Martin, Der „Faschismus“, die Linke, die Rechte und die Mitte, in: KZfSS 11 (1959), S. 401–444.

Lipset, Seymour Martin, Soziologie der Demokratie, Neuwied/Berlin 1962 (Original: Political Man: The Social Basis of Politics, New York 1960).

Lipset, Seymour Martin, Supporters of the Birch Society, in: Gilbert Abcarian (Hrsg.), American Political Radicalism. Contemporary Issues and Orientations, Lexington/Toronto 1971, S. 195–210.

Lipset, Seymour Martin, Three Decades of the Radical Right: Coughlinites, McCarthyites and Birchers (1962), in: Bell (Hrsg.), The Radical Right, S. 373–446.

Lipset, Seymour Martin, Political Man. The Social Basis of Politics, expanded edition, London 1983 (1960).

Lipset, Seymour Martin, Earl Raab, The Politics of Unreason. Right-Wing Extremism in America, 1790–1977, 2. Aufl., Chicago/London 1978 (1970).

Lipset, Seymour Martin, Der „Faschismus“, die Linke, die Rechte und die Mitte, in: Ernst Nolte (Hrsg.), Theorien über den Faschismus, 6. Aufl., Königstein/Ts. 1984 (1967), S. 449–491.

Locke, John, Über die Regierung, übersetzt von Dorothee Tidow, Stuttgart 1978 (Original: The Second Treatise of Government, 1689).

Locke, John, Ein Brief über Toleranz, übersetzt, eingeleitet und in Anmerkungen erläutert von Julius Ebbinghaus, Hamburg 1957 (Original: A Letter Concerning Toleration, 1689).

Lösche, Peter, Rätesysteme im historischen Vergleich, in: Probleme der Demokratie, S. 70–80.

Lösche, Peter, Anarchismus, = Erträge der Forschung, Bd. 66, Darmstadt 1977.

Löw, Konrad, Die Lehre des Karl Marx. Dokumentation – Kritik, Köln 1982.

Löw, Konrad, Marxismus-Quellenlexikon, 2. ergänzte Aufl., Köln 1988.

Löw, Konrad (Hrsg.), Totalitarismus contra Freiheit. Begriff und Realität, Berlin 1988.

Loewenstein, Karl, Contrôle législatif de l'extrémisme politique dans les démocraties européennes, Paris 1939.

Loewenstein, Karl, Legislative Control of Political Extremism in European Democracies, in: Columbia Law Review 38 (1938), S. 591–622, 725–774.

Loewenstein, Karl, Militant Democracy, in: APSR 31 (1937), S. 417–432, 638–658.

Loewenstein, Karl, Verfassungslehre, 2., durch einen Nachtrag auf den neuesten Stand gebrachte Aufl., Tübingen 1969 (Original: Political Power and the Governmental Process, Chicago 1957).

Löwenthal, Richard, Entwicklung contra Utopie. Das kommunistische Dilemma, in: Der Monat 22 (1970), H. 266, S. 60–84.

Löwenthal, Richard, Kommunistische Einparteiherrschaft in der Industriegesellschaft, in: Boris Meissner/Georg Brunner/ders. (Hrsg.), Einparteisystem und hierarchische Herrschaft in der Sowjetunion, Köln 1978, S. 93–107.

Löwenthal, Richard, Die Auflösung des leninistischen Totalitarismus, in: Dieter Hasselblatt (Hrsg.), Orwells Jahr – Ist die Zukunft von gestern die Gegenwart von heute?, Frankfurt a. M. u. a. 1983, S. 204–269.

Löwenthal, Richard, Nachwort des Verfassers, in: Ders., Weltpolitische Betrachtungen. Essays aus zwei Jahrzehnten, Göttingen 1983, S. 309–311.

Löwenthal, Richard, Die Lehren von Karl Marx und ihr Schicksal, in: Flechtheim, Marx heute, S. 114–133.

Löwenthal, Richard, Totalitäre und demokratische Revolution (1960), in: Seidel/Jenkner, S. 359–381.

Löwith, Karl, Weltgeschichte und Heilsgeschehen. Die theologischen Voraussetzungen der Geschichtsphilosophie, 6. Aufl., Stuttgart/Köln/Mainz 1973 (1953).

Lorenzo, Giovanni di, Stefan, 22, deutscher Rechtsterrorist: „Mein Traum ist der Traum von vielen", Reinbek bei Hamburg 1984.

Lucas, Erhard, Zwei Formen von Radikalismus in der deutschen Arbeiterbewegung, Frankfurt a. M. 1976.

Ludwig, Harald, Zur Gründung des Marxistischen Studentenbundes Spartakus, in: Deutschland Archiv 4 (1971), S. 850–853.

Ludz, Peter Christian, Entwurf einer soziologischen Theorie totalitär verfaßter Gesellschaften (1964), in: Seidel/Jenkner, S. 532–599.

Ludz, Peter Christian, Offene Fragen in der Totalitarismus-Forschung (1961), in: Seidel/Jenkner, S. 466–512.

Ludz, Peter Christian, Parteielite im Wandel. Funktionsaufbau, Sozialstruktur und Ideologie der SED-Führung. Eine empirisch-systematische Untersuchung, 3. durchgesehene Aufl., Köln/Opladen 1970 (1968).

Ludz, Peter Christian, Entwurf einer operationalen Theorie des Ideologiebegriffs (1964), in: Hans-Joachim Lieber (Hrsg.), Ideologie – Wissenschaft – Gesellschaft. Neuere Beiträge zur Diskussion, Darmstadt 1976, S. 484–519.

Ludz, Peter Christian/Christian Meier, Art. „Anarchie, Anarchismus, Anarchist", in: Brunner/Conze/Koselleck, Bd. 3, S. 49–109.

Lübbe, Hermann, Die Begründbarkeit von Normen und die sogenannte Wertfreiheit der Wissenschaften, in: Ansgar Paus (Hrsg.), Werte – Rechte – Normen, Graz/Wien/Köln 1979, S. 171–202.

Lübbe, Peter, Kommunismus und Sozialdemokratie. Eine Streitschrift, Berlin/Bonn 1978.

Lupri, Eugen, Statuskonsistenz und Rechtsradikalismus in der Bundesrepublik, in: KZfSS 24 (1972), S. 265–281.

Lyttelton, Adrian, The Seizur of Power. Fascism in Italy 1919–1929, London 1973.

Machiavelli, Niccolò, Der Fürst, hrsg. von Werner Bahner, Wiesbaden 1980 (Original: Il Principe, 1532).

Mackie, John Leslie, Ethik. Auf der Suche nach dem Richtigen und Falschen, Stuttgart 1981 (Original: Ethics. Inventing Right and Wrong, Harmondsworth 1977).

MacRae, Donald, Populism as an Ideology, in: Gellner/Ionescu, S. 153–165.
Maier, Hans/Hermann Bott, Die NPD. Struktur und Ideologie einer „nationalen Rechtspartei“, 2. erweiterte Aufl., München 1968.
Maihofer, Werner, Politische Kriminalität, in: Meyers Enzyklopädisches Lexikon, Bd. 14, Mannheim/Wien/Zürich 1975, S. 365–369.
Malaparte, Curzio, Technik des Staatsstreichs. Essay, Berlin 1988 (Original: Technique du coup d'Etat, Paris 1931).
Maitron, Jean, Le mouvement anarchiste en France, Bd. 1: Des origines à 1914, Paris 1975.
Maluschke, Günther, Philosophische Grundlagen des demokratischen Verfassungsstaates, Freiburg/München 1982.
Mandt, Hella, Grenzen politischer Toleranz in der offenen Gesellschaft. Zum Verfassungsgrundsatz der streitbaren Demokratie, in: APZG, B 3/1978, S. 3–15.
Mandt, Hella, Kritik der Formaldemokratie und Entförmlichung der politischen Auseinandersetzung, in: ZfP 32 (1985), S. 115–131.
Mandt, Hella, Tyrannislehre und Widerstandsrecht. Studien zur deutschen politischen Theorie des 19. Jahrhunderts, Darmstadt/Neuwied 1974.
Mandt, Hella, Zwischen Realismus und Fundamentalismus: Demokratietheorie in der Ära Adenauer, unveröffentlichte Habil.-Schrift, Universität Trier, 1978.
Mannheim, Karl, Die Methoden der Wissenssoziologie (1925), in: Lenk, Ideologie, S. 203–211.
Mannheim, Karl, Ideologie und Utopie, 5. Aufl., Frankfurt a. M. 1969 (1928/29).
Manuel, Frank E./Fritzie P. Manuel, Utopian Thought in the Western World, Cambridge/Mass. 1979.
Martin, James G., The Tolerant Personality, Detroit 1964.
Martini, Winfried, Die Legende vom Hause Ludendorff, Rosenheim 1949.
Maser, Werner, Adolf Hitler. Legende – Mythos – Wirklichkeit, 8. Aufl., München 1983.
Massing, Peter, Interesse und Konsensus. Zur Rekonstruktion und Begründung normativ-kritischer Elemente neopluralistischer Demokratietheorie, Opladen 1979.
Matz, Ulrich, Politik und Gewalt. Zur Theorie des demokratischen Verfassungsstaates und der Revolution, Freiburg/München 1975.
Matz, Ulrich/Gerhard Schmidtchen, Gewalt und Legitimität, = Analysen zum Terrorismus 4/1, hrsg. vom Bundesministerium des Innern, Opladen 1983.
Mauco, Georges, Les étrangers en France et le problème du racisme, Paris 1984.
Mayer, Gustav, Die Anfänge des politischen Radikalismus im vormärzlichen Preußen (1913), in: Ders., Radikalismus, Sozialismus und bürgerliche Demokratie, hrsg. und mit einem Nachwort versehen von Hans-Ulrich Wehler, 2. Aufl., Frankfurt a. M. 1969.
Mayer-Tasch, Peter Cornelius, Korporatismus und Autoritarismus. Eine Studie zu Theorie und Praxis der berufsständischen Rechts- und Staatsidee, Frankfurt a. M. 1971.
Mayntz, Renate, Soziologie der Organisation, Reinbek bei Hamburg 1963.
McCormick, Paul, Enemies of Democracy, London 1979.
McRae, Kenneth D., Consociational Democracy. Political Accomodation in Segmented Societies, Toronto 1974.
Mehring, Franz, Karl Marx. Geschichte seines Lebens, Neuausgabe, Berlin [Ost] 1960 (1918).
Meier, Christian/Hans Leo Reimann/Hans Maier/Reinhart Koselleck/Werner Conze, Art. „Demokratie“, in: Brunner/Conze/Koselleck, Bd. 1, S. 821–899.
Meier, Christian, Entstehung des Begriffs „Demokratie“. Vier Prolegomena zu einer historischen Theorie, 3. Aufl., Frankfurt a. M. 1977 (1970).
Meja, Volker/Nico Stehr, Der Streit um die Wissenssoziologie, 2 Bde., Frankfurt a. M. 1982.
Memmi, Albert, Rassismus, aus dem Französischen übersetzt von Udo Rennert, Frankfurt a. M. 1987 (Original: Le racisme. Description, définition, traitement, Paris 1982).
Menne, Albert, Einführung in die Methodologie. Elementare wissenschaftliche Denkmethoden im Überblick, Darmstadt 1980.

Mensing, Wilhelm, Maulwürfe im Kulturbeet. DKP-Einfluß in Presse, Literatur und Kunst, Zürich 1983.
Menze, Ernest A. (Hrsg.), Totalitarianism Reconsidered, Port Washington – N.Y./London 1981.
Merten, Detlef, Rechtsstaat und Gewaltmonopol, = Recht und Staat in Geschichte und Gegenwart, 442/443, Tübingen 1975.
Meusel, Alfred, Radikalismus, in: Kölner Vierteljahreshefte für Soziologie 4/5 (1924/26), S. 44–68.
Meyer, Alwin/Karl-Klaus Rabe, Unsere Stunde, die wird kommen. Rechtsextremismus unter Jugendlichen, Bornheim-Merten 1979.
Meyer, Thomas, Grundwerte und Wissenschaft im Demokratischen Sozialismus, Berlin/Bonn 1978.
Michel, Henri, Les fascismes, 3. Aufl., Paris 1983 (1977).
Mickel, Wolfgang W. (Hrsg.), Handlexikon zur Politikwissenschaft, München 1983.
Mill, John Stuart, Über die Freiheit (1859), aus dem Englischen übersetzt von Bruno Lemke, mit Anhang und Nachwort hrsg. von Manfred Schlenke, Stuttgart 1974.
Milza, Pierre, Les fascismes, Paris 1985.
Milza, Pierre, Fascisme français. Passé et présent, Paris 1987.
Minopoli, Umberto, A proposito del nuevo estremismo: autonomia, bisogni e individualismo radicale, in: Critica Marxista 15 (1977), Nr. 2, S. 51–72.
Mitchell, Allan, Revolution in Bayern 1918/19, Frankfurt a. M. 1967.
Mohler, Armin, Die Konservative Revolution in Deutschland 1918–1932. Ein Handbuch, 2., völlig neu bearbeitete und erweiterte Fassung, Darmstadt 1972 (1950).
Molnár, Miklós, El declive de la primera internacional, Madrid 1974.
Molnar, Thomas, Kampf und Untergang der Intellektuellen, München 1966.
Mommsen, Hans, Art. „Nationalsozialismus", in: Claus D. Kernig (Hrsg.), Sowjetsystem und demokratische Gesellschaft. Eine vergleichende Enzyklopädie, Bd. 4, Freiburg/Basel/Wien 1971, Sp. 695–713.
Mommsen, Hans, Nationalsozialismus oder Hitlerismus?, in: Michael Bosch (Hrsg.), Persönlichkeit und Struktur in der Geschichte. Historische Bestandsaufnahme und didaktische Implikationen, Düsseldorf 1977, S. 62–71.
Mommsen, Hans, Die Last der Vergangenheit, in: Jürgen Habermas (Hrsg.), Stichworte zur „Geistigen Situation der Zeit", Bd. 1: Nation und Republik, 3. Aufl., Frankfurt a. M. 1978 (1979), S. 104–184.
Mommsen, Wolfgang J./Gerhard Hirschfeld (Hrsg.), Sozialprotest, Gewalt, Terror. Gewaltanwendung durch politische und gesellschaftliche Randgruppen im 19. und 20. Jahrhundert, Stuttgart 1982.
Moore, William V., Extremism in the United States. A Teaching Resource on Neo-Nazism, o. O., 1983.
Morales, Mario, Milenarismo. Mito y realidad del fin de los tiempos, Barcelona 1980.
Moreau, Patrick, Die neue Religion der Rasse. Der Biologismus und die kollektive Ethik der Neuen Rechten in Frankreich und Deutschland, in: Fetscher, Neokonservative, S. 117–162.
Moreau, Patrick, Nationalsozialismus von links. Die „Kampfgemeinschaft Revolutionärer Nationalisten" und die „Schwarze Front" Otto Straßers 1930–1935, Stuttgart 1985.
Moreau, Patrick, Charles Maurras und die Action Française: Eine französische faschistische Versuchung, in: Iring Fetscher/Herfried Münkler (Hrsg.), Pipers Handbuch der politischen Ideen, Bd. 5: Neuzeit: Vom Zeitalter des Imperialismus bis zu den neuen sozialen Bewegungen, München/Zürich 1987, S. 341–351.
Morell, John, Arnold Leese and the Imperial Fascist League: the Impact of Racial Fascism, in: Kenneth Lunn/Richard C. Thurlow (Hrsg.), British Fascism. Essays on the Radical Right in Inter-War Britain, London 1980, S. 57–75.

Moritz, Uwe Joachim, Die Basken – Restauration oder marxistische Utopie, in: Rainer S. Elkar (Hrsg.), Europas unruhige Regionen. Geschichtsbewußtsein und europäischer Regionalismus, Stuttgart 1981, S. 195–217.

Morodo, Raúl, Los orígenes ideológicos del franquismo. Acción Española, Madrid 1985.

Morsey, Rudolf, Zur Entstehung, Authentizität und Kritik von Brünings Memoiren 1918–1934, Opladen 1975.

Mosler, Peter, Was wir wollten, was wir wurden. Studentenrevolte – zehn Jahre danach, Reinbek bei Hamburg 1982 (1977).

Mosse, George L., Rassismus. Ein Krankheitssymptom in der europäischen Geschichte des 19. und 20. Jahrhunderts, Königstein/Ts. 1978 (Original: Towards the Final Solution. A History of European Racism, New York 1978).

Mosse, George L. (Hrsg.), International Fascism. New Thoughts and Approaches, Beverly Hills/Cal. 1979.

Mosse, George L., Ein Volk – ein Reich – ein Führer. Die völkischen Ursprünge des Nationalsozialismus, Königstein/Ts. 1979 (Original: The Crisis of German Ideology, New York 1964).

Mourre, Michel, Art. „Droite et Gauche“, in: Ders., Dictionnaire encyclopédique d'histoire, Paris 1978, S. 1437–1442.

Mühlmann, Wilhelm E., Chiliasmus und Nativismus. Studien zur Psychologie, Soziologie und historischen Kasuistik der Umsturzbewegungen, zweiter Druck, Berlin 1964 (1961).

Müller, Emil-Peter, Die Bündnispolitik der DKP. Ein trojanisches Pferd, Köln 1982.

Müller, Johann Baptist, Politische Attitüden links und rechts, in: Civitas 16 (1979), S. 154–170.

Müller, Jürgen, Die französische Rechte und der Faschismus in Frankreich 1924–32, in: Stegmann/Wendt/Witt, S. 413–430.

Müller-Guntrum, Eckhard, Die Organisation der französischen Regionalverwaltung unter der 5. Republik, in: JöR 29 (1980), S. 137–207.

Münkler, Herfried, Sehnsucht nach dem Ausnahmezustand. Die Faszination des Untergrunds und ihre Demontage durch die Strategie des Terrors, in: Steinweg, Faszination, S. 60–88.

Münkler, Herfried, Marx heute, in: APZG, B 10/1983, S. 25–35.

Mujal-León, Eusebio, The PCE in Spanish Politics, in: Childs, S. 74–111.

Mujal-León, Eusebio, The Spanish Communist Party, in: Spettatore Internazionale 13 (1978), S. 199–228.

Mujal-León, Eusebio, Communism and Political Change in Spain, Bloomington 1983.

Muret, Charlotte Touzalin, French Royalist Doctrines since the Revolution, Nachdruck, New York 1972 (1933).

Murphy, Detlef/Frank Nullmeier/Joachim Raschke/Frauke Rubart/Thomas Saretzki, Haben „links“ und „rechts“ noch eine Zukunft? Zur aktuellen Diskussion über die politischen Richtungsbegriffe, in: PVS 22 (1981), S. 398–414.

Narr, Wolf-Dieter, Theoriebegriffe und Systemtheorie, Stuttgart 1969.

Narr, Wolf-Dieter, Radikalismus, Extremismus, in: Martin Greiffenhagen (Hrsg.), Kampf um Wörter? Politische Begriffe im Meinungsstreit, München/Wien 1980, S. 366–375.

Narr, Wolf-Dieter/Frieder Naschold, Theorie der Demokratie, Stuttgart u. a. 1971.

Naville, Pierre, Il pensiero politico di Trockij: ieri e domani, in: Trockij nel movimento operaio del XX secolo. Sonderband der Zeitschrift „Il Ponte“ 36 (1980), Nr. 11/12, S. 1471–1492.

Neofaschismus. Die Rechten im Aufwind, hrsg. von der Gewerkschaft Erziehung und Wissenschaft/Landesverband Berlin, vom Bund politisch, rassisch und religiös Verfolgter und Jan Peters, Berlin 1979.

Nettlau, Max, Die erste Blütezeit der Anarchie: 1886–1894, Vaduz 1981.

Nettlau, Max, Michail Bakunin. Eine Biographie, 3 Bde., London 1896–1900.

Neumann, Franz, Behemoth. Struktur und Praxis des Nationalsozialismus 1933–1944, hrsg. und mit einem Nachwort versehen von Gert Schäfer, Frankfurt a. M. 1984 (Original: Behemoth. The Structure and Practice of National Socialism, New York 1942).
Neumann, Franz, Demokratischer und autoritärer Staat. Beiträge zur Soziologie der Politik, Frankfurt a. M. 1967 (Original: The Democratic and the Authoritarian State, New York 1957).
Neumann, Franz, Intellektuelle und politische Freiheit, in: Sociologica I. Aufsätze – Max Horkheimer zum sechzigsten Geburtstag gewidmet, 2. unveränderte Aufl., Frankfurt a. M./Köln 1979 (1955), S. 157–170.
Neumann, Franz, Anarchismus, in: Ders., Handbuch, S. 222–294.
Neumann, Franz (Hrsg.), Handbuch Politischer Theorien und Ideologien, erweiterte Ausgabe, Reinbek bei Hamburg 1977 (1974/75).
Neumann, Sigmund, Die Parteien der Weimarer Republik (1932), mit einer Einführung von Karl Dietrich Bracher, 4. Aufl., Stuttgart/Berlin/Köln/Mainz 1977 (1965).
Neusüss, Arnhelm, Schwierigkeiten einer Soziologie des utopischen Denkens, in: Ders., Utopie, S. 13–119.
Neusüss, Arnhelm (Hrsg.), Utopie. Begriff und Phänomen des Utopischen, Frankfurt a. M./New York 1986 (1968).
Nicolet, Claude, Le radicalisme, 5. Aufl., Paris 1983.
Nieder, Ludwig, Der Radikalismus am Ruder. Tatsachen und Gedanken. Allen Hand- und Kopfarbeitern vorgelegt von einem Proletarier, Mönchen-Gladbach 1919.
Niedhart, Gottfried, Art. „Radikale und Radikal-sozialistische Partei", in: Frank Wende (Hrsg.), Lexikon zur Geschichte der Parteien in Europa, Stuttgart 1981, S. 185–188.
Nieke, W., Art. „Extremismus", in: Joachim Ritter (Hrsg.), Historisches Wörterbuch der Philosophie, völlig neubearbeitete Ausgabe des 'Wörterbuch der Philosophischen Begriffe' von Rudolf Eisler, Bd. 2, Basel/Stuttgart 1972, S. 884.
Niethammer, Lutz, Angepaßter Faschismus. Politische Praxis der NPD, Frankfurt a. M. 1969.
Noce, Augusto del, Il problema della definizione storica del fascismo, in: Storia e Politica 15 (1976), S. 121–170.
Noelle-Neumann, Elisabeth/Erp Ring, Das Extremismus-Potential unter jungen Leuten in der Bundesrepublik Deutschland 1984, hrsg. vom Bundesministerium des Innern, Bonn 1984.
Nohlen, Dieter, Regionalismus in Spanien, in: APZG, B 12/1980, S. 39–60.
Nohlen, Dieter (Hrsg.), Pipers Wörterbuch zur Politik, 6 Bde., München/Zürich 1985–1987.
Nolte, Ernst, Der Faschismus in seiner Epoche. Die Action Française – Der italienische Faschismus – Der Nationalsozialismus, 5. Aufl., München/Zürich 1979 (1963).
Nolte, Ernst, Die faschistischen Bewegungen. Die Krise des liberalen Systems und die Entwicklung der Faschismen, 7. Aufl., München 1979 (1966).
Nolte, Ernst (Hrsg.), Theorien über den Faschismus, 6. Aufl., Königstein/Ts. 1984 (1969).
Nolte, Ernst, Der europäische Bürgerkrieg 1917–1945. Nationalsozialismus und Bolschewismus, Frankfurt a. M./Berlin 1987.
Nuscheler, Franz, Rassistische und faschistische Auswüchse der britischen Krise, in: APZG, B 44/1979, S. 3–19.
Nuscheler, Franz, Sozialistischer Pluralismus, in: Heinrich Oberreuter (Hrsg.), Pluralismus. Grundlegung und Diskussion, Opladen 1980, S. 143–162.
Nuscheler, Franz, Entwicklungslinien der Dritte-Welt-Forschung, in: Ders. (Hrsg.), Dritte-Welt-Forschung. Entwicklungstherapien und Entwicklungspolitik, = PVS-Sonderheft 16, Opladen 1985, S. 7–25.
Oberländer, Erwin (Hrsg.), Der Anarchismus, Olten/Freiburg im Breisgau 1972.
Oberndörfer, Dieter/Hans-Joachim Veen (Hrsg.), Sozialistische und kommunistische Parteien in Westeuropa, Bd. 1: Südländer, Bd. 2: Nordländer, Opladen 1978/79.
Oberreuter, Heinrich (Hrsg.), Wahrheit statt Mehrheit? An den Grenzen der parlamentarischen Demokratie, München 1986.
Oestreich, Gerhard, Geschichte der Menschenrechte und Grundfreiheiten im Umriß, Berlin 1968.

Opitz, Reinhard, Faschismus und Neofaschismus, Frankfurt a. M. 1984.
Osgood, Samuel M., French Royalism since 1970, 2. erweiterte Aufl., Den Haag 1970.
Otto, Karl A., Vom Ostermarsch zur APO. Geschichte der außerparlamentarischen Opposition in der Bundesrepublik 1960–70, Frankfurt a. M. 1977.
Paetel, Karl Otto, Versuchung oder Chance? Zur Geschichte des deutschen Nationalbolschewismus, Göttingen 1965.
Palmer, Robert R., Das Zeitalter der demokratischen Revolution. Eine vergleichende Geschichte Europas und Amerikas von 1760 bis zur Französischen Revolution, Frankfurt a. M. 1970 (Original: The Age of Democratic Revolution. A Political History of Europe and America, 1760–1800. The Challenge, Princeton/N. J. 1959).
Panahi, Badi, Vorurteile. Rassismus, Antisemitismus, Nationalismus ... in der Bundesrepublik heute. Eine empirische Untersuchung, Frankfurt a. M. 1980.
Paraf, Pierre, Le racisme dans le monde, Paris 1964.
Parsons, Talcott, The Role of Ideas in Social Action, in: ASR 3 (1938), S. 652–664.
Art. „Partido Radical", „Partido Radical-Socialista", „Partido Republicano Radical", in: Diccionario Enciclopedico Salvat Universal, Bd. 17, Barcelona u. a. 1981, S. 205 f.
Paul, Gerhard/Bernhard Schoßig (Hrsg.), Jugend und Neofaschismus. Provokation oder Identifikation?, Frankfurt a. M. 1979.
Payne, Robert, Stalin. Macht und Tyrannei (Original: The Rise and Fall of Stalin, New York 1965), München 1978.
Payne, Stanley G., Regional Nationalism. The Basques and the Catalans, in: W. T. Salisbury/J. D. Theberge (Hrsg.), Spain in the 1970's. Economy, Social Structure, Foreign Policy, New York/Washington/London 1976, S. 112–134.
Peisl, Anton/Armin Mohler (Hrsg.), Kursbuch der Weltanschauungen, Frankfurt a. M./Berlin/Wien 1980.
Pelloutier, Fernand, L'anarchisme et les syndicats ouvrières, in: Les Temps Nouveaux 1 (1895), Nr. 27, S. 2–4.
Perrineau, Pascal, Le Front National: un électorat autoritaire, in: RPP 87 (1985), Nr. 918, S. 24–31.
Perrineau, Pascal, Front national: l'écho politique de l'anomie urbaine, in: Esprit 1988, Nr. 136–137, S. 22–38.
Peters, Jan (Hrsg.), Nationaler „Sozialismus" von rechts, Berlin 1980.
Petersen, Jens, La nascita del concetto di 'stato totalitario' in Italia, in: Annali dell'Istituto storico italo-germanico in Trento (Bologna) 1 (1975), S. 143–168.
Petersen, Jens, Die Entstehung des Totalitarismusbegriffs in Italien, in: Funke, Totalitarismus, S. 105–128.
Petitfils, Jean-Christian, La droite en France de 1789 à nos jours, 3. Aufl., Paris 1983 (1973).
Petitfils, Jean-Christian, L'extrême droite en France, Paris 1983.
Pfeiffer, Gerd/Hans-Georg Strikkert (Hrsg.), KPD-Prozeß. Dokumentarwerk zu dem Verfahren über den Antrag der Bundesregierung auf Feststellung der Verfassungswidrigkeit der Kommunistischen Partei Deutschlands vor dem Ersten Senat des Bundesverfassungsgerichts, 3 Bde., Karlsruhe 1955/56.
Pischel, Enrica Collotti, Art. „Maoismo", in: Bobbio/Matteucci/Pasquino, S. 631–634.
Plack, Arno, Wie oft wird Hitler noch besiegt? Neonazismus und Vergangenheitsbewältigung, Frankfurt a. M. 1985.
Plat, Wolfgang, Attentate. Eine Sozialgeschichte des politischen Mordes, Düsseldorf/Wien 1982.
Plenel, Edwy/Alain Rollat, L'effet Le Pen, Paris 1984.
Plessner, Helmuth, Grenzen der Gemeinschaft. Eine Kritik des sozialen Radikalismus, 9. Aufl., Bonn 1924.
Poliakov, Léon, Geschichte des Antisemitismus, 8 Bde., Worms 1977.

Politischer Protest in der Bundesrepublik Deutschland. Beiträge zur sozialempirischen Untersuchung des Extremismus. Eine Arbeit der Infratest Wirtschaftsforschung GmbH, Stuttgart/Berlin/Köln/Mainz 1980.

Politischer Protest in der Sozialwissenschaftlichen Literatur. Eine Arbeit der Infratest Wirtschaftsforschung GmbH, Stuttgart/Berlin/Köln/Mainz 1978.

Polybios, Historien. Auswahl, Übersetzung, Anmerkungen und Nachwort von Karl Friedrich Eisen, Stuttgart 1973.

Pomorin, Jürgen/Reinhard Junge, Vorwärts, wir marschieren zurück. Die Neonazis, Teil 2, Dortmund 1979.

Pomorin, Jürgen/Reinhard Junge/Georg Biemann/Hans-Peter Bordien, Blutige Spuren. Der zweite Aufstieg der SS, Dortmund 1980.

Pomorin, Jürgen/Reinhard Junge/Georg Biemann/Hans-Peter Bordien, Geheime Kanäle. Der Nazi-Mafia auf der Spur, Dortmund 1981.

Popper, Karl R., Die Logik der Sozialwissenschaften (1961), in: Theodor W. Adorno u. a., Der Positivismusstreit in der deutschen Soziologie, 10. Aufl., Darmstadt/Neuwied 1982 (1969), S. 103–123.

Popper, Karl R., Das Elend des Historizismus, 5. verbesserte Aufl., Tübingen 1979 (Original: The Poverty of Historicism, London 1960).

Popper, Karl R., Die offene Gesellschaft und ihre Feinde, 2 Bde., 6. Aufl., München 1980 (Original: The Open Society and Its Enemies, 2 Bde., London 1944).

Popper, Karl R., Utopie und Gewalt, in: Neusüss, Utopie, S. 313–326.

Porta, Donatella della/Gianfranco Pasquino (Hrsg.), Terrorismo e violenza politica. Tre casi a confronto: Stati Uniti, Germania e Giappone, Bologna 1983.

Portner, Dieter, Bundeswehr und Linksextremismus, München/Wien 1976.

Powell, G. Bingham, Contemporary Democracies. Participation, Stability, and Violence, Cambridge/London 1982.

Prätorius, Rainer, Soziologie der Politischen Organisationen. Eine Einführung, Darmstadt 1984.

Priester, Karin, Eurokommunismus und Pluralismus, in: FH 35 (1980), H. 3, S. 13–22.

Priester, Karin, Studien zur Staatstheorie des italienischen Marxismus: Gramsci und Della Volpe, Frankfurt a. M./New York 1981.

Priester, Karin, Antonio Gramsci und der italienische Marxismus, in: NPL 21 (1976), S. 182–207.

Probleme der Demokratie heute, = PVS-Sonderheft 2, Opladen 1971.

Pröhuber, Karl-Heinz, Die Nationalrevolutionäre Bewegung in Westdeutschland, Hamburg 1980.

Programm der Kommunistischen Partei Deutschlands/ Marxisten–Leninisten, 2. veränderte Aufl., Dortmund 1979.

Puhle, Hans-Jürgen, Agrarische Interessenpolitik und preußischer Konservativismus im wilhelminischen Reich (1893–1914). Ein Beitrag zur Analyse des Nationalismus in Deutschland am Beispiel des Bundes der Landwirte und der Deutsch-Konservativen Partei, Hannover 1966.

Rabe, Karl-Klaus (Hrsg.), Rechtsextreme Jugendliche. Gespräche mit Verführern und Verführten, Bornheim–Merten 1980.

Raddatz, Fritz J., Karl Marx. Eine politische Biographie, Hamburg 1975.

Radel, J.-Lucien, Roots of Totalitarianism. The Ideological Sources of Fascism, National Socialism, and Communism, New York 1975.

Art. „Radicalismo“, in: Grande Enciclopedia Portuguesa e Brasileira, Bd. 24, Lissabon/Rio de Janeiro 1936–1960, S. 223 f.

Rammstedt, Otthein, Soziale Bewegung, Frankfurt a. M. 1978.

Ranger, Jean, Le déclin du Parti Communiste Français, in: RFSP 36 (1986), S. 46–63.

Ranger, Jean, Droite et gauche dans les élections à Paris (1965–1977), in: RFSP 27 (1977), S. 789–819.

Raschke, Joachim, Soziale Bewegungen. Ein historisch-systematischer Grundriß, Frankfurt a. M./New York 1985.

Rauball, Reinhard, Die Baader-Meinhof-Gruppe, Berlin/New York 1973.
Rausch, Heinz (Hrsg.), Zur Theorie und Geschichte der Repräsentation und Repräsentativverfassung, Darmstadt 1968.
Rausch, Heinz, Repräsentation und Repräsentativverfassung. Anmerkungen zur Problematik, München 1979.
Rauschning, Hermann, Gespräche mit Hitler, unveränderter Neudruck, Wien/Zürich/New York 1940 (1939).
Rauschning, Hermann, Die Revolution des Nihilismus. Kulisse und Wirklichkeit im Dritten Reich, 5. Aufl., Zürich/New York 1938.
Reese, Hartmut, Protagonisten der „nationalen Identität": die Nationalrevolutionäre, in: FH 39 (1984), H. 6, S. 13–20.
Regnier, André, Une idéologie du désarroi: la nouvelle droite, in: L'Homme et la Société, 1980, Nr. 55–58, S. 255–265.
Reich, Wilhelm, Die Massenpsychologie des Faschismus, 2. Aufl., Kön 1972 (1933).
Reichel, Peter, Politische Kultur der Bundesrepublik, Opladen 1981.
Reif, Adelbert, Gespräch mit Augustin Souchy, in: Europäische Ideen, Heft 39/1978, S. 1–18.
Rémond, René, Les droites en France, Neuausgabe, Paris 1982 (1954).
Revel, Jean-François, So enden die Demokratien, München 1984 (Original: Comment les démocraties finissent, Paris 1983).
Revelli, Marco, La nuova destra, in: Ferraresi, La destra, S. 119–214.
Rexilius, Günter, Die „Neue Anthropologie" oder: Mensch und Geschichte – von rechtsaußen gesehen, in: Psychologie und Gesellschaftskritik, 1980, H. 13/14, S. 104–143.
Rials, Stéphane, Le légitimisme, Paris 1983.
Richert, Ernst, Die radikale Linke. Von 1945 bis zur Gegenwart, Berlin 1969.
Richter, Helmut/Günter Trautmann (Hrsg.), Eurokommunismus. Ein dritter Weg für Europa?, Hamburg 1979.
Ridley, F. F., Revolutionary Syndicalism in France. The Direct Action of Its Time, Cambridge 1970.
Ridley, F. F., Syndikalismus, Streik und „Revolutionäre Aktion" in Frankreich, in: Mommsen/Hirschfeld, Sozialprotest, S. 270–289.
Riegel, Klaus-Georg, Sendungsprophetie und Charisma. Am Beispiel Leo Trotzkis, in: W. Lipp (Hrsg.), Kulturtypen, Kulturcharaktere, Berlin 1987, S. 221–237.
Rincón, Luciano, ETA (1974–1984), Barcelona 1985.
Ritter, Gerhard A., „Direkte Demokratie" und Rätewesen in Geschichte und Theorie, in: Scheuch, Die Wiedertäufer, S. 188–216.
Roberts, Geoffrey K., 'Normal' or 'Critical': Progress Reports on the Condition of West Germany's Political Culture, in: EJPR 12 (1984), S. 423–431.
Robrieux, Philippe, Histoire intérieure du Parti Communiste Français, 4 Bde., Paris 1980–1984.
Robrieux, Philippe, La secte, Paris 1985.
Röhl, Klaus Rainer, Fünf Finger sind keine Faust, 2. veränderte Aufl., Göttingen 1977.
Röhl, Klaus Rainer, Die Genossin. Roman, München/Wien 1975.
Röhrich, Wilfried, Der Mythos der Gewalt. Sorel: Vom Syndikalismus zum Faschismus, in: Mommsen/Hirschfeld, Sozialprotest, S. 290–302.
Röhrich, Wilfried, Revolutionärer Syndikalismus. Ein Beitrag zur Sozialgeschichte der Arbeiterbewegung, Darmstadt 1977.
Rogeiro, Nuno, Art. „Populismo", in: Polis. Enciclopédia VERBO da Sociedade e do Estado. Antropologia – Direito – Ciência Política, Bd. 4, Lissabon/São Paulo 1986, Sp. 1388–1393.
Rohrmoser, Günter, Krise der politischen Kultur, Mainz 1983.
Rokeach, Milton W., The Open and Closed Mind, New York 1960.
Rollat, Alain, Les hommes de l'extrême droite. Le Pen, Marie, Ortiz et les autres, Paris 1985.

Rosa, Giuseppe de, Sozialismus und Kommunismus in Italien, in: Oberndörfer, Sozialistische und kommunistische Parteien, S. 133–194.
Rossi-Landi, Le chassé croisé. La droite et la gauche en France de 1789 à nos jours. Essai, Paris 1978.
Rotermundt, Rainer, Verkehrte Utopien. Nationalsozialismus – Neonazismus – Neue Barbarei. Argumente und Materialien, Frankfurt a. M. 1980.
Rothenstreich, Nathan, On Radicalism, in: Philosophy of the Social Sciences 4 (1974), S. 169–182.
Rotteck, Carl von, Art. „Demokratisches Prinzip", in: Carl von Rotteck/Carl Welcker (Hrsg.), Staatslexikon, Bd. 4, Altona 1837, S. 252.
Rousseau, Jean-Jacques, Der Gesellschaftsvertrag oder: Die Grundsätze des Staatsrechtes, deutsch von H. Denhardt, mit einer Einleitung von Paul Ritterbusch, Leipzig 1927.
Ruas, Henrique Barrilaro, Art. „Extremismo", in: Polis. Enciclopédia VERBO da Sociedade e do Estado. Antropologia – Direito – Economia – Ciência Política, Bd. 2, Lissabon/São Paulo 1984, Sp. 1346–1350.
Rudzio, Wolfgang, Systemaversionen bei linksorientierten Jugendlichen. Sozialisationsschwächen der deutschen Demokratie, in: APZG, B 50/1984, S. 27–34.
Rudzio, Wolfgang, Art. „Extremismus", in: Thomas Meyer u. a. (Hrsg.), Lexikon des Sozialismus, Köln 1986, S. 167 f.
Rudzio, Wolfgang, Die Erosion der Abgrenzung. Zum Verhältnis zwischen der demokratischen Linken und Kommunisten in der Bundesrepublik Deutschland, Opladen 1988.
Rüstow, Alexander, Ortsbestimmung der Gegenwart. Eine universalgeschichtliche Kulturkritik, Bd. 3: Herrschaft oder Freiheit?, Erlenbach-Zürich/Stuttgart 1957.
Ruggiero, Guido de, Geschichte des Liberalismus in Europa, 2. Aufl., Aalen 1964 (Original: Storia del liberalismo europeo, Bari 1925).
Rupp, Hans Karl, Außerparlamentarische Opposition in der Ära Adenauer. Der Kampf gegen Atomwaffen in den fünfziger Jahren. Eine Studie zur innenpolitischen Entwicklung der BRD, Köln 1972.
Rutenberg, Art. „Radical, Radicalismus", in: Carl von Rotteck/Carl Welcker (Hrsg.), Staats-Lexikon, Bd. 13, Altona 1842, S. 408–420.
Ryffel, Hans, Zur Begründung der Menschenrechte, in: Johannes Schwartländer (Hrsg.), Menschenrechte. Aspekte ihrer Begründung und Verwirklichung, Tübingen 1978, S. 55–75.
Salewski, Wolfgang/Peter Lanz (Hrsg.), Die neue Gewalt und wie man ihr begegnet, Zürich 1978.
Saposs, David J., The Rôle of the Middle Class in Social Development. Fascism, Populism, Communism, Socialism, in: Economic Essays in Honour of Wesley Clair Mitchell, presented to him by his former students on the occasion of his sixtieth birthday, New York 1935, S. 395–424.
Sarkisyanz, Emanuel, Rußland und der Messianismus des Orients. Sendungsbewußtsein und politischer Chiliasmus des Ostens, Tübingen 1955.
Sarkisyanz, Emanuel, Politische Utopien, in: Peisl/Mohler, S. 31–82.
Sarkowicz, Hans, Die Protokolle der Weisen von Zion, in: Karl Corino (Hrsg.), Gefälscht! Betrug in Literatur, Kunst, Musik, Wissenschaft und Politik, Nördlingen 1988, S. 51–68.
Schapiro, Leonard, Totalitarianism, London 1972.
Scheibert, Peter, Von Bakunin zu Lenin. Geschichte der russischen revolutionären Ideologie 1840–1895, Leiden 1956.
Schepens, Luc, Fascists and Nationalists in Belgium, 1919–1940, in: Larsen/Hagtvet/Myklebust, S. 501–516.
Scheub, Ute, Alte Bekannte. Den neuen Nazis und ihren alten Freunden auf der Spur, Reinbek bei Hamburg 1985.
Scheuch, Erwin K. (Hrsg.), Die Wiedertäufer der Wohlstandsgesellschaft. Eine kritische Untersuchung der „Neuen Linken" und ihrer Dogmen, Köln 1968.

Scheuch, Erwin K., Die NPD als rechtsextreme Partei, in: Hamburger Jahrbuch für Wirtschafts- und Sozialpolitik 15 (1970), S. 321–333.
Scheuch, Erwin K., Politischer Extremismus in der Bundesrepublik, in: Richard Löwenthal/ Hans-Peter Schwarz (Hrsg.), Die zweite Republik. 25 Jahre Bundesrepublik Deutschland – eine Bilanz, 2. Aufl., Stuttgart 1974, S. 433–469.
Scheuch, Erwin K./Hans D. Klingemann, Theorie des Rechtsradikalismus in westlichen Industriegesellschaften, in: Hamburger Jahrbuch für Wirtschafts- und Gesellschaftspolitik 12 (1967), S. 11–29.
Schieder, Wolfgang (Hrsg.), Faschismus als soziale Bewegung. Deutschland und Italien im Vergleich, 2. Aufl., Göttingen 1983.
Schieder, Wolfgang (Hrsg.), Art. „Kommunismus", in: Brunner/Conze/Koselleck, Bd. 2, S. 455–529.
Schieder, Theodor, Hermann Rauschnings „Gespräche mit Hitler" als Geschichtsquelle, Opladen 1972.
Schieder, Theodor, Die Juli-Revolution und ihre Wirkungen auf Deutschland, in: Ders., Vom Deutschen Bund zum Dritten Reich, = Gebhardt/Handbuch der deutschen Geschichte, Bd. 15, 9. neu bearbeitete Aufl., München 1983, S. 42–59.
Schlesinger, Rudolf, Osservazioni sui fundamenti filosofici dell'extremismo di sinistra, in: Annali 14 (1972), S. 7–55.
Schlomann, Friedrich-Wilhelm/Paulette Friedlingstein, Die Maoisten. Pekings Filialen in Westeuropa, Frankfurt a. M. 1970.
Schlomann, Friedrich-Wilhelm, Trotzkisten – Europäische Arbeiterpartei – „Maoisten", in: APZG, B 27/1980, S. 12–28.
Schmerl, Christiane/Helmut Bonn, Zum Problem dogmatischer Einstellungen bei „Rechten" und „Linken", in: Soziale Welt 26 (1975), S. 174–187.
Schmitt, Carl, Die geistesgeschichtliche Lage des heutigen Parlamentarismus, 3. Aufl., Berlin 1961 (1923).
Schmollinger, Horst W., Die Deutsche Konservative Partei – Deutsche Rechtspartei, in: Stöss, Parteien-Handbuch, S. 982–1024.
Schmollinger, Horst W., Die Nationaldemokratische Partei, in: Stöss, Parteien-Handbuch, S. 1892–1921.
Schneider, Hans-Peter, Verfassungswandel und politischer Konflikt. Zur Entwicklung des modernen Verfassungsstaates in Deutschland, in: Politische Bildung 17 (1984), H. 1, S. 19–34.
Schneider, Rudolf, Die SS ist ihr Vorbild. Neonazistische Kampfgruppen und Aktionskreise in der Bundesrepublik, Frankfurt a. M. 1981.
Schoch, Bruno, Marxismus in Frankreich seit 1945, Frankfurt a. M./New York 1980.
Schoeps, Hans-Joachim, Konservative Erneuerung. Ideen zur deutschen Politik, 2. Aufl., Berlin 1963 (1958).
Schoeps, Hans-Joachim, Kommt die Monarchie? Wege zu neuer Ordnung im Massenzeitalter, Ulm 1953.
Schreiber, Gerhard, Hitler. Interpretationen, 1923–1983. Ergebnisse, Methoden und Probleme der Forschung, 2. Aufl., Darmstadt 1988 (1984).
Schreiber, Gerhard, Rezension der Hänel-Schrift, in: Militärgeschichtliche Mitteilungen 29 (1985), S. 204–206.
Schreiner, Hans-Peter, Ohne Terror ist die Tugend machtlos. Maximilien Robespierre und Ulrike Meinhof, in: Becker/Schreiner, S. 189–195.
Schröder, Dieter (Hrsg.), Terrorismus. Gewalt mit politischem Motiv, München 1986.
Schüddekopf, Ernst-Otto, Linke Leute von rechts. Die nationalrevolutionären Minderheiten und der Kommunismus in der Weimarer Republik, Stuttgart 1960.
Schütte, Johannes, Revolte und Verweigerung. Zur Politik und Sozialpsychologie der Spontibewegung, Gießen 1980.

Schütt-Wetschky, Eberhard, Grundtypen parlamentarischer Demokratie. Klassisch-altliberaler Typ und Gruppentyp. Unter besonderer Berücksichtigung der Kritik am „Fraktionszwang", Freiburg im Breisgau/München 1984.

Schulz, Gerhard, Faschismus – Nationalsozialismus. Versionen und theoretische Kontroversen 1922–1972, Frankfurt a. M./Berlin/Wien 1974.

Schumpeter, Joseph A., Kapitalismus, Sozialismus und Demokratie, Einleitung von Edgar Salin, 5. Aufl., München 1980 (Original: Capitalism, Socialism and Democracy, New York 1942).

Schwan, Alexander, Die Herausforderung des Pluralismus durch den Marxismus. Aktuelle und grundsätzliche Aspekte, in: Günther Doeker/Winfried Steffani (Hrsg.), Klassenjustiz und Pluralismus. Festschrift für Ernst Fraenkel zum 75. Geburtstag am 26. Dezember 1973, Hamburg 1973, S. 444–481.

Schwan, Alexander, Zum Verhältnis von Theorie und Praxis im Marxismus-Leninismus am Beispiel der Parteilehre Lenins, in: Dieter Oberndörfer/Wolfgang Jäger, Marx – Lenin – Mao. Revolution und neue Gesellschaft, mit einem Beitrag von Alexander Schwan, Stuttgart/Berlin/Köln/Mainz 1974, S. 90–101.

Schwan, Alexander, Theorie als Dienstmagd der Praxis. Systemwille und Parteilichkeit. Von Marx zu Lenin, Stuttgart 1983.

Schwarz, Hans-Peter, Der Konservative Anarchist. Politik und Zeitkritik Ernst Jüngers, Freiburg im Breisgau 1962.

Schwierskott, Hans-Joachim, Arthur Moeller van den Bruck und der revolutionäre Nationalismus in der Weimarer Republik, Göttingen u. a. 1962.

Scott, Duncan, The National Front in Local Politics: Some Interpretations, in: Ivor Crewe (Hrsg.), British Political Sociology Yearbook, Bd. 2: The Politics of Race, London 1975, S. 214–238, 230 f.

Seebold, Gustav Hermann, Die Hitler-Breiting-Geheimgespräche als historische Quelle, Bochum 1975 (Magister-Arbeit).

Seidel, Bruno/Siegfried Jenkner (Hrsg.), Wege der Totalitarismus-Forschung, 3. Aufl., Darmstadt 1974, S. 532–599.

Seiler, Daniel-Louis, Partis et familles politiques, Paris 1980.

Sérant, Paul, Die politischen Säuberungen in Westeuropa am Ende des Zweiten Weltkrieges in Deutschland, Österreich, Belgien, Dänemark, Frankreich, Großbritannien, Italien, Luxemburg, Norwegen, den Niederlanden und der Schweiz, Oldenburg/Hamburg, o. J. (1964?; Original: Les vaincus de la Libération. L'épuration en Europe occidentale à la fin de la Seconde Guerre mondiale, Paris 1964).

Sheehan, Thomas, Myth and Violence. The Fascism of Julius Evola and Alain de Benoist, in: Social Research 48 (1981), S. 45–73.

Sherwin, Marc, The Extremists, New York 1963.

Shils, Edward A., The Torment of Secrecy. The Background and Consequences of American Security Policies, Melbourne/London/Toronto 1956.

Silbermann, Alphons, Der ungeliebte Jude. Zur Soziologie des Antisemitismus, Zürich 1981.

Silbermann, Alphons, Sind wir Antisemiten? Ausmaß und Wirkung eines sozialen Vorurteils in der Bundesrepublik Deutschland, Köln 1982.

Silbermann, Alphons/Julius H. Schoeps (Hrsg.), Antisemitismus nach dem Holocaust. Bestandsaufnahme und Erscheinungsformen in deutschsprachigen Ländern, Köln 1986.

Sippel, Heinrich, Die rechtsradikale Agitation, in: Informationen für die Truppe, 1967, H. 2, S. 3–40.

Slama, Gérard, Les chasseurs d'absolu. Genèse de la gauche et de la droite, Paris 1980.

Smoydzin, Werner, Hitler lebt! Vom internationalen Faschismus zur Internationale des Hakenkreuzes, Pfaffenhofen 1966.

Sochatzy, Klaus und Mitarbeiter, Parole: rechts! Jugend, wohin? Neofaschismus im Schülerurteil. Eine empirische Studie, Frankfurt a. M. 1980.

Solnemann, K. H. Z./Uwe Timm, Individualistischer Anarchismus. Eine Autorenauswahl, 7. Aufl., Berlin 1982.
Solschenitzyn, Alexander, Der Archipel GULAG. Folgeband: Arbeit und Ausrottung – Seele und Stacheldraht, Bern 1974.
Sontheimer, Kurt, Antidemokratisches Denken in der Weimarer Republik. Die politischen Ideen des deutschen Nationalismus zwischen 1918 und 1933, 2. Aufl., München 1983 (1962).
Sontheimer, Kurt, Das Elend unserer Intellektuellen. Linke Theorie in der Bundesrepublik Deutschland, Hamburg 1976.
Sontheimer, Kurt, Zeitenwende? Die Bundesrepublik Deutschland zwischen alter und alternativer Politik, Hamburg 1983.
Soucy, Robert, The Nature of Fascism in France, in: Journal of Contemporary History 1 (1966), S. 27–55.
Soucy, Robert, French Fascism: The First Wave, 1924–1933, New Haven/London 1986.
Sozialistische Studiengruppe (SOST), Zwischen Neokonservatismus und Rechtsradikalismus. Politische und populistische Rechtstendenzen in der Bundesrepublik, Hamburg 1986.
Spencer, Martin E., What is charisma?, in: BJS 24 (1973), S. 341–345.
Spieker, Manfred (Hrsg.), Der Eurokommunismus. Demokratie oder Diktatur?, Stuttgart 1979.
Spinner, Helmut F., Popper und die Politik. Rekonstruktion und Kritik der Sozial-, Polit- und Geschichtsphilosophie des Kritischen Rationalismus, Bd. 1: Geschlossenheitsprobleme, Berlin/Bonn 1978.
Spitz, David, Patterns of Anti-Democratic Thought. An Analysis and a Criticism, with Special Reference to the American Political Mind in Recent Times, revised edition, Westport/Conn. 1981 (1949).
Spriano, Paolo, Intervista sulla storia del PCI, hrsg. von Simona Colarizi, Rom/Bari 1979.
Spriano, Paolo, Storia del partito comunista italiano, 5 Bde., Turin 1972–1975.
Staritz, Dietrich, KPD und Kalter Krieg bis 1950, in: Die Linke im Rechtsstaat, Bd. 1: Bedingungen sozialistischer Politik 1945–1965, Berlin 1976, S. 195–210.
Steffani, Winfried, Parlamentarische und präsidentielle Demokratie. Strukturelle Aspekte westlicher Demokratien, Opladen 1979.
Steffani, Winfried, Mehrheitsentscheidungen und Minderheiten in der pluralistischen Verfassungsdemokratie, in: ZParl 17 (1986), S. 569–586.
Stegmann, Dirk, Vom Neokonservatismus zum Proto-Faschismus: Konservative Partei, Vereine und Verbände 1893–1920, in: Ders./Wendt/Witt, S. 199–230.
Stegmann, Dirk/Berndt-Jürgen Wendt/Peter-Christian Witt (Hrsg.), Deutscher Konservativismus im 19. und 20. Jahrhundert. Festschrift für Fritz Fischer zum 75. Geburtstag und zum 50. Doktorjubiläum, Bonn 1983.
Steinberger, Helmut, Konzeptionen und Grenzen freiheitlicher Demokratie. Dargestellt am Beispiel des Verfassungsrechtsdenkens in den Vereinigten Staaten von Amerika und des amerikanischen Antisubversionsrechts, Berlin/Heidelberg/New York 1974.
Steiner, John M., Über das Glaubensbekenntnis der SS, in: Karl Dietrich Bracher/Manfred Funke/Hans-Adolf Jacobsen (Hrsg.), Nationalsozialistische Diktatur, 1933–1945. Eine Bilanz, Bonn 1983, S. 206–223.
Steinkühler, Manfred, Eurokommunismus im Widerspruch – Analyse und Dokumentation, Köln 1977.
Steinkühler, Manfred, Ursprung und Konzept des Eurokommunismus. Gespräch mit Frane Barbieri, in: Deutschland Archiv 10 (1977), S. 347–350.
Steinkühler, Manfred, Eurokommunismus – gescheiterte Strategie?, in: Außenpolitik 36 (1985), S. 371–382.
Steinweg, Reiner (Red.), Die neue Friedensbewegung. Analysen aus der Friedensforschung, Frankfurt a. M. 1982.
Steinweg, Reiner (Red.), Faszination der Gewalt. Politische Strategie und Alltagserfahrung, Frankfurt a. M. 1983.
Stern, Klaus, Das Staatsrecht der Bundesrepublik Deutschland, Bd. 1: Grundbegriffe und Grundla-

gen des Staatsrechts, Strukturprinzipien der Verfassung, München 1977.
Sternberger, Dolf/Gerhard Storz/W. E. Süskind, Aus dem Wörterbuch des Unmenschen, Neuausgabe, Frankfurt a. M./Berlin 1986 (1945).
Sternberger, Dolf, Drei Wurzeln der Politik, in: Ders., Schriften, II/1, Frankfurt a. M. 1978.
Sternberger, Dolf, Herrschaft und Vereinbarung, in: Ders., Schriften, III, S. 113–134.
Sternhell, Zeev, La droite révolutionnaire 1885–1914. Les origines françaises du fascisme, Paris 1978.
Sternhell, Zeev, Emmanuel Mounier et la contestation de la démocratie libérale dans la France des années trente, in: RFSP 34 (1984), S. 1141–1180.
Sternhell, Zeev, Fascist Ideology, in: Laqueur, Fascism, S. 345–376.
Sternhell, Zeev, Maurice Barrès et le nationalisme français, Taschenbuchausgabe, Paris 1985 (1972).
Sternhell, Zeev, Ni droite ni gauche. L'idéologie fasciste en France, Paris 1983.
Sternhell, Zeev, Strands of French Fascism, in: Stein Ugelvik Larsen/Bernt Hagtvet/Jan Petter Myklebust (Hrsg.), Who were the fascists, Bergen/Oslo/Tromsø 1980, S. 479–500
Stöss, Richard, Väter und Enkel: Alter und Neuer Nationalismus in der Bundesrepublik, in: Ästhetik und Kommunikation 9 (1978), H. 3, S. 35–57.
Stöss, Richard, Vom Nationalismus zum Umweltschutz. Die Deutsche Gemeinschaft/Aktionsgemeinschaft Unabhängiger Deutscher im Parteiensystem der Bundesrepublik, Opladen 1980.
Stöss, Richard, Einleitung: Struktur und Entwicklung des Parteiensystems der Bundesrepublik – Eine Theorie, in: Ders., Parteien-Handbuch, S. 17–309.
Stöss, Richard (Hrsg.), Parteien-Handbuch. Die Parteien der Bundesrepublik Deutschland 1945–1980, 2 Bde., Opladen 1983/84.
Stommeln, Hein, Neonazismus in der Bundesrepublik Deutschland. Eine Bestandsaufnahme, Bonn 1979.
Strakosch, Heinrich, Liberalismus und Konservatismus – Gegensatz und Möglichkeit einer Synthese, in: Gerd-Klaus Kaltenbrunner (Hrsg.), Konservatismus in Europa, Freiburg 1972, S. 489–521.
Sworakowski, Witold S., World Communism. A Handbook 1918–1965, Stanford/Cal. 1973.
Taguieff, Pierre-André, Alain de Benoist, philosophe, in: Les Temps Modernes, Februar 1984, S. 1439–1478.
Taguieff, Pierre-André, La rhétorique du national-populisme. Les règles élémentaires de la propagande xénophobe, in: Mots, 1984, Nr. 9, S. 113–139.
Taguieff, Pierre-André, La stratégie culturelle de la „Nouvelle Droite" en France (1968–1983), in: Robert Badinter u. a., Vous avez dit fascismes?, Paris 1984, S. 13–152.
Talmon, Jacob L., The Legacy of Georges Sorel: Marxism, Violence, Fascism, in: Encounter 34 (1970), S. 47–60.
Talmon, Jacob L., The Myth of the Nation and the Vision of Revolution. The Origins of Ideological Polarisation in the Twentieth Century, London/Berkeley/Los Angeles 1980.
Talmon, Jacob L., The Origins of Totalitarian Democracy, London 1961 (1952).
Tannenbaum, Edward, The Action française. Die Hard-Reactionaries in Twentieth-Century France, New York 1962.
Tauber, Kurt P. Beyond Eagle and Swastika. German Nationalism since 1945, 2 Bde., Middletown/Conn. 1969.
Taylor, Stan, The National Front in English Politics, London/Basingstoke 1982.
Teodori, Massimo, Storia delle Nuove Sinistre in Europa (1956–1976), Bologna 1976.
Thalheimer, Siegfried (Hrsg.), Die Affäre Dreyfus, 2. Aufl., München 1986 (1963).
Thamer, Hans-Ulrich/Wolfgang Wippermann, Faschistische und neofaschistische Bewegungen, Darmstadt 1977.
Thayer, George, The British Political Fringe. A Profile, London 1965.
Theisen, Heinz, Katastrophenstimmung und freiheitliche Demokratie. Gefährdungen, Grenzen und Möglichkeiten freiheitlicher Politik in den prognostizierten Bedrohungsfeldern unserer

Zukunft, Köln 1985.
Théolleyre, Jean-Marc, Les néo-nazis, Paris 1982.
Timasheff, N. S., Totalitarismus, Despotie, Diktatur (1954), in: Seidel/Jenkner, S. 168–178.
Tobias, Fritz, Auch Fälschungen haben lange Beine. Des Senatspräsidenten Rauschnings „Gespräche mit Hitler", in: Karl Corino (Hrsg.), Gefälscht! Betrug in Literatur, Kunst, Musik, Wissenschaft und Politik, Nördlingen 1988, S. 91–105.
Tocqueville, Alexis de, De la démocratie en Amérique, Bd. 1, biographie, préface et bibliographie par François Furet, Paris 1981 (1835).
Tomlinson, John, Left-Right. The March of Political Extremism in Britain, London/New York 1981.
Topitsch, Ernst, Über Leerformeln. Zur Pragmatik des Sprachgebrauchs in Philosophie und politischer Theorie, in: Ders. (Hrsg.), Probleme der Wissenschaftstheorie. Festschrift für Victor Kraft, Wien 1960, S. 233–246.
Topitsch, Ernst, Marxismus und Gnosis, in: Ders., Sozialphilosophie zwischen Ideologie und Wissenschaft, 3. Aufl., Neuwied am Rhein/Berlin 1971 (1961), S. 261–296.
Topitsch, Ernst, Mythos, Philosophie, Politik, Freiburg im Breisgau 1969.
Topitsch, Ernst, Vom Ursprung und Ende der Metaphysik. Eine Studie zur Weltanschauungskritik, Neuausgabe, München 1972 (1958).
Topitsch, Ernst, Die Verkündigung des Karl Marx als Heilslehre und Herrschaftsideologie, in: Konrad Löw (Hrsg.), Karl Marx – Bilanz nach 100 Jahren, Köln 1984, S. 17–44.
Topitsch, Ernst/Kurt Salamun, Ideologie – Herrschaft des Vorurteils, München/Wien 1972.
Treitschke, Heinrich von, Deutsche Geschichte im Neunzehnten Jahrhundert, 3. Teil: Bis zur Juli-Revolution, Neuausgabe, Königstein/Ts. 1981 (1885).
Tucker, Robert C., Stalin as Revolutionary, 1879–1929. A Study in History and Personality, New York 1973.
Ulam, Adam B., The Man and his Era, New York 1973.
Valjavec, Fritz, Die Entstehung der politischen Strömungen in Deutschland, 1770–1815, München 1951.
Valjavec, Fritz, Die Entstehung des europäischen Konservatismus (1954), in: Hans-Gerd Schumann (Hrsg.), Konservatismus, 2., erweiterte Aufl., Königstein/Ts. 1984, S. 138–155.
Valynseele, Joseph, Les prétendants aux trônes d'Europe, préface de M. le duc de Castries, Paris 1967.
Varennes, Henrique, O terrorismo em França (de 1891 a 1894), Lissabon 1915 (Original [vermutlich]: De Ravachol à Caserio, Paris, o. J.).
Vega, Eulàlia, Anarquistas y sindicalistas durante la Segunda República. La CNT y los sindicatos de oposición en el país valenciano, Valencia 1987.
Verhoeyen, E., L'extrême-droite en Belgique, in: Courrier Hebdomadaire du C.R.I.S.P., Nr. 642–643/1974, S. 1–43, Nr. 675–676/1975, S. 1–62, Nr. 715–716/1976, S. 1–44.
Vinke, Herman, Mit zweierlei Maß. Die deutsche Reaktion auf den Terror von rechts. Eine Dokumentation, Reinbek bei Hamburg 1981.
Voegelin, Eric, Gnostische Politik, in: Merkur 6 (1952), S. 301–317.
Voss, Rüdiger von (Hrsg.), Von der Legitimation der Gewalt. Widerstand und Terrorismus, Stuttgart 1978.
Voßkamp, Wilhelm (Hrsg.), Utopieforschung. Interdisziplinäre Studien zur neuzeitlichen Utopie, 3 Bde., Taschenbuchausgabe, Stuttgart 1985 (1982).
Vrtacic, Ludvik, Der jugoslawische Marxismus. Die jugoslawische Philosophie und der eigene Weg zum Sozialismus, Freiburg im Breisgau 1975.
Wagenbach, Klaus, Grabrede für Ulrike Meinhof, in: Ders., Eintritt frei. Beiträge zur öffentlichen Meinung, Darmstadt/Neuwied 1982, S. 57–59.
Wagner, Joachim, Politischer Terrorismus und Strafrecht im Deutschen Kaiserreich von 1871, Heidelberg/Hamburg 1981.
Waldenfels, Bernhard, Art. „Phänomenologie", in: Harald Kerber/Arnold Schmieder (Hrsg.), Handbuch Soziologie. Zur Theorie und Praxis sozialer Beziehungen, Reinbek bei Hamburg

1984, S. 436–440.
Walker, Martin, The National Front, 2. Aufl., Glasgow 1977.
Wallraff, Günter/Eckart Spoo, Unser Faschismus von nebenan. Erfahrungen mit NATO-Partnern, Reinbek bei Hamburg 1982.
Wasmund, Klaus, Zur politischen Sozialisation in terroristischen Gruppen, in: APZG, B 33–34/1980, S. 29–46.
Wassermann, Rudolf, Von der parlamentarischen zur Demonstrations- und Widerstandsdemokratie?, in: ZfP 31 (1984), S. 1–10.
Watkins, Frederick, Theorie und Praxis des modernen Liberalismus, in: Gall, Liberalismus, S. 54–76.
Watrin, Paul, La tradition monarchique (1916), réédition sous la direction de Jean-Pierre Brancourt, augmentée d'une préface, d'une mise à jour critique et d'une bibliographie par Guy Augé, Paris 1983.
Weber, Eugen, Action Française. Royalism and Reaction in Twentieth-Century France, Stanford/Cal. 1962.
Weber, Eugen, Fascism(s) and Some Harbingers, in: Journal of Modern History 54 (1982), S. 746–765.
Weber, Eugen, Revolution? Counterrevolution? What Revolution?, in: Journal of Contemporary History 9 (1974), S. 3–47.
Weber, Hermann, Kommunismus in Deutschland 1918–1945, Darmstadt 1983.
Weber, Hermann, Lenin in Selbstzeugnissen und Bilddokumenten, Reinbek bei Hamburg 1970.
Weber, Hermann, Die Wandlung des deutschen Kommunismus. Die Stalinisierung der KPD in der Weimarer Republik, gekürzte Studienausgabe, Frankfurt a. M. 1969.
Weber, Max, „Kirchen" und „Sekten" in Nordamerika. Eine kirchen- und sozialpolitische Skizze, in: Ders., Soziologie – Universalgeschichtliche Analysen – Politik, mit einer Einleitung von Eduard Baumgarten, hrsg. und erläutert von Johannes Winckelmann, 5., überarbeitete Aufl., Stuttgart 1973, S. 382–397.
Weber, Max, Die „Objektivität" sozialwissenschaftlicher Erkenntnis, in: Ders., Soziologie – Universalgeschichtliche Analysen – Politik, mit einer Einleitung von Eduard Baumgarten, herausgegeben und erläutert von Johannes Winckelmann, 5., überarbeitete Aufl., Stuttgart 1973.
Weber, Max, Wirtschaft und Gesellschaft. Grundrisse der verstehenden Soziologie, 5., revidierte Aufl., Tübingen 1972 (1921).
Wehler, Hans Ulrich, Das Deutsche Kaiserreich 1871–1918, Göttingen 1973.
Weiss, Andreas von, Weltanschauungen der linken politischen Gruppierungen, in: Peisl/Mohler, S. 83–145.
Weiss, Hildegard, Die Ideologieentwicklung in der deutschen Studentenbewegung, München/Wien 1985.
Weiss, John, Conservatism in Europe 1770–1945. Traditionalism, Reaction and Counter-Revolution, London 1977.
Wende, Peter, Art. „Radikalismus", in: Brunner/Conze/Koselleck, S. 113–133.
Wersich, Rüdiger Bernd, Zeitgenössischer Rechtsextremismus in den Vereinigten Staaten. Organisation, Ideologie, Methoden und Einfluß, dargestellt unter besonderer Berücksichtigung der John Birch Society, München 1978.
Weyer, Johannes, Politikwissenschaft im Faschismus (1933–1945): Die vergessenen zwölf Jahre, in: PVS 26 (1985), S. 423–437.
Wihtol de Wenden, Cathérine, Les immigrés et la politique. Cent cinquante ans d'évolution, Paris 1988.
Wiles, Peter, A Syndrome, not a Doctrine: some Elementary Theses on Populism, in: Ghita Ionescu/Ernest Gellner (Hrsg.), Populism. Its Meanings and National Characteristics, London 1969, S. 166–179.
Wilkinson, Paul, Terrorism and the Liberal State, London/Basingstoke 1977.
Wilkinson, Paul, The New Fascists, London 1981.

Wilkinson, Paul, Extremist Ideologies and Movements in Democratic Societies, in: Policy Studies 6 (1986), part 3, S. 26–36, 28 f.
Winkler, Arno, Neofaschismus in der BRD. Erscheinungen, Hintergründe, Gefahren, Berlin [Ost] 1980.
Winkler, Heinrich August, Mittelstand, Demokratie und Nationalismus in der Weimarer Republik, Köln 1972.
Winkler, Heinrich August, Extremismus der Mitte? Sozialgeschichtliche Aspekte der nationalsozialistischen Machtergreifung, in: VHfZG 20 (1972), S. 175–191.
Winkler, Heinrich August, Der Nationalismus und seine Funktionen, in: Ders. (Hrsg.), Nationalismus, Meisenheim am Glan 1978, S. 5–46.
Wippermann, Wolfgang, Europäischer Faschismus im Vergleich (1922–1982), Frankfurt a. M. 1983.
Wir warn die stärkste der Partein ... Erfahrungsberichte aus der Welt der K-Gruppen, Berlin 1977.
Wittfogel, Karl August, Die orientalische Despotie. Eine vergleichende Untersuchung totaler Macht, Frankfurt a. M./Berlin/Wien 1977 (1957).
Wieviorka, Michel, Sociétés et terrorisme, Paris 1988.
Wördemann, Franz, Mobilität, Technik und Kommunikation als Strukturelemente des Terrorismus, in: Funke, Terrorismus, S. 140–157.
Wördemann, Franz, Terrorismus. Motive, Täter, Strategien, München/Zürich 1977.
Wolf, Heinz E., Kritik der Sozialforschung. Versuch einer Bilanz, Stuttgart 1979.
Wolff, Frank/Eberhard Windaus (Hrsg.), Studentenbewegung 1967–69. Protokolle und Materialien, Frankfurt a. M. 1977.
Wolffsohn, Michael, Israels New Economic Order, in: Gustav Stein/Udo Steinbach (Hrsg.), The Contemporary Middle Eastern Scene. Basic Issues and Major Trends, Opladen 1979, S. 59–83.
Woodcock, George, Anarchism. A History of Libertarian Ideas and Movements, Nachdruck, Harmondsworth u. a. 1983 (1962).
Woodcock, George, Anarchism Revisited, in: Terry M. Perlin (Hrsg.), Contemporary Anarchism, = Nomos 19 (1978), New Brunswick/N. J. 1979, S. 23–36.
Wuthe, Gerhard, Die Lehre von den politischen Systemen. Ein Studienbuch in Frage und Antwort, München 1977.
Zenker, Ernst V., Der Anarchismus. Kritische Geschichte der anarchistischen Theorie, Frankfurt a. M. 1966 (1895).
Zimmer, Dieter E., Der Mythos der Gleichheit, München 1980.
Zimmermann, Ekkehard, Staatsstreiche und Revolutionen. Theorien, Daten und neuere Forschungsansätze, Opladen 1981
Zimmermann, Walter, Die Auseinandersetzung mit den Ideen Darwins. Der „Darwinism“ als ideengeschichtliches Phänomen, in: Gerhard Heberer/Franz Schwanitz (Hrsg.), Hundert Jahre Evolutionsforschung. Das wissenschaftliche Vermächtnis Charles Darwins, Stuttgart 1960, S. 290–345.
Zitelmann, Rainer, Hitler. Selbstverständnis eines Revolutionärs, 2. Aufl., Hamburg/Leamington Spa/New York 1989 (1987).
Zitelmann, Rainer, Der Nationalsozialismus, in: Iring Fetscher/Herfried Münkler (Hrsg.), Pipers Handbuch der Politischen Ideen, Bd. 5: Neuzeit: Vom Zeitalter des Imperialismus bis zu den neuen sozialen Bewegungen, München/Zürich 1987, S. 327–332

Personenverzeichnis